УДК 330.322
ББК 65.263.12
Г91

Научный редактор В. Башкирова

Грэм Б.

Г91 Разумный инвестор: Полное руководство по стоимостному инвестированию / Бенджамин Грэм ; Пер. с англ. — 5-е изд. — М. : Альпина Паблишер, 2018. — 568 с.

ISBN 978-5-9614-6544-0

Мировой бестселлер, выдержавший множество переизданий по всему миру, книга Бенджамина Грэма (1894–1976) является уникальным пособием по выстраиванию инвестиционной политики. Автор, всемирно известный экономист и авторитетный профессиональный инвестор, главное внимание уделяет не анализу ценных бумаг, а принципам инвестирования, предлагая действовать разумно и осторожно независимо от поведения фондового рынка. Бенджамин Грэм показывает, как много возможностей открывается перед инвестором, ведущим себя как расчетливый бизнесмен. Разработанные автором подходы к инвестированию — такие как стоимостное инвестирование по оборотным активам, предпринимательское и защищенное стоимостное инвестирование — это бесценные инструменты, безотказно действующие даже в условиях самого капризного рынка.

Бенджамин Грэм, которого признают своим учителем ведущие мировые инвесторы, вооружает читателей знаниями о том, что в действительности происходит с различными типами облигаций и акций при колебаниях рынка, давая поистине бесценные советы, как максимально удачно инвестировать свои средства в ценные бумаги.

УДК 330.322
ББК 65.263.12

There are also two acknowledgement lines for reprinted material:

"The Superinvestors of Graham-and-Doddsville," by Warren E. Buffett, from the Fall 1984 issue of *Hermes*, Magazine of Columbia Business School. Reprinted by permission of *Hermes*, Magazine of Columbia Business School, copyright © 1984 The Trustees of Columbia University and Warren E. Buffett.

"Benjamin Graham," by Warren E. Buffett, from the November/December 1976 issue of *Financial Analyst Journal*. Reprinted by permission of Financial Analysts Federation.

ISBN 978-5-9614-6544-0 (рус.)
ISBN 978-0-06-055566-5 (англ.)

РАЗУМНЫЙ ИНВЕСТОР

ПОЛНОЕ РУКОВОДСТВО ПО СТОИМОСТНОМУ ИНВЕСТИРОВАНИЮ

Перевод с английского

5-е издание

БЕНДЖАМИН ГРЭМ

Дополнения и комментарии Джейсона Цвейга

альпина паблишер

Москва
2018

ОГЛАВЛЕНИЕ

THE INTELLIGENT INVESTOR

THE DEFINITIVE BOOK ON VALUE INVESTING

BENJAMIN GRAHAM

Updated with New Commentary by Jason Zweig

HARPER

NEW YORK • LONDON • TORONTO • SYDNEY

Через превратности все,
через все испытанья стремимся…*

Вергилий. Энеида

* Перевод С. Ошерова.

ДЖЕЙСОН ЦВЕЙГ
СЛОВА БЛАГОДАРНОСТИ

Выражаю сердечную признательность всем, кто помог подготовить новое издание книги Бенджамина Грэма. Это Эдвин Тэн (HarperCollings), поддержка и неиссякаемая энергия которого помогли реализовать проект. Это сотрудники журнала *Money* — Роберт Сафьян, Дэнис Мартин и Эрик Джелман, которые активно, терпеливо и бескорыстно помогали мне. Это мой замечательный литературный агент Джон Райт и неутомимая Тара Кальварски из *Money*. Это Теодор Аронсон, Кевин Джонсон, Марта Ортиз и другие сотрудники инвестиционно-консалтинговой фирмы Aronson + Johnson + Oritz, которые высказали ряд ценных замечаний и предложений. Я также благодарен президенту корпорации Peter L. Bernstein Питеру Бернстайну, Уильяму Бернстайну (Efficient Frontier Advisors), Джону Боглу (основателю Vanguard Group), Чарльзу Эллису (одному из основателей Greenwich Associates) и Лоуренсу Сигелу (директору по изучению инвестиционной политики Fond Foundation). Я глубоко признателен Уоррену Баффетту и Нине Манк, а также неутомимым работникам Time Inc. Business Information Research Center; исполнительному директору FridsonVision LLC Мартину Фридсону; президенту Center for Financial Research & Analysis Говарду Шилиту; редактору и издателю *Inside Information* Роберту Вересу; Дэниелу Фуссу (Loomis Sayles & Co), Барри Нельсону (Advent Capital Management); работникам Музея финансовой истории США; Брайану Мэттесу и Гусу Сотеру (Vanguard Group); Джеймсу Сейделу (RIA Thomson); Самилье Артамуре и Сину Маклафлину (Lipper); Алексу Ауэрбаху (Ibbotson Associates); Анетте Дарсон (Morningstar); Джейсону Брэму (Федеральный резервный банк Нью-Йорка) и одному управляющему инвестиционным фондом, пожелавшему остаться неизвестным.

Но больше всего я благодарен своей жене и дочерям, которые так долго страдали от того, что я работаю днем и ночью. Без их любви и терпения мне бы ничего не удалось сделать.

УОРРЕН БАФФЕТТ

ПРЕДИСЛОВИЕ К ЧЕТВЕРТОМУ ИЗДАНИЮ

В начале 1950 г., когда мне было 19 лет, я прочел первое издание этой книги и решил, что это лучшее из всего, что когда-либо было написано об инвестициях. С тех пор мое мнение не изменилось.

Чтобы всю жизнь успешно заниматься инвестициями, не нужны ни сверхвысокий IQ, ни изощренные бизнес-стратегии, ни инсайдерская информация. Нужно лишь умение принимать решения на основе здравого смысла и способность контролировать эмоции, не позволяя им приводить к разрушительным последствиям. В этой книге подробно и доступно описан правильный подход к инвестированию, основанный на эмоциональной дисциплине.

Если вы будете вести дела, придерживаясь принципов, предложенных Грэмом, и следовать полезным советам, которые он дает в главах 8 и 20 (что не так просто, как может показаться), результаты не заставят себя ждать. Сможете ли вы добиться выдающихся успехов? Это будет зависеть от ваших усилий и интеллекта, а также от колебаний и прихотей рынка ценных бумаг, с которыми инвестор сталкивается всю жизнь. Чем более нелогично ведет себя рынок, тем лучше для разумного инвестора. Следуйте советам Грэма, и вы выиграете от причуд фондового рынка, а не превратитесь в одну из них.

Для меня Бенджамин Грэм — не просто автор этой книги и учитель. Он повлиял на мою жизнь почти так же сильно, как мой отец. Вскоре после его смерти в 1976 г. я написал о нем несколько слов в *Financial Analysts Journal*. Я думаю, что, прочитав эту книгу, вы сами сможете оценить отмеченные мной достоинства Грэма.

БЕНДЖАМИН ГРЭМ (1896–1976)

Когда Бенджамину Грэму было около 80 лет, он сказал одному из своих друзей, что хотел бы каждый день делать какую-нибудь глупость, создавать что-то новое и проявлять великодушие.

Эта оригинальная формулировка жизненной цели свидетельствует об удивительной способности выражать свои мысли просто и скромно, в весьма деликатной форме, не морализируя и не впадая в менторский тон.

Те, кто читал Грэма, прекрасно понимают, насколько новаторскими были его идеи. Нечасто ученикам и последователям не удается превзойти учителя и автора новой теории. Но сегодня, спустя 40 лет после выхода книги, благодаря которой такая беспорядочная и запутанная область деятельности, как инвестирование, получила логическое обоснование и системное объяснение, вряд ли какой-либо аналитик рынка ценных бумаг может сравниться с Грэмом. В области, где любые представления устаревают буквально через несколько месяцев, принципы Бенджамина Грэма остаются незыблемыми. Более того, во времена финансовых потрясений, сметающих другие, более шаткие логические конструкции, ценность этих принципов лишь растет и становится еще более очевидной. Советы Грэма всегда помогают тем, кто им следует, и позволяют даже не слишком способным инвесторам обгонять своих более одаренных собратьев, которые часто ошибаются, потому что следуют указаниям модных и популярных экспертов.

Как ни странно, авторитет Грэма как инвестора вовсе не был результатом целенаправленной концентрации умственных усилий на решении какой-то одной задачи. Грэм не был узким профессионалом. Скорее, он был мыслителем в широком смысле, а его теория стала своего рода «побочным продуктом» мощного интеллекта — интеллекта, которым ни обладал ни один из моих знакомых. Он помнил буквально все, был одержим жаждой новых знаний и умел использовать их для решения проблем, на первый взгляд относящихся совсем к другим областям. О чем бы он ни рассуждал, следить за полетом его мысли было настоящим наслаждением.

У Грэма было еще одно качество, выделяющее его из общей массы. Я говорю о великодушии. Для меня он был учителем, работодателем и другом. С кем бы ни приходилось иметь дело — с учениками, подчиненными, друзьями, — он всегда держался абсолютно открыто, свободно делился своими мыслями, не жалея для людей ни времени, ни сил. Хотите в чем-то разобраться? Идите к Бену. Нужна поддержка или совет? Бен обязательно поможет.

Уолтер Липпман[1] с восхищением говорил о людях, которые сажают деревья, в тени которых будут отдыхать другие люди. Бен Грэм был именно таким человеком.

Financial Analysts Journal,
ноябрь–декабрь 1976 г.

[1] Уолтер Липпман (1889–1974) — американский писатель и журналист, автор книги «Общественное мнение» (Public Opinion). Впервые ввел в обращение понятие «стереотип». — *Прим. ред.*

ДЖЕЙСОН ЦВЕЙГ
НЕСКОЛЬКО СЛОВ О БЕНДЖАМИНЕ ГРЭМЕ

Кто такой Бенджамин Грэм и почему мы должны прислушиваться к его советам?

Это был не только один из лучших инвесторов, когда-либо живших на планете, но и величайший мыслитель, посвятивший себя изучению практических аспектов инвестиционной деятельности. До Грэма инвесторы были кем-то вроде членов особой гильдии, этакого средневекового тайного общества, и в основном полагались на суеверия, озарения и тайные ритуалы. Книга Грэма «Анализ ценных бумаг» стала учебником, превратившим отсталых ремесленников в современных профессионалов[1].

Автор книги «Разумный инвестор» впервые рассказал индивидуальным инвесторам об эмоциональных аспектах инвестиционной деятельности и аналитических инструментах, имеющих ключевое значение для достижения финансового успеха. Этот труд до сих пор остается лучшим пособием по инвестиционной деятельности для широкого круга читателей. Это была первая книга, которую я прочел, когда в 1987 г. начал работать в журнале *Forbes* в качестве репортера. Меня поразило утверждение Грэма, что рано или поздно бычий рынок обязательно обвалится. В октябре того же года американский фондовый рынок пережил самое сильное однодневное падение за всю свою историю, и я убедился в правоте Грэма. (Сегодня, после безумного роста фондового рынка в конце 1990-х гг. и коллапса в начале 2000 г., книга «Разумный инвестор» кажется поистине пророческой.)

Грэм шел к своей теории трудным путем. Не один десяток лет он потратил, на собственном опыте постигая историю и психологию фондового рынка, нередко испытывая всю горечь финансовых потерь.

---

[1] Книга «Анализ ценных бумаг» (Security Analysis), написанная в соавторстве с Дэвидом Доддом, была издана в 1934 г.

Бенджамин Грэм (Гроссбаум)[2] родился 9 мая 1894 г. в Лондоне. Его отец торговал китайским фарфором — статуэтками и разной другой утварью. Когда Бену исполнился год, семья переехала в Нью-Йорк. Поначалу жили неплохо — хорошая квартира на Пятой авеню, горничная, кухарка и гувернантка-француженка. Но в 1903 г. отец Бена умер, торговля китайским фарфором пришла в упадок, и семья познала нужду. Мать Бена открыла в своем доме пансион, затем стала спекулировать на бирже на заемные деньги и во время биржевого краха 1907 г. разорилась. До конца своих дней Бен не мог забыть унижения, которое испытал в банке, куда он пришел, чтобы обналичить чек матери. Кассир спросил у администратора: «Можем мы дать Дороти Гроссбаум хотя бы пять долларов?»

К счастью, Грэм получил стипендию Колумбийского университета, где в полной мере проявились его способности. Он окончил его в 1914 г., будучи вторым на курсе. Ему предложили работу сразу три кафедры (английского языка, философии и математики). В то время ему было всего 20 лет.

Грэм мог остаться при университете, но его не привлекала академическая стезя. Он решил попытать силы на Уолл-стрит и пошел работать простым клерком в фирму, специализирующуюся на операциях с облигациями. Вскоре Бен получил должность аналитика, потом стал партнером, а затем создал и собственную инвестиционную компанию.

Бум и последовавший за ним крах доткомов нисколько не удивили бы Грэма. Он пережил нечто подобное еще в апреле 1919 г. Тогда он получил 250% прибыли в первый день торгов по акциям компании Savold Tire, относящейся к автомобильной отрасли, которая в тот период была на подъеме. В октябре компанию обвинили в мошенничестве, и ее акции обесценились.

Грэм стал выдающимся специалистом по анализу ценных бумаг. Он исследовал их буквально под микроскопом, можно сказать, на молекулярном уровне. В 1925 г., копаясь в невразумительных отчетах нефтетранспортных компаний в Комиссии по торговле между штатами, Бен обнаружил, что компания Northern Pipe Line, акции которой продавались по $65, значительную часть акционерного капитала держала в первоклассных облигациях ($80 на акцию). Он купил акции компании, добился от ее руководства увеличения дивидендов, а через три года продал ценные бумаги по $110.

Несмотря на колоссальные потери во время Великой депрессии 1929–1932 гг., когда он лишился 70% капитала, Грэму удалось выжить и впоследствии преуспеть, извлекая выгоду даже из обрушения бычьих рынков. О результатах инвестиционной деятельности Грэма на первоначальном этапе почти ничего не известно, но с 1936 по 1956 г. (т. е. непосредственно

---

[2] Семейство Гроссбаум изменило фамилию на Грэм во время Первой мировой войны, когда немецкая фамилия вызывала подозрения.

до ухода в отставку) среднегодовая прибыль инвестиционной компании Graham-Newman Corp.[3] достигала 14,7% при средней доходности фондового рынка 12,2%. В то время это был один из лучших показателей за всю историю Уолл-стрит.

Как же Грэму удавалось добиваться таких результатов? Блестящий интеллект в сочетании со здравым смыслом и огромным опытом позволили ему сформулировать основополагающие принципы разумного инвестирования, которые работали на протяжении всей его жизни и не устарели до сегодняшнего дня. Вот эти принципы.

- Акция — это не просто тикер или некая виртуальная реальность, а документ, подтверждающий право ее владельца на долю собственности в определенном бизнесе, имеющем реальную стоимость, не зависящую от стоимости акций.
- Фондовый рынок ведет себя как маятник: он постоянно раскачивается из стороны в сторону — от необоснованного оптимизма (при этом акции переоцениваются) до неоправданного пессимизма (при этом акции недооцениваются). Разумный инвестор — это реалист, который продает акции оптимистам и покупает у пессимистов.
- Будущая цена инвестиции зависит от ее сегодняшней цены. Чем выше цена, которую вы платите сегодня, тем ниже будет ваш доход в будущем.
- Как бы осторожны вы ни были, существует риск, который не может просчитать ни один инвестор, — возможность ошибки. Этот риск можно минимизировать, только имея, по выражению Грэма, «запас надежности», т. е. никогда не переплачивая, какой бы привлекательной ни казались инвестиция.
- Секрет вашего финансового успеха — внутри вас. Лишь критически относясь к фондовому рынку, не принимая на веру «истины» Уолл-стрит и занимаясь инвестированием с олимпийским спокойствием, можно постоянно извлекать выгоду даже на медвежьих рынках. Воспитав в себе дисциплинированность и мужество, вы сможете противостоять необъяснимым перепадам рыночных настроений, никому не позволяя влиять на ваши инвестиционные решения. В конечном счете не так важно, как ведут себя ваши инвестиции. Важно, как ведете себя вы.

[3] Graham-Newman Corp. — открытый инвестиционный фонд (см. главу 9), которым Грэм управлял совместно с другим не менее успешным инвестором — Джеромом Ньюманом. На протяжении большей части своего существования фонд был закрытым. Я глубоко благодарен Уолтеру Шлоссу, который предоставил мне данные, необходимые для оценки результатов деятельности фонда. Когда в эпилоге Грэм пишет о 20%-ной среднегодовой прибыли, он, видимо, не учитывает комиссионные.

Цель нового, переработанного издания книги «Разумный инвестор» — показать, как идеи Грэма работают в современных условиях. Авторский текст оставлен без изменений, все пояснения даются в сносках[4]. За каждой главой следуют комментарии, в которых на примерах из недавнего прошлого наглядно показано, насколько и сегодня актуальны и полезны для инвесторов принципы Грэма.

Я завидую тем, кто будет читать эту книгу впервые. Сколько нового они узнают, какое удовольствие получат! Я завидую и тем, кто будет читать книгу в третий или четвертый раз. Как и любая классика, эта книга меняет наше мировоззрение и, меняя нас, меняется сама. Чем больше ее читают, тем лучше она становится. Имея такого наставника, как Грэм, вы непременно станете разумным инвестором.

---

[4] Текст печатается по четвертому изданию, переработанному Грэмом в 1971–1972 гг. и впервые опубликованному в 1973 г.

ПРЕДИСЛОВИЕ
О ЧЕМ ЭТА КНИГА?

Цель этой книги — помочь непрофессиональным инвесторам разобраться в тонкостях разработки и реализации инвестиционной политики. В ней сравнительно мало говорится о методах анализа рынка ценных бумаг. Главное внимание уделяется принципам инвестирования и поведению инвестора. Вместе с тем мы приведем несколько кратких примеров парного сравнения акций ряда компаний, соседствующих в котировальном списке Нью-Йоркской фондовой биржи. Это поможет понять, на что в первую очередь должен обращать внимание инвестор при выборе объектов инвестиций, в том числе акций и облигаций[1].

В книге содержится множество исторических примеров динамики финансовых рынков, в том числе из весьма отдаленного прошлого. Для разумного вложения средств в ценные бумаги необходимо прежде всего знать, как ведут себя в тех или иных ситуациях различные виды облигаций и акций. Для Уолл-стрит как нельзя лучше подходит известное предостережение Джорджа Сантаяны: «Те, кто не помнит прошлого, обречены пережить его вновь».

Эта книга написана не для спекулянтов, а для инвесторов, и ее главная задача состоит в том, чтобы показать принципиальные различия (о которых часто забывают) между первыми и вторыми. Эта книга не о том, «как стать миллионером за три дня». Она не о том, как без труда разбогатеть при помощи Уолл-стрит или какого-либо другого бизнеса. Наверное, стоит привести один весьма поучительный во многих отношениях пример из финансовой истории. В нелегком 1929 г. Джон Раскоб[2], которого хорошо

---

[1] Если не указано иное, здесь и далее в книге речь идет об обыкновенных акциях. — *Прим. ред.*

[2] Джон Раскоб (1879–1950) был финансовым директором химического гиганта DuPont и компании General Motors. Кроме того, возглавлял Демократическую партию и был одним из ярых сторонников строительства Empire State Building. По расчетам Джереми Сигела, через 20 лет капитал вырос бы примерно до $9000, несмотря на то что инфляция съела бы при этом бóльшую часть прибыли. Более подробно с точкой зрения Раскоба на долгосрочное инвестирование в акции можно ознакомиться в работе

знала и вся страна, и Уолл-стрит, опубликовал в *Ladies' Home Journal* статью «Каждый должен быть богатым» (Everybody Ought to Be Rich), в которой он всячески превозносил преимущества капитализма. Его главная мысль состояла в том, что, выделяя на инвестирование в надежные инструменты фондового рынка всего $15 в месяц и направляя на приобретение новых ценных бумаг доходы, получаемые от этих инвестиций, за 20 лет, вложив в общей сложности $3600, можно заработать $80 000. Если бы финансовый магнат из General Motors был прав, путь к богатству действительно был бы очень прост. Но был ли он прав? По самым грубым подсчетам, вкладывая деньги в акции 30 компаний, входящих в расчет промышленного индекса Доу–Джонса, с 1929 по 1948 г., на начало 1949 г. инвестор имел бы около $8500, т. е. значительно меньше обещанных Раскобом $80 000. Эти расчеты говорят о том, что никогда не следует доверять оптимистичным прогнозам и обещаниям. Однако следует заметить, что в итоге 20-летних операций с акциями накопленная прибыль составила бы более 8%. И это при том, что на начало расчетного периода индекс Доу–Джонса находился на уровне 300 пунктов, а на конец 1948 г. упал до 177 пунктов. Данный пример может служить весомым аргументом в пользу эффективности регулярного (ежемесячного) приобретения надежных акций на определенную сумму независимо от ситуации на рынке. Этот метод известен как метод усредненных равномерных инвестиций.

Эта книга, как уже было сказано выше, адресована не спекулянтам и не трейдерам. Как правило, при выборе момента для купли-продажи ценных бумаг они используют графики и другие методы технического анализа. Принцип, лежащий в основе практически всех методов такого анализа, заключается в том, что нужно *покупать*, когда цена акции или фондовый рынок в целом растет, и *продавать*, когда цены падают. Этот принцип прямо противоположен принципам любого другого бизнеса, и вряд ли он способен обеспечить устойчивый успех на Уолл-стрит. И наш собственный опыт работы на рынке, и исследования, которые велись на протяжении 50 лет, говорят о том, что еще ни один из смертных, следуя за рынком, не получал прибыль постоянно или хотя бы в течение сколько-нибудь длительного периода. Мы убеждены в том, что такой подход столь же ошибочен, сколь и популярен. Разумеется, никто не обязан считать наше мнение истиной в конечной инстанции, но позже мы проиллюстрируем вышесказанное, кратко остановившись на обсуждении знаменитой теории Доу[3].

Уильяма Бернстайна, размещенной в Интернете (www.efficientfrontier.com/ef/197/raskob.htm).

[3] См. главы 1 и 8. Более подробно с теорией Доу можно ознакомиться в Интернете (http://v king.som.yale. edu/will/dow/dowpage.html).

Книга «Разумный инвестор» вышла в свет в 1949 г. С тех пор она переиздавалась примерно каждые пять лет. В новом переработанном издании, которое вы держите в руках, рассмотрены некоторые изменения на рынке, произошедшие после выхода в свет последнего издания 1965 г., а именно:

1. Беспрецедентный рост процентных ставок по первоклассным облигациям.
2. Падение примерно на 35% акций ведущих компаний, которое завершилось в мае 1970 г. Это был самый большой в процентном измерении спад примерно за 30 лет. (Огромное количество менее надежных акций подешевели еще больше.)
3. Постоянный, даже несмотря на спад деловой активности в целом в 1970 г., рост цен производителей и потребительских цен.
4. Быстрое развитие компаний-конгломератов, франшиз и других нововведений в сфере бизнеса и финансов (в том числе появление хитроумных схем с использованием не зарегистрированных на бирже акций [1]; широкое распространение опционов на биржевые варранты; использование названий компаний, вводящих в заблуждение инвесторов; работа через зарубежные банки и т. д.)[4].
5. Банкротство крупнейшей в стране железнодорожной компании, чрезмерный рост кратко- и долгосрочной задолженности многих ранее устойчивых компаний и возникновение проблем с платежеспособностью некоторых компаний Уолл-стрит[5].
6. Чрезмерное увлечение руководителей инвестиционных фондов, в том числе трастов, управляемых банками, высокими финансовыми показателями. Результаты этого увлечения внушают тревогу.

Далее мы рассмотрим эти тенденции подробно. В связи с некоторыми из них придется обновить выводы, представленные в предыдущем издании,

---

[4] Открытые инвестиционные фонды покупали у частных лиц не зарегистрированные на бирже акции, а затем продавали их инвесторам по более высокой цене (см. примечания Грэма в конце книги). В середине 1960-х гг. эта схема позволяла предприимчивым фондам отчитываться в необоснованно высокой прибыли. В 1969 г. Комиссия по ценным бумагам и биржам США приняла жесткие меры, направленные на защиту инвесторов от подобных злоупотреблений. Опционы на биржевые варранты рассматриваются в главе 16.

[5] 21 июня 1970 г. корпорация Penn Central Transportation, в то время самая крупная железнодорожная компания США, была вынуждена инициировать процедуру банкротства. Это стало потрясением для инвесторов, которые не ожидали разорения гиганта (см. главу 17). Компании с чрезмерной задолженностью — Ling-Temco-Vought и National General Corp. (см. главы 17 и 18). Проблемы с платежеспособностью на Уолл-стрит возникли в период с 1968 по 1971 г., когда внезапно обанкротилось несколько брокерских контор.

и несколько сместить акценты. Основополагающие принципы разумного инвестирования остаются неизменными, но их практическое применение требует корректив с учетом серьезных изменений финансовых механизмов и инвестиционного климата.

Наши убеждения прошли проверку на прочность при подготовке настоящего издания, первая версия которого была завершена в январе 1971 г. В то время индекс Доу–Джонса значительно вырос: с 632 пунктов в 1970 г. до 951 пунктов в 1971-м. Одновременно рос и оптимизм на рынке. Когда в ноябре 1971 г. была завершена работа над последним вариантом текста, фондовый рынок находился в ожидании нового спада и индекс Доу–Джонса упал до 797 пунктов. Росло и беспокойство участников рынка. Однако мы не позволили этим событиям поколебать наши взгляды на разумную инвестиционную политику, которые в основном оставались неизменными со времени выхода в свет первого издания книги в 1949 г.

Сжатие фондового рынка в 1969–1970 гг. должно было развеять иллюзию, сложившуюся за последние два десятилетия. Она состояла в том, что акции крупнейших компаний можно покупать в любое время и по любой цене, не только гарантированно получая в итоге прибыль, но и будучи уверенным, что любые текущие убытки будут быстро компенсированы за счет очередного скачка цен на фондовом рынке. Это было слишком хорошо для того, чтобы быть правдой. Фондовый рынок вновь вернулся в нормальное состояние. И спекулянты, и инвесторы вновь должны были готовиться к серьезным и, возможно, продолжительным падениям и взлетам.

Что касается акций компаний второго и третьего эшелонов, особенно недавно обращающихся на фондовом рынке, то потери их владельцев в результате недавнего обвала рынка были катастрофическими. Вообще-то такое уже случалось — нечто подобное произошло в 1961–1962 гг., но на этот раз портфели некоторых инвестиционных фондов включали большое количество спекулятивных и явно переоцененных акций второго и третьего эшелонов. Очевидно, не только новички на фондовом рынке забывают о том, что необоснованный энтузиазм хорош в любом другом месте, но только не на Уолл-стрит, где он неизбежно ведет к катастрофе.

Важная проблема, которую нам предстояло решить, была связана с колоссальным ростом процентных ставок по первоклассным облигациям. С конца 1967 г. доходность по ним более чем вдвое превышала дивидендную доходность по акциям. В начале 1972 г. доходность по первоклассным облигациям достигала 7,19%, а по акциям промышленных компаний — всего 2,76%. (На конец 1964 г. эти показатели составляли соответственно 4,40% и 2,92%.) Трудно представить, что, когда эта книга впервые вышла в свет в 1949 г., ситуация была прямо противоположной: доходность по облигациям составляла всего 2,66%, а по акциям — 6,82% [2]. В предыдущих изданиях мы настоятельно советовали консервативным инвесторам включать в инвестиционный портфель как минимум 25% акций, а в целом рекомендовали делить капитал поровну между этими двумя видами ценных бумаг. Сегодня возникает вопрос: если доходность по облигациям выше доходности по акциям, значит ли это, что инвестиционный портфель следует формировать только из облигаций — по крайней мере до тех пор, пока соотношение показателей доходности по этим двум видам ценных бумаг не выровняется (а мы предполагаем, что так оно и будет)? Несомненно, для ответа на этот вопрос важно принимать во внимание растущую инфляцию. Этой проблеме посвящена отдельная глава[6].

Далее мы рассматривали основные различия между двумя категориями инвесторов, которым адресована эта книга, — пассивными и активными. Пассивный инвестор прежде всего стремится избежать серьезных ошибок и потерь. Кроме того, он хочет быть избавлен от трудностей и волнений, связанных с необходимостью постоянно принимать решения. Главное отличие активного инвестора заключается в том, что свое время и силы он тратит на выбор самых надежных и привлекательных ценных бумаг. На протяжении десятилетий активный инвестор мог быть уверен, что его дополнительные усилия и навыки будут вознаграждаться более высокой средней прибылью, чем прибыль пассивного инвестора. Сегодня в этом приходится сомневаться. Но через год или в более отдаленной перспективе все может измениться. Поэтому мы будем рассматривать как возможности активного инвестирования, существовавшие в прошлом, так и те, которые могут открыться в будущем.

Долгое время превалировала точка зрения, согласно которой успех инвестора зависит в первую очередь от выбора самых перспективных отраслей экономики и многообещающих компаний этих отраслей. Например, дальновидные инвесторы (или их дальновидные консультанты) давно оценили перспективность компьютерной индустрии в целом и акций International Business Machines (IBM) в частности, а также других быстро развивающихся отраслей и компаний. Но сделать это было не так просто, как кажется сегодня. Чтобы пояснить нашу точку зрения, приведем фрагмент текста, который был включен в издание 1949 г.

> К числу таких инвесторов можно отнести, например, покупателей акций авиакомпаний, считающих эти акции даже более перспективными, чем показывает текущий рыночный тренд. Наша книга будет полезна этим инве-

[6] См. главу 2. На начало 2003 г. доходность по 10-летним казначейским обязательствам составляла примерно 3,8%, по акциям (в соответствии с промышленным индексом Доу–Джонса) — 1,9%. (Интересно, что эти показатели практически не отличаются от показателей 1964 г., которые приводит Грэм.) Доходность по первоклассным облигациям неуклонно снижалась с 1981 г.

сторам не столько потому, что мы предложим им какой-то особый метод работы на рынке, сколько потому, что мы постараемся предостеречь их от опасностей, таящихся в избирательном подходе к инвестициям[7].

Покупка акций авиакомпаний действительно таила в себе немало опасностей. Да, нетрудно было предвидеть, что объем авиаперевозок будет расти, что и делало акции авиакомпаний столь привлекательными для инвестиционных фондов. И действительно, прибыль вначале росла (темпы роста были даже выше, чем в компьютерной индустрии), но со временем из-за технологических проблем и избыточных производственных мощностей она начала снижаться до опасных значений. В 1970 г., несмотря на высокие объемы авиаперевозок, потери акционеров авиакомпаний составили $200 млн. (Авиакомпании несли убытки также в 1945 и 1961 гг.) В 1969–1970 гг. ситуация повторилась: акции этих компаний упали ниже, чем фондовый рынок в целом. Время показало, что даже самые квалифицированные и высокооплачиваемые эксперты взаимных инвестиционных фондов ошибались относительно ближайшего будущего отрасли.

С другой стороны, инвестиционные фонды, хотя и вкладывали значительные средства в акции IBM (и получали при этом немалую прибыль), в силу высоких цен акций и невозможности уверенно предсказать будущие темпы роста отрасли предпочитали держать в акциях этой блестящей компании не более 3% активов. Поэтому этот прекрасный выбор не оказал сколько-нибудь значительного влияния на их итоговые финансовые показатели. Более того, вложения во многие (если не все) другие компьютерные компании оказались убыточными. Данные примеры позволяют предостеречь читателей, напомнив им о двух вещах.

1. Явные перспективы роста бизнеса не гарантируют инвесторам прибыль.
2. Эксперты не могут предложить надежных методов выбора акций самых перспективных компаний самых перспективных отраслей.

Будучи управляющим инвестиционным фондом, автор книги не придерживался описанного выше подхода и поэтому не мог предложить читателям соответствующих рекомендаций.

---

[7] В конце 1940-х — начале 1950-х гг. акции авиакомпаний пользовались таким же ажиотажным спросом, как спустя полвека акции доткомов. Среди самых «горячих» открытых инвестиционных фондов того времени были Aeronautical Securities и Missiles-Rockets-Jets & Automation Fund. Как и компании, акциями которых они владели, эти фонды разорились. Сегодня общеизвестно, что коэффициент «прибыль/убытки» за всю историю авиакомпаний был отрицательным. Вывод Грэма состоит не в том, что нельзя покупать акции авиакомпаний, а в том, что никогда не следует руководствоваться всеобщей уверенностью в том, что акции компаний той или иной отрасли в будущем принесут больше прибыли, чем акции компаний других отраслей.

О чем же мы собираемся рассказать на страницах этой книги? Главная наша цель — предостеречь читателя от серьезных ошибок, которые он может совершить в процессе инвестирования, и помочь ему разработать оптимальную инвестиционную политику. Значительное внимание будет уделено психологии инвесторов: ведь главная проблема инвестора, можно сказать, его злейший враг — это он сам. Как писал Шекспир, «не в звездах, нет, а в нас самих ищи причину...»[8]. Это со всей очевидностью проявилось в последние десятилетия, когда консервативные инвесторы были вынуждены приобретать акции, помимо своей воли поддаваясь эмоциям и соблазнам фондового рынка. Мы надеемся, что наши аргументы и примеры помогут читателям занять правильную ментальную и эмоциональную позицию при принятии инвестиционных решений. Мы убеждены, что простым людям, характер которых позволяет им заниматься разумным инвестированием, удается получать и накапливать больше денег, чем тем, кому недостает соответствующих черт характера, даже если последние хорошо разбираются в финансах, бухгалтерском учете и ценных бумагах.

Кроме того, мы надеемся привить читателям чувство меры и вкус к расчетам. О 99 акциях из 100 можно сказать, что при такой-то цене они достаточно дешевы для того, чтобы их покупать, а при такой-то — достаточно дороги для того, чтобы их продавать. Важнейшее правило инвестора — всегда учитывать, сколько он платит и что получает за свои деньги. В статье, опубликованной в одном из дамских журналов много лет назад, мы советовали читателям покупать акции не так, как покупают дорогие духи, а так, как покупают овощи. Самые крупные потери за последние два года (как и многие потери в прошлом) стали следствием того, что, покупая акции, инвестор забыл задать вопрос: «Сколько?»

В июне 1970 г. на вопрос «Сколько?» можно было ответить волшебной цифрой — 9,40% (доходность по новым выпускам первоклассных облигаций компаний коммунального сектора). Этот показатель сегодня упал до 7,3%, но он все еще может служить ответом на наш вопрос. Существуют и другие варианты ответов, которые следует тщательно анализировать. И все же, повторяем, и мы, и наши читатели должны заранее быть готовы к таким ситуациям, как, например, в 1973–1977 гг.

Мы также намерены предложить читателям всеобъемлющую программу инвестирования в акции. Частично она адресована обоим видам инвесторов, частично — лишь активным. Может показаться странным, что одно из главных требований, которое должны соблюдать читатели, заключается в том, что им следует ограничиваться акциями, цена которых лишь незна-

[8] У. Шекспир «Юлий Цезарь» (перевод П. Козлова). — *Прим. ред.*

чительно превышает стоимость реальных активов компании[9]. Мы даем этот «немодный» совет по причинам как практическим, так и психологическим. Опыт показывает, что, хотя акции многих перспективных компаний стоят в несколько раз дороже чистых активов этих компаний, инвесторы, покупая эти акции, попадают в серьезную зависимость от колебаний фондового рынка. И наоборот, инвесторы, покупающие акции, скажем, компаний коммунального сектора по стоимости их чистых активов, независимо от поведения фондового рынка остаются совладельцами стабильного растущего бизнеса, долю в котором они приобрели по разумной цене. В конечном итоге такая консервативная политика приносит больше прибыли, чем увлекательная, но опасная охота за акциями блестящих компаний, манящих инвестора предвкушением высоких темпов роста.

Искусство инвестирования имеет одну особенность, на которую не всегда обращают должное внимание. Непрофессиональный инвестор, обладая минимальными способностями и прикладывая минимальные усилия, может добиться если не блестящих, то стабильных результатов. Однако для достижения более высоких показателей потребуются колоссальные затраты умственной и физической энергии. Полумерами тут не обойтись — если для того, чтобы результаты реализации инвестиционной программы были чуть выше средних, вы попытаетесь получить лишь немного новых знаний и лишь чуть-чуть усовершенствовать свои навыки, может оказаться, что вы сделали только хуже.

Поскольку любой, кто просто покупает на рынке акции надежных компаний, способен получать такую же прибыль, как в среднем по рынку, может показаться, что «побить рынок» и получить прибыль выше средней не так уж трудно. Но удивительно, как много неглупых людей, пытающихся сделать это, терпят поражение. Даже большинству инвестиционных фондов, где работают квалифицированные и опытные специалисты, редко удается получать прибыль, равную среднерыночной. В связи с этим возникает вопрос о достоверности прогнозов, которые дают брокеры. Анализ показывает, что эти прогнозы не более надежны, чем гадание на кофейной гуще.

При работе над книгой мы старались не забывать об этой главной ошибке инвесторов. Мы сделали акцент на преимуществах простой портфельной политики, т. е. формирования диверсифицированного портфеля за счет первоклассных облигаций и акций крупнейших компаний. Такую инве-

---

[9] Реальные активы компаний включают материальные (здания и сооружения, оборудование, материальные запасы) и финансовые активы (наличные средства, краткосрочные инвестиции и дебиторская задолженность). Реальные активы не включают такие нематериальные ценности, как торговые марки, авторские права, патенты, франшизы и деловая репутация компании. О стоимости материальных активов см. сноску 11 в главе 8.

стиционную политику при минимальной помощи экспертов способен реализовать любой инвестор. Погоня за ценными бумагами за рамками этой надежной и безопасной политики чревата серьезными проблемами, в первую очередь эмоциональными. Прежде чем приступить к формированию портфеля, любитель приключений должен обрести уверенность в себе и своих консультантах. В первую очередь он должен уяснить, достаточно ли хорошо последние видят разницу между инвестициями и спекуляциями, а также между рыночной ценой и фундаментальной стоимостью.

Разумный подход к инвестированию, твердо опирающийся на принцип «запаса надежности», может обеспечить неплохую прибыль. Если же, не довольствуясь гарантированной прибылью, которую приносит пассивная политика, инвестор решит активно торговать на фондовом рынке, пусть он прежде всего заглянет внутрь себя.

В заключение сделаем небольшой экскурс в прошлое. Когда автор этой книги в июне 1914 г. юношей начал работать на Уолл-стрит, ни один человек не знал, что готовят нам следующие 50 лет. (На фондовом рынке никто и не подозревал о том, что через два месяца начнется Первая мировая война и закроется Нью-Йоркская фондовая биржа.) Сейчас, в 1972 г., мы, американцы, считаем себя самой богатой и влиятельной нацией в мире, но нам приходится сталкиваться с множеством проблем, и мы ощущаем неуверенность в завтрашнем дне и испытываем страх перед будущим. Но результаты анализа американского опыта в области инвестирования, накопленного за последние 57 лет, обнадеживают. Несмотря на небывалые трудности и потрясения, утверждение, что разумные принципы инвестирования обычно обеспечивают стабильную прибыль, остается верным. Мы должны действовать исходя из того, что это утверждение останется в силе и в будущем.

Примечание. В этой книге не рассматриваются общие принципы финансирования, накопления и инвестирования. Речь идет только о той части денежных средств, которые люди готовы вложить в рыночные ценные бумаги — облигации и акции. Соответственно, речь не идет о таких важных вещах, как сберегательные счета, срочные банковские депозиты, счета ссудосберегательных ассоциаций, полисы страхования жизни, рентные облигации, закладные на недвижимость и прямые инвестиции. Кроме того, читатель должен иметь в виду, что, когда в тексте встречается слово «сейчас» или «сегодня», речь идет о конце 1971-го или начале 1972 г.

КОММЕНТАРИИ К ПРЕДИСЛОВИЮ

> Если ты выстроил воздушные замки, твой труд
> не пропал даром; именно там им и место.
> Тебе остается подвести под них фундамент.
>
> *Генри Дэвид Торо.*
> *Уолден, или Жизнь в лесу*

Обратите внимание на предупреждение, сделанное Грэмом в самом начале книги: она не раскроет секрета победы над рынком. Впрочем, этого не сделает ни одна честная книга.

Но книга Грэма научит вас трем важным вещам. Вы узнаете о том, как:

- свести к минимуму риск необратимых убытков;
- максимизировать шансы на получение устойчивой прибыли;
- уберечься от соблазна пуститься во все тяжкие, что неизбежно ведет к катастрофе и не позволяет большинству инвесторов реализовать свой потенциал.

Вспомним конец 1990-х гг. Тогда, во времена бума на фондовом рынке, цены акций технологических компаний ежедневно удваивались, а сама мысль о том, что, покупая их, можно потерять все деньги, казалось абсурдной. Но в конце 2002 г. стоимость акций многих доткомов и телекоммуникационных компаний упала на 95%. При таких убытках только для того, чтобы вернуть свои деньги, необходимо, чтобы доходность достигала 1900%[10]. Безрассудный риск может загнать инвестора в глубокую яму, из которой ему уже не выбраться. Вот почему Грэм постоянно подчеркивает, как важно избегать убытков. Он пишет об этом не только в главах 6, 14 и 20, но и практически во всех остальных.

И все же, как бы осторожны вы ни были, ваши инвестиции время от времени будут падать в цене. Поскольку избежать риска не может никто, Грэм покажет, как им управлять — и держать свои страхи под контролем.

---

[10] Но часто ли удается купить акции по $30 и продать их по $600?

ВЫ — РАЗУМНЫЙ ИНВЕСТОР?

А теперь давайте ответим на ключевой вопрос: какой смысл вкладывает Грэм в понятие «разумный инвестор»? Давая дефиницию этого понятия в первом издании книги, он четко разъясняет, что в его понимании разумное поведение не имеет отношения к величине IQ. Разумный инвестор — это инвестор терпеливый, дисциплинированный и всегда готовый учиться. Кроме того, это инвестор, способный контролировать свои эмоции и думать о будущем. Грэм считает, что такая «разумность» — свойство скорее характера, чем интеллекта[11].

Факты говорят о том, что высокий IQ и диплом о высшем образовании еще не делают инвестора разумным. В 1998 г. хедж-фонд Long-Term Capital Management (LTCM), которым управляла целая армия математиков, компьютерщиков и даже два нобелевских лауреата в области экономики, в течение нескольких недель потерял более $2 млрд, поставив на то, что рынок облигаций вернется к «нормальному» состоянию. Но рынок продолжал вести себя все более «ненормально», и в итоге фонд задолжал столько денег, что его крах едва не обрушил мировую финансовую систему[12].

А теперь немного истории. Весна 1720 г. Сэр Исаак Ньютон — один из акционеров «Компании Южных морей». Акции этой компании раскупаются как горячие пирожки. Понимая, что ситуация на фондовом рынке выходит из-под контроля, великий ученый сказал, что можно рассчитать ход небесных светил, но не ход мысли безумцев. Ньютон избавился от своих акций, получив 100%-ную прибыль (7000 фунтов стерлингов). Но уже через месяц, поддавшись всеобщему энтузиазму, приобрел эти акции по более высокой цене — и потерял 20 000 фунтов (на сегодня это более $3 млн). До конца своей жизни Ньютон запрещал произносить в своем присутствии даже название злополучной компании[13].

Сэр Исаак Ньютон был одним из самых умных людей, которые когда-либо рождались на планете. Большинство из нас считает их разумными. Но, с точки зрения Грэма, Ньютона вряд ли можно было назвать разумным инвестором. Попав под чужое влияние, он поступил как последний дурак.

Короче говоря, инвесторы терпят убытки не потому, что они глупы. Просто, подобно сэру Исааку Ньютону, они не всегда могут справиться со своими эмоциями, а без этого успешное инвестирование невозможно. В главе 8 Грэм

---

[11] Benjamin Graham, *The Intelligent Investor* (Harper & Row, 1949), с. 4.

[12] Хедж-фонд — как правило, частный инвестиционный фонд, занимающийся агрессивным инвестированием в интересах состоятельных клиентов. Для получения более подробной информации см.: Roger Lowenstein, *When Genius Failed* (Random House, 2000).

[13] John Carswell, *The South Sea Bubble* (Cresset Press, London, 1960), с. 131, 199. См. также www.harvard-magazine.com/issues/mj99/damnd.html.

показывает, как воспитать разум, обуздать эмоции и научиться не поддаваться иррациональному влиянию фондового рынка. Прочитав эту главу, вы поймете, что разумность инвестора — свойство не интеллекта, а характера.

ХРОНИКА ФИНАНСОВЫХ КАТАСТРОФ

А теперь перечислим важнейшие события на финансовом рынке за последние годы.

1. Самый большой крах фондового рынка со времен Великой депрессии. С марта 2000 по октябрь 2002 г. стоимость акций американских компаний упала на 50,2% ($7,4 трлн).
2. Катастрофическое падение цен акций самых «горячих» компаний 1990-х: AOL, Cisco, JDS Uniphase, Lucent и Qualcomm — плюс разорение сотен интернет-компаний.
3. Обвинение руководителей нескольких крупнейших корпораций США, включая Enron, Tyco и Xerox, в грандиозных финансовых махинациях.
4. Банкротства таких известных и уважаемых компаний, как Conseco, Global Crossing и WorldCom.
5. Заявления о том, что аудиторские фирмы фальсифицируют бухгалтерскую отчетность и даже уничтожают записи, чтобы помочь клиентам ввести в заблуждение инвесторов.
6. Обвинения в адрес высших руководителей ведущих компаний в перекачивании сотен миллионов долларов на личные счета.
7. Признание того факта, что финансовые аналитики с Уолл-стрит, публично высоко оценивающие акции тех или иных компаний, в частных беседах называют их бросовыми.
8. Предупреждения экспертов о том, что фондовый рынок, который даже после чудовищного спада считается переоцененным, будет продолжать падать.
9. Непрекращающееся падение процентных ставок, лишающее инвесторов практически любых привлекательных финансовых инструментов кроме акций.
10. Опасения инвесторов, связанные с непредсказуемыми последствиями глобального терроризма и войны на Ближнем Востоке.

Инвесторы, следовавшие принципам Грэма, смогли не пострадать (и не пострадали) от всего этого. Как писал Грэм, «необоснованный энтузиазм хорош в любом другом месте, но только не на Уолл-стрит, где он неизбежно ведет к катастрофе». Увлекшись акциями доткомов, акциями перспективных компаний быстро развивающихся отраслей и акциями вообще, многие инвесторы ведут себя столь же безрассудно, как сэр Исаак Ньютон. Их мнение начинает зависеть от мнений других инвесторов. Они игнорируют предупреждение Грэма о том, что самые серьезные потери всегда происходят из-за того, что «инвестор забыл задать вопрос: "Сколько?"» И, что самое обидное, теряя самообладание именно тогда, когда оно более всего необходимо, эти люди подтверждают правоту Грэма, который считал, что «главная проблема инвестора, можно сказать, его злейший враг — это он сам».

ДЕЛО — ВЕРНЯК?

Многие из тех, кто позволил себе увлечься акциями высокотехнологичных компаний и доткомов, верили навязчивой рекламе, твердившей, что эти отрасли будут расти из года в год, а может быть, и вечно. Приведем лишь некоторые факты, красноречиво говорящие о царившей тогда атмосфере.

- В середине 1999 г., получив 117,3%-ную прибыль всего за первые пять месяцев года, Александр Ченг, управляющий портфелем инвестиционного фонда Monument Internet Fund, спрогнозировал, что его фонд будет получать 50% прибыли в год на протяжении следующих трех или пяти лет и в среднем 35% прибыли «на протяжении следующих 20 лет»[14].
- После колоссального роста стоимости Amerindo Technology Fund на 248,9% в 1999 г. управляющий портфелем этого фонда Альберто Вилар высмеивал всех, кто сомневался, что Интернет — это вечный двигатель фондового рынка. «Тот, кто не работает в этом секторе, плетется в хвосте событий. Он тащится в телеге на старой кляче, а я мчусь в шикарном Porsche. Вам не нужен десятикратный рост? Значит, нам не по дороге»[15].

[14] Constance Loizos, "Q&A: Alex Cheug," *InvestmentNews*, 17 мая 1999 г., с. 38. Самый высокий уровень среднегодовой доходности за всю историю взаимных инвестиционных фондов составлял 25,8% в год. Это показатель компании Fidelity Magellan, которой руководил легендарный Питер Линч. Рекордный показатель был зафиксирован на 31 декабря 1994 г. При такой доходности, вложив $10 000, Линч за 20 лет заработал бы $982 000. Ченг уверял, что, вложив те же $10 000 в его инвестиционный фонд, за те же 20 лет можно получить более $4 млн. Вместо того чтобы посмеяться над оптимистичными прогнозами Ченга, инвесторы наперегонки понесли ему свои деньги, за год вложив в инвестиционный фонд более $100 млн. Однако $10 000, вложенные в Monument Internet Fund в мае 1999 г., к концу 2002 г. превратились примерно в $2000. (Фонда под упомянутым названием более не существует. Сегодня он называется Orbitex Emerging Technology Fund.)

[15] Lisa Reilly Cullen, "The Triple Digit Club," *Money*, декабрь 1999 г., с. 170. Вложенные в конце 1999 г. в инвестиционный фонд Вилара $10 000 в конце 2002 г. преврати-

- В феврале 2000 г. управляющий хедж-фондом Джеймс Крамер заявил, что акции интернет-компаний — «единственные акции, которые сегодня стоит покупать». Только «победители нового мира», как он назвал эти акции, растут в цене независимо от ситуации на рынке. Крамер даже критиковал Грэма: «Вы должны выбросить из головы все таблицы, формулы и учебники, которыми пользовались до наступления эпохи Интернета... Если бы мы следовали советам Грэма и Додда, у нашего фонда не было бы ни гроша»[16].

Все эти так называемые эксперты игнорировали здравое предупреждение Грэма: «Явные перспективы роста бизнеса не гарантируют инвесторам прибыль». Предвидеть, какая отрасль будет расти быстрее других, не так уж важно, если большинство других инвесторов тоже это предвидят. К тому времени, как практически каждый инвестор решит, что та или иная отрасль явно является лучшей и именно в нее следует инвестировать, стоимость акций компаний будет настолько взвинчена, что будущей прибыли ничего не останется, кроме как падать.

Сейчас уже никто не кричит о том, что высокотехнологичные отрасли — самые перспективные. Но надо хорошенько запомнить: те, кто сегодня уверяет, что здравоохранение, или энергетика, или недвижимость, или золото — это «верняк», в конце концов с большой долей вероятности окажутся в той же ситуации, что и инвесторы высокотехнологичных компаний.

НЕТ ХУДА БЕЗ ДОБРА

Если в 1990-е гг. никакая, даже заоблачная цена акций не казалось слишком высокой, то в 2003 г. мы докатились до того, что никакая цена уже не казалась слишком низкой. Как и следовало ожидать, маятник качнулся в другую сторону. Грэм всегда знал, что именно так колеблется рынок: от необоснованного оптимизма до неоправданного пессимизма, и наоборот. В 2002 г. инвесторы вывели из взаимных фондов, инвестирующих в акции, $27 млрд. Исследование, проведенное Securities Industry Association, показало, что каждый десятый инвестор потерял на инвестициях в акции как минимум 25%. Те, кто активно покупал акции в конце 1990-х гг., когда цены росли

лись бы в $1195. Это один из самых ярких примеров катастрофических потерь за всю историю существования взаимных инвестиционных фондов.

[16] См. www.thestreet.com/funds/smarter/891820.html. Любимые акции Крамера обманули его ожидания. К концу 2002 г. каждая десятая компания обанкротилась, и $10 000, вложенные поровну в акции, предлагаемые Крамером, сжались до $597,44 (–94%). Возможно, Крамер имел в виду, что эти «победители нового мира» победят не в нашем, а в лучшем мире?

(т. е. когда акции дорожали), продавали акции, когда цены начинали падать (т. е. когда акции дешевели).

В главе 8 Грэм убедительно показал, что поступать следует с точностью до наоборот. Разумный инвестор понимает, что рост цен делает акции не менее, а более рискованными и, напротив, падение цены делает их менее, а не более рискованными. Разумный инвестор опасается бычьего рынка, потому что покупка акций на нем — дорогое удовольствие. И соответственно, если у вас есть свободные средства, следует выходить на медвежий рынок, потому что на нем продаются дешевые акции[17].

Итак, не отчаивайтесь: падение бычьего рынка — это не так уж плохо, как принято считать. Благодаря падению цен на акции наступили более безопасные (и лучшие) времена для накопления богатства. Приступайте к чтению книги: позвольте Грэму рассказать, как это делается.

[17] Единственное исключение из этого правила касается очень пожилых инвесторов, которые могут не дождаться конца медвежьего рынка. Но даже пожилому инвестору не стоит продавать свои акции просто потому, что они начали падать в цене. Такой подход не только превращает бумажные убытки в реальные, но и лишает наследников инвестора потенциальной возможности получить его дешевые акции, за которые придется платить меньше налогов.

ГЛАВА 1

Инвестиции и спекуляции: выбор разумного инвестора

В этом разделе мы коснемся важнейших вопросов, которые будут более подробно рассмотрены далее. Здесь мы представим основные принципы оптимальной портфельной политики непрофессиональных индивидуальных инвесторов.

Инвестиции и спекуляции

Какой смысл мы вкладываем в понятие «инвестор»? На страницах книги этот термин будет использоваться как антоним понятию «спекулянт». Мы попытались сформулировать различия между этими понятиями еще в 1934 г. в книге «Анализ фондового рынка» (Security Analysis): «Инвестиции — это операции, цель которых — тщательно анализируя ситуацию, сохранить вложенные средства и получить приемлемую прибыль. Операции, которые не отвечают этим требованиям, — это спекуляции» [1].

Данному подходу мы неукоснительно следовали все последующие 38 лет. Однако с течением времени термин «инвестор» стали понимать несколько иначе. После падения фондового рынка в 1929–1932 гг. по сути *все* акции стали считать инструментами финансовых спекуляций. (Ведущие финансовые аналитики решительно заявляли, что для инвестирования можно использовать только облигации [2]). Поэтому пришлось защищать наш подход от обвинений в том, что мы трактуем понятие «инвестиции» слишком широко.

Сегодня можно говорить о другой крайности. Следует предостеречь читателей: не следует называть инвесторами всех без исключения участников фондового рынка. В предыдущем издании книги мы приводили заголовок статьи с обложки авторитетного финансового журнала *Security Analysis* (июнь 1962 г.):

МЕЛКИЕ ИНВЕСТОРЫ ИГРАЮТ НА ПОНИЖЕНИЕ: БУМ КОРОТКИХ ПРОДАЖ НЕПОЛНЫХ ЛОТОВ

В октябре 1970 г. в этом же журнале критиковались так называемые «безрассудные инвесторы» — участники фондового рынка, которые приобретали акции, ожидая их роста.

Все это указывает на путаницу в трактовке терминов «инвестиции» и «спекуляции», существующую на протяжении многих лет. Вспомним предложенное в начале главы определение инвестиций и посмотрим, соответствуют ли ему действия непрофессиональных индивидуальных инвесторов, которые продают несколько акций, даже не принадлежащих им, с нетерпением ожидая, что через некоторое время они смогут купить их по более низкой цене. (Нелишне заметить, что в 1962 г., когда была напечатана упомянутая выше статья, рынок уже пережил значительный спад и даже был готов к подъему. Это был самый неблагоприятный момент для коротких продаж.) Вообще говоря, понятие «безрассудный инвестор» можно было бы считать забавным оксюмороном, таким как, например, словосочетание «расточительный скряга», если бы путаница в терминах не была столь опасной.

В прессе в обоих случаях был использован термин «инвестор», потому что на жаргоне Уолл-стрит каждый, кто покупает или продает ценные бумаги, считается таковым, независимо от того, что именно он покупает, с какой целью, по какой цене и на какие средства — собственные или заемные. Между тем результаты опроса общественного мнения, проведенного в 1948 г. и посвященного отношению населения к акциям, показали, что более 90% опрошенных были настроены против покупки последних [3]. Почти половина респондентов указала на то, что это «небезопасно или рискованно». Другая половина считала, что они «недостаточно информированы»[1]. Парадоксально, но факт: покупка всех видов акций считалась весьма рискованной спекулятивной операцией, хотя в то время, накануне рекордного роста,

---

[1] Опрос, о котором пишет Грэм, проводился Университетом штата Мичиган по заказу Федеральной резервной системы. Его результаты были опубликованы в *Federal Reserve Bulletin* в июле 1948 г. Участникам опроса был задан вопрос: «Предположим, у вас есть сбережения. Вы можете положить их на счет в банке или вложить в ценные бумаги. Как, по вашему мнению, следует поступить сегодня: положить деньги на счет в банке, купить на них облигации, инвестировать в недвижимость или вложить их в обыкновенные акции?» Только 4% опрошенных ответили, что обыкновенные акции приносят «удовлетворительный доход»; 26% посчитали такие вложения «небезопасными» или «рискованными». С 1949 по 1958 г. среднегодовые показатели доходности фондового рынка были одними из самых высоких за всю историю (18,7%). В конце 2002 г. журнал *Business Week* провел аналогичный опрос. Только 24% инвесторов изъявили желание увеличить вложения в паи взаимных инвестиционных фондов или собственные портфели акций. Тремя годами ранее такое желание высказывали 47% опрошенных.

они продавались на самых выгодных условиях. С другой стороны, именно благодаря тому обстоятельству, что акции выросли до уровня, который, как показывал опыт, был опасным, любые вложения в акции стали считаться инвестициями, а все, кто покупал акции, — инвесторами.

Забывать о том, что «инвестиции» и «спекуляции» — не одно и то же, ни в коем случае нельзя, и тот факт, что об этом забыли, — тревожный симптом. Мы всегда считали, что финансовые институты должны постоянно напоминать индивидуальным инвесторам о разнице между этими понятиями, иначе в один прекрасный день против фондовых бирж могут быть выдвинуты обвинения в том, что они не донесли соответствующую информацию до инвесторов, в результате чего те понесли огромные спекулятивные потери. Еще один парадокс: многие трудности, с которыми в последнее время сталкивались брокерские конторы, были связаны с тем, что их активы в значительной степени состояли из спекулятивных акций. Мы надеемся, что читатели получат достаточно четкое представление о рисках при операциях с акциями, которые (и это важно понимать), неотделимы от возможности получать прибыль. Разумный инвестор обязан помнить не только о возможностях, но и о рисках.

Сказанное свидетельствует о том, что сегодня уже невозможно следовать «чистой» инвестиционной политике, нацеленной на вложение средств в надежные инструменты финансового рынка и обеспечивающей каждому игроку возможность дождаться удачного момента для их покупки, не опасаясь понести убытки из-за падения котировок или сведя их к минимуму. Инвестор должен понимать, что в большинстве случаев в операциях с акциями присутствует *спекулятивная составляющая*. Его задача — по возможности уменьшить ее. При этом он должен быть (и в финансовом отношении, и психологически) готов к тому, что ему не обязательно удастся сделать это (в кратко- или долгосрочной перспективе).

Скажем несколько слов о биржевых спекуляциях как таковых (не путать с спекулятивной составляющей операций с надежными акциями, о которой мы писали выше). Сами по себе спекулятивные сделки ни противозаконны, ни аморальны, да и нажиться на них удается лишь немногим. Более того, иногда спекуляции бывают даже полезны, поскольку при проведении операций с акциями инвестор может как выиграть, так и проиграть, и каждый, кто совершает такие сделки, должен учитывать, что риск — их неотъемлемая составляющая[2]. Не только инвестиции, но и спекуляции могут быть раз-

---

[2] В ряде случаев спекулятивные сделки бывают полезны. Во-первых, благодаря им новые, никому не известные компании (такие как Amazon.com или, ранее, Edison Electric Light Co.) могут собрать необходимые для роста финансовые ресурсы. Возможность быстро получить огромную прибыль — хороший стимул для продвижения инноваций. Во-вторых, при каждой новой сделке риск не исчезает, но переходит от продавца

умными. Неразумными последние являются в случаях, если: 1) инвестор думает, что осуществляет инвестиции, а на самом деле занимается спекуляциями; 2) инвестор совершает крупную сделку, не имея соответствующих знаний и опыта, и 3) инвестор проводит рискованную спекулятивную операцию, требующую более значительных вложений, чем он может себе позволить потерять в случае неудачи.

На наш консервативный взгляд, непрофессиональный инвестор, осуществляющий маржинальные операции[3] (т. е. покупающий акции на заемные средства), должен отдавать себе отчет в том, что фактически он занимается спекуляциями, а его брокеры обязаны напоминать ему об этом. Спекуляциями занимаются и те, кто приобретает так называемые «горячие» выпуски акций или проводит аналогичные операции. Спекуляции всегда соблазнительны, это увлекательная игра, и люди погружаются в нее с головой. Если вы хотите попытать счастья на этом поприще, выделите для этого какую-то часть сбережений (чем меньше, тем лучше) и положите эти деньги на особый счет. Никогда не пополняйте денежные средства на этом счете только потому, что рынок растет, а значит, растет и ваша прибыль. (В период роста следует, наоборот, подумать о снятии денежных средств со «спекулятивного» счета.) Всегда используйте разные счета для ведения спекулятивных и инвестиционных операций, да и вообще не путайте эти понятия.

Что делать пассивному инвестору?

Мы уже писали, что инвестор, занимающий пассивную, оборонительную позицию, нацелен прежде всего на то, чтобы сохранить свои вложения и избежать трудностей, связанных с управлением инвестициями. Как следует поступать такому инвестору и на что он может рассчитывать в «средних нормальных рыночных условиях» (если такие условия вообще существуют)? Для ответа на этот вопрос вспомним, что мы писали в предыдущем издании, проанализируем произошедшие с тех пор важнейшие изменения и новые факторы, влияющие на ожидаемый доход инвестора, и посмотрим, что

к покупателю или наоборот, что также иногда бывает полезно. Покупатель рискует в случае падения курса акций, продавец — в случае их роста после продажи.

[3] Маржинальные счета используются для покупки акций на заемные средства, предоставляемые инвесторам брокерами. При росте акций растет и брокерская комиссия, а при их падении инвестор рискует разориться. Обеспечением по займу служит стоимость бумаг в инвестиционном портфеле. Поэтому, если их стоимость упадет ниже величины займа, вам придется внести на счет дополнительные средства. Для получения более подробной информации о маржинальных счетах см.: www.sec.gov/investor/pubs/margin.htm и http://www.nyse.com/404r.html?source=http://www.nyse.com/pdfs/2001_factbook_09.pdf.

следует делать инвестору и на что он может рассчитывать в современных условиях (на начало 1972 г.).

1. Что мы писали шесть лет назад

Мы рекомендовали инвестору диверсифицировать инвестиции, включая в портфель первоклассные облигации и акции ведущих компаний таким образом, чтобы доля каждого вида активов составляла от 25 до 75%, в случае необходимости меняясь в ту или иную сторону. Мы писали, что проще всего распределить инвестиции между акциями и облигациями в соотношении 50:50 и изменять его в зависимости от колебаний рынка в пределах, скажем, 5%. В качестве альтернативы такой инвестиционной политике мы предлагали снижать долю акций до 25%, «если инвестор считает, что курс акций опасно высок», и, наоборот, увеличивать ее до 75%, «если инвестор полагает, что падение цен на акции повышает их привлекательность».

В 1965 г. дивидендная доходность облагаемых налогом первоклассных облигаций достигала 4,5%, а не облагаемых налогом надежных облигаций — 3,25%. Дивидендная доходность обыкновенных акций ведущих компаний (при индексе Доу–Джонса на уровне 892 пунктов) составляла всего около 3,2%. Данные показатели наряду с другими рыночными факторами требовали от инвесторов соблюдения осторожности. Мы исходили из того, что в условиях «нормального рынка» дивидендная доходность обыкновенных акций может колебаться от 3,5 до 4,5%. Кроме того, примерно на такую же величину параллельно должна расти фундаментальная стоимость (как и «нормальная» рыночная цена) котируемых на бирже акций. Таким образом, совокупный доход по акциям (дивидендный доход плюс рост стоимости) равнялся бы примерно 7,5% годовых. При соотношении акций и облигаций в портфеле инвестора 50:50 прибыль последнего до налогообложения составила бы около 6%. Наконец, мы писали, что включение в портфель акций наряду с облигациями защищает инвестора от инфляции и падения покупательной способности.

Следует заметить, что приведенные выше расчеты основывались на ожидании значительно более низких темпов роста фондового рынка, чем те, которые он продемонстрировал в 1949–1964 гг. Темпы роста стоимости акций, зарегистрированных на бирже, в среднем превышали 10%, и почти все участники рынка были уверены в том, что подобный рост гарантирован и в будущем. Лишь немногие готовы были всерьез рассматривать возможность того, что из-за высоких темпов роста курс акций оказался завышенным, а потому «прекрасные показатели в период после 1949 г. приведут не к высоким, а, наоборот, к низким показателям в будущем» [4].

2. Что случилось после 1964 г.

Главным событием последующего периода стал беспрецедентный рост доходности по первоклассным облигациям после значительного ее падения в 1970 г. Доходность по надежным корпоративным облигациям сегодня составляет не менее 7,5% (в 1964 г. — 4,5%). Кроме того, дивидендная доходность акций, входящих в расчет индекса Доу–Джонса, во время спада на рынке в 1969–1970 гг. также значительно возросла, но, как мы уже писали, она не превышает 3,5% (при значении индекса Доу–Джонса 900 пунктов) (на конец 1964 г. она составляла 3,2%). На протяжении этого периода повышение доходности привело к самому значительному (на 38%) снижению рыночной стоимости среднесрочных (например, 20-летних) облигаций.

Такая динамика достаточно парадоксальна. В 1964 г. мы подробно обсуждали возможность того, что, будучи сильно завышенными, цены акций могут в любой момент резко упасть. Но мы не писали о том, что нечто подобное может случиться и с котировками облигаций, имеющих высокий рейтинг (насколько нам известно, в то время никто об этом и не помышлял). Мы предупреждали, что «цены на долгосрочные облигации могут значительно варьироваться вследствие изменения процентных ставок». В свете произошедших событий можно предположить, что на это предупреждение, как и на иллюстрировавший его пример, почти не обратили внимания. Так, если допустить, что в портфеле инвестора были акции, входящие в расчет индекса Доу–Джонса, то (с учетом его значения в конце 1964 г. на уровне 874 пунктов) в конце 1971 г. этот инвестор мог получить небольшую прибыль. Даже при самом низком значении индекса Доу–Джонса в 1970 г. (631 пункта) убытки инвестора были бы меньше, чем если бы в его портфеле находились надежные долгосрочные облигации. С другой стороны, если бы инвестор ограничил свои вложения только государственными сберегательными и краткосрочными корпоративными облигациями или просто положил деньги на сберегательный счет в банке, он не потерял бы от снижения рыночной стоимости инвестиций на протяжении этого периода и получил бы более высокий доход, чем если бы держал надежные акции. Таким образом, оказалось, что в 1964 г. покупка эквивалентов наличности фактически была более удачным выбором, чем приобретение акций, хотя из-за инфляции вложения в акции теоретически должны были быть более выгодными. Падение рыночной стоимости надежных долгосрочных облигаций произошло в результате изменений на денежном рынке, которые, как правило, не оказывают значительного влияния на инвестиционную политику индивидуальных инвесторов.

Это лишь один из множества примеров, свидетельствующих о невозможности предугадать рыночную стоимость ценных бумаг[4]. Обычно стоимость облигаций колеблется не так сильно, как стоимость акций, поэтому инвесторы обычно приобретают надежные облигации с любыми сроками погашения, не особенно беспокоясь об изменении их рыночной стоимости. Правда, было несколько исключений из этого правила, в том числе после 1964 г. Более подробно динамика рыночных цен облигаций будет рассмотрена в следующей главе.

3. Что делали и чего ожидали инвесторы в конце 1971 — начале 1972 г.

В конце 1971 г. облагаемый налогом доход инвестора по надежным среднесрочным корпоративным облигациям мог составить 8%, по надежным муниципальным облигациям и облигациям штатов — 5,7%. В краткосрочной перспективе инвестор мог рассчитывать на 6%-ную доходность по государственным 5-летним облигациям США. В последнем случае покупателю незачем было беспокоиться о возможных убытках от снижения рыночной стоимости инвестиций, так как он мог быть уверен в погашении облигаций по полной стоимости (включая выплату 6%-ного дохода по ним) в конце сравнительно короткого периода держания. Акции, входящие в расчет индекса Доу–Джонса, при его значении на уровне 900 пунктов в 1971 г. могли принести только 3,5% дохода.

Теперь представим себе, что сегодня, как и в прошлом, главным вопросом при разработке инвестиционной политики является вопрос о соотношении в инвестиционном портфеле высококачественных облигаций (эквивалентов наличности) и акций ведущих компаний, близких к тем, которые входят в расчет индекса Доу–Джонса. Какого курса должен придерживаться инвестор в современных условиях, если мы не можем прогнозировать на ближайшее будущее ни значительный рост фондового рынка, ни его падение? Во-первых, обратим внимание на то, что при отсутствии серьезных неблагоприятных изменений на рынке пассивный инвестор может рассчитывать на сложившийся уровень дивидендной доходности (3,5%) своих акций плюс доход от повышения их стоимости (примерно 4%). Как будет показано далее, эта оценка в значительной мере основана на объемах ежегодного

[4] Перечитайте еще раз данное утверждение Грэма и обратите внимание на то, что говорит этот величайший из экспертов по вопросам инвестирования: «невозможно предугадать рыночную стоимость ценных бумаг». Читая книгу дальше, обратите внимание на то, каким образом Грэм пытается убедить в этом инвесторов. Поскольку нельзя предсказать поведение финансовых рынков, стоит научиться контролировать свое поведение.

реинвестирования различными компаниями нераспределяемой прибыли. Таким образом, совокупный доход от владения акциями до вычета налогов в среднем будет составлять около 7,5% — немного меньше, чем процент по первоклассным облигациям[5]. После уплаты налогов средний доход по акциям будет составлять около 5,3% [5], т.е. примерно столько же, сколько приносили бы надежные не облагаемые налогом среднесрочные облигации.

Итак, сегодня перспективы доходности по акциям менее благоприятны, чем в начале 1964 г. (Этот вывод вытекает из того, что с 1964 г. доходность по облигациям возросла более значительно, чем доходность по акциям.) Следует также принять во внимание тот факт, что процентные платежи и суммы, выплачиваемые при погашении качественных облигаций, защищены значительно лучше и потому более надежны, чем дивиденды и доход от повышения стоимости акций. Соответственно, можно сделать вывод, что сейчас, в конце 1971 г., инвестиции в облигации более предпочтительны, чем инвестиции в акции. Если мы уверены в правильности этого вывода, можно посоветовать инвесторам вкладывать все средства в облигации и не покупать акции до тех пор, пока соотношение доходности по этим двум видам ценных бумаг не изменится в пользу акций.

Но, разумеется, абсолютной уверенности в том, что в сложившейся ситуации облигации принесут инвестору больше прибыли, чем акции, нет. Для этого, как известно, есть серьезная причина — фактор инфляции. В следующей главе мы наглядно это продемонстрируем. С одной стороны, наш немалый опыт работы на фондовом рынке в условиях инфляции XX в. говорит о том, что с учетом сложившегося соотношения уровней доходности облигаций и акций последние нельзя считать оптимальным выбором для инвестора. С другой стороны, всегда есть опасность роста инфляции (которую всегда учитывают лишь задним числом), неизбежно делающей обыкновенные акции более выгодным вложением, чем облигации с их фиксированной доходностью[6]. Кроме того, возможно, хотя и маловероятно,

[5] Сбываются ли прогнозы Грэма? На первый взгляд, да. С начала 1972 г. до конца 1981 г. среднегодовая доходность по акциям составляла 6,5%. (Грэм не указывал сроки прогноза, но можно предположить, что он имел в виду 10-летний период.) На протяжении этого периода весь доход по акциям съедала инфляция, которая достигала 8,6% в год. В этом разделе Грэм фактически рассматривает доходность по акциям с позиции так называемого уравнения Гордона, в соответствии с которым ожидаемая доходность складывается из текущей дивидендной доходности и ожидаемых темпов роста прибыли. С учетом того, что в начале 2003 г. показатели текущей дивидендной доходности и долгосрочных темпов роста прибыли были равны и составляли 2%, а инфляция была чуть выше 2%, совокупная годовая доходность по акциям, по грубым подсчетам, могла составить в среднем 6%.

[6] С 1997 г., когда на рынке появились защищенные от инфляции казначейские облигации (Treasury Inflation-Protected Securities, TIPS), акции более не являются оптимальным выбором для инвесторов, которые не хотят, чтобы их вложения обесценились.

что американский бизнес станет настолько прибыльным, что инфляция не будет расти. В этом случае стоимость акций на протяжении нескольких следующих лет значительно увеличится. Наконец, мы можем стать свидетелями очередного спекулятивного, не опирающегося на реальный рост экономики, значительного роста фондового рынка. Любая из этих и других (не рассмотренных нами) возможностей может заставить инвестора пожалеть о том, что он полностью вложился в облигации, несмотря на их более высокую доходность.

После того, как мы поставили эти вопросы, попробуем вновь сформулировать главный принцип пассивной инвестиционной политики: независимо от ситуации на рынке часть средств следует вкладывать в облигации, часть — в акции. Соотношение между этими двумя видами ценных бумаг в портфеле может составлять от 50:50 до 25:75 в зависимости от ситуации на рынке. Более подробно мы поговорим об этом в следующей главе.

Поскольку в данный момент совокупная доходность акций и облигаций примерно одинакова, соотношение между этими двумя видами ценных бумаг в портфеле инвестора (с учетом роста рыночной стоимости акций) существенно не повлияет на его ожидаемую доходность. Согласно вышеприведенным расчетам, совокупная доходность портфеля инвестора должна составлять около 7,8% до уплаты налогов или 5,5% после уплаты налогов. Эти показатели существенно выше средней прибыли, получаемой консервативными инвесторами на протяжении довольно продолжительного периода. Конечно, они ниже показателей доходности обыкновенных акций в течение 20 лет (с 1949 г.) — 14%. Но нельзя забывать о том, что с 1949 по 1969 г. индекс Доу–Джонса вырос более чем в пять раз, в то время как прибыль и дивиденды — всего вдвое. Однако столь впечатляющий рост рынка в значительной степени объяснялся не ростом фундаментальной стоимости компаний, а изменением предпочтений инвесторов и спекулянтов. Это явление называют «самораскруткой рынка» или бутстрэппингом.

Говоря об акциях в портфеле пассивного инвестора, мы имели в виду только акции 30 ведущих компаний, входящих в расчет индекса Доу–Джонса. Мы поступали так исключительно ради удобства, а не потому, что приобретать стоит только эти акции. Существует множество других компаний, акции которых по своим характеристикам не уступают или даже превосходят акции, на основании которых рассчитывается индекс Доу–Джонса. Это, например, компании коммунального сектора (по ним

В отличие от других долговых обязательств, при росте индекса потребительских цен казначейские облигации растут в цене, надежно защищая инвестора от инфляционных потерь. Акции не дают такой гарантии и при высоких уровнях инфляции являются относительно менее надежным инструментом хеджирования (см. главу 2).

также рассчитывается соответствующий отраслевой индекс Доу–Джонса)[7]. Но сейчас для нас важно, что итоговая доходность инвестиций пассивного инвестора не будет значительно изменяться в зависимости от того, какие именно надежные акции он включит в свой диверсифицированный портфель. Строго говоря, ни сам инвестор, ни его финансовые консультанты не могут с уверенностью предсказать, как она изменится в конечном счете. Вполне оправданно мнение, что искусство инвестора — это прежде всего умение выбирать акции с доходностью выше рыночной. По ряду причин мы полагаем, что пассивному индивидуальному инвестору едва ли под силу добиться более высоких результатов, чем в среднем по рынку[8]. (Наш скептицизм распространяется и на крупные инвестиционные фонды, управляемые экспертами.)

Рассмотрим это утверждение на примере, который на первый взгляд может полностью его опровергнуть. С декабря 1960 по декабрь 1970 г. значение индекса Доу–Джонса выросло с 616 до 839 пунктов, или на 36%. Но на протяжении того же периода индекс широкого рынка Standard & Poor's 500 возрос с 58,11 до 92,15 пункта, или на 58%. Казалось бы, следовало покупать акции, входящие в расчет S&P. Но кто в 1960 г. решился бы предсказать, что доходность акций множества самых разных компаний, по которым рассчитывается индекс широкого рынка, будет выше доходности акций «аристократов» — 30 гигантов, по которым рассчитывался индекс Доу–Джонса? Несомненно, это доказывает, что лишь немногие инвесторы способны предсказать изменения курса акций как в абсолютном, так и в относительном выражении.

Повторим еще раз (никогда нелишне напомнить об осторожности): инвестору не стоит надеяться на доходность более высокую, чем в среднем по рынку, и покупать для этого новые выпуски облигаций и «горячие» акции, обещающие быструю прибыль[9]. Данное утверждение справедливо и в долгосрочной перспективе. В качестве объекта инвестиций пассивный инвестор

---

[7] Помимо индекса Доу–Джонса, сегодня рассчитываются и другие фондовые индексы — Standard & Poor's 500 (S&P) и Wilshire 5000. Индекс S&P рассчитывается на основании цен акций 500 крупнейших компаний, на которые приходится 70% общей капитализации рынка акций США. Индекс Wilshire 5000 отражает динамику акций практически всех значимых американских компаний, которые торгуются на бирже (всего их примерно 6700). Но поскольку этот индекс относится прежде всего к крупнейшим компаниям, доходность акций, входящих в его расчет, примерно такая же, как и акций, входящих в расчет S&P 500. Некоторые малобюджетные взаимные фонды инвестиций предоставляют клиентам возможность формировать инвестиционный портфель из акций, входящих в расчет этих индексов, пропорционально их удельному весу в последних (см. главу 9).

[8] См. главы 13 и 14.

[9] Более подробно мы поговорим об этом в главе 9.

должен выбирать акции устойчивых в финансовом отношении компаний, на протяжении длительного периода демонстрирующих высокую прибыльность. (Список таких компаний может составить любой хороший финансовый аналитик.) Агрессивные инвесторы могут покупать обыкновенные акции других компаний, выбирая их, исходя из четко сформулированных критериев и на основе всестороннего анализа.

В заключение перечислим три взаимодополняющих принципа, которым должен следовать пассивный инвестор. Принцип первый: в качестве альтернативы самостоятельного формирования портфеля акций можно приобрести паи хорошо зарекомендовавшего себя инвестиционного фонда. Принцип второй: можно воспользоваться услугами общего доверительного фонда или фонда смешанных инвестиций, управляемого трастовой компанией или банком; такие фонды работают во многих штатах. Инвестор, располагающий значительными денежными средствами, может обратиться за помощью к уважаемой инвестиционной или консалтинговой компании, способной профессионально управлять инвестициями на стандартных условиях. Принцип третий: инвестор может прибегнуть к инвестиционной стратегии, основанной на методе усредненного равномерного инвестирования. В этом случае он будет регулярно (ежемесячно или ежеквартально) вкладывать в покупку акций одинаковые суммы. Соответственно на падающем рынке он будет покупать больше акций, а на растущем — меньше. В итоге, скорее всего, цена входящих в его портфель акций окажется вполне приемлемой. Строго говоря, этот метод представляет собой частный случай использования более широкого подхода — так называемого «инвестирования по формуле». Этот метод мы имели в виду, когда писали, что в зависимости от ситуации на рынке инвестор может менять долю акций в своем портфеле от 25 до 75%. Эти весьма полезные методы пассивного инвестирования будут рассмотрены в следующих главах[10].

Что делать активному инвестору?

Активные, предприимчивые инвесторы хотят (и надеются) получать более высокую по сравнению с осторожными вкладчиками прибыль. Но прежде всего им следует убедиться в том, что их действия не приведут к результатам, обратным ожидаемым. Сплошь и рядом случается, что энергичные, одаренные от природы и образованные инвесторы приходят на Уолл-стрит

---

[10] Хорошо зарекомендовавшие себя инвестиционные фонды будут более подробно рассмотрены в главе 9. О профессиональном управлении с помощью известных инвестиционно-консалтинговых компаний мы поговорим в главе 10. Принцип усредненного равномерного инвестирования будет описан в главе 5.

лишь для того, чтобы разориться, потому что их достоинства, используемые не по назначению, превращаются в недостатки. Поэтому важно, чтобы агрессивный инвестор прежде всего уяснил, какой образ действий ведет к успеху, а какой — наоборот.

В первую очередь рассмотрим несколько методов, с помощью которых инвесторы и спекулянты чаще всего пытаются добиться более высокой прибыли, чем в среднем по рынку.

1. *Следование за рынком*. Следуя за рынком, акции покупают, когда рынок растет, и продают, когда рынок падает. В качестве объекта инвестиций желательно выбирать акции, которые «ведут себя» лучше, чем фондовый рынок в целом. Лишь немногие профессионалы часто прибегают к коротким продажам, т. е. продают заемные (взятые в долг) акции. Цель — получить прибыль за счет падения цены, т. е. от продажи акций по высокой цене и последующей их покупки по более низкой. (См. приведенную выше цитату из *The Wall Street Journal*: случается, что даже мелкие инвесторы, несмотря на отсутствие профессионализма, искушают судьбу, занимаясь короткими продажами.)
2. *Выбор акций по текущим показателям*. Инвесторы приобретают акции, руководствуясь текущими показателями, т. е. выбирают акции компаний, которые в своих отчетах показывают или прогнозируют рост прибыли и другие положительные результаты.
3. *Выбор акций с прицелом на будущее*. Инвесторы выбирают акции компаний, демонстрировавших высокие показатели прибыли компании в прошлом, и экстраполируют положительную динамику на будущее. Иногда инвесторы выбирают акции компаний ничем не примечательных, но перспективных. (Обычно это компании высокотехнологичных отраслей, таких как компьютерная индустрия, фармацевтика и электроника, разрабатывающие новые многообещающие технологии и продукты.)

Мы уже выказывали скептицизм в отношении шансов на успех инвесторов, использующих перечисленные методы. Первый из них вызывает сомнения как с теоретической, так и с практической точки зрения. Трейдинг вряд ли позволит «тщательно анализируя ситуацию, сохранить вложенные средства и получить приемлемую прибыль». Более подробно трейдинг будет рассмотрен в одной из следующих глав[11].

В своем стремлении выбрать самые привлекательные акции (в качестве объекта кратко- или долгосрочных инвестиций) инвестор сталкивается с двумя трудностями. Во-первых, человеку свойственно ошибаться.

---

[11] См. главу 8.

Во-вторых, рынок ведет себя непредсказуемо. Люди часто ошибаются в прогнозах, но, даже если последние сбываются, текущая цена акций уже отражает ожидания инвестора. Что касается выбора акций по текущим показателям деятельности компаний, то эти показатели доступны всем участникам рынка. Ожидаемые показатели будущего года (в той степени, в какой их можно предсказать) учитываются всеми заинтересованными лицами. Таким образом, инвестор, который выбирает акции, исходя в основном из высоких финансовых показателей компании-эмитента в текущем году или с учетом прогноза, скорее всего обнаружит, что так же поступают и многие другие его собратья.

При выборе акций с прицелом на будущее возникают в основном схожие проблемы. Вероятность грубой ошибки в прогнозах, как было показано в предыдущем издании книги на примере авиакомпаний, безусловно, выше, чем в случае выбора акций по текущим показателям. Поскольку финансовые аналитики часто ошибаются в прогнозах, теоретически инвестор может выиграть, сделав, в отличие от брокеров, правильный прогноз. Но это только в теории. Многие ли инвесторы могут похвастаться проницательностью или даром предвидения, способными помочь им побить профессиональных аналитиков в любимой игре — прогнозировании доходности акций?

Теперь мы можем сформулировать следующий вывод, который, возможно, удивит читателя: реальные шансы на получение более высокой прибыли по сравнению со средней по рынку рынка в течение длительного времени может дать только особая стратегия. Эта стратегия должна быть (1) продуманной и эффективной и (2) непопулярной среди участников фондового рынка.

Существует ли такая стратегия для активного инвестора? Теоретически — да. Можно привести и веские практические аргументы в пользу положительного ответа на этот вопрос. Как известно, и фондовый рынок в целом, и курс отдельных акций могут сильно колебаться. При этом в каждый данный момент на рынке есть акции, котировки которых растут или падают. Кроме того, отдельные акции могут недооцениваться из-за отсутствия интереса или предубежденного отношения к ним. Можно пойти дальше и предположить, что многие из тех, кто занимается торговлей ценными бумагами, мягко говоря, слабо разбираются в этом деле. В книге содержится множество примеров (из прошлого опыта) расхождения между текущей ценой и фундаментальной стоимостью акций. Именно из-за этого и возникает иллюзия, что работа на Уолл-стрит — веселая игра, в которую может играть каждый, потешаясь над глупостью других участников рынка. Разумеется, на самом деле все не так просто. Покупка непопулярных и потому недооцененных акций в надежде на получение прибыли в результате их роста требует от инвестора выдержки и опыта. А для коротких продаж популярных и потому переоцененных акций нужны не только мужество и выдержка, но и толстый кошелек[12]. Короткие продажи имеют право на существование и могут приносить неплохую прибыль, но требуют мастерства, которым нелегко овладеть.

Бывают и исключения из этого правила. Случалось, опытные игроки получали прибыль на уровне 20% и выше. Речь идет об арбитражных сделках с различными видами активов, выплатах при ликвидации компаний и некоторых хеджевых операциях. Типичный пример — операции с акциями компаний, которым предстоит слияние или поглощение. В этом случае можно прогнозировать значительный рост курса акций по сравнению с их ценой на дату объявления о слиянии или поглощении. Количество таких сделок за последние годы возросло, что принесло немалую прибыль опытным инвесторам. Но с ростом количества объявлений о слияниях и поглощениях возникло множество проблем, и теперь эти когда-то выгодные операции чреваты убытками. Возможно, снижение общего уровня их доходности стало также следствием высокой конкуренции[13].

Падение доходности вышеописанных операций — следствие разрушительного процесса, который сродни закону убывающей доходности (проявления последнего не раз наблюдались в периоды переиздания данной книги). В 1949 г. мы представили результаты анализа колебаний фондового рынка за предшествующие 75 лет. На их основании, используя показатели прибыли и уровни текущих процентных ставок, мы вывели специальную формулу для определения оптимальных моментов для покупки акций, входящих в расчет индекса Доу–Джонса, по цене ниже фундаментальной и последующей их продажи по более высокой цене. Этот подход отвечал

---

[12] При коротких продажах инвестор ставит не на рост, а на падение акций. Короткие продажи осуществляются в три этапа. Сначала инвестор заимствует акции у их владельца, затем продает их и, наконец, по прошествии определенного времени покупает и возвращает владельцу. Если рыночная стоимость акций падает, инвестор может купить их по более низкой цене. Разница между ценой продажи заемных акций и ценой покупки акций, предназначенных для возврата (за вычетом дивидендов, процентов и платы за услуги брокерской компании), и составляет прибыль инвестора. Но если курс акций растет, инвестор может понести огромные убытки, что делает короткие продажи чрезвычайно опасными для большинства индивидуальных инвесторов.

[13] В конце 1980-х гг., когда возросло количество враждебных поглощений и покупок контрольного пакета акций на заемные средства, компании Уолл-стрит, чтобы выиграть от ошибок в ценообразовании при проведении таких сложных операций, начали создавать особые подразделения, занимающиеся арбитражем. Опыт оказался настолько удачным, что получил широкое распространение, в результате чего прибыль упала и эти подразделения закрылись. Хотя Грэм и пишет об арбитраже далее, данный вид биржевой торговли стал неприемлемым для большинства инвесторов, так как прибыль можно было получить только в рамках многомиллионных операций. Богатые индивидуальные и институциональные инвесторы могут работать с хедж-фондами, специализирующимися на арбитраже слияния и других видах событийного арбитража.

известной максиме Ротшильдов: «Покупай дешево и продавай дорого»[14]. Преимущество нашего подхода к операциям с акциями заключалось в том, что он прямо противоречил прочно укоренившемуся и разрушительному принципу Уолл-стрит, согласно которому акции следует покупать, когда они дорожают, и продавать, когда они дешевеют. Увы, после 1949 г. эта формула перестала работать. Еще одно подтверждение деструктивного процесса, о котором мы писали выше, — известная теория Доу, объясняющая движения фондового рынка. Применение этой теории на практике давало блестящие результаты в 1897–1933 гг., но после 1934 г. ее эффективность стала сомнительной.

Пример третьей и последней исключительной возможности, открывающейся перед инвестором, — из недавнего прошлого. Дело в том, что большая часть наших собственных операций на фондовом рынке была связана с приобретением недооцененных акций. Рыночная цена этих акций была ниже стоимости приходящихся на них долей чистых текущих активов (оборотного капитала) корпорации без учета непрофильных и других активов за вычетом всех обязательств. Очевидно, что такого рода акции торговались по цене намного ниже реальной стоимости акционерной компании как частного предприятия. Ни владельцу, ни кому-либо из акционеров никогда не пришло бы в голову продавать свое имущество по такой смехотворной цене. Как ни странно, но обнаружить подобного рода аномалии было совсем не трудно. В 1957 г. был опубликован список, включающий около 200 таких акций, которые обращались на рынке. В итоге инвестиции в них (за редким исключением) оказались прибыльными, а доходность по ним превышала доходность по другим акциям. В следующем десятилетии такие акции практически исчезли с фондового рынка, а вместе с ними — и соответствующие возможности для искушенных активных инвесторов. Однако в 1970 г. падение рынка вновь привело к появлению множества недооцененных акций, продающихся по цене ниже стоимости долей приходящегося на них оборотного капитала. Несмотря на последовавший рост рынка, к концу года инвестор мог найти достаточное количество таких акций для формирования полноценного портфеля.

В современных условиях активный инвестор по-прежнему может добиться более высокой доходности, чем в целом по фондовому рынку. Среди множества обращающихся на фондовых биржах акций не так уж трудно выбрать такие, которые, используя логику и определенные правила, можно классифицировать как недооцененные рынком. Такой подход более эффек-

[14] Семья Ротшильдов во главе с Натаном Майером Ротшильдом в XIX в. занимала доминирующее положение на европейском финансовом рынке и рынке ценных бумаг. История этой семьи блестяще описана в книге Найла Фергюсона (Niall Ferguson, *The House of Rothschild: Money's Prophets, 1798-1848*, Viking, 1998).

тивен, чем ориентация на акции, входящие в расчет индекса Доу–Джонса, или сходный набор надежных акций из котировального списка. С нашей точки зрения, для инвестора, стремящегося получить более высокую прибыль (скажем, на 5% превышающую среднегодовую доходность рынка), такие акции — просто находка. Далее мы расскажем о некоторых методах поиска этих акций, которые может использовать активный инвестор.

КОММЕНТАРИИ К ГЛАВЕ 1

Все человеческие несчастья имеют один корень: неумение спокойно оставаться у себя в комнате.

Блез Паскаль

Как вы думаете, почему брокеры Нью-Йоркской фондовой биржи всегда радуются, услышав сигнал об окончании рабочего дня, — независимо от того, что происходило в этот день на рынке? Да потому, что, работая на вас, они зарабатывают деньги для своего кармана. Ведь они получают прибыль в любом случае, независимо от того, получаете ли ее вы. Занимаясь спекуляциями вместо инвестиций, вы понижаете свои шансы заработать состояние и способствуете обогащению брокеров.

Грэм предельно ясно сформулировал определение инвестиций: «Инвестиции — это операции, цель которых — тщательно анализируя ситуацию, сохранить вложенные средства и получить приемлемую прибыль. Операции, которые не отвечают этим требованиям, — это спекуляции»[15]. Обратите внимание, что это определение недвусмысленно указывает на три главных условия успеха:

- прежде чем покупать акции, инвестор должен тщательно проанализировать финансовые и другие показатели компании-эмитента, а также ситуацию в отрасли;
- он должен стараться сохранить свои вложения и не допустить серьезных убытков;
- он должен стремиться к получению не сверхвысокой, а «приемлемой» прибыли.

---

[15] Более того, Грэм конкретизирует понятия, используемые в этом определении. Тщательный анализ — это изучение ценных бумаг на основе принятых методов оценки их стоимости и надежности. Чтобы сохранить вложения, их нужно защитить в условиях как спокойного, так и волатильного рынка. Приемлемая (удовлетворительная) прибыль — это минимальная прибыль, которую инвестор согласен получать при условии, что он действует достаточно разумно. (*Security Analysis*, 1934 ed., с. 55–56.)

Инвестор рассчитывает стоимость акций, исходя из стоимости компании. Спекулянт покупает акции в расчете на их рост, вызванный тем, что кто-то будет готов заплатить за них более высокую цену. Как указывал Грэм, инвестор судит о рыночной цене акций с учетом оценки (на основе принятых методов) фундаментальной стоимости компании-эмитента, а спекулянты, наоборот, оценивают реальную стоимость компании, исходя из рыночной цены их акций[16]. Спекулянту как воздух нужны постоянно меняющиеся котировки, без них он просто не выживет. Для инвестора рыночная цена акций, которую Грэм называет «котировочной», не столь важна. Он рекомендует инвестировать только при условии, что, купив акции, инвестор будет спокоен, даже не получая ежедневную информацию об их рыночной цене[17].

Спекуляции могут быть столь же увлекательным занятием, как игра в казино или на скачках (и даже прибыльным — если вам повезет). Но они — худший из всех способов заработать состояние. Дело в том, что на Уолл-стрит, как в игорных домах Лас-Вегаса и на ипподромах, в плюсе всегда остается заведение, а не игрок, пытающийся выиграть с помощью спекуляций.

Инвестиции, напротив, — азартная игра особого рода, которую в конечном счете нельзя проиграть — ведь инвестор играет только по правилам, позволяющим использовать все движения рынка в свою пользу. Инвесторы зарабатывают деньги для себя, спекулянты — для своих брокеров. Именно поэтому фондовая биржа постоянно ворчит на инвесторов и превозносит спекулянтов.

ПРЕВЫШАТЬ СКОРОСТЬ ОПАСНО

Грэм предупреждает, что ни в коем случае нельзя путать спекуляции с инвестициями. В 1990-е гг. эта путаница привела к значительным потерям на фондовом рынке. Казалось, почти у всех его участников иссякло терпение, и США стали страной спекулянтов, населенной трейдерами, которые прыгали с одних акций на другие как кузнечики на летнем лугу.

Люди поверили, что если тот или иной метод инвестирования «работает», значит, он «правильный». Те, кому какое-то время удавалось получать прибыль выше средней по рынку (независимо от того, какими безрассудными и опасными способами это достигалось), хвастались своей «правотой». Но разумный инвестор не обязан доказывать свою правоту в краткосрочной перспективе. Казалось, методы, получившие массовое распространение

---

[16] *Security Analysis*, 1934 ed., с. 310.

[17] В одном из интервью Грэм дал такой совет: «Спросите себя: "Если бы акции такой-то компании не продавались на рынке, согласился бы я их купить?"» (*Forbes*, 1 января 1972 г., с. 90).

на фондовом рынке 1990-х гг., — внутридневная торговля (дейтрейдинг), отказ от диверсификации, перемещение средств в «горячие» инвестиционные фонды и использование различных «систем» выбора акций, — успешно работали. Но они не годились для долгосрочного инвестирования, так как не соответствовали ни одному из трех критериев Грэма, позволяющих отличить инвестиции от спекуляций.

Чтобы понять, почему текущая высокая доходность ничего не доказывает, представим себе, что расстояние между пунктами А и Б составляет 150 км. Двигаясь со скоростью 75 км в час, это расстояние можно преодолеть за два часа. Но на скорости 150 км в час для этого понадобится вдвое меньше времени. Допустим, я проеду это расстояние на автомобиле на огромной скорости и не попаду в аварию. Но буду ли я при этом «прав»? Должны ли вы следовать моему примеру, даже если я скажу, что мой метод «работает»? Опасные методы «побития рынка» — та же езда с превышением скорости: какое-то время, если вам повезет, все будет хорошо. Но вы рискуете рано или поздно попасть в аварию.

В 1973 г., когда Грэм работал над последним прижизненным переизданием своей книги, годовой коэффициент оборачиваемости ценных бумаг на Нью-Йоркской фондовой бирже составлял 20%. Это означает, что в среднем период держания акций их владельцем составлял пять лет. К 2002 г. коэффициент оборачиваемости вырос до 105%, т. е. период держания акций сократился до 11,4 месяца. В 1973 г. взаимный инвестиционный фонд средних размеров держал акции в среднем около трех лет, в 2002 г. этот показатель снизился до 10,9 месяца. Все это выглядело так, будто управляющие фондами почти год изучали купленные акции, а потом вдруг решали, что от них нужно как можно скорее избавиться и сбрасывали их, и так до бесконечности.

Даже самые известные управляющие компании иногда увлекаются спекуляциями. В начале 1995 г. Джеффри Виник, управляющий компанией Fidelity Magellan (в то время это был крупнейший в мире взаимный инвестиционный фонд) вложил в акции высокотехнологичных компаний 42,5% активов. Он говорил, что большинство вкладчиков доверяют фонду свои сбережения, потому что заглядывают на много лет вперед, и что, по его мнению, их цели совпадают с целями фонда, поскольку они (вкладчики), как и Виник, выбирают долгосрочный подход. Но спустя полгода Виник продал почти все акции, выручив за два месяца почти $19 млрд. Долгосрочный период оказался не таким уж долгосрочным. А в 1999 г. дисконтное брокерское подразделение Fidelity Magellan уже призывало своих клиентов торговать ценными бумагами в любом месте и в любое время, используя для этого «наладонники», что вполне соответствовало новому слогану фирмы — «Не теряй ни секунды» («Every second counts»).

Как показано на рис. 1.1, на внебиржевом рынке NASDAQ акции оборачивались с рекордной скоростью[18].

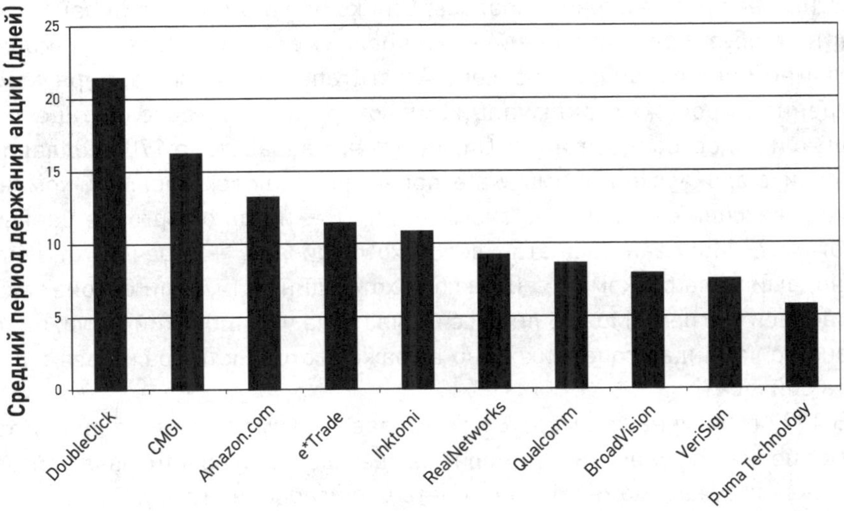

Рис. 1.1. Акции: езда с превышением скорости

Источник: Steve Galbraith, Sanford C. Bernstein & Co research report, 10 января 2000 г.

Например, в 1999 г. акции компании Puma Technology меняли своего владельца в среднем каждые 7,2 дня. Невзирая на претенциозный слоган NASDAQ — «Фондовый рынок нового века» («The Stock Market of the Next Hundred Years»), мало кто из участников рынка держал акции дольше четырех дней.

НАЦИОНАЛЬНАЯ КОМПЬЮТЕРНАЯ ИГРА

Финансовые компании кричат о том, что онлайн-трейдинг — самый короткий путь к быстрому обогащению. Компания Discover Brokerage (подразделение такого почтенного банка, как Morgan Stanley), специализирующаяся на электронной торговле акциями, запустила телевизионный рекламный ролик, в котором водитель непрезентабельного грузовика подвозит куда-то лощеного менеджера. Заметив на приборной панели фотографию с видом роскошного дома на фоне пляжа где-то в тропиках, менеджер спрашивает:

---

[18] Средняя доходность акций (рис. 1.1) в 1999 г. составляла 1196,4%. В 2000 г. падение составило в среднем 79,1%, в 2001 г. — 35,5%, в 2002 г. — 44,5%, в результате чего ранее полученная прибыль превратилась в прах.

«Вы проводили там отпуск?» «Вообще-то это мой дом», — скромно отвечает водитель. «Похоже, он стоит на острове», — замечает пассажир. И водитель, потупив глаза, сообщает: «Остров тоже мой».

Этим реклама не ограничивалась. Она кричала о том, что онлайн-трейдинг не требует больших усилий, в том числе умственных. В телевизионном рекламном ролике онлайн-брокера Ameritrade домохозяйка, вернувшись с утренней пробежки, включала компьютер, делала несколько щелчков мышью и радостно щебетала: «Ой, кажется, я заработала 1700 долларов!» А в ролике брокерской фирмы Waterhouse тренера баскетбольной команды Фила Джексона спрашивали, знает ли он что-нибудь о торговле ценными бумагами? «Могу заняться этим делом хоть сейчас», — отвечал тот. (Интересно, выиграла бы команда Джексона хоть один матч, если бы она так же готовилась к играм? Можно ли рассчитывать на чемпионский титул, ничего не зная о командах соперников, но выражая готовность сражаться с ними «хоть сейчас»?)

В 1999 г. по меньшей мере 6 млн человек занимались электронной торговлей ценными бумагами. Примерно каждый десятый практиковал дейтрейдинг, используя возможности Интернета для мгновенной покупки и продажи акций. Каждый участник рынка — от непревзойденной Барбары Стрейзанд до двадцатипятилетнего Николаса Бирбаса, бывшего официанта из Квинса, — получил возможность молниеносно совершать сделки с акциями. «Раньше, — рассказывает Бирбас, — я вкладывал деньги на долгосрочной основе и пришел к выводу, что это неразумно». Сегодня бывший официант перепродает акции по 10 раз в день и надеется зарабатывать $100 000 в год. «Ненавижу красный цвет в строке «Прибыль/убытки» — признается Барбара Стрейзанд в интервью журналу *Fortune*. — По гороскопу я Телец, и красный цвет приводит меня в ярость. Едва его увидев, я моментально продаю акции»[19].

Люди следят за котировками на специальных сайтах и экранах телевизоров в барах, ресторанах, парикмахерских, салонах такси и на кухнях. Фондовый рынок стал чем-то вроде непрекращающейся компьютерной игры, в которую играет вся страна. Американцы думают, что знают о фондовом рынке все. К сожалению, получить знания не так легко, как данные. Цена акций, «засветившихся» на экране телевизора или мониторе компьютера, может подскочить вдвое. Но этот рост — лишь блики на экране, за ним ничего не стоит.

20 декабря 1999 г. компания Juno Online Services предложила новаторский бизнес-план, цель которого, видимо, состояла в том, чтобы израсхо-

[19] Актрисе следовало бы читать не астрологические прогнозы, а книги Грэма. Разумный инвестор никогда не продает акции по дешевке только потому, что они падают. Прежде чем сделать это, он выяснит, не изменилась ли реальная стоимость компании-эмитента.

довать как можно больше денег. Компания объявила, что будет обслуживать индивидуальных клиентов бесплатно (никакой платы за пользование электронной почтой, бесплатный доступ в Интернет). Кроме того, компания объявила о намерении в следующем году потратить на рекламу на несколько миллионов долларов больше. После того как компания сообщила, что собирается сделать харакири, стоимость ее акций буквально за два дня подскочила с $16,375 до $66,75[20].

Зачем корпеть над книгами, пытаясь узнать, прибыльна ли компания-эмитент, какие товары и услуги она производит, кто ее возглавляет и, вообще, как она называется? Ведь достаточно знать ее тикер (CBLT, INKT, PCLN, TGLO, VRSN, WBVN)[21]. В конце 1998 г. акции микроскопической строительной компании Temco Services, операции с которыми проводились крайне редко, буквально за минуту подскочили в цене втрое, поднявшись до рекордного значения. Почему? Да потому что у участников рынка случился острый приступ финансовой дислексии, или, попросту говоря, они разучились читать. Тысячи трейдеров купили акции Temco по ошибке, спутав ее тикер (TMCO) с тикером интернет-компании, акции которой в тот день впервые были размещены на рынке, — Ticketmaster Online (TMCS)[22].

Оскар Уайльд как-то заметил, что циник — это человек, который всему знает цену и ничего не ценит. В этом смысле фондовый рынок всегда был циничным, но в конце 1990-х гг. он шокировал бы своим цинизмом даже Уайльда. А как еще расценивать тот факт, что стоит кому-то сказать хоть слово о цене акций и она может подскочить вдвое, хотя реальная стоимость компании не изменилась ни на йоту? В конце 1998 г. Генри Блоджет, аналитик компании CIBC Openheimer, сказал, что «прогнозировать стоимость акций интернет-компаний так же трудно, как и стоимость акций других компаний: это скорее искусство, чем наука». Затем, говоря всего лишь о целевой цене и возможности будущего роста, он предположил, что цена акций Amazon.com может вырасти с $150 (текущее значение на тот момент) до $400. В тот день, когда слова Блоджета услышали участники рынка, акции Amazon.com подскочили на 19% и, несмотря на уверения Блоджета, что он давал прогноз на год, целевой ориентир в $400 был достигнут за три недели. Через год Уолтер Печик, финансовый аналитик компании Paine Webber, объявил, что ожидает роста курса акций компании Qualcom до $1000 в течение года.

---

[20] А через год упала до $1,093.

[21] Тикер — сокращенное обозначение названия компании; обычно содержит от одного до четырех символов и используется для идентификации акций при совершении торговых сделок.

[22] Это не единичный случай. В конце 1990-х гг. было по меньшей мере еще три случая, когда аналогичные ошибки дейтрейдеров привели к росту курсов акций ничем не примечательных компаний.

В тот же день курс акций, которые и без того выросли в 1999 г. на 1842%, подскочил на 31% до $659 за акцию[23].

ФОРМУЛА ФИАСКО

Если уж на то пошло, короткие продажи — не единственная форма спекуляций. На протяжении последнего десятилетия нам предлагали и пропагандировали множество таких форм, о которых, впрочем, вскоре забывали. Все они рекламировались под лозунгом «Быстро, просто, безопасно!», и все они не укладывались в определение инвестиций, которое дал Грэм. Вот лишь некоторые из форм спекуляций, которые пользовались популярностью в прошлом.

- **Торговля по календарю.** Эта форма спекуляции основывалась на так называемом «эффекте января», который заключается в том, что в короткий период с конца года до начала следующего вложения в акции мелких компаний становятся высокодоходными. В 1980-е гг. об этом много писали и в научных журналах, и в книгах. Исследования показывали, что если инвестор приобретал акции мелких компаний во второй половине декабря, то в январе их доходность оказывалась на 5–10% выше среднерыночной. Эксперты были поражены. Это был настолько легкий способ заработать деньги, что, когда о нем узнали все участники рынка, «эффект января» сошел на нет.

  Чем объяснялся «эффект января»? Во-первых, многие инвесторы в конце года продавали наименее прибыльные акции, чтобы зафиксировать убытки и платить меньше налогов. Во-вторых, профессиональные управляющие инвестиционными фондами в конце года вели себя более осторожно, стараясь сохранить прибыль (или хотя бы не ухудшить и без того низкие показатели). Поэтому они отказывались от приобретения падающих акций или даже сбрасывали их. При этом они старались избавиться прежде всего от акций мелких компаний. В результате такие акции могли стать источником дополнительного дохода. В январе, когда налоговые декларации уже были поданы, необходимость продавать падающие «мелкие» акции отпадала, и они, как правило, начинали расти в цене, быстро принося значительную прибыль.

  «Эффект января» не исчез бесследно, просто он стал проявляться слабее. По мнению профессора Уильяма Швертa (Рочестерский университет), покупая акции мелких компаний в конце декабря и продавая их в начале января, в период с 1962 по 1979 г. можно было получать

[23] В 2000 и 2001 гг. акции Amazon.com и Qualcom упали соответственно на 85,8 и 71,3%.

прибыль, превышающую среднерыночные показатели на 8,5 процентных пункта. В период с 1980 по 1989 г. превышение составило бы 4,4, а с 1990 по 2001 г. — 5,8 процентных пункта[24].

Чем больше участников рынка узнавали об «эффекте января», тем больше акций мелких компаний они скупали в декабре, что приводило к снижению доходности этих акций. Кроме того, «эффект января» наблюдался прежде всего для акций мелких компаний. А согласно данным Plexus Group — известной фирмы, специализирующейся на изучении брокерских издержек, — доля расходов на оплату услуг брокеров при операциях с акциями мелких компаний может составить до 8% объема инвестиций[25]. Поэтому, сыграв на «эффекте января», вы рискуете обнаружить, что вся полученная прибыль ушла брокерам.

- **Выбирай то, что «работает».** В 1996 г. никому не известный управляющий активами по имени Джеймс О'Шонесси написал книгу под названием «Что "работает" на Уолл-стрит» (What Works on Wall Street). В ней утверждалось, что любой инвестор способен добиться более высокой прибыли, чем в целом по рынку. Автор уверял, что в период с 1954 по 1994 г. $10 000 можно было превратить в $8 074 504, получив прибыль, в 10 раз превышающую среднерыночную, и добившись годового показателя доходности на уровне 18,2%.

  Что должен был сделать инвестор, чтобы получить такую прибыль? Купить 50 акций с самой высокой годовой доходностью, непрерывно растущей на протяжении пяти лет, причем их доходность не должна была превышать цену более чем в 1,5 раза[26].

  Этот Эдисон с Уолл-стрит запатентовал свою «беспроигрышную стратегию» и получил патент за номером 5978778. Он создал четыре взаимных инвестиционных фонда, работающие по его методу. На конец 1999 г. эти фонды привлекли более $175 млн, и в ежегодном обращении к акционерам О'Шонесси торжественно заявил: «Я надеюсь, что совместными усилиями нам удастся достичь долгосрочных целей, придерживаясь избранного курса и проверенной временем инвестиционной стратегии».

  Но то, «что "работало" на Уолл-стрит», перестало «работать» после того, как О'Шоннесси опубликовал свою книгу. Как показано на рис. 1.2, у двух из его фондов дела пошли настолько плохо, что в начале 2000 г.

---

[24] Результаты исследований Шверта представлены в блестящей работе Anomalies and Market Efficiency (http://schwert.ssb.rochester.edu/papers.htm).

[25] См.: Plexus Group Commentary 54, "The Official Icebergs of Transaction Costs," январь 1998 г. http://www.plexusgroupe.com/.

[26] James O 'Shaughnessy, *What Works on Wall Street* (McGraw-Hill, 1996), с. xvi, 273–295.

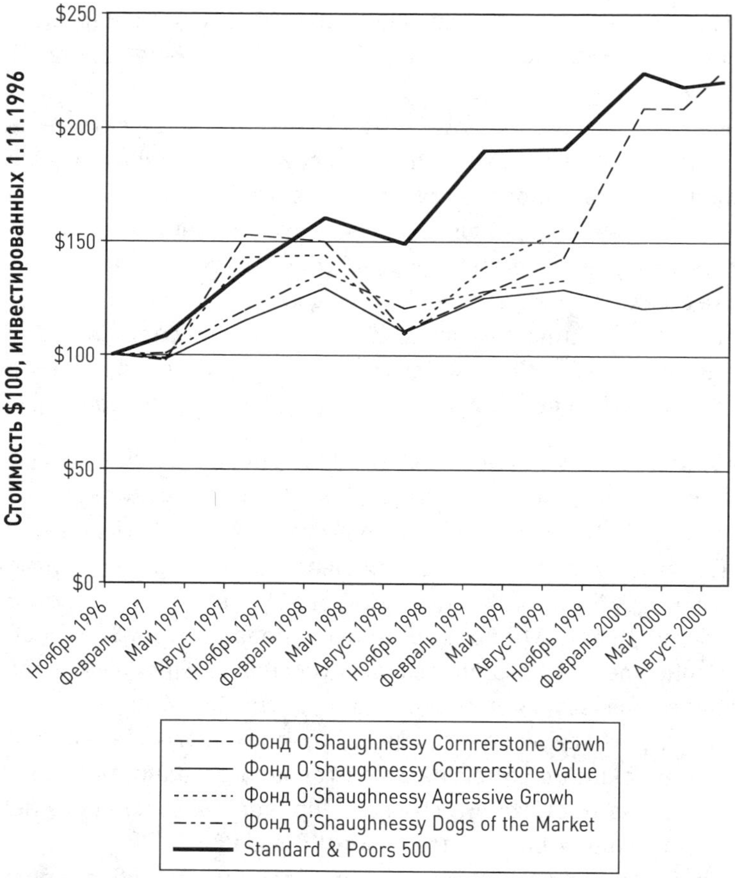

Источник: Morningstar, Inc.

Рис. 1.2. Что «работало» на Уолл-стрит

они прекратили свое существование, а рынок в целом (как показывает индекс S&P 500) на протяжении следующих четырех лет постоянно демонстрировал более высокие результаты, чем фонды О'Шонесси.

Дело закончилось тем, что в июне 2000 г. О'Шонесси передал созданные им фонды другому управляющему и оставил клиентов один на один со своей «проверенной временем инвестиционной стратегией»[27]. Вклад-

[27] Парадоксально, но факт: после того, как О'Шонесси покинул свой пост, два выживших инвестиционных фонда (сегодня они называются фондами Хеннесси) начали работать гораздо лучше. Но вкладчики были в ярости. В чате на сайте www.morningstar.com один из них буквально кипел от злости: «Видимо, О'Шонесси считает, что долгосрочный период — это три года... Сочувствую всем пострадавшим. Я тоже верил в его метод... Я порекомендовал фонд нескольким друзьям и родственникам, но, к счастью, они не понесли в него деньги».

чики, возможно, пострадали бы не так сильно, если бы он дал своей книге более точное название — например, «Что "работало" на Уолл-стрит до того, как я написал свою книгу».

- **Метод Motley Fool, или «дурацкая четверка».** В середине 1990-х сайт компании Motley Fool (и некоторые книги) вовсю рекламировали стратегию, получившую название «дурацкая четверка» (The Foolish Four). Согласно рекомендациям Motley Fool, тратя всего 15 минут в год на «планирование инвестиций», в течение 25 лет можно получать прибыль, превышающую как среднерыночные показатели, так и показатели взаимных инвестиционных фондов, и, что самое главное, с минимальным риском. Для этого предлагалось делать следующее.

1. Выбрать пять самых дешевых акций, входящих в расчет фондового индекса Доу–Джонса, с самой высокой дивидендной доходностью.
2. Исключить из их числа самую дешевую акцию.
3. Вложить 40% средств в акции, занимающие второе место в списке самых дешевых.
4. Вложить по 20% средств в каждые из трех оставшихся акций.
5. Через год снова выбрать акции из числа входящих в расчет индекса Доу–Джонса в соответствии с теми же критериями и повторить действия согласно п. 1–4.
6. Повторять до тех пор, пока не разбогатеете.

Компания Motley Fool уверяла, что благодаря этому методу в течение 25 лет прибыль инвестора будет на 10,1 процентных пункта выше среднегодовой доходности рынка. А еще через 20 лет, по мнению экспертов Motley Fool, каждые $20 000, вложенные в акции по методу «дурацкой четверки», превратятся в $1 791 000. (Эти эксперты также уверяли, что можно добиться еще более высокой прибыли, если выбрать пять акций из числа входящих в расчет индекса Доу–Джонса, имеющих максимальное отношение дивидендной доходности к квадратному корню из цены, исключить акции с самым высоким соотношением и купить оставшиеся четыре.)

Посмотрим, укладывается ли эта «стратегия» в определение инвестиций по Грэму.

- О каком «тщательном анализе ситуации» можно говорить, если инвестор отказывается от акций, наиболее привлекательных с точки зрения цены и дивидендной доходности, и выбирает акции, наименее привлекательные по этим показателям?
- Следует ли считать «минимизацией риска» вложение 40% средств в акции одной компании?

- Можно ли считать портфель, включающий акции всего четырех компаний, диверсифицированным и обеспечивающим «сохранность инвестиций»?

Короче говоря, метод «дурацкой четверки» был самым дурацким методом работы на Уолл-стрит из всех когда-либо существовавших. Эксперты Motley Fool допустили ту же ошибку, что и О'Шоннесси. Дело в том, что, анализируя большой массив данных за продолжительный период, нетрудно обнаружить множество иллюзорных «закономерностей», на основании которых можно строить различные модели работы на рынке. Лишь по чистой случайности компании, дивидендная доходность которых выше средней по рынку, могут иметь и другие сходные черты. А поскольку между этими чертами и доходностью нет причинно-следственной связи, на их основании нельзя ничего прогнозировать.

Ни одна из «открытых» экспертами Motley Fool формул (исключение из списка самых дешевых акций; вложение 40% средств в акции, занимающие второе место в списке; деление дивидендной доходности на квадратный корень из цены акции) никоим образом не может повлиять на будущую динамику цен акций или хотя бы объяснить ее. В журнале *Money* отмечалось, что вероятность успеха при использовании метода «дурацкой четверки» не выше, чем, например, при выборе акций компаний, в названии которых нет повторяющихся букв. Причина одна: в обоих случаях успеха можно добиться только случайно[28]. Как не уставал повторять Грэм, будущая доходность акций зависят только о того, как идут дела у компании-эмитента, и ни от чего другого.

В «дурацкой» истории все кончилось именно так, как и следовало ожидать. Дурацкие рекомендации одурачили тысячи людей, которые понесли убытки, поверив в силу очередной волшебной «формулы успеха» на фондовом рынке. В 2000 г. четыре «дурацкие акции» — Caterpillar, Eastman Kodak, SBC и General Motors — упали на 14%, в то время как индекс Доу–Джонса снизился всего на 4,7%.

Как показывают приведенные выше примеры, единственная акция, которая всегда высоко ценится на Уолл-стрит, — это «акция» дурацких идей. Все рассмотренные выше «стратегии» противоречат «закону Грэма». Все так называемые «формулы успеха» на фондовом рынке являются разновидностью «разрушительного процесса, который сродни закону убывающей доходности». Они не обеспечивают обещанной доходности по двум причинам. Во-первых, если «формула успеха» основывается на иллюзорных

[28] См.: Jason Zweig, "False Profits," *Money*, август 1999 г., с. 55–57. Более подробно о методе «дурацкой четверки» можно узнать на сайтах http://www.investor.home.com/ и http://www.fool.com/.

закономерностях (как метод «дурацкой четверки»), то с течением времени станет ясно, что в ее основе лежат ложные предпосылки. Во-вторых, если такая «формула» действительно когда-то «работала» (как «эффект января»), то по мере того, как о ней узнают все больше участников рынка, ее эффективность снижается, и вероятность получения более высокой прибыли по сравнению с рынком стремится к нулю.

Все вышесказанное вновь заставляет вспомнить предупреждение Грэма о том, что к спекуляциям следует относиться так же, как опытные игроки относятся к игре в казино.

- Всегда следует понимать, чем именно вы занимаетесь — инвестициями или спекуляциями, и не путать одно с другим.
- Чрезмерное увлечение спекуляциями делает их чрезвычайно опасными.
- Следует четко определить, какой суммой вы можете позволить себе рисковать.

Подобно опытному игроку, который берет с собой в казино не более сотни долларов, оставляя все остальное в гостиничном сейфе, разумный инвестор пускает на спекуляции лишь небольшую часть своих сбережений — «шальные деньги». Большинство инвесторов используют на эти цели не более 10% активов, полагая, что это максимальная сумма, которую можно потратить на рискованные операции. Ни в коем случае не держите деньги, предназначенные для спекуляций, на том же счете, что и деньги, предназначенные для инвестиций. Никогда и не позволяйте «спекулятивным» идеям влиять на вашу инвестиционную деятельность. Ни в коем случае не тратьте на спекуляции более 10% ваших активов (независимо от ситуации на рынке).

Хорошо это или плохо, но азарт у человека в крови, и поэтому большинству людей не стоит и пытаться подавить в себе инстинкт игрока. Но этот инстинкт можно обуздать. Только научившись им управлять, можно быть уверенным в том, что вы никогда не попадете в беду, не отличив вовремя спекуляцию от инвестиции.

ГЛАВА 2

Инвестор и инфляция

Тема инфляции и борьбы с ней в последние годы приобрела особую популярность. Падение покупательной способности доллара в прошлом и опасения инвесторов (и надежды спекулянтов), связанные с ожиданием серьезного экономического спада в будущем, сильно повлияли на намерения участников фондового рынка. Понятно, что от роста стоимости жизни в первую очередь пострадают держатели облигаций: инфляция съест как текущий процентный доход, так и номинальную стоимость облигаций, получаемую при погашении. А для держателей акций, наоборот, снижение покупательной способности доллара в определенной степени компенсируется ростом дивидендов и курса акций.

Эти неоспоримые факты позволяют многим финансистам сделать два вывода: 1) облигации по определению — не лучший объект инвестиций и 2) вкладывать средства следует, соответственно, в акции. Случалось, что благотворительным организациям советовали включать в инвестиционные портфели исключительно акции и полностью отказываться от облигаций[1]. В новых условиях управляющим компаниям рекомендуется весь капитал держать исключительно в акциях, хотя ранее закон ограничивал их вложения первоклассными облигациями (в отдельных случаях можно было использовать привилегированные акции).

---

[1] В конце 1990-х гг. поступать так рекомендовали не только некоммерческим и благотворительным организациям с практически неограниченным инвестиционным горизонтом, но и индивидуальным инвесторам, чей жизненный «горизонт», увы, ограничен. В вышедшей в 1994 г. книге «Долгосрочные инвестиции в акции» (Stocks for the Long Run) специалист по финансам Джереми Сигел (Уортонская школа бизнеса) советовал «безрассудным» инвесторам использовать механизм маржинальной торговли таким образом, чтобы заемные средства составляли не менее трети от величины их собственного капитала, и вкладывать все 135% активов в акции. Этой рекомендации следовали даже правительственные чиновники. В феврале 1999 г. на конференции, посвященной проблемам инвестирования, глава Казначейства штата Мэриленд Ричард Диксон заявил: «Не вижу никакого смысла вкладывать деньги в облигации».

Несомненно, читатели без труда поймут, что даже самые надежные акции не являются предпочтительным инструментом инвестиций *ни при каких условиях* — даже на пике роста рынка или при более низкой текущей дивидендной доходности акций по сравнению с доходностью облигаций. Утверждение о предпочтительном характере акций столь же нелепо, как и распространенное в прошлом представление о безусловно более высокой надежности облигаций. В данной главе мы постараемся показать, как инфляционные ожидания инвестора сказываются на его поведении, и понять, каким образом он должен на них реагировать.

Как и в других финансовых вопросах, рассматривать будущую политику следует опираясь на прошлый опыт. Можно ли считать инфляцию (по крайней мере столь высокую, какую мы наблюдаем после 1965 г.) новым явлением для США? Если мы уже сталкивались с таким же, как сегодня, или более высоким уровнем инфляции, какие уроки сейчас можно извлечь из поведения инвесторов в прошлом? Начнем с таблицы 2.1, где представлена динамика общего уровня цен, доходности и рыночной стоимости акций с 1915 г., т. е. за 55 лет (с интервалом в пять лет). (Мы использовали данные за 1946 г., поскольку в 1945 г., во время Второй мировой войны, государство регулировало цены.)

Прежде всего необходимо отметить, что в прошлом в США уже наблюдались скачки инфляции. Самый высокий рост цен имел место в 1915–1920 гг., когда стоимость жизни выросла почти вдвое. Этот рост сопоставим с динамикой цен в 1965–1970 гг., когда инфляция росла на 15% в год. Всего с 1915 по 1970 г. наблюдалось три периода падения и шесть периодов роста цен. На основании такой динамики инвесторы вполне могут ожидать продолжающегося или нового роста инфляции.

Можем ли мы предугадать вероятные темпы инфляции? Таблица 2.1 не дает однозначного ответа на этот вопрос. Однако имеет смысл посмотреть на динамику за последние 20 лет, когда потребительские цены росли в среднем на 2,5% в год. В 1965–1970 гг. этот показатель составлял 4,5%, причем только в 1970 г. — 5,4%. Государство принимает решительные меры по борьбе с инфляцией, и есть основания полагать, что в будущем эффективность этих мер возрастет[2]. Поэтому инвесторам, видимо, следует ориентироваться на *возможный* (не путать с прогнозным!) уровень инфляции — около 3% в год. (Этот показатель сопоставим с показателем 1915–1970 гг. — 2,5% в год [1]).

---

[2] Это одно из немногих заблуждений Грэма. В 1973 г., всего через два года после того, как президент Ричард Никсон ввел регулирование заработной платы и цен, инфляция достигла 8,7% — самого высокого уровня со времен Второй мировой войны. Период с 1973 по 1982 г. отличался самой высокой инфляцией за всю новейшую историю США: стоимость жизни возросла более чем вдвое.

Таблица 2.1. **Общий уровень цен, доходность и цены акций, 1915-1970 гг.** (с интервалом в пять лет)

	Цены*		S&P 500**		По сравнению с предыдущим годом, %			
Годы	Цены производителей	Потребительские цены	Доходность акций	Цены акций	Цены производителей	Потребительские цены	Доходность акций	Цены акций
1915	38,0	35,4		8,31				
1920	84,5	69,8		7,98	+96,0	+96,8		–4,0
1925	56,6	61,1	1,24	11,15	–33,4	–12,4		+41,5
1930	47,3	58,2	0,97	21,63	–16,5	–4,7	–21,9	+88,0
1935	43,8	47,8	0,76	15,47	–7,4	–18,0	–21,6	–26,0
1940	43,0	48,8	1,05	11,02	–0,2	+2,1	+33,1	–28,8
1946***	66,1	68,0	1,06	17,08	+53,7	+40,0	+1,0	+55,0
1950	86,8	83,8	2,84	18,40	+31,5	+23,1	+168,0	+21,4
1955	97,2	93,3	3,62	40,49	+6,2	+ 11,4	+27,4	+121,0
1960	100,7	103,1	3,27	55,85	+9,2	+ 10,5	–9,7	+38,0
1965	102,5	109,9	5,19	88,17	+1,8	+6,6	+58,8	+57,0
1970	117,5	134,0	5,36	92,15	+14,6	+21,9	+3,3	+4,4

* 1957 г. = 100. Если 1967 г. = 100, то в 1970 г. средний уровень цен производителей составлял 110,4, потребительских цен — 116,3.

** В 1941–1943 гг. среднее значение индекса составляло 10 пунктов.

*** Данные за 1946 г., когда не действовало государственное регулирование цен.

Что это означает для инвестора? Инфляция и рост стоимости жизни будут съедать около половины доходов, которые сегодня приносят надежные среднесрочные не облагаемые налогом облигации (или качественные корпоративные облигации после уплаты налогов). Сокращение доходов будет серьезным, но опасность не стоит преувеличивать. Реальная стоимость активов (или покупательная способность) инвестора с течением времени уменьшится. Если он потратит половину чистого процентного дохода, покупательная способность его активов останется неизменной даже при 3%-ной годовой инфляции.

Но при этом, естественно, возникает целый ряд вопросов: может ли инвестор рассчитывать на более высокую прибыль, покупая другие ценные бумаги помимо первоклассных облигаций, несмотря на беспрецедентно высокую доходность последних в 1970–1971 гг.? Может быть, целесообразно включать в инвестиционный портфель лишь акции, не «разбавляя» их облигациями? Разве обыкновенные акции не защищают инвестора от инфляции автоматически? Разве они по определению не приносят в долгосрочной перспективе более высокий доход, чем облигации? Разве за рассматриваемые 55 лет акции не обеспечили инвесторам более высокую прибыль, чем облигации?

Ответить на эти вопросы нелегко. Действительно, на протяжении длительного периода в прошлом обыкновенные акции были более выгодным по сравнению с облигациями объектом инвестиций. Если среднегодовое значение индекса Доу–Джонса с 1915 по 1970 г. выросло с 77 до 753 пунктов, значит, ежегодный рост составил 4%. К этому следует прибавить соответствующий 4%-ный рост среднегодовой дивидендной доходности по акциям в абсолютном выражении. (Данные по S&P примерно такие же.) Суммарное значение на уровне 8% в год, конечно, свидетельствует о более высокой доходности акций по сравнению с облигациями на протяжении 55 лет. Но этот показатель не превышает *сегодняшней* доходности высококачественных облигаций. Значит, возникает еще один вопрос: существуют ли веские основания считать, что обыкновенные акции в будущем станут еще более выгодным объектом инвестиций, чем они были на протяжении последних пяти с половиной десятилетий?

Ответ на этот вопрос может быть только отрицательным. Обыкновенные акции *могут* принести более высокую прибыль в будущем, но полной уверенности в этом нет. Мы имеем дело с двумя разными временны́ми отрезками. В первом случае речь идет о долгосрочном периоде (скажем, следующие 25 лет), а во втором случае — о том, что может произойти с инвестором (как в финансовом, так и в психологическом плане) в кратко- или среднесрочной перспективе (например, в течение 5–6 лет). Представления инвестора, его надежды и опасения, успехи и разочарования и в конечном счете его намерения определяются не столько результатами анализа инвестиционных операций за предшествующие десятилетия, сколько его собственным опытом работы на фондовом рынке.

Одно можно сказать с уверенностью: тесной временной связи между темпами инфляции (или дефляции), с одной стороны, и изменением доходности акций и их рыночной стоимости, с другой стороны, не существует. Очевидным примером может служить последний рассматриваемый интервал — с 1966 по 1970 г. Стоимость жизни выросла аж на 22% (самый высокий показатель с 1946–1950 гг.), однако и доходность акций, и их стоимость в целом снизились по сравнению с 1965 г. Такая же противоположно направленная динамика этих показателей наблюдалась и в течение предшествующих 5-летних периодов.

Инфляция и прибыль корпораций

Другой серьезный подход к проблеме связан с анализом нормы прибыли американского бизнеса. Разумеется, этот показатель меняется в зависимости от уровня деловой активности в стране, но, в отличие от цен производителей и стоимости жизни, он не проявляет тенденции к постоянному росту. Напротив, несмотря на инфляцию, за последние 20 лет он значительно снизился (отчасти вследствие либерализации политики в области регулирования амортизационных отчислений (таблица 2.2)). Анализ данных свидетельствует о том, что инвестор не вправе рассчитывать на значительно более высокую прибыльность, чем прибыльность компаний, входящих в расчет индекса Доу–Джонса за последние пять лет — около 10% по отношению к балансовой стоимости их чистых материальных активов [2]. Поскольку рыночная стоимость акций компаний, входящих в расчет индекса Доу–Джонса, намного превышает их балансовую стоимость (например, в середине 1971 г. их рыночная стоимость составляла 900, а балансовая — 560 пунктов), прибыльность по отношению к рыночной стоимости составляет всего 6,5%. (На практике обычно используют обратный показатель — отношение стоимости акций к прибыли компании. Так, если значение индекса Доу–Джонса составляет 900 пунктов, оно в 18 раз превышает фактическую прибыль компаний за 12 месяцев, с июля 1970 по июнь 1971 г. включительно.)

Эти данные убедительно подтверждают справедливость приведенных в главе 1 рассуждений о том, что инвестор вправе рассчитывать на среднюю дивидендную доходность на уровне 3,5% рыночной стоимости акций плюс доход на реинвестированные дивиденды, скажем, на уровне 4%. (При этом мы исходим из того, что при увеличении балансовой стоимости на $1 рыночная стоимость возрастает примерно на $1,60.)

Таблица 2.2. **Задолженность, прибыль и норма прибыли корпораций, 1950–1969 гг.**

Год	Чистая задолженность корпораций, $ млрд	Прибыль корпораций		Норма прибыли, %	
		Прибыль до уплаты налога, $ млн	Прибыль после уплаты налогов, $ млн	Компании, входящие в расчет S&P*	Другие компании**
1950	140,2	42,6	17,8	18,3	15,0
1955	212,1	48,6	27,0	18,3	12,9
1960	302,8	49,7	26,7	10,4	9,1
1965	453,3	77,8	46,5	10,8	11,8
1969	692,9	91,2	48,5	11,8	11,3

* Среднегодовое отношение прибыли компаний, входящих в расчет индекса Standard & Poor's, к балансовой стоимости.

** *Источники*: данные за 1950 и 1955 гг. — Cottle and Whitman; данные за 1960–1969 гг. — *Fortune*.

Читатель может возразить, что наши расчеты не учитывают роста доходности и стоимости акций вследствие прогнозируемого 3%-ного роста инфляции. В свое оправдание мы можем сослаться на полное отсутствие свидетельств того, что в прошлом инфляция сопоставимого уровня оказывала какое-либо *непосредственное* влияние на величину прибыли в расчете на акцию. Сухие цифры показывают, что значительный рост прибыльности акций компаний, входящих в расчет индекса Доу–Джонса, за последние 20 лет *всегда* происходил вследствие соответствующего увеличения объема инвестированного капитала, полученного за счет реинвестирования прибыли. Если бы инфляция выступала самостоятельным благоприятным фактором, она приводила бы к росту стоимости ранее вложенного капитала, что, в свою очередь, повышало бы и его норму прибыли и, следовательно, рентабельность и старого, и нового капитала вместе взятых. Но в действительности за последние 20 лет ничего подобного не наблюдалось, несмотря на то, что цены производителей выросли почти на 40%. (Цены производителей оказывают более серьезное влияние на прибыль корпораций, чем потребительские цены.) Инфляция может привести к росту стоимости обыкновенных акций лишь через повышение нормы прибыли инвестированного капитала. Но, как показывают данные, на практике этого не происходило.

В прошлом в рамках экономических циклов рост экономики всегда сопровождался ростом цен, а спад — их снижением. Принято было считать, что небольшая инфляция способствует росту прибыли. Эта точка зрения не противоречит ситуации 1950-1970 гг., когда бизнес процветал на фоне роста цен. Но цифры говорят о том, что позитивное влияние инфляции на способность номинированного в акциях капитала приносить прибыль было весьма ограниченным. Практически его даже не хватало для поддержания нормы прибыли инвестированного капитала. Очевидно, серьезные противодействующие факторы препятствовали увеличению прибыльности американских корпораций. Надо полагать, важнейшие из этих факторов включали (1) опережающие темпы роста заработной платы по сравнению с темпами роста производительности труда и (2) огромную потребность в притоке нового капитала, сдерживавшую рост соотношения объема продаж к величине вложенного капитала.

Данные таблицы 2.2 показывают, что инфляция не только не способствовала росту прибыли корпораций и доходов акционеров, но, напротив, приводила к их снижению. С 1950 по 1969 г. задолженность корпораций росла колоссальными темпами. Поразительно, как мало внимания экономисты и финансовые аналитики уделяют этой очевидной и тревожной тенденции. Корпоративный долг вырос почти в 5 раз, в то время как прибыль до налогообложения увеличилась немногим более чем вдвое. Учитывая значительный рост процентных ставок в этот период, становится понятно, что сегодня задолженность становится серьезной проблемой для многих компаний. (Обратите внимание, что в 1950 г. прибыль после уплаты процентов (но до уплаты налога) составляла примерно 30% корпоративного долга, а уже в 1969 г. — всего 13,2%. В 1970 г. этот показатель должен был снизиться.) Таким образом, значительная доля 11%-ной прибыли на акционерный капитал была получена благодаря значительному объему новых займов, обслуживание которых обходится корпорациям примерно в 4%. Если задолженность корпораций сохранится на уровне 1950 г., уровень доходности на акционерный капитал упадет еще ниже, несмотря на инфляцию.

Фондовый рынок исходит из того, что главной жертвой инфляции становятся компании коммунального сектора, страдающие как от роста стоимости заемного капитала, так и от невозможности повышения регламентируемых государством тарифов на свои услуги. Однако нелишне заметить, что стоимость электроэнергии, газа и телефонной связи растет намного медленнее, чем общий уровень цен, что дает коммунальным компаниям стратегические преимущества в будущем [3]. Закон разрешает компаниям коммунального сектора устанавливать тарифы на свои услуги, обеспечивающие приемлемый уровень доходности инвестированного капитала. Возможно, именно это обстоятельство послужит защитой для акционеров в будущем, как это случалось в периоды инфляции в прошлом.

Все вышеизложенное заставляет вернуться к выводу о том, что у инвестора нет веских оснований надеяться на уровень доходности, превышающий средние показатели фондового рынка на уровне 8% по состоянию на конец 1971 г. (акции компаний, входящих в расчет индекса Доу–Джонса, приобретенные по ценам конца 1971 г.). Но даже если ожидания инвестора будут оправданны, это не значит, что ему следует вкладывать средства исключительно в акции. Единственное, что можно гарантировать, так это то, что ни доходность акций, ни рынок в целом не будут расти стабильно и равномерно на 4% (или на любую другую величину). Как говаривал небезызвестный Джон Пирпонт Морган: «Рынок будет колебаться»[3]. Это означает, во-первых, что покупатель акций (и сегодня, и в будущем) рискует рано или поздно понести убытки. Акциям компании General Electric (как и индексу Доу–Джонса) понадобилось 25 лет, чтобы оправиться от потерь, понесенных в результате биржевого краха 1929–1932 гг. Кроме того, если инвестор формирует портфель исключительно из акций, он рискует серьезно пострадать в результате как значительного роста, так и серьезного падения их курса, особенно если в своих действиях он руководствуется инфляционными ожиданиями. В этом случае в условиях бычьего рынка он воспримет его рост не как сигнал о неизбежном последующем падении и возможности продать акции на выгодных условиях. Напротив, он увидит в этом подтверждение правильности инфляционной гипотезы и будет продолжать покупать акции независимо от того, насколько вырос рынок и в какой степени сократилась дивидендная доходность. Результаты такой инвестиционной политики оказываются весьма плачевными.

Альтернативные способы защиты от инфляции

Если население страны испытывает недоверие к национальной валюте, люди предпочитают хранить сбережения в золоте. Гражданам США (к счастью для них) с 1935 г. поступать таким образом было запрещено законом. За 35 лет (к началу 1972 г.) рыночная цена золота выросла с $35 до $48 за унцию, т. е. всего на 35%. Но в течение всего этого времени золото не приносило дохода тому, кто им владел. Напротив, за хранение драгоценного металла приходилось платить. Очевидно, что более выгодно было держать накопления на сберегательных счетах.

Золото не обеспечивало практически никакой защиты от падения покупательной способности доллара. Поэтому возникали сомнения и в том, что такой защитой могут служить и другие ценности[4]. Со временем росла

[3] Джон Пирпонт Морган был самым влиятельным финансистом конца XIX — начала XX в. Поскольку его постоянно спрашивали, что будет происходить на фондовом рынке, он придумал краткий и безошибочный ответ: «Рынок будет колебаться». См.: Jean Strouse, *Morgan: American Financier* (Random House, 1999), с. 11.

[4] Питер Бернстайн, знаток инвестиционной деятельности, считает, что Грэм «чудовищно ошибался» в отношении драгоценных металлов, особенно золота, поскольку темпы роста цен на этот драгоценный металл (по крайней мере после написания Грэмом данной главы) значительно опережали темпы инфляции. Финансовый аналитик Уильям Бернстайн, напротив, признавал, что незначительные вложения в драгоценные металлы (скажем, 2% общей стоимости активов) не способны существенно повлиять

рыночная стоимость лишь отдельных ценностей, таких как бриллианты, произведения искусства, букинистические издания, редкие почтовые марки, старинные монеты и т. п. Но во многих, можно сказать, практически во всех, случаях стоимость этих ценностей неестественно раздувается, иногда до абсурдной величины. Согласитесь, трудно считать «инвестицией» приобретение за $67 500 американской монеты 1804 г. (к тому же даже отчеканенной не в том году [4]). Кроме того, подобные операции требуют известного опыта. Лишь немногие читатели согласятся считать их простыми и безопасными.

Долгое время долгосрочными инвестициями, обеспечивавшими надежную защиту от инфляции, считались вложения в недвижимость. К сожалению, цены на недвижимость также подвержены значительным колебаниям. Нелегко правильно выбрать местоположение недвижимости, рассчитать ее стоимость и т. д. К тому же риелторы знают множество способов обмана покупателей. Наконец, для инвестора со скромными средствами диверсификация портфеля нецелесообразна, за исключением различных видов паевого инвестирования и вложений в новые выпуски ценных бумаг, иногда связанные с особыми возможностями (а это по сути мало чем отличается от вложений в акции). Но подобные вопросы выходят за рамки нашей компетенции. Мы можем сказать инвестору лишь одно: «Не зная броду, не суйся в воду».

Выводы

Разумеется, мы вновь и вновь рекомендуем придерживаться инвестиционной политики, о которой шла речь в предыдущей главе. В силу непредсказуемости будущего инвестор не может позволить себе вкладывать все средства в один вид ценных бумаг — ни в облигации, несмотря на их чрезвычайно высокую (с недавнего времени) доходность, ни в акции, несмотря на возможную грядущую инфляцию.

Чем сильнее инвестор зависит от своего портфеля и соответствующих доходов, тем больше он нуждается в защите от неожиданностей, чреватых

на суммарный объем прибыли инвестора, если цены на золото растут медленно. Но если они растут, золото приносит огромную прибыль (иногда более 100% в год), и тогда оно одно способно сделать инвестиционный портфель высокодоходным. И все же разумные инвесторы избегают прямых инвестиций в золото по причине высоких затрат на его хранение и страховку. Такие инвесторы предпочитают вкладывать средства в высокодиверсифицированные взаимные инвестиционные фонды, специализирующиеся на акциях компаний, работающих с драгоценными металлами, ограничивая свои вложения 1% общих расходов. Вложения не должны превышать 2% общей стоимости активов (или 5%, если инвестор старше 65 лет).

убытками. Несомненно, консервативный инвестор должен стараться минимизировать риски. Мы убеждены, что риски, связанные с приобретением, скажем, облигаций телефонной компании (доходность которых составляет примерно 7,5%), ниже рисков, связанных с покупкой акций, входящих в расчет индекса Доу–Джонса (или других фондовых индексов), когда он находится на отметке 900 пунктов. Однако поскольку в долгосрочной перспективе не исключена возможность высокой инфляции, инвестор должен застраховаться от нее. Нельзя с уверенностью утверждать, что акции послужат надежной страховкой от инфляции, но они способны обеспечить более высокий уровень защиты, чем облигации.

То, что мы писали по этому поводу в издании 1965 г., актуально и сегодня.

> Читателю должно быть очевидно, что при текущем значении индекса Доу–Джонса на уровне 892 пунктов мы не испытываем особого энтузиазма в отношении акций. Тем не менее по указанным выше причинам портфель пассивного инвестора должен содержать значительную долю акций, даже если мы считаем их меньшим из двух зол. Если в портфеле будут только облигации, риск возрастет.

КОММЕНТАРИИ К ГЛАВЕ 2

Американцы становятся сильнее. Двадцать лет назад, чтобы унести купленные на $10 товары из бакалейного магазина, нужны были два человека. Сегодня с этим справится и пятилетний ребенок.

Хенни Янгман

Подумаешь, инфляция! Нашли о чем беспокоиться.

В конце концов, с 1997 по 2002 г. цены на товары и услуги росли в среднем не более чем на 2,2%, причем экономисты уверены, что и эти цифры являются завышенными[5]. (Помните, как быстро упали цены на компьютеры и электробытовые приборы, несмотря на то, что их качество повысилось? Или, иными словами, за те же деньги покупатели стали получать больше стоимости.) В последнее время инфляция в США не превышала 1% в год. Столь низкие показатели заставили многих исследователей говорить о том, что «инфляция мертва»[6].

ИЛЛЮЗИЯ ДЕНЕГ

Существует еще одна причина, по которой инвесторы недооценивают последствия инфляции. Психологи называют это «иллюзией денег». Если при

---

[5] Вот полезная ссылка на сайт Бюро трудовой статистики Министерства труда США, которое рассчитывает индекс потребительских цен (т. е. уровень инфляции): www.bls.gov/cpi/home.htm.

[6] Оживленная дискуссия о «смерти инфляции» развернулась на сайте http://www.pbs.org/newshour/. В 1996 г. правительство поручило экономистам из Комиссии Боскина изучить вопрос о том, насколько точно рассчитывается официальный уровень инфляции. Комиссия пришла к выводу, что его завышают примерно на 2 процентных пункта в год. Отчет комиссии можно найти на сайтах www.ssa.gov/history/reports/boskinrpt.html, http://www.socialsecurity.gov/history/reports/boskinrpt.html. Многие эксперты в области инвестиций считают, что дефляция, или падение цен, сегодня представляет собой более серьезную угрозу, чем инфляция. Лучший инструмент хеджирования этого риска — включение в инвестиционный портфель облигаций. (Более подробно этот вопрос рассматривается в комментариях к главе 4.)

4%-ной инфляции вам повышают зарплату на 2%, вы, разумеется, чувствуете себя более комфортно, чем если бы при нулевой инфляции вам стали платить на 2% меньше. Но ведь и в том, и в другом случае ваш доход снижается на 2%. Нам нравится, когда номинальный доход растет, даже если реальный доход падает из-за инфляции. Понятно, что любые изменения уровня личных доходов более очевидны, чем динамика цен на макроэкономическом уровне[7]. В 1980 г. инвесторы радовались 11%-ной доходности по банковским депозитным сертификатам, а в 2003 г. грустили, получая всего около 2%, несмотря на то, что в первом случае с учетом текущего уровня инфляции они теряли деньги, а во втором — компенсировали инфляционные потери. В рекламных проспектах и на витринах банков указывают номинальный уровень процентной ставки по депозитам, и эти довольно высокие цифры нам нравятся. Но инфляция тихо и незаметно превращает проценты в пыль. Рекламные проспекты умалчивают об инфляции, зато о ней красноречиво свидетельствуют наши кошельки. Вот почему инфляцию так легко не заметить, и вот почему об успехе инвестиционной деятельности следует судить не по номинальным, а по реальным доходам с учетом инфляции.

Вот почему разумный инвестор всегда должен быть готов к неожиданностям и принимать в расчет самые разнообразные факторы, значение которых обычно недооценивается. Существует три веских доказательства того, что инфляция жива.

- Сравнительно недавно, в 1973–1982 гг., в США имел место самый значительный скачок инфляции за всю предшествующую историю страны. Если судить по индексу потребительских цен, стоимость жизни за этот период выросла более чем вдвое, т.е. росла примерно на 9% в год. Только в 1979 г. инфляция составила 13,3%, вызвав почти полный паралич экономики. Появился новый термин — «стагфляция», возникли сомнения в конкурентоспособности страны на мировом рынке[8].
- После 1960 г. 69% стран с рыночной экономикой пережили хотя бы один год, когда инфляция была не менее 25%. В результате покупательная способность инвесторов упала на 53%[9]. Только сумасшедший может не радоваться тому, что США удалось избежать подобного

[7] Другие примеры подобных иллюзий можно найти в книге: Eldar Shafir, and Amos Tversky, "Money Illusion," in Daniel Kahneman and Amos Tversky, eds., *Choices, Values, and Frames* (Cambridge University Press, 2000), с. 335–355.

[8] В 1979 г. президент Джимми Картер произнес свою знаменитую речь о «национальном недуге». В частности, он говорил о том, что «кризис доверия», который «поразил сердце, душу и дух нашей нации», «угрожает разрушением социального и политического устройства Америки».

[9] См.: Stanley Fischer, Ratha Sahay, and Carlos A. Vegh, "Modern Hyper- and High Inflations," National Bureau of Economic Research, Working Paper 8930 (www.nber.org/papers/w8930).

бедствия. И только сумасшедший может считать, что страна от него застрахована[10].

- Рост цен позволил Дяде Сэму погасить государственный долг, поскольку деньги благодаря инфляции подешевели. Полная победа над инфляцией противоречит экономическим интересам государства, которое регулярно занимает деньги[11].

НЕПОЛНАЯ ЗАЩИТА

Что может предпринять разумный инвестор, дабы защититься от инфляции? Казалось бы, ответ очевиден — купить акции, но, как это обычно бывает, очевидный ответ не всегда оказывается правильным.

На рис. 2.1 показано соотношение инфляции и цен акций за период с 1926 по 2002 г.

Как показано на рис. 2.1, когда цены на потребительские товары и услуги падали (слева на графике), доходность акций была чрезвычайно низкой. Фондовый рынок терял до 43% своей стоимости[12]. Когда инфляция росла на 6% (справа на графике), цены на акции также снижались. Фондовый рынок падал на протяжении 8 лет из 14, когда инфляция превышала 6%. Средняя доходность за эти 14 лет составила всего 2,6%.

Если умеренная инфляция позволяет компаниям перекладывать бремя растущих сырьевых затрат на потребителей, то при высокой инфляции последние стремятся ограничить свои расходы, и покупательная способность падает.

Исторические примеры достаточно наглядны. Начиная с 1926 г. можно выделить 64 5-летних периода (1926–1930, 1927–1931, 1928–1932 гг. и т. д. до 1998–2002 гг.). На протяжении 50 из этих 64 периодов (или 78% времен-

---

[10] Фактически США пережили два периода гиперинфляции. Во время Американской революции, с 1777 по 1779 г., цены ежегодно росли почти на 200%. В революционном штате Массачусетс фунт масла стоил $12, а баррель муки — почти $1600. Во время Гражданской войны инфляция достигала 29% (на Севере) и 200% (в штатах Конфедерации). А сравнительно недавно, в 1946 г., инфляция подскочила до 18,1%.

[11] Я признателен Лоренсу Сигелу из Фонда Форда за это циничное, но справедливое высказывание. В условиях дефляции (постоянного падения цен), наоборот, выгоднее давать деньги в долг, чем занимать их. Именно поэтому, чтобы застраховаться от дефляции, инвесторы должны вкладывать хотя бы небольшую часть активов в облигации.

[12] Отрицательную инфляцию называют дефляцией. Казалось бы, постоянное падение цен может только радовать, но вспомним печальный опыт Японии, где с 1989 г. падали и цены, и рынок недвижимости, и фондовый рынок. Это стало тяжелым испытанием для страны, занимающей второе место в мире по объему ВВП.

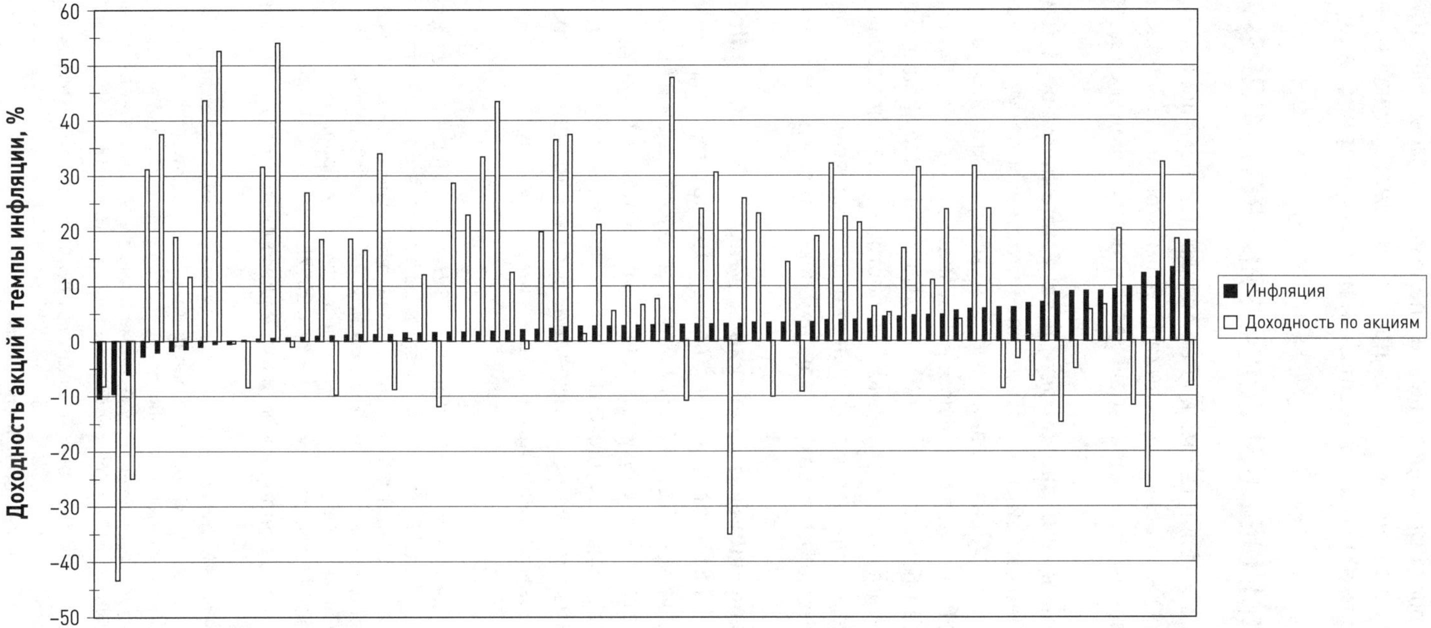

На графике представлена динамика доходности акций и инфляции по годам за период с 1926 по 2002 г. Данные систематизированы не в хронологическом порядке, а начиная с минимальных и заканчивая максимальными инфляционными показателями. При отрицательной инфляции (слева на графике) доходность акций была минимальной. При средних темпах роста инфляции (на протяжении почти всего рассматриваемого периода) доходность акций была нормальной. Но при резком росте инфляции (справа на графике) доходность акций падала (иногда на 10%).

Источник: Ibbotson Associates.

Рис. 2.1. Могут ли акции защитить от инфляции?

ного отрезка) темпы роста фондового рынка опережали темпы инфляции[13]. Тенденция впечатляющая, но не все так просто. В одном случае из пяти (20% временного отрезка) акции не защищали инвестора от инфляции.

ДВЕ СПАСИТЕЛЬНЫЕ АББРЕВИАТУРЫ: REIT И TIPS

К счастью, бороться с инфляцией можно не только при помощи традиционных ценных бумаг. Уже после написания Грэмом этой книги инвесторы получили в свое распоряжение два новых эффективных финансовых инструмента.

Инвестиционные фонды недвижимости (Real Estate Investment Trusts, REITs) владеют коммерческой и жилой недвижимостью и получают доход в виде арендной платы[14]. Образуя взаимные фонды недвижимости, они помогают инвесторам защищаться от инфляции. Крупнейшие из них — Vanguard REIT Index Fund, Cohen & Steers Realty Shares, Columbia Real Estate Equity Fund и Fidelity Real Estate Investment Fund[15]. Инвестиционные фонды недвижимости не полностью защищают инвесторов от инфляции, но в долгосрочной перспективе обеспечивают страховку от падения покупательной способности и снижения дохода.

Защищенные от инфляции казначейские облигации (Treasury Inflation-Protected Securities, TIPS) — это государственные ценные бумаги, впервые выпущенные Казначейством США в 1997 г. При росте инфляции их цена автоматически повышается. Поскольку эти облигации выпускаются под гарантию государства, они абсолютно надежны с точки зрения выплаты процентов и погашения по стоимости с учетом инфляции. Этот инструмент защищает инвесторов от финансовых потерь при росте стоимости жизни[16].

---

[13] Ibbotson Associates, *Stocks, Bonds, and Inflation, 2003 Handbook* (Ibbotson Associates, Chicago, 2003), Table 2.8. Подобная динамика наблюдалась не только в США. В Бельгии, Италии и Германии, где инфляция в XX в. была особенно высокой, она «как оказалось, оказывала негативное влияние и на рынок акций, и на рынок облигаций», писали Элрой Димсон, Пол Марш и Майк Стаунтон (см. *Triumph of the Optimists: 101 Years of Global Investment Return* (Princeton University Press, 2002), с. 53).

[14] Более подробную, хотя и не всегда свежую, информацию можно найти на сайте http://www.reit.com.

[15] Более подробную информацию можно найти на сайтах www.vanguard.com, www.cohenandsteers.com, https://www.columbiamanagement.com/ и www.fidelity.com. Инвестировать в фонды недвижимости необязательно, если вы сами владеете, например, домом, поскольку в этом случае вы уже вложили часть средств в недвижимость и таким образом диверсифицировали свой инвестиционный портфель.

[16] Подробную информацию можно найти на сайтах http://www.publicdebt.treas.gov/, www.federalreserve.gov/Pubs/feds/2002/200232/200232pap.pdf, https://www.tiaa-cref.org/public и www.bwater.com/research_ibonds.htm.

Но и здесь есть одна загвоздка. Стоимость облигаций растет вместе с инфляцией, и Налоговое управление США рассматривает этот прирост стоимости как налогооблагаемый доход, даже если вы ничего не делали со своими бумагами, т. е. не продавали их по более высокой цене. Почему так происходит? Разумный инвестор вспомнит, что говорил по этому поводу финансовый аналитик Марк Швебер: «Чиновникам бесполезно задавать вопрос "Почему?"». Из-за налогов защищенные от инфляции казначейские облигации целесообразно использовать в рамках пенсионных планов с отсроченным налогообложением типа IRA, Keogh или 401(k), так как в этом случае они не будут увеличивать налоговое бремя.

Данные ценные бумаги можно приобрести непосредственно у государства (см. сайты www.publicdebt.treas.gov/ и http://www.publicdebt.treas.gov/index1.htm) или вложив средства во взаимный инвестиционный фонд (например, Vanguard Inflation-Protected Securities или Fidelity Inflation-Protected Bond Fund)[17]. Купленные напрямую или через инвестиционный фонд, эти ценные бумаги являются идеальным инструментом хранения пенсионных накоплений, которые иначе пришлось бы держать на счетах в банке. Не продавайте эти бумаги: их стоимость в краткосрочном периоде может колебаться, но в долгосрочной перспективе они приносят высокую прибыль. Вложив в них хотя бы 10% пенсионных накоплений, большинство инвесторов сможет сохранить соответствующую часть своих денежных средств, защитив их от невидимых когтей инфляции.

[17] Более подробную информацию о таких инвестиционных фондах можно найти на сайтах www.vanguard.com и www.fidelity.com.

ГЛАВА 3

Сто лет фондовому рынку: пейзаж начала 1972 г.

Акции в портфеле инвестора — лишь один из инструментов работы на таком широком поле деятельности, как фондовый рынок. Инвестор должен иметь полное представление не только о них, но и о том, что вообще на этом поле происходит. Прежде всего это касается значительных колебаний цен и соотношения между стоимостью акций и их рыночной и дивидендной доходностью. Только зная все это, инвестор сможет правильно судить о возможностях и опасностях рынка, возникающих в различных ситуациях. Так уж вышло, что статистические данные о ценах, доходности и дивидендах начали собирать 100 лет назад, с 1871 г. (Данные за первые 50 лет существования рынка ценных бумаг, в отличие от статистики за следующие 50 лет, фрагментарны и не слишком надежны, но и они представляют собой ценный материал для исследований.) В данной главе мы попытаемся с цифрами в руках решить две задачи. Во-первых, посмотрим, как вели себя акции в рамках экономических циклов на протяжении столетия. Во-вторых, изучив усредненные данные о ценах акций, рыночной и дивидендной доходности (за 10-летние периоды), попытаемся установить взаимосвязь между этими показателями. Все это позволит нам перейти к анализу цен акций, сложившихся на начало 1972 г.

Вековая история фондового рынка представлена в двух таблицах и на графике. В таблице 3.1 содержатся данные о колебаниях фондового рынка (максимальные и минимальные уровни) в рамках 19 медвежьих и бычьих циклов за последние 100 лет. Мы использовали два фондовых индекса. С 1870 г. приводятся значения индекса Комиссии Коулса[1] (за более поздние годы представлены значения индекса широкого рынка Standard & Poor's 500).

---

[1] Комиссия Коулса по экономическим исследованиям (Cowles Commission for Research in Economics) была создана в 1932 г. бизнесменом и экономистом Альфредом Коулсом. В 1952 г. Комиссия была преобразована в Фонд Коулса (Cowles Foundation). — *Прим. ред.*

Второй, еще более известный индекс — индекс Доу–Джонса, рассчитывать который начали в 1897 г. Этот индекс рассчитывается по акциям 30 компаний, включая American Telephone & Telegraph и 29 других крупных промышленных корпораций [1].

Таблица 3.1. **Самые серьезные колебания фондового рынка, 1871–1971 гг.**

Год	Cowles-Standard 500 Composite			Индекс Доу–Джонса		
	Максимальное значение	Минимальное значение	Падение, %	Максимальное значение	Минимальное значение	Падение, %
1871		4,64				
1881	6,58					
1885		4,24	28			
1887	5,90					
1893		4,08	31			
1897					38,85	
1899				77,6		
1900					53,50	31
1901	8,50			78,3		
1903		6,26	26		43,20	45
1906	10,03			103,0		
1907		6,25	38		53,00	48
1909	10,30			100,5		
1914		7,35	29		53,20	47
1916–1918	10,21			110,2		
1917		6,80	33		73,40	33
1919	9,51			119,6		
1921		6,45	32		63,90	47
1929	31,92			381,0		
1932		4,40	86		41,20	89
1937	18,68			197,4		
1938		8,50	55		99,00	50
1939	13,23			158,0		
1942		7,47	44		92,90	41
1946	19,25			212,5		
1949		13,55	30		161,2	24
1952	26,6			292		
1952–1953		22,7	15		256	13
1956	49,7			521		
1957		39,0	24		420	20
1961	76,7			735		
1962		54,8	29		536	27
1966–1968	108,4			995		
1970		69,3	36		631	37
Начало 1972 г.	100		—	900		—

На графике (рис. 3.1), любезно предоставленном агентством Standard & Poor's, показаны колебания фондового индекса, рассчитанного по акциям 425 промышленных компаний, с 1900 по 1970 г. (Динамика индекса Доу–Джонса выглядела бы примерно так же.) Читатель может заметить три модели поведения фондового рынка, каждая из которых охватывает примерно треть временного отрезка продолжительностью 70 лет. Первая модель, наблюдавшаяся с 1900 по 1924 г., характеризовалась рядом сходных рыночных циклов продолжительностью от 3 до 5 лет. На протяжении этого периода рынок рос в среднем на 3% в год. Потом наступила «новая эра» бычьего рынка. В 1929 г. рост рынка достиг максимальных значений, после чего рынок обвалился, а затем вплоть до 1949 г. наблюдались неравномерные колебания курсов акций. Сравнение показателей 1949 и 1924 г. позволяет сделать вывод, что в этот период рынок рос не более чем на 1,5% в год. Поэтому к середине XX в. энтузиазм участников рынка по отношению к акциям иссяк. Однако, как и следовало ожидать, маятник качнулся в другую сторону, и начался третий период, который ознаменовался самым высоким ростом котировок за всю историю фондового рынка. Эта модель фондового рынка отражена справа на рис. 3.1. Феноменальный рост рынка завершился в декабре 1968 г., когда индекс S&P 425 вырос до 118, а S&P 500 — до 108 пунктов). И хотя данные таблицы 3.1 показывают, что с 1949 по 1966 г. курсовая стоимость акций несколько раз падала (прежде всего в 1956–1957 и 1961–1962 гг.), рынок восстанавливался так быстро, что эти периоды принято считать (в долгосрочной перспективе) не самостоятельными циклами, а спадами на бычьем рынке. За 17 лет рынок вырос более чем в 6 раз: индекс Доу–Джонса поднялся со 162 пунктов в середине 1949 г. до максимума (995 пунктов) в начале 1966 г. (Рост индекса широкого рынка S&P был более значительным — с 14 до 96 пунктов.) Таким образом, рынок ежегодно рос в среднем на 11% (без учета роста дивидендной доходности примерно на 3,5% в год).

Начиная с 1963 г. доходность рынка достигала 14% и еще более высоких показателей. Эти цифры приводились во многих исследованиях[2] [2]. Разумеется, на Уолл-стрит радовались достигнутым успехам, которые, однако, стали причиной опасного заблуждения: аналитики решили, что такие успехи гарантируют высокую доходность акций и в будущем. Лишь немногие специалисты предупреждали, что столь бурный рост может свидетельствовать о том, что рынок перекуплен. И действительно, после максимума, достигнутого в 1968 г., в 1970 г. рынок упал до минимума. Индекс Standard & Poor's Composite снизился на 36%, Доу–Джонса — на 37%. Это был самый серьезный спад после 1939–1942 гг., когда из-за неопределенности ситуации после

[2] См.: Lawrence Fisher and James H. Lorie, "Rates of Return on Investments in Common Stock: the Year-by-Year Record, 1926-1965," *The Journal of Business*, vol. XLI, no. 3 (июль 1968 г.), с. 291-316.

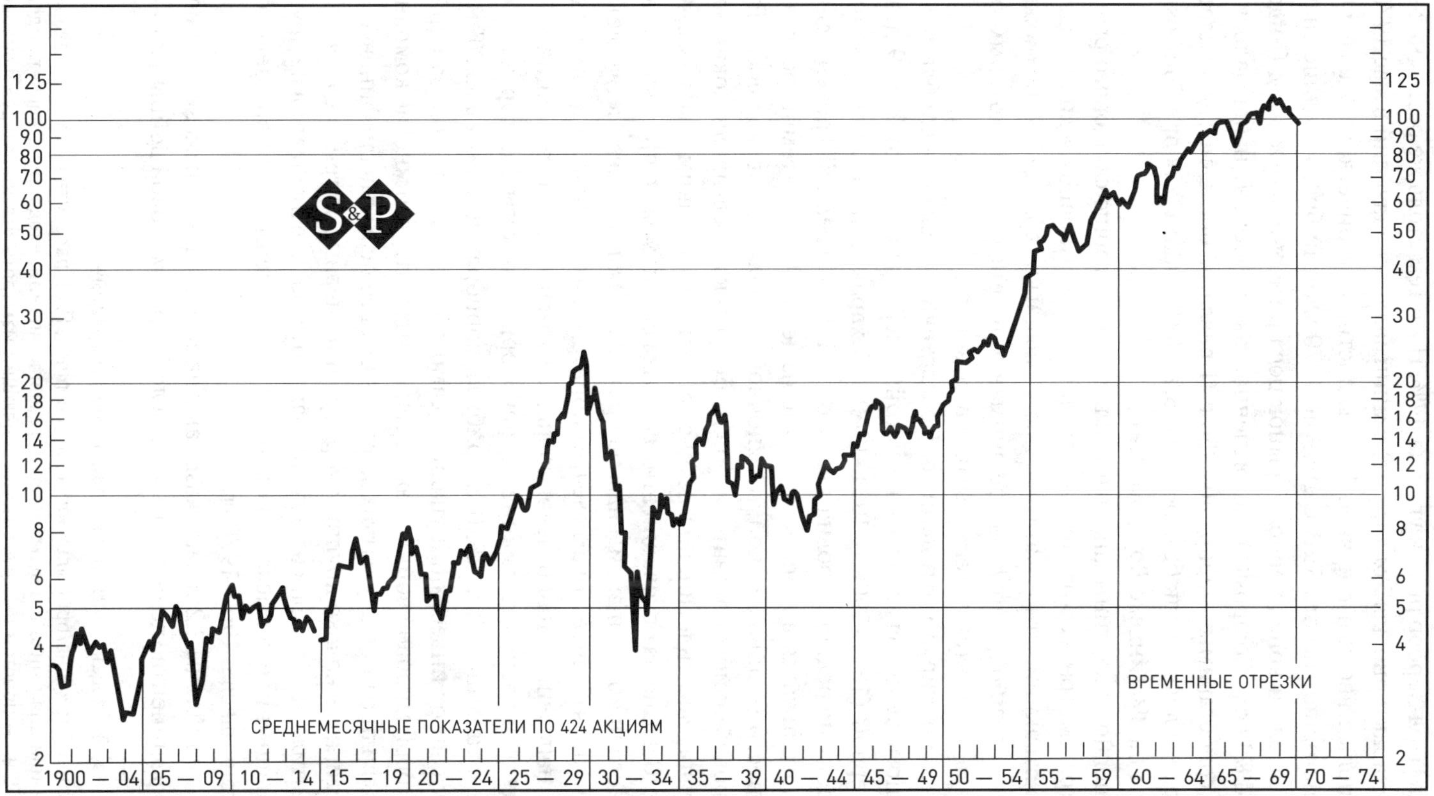

Рис. 3.1. Фондовый индекс Standard & Poors, 1941–1943 = 10

атаки на Пёрл-Харбор рынок упал на 44%. Но затем столь же резко (как это вообще характерно для Уолл-стрит) с минимальных значений в мае 1970 г. рынок пошел вверх и в начале 1972 г. достиг исторического максимума за всю историю расчета S&P. С 1949 по 1970 г. (если брать средние значения на начало и конец периода) рынок рос примерно на 9% в год (индекс Standard & Poor's Composite). Несомненно, такого роста не наблюдалось ни за один сопоставимый период до 1950 г. (Правда, за последнее десятилетие рынок рос далеко не так быстро — на 5,25% (Standard & Poor's Composite) или даже на 3% (индекс Доу–Джонса).)

Для полноты картины, анализируя вековую историю фондового рынка, следует рассмотреть соответствующие данные по рыночной и дивидендной доходности акций. Эти показатели представлены в таблице 3.2. Возможно, не все читатели обратят должное внимание на цифры, но некоторым они наверняка покажутся интересными и полезными.

Прокомментируем эти данные. Показатели за декады колеблются по годам, но в целом указывают на устойчивый рост. Только 2 из 9 декад после первой (1891–1900 и 1931–1940 гг.) характеризовались падением доходности и среднего уровня цен. После 1900 г. средний уровень дивидендов не снижался в течение ни одной из декад. Однако темпы роста цен и доходности (и дивидендной, и рыночной) менялись. В целом после Второй мировой войны показатели фондового рынка превышали показатели предыдущих десятилетий, но в 1960-е гг. рост был не таким заметным, как в 1950-е. Сегодня на основании этих данных вряд ли можно предсказать, как будут расти прибыль и дивиденды на протяжении следующего десятилетия, но очевидно, что инвесторам следует придерживаться инвестиционной политики, нацеленной на последовательное вложение средств в акции.

Следует обратить внимание на некоторые моменты, которые не отражены в таблице 3.2. В 1970 г. прибыль корпораций снижалась. Темпы роста отдачи от инвестиций упали до самого низкого значения за период после Второй мировой войны. Важно также отметить, что многие компании тогда заявили о чистых убытках за год, почти все испытывали финансовые трудности, а несколько крупных корпораций впервые за три предшествующих десятилетия оказались на грани банкротства. Все эти и многие другие факты напомнили о высказанном ранее утверждении[3], что эра великого бума окончилась в 1969–1970 гг.

Данные таблицы 3.2 также указывают на значительные изменения значений коэффициента «цена/прибыль» после Второй мировой войны[4]. В июне

[3] См. главу 2, раздел «Инфляция и прибыли корпораций».

[4] Коэффициент «цена/прибыль» (price per earnings, P/E), рассчитанный для отдельной акции или для рынка в целом (например, для компаний, входящих в расчет индекса S&P 500), — простой инструмент, позволяющий измерять «температуру» фондового

Таблица 3.2. **Фондовый рынок в 1871–1970 гг.***

Период	Средние цены, $	Средняя прибыль, $	Среднее значение коэффициента «цена/прибыль»	Средний размер дивидендов, $	Средняя доходность, %	Средняя окупаемость, %	Годовые темпы роста, %**	
							Прибыль	Дивиденды
1871–1880	3,58	0,32	11,3	0,21	6,0	67	—	—
1881–1890	5,00	0,32	15,6	0,24	4,7	75	–0,64	–0,66
1891–1900	4,65	0,30	15,5	0,19	4,0	64	–1,04	–2,23
1901–1910	8,32	0,63	13,1	0,35	4,2	58	+6,91	+5,33
1911–1920	8,62	0,86	10,0	0,50	5,8	58	+3,85	+3,94
1921–1930	13,89	81,05	13,3	0,71	5,1	68	+2,84	+2,29
1931–1940	11,55	0,68	17,0	0,78	5,1	85	–2,15	–0,23
1941–1950	13,90	1,46	9,5	0,87	6,3	60	+10,60	+3,25
1951–1960	39,20	3,00	13,1	1,63	4,2	54	+6,74	+5,90
1961–1970	82,50	4,83	17,1	2,68	3,2	55	+5,80***	+5,40***
1954–1956	38,19	2,56	15,1	1,64	4,3	65	+2,40****	+7,80****
1961–1963	66,10	3,66	18,1	2,14	3,2	58	+5,15****	+4,42****
1968–1970	93,25	5,60	16,7	3,13	3,3	56	+6,30****	+5,60****

* Данные таблицы в основном взяты из статьи: N. Molodovsky, "Stock Values and Stock Prices," Financial Analysts Journal, май 1960 г. Автор статьи, в свою очередь, заимствовал их из материалов Комиссии Коулса Common Stock Indexes (данные за период до 1926 г.) и других источников (индекс широкого рынка S&P 500, данные за период после 1926 г.).

** Данные о среднегодовых темпах роста рассчитаны Молодовски для успешных периодов продолжительностью 21 год, которые заканчиваются соответственно в 1890-м, 1900 г. и т. д.

*** Рост с 1958–1960 г. по 1968–1970 г.

**** Рост с 1947–1949 г. по 1954–1956 г., с 1954–1956 г. по 1961–1963 г. и с 1958–1960 г. по 1968–1970 г.

1949 г. соотношение между ценами акций, входящих в расчет индекса широкого рынка Standard & Poor's, и прибылью за последние 12 месяцев составляло 6,3. В марте 1961 г. этот показатель вырос до 22,9. Одновременно дивидендная доходность акций, входящих в расчет S&P, упала с 7% в 1949 г. до 3% в 1961 г. Разница становится еще более заметной, если учесть, что выплаты по первоклассным облигациям выросли с 2,6 до 4,5%. Эти цифры, безусловно, отражают самый серьезный сдвиг в общественном сознании за всю историю фондового рынка.

Опытные инвесторы, привыкшие действовать с осторожностью, считали, что столь серьезные колебания ключевых характеристик фондового рынка предвещают проблемы в будущем. Они не могли забыть бычий рынок 1926–1929 гг. и последовавший затем биржевой крах. Но их опасения не оправдались. Значение индекса Доу–Джонса на конец 1970 г. было таким же, как шесть с половиной лет назад, а рыночный бум «ревущих шестидесятых» оказался всего лишь чередой впечатляющих подъемов и не менее впечатляющих спадов. Ни с экономикой, ни с фондовым рынком не случилось ничего такого, что могло бы сравниться с медвежьим рынком и депрессией 1929–1932 гг.

Фондовый рынок в начале 1972 г.

Зная динамику цен акций, прибыли и дивидендов за 100 лет, можно попробовать сделать некоторые выводы о современном состоянии фондового рынка (значение индекса Доу–Джонса — 900, индекса Standard & Poor's Composite — 100 пунктов), т. е. о ситуации, сложившейся к январю 1972 г.

Состояние фондового рынка на момент передачи книги в печать рассматривалось во всех ее предыдущих изданиях. Мы интересовались тем, не слишком ли высоки цены для пассивных инвесторов. Читателям могут быть полезны эти оценки. Мы приводим их здесь не для того, чтобы признаться в ошибках. Просто они демонстрируют связь между различными этапами развития рынка за 20 лет и показывают, как трудно составить правильное представление о текущей ситуации на рынке. Напомним, что мы писали о ситуации в 1948, 1953 и 1959 гг. в издании 1965 г.:

рынка. Так, если в предыдущем году чистая прибыль компании в расчете на акцию составила $1, а сегодня акции продаются по $8,93 за штуку, значение коэффициента «цена/прибыль» составляет 8,93. Если акции продаются по $69,7 за штуку, значение коэффициента составляет 69,7. Значения коэффициента в диапазоне от 1 до 10 считаются низкими, от 10 до 20 — средними, свыше более 20 — высокими. Более подробно мы поговорим о коэффициенте «цена/прибыль» в главе 7.

В 1948 г. мы оценивали значение фондового индекса Доу–Джонса (180 пунктов) с позиций консервативного инвестора и без труда пришли к выводу, что он «не был слишком высоким, если принимать во внимание реальную стоимость акций». К 1953 г. среднее значение индекса возросло на 50% и составило 275 пунктов. Мы снова задались вопросом: не было ли это значение слишком высоким для консервативных инвестиций? На фоне столь захватывающего роста этот вопрос мог показаться странным, ведь вывод о привлекательности фондового рынка в 1953 г. напрашивался сам собой. Мы с достаточной степенью уверенности писали: «С точки зрения реальной стоимости акций — самой яркой путеводной звезды инвестора — цены акций в 1953 г. можно считать благоприятными». Но настораживал тот факт, что до 1953 г. среднерыночные показатели росли на протяжении более продолжительного периода времени, чем это было свойственно большинству бычьих рынков в прошлом, и на текущий момент рынок достиг исторического максимума. С учетом этого, положительно оценивая рынок, мы все-таки рекомендовали инвесторам проявлять осторожность. Как выяснилось, этот совет нельзя было отнести к разряду ценных. Настоящий провидец наверняка предсказал бы 100%-ный рост фондового рынка на протяжении последующих пяти лет. Возможно, в качестве оправдания стоит заметить, что немногие из тех, кто профессионально занимался прогнозированием фондового рынка — а мы, собственно, этим и не занимались, — сделали бы более точные прогнозы.

В начале 1959 г. индекс Доу–Джонса достиг нового рекордного значения — 584 пунктов. Результаты всестороннего анализа ситуации можно было бы сформулировать следующим образом (см. издание 1959 г.): «В целом хотелось бы отметить, что текущий уровень цен акций опасен. Опасность заключается, в частности, в том, что цены слишком высоки. Но дело даже не в этом, а в том, что они не могут долго оставаться на таком неоправданно высоком уровне. Честно говоря, трудно представить, что рынок рано или поздно не упадет и что все неопытные инвесторы наверняка получат прибыль».

Дальнейшие события подтвердили обоснованность предостережения, высказанного в 1959 г., более убедительно, чем прогнозы, сделанные в 1954 г., но все оказалось не так страшно. В начале 1961 г. индекс Доу–Джонса поднялся до 685 пунктов, затем в том же году упал до 566 пунктов и вскоре снова вырос до 735 пунктов, а в мае 1962 г. на фоне паники на рынке снизился до 536 пунктов. Всего за полгода убытки составили 27%. Одновременно резко упали акции безусловного лидера рынка — компании International Business Machines — с 607 в декабре 1961 г. до 300 пунктов в июне 1962 г.

За это время практически обесценились впервые выпущенные на рынок акции множества небольших компаний — так называемые «горячие» акции, которые предлагались участникам рынка по очень высоким ценам. Позднее, подогреваемые спекулятивными настроениями, эти цены выросли до совсем уж неоправданно высокого уровня. А потом всего за несколько месяцев они упали на 90% и более.

В результате падения рынка в первой половине 1962 г. многие опытные спекулянты и, видимо, огромное количество неосторожных участников рынка, которые считали себя инвесторами, столкнулись с серьезными проблемами и разорились. При этом ситуация, сложившаяся в конце года, стала неожиданностью для всего финансового сообщества. Средние значения фондового рынка снова стали расти (см. таблицу ниже).

	Индекс Доу–Джонса	Standard & Poor's 500
Декабрь 1961 г.	735	72,64
Июнь 1962 г.	536	52,36
Ноябрь 1964 г.	892	86,28

Чудесное восстановление рынка и новый рост цен акций привели к пересмотру многих представлений, сложившихся на Уолл-стрит. На фоне спада в июне 1962 г. почти все прогнозировали продолжение тенденции к снижению рынка. После частичного восстановления в конце 1962 г. мнения разделились, но в целом превалировали скептические настроения. Однако уже в начале 1964 г. в настроениях брокеров возобладал свойственный им оптимизм. Практически все аналитики предрекали рост рынка, что и произошло в 1964 г.

Далее мы попытались оценить ситуацию на фондовом рынке в ноябре 1964 г. (при значении фондового индекса Доу–Джонса на уровне 892 пунктов). Тщательный анализ позволил сделать три важных вывода. Во-первых, «старые методы (оценки стоимости акций) уже неприемлемы, а новые еще не проверены временем». Во-вторых, инвестор «при разработке стратегии должен учитывать фактор неопределенности. С одной стороны, рынок может подскочить на 50% (индекс Доу–Джонса может вырасти до 1350 пунктов), с другой стороны — внезапно на столько же упасть (т. е. значение индекса Доу–Джонса составит 450 пунктов)» (см. издание 1959 г.). Наконец, «если уровень цен 1964 г. не считать слишком высоким, можно ли говорить о том, что *какой-либо* уровень цен слишком высок?». Глава заканчивалась вопросом: «Что делать инвестору?»

ЧТО ДЕЛАТЬ ИНВЕСТОРУ?

Инвесторы не должны считать, что покупать акции при уровне цен 1964 г. опасно просто потому, что они прочли об этом в книге. Они должны рассмотреть все аргументы и контраргументы, которые могут привести компетентные и опытные брокеры. В конце концов, каждый инвестор должен принимать решения самостоятельно, беря на себя всю полноту ответственности. Что касается авторов книги, то, по их мнению, если инвестор все же не знает, какой политики придерживаться, он должен действовать с осторожностью. В 1964 г. можно использовать предложенные нами принципы инвестиционной политики, перечисленные ниже (по степени актуальности).

1. Не использовать заемные средства для приобретения и обслуживания ценных бумаг.
2. Не увеличивать долю вложений в акции.
3. В случае необходимости сократить долю акций в портфеле до минимально допустимого значения (50%). Оптимизировать сроки уплаты налогов на прирост капитала (в результате продажи акций). Выручку от продажи акций вложить в первоклассные облигации или положить на сберегательный счет в банке.

Инвесторы, последовательно придерживавшиеся политики усредненного равномерного инвестирования вне зависимости от движений фондового рынка, могут продолжать следовать ей или отказаться от нее до тех пор, пока рынок станет менее опасным. Однако тем инвесторам, которые не применяли эту стратегию, мы бы не рекомендовали переходить на нее в ситуации, аналогичной той, которая сложилась на конец 1964 г., поскольку многим может не хватить «запаса прочности» и спустя какое-то время после начала операций они могут понести значительные убытки.

Сегодня можно с уверенностью сказать, что наши опасения подтвердились. Индекс Доу–Джонса вырос еще на 11% — до 995 пунктов, но затем начались скачки: в 1970 г. — падение до 632 пунктов, в конце того же года — рост до 839 пунктов. Скакали и цены акций «горячих» выпусков — как, например, в 1961–1962 гг., когда они упали на 90%. Кроме того, как уже отмечалось, из-за ситуации на рынке энтузиазм брокеров почти иссяк, и их начали одолевать сомнения. Тот факт, что при закрытии торгов в 1970 г. (впервые с 1944 г.) значение индекса Доу–Джонса было ниже, чем шесть лет назад, говорит за себя сам.

Так выглядели наши попытки оценить состояние фондового рынка в прошлом. Какие выводы из сказанного можно сделать? Рынок 1948 и 1953 гг. мы оценивали как благоприятный для инвестиций, рынок 1959 г. (при значении индекса Доу–Джонса на уровне 584 пунктов) — как опасный, а рынок 1964 г. (при значении индекса Доу–Джонса на уровне 892 пунктов) — как переоцененный. Сегодня можно найти немало аргументов в пользу правильности этих оценок. Но, видимо, они не столь полезны, как наши практические рекомендации — придерживаться осторожной политики относительно акций и не пытаться «побить рынок» и обогнать конкурентов.

Тем не менее мы надеемся, что в ситуации 1971 г. читателям будет полезно вспомнить эти оценки — если не с практической, то с теоретической точки зрения. В «Никомаховой этике» Аристотель пишет: «Ведь человеку образованному свойственно добиваться точности для каждого рода предметов в той степени, в какой это допускает природа предмета. Одинаково нелепым кажется как довольствоваться правдоподобными рассуждениями математика, так и требовать от ритора строгих доказательств»[5]. Оценки финансового аналитика — нечто среднее между рассуждениями математика и фигурами речи ритора.

В отдельные периоды 1971 г. значение фондового индекса Доу–Джонса находилось на отметке 892 пункта, как и в ноябре 1964 г. (эта динамика подробно рассматривалась в предыдущем издании книги). При подготовке нового издания мы решили использовать индекс Standard & Poor's 500, поскольку этот индекс широкого рынка полнее отражает ситуацию, чем индекс Доу–Джонса, который рассчитывается на основе акций всего 30 компаний. Особое внимание мы решили обратить на четыре периода, которые рассматривались в четырех предыдущих изданиях (конец 1948, 1955, 1958 и 1963 гг., а также 1968 г.). Текущий курс акций примем за 100%. Наши расчеты представлены в таблице 3.3. Данные по доходности представлены как за последний год, так и в среднем за три календарных года. Дивиденды за 1971 г. рассчитаны за последние 12 месяцев, процентные выплаты по облигациям и цены в 1971 г. — по состоянию на август 1971 г.

Значение коэффициента «цена/прибыль», рассчитанного по среднегодовой прибыли за три года, в октябре 1971 г. было ниже, чем в конце 1963 и 1968 гг. Оно было практически таким же, как в 1958 г., но намного выше, чем в первые годы продолжительного бычьего рынка. Этот важный показатель сам по себе еще не говорит о том, что уровень фондового рынка в январе 1972 г. был слишком высоким. Но если принять во внимание процентную доходность по первоклассным облигациям, ситуацию на рынке можно считать не совсем благоприятной. Данные, представленные в таблице 3.3, показывают, что на протяжении всего рассматриваемого периода наблюдалось снижение отношения доходности акций (коэффициент «цена/прибыль») к доходности облигаций. Если судить по состоянию на январь 1972 г., акции были менее привлекательным объектом инвестиций, чем в течение любого рассматриваемого ранее периода. Сравнение дивидендной и облигационной доходности показывает, что за период с 1948 по 1972 г. соотношение между этими показателями кардинально изменилось: если в прошлом оно составляло более 2:1, то сегодня, наоборот, менее 1:2.

Окончательный вывод состоит в том, что кардинальное изменение соотношения между доходностью акций и облигаций полностью компенсировало высокое значение коэффициента «цена/прибыль», рассчитанного в среднем за три года. Таким образом, анализ состояния фондового рынка в начале 1972 г. позволяет сделать тот же вывод, что и семь лет назад:

---

[5] Перевод Н. Брагинской.

Таблица 3.3. **Динамика фондового рынка (Standard & Poor's 500)**

Год*	1948	1953	1958	1963	1968	1971
Цена закрытия, $	15,20	24,81	55,21	75,02	103,9	100****
Прибыль в текущем году, $	2,24	2,51	2,89	4,02	5,76	5,23
Средняя прибыль за последние три года, $	1,65	2,44	2,22	3,63	5,37	5,53
Дивиденды в текущем году, $	0,93	1,48	1,75	2,28	2,99	3,10
Процентная ставка по первоклассным облигациям**	2,77	3,08	4,12	4,36	6,51	7,57
Индекс цен производителей	87,9	92,7	100,4	105,0	108,7	114,3
Коэффициенты						
Цена/прибыль (прошлый год), раз	6,3	9,9	18,4	18,6	18,0	19,2
Цена/средняя прибыль за три года, раз	9,2	10,2	17,6	20,7	19,5	18,1
Среднегодовая доходность по акциям за три года, %***	10,9	9,8	5,8	4,8	5,15	5,53
Дивидендная доходность, %	5,6	5,5	3,3	3,04	2,87	3,11
Доходность акций/доходность облигаций, раз	3,96	3,20	1,41	1,10	0,80	0,72
Дивидендная доходность / доходность облигаций, раз	2,1	1,8	0,80	0,70	0,44	0,41
Прибыль/балансовая стоимость, %*****	11,2	11,8	12,8	10,5	11,5	11,5

* 1948–1968 гг. — конец календарного года, 1971 г. — данные на июнь.

** Доходность облигаций с рейтингом AAA (S&P).

*** Отношение прибыли к ценам, %.

**** Цены на октябрь 1971 г. (при значении индекса Доу–Джонса на уровне 900 пунктов).

***** В среднем за три года.

с точки зрения консервативной инвестиционной политики уровень фондового рынка нельзя считать привлекательным. (Эти выводы применимы и к большинству значений фондового индекса Доу–Джонса в 1971 г., в частности значению на уровне 800–950 пунктов.)

Принимая во внимание вековую историю американского фондового рынка, картина 1971 г. свидетельствует о необычном улучшении ситуации после снижения котировок в 1969–1970 гг. В прошлом такое поведение курса акций предвещало устойчивый бычий рынок (например, в 1949 г.). (Именно этого и ждали на Уолл-стрит в течение всего 1971 г.) Горький опыт тех, кто покупал обыкновенные акции низкого качества во время цикла 1968–1970 гг., говорит о том, что сегодня (в 1971 г.) еще не пришло время для очередной рыночной карусели. Поэтому на фондовом рынке пока нет явных признаков грозящей опасности, как это было в ноябре 1964 г., когда индекс Доу–Джонса поднялся до 892 пунктов (эта ситуация рассматривалась в предыдущем издании книги). Результаты технического анализа тогда показывали, что рынок должен выйти далеко за пределы 900 пунктов, после чего последует серьезный спад или кризис. Но нам не хотелось бы здесь останавливаться на этом подробно, хотя, возможно, именно это и следовало бы сделать. По нашему мнению, участники фондового рынка начала 1971 г. игнорируют возможность неблагоприятного развития событий, до которых, как мы считаем, осталось менее года. Не будут ли они наказаны за свою слепоту? На наш взгляд, инвесторы должны готовиться к трудным временам задолго до того, как они наступят. Так следует поступать и во время спада (как в 1969–1970 гг.), и во время затяжного бычьего рынка, за которым может последовать еще более глубокий спад [3].

Что делать инвестору?

Давайте вернемся к оценкам, сделанным в предыдущем издании книги и воспроизведенным выше в этой главе. Рекомендации, относившиеся к концу 1964 г., сохранили актуальность и в ситуации, сложившейся на начало 1972 г.

КОММЕНТАРИИ К ГЛАВЕ 3

Будьте осторожны. Если вы не знаете, куда идете,
вы можете оказаться не там, где надо.

Йоги Берра

ШУМИХА ВОКРУГ БЫЧЬЕГО РЫНКА

В этой главе Грэм демонстрирует свои пророческие способности. Он дает прогноз на два года вперед, предсказывая наступление катастрофического медвежьего рынка в 1973–1974 гг., когда акции американских компаний потеряют 37% стоимости[6]. Он также предрек события двух следующих десятилетий, сделав бессмысленными прогнозы гуру фондового рынка и авторов новомодных бестселлеров, которые во времена Грэма еще не родились.

Главный аргумент Грэма заключается в том, что разумный инвестор не должен экстраполировать текущие тенденции фондового рынка на будущее. К сожалению, в 1990-е гг. именно эту ошибку и совершали многие эксперты. После выхода в свет в 1994 г. книги профессора финансов Джереми Сигела (Уортонская школа бизнеса) «Долгосрочные инвестиции в акции» (Stock for the Long Run) на читателей обрушился поток литературы о бычьем рынке, в том числе труды Джеймса Глассмана и Кевина Гассета «Доу 36 000» (Dow 36,000), Девида Элиаса «Доу 40 000» (Dow 40,000) и Чарльза Кадлека «Доу 100 000» (Dow 100,000), изданные в 1999 г. Их авторы доказывали, что с 1982 г. среднегодовая доходность по акциям составляет 7% (без учета инфляции). На этом основании они утверждали, что именно таких показателей и следует ожидать в будущем.

Некоторые адепты бычьего рынка пошли еще дальше: поскольку на протяжении любого отрезка времени на протяжении последних 30 лет доходность акций «всегда» была выше доходности облигаций, первые, уверяли эти эксперты, являются менее рискованным инструментом торговли, чем вторые (или даже чем банковские вклады). И если свести риск к нулю можно

[6] Стоимость акций без учета дивидендов за два года упала на 47,8%.

всего лишь за счет длительного вложения дополнительных средств в акции, так ли уж важно, сколько вы за них заплатили при покупке? (Насколько это важно, можно узнать, прочитав текст в рамке ниже.)

В 1999 г. и в начале 2000 г. все превозносили бычий рынок. Приведем лишь некоторые факты.

- 7 декабря 1999 г. в утренней телепередаче Moneline на канале CNN принимал участие управляющий взаимным инвестиционным фондом Firsthand Кевин Лендис. Его спросили, не является ли курс акций компаний, работающих в сфере беспроводной связи, безумно завышенным (многие из них торговались с баснословно высоким коэффициентом «цена/прибыль»). Лендис нашелся мгновенно: «Это не безумие. Посмотрите, как они растут в абсолютном выражении. Рост гигантский».
- 18 января 2000 г. директор по инвестиционной стратегии Kemper Funds Роберт Фройлих заявил *The Wall Street Journal:* «Это новый мировой порядок. Есть люди, которые отказываются покупать акции прекрасных компаний, возглавляемых прекрасными специалистами, прекрасно умеющими видеть перспективу, только из-за того, что стоимость акций слишком высока. Это самая большая ошибка, которую может совершить инвестор».
- 10 апреля 2000 г. в журнале *Business Week* Джефри Эпплгейт, в то время директор по инвестиционной стратегии Lehman Brothers, задал риторический вопрос и сам же на него ответил: «Разве сегодня фондовый рынок можно считать более рискованным, чем два года назад, только из-за того, что курс акций сегодня выше? Нет».

Но Эпплгейт дал неправильный ответ. Правильный ответ — «да». Рынок всегда был рискованным. И всегда таким будет.

Поэтому, когда Грэм задавался вопросом, не будут ли участники рынка наказаны за свою слепоту, он знал, что ответ на этот вопрос может быть только положительным. Подобно грозному греческому божеству, фондовый рынок уничтожал всех, кто отважился считать высокую доходность конца 1990-х гг. чем-то вроде «божественного права» инвесторов. Достаточно посмотреть, сбылись ли прогнозы Лендиса, Фройлиха и Эпплгейта.

- С 2000 по 2002 г. любимые акции любимой компании Лендиса — производителя мобильных телефонов Nokia — упали «всего» на 67%, а акции Winstar Communications потеряли 99,9% стоимости.
- Любимые акции Фройлиха — Cisco Systems и Motorola — в конце 2002 г. упали более чем на 70%. Инвесторы потеряли более $400 млрд только по акциям Cisco (больше, чем ВВП Гонконга, Израиля, Кувейта и Сингапура вместе взятых).

ВЫЖИВАЮТ САМЫЕ ТОЛСТЫЕ

Фатальное заблуждение основывалось на убеждении, что доходность акций в долгосрочной перспективе «всегда» превышает доходность облигаций. Однако у нас нет надежных исторических данных, подтверждающих правильность этого утверждения. До 1871 г. для измерения доходности фондового рынка США сначала использовались акции всего семи (!) компаний*. Однако к 1800 г. в стране насчитывалось уже около 300 компаний (причем большинство из них относилось к таким же «продвинутым» отраслям, каким сегодня считается интернет-бизнес, — строительству дорог и каналов). Большинство из них вскоре обанкротилось, и инвесторы остались на бобах.

Иными словами, при расчете фондовых индексов данные о курсах акций компаний, обанкротившихся за эти годы, во внимание не принимались. Для описания этой проблемы используется технический термин «ошибка выживаемости» (survivorship bias). Таким образом, анализируемые фондовые индексы были сильно завышенными по отношению к прибыли, действительно получаемой инвесторами (у которых не было возможности заглянуть в прошлое, чтобы решить, какие именно семь акций выбрать). И лишь горстка компаний, включая Bank of New York, с 1790-х гг. стабильно получала прибыль. Но на каждую чудом уцелевшую компанию приходились тысячи компаний, потерпевших финансовую катастрофу, — таких как Dismal Swap Canal, Pennsylvania Cultivation of Vine и Snickers's Gap Turnpike. И все это не учитывалось при расчете «исторических» фондовых индексов.

Данные Джереми Сигела позволяют сделать вывод, что с 1802 по 1870 г. годовая доходность акций с учетом инфляции составляла 7%, облигаций — 4,8%, банковских депозитов — 5,1%. Но по оценкам Элроя Димсона и его коллег из Лондонской школы бизнеса, показатели доходности за период до 1871 г. ежегодно завышались по меньшей мере на 2%**. Таким образом, реальная доходность по акциям не превышала доходности по депозитам и облигациям, а возможно, была даже немного ниже. Поэтому разглагольствовать о безусловно более высокой доходности акций по сравнению с облигациями или банковскими депозитами могут только профаны.

* С 1840 г. эти индексы начали рассчитывать по более широкой базе, включая акции максимум семи финансовых компаний и 27 акций железнодорожных компаний. Однако и эту выборку нельзя считать достаточно репрезентативной для молодого и бурно развивающегося фондового рынка США.

** См. статью Джейсона Цвейга: Jason Zweig, "New Cause for Caution on Stocks," Time, May 6, 2002, с 71. Как отмечал Грэм, даже с 1871 г. по 1920-е гг. фондовые индексы не учитывали ошибку выживаемости, так как сотни автомобильных, авиа- и радиокомпаний банкротились и бесследно исчезали с рынка. Показатели доходности за этот период также могли завышаться на 1–2%.

- В апреле 2000 г., когда Эпплгейт задал свой риторический вопрос, индекс Доу–Джонса был на отметке 11 187 пунктов, а значение индекса NASDAQ Composite составляло 4446 пунктов. В конце 2002 г. индекс Доу–Джонса скатился до отметки 8300 пунктов, а NASDAQ обвалился до 1300 пунктов. От гигантского роста, который наблюдался на протяжении последних шести лет, не осталось и следа.

С ВЫСОТЫ ПАДАТЬ БОЛЬНЕЕ

Чтобы не поддаться влиянию шумихи вокруг бычьего рынка, Грэм предлагает разумному инвестору ответить на несколько простых вопросов. Почему доходность акций в будущем обязательно должна быть такой же, как в прошлом? Если все инвесторы будут верить, что в долгосрочной перспективе акции всегда прибыльны, не приведет ли это в итоге к завышению цен акций? А если это случится, какова будет будущая доходность акций?

Вопросы Грэма, как всегда, основаны на логике и здравом смысле. Стоимость любой инвестиции всегда определяется тем, сколько вы за нее заплатили. В конце 1990-х гг. инфляция была чрезвычайно низкой, прибыли компаний казались огромными, на земном шаре царил мир. Но эти обстоятельства отнюдь не означали — и не могли означать, — что акции стоит покупать по любой цене. Поскольку прибыль компаний — величина ограниченная, цена, которую инвесторы могут позволить себе заплатить за акции, также имеет пределы.

Попытаемся объяснить это на следующем примере. Майкл Джордан, возможно, величайший в мире баскетболист. Он, как магнит, всегда притягивал фанатов на стадион в Чикаго. И Chicago Bulls, которые зарабатывали на Джордане кучу денег, платили ему $34 млн в год за то, чтобы он гонял кожаный мяч на баскетбольной площадке. Однако это не значит, что гонорары Джордана должны были постоянно расти — до $340 млн, $3,4 млрд или $34 млрд за сезон.

ПРЕДЕЛЫ ОПТИМИЗМА

Грэм предупреждает, что, зациклившись на недавней сверхвысокой доходности фондового рынка, можно прийти к совершенно нелогичному и опасному выводу об обязательно столь же высокой доходности акций и в будущем. С 1995 по 1999 г., когда доходность фондового рынка впервые в истории США достигала не менее 20% в год, оптимизм покупателей не знал границ.

- Согласно результатам опроса инвесторов, проведенного Институтом Гэллапа по заказу брокерской фирмы PaineWebber, в середине 1998 г.

респонденты ожидали, что в следующем году доходность их портфеля составит в среднем 13%. К началу 2000 г. их ожидания стали еще более оптимистичными — 18%.

- Бычьим оптимизмом заразились даже самые искушенные профессионалы. Так, в 2001 г. компания CBS Communications повысила прогнозную оценку доходности своих пенсионных планов с 8,5 до 9,5%. В 2002 г. средняя прогнозная оценка доходности пенсионных планов компаний, входящих в расчет фондового индекса Standard & Poor's 500, достигла рекордного уровня — 9,2%.

О чудовищных последствиях чрезмерного энтузиазма свидетельствуют следующие факты.

- Результаты опросов инвесторов, проводимых Институтом Гэллапа в 2001–2002 гг., показали, что ожидаемая доходность акций снизилась до 7%, хотя в то время акции стоили на 50% дешевле, чем в 2000 г.[7]
- По последним оценкам брокеров Уолл-стрит, несбывшиеся ожидания высокой доходности пенсионных планов компаний из списка Standard & Poor's 500 в 2002–2004 гг. обойдутся им как минимум в $32 млрд.

Даже несмотря на то, что инвесторы прекрасно понимают необходимость покупать акции, когда они дешевы, и продавать, когда они дороги, на практике так происходит не всегда. В этой главе Грэм дает простой совет: идти против рынка. Чем больше энтузиазма проявляют инвесторы в отношении долгосрочного успеха фондового рынка, тем больше вероятность, что они ошибутся в краткосрочной перспективе. Так, 24 марта 2000 г. общая капитализация фондового рынка США достигла $14,75 трлн. Но уже в октябре 2002 г., т. е. менее чем через три года, американский фондовый рынок стоил всего $7,34 трлн, или на 50,2% меньше, потеряв $7,41 трлн. В результате многие профессионалы стали играть на понижение, прогнозируя умеренную или даже отрицательную доходность в ближайшие годы или даже десятилетия.

В этой связи Грэм непременно задал бы простой вопрос: зная, как страшно на этот раз ошиблись практически все эксперты, может ли разумный инвестор доверять их оценкам в будущем?

ЧТО ДАЛЬШЕ?

Давайте не будем поддаваться шумихе и поговорим о будущей доходности с позиций Грэма. Доходность рынка акций зависит от трех факторов:

---

[7] Дешевизна акций, разумеется, не свидетельствует о том, что ожидания инвесторов, связанные с 7%-ной доходностью, должны оправдаться.

- реального роста (роста прибыли компаний и дивидендов);
- инфляции (общего роста цен в экономике);
- спекулятивного роста или спада (т. е. роста или снижения аппетитов спекулянтов, торгующих акциями).

Долгое время среднегодовой рост корпоративной прибыли в расчете на акцию составлял от 1,5 до 2% (без учета инфляции)[8]. В начале 2003 г. инфляция составляла 2,4% в год, дивидендная доходность — 1,9%. Таким образом:

$$\begin{array}{r} 1{,}5 - 2\% \\ +\ 2{,}4\% \\ +\ 1{,}9\% \\ \hline = 5{,}8 - 6{,}3\%. \end{array}$$

Приведенный расчет свидетельствует о том, что с достаточной долей уверенности в долгосрочной перспективе можно ожидать доходности акций на уровне 6% (или 4% с учетом инфляции). Когда инвесторы заболевают спекулятивной горячкой, доходность ненадолго увеличивается. Если же, наоборот, они начинают дуть на воду, как в 1930-е и 1970-е гг., доходность акций временно снижается. (Именно это произошло в 2003 г.)

Профессор финансов Роберт Шиллер (Йельский университет) уверяет, что Грэм вдохновил его на разработку собственного подхода к оценке акций. Шиллер сравнивает текущее значение фондового индекса Standard & Poor's 500 со средними показателями прибыли корпораций за последние 10 лет (с учетом инфляции). Анализируя данные предыдущих периодов, Шиллер показал, что, когда этот коэффициент был значительно выше 20, впоследствии фондовый рынок обычно демонстрировал низкую доходность. Когда же коэффициент был намного ниже 10, в последующем акции обычно приносили неплохую доходность. В начале 2003 г., согласно расчетам Шиллера, стоимость акций была примерно в 22,8 раза выше средней корпоративной прибыли (с учетом инфляции) за последние 10 лет. Ситуация была опасной, но не настолько, как при запредельном значении показателя в декабре 1999 г. (44,2).

Как же вел себя фондовый рынок в прошлом, когда цены были примерно на таком же уровне, как сегодня? В таблице 3.4 представлены данные по предыдущим периодам, когда акции торговались почти на тех же максимумах, и их доходность на протяжении последующего десятилетия.

---

[8] См.: Jeremy Siegel, *Stocks for the Long Run* (McGraw-Hill, 2002), с. 94, and Robert Arnott and William Bernstein, "The Two Percent Dilution," working paper, июль 2002 г.

Год	Коэффициент «цена/прибыль»*	Совокупная среднегодовая доходность в течение следующих 10 лет, %
1898	21,4	9,2
1900	20,7	7,1
1901	21,7	5,9
1905	19,6	5,0
1929	22,0	−0,1
1936	21,1	4,4
1955	18,9	11,1
1959	18,6	7,8
1961	22,0	7,1
1962	18,6	9,9
1963	21,0	6,0
1964	22,8	1,2
1965	23,7	3,3
1966	19,7	6,6
1967	21,8	3,6
1968	22,3	3,2
1972	18,6	6,7
1992	20,4	9,3
В среднем	**20,8**	**6,0**

*Коэффициент «цена/прибыль» рассчитан Шиллером как отношение значения индекса Standard & Poor's 500 (на 31 декабря) к среднегодовой прибыли компаний в постоянных ценах за 10 лет.

Источники: http://www.google.com/url?sa=D&q=http://aida.econ.yale.edu/~shiller/data/ie_data&usg=AFQjCNFQ0TIhagSKLAbKLhYJVI2yhV5Dyg; Jack Wilson and Charles Jones, "An Analysis of the S&P 500 Index and Cowles' Extensions: Price Index and Stock Returns, 1870–1999," The Journal of Business, vol. 75, no. 3, июль 2002 г., с. 527–529; Ibbotson Associates.

Таким образом, исходя из данных таблицы, сходных с показателями на начало 2003 г., доходность фондового рынка в ближайшие 10 лет будет иногда высокой, иногда — низкой, иногда — средней. Мне представляется, что Грэм с его консервативным подходом должен был бы взять среднее значение доходности за этот период и сделать прогноз, что на протяжении следующего десятилетия акции будут приносить ежегодно примерно 6% (или 4% с учетом инфляции). (Интересно, что этот прогноз соответствует оценкам, сделанным нами выше, когда мы сравнивали реальный рост, инфляцию и рост фондового рынка.) По сравнению с 1990-ми гг. 6%-ная доходность кажется смехотворно низкой, но все-таки она выше доходности облигаций. Это веская причина, по которой инвесторам следует держать часть активов своего диверсифицированного портфеля в акциях.

Но подход Грэма позволяет сделать еще один вывод. Единственное, в чем можно быть уверенным при прогнозировании будущей доходности акций, — это в том, что вы можете ошибаться. Единственная непреложная истина, которую преподносит нам прошлое, состоит в том, что будущее никогда нельзя предсказать. История учит нас, что самые неприятные сюрпризы фондовый рынок преподносит тем инвесторам, которые более других уверены в том, что способны предвидеть развитие событий в будущем. Грэм предостерегает от рискованных авантюр, склонность к которым — следствие уверенности инвесторов в способности прогнозировать ситуацию на фондовом рынке.

Итак, вне всякого сомнения, вы должны умерить свои ожидания, не впадая, однако, в неоправданный пессимизм. Разумный инвестор всегда надеется на лучшее, потому что для него оно обязательно наступит. Ведь как это бывает на финансовых рынках? Чем страшнее кажется будущее, тем лучше оно оказывается. Как-то один циник сказал известному английскому писателю Гилберту Кийту Честертону: «Блажен тот, кто ничего не ждет, ибо он не испытает разочарований». На что Честертон ответил: «Блажен тот, кто ничего не ждет, ибо он обрадуется всему».

ГЛАВА 4

Основы портфельной политики пассивного инвестора

Базовые характеристики инвестиционного портфеля обычно определяются размером активов и особенностями его владельца или владельцев. Одно дело — сберегательные банки, страховые компании и так называемые легальные трастовые фонды, которым еще 20 лет назад во многих странах разрешалось вкладывать средства только в первоклассные облигации (в некоторых случаях — в высококачественные привилегированные акции). Другое дело — состоятельные опытные инвесторы, которые могут включать в свой портфель любые ценные бумаги, представляющиеся им перспективными.

Есть старое доброе правило: не хочешь рисковать — довольствуйся скромными доходами. На нем обычно строится традиционная стратегия инвестиционной деятельности: уровень доходности вложений зависит от степени риска, который готов нести инвестор. Но мы с этим не согласны. С нашей точки зрения, доходность вложений должна зависеть от умственных усилий, которые инвестор прилагает для достижения своих целей. Минимальную прибыль получает пассивный инвестор, которому важнее всего сохранить вложенный капитал, затрачивая на операции на фондовом рынке как можно меньше времени и сил. Максимальную прибыль получает предприимчивый, но осторожный инвестор, по максимуму использующий собственные мозги и навыки. Еще в 1965 г. мы писали: «Как правило, приобретение дешевых (недооцененных) акций в надежде получить высокую прибыль — менее рискованная операция, чем покупка обычных облигаций с доходностью около 4,5%». В этом утверждении оказалось больше правды, чем мы могли предположить, поскольку на протяжении следующих лет рыночная стоимость даже первоклассных долгосрочных облигаций существенно снизилась из-за роста процентных ставок.

Ключевой вопрос: соотношение между акциями и облигациями

Главный принцип портфельной политики пассивного инвестора коротко сформулирован выше[1]: в диверсифицированный портфель следует включать высококачественные облигации и акции.

Предложенный нами «основной закон» инвестиций гласит, что инвестор ни при каких обстоятельствах не должен вкладывать менее 25% и более 75% средств в акции и, соответственно, более 75% или менее 25% в облигации. Из этого закона вытекало, что оптимальное соотношение между этими двумя основными видами ценных бумаг должно составлять примерно 50:50. Традиционно разумным основанием для увеличения доли акций в портфеле считалось достижение рынком уровня «выгодных цен» в результате продолжительного медвежьего тренда. И наоборот, сокращение доли акций считалось целесообразным, если инвестор считал уровень цен на фондовом рынке опасно высоким.

Легко сказать, но трудно сделать: соблюдать оптимальные пропорции мешает сама человеческая природа, которая в конечном счете и приводит к запредельным состояниям бычьего или медвежьего рынков. Вряд ли рядовой инвестор захочет придерживаться разумной политики, продавая акции на фоне роста рынка и покупая их, когда рынок падает. Головокружительные подъемы и спады всегда происходили (и будут происходить) именно потому, что людям свойственно поступать с точностью до наоборот.

Если бы сегодня граница между инвестиционными и спекулятивными операциями была такой же четкой, как раньше, инвесторов следовало бы считать пройдохами, которые продают ценные бумаги неосторожным и незадачливым спекулянтам по высоким ценам, а затем скупают их по дешевке. Если такое иногда и случалось в прошлом, то после 1949 г. картина изменилась. Нет никаких оснований считать, что профессионалы, управляющие, например, взаимными инвестиционными фондами, работают именно так. Напротив, доля акций в общем портфеле двух основных видов инвестиционных фондов — сбалансированных фондов, работающих со всеми видами ценных бумаг, и фондов акций, — с течением времени менялась очень незначительно. Главным для фондов был поиск перспективных объектов инвестиций.

Поскольку, как было сказано выше, старые границы между инвестиционными и спекулятивными операциями практически стерлись, а новые еще не установились, мы не можем предложить инвесторам надежные инструкции относительно того, когда именно следует сокращать долю

---

[1] См. главу 2, раздел «Выводы».

обыкновенных акций в портфеле до минимума (25%) или увеличивать ее до максимума (75%). Мы можем лишь настаивать на том, что в целом инвестор не должен вкладывать в акции более половины активов, если он не убежден в своей правоте и не уверен, что сумеет спокойно пережить падение рынка наподобие того, которое случилось в 1969–1970 гг. Трудно представить, что могло бы дать такую уверенность при рыночных ценах, сложившихся на начало 1972 г. В такой ситуации мы настоятельно рекомендовали бы не увеличивать долю акций в портфеле сверх 50%. Однако вряд ли стоит и урезать ее до менее 50%, если только *сам инвестор* не обеспокоен состоянием фондового рынка и не уверен, что в случае роста ему будет достаточно, например, и 25% акций.

Далее мы попытаемся показать, что может произойти в случае упрощенного подхода к использованию формулы «50:50». Эта формула предполагает распределение активов между акциями и облигациями по возможности в равных долях. Если изменение уровня рыночных цен приводит к росту доли акций, скажем, до 55%, баланс должен быть восстановлен за счет продажи 1/11 доли акций и покупки облигаций на эту же сумму. Аналогично уменьшение доли акций до 45% в результате снижения цен должно сопровождаться продажей 1/11 доли облигаций для дополнительной покупки акций.

Долгое время, начиная с 1937 г., примерно такой инвестиционной политики придерживался Йельский университет. Доля акций в инвестиционном портфеле составляла 35%, что считалось нормальным показателем. В начале 1950-х гг. финансисты Йельского университета отказались от традиционной пропорции, и в 1969 г. вложения в акции (включая небольшую часть конвертируемых) составляли уже 61% активов. (На тот момент фонды пожертвований, в управлении которых находились активы 71 организации типа Йельского университета, держали в акциях 60,3% активов ($7,6 млрд).)

Приведенный пример наглядно демонстрирует, как бурный рост рынка акций может привести к практически полному отказу от столь популярного в недавнем прошлом принципа *инвестирования по формуле*. Однако мы убеждены, что наша версия этого принципа (формула «50:50») важна для пассивного инвестора. В пользу этого говорят следующие аргументы. Во-первых, данная формула чрезвычайно проста в использовании. Во-вторых, она позволяет инвестору всегда двигаться в правильном направлении. В-третьих, формула дает инвестору ощущение, что он каким-то образом реагирует на движения рынка. Наконец, она не позволяет инвестору (и это главное) чрезмерно увлекаться операциями с акциями, когда рынок набирает опасную высоту.

Наконец, истинный консерватор будет довольствоваться прибылью, которую в условиях роста даст и половина портфеля, — ведь в случае спада он сможет порадоваться тому, что его дела обстоят намного лучше, чем у большинства более предприимчивых игроков.

Предложенный нами вариант распределения средств в пропорции 50:50 — безусловно, самая простая «стратегия на все случаи жизни», но не обязательно самая эффективная с точки зрения доходности. (Впрочем, вообще нельзя утверждать, что та или иная стратегия гарантирует более высокую доходность, чем другие.) Весомым аргументом в пользу увеличения доли облигаций в портфеле является более высокая доходность высококачественных облигаций по сравнению с акциями сопоставимого класса. Выбор инвестором конкретного соотношения между двумя видами ценных бумаг зависит также от его характера и отношения к происходящему на рынке. Если инвестор способен действовать трезво и расчетливо, сегодня он, скорее всего, включит в портфель 25% акций и будет ждать, пока дивидендная доходность акций, входящих в расчет индекса Доу–Джонса, составит, например, 2/3 доходности по облигациям. Когда это произойдет, он восстановит пропорцию 50:50. Если значение индекса Доу–Джонса составляет 900 пунктов, а размер дивидендов, выплачиваемых по акциям, — $36, инвестору придется дожидаться либо падения доходности облагаемых налогом облигаций с 7,5 до 5,5% без изменения текущего уровня доходности акций, либо падения индекса Доу–Джонса до 660 пунктов, если при этом не наблюдается снижения доходности облигаций или роста дивидендов. К «точке покупки» может привести и другая комбинация этих факторов. Подобная стратегия не слишком сложна, однако решиться применять ее на практике нелегко. К тому же в ходе ее реализации могут возникнуть проблемы, связанные с консервативным характером последней.

Облигации в портфеле инвестора

При выборе облигаций для формирования портфеля возникают два важных вопроса. Вопрос первый: какие облигации покупать — облагаемые или не облагаемые налогом? Вопрос второй: какие облигации предпочесть — кратко- или долгосрочные? Что касается налогов, то это вопрос арифметики — все зависит от того, по какой ставке инвестор платит налоги. Иными словами, для ответа на первый вопрос следует рассмотреть условия налогообложения доходов конкретного инвестора. В январе 1972 г. можно было выбирать между двумя видами 20-летних облигаций: корпоративными облигациями с рейтингом АА, доходность по которым составляла 7,5%, и не облагаемыми налогом первоклассными облигациями с доходностью 5,3%. (Все виды облигаций, не облагаемых налогом, включая облигации штатов, обычно называют муниципальными.) Таким образом, доходность муниципальных облигаций была на 30% ниже доходности корпоративных облигаций. Следовательно, если инвестор подпадал под ставку налога, превышающую 30%, ему было выгодно приобретать муниципальные облигации, и, наоборот, если максимальная налоговая ставка была ниже 30%, имело смысл покупать корпоративные облигации. Ставка налога достигает 30%, если налогооблагаемый доход превышает $10 000 (для одиноких граждан) или $20 000 (совокупный доход семьи). Очевидно, что большинству одиноких инвесторов было выгоднее покупать качественные муниципальные, а не корпоративные облигации.

Выбор между кратко- и долгосрочными облигациями требует ответа еще на один вопрос: если инвестор хочет сохранить свои вложения в случае снижения рыночной цены облигаций, то (1) удовлетворит ли его более низкий уровень годовой доходности и (2) готов ли он отказаться от возможности значительного роста номинальной (фундаментальной) стоимости облигаций? Мы думаем, что этот вопрос лучше обсудить в главе 8 («Инвестор и колебания рынка»).

В течение многих лет единственным целесообразным приобретением на длительный срок были государственные сберегательные ценные бумаги. Их надежность всегда была и остается очень высокой, а доходность — выше доходности других первоклассных облигаций. Инвесторам гарантирована возможность обратного выкупа. У сберегательных облигаций есть и другие преимущества, делающие их весьма привлекательными для инвестора. В предыдущих изданиях книги этим ценным бумагам была посвящена отдельная глава.

Как будет показано далее, сберегательные облигации все еще сохраняют свои уникальные особенности, благодаря которым они по определению являются очень выгодным приобретением. Мы считаем, что для инвестора, располагающего лишь весьма скромными средствами для покупки облигаций (например, менее $10 000), эти бумаги — оптимальный выбор. Но состоятельные инвесторы могут использовать и другие, еще более привлекательные среднесрочные облигации.

Рассмотрим основные виды облигаций, заслуживающие внимания инвестора, и сравним их основные особенности — надежность, доходность, рыночную стоимость, риски, выгодность с точки зрения налогообложения и т. д.

1. **Государственные сберегательные облигации серий «Е» и «Н».** Рассмотрим основные особенности и многочисленные преимущества этих уникальных, привлекательных и очень удобных ценных бумаг. По облигациям серии «Н», как и по другим облигациям, проценты выплачиваются раз в полгода. В первый год после выпуска процентная ставка составляет 4,29%,

в следующие 9 лет вплоть до погашения — 5,10% годовых. По облигациям серии «Е» проценты не выплачиваются, а доход инвесторы получают за счет роста их стоимости при погашении. Облигации продаются по цене, равной 75% номинальной стоимости, а погашаются из расчета 100%-ной стоимости через 5 лет и 10 месяцев после приобретения. Если облигации остаются в портфеле на протяжении всего срока, их доходность составляет 5% (плюс сложные проценты, начисляемые каждые полгода). В случае досрочного выкупа доходность составляет от 4,01% (выкуп в течение первого года) до 5,2% (выкуп на протяжении следующих 4 лет и 10 месяцев).

Процентный доход по рассматриваемым облигациям облагается федеральным подоходным налогом, но их владелец освобождаются от уплаты подоходного налога штата. Держатели сберегательных облигаций имеют право уплачивать федеральный подоходный налог либо ежегодно по мере получения дохода за счет роста стоимости при погашения, либо после погашения.

Держатели облигаций серии «Е» имеют право продать их в любое время (в том числе непосредственно после приобретения) по текущей стоимости выкупа. Держатели облигаций серии «Н» могут сделать это по номинальной стоимости. Облигации серии «Е» можно обменять на облигации серии «Н», что дает некоторые налоговые преимущества. В случае потери, повреждения или кражи облигаций производится их бесплатная замена. Существует ограничение на количество облигаций, которые индивидуальный инвестор может приобрести в течение года, но члены семей, приобретающие акции для совместного владения, получают ряд льгот, что дает большинству инвесторов возможность покупать столько облигаций, сколько позволяет их карман.

Комментарий. Мы не можем назвать какой-либо другой инструмент инвестиций, который одновременно гарантировал бы (1) получение процентов и возможность погашения по номинальной стоимости, (2) возможность погашения в любое время, (3) минимальную 5%-ную доходность на протяжении минимум 10 лет. Владельцы более ранних выпусков облигаций серии «Е» имеют право продлить период держания. При этом стоимость ценных бумаг ежегодно будет заметно расти. Важное преимущество — возможность отсрочки уплаты налогов до момента погашения облигаций. По нашим расчетам, такая отсрочка обычно позволяет более чем на треть увеличить реальную эффективную процентную ставку после налогообложения. С другой стороны, право обратной продажи облигаций по цене не ниже покупной надежно защищает инвесторов, купивших эти бумаги в период низких процентных ставок, от снижения их номинальной стоимости, от чего, в частности, страдают держатели многих других типов облигаций. Иными словами, имея возможность в любой момент обменять облигации с низким процентным доходом на облигации с очень высоким купоном, инвесторы выигрывают от роста процентных ставок.

С нашей точки зрения, уникальные преимущества сберегательных облигаций с лихвой компенсируют их более низкую по сравнению с другими государственными облигациями текущую доходность.

2. **Прочие государственные облигации.** На финансовом рынке обращается множество государственных облигаций с различными ставками купона и сроками погашения. Все они абсолютно надежны с точки зрения выплат процентов и погашения по номинальной стоимости. Доходы, получаемые по этим ценным бумагам, облагаются федеральным подоходным налогом, но освобождены от налогов штатов. В конце 1971 г. годовая доходность долгосрочных 10-летних облигаций составляла в среднем 6,09%, среднесрочных 3- и 5-летних — 6,35%, краткосрочных — 6,03%.

В 1970 г. инвесторы имели возможность приобрести государственные облигации многих старых выпусков со значительной скидкой. Некоторые из них принимались в расчет по номинальной стоимости при уплате налога на недвижимость. Например, в течение 1970 г. казначейские облигации с доходностью 3,5% и сроком погашения в 1990 г. продавались по цене, составлявшей 60% номинала, а в конце того же года — по цене свыше 77% номинала.

Интересно отметить, что доходность косвенных государственных долговых обязательств часто оказывается выше доходности прямых обязательств с аналогичными сроками погашения. Как мы уже писали, доходность сертификатов, выпускаемых под гарантии министра транспорта (Certificates Fully Guaranteed by the Secretary of Transportation of the Department of Transportation of the United States) составляет 7,05% — на 1% выше, чем доходность прямых государственных долговых обязательств со сроком погашения в том же 1986 г. Сертификаты фактически выпускались от имени попечительского совета корпорации Penn Central Transportation, но продавались под гарантии Генерального прокурора США, действовавшего от имени государства. В прошлом государство выпускало множество аналогичных косвенных долговых обязательств, по которым аккуратно выплачивались проценты и номинальная стоимость при погашении.

Читатель может задаться вопросом: а для чего, собственно, все эти фокусы — гарантии министра транспорта и т. д., — ведь в конечном итоге они в равной степени увеличивают долговое бремя американцев? Дело в том, что конгресс устанавливает ограничения на величину государственного долга. Гарантии правительственных чиновников формально не увеличивают размер госдолга, но повышают надежность ценных бумаг, которые для проницательных инвесторов могут стать настоящим клондайком. Хорошим подарком для инвесторов стали не облагаемые налогом облигации Housing Authority, выпускаемые под те же квазигосударственные гарантии. Это единственные не облагаемые налогом облигации, фактически эквивалентные государственным. Другой пример — недавно размещенные на бирже облигации New Community Debentures с доходностью 7,6% (сентябрь 1971 г.).

3. **Облигации штатов и муниципальные облигации.** Доход по облигациям, выпускаемым администрациями штатов и городов, не облагается федеральным подоходным налогом и, как правило (но не всегда), налогами штатов. Эти бумаги представляют собой либо прямые долговые обязательства штатов или более мелких административных единиц, либо «доходные» облигации, предназначенные для сбора средств на строительство зданий, автомобильных дорог, мостов и т. д. Держатели таких ценных бумаг получают доход за счет коммерческого использования этих объектов (плата за проезд, арендные платежи и т. д.). Не все облигации, не облагаемые налогом, достаточно надежны для портфеля пассивного инвестора. Ориентиром может служить рейтинг облигаций, который рассчитывают агентства Moody's и Standard & Poor's. Самые надежные облигации имеют рейтинг Ааа (ААА), Аа (АА) и А. Их доходность варьируется в зависимости от качества и сроков погашения. Чем короче сроки погашения, тем ниже доходность. В конце 1971 г. доходность 20-летних муниципальных облигаций с рейтингом АА (Standard & Poor's) составляла 5,78% годовых. Типичный пример — муниципальные облигации г. Вайнленд (штат Нью-Джерси) с рейтингом АА или А. Их доходность составляла всего 3% при погашении через год и 5,8% при погашении в 1995–1996 гг. [1].

4. **Корпоративные облигации.** Доходы по корпоративным облигациям облагаются как федеральным подоходным налогом, так и налогом штата. По данным агентства Moody's, в начале 1972 г. доходность 25-летних высококачественных корпоративных облигаций (с рейтингом Ааа) составляла 7,19%. Долгосрочные корпоративные облигации с рейтингом Ваа приносили держателям 8,23% годовых. Сравнительная доходность облигаций, имеющих одинаковый рейтинг, зависит от сроков погашения (доходность долгосрочных облигаций выше доходности краткосрочных).

Комментарий. Все это говорит о том, что среднестатистический инвестор всегда может выбрать подходящие именно ему высококачественные облигации. Инвесторам, подпадающим под высокую ставку налога, выгоднее покупать высококачественные облигации, не облагаемые налогом. Прочие инвесторы в начале 1972 г. имели возможность выбирать различные облигации с доходностью от 5% (сберегательные облигации) до примерно 7,25% (первоклассные корпоративные облигации).

Облигации с высокой доходностью

В ущерб качеству облигаций инвестор может выиграть в доходности. Однако опыт свидетельствует о том, что разумному инвестору лучше держаться подальше от облигаций с высокой доходностью. За более высокую по сравнению с другими первоклассными облигациями доходность приходится расплачиваться высокими рисками — от значительного падения рыночных цен этих бумаг до возможности дефолта эмитента. (Облигации, имеющие низкий рейтинг, часто являются весьма выгодным приобретением, но работа с ними требует особых навыков и тщательного анализа ситуации[2].)

Отметим также, что благодаря установленным конгрессом США ограничениям на выпуск прямых государственных долговых обязательств инвесторы имеют возможность купить по дешевке по меньшей мере два вида облигаций, выпускаемых под гарантии государства: во-первых, не облагаемые налогом облигации New Housing, во-вторых, недавно выпущенные облагаемые налогом облигации New Community Debentures. Доходность облигаций New Housing, выпущенных в июле 1971 г., составляет 5,8% (при этом доход не облагается ни федеральным подоходным налогом, ни налогом штата). Доходность облагаемых налогом облигаций New Community Debentures, выпущенных в сентябре 1971 г., достигает 7,6%. Оба вида облигаций были выпущены под гарантии государства, обеспечивающие их высокую надежность. Кроме того, доходность последних была существенно выше доходности обычных государственных облигаций[3].

Облигации и сберегательные счета

Сегодня инвестор может получать такой же высокий доход, как по первоклассным краткосрочным облигациям, положив деньги на депозит в ком-

---

[2] Настороженность Грэма в отношении инвестиций в высокодоходные облигации сегодня уже не столь обоснованна: инвесторы могут покупать паи взаимных инвестиционных фондов, которые контролируют риски и перед покупкой тщательно изучают «мусорные» облигации.

[3] Облигации New Housing и New Community Debentures более не выпускаются. Не облагаемые налогом облигации New Housing Authority выпускались под гарантии Министерства жилищного строительства и городского развития США до 1974 г. Облигации New Community Debentures в соответствии с законом 1968 г. также выпускались под гарантии этого ведомства. В 1975 г. было выпущено облигаций на сумму $350 млн, но в 1983 г. их выпуск был прекращен.

мерческом или сберегательном банке. Процентная ставка по банковскому сберегательному счету в будущем может снизиться, но в современных условиях банковский депозит вполне может служить альтернативой покупки краткосрочных облигаций.

Конвертируемые ценные бумаги

Об этих бумагах мы поговорим в главе 16. Цены на облигации мы подробно обсудим в главе 8 («Инвестор и колебания рынка»).

Оговорка о досрочном выкупе облигаций эмитентом

В предыдущих изданиях книги мы подробно рассматривали этот аспект операций с облигациями. Речь шла о серьезной несправедливости, допущенной по отношению к инвесторам, на которую, однако, лишь немногие обращают внимание. В прошлом эмитент имел право досрочно (практически сразу же после выпуска) выкупить облигации, выплатив инвестору весьма скромную премию (примерно 5% их стоимости). Это означало, что при значительных колебаниях процентных ставок инвестор мог понести убытки, а при благоприятном развитии событий почти не выигрывал.

Пример. Типичный пример — облигации компании American Gas & Electric, выпущенные сроком на 100 лет под 5% годовых и размещенные по 101 (номинальная цена равна 100) в 1928 г. Через четыре года, в ситуации, близкой к панике, рыночная стоимость этих качественных облигаций упала на 62,5%, а доходность выросла до 8%. В 1946 г. события развивались с точностью до наоборот: облигации торговались по цене, обеспечивавшей всего 3%-ную доходность. Таким образом, 5%-ные облигации *должны были* котироваться по 160. Но к этому времени компания воспользовалась оговоркой о досрочном выкупе и произвела его примерно по 106.

Оговорка о досрочном выкупе облигаций фактически означала, что компания как бы заявляла кредиторам: «Прибыль получаю я, а убытки несете вы». В дальнейшем институциональные участники фондового рынка, специализирующиеся на операциях с облигациями, отказались работать на таких кабальных условиях. Через несколько лет в правила выпуска большинства долгосрочных облигаций с высоким купонным доходом были включены положения, запрещающие обратный выкуп в течение первых 10 и более лет. Хотя эти ограничения отчасти препятствуют потенциальному росту рыночных цен облигаций, в целом они более надежно защищают интересы инвесторов.

На практике при покупке долгосрочных облигаций инвестор жертвует частью дохода в обмен на гарантию того, что облигации не будут выкуплены эмитентом досрочно — скажем, в течение 20–25 лет со дня выпуска. По этой же причине выгоднее покупать с дисконтом облигации с невысокой ставкой купона[4], чем с высокой — последние продаются по цене чуть выше номинала и через несколько лет могут быть выкуплены эмитентом. Дело в том, что дисконт (например, покупка облигаций со ставкой купона 3,5% за 63,5% от номинала при доходности 7,85%) полностью защищает инвестора от нежелательного досрочного выкупа эмитентом.

Прямые (неконвертируемые) привилегированные акции

Несколько слов следует сказать об этой разновидности привилегированных акций. Хорошие привилегированные акции действительно существуют, но это скорее исключение из правила, потому что в целом это плохой инструмент инвестиций. Как правило, доход держателя рассматриваемых привилегированных акций зависит от возможности и желания компании выплачивать дивиденды по обыкновенным акциям. Если дивиденды по обыкновенным акциям не выплачиваются или возникает угроза невыплаты, положение держателя таких привилегированных акций становится шатким. Дело в том, что руководство компании не обязано выплачивать дивиденды по ним до тех пор, пока не будут выплачены дивиденды по акциям обыкновенным. Соответственно, доля прибыли компании, распределяемая в виде дивидендов по таким привилегированным акциям, зависит от доли, распределяемой в виде дивидендов по обыкновенным акциям. Таким образом, держатель таких привилегированных акций не имеет ни права требовать возврата своих денег (как держатели облигаций или кредиторы), ни возможности выигрывать от роста прибыли (как держатели обыкновенных акций или партнеры).

Юридическая незащищенность держателей привилегированных акций становится особенно заметной на фоне депрессии. Лишь отдельные их разновидности приносят держателю гарантированный доход даже в самых неблагоприятных условиях. Опыт показывает, что покупать эти ценные бумаги следует только в том случае, если их цена сильно занижена вследствие каких-либо неблагоприятных факторов. (Но даже в этом случае они скорее предназначены для агрессивного, чем пассивного инвестирования.)

[4] Ставка купона — процентная ставка дохода по облигации. Доходность облигаций с низкой ставкой купона ниже среднерыночной.

Иными словами, рассматриваемые привилегированные акции целесообразно покупать только при условии, что они обещают высокую прибыль. Далее мы подробно рассмотрим конвертируемые акции и другие виды ценных бумаг, предоставляющие инвесторам особые возможности для получения прибыли. Как правило, такие инструменты не включаются в инвестиционный портфель, формируемый на консервативной основе.

Заслуживает внимания еще одна особенность привилегированных акций. Налоговый статус последних делает их более выгодными для корпоративных покупателей, чем для индивидуальных инвесторов. Дело в том, что корпорации платят налог всего с 15% суммы дивидендного дохода, тогда как в случае процентного дохода по облигациям налог взимается со всей суммы. Поскольку по состоянию на 1972 г. ставка налога на прибыль корпораций составляет 48%, с каждых $100, полученных в качестве дивидендов по привилегированным акциям, корпорации платят только $7,20, а с каждых $100, полученных в качестве процентного дохода по облигациям, — $48. Индивидуальные инвесторы (за редкими исключениями) платят подоходный налог с полной суммы как дивидендного дохода по привилегированным акциям, так и процентного дохода по облигациям. Таким образом, с точки зрения логики привилегированные акции высокого инвестиционного качества должны покупать только корпорации, а все не облагаемые налогом облигации — инвесторы, которые платят подоходный налог[5].

Другие виды ценных бумаг

Рассмотренные виды ценных бумаг — облигации и привилегированные акции — сравнительно просты. Держатель облигаций имеет право на фиксированный процентный доход и через определенный срок — на возврат основной суммы долга. Владелец привилегированных акций имеет право на получение фиксированных дивидендов, выплачиваемых до выплаты дивидендов по обыкновенным акциям. Возможность возврата инвестированного в привилегированные акции капитала не предусматривается. (Дивиденды могут быть кумулятивными или некумулятивными. Держатель привилегированной акции может иметь или не иметь право голоса в зависимости от разновидности привилегированной акции.)

---

[5] Логика Грэма остается в силе, но ставки налога изменились. В настоящее время налогом облагается 70% дивидендного дохода, а стандартная ставка налога на прибыль составляет 35%. Таким образом, корпорации платят примерно $24,50 за каждые $100 дивидендного дохода по привилегированным акциям и $35 за каждые $100 процентного дохода по облигациям. Индивидуальные инвесторы платят подоходный налог на дивидендный и процентный доход по одной и той же ставке, поэтому привилегированные акции не дают им никаких налоговых преимуществ.

Мы перечислили стандартные характеристики облигаций и привилегированных акций. Но существует множество других видов ценных бумаг. Наиболее известные из них — конвертируемые и сходные с ними акции, а также «доходные» облигации, проценты по которым выплачиваются только в том случае, если компания-эмитент получает прибыль. (Если компания не получает прибыли, выплата процентов может быть отложена до лучших времен, но обычно не более чем на три года.)

Корпорациям следует выпускать «доходные» облигации более активно. Они этого не делают по чистой случайности. Дело в том, что впервые «доходные» облигации начали выпускать во время реорганизации железнодорожных компаний, поэтому с самого начала такие бумаги ассоциировались с финансовыми проблемами и низким инвестиционным статусом. Но у «доходных» облигаций есть несколько практических преимуществ, особенно по сравнению со многими привилегированными (конвертируемыми) акциями, выпускаемыми в последние годы. Главное преимущество — тот факт, что выплачиваемые по ним проценты вычитаются из налоговой базы при расчете налога на прибыль корпорации, что фактически наполовину снижает стоимость привлеченного за счет этих облигаций капитала. Кроме того, такие бумаги — оптимальный выбор для инвестора, который хочет иметь (1) безусловное право на получение процентного дохода из прибыли компании и (2) право на использование других форм защиты помимо процедуры банкротства, если компания не получает прибыли или если процентный доход не выплачивается.

Условия выпуска «доходных» облигаций (в том числе условия их конвертации) в каждом конкретном случае могут определяться исходя из интересов как заемщика, так и кредитора. Сегодняшняя популярность такого слабого по своей природе инвестиционного инструмента, как привилегированные акции, и отказ от более эффективных доходных облигаций можно расценивать как наглядную иллюстрацию предрассудков и косности, царящих на Уолл-стрит, где с трудом воспринимают все новое. Каждая очередная волна оптимизма или пессимизма смывает из нашей памяти исторические примеры и проверенные временем принципы, но за свои предубеждения мы держимся крепко.

КОММЕНТАРИИ К ГЛАВЕ 4

> Если вы оставляете все на волю случая,
> случай сразу же отворачивается от вас.
>
> *Пэт Райли, тренер по баскетболу*

Насколько агрессивным должен быть ваш портфель?

Это, считает Грэм, зависит скорее от характера инвестора, чем от содержания портфеля. Для разумного инвестора есть два пути:

- управлять постоянно меняющимся набором акций, облигаций и паев взаимных фондов, постоянно анализируя информацию, выбирая лучшие ценные бумаги и отслеживая их динамику;
- создать постоянный портфель, управление которым не требует значительных затрат труда, так как осуществляется «на автопилоте» (что менее увлекательно).

Первый путь или подход к инвестированию Грэм называет активным, или предпринимательским; он требует огромных затрат времени и сил. Пассивная, она же оборонительная, стратегия не требует таких затрат, зато для ее реализации инвестор должен быть почти равнодушен к перспективам, которые открывает фондовый рынок. Специалист по инвестированию Чарльз Эллис пояснял, что активный подход требует физических и интеллектуальных усилий, а пассивный — контроля над эмоциями[6].

Если вы располагаете временем, если вам нравится дух состязания, если вы способны мыслить как спортивный болельщик и любите головоломки, вам больше подходит активный подход. Если же у вас мало времени, вы не любите трудностей и не одержимы страстью к наживе, выбирайте пассивный подход. (Некоторым инвесторам нравится сочетать оба подхода,

---

[6] Более подробно различия между инвестированием, требующим физических и умственных усилий, и инвестированием, требующим контроля над эмоциями, рассматриваются в главе 8. См. также: Charles D. Ellis, "Three Ways to Succeed as an Investor" в книге Charles D. Ellis and James R. Vertin, *The Investor's Anthology* (John Wiley & Sons, 1997), с. 72.

формируя преимущественно активный портфель, содержащий некоторую долю «пассивных» бумаг, и наоборот.)

Оба подхода вполне разумны, и добиться успеха можно, используя любой из них, — но только в том случае, если вы достаточно хорошо знаете себя, сможете сделать правильный выбор и придерживаться выбранной стратегии, постоянно контролируя свои расходы и эмоции. Указывая на различия между активным и пассивным инвестором, Грэм еще раз напоминает о том, что источник финансовых рисков находится вовсе не там, где мы думаем, — не в экономике и не в наших инвестициях, а в нас самих.

СМЕЛОГО ПУЛЯ БОИТСЯ, А БЕРЕЖЕНОГО БОГ БЕРЕЖЕТ

С чего должен начинать пассивный инвестор? Прежде всего он должен решить, сколько средств вложить в акции, сколько — в облигации и сколько оставить на счете в банке. (Обратите внимание, что Грэм сознательно рассматривает этот вопрос после главы об инфляции. Прочитав ее, инвестор уже знает, что инфляция — один из его злейших врагов.)

Поразительно, но, размышляя о распределении средств между вложениями в акции и облигации, Грэм никогда не пишет о возрасте инвестора. Его подход прямо противоречит традиционным представлениям о том, что степень инвестиционного риска напрямую зависит от этого фактора[7]. Существует правило, которое часто используют для расчета желательной доли акций в портфеле: эта доля должна составлять столько же процентов, сколько составит результат вычитания возраста инвестора (количества полных лет) из 100. Оставшуюся часть активов рекомендуют распределять между облигациями и банковскими депозитами. (Соответственно, 28-летний инвестор должен вложить в акции 72% сбережений, а инвестор, которому исполнился 81 год, — только 19%.) В конце 1990-х гг. пропорции еще больше сместились в сторону акций. В 1999 г. в одном популярном издании писали, что если вам менее 30 лет, следует вложить в акции 95% сбережений, даже если вы не очень любите рисковать![8]

Не кажется ли вам, что тут что-то не так? При чем здесь возраст? Почему от него должна зависеть степень риска, на который вы готовы пойти? С таким же успехом можно вычитать 100 из своего IQ. Богатая 89-летняя дама, у которой есть $3 млн и куча внуков, сделает глупость, отказавшись от акций по возрастному принципу. Зачем ей это делать? Вложившись в акции, она

---

[7] На запрос «возраст и распределение активов» Google выдает более 30 000 ссылок.

[8] James K. Glassman and Kevin A. Hassett, *Dow 36,000: The New Strategy for Profiting from the Coming Rise in the Stock Market* (Times Business, 1999), с. 250.

не обеднеет, а у будущих наследников впереди не один десяток лет, чтобы насладиться плодами этих вложений. С другой стороны, если вам 25 лет, вы копите деньги на свадьбу и покупку дома в кредит и при этом вкладываете все деньги в акции, вы просто сумасшедший. Если фондовый рынок рухнет, доходы по облигациям никогда не покроют убытки по акциям.

Более того, независимо от того, молоды вы или стары, всегда может возникнуть необходимость срочно продать акции — не через 40 лет, а через 40 минут. Потеря работы, развод, травма или любая другая неприятная неожиданность, которая может случиться с каждым из нас в любом возрасте, может потребовать значительных расходов. Поэтому какую-то долю активов следует держать в ликвидной форме.

Наконец, многие инвесторы уходят с падающего рынка. Психологи считают, что большинство людей не могут с достаточной степенью вероятности предсказать свою реакцию на эмоциональные потрясения[9]. Если стоимость акций ежегодно поднимается на 15–20%, как это было в 1980-х или 1990-х гг., вам кажется, что вы созданы для работы с акциями. Но когда каждый вложенный доллар превращается в 10 центов, трудно противостоять паническому желанию перевести деньги в «безопасные» облигации или наличность. Вместо того чтобы продолжать держать купленные акции, многие инвесторы продают дорогие бумаги за гроши и остаются ни с чем. Лишь немногие имеют мужество не продавать акции в период спада. Поэтому Грэм настаивает на том, что каждый инвестор должен держать минимум 25% активов в облигациях. Эта «подушка безопасности», по его мнению, помогает при падении курса акций.

Чтобы понять, на какой риск вы готовы пойти, подумайте о важнейших ожидаемых событиях в вашей личной жизни и об обстоятельствах, которые могут внезапно измениться. Как это повлияет на вашу потребность в наличных?

- Вы одиноки или у вас есть семья? Чем занимается ваш супруг или супруга?
- Есть ли у вас дети? Если нет, планируете ли вы их иметь? Когда возникнет необходимость платить за их образование?
- Рассчитываете ли вы получить наследство или вам придется опекать больных пожилых родителей?
- Что может помешать вашей карьере? (Например, банковский служащий или работник строительной компании может остаться без работы из-за роста процентных ставок, а работник химической компании может пострадать из-за роста цен на нефть.)

[9] Об этом психологическом феномене см.: Daniel Gilbert and Timothy Wilson, "Miswanting" (http://www.wjh.harvard.edu/~dtg/Gilbert%20&%20Wilson%20(Miswanting).pdf).

- Есть ли у вас есть собственный небольшой бизнес? Каковы его перспективы на рынке?
- Сколько вы можете позволить себе потерять на инвестициях с учетом вашей зарплаты и текущих расходов?

Если, ответив на все эти вопросы, вы решите, что можете пойти на серьезный риск, вложив значительные средства в акции, не забудьте, что Грэм рекомендовал держать как минимум 25% активов в облигациях и в денежной форме. Если же вы решили не рисковать, сведите долю акций к минимуму, а долю облигаций и денежных активов, наоборот, доведите до 75%. (Чтобы узнать, можно ли довести долю какого-либо одного из инструментов до 100%, читайте врезку ниже.)

Установив для себя эту пропорцию, старайтесь нарушать ее только в случае изменения обстоятельств вашей личной жизни. Не увеличивайте долю акций только потому, что они растут, и не продавайте их на падающем рынке. Главное в теории Грэма — не прогнозы, а дисциплина. К счастью, управлять портфелем «на автопилоте» можно с помощью пенсионного счета

АКЦИИ: ПОЧЕМУ *НЕ* 100%?

Грэм советует никогда не вкладывать в акции более 75% активов. Но действительно ли никому не следует доводить долю акций до 100%? Некоторые инвесторы могут позволить себе держать портфель, полностью сформированный из акций. Речь идет об инвесторах, которые:

- отложили достаточно денег (хотя бы на год) для нужд семьи;
- собираются постоянно инвестировать как минимум на протяжении следующих 20 лет;
- пережили медвежий рынок 2000 г.;
- не продавали акции на медвежьем рынке, начавшемся в 2000 г.;
- прочитали главу 8 этой книги, разработали инвестиционный план и последовательно придерживаются его, контролируя свое инвестиционное поведение.

Если вы не соответствуете хотя бы одному из вышеперечисленных требований, не стоит вкладывать все деньги в акции. Любой, кто испытал панику на последнем медвежьем рынке, будет испытывать ее вновь и вновь и не раз пожалеет о том, что не вложил часть активов в облигации.

401(к). Допустим, вы чувствуете себя сравнительно комфортно при довольно высокой степени риска — скажем, если соотношение акций и облигаций в портфеле составляет 70:30. Если курс акций вырастает на 25% (при неизменной стоимости облигаций), соотношение изменится и составит 75:25[10]. Зайдите через Интернет на свой пенсионный счет 401(к) (или позвоните по бесплатной линии) и продайте столько акций, сколько необходимо, чтобы вернуться к прежней пропорции 70:30. Проводить ребалансировку портфеля следует по заранее разработанному четкому графику — не слишком часто, чтобы не доводить себя до нервного истощения, но и не слишком редко, чтобы не лишиться возможной прибыли. Эту операцию достаточно проводить раз в полгода, не чаще и не реже, приурочивая ее, например, к новогодним праздникам и к Дню благодарения.

Преимущество регулярной ребалансировки портфеля состоит в том, что она помогает принимать инвестиционные решения на основе простого объективного показателя — соответствия текущей пропорции плановой. При этом не приходится мучительно следить за движением процентных ставок и ломать голову, гадая, не стоит ли уже фондовый рынок на пороге очередного обвала. Некоторые взаимные инвестиционные фонды, включая T. Rowe Price, в ближайшем будущем планируют предложить такую услугу как автоматическая ребалансировка пенсионного портфеля 401(к) в соответствии с вашими установками, так что вам вообще не придется принимать «активных» решений.

ОСНОВЫ ИНВЕСТИРОВАНИЯ В ЦЕННЫЕ БУМАГИ С ФИКСИРОВАННОЙ ДОХОДНОСТЬЮ

Во времена Грэма инвесторам, покупавшим облигации, приходилось решать два вопроса. Какие облигации выбрать: облагаемые или не облагаемые налогом? Краткосрочные или долгосрочные? Сегодня возникает еще один вопрос: покупать облигации самостоятельно или через инвестиционные фонды, которые работают с этими ценными бумагами?

Облагаемые и не облагаемые налогом облигации. Если вы не подпадаете под минимальную ставку подоходного налога[11], следует покупать только не облагаемые налогом (муниципальные) облигации. В противном случае вам придется платить слишком высокие налоги. Покупать облагаемые налогом облигации следует только через пенсионный счет 401(к) или другой

[10] Для простоты предположим, что цена акций возрастает мгновенно.

[11] В 2003 фискальном году под минимальную ставку федерального подоходного налога подпадали лица с доходом менее $28 400 и семейные пары, совместный доход которых не превышал $47 450.

защищенный счет, по которому не взимаются налоги на текущие доходы. Муниципальные облигации, напротив, через такие счета покупать не стоит, так как в этом случае они лишаются своих налоговых преимуществ[12].

Краткосрочные и долгосрочные облигации. Стоимость облигаций и процентные ставки по ним колеблются в противоположном направлении: чем выше процент, тем ниже цена (впрочем, цены краткосрочных облигаций падают не так резко, как долгосрочных). И наоборот, когда процентные ставки падают, цены растут, и долгосрочные облигации оказываются более выгодными, чем краткосрочные[13]. Вы можете нивелировать это различие, купив среднесрочные (5- или 10-летние) облигации, стоимость которых не будет ни быстро расти, ни резко падать. Для большинства инвесторов среднесрочные облигации — оптимальное решение, поскольку эти бумаги избавляют их от необходимости ломать голову над тем, что произойдет в случае изменения процентных ставок.

Облигации или паи облигационных инвестиционных фондов? Поскольку облигации в основном продаются лотами стоимостью $10 000, а вам, чтобы диверсифицировать риски, нужно иметь в портфеле минимум 10 видов облигаций, самостоятельно приобретать облигации следует лишь в том случае, если у вас есть по крайней мере $100 000. (Единственное исключение — казначейские облигации, выпускаемые под гарантии государства.)

Вложения средств через инвестиционные фонды, работающие с облигациями, — дешевый и простой способ диверсификации портфеля. К тому же инвестор может ежемесячно получать доход, при желании реинвестируя его в тот же фонд без уплаты комиссионных. Многие инвесторы отказываются от самостоятельного приобретения облигаций (кроме казначейских и некоторых муниципальных) и предпочитают вкладывать средства через фонды.

---

[12] В Интернете можно найти удобные онлайн-калькуляторы, которые помогут сравнить доходы по муниципальным и облагаемым налогом облигациям после уплаты налогов. Чтобы решить, следует ли выбирать муниципальные облигации, рассчитайте эквивалентную доходность по облагаемым налогом облигациям, а затем сравните ее с текущей доходностью казначейских облигаций, которую также можно найти в Интернете. Если доходность казначейских облигаций окажется выше эквивалентной доходности облагаемых налогом облигаций, муниципальные облигации покупать не стоит. В любом случае следует помнить, что доходность муниципальных облигаций и работающих с ними инвестиционных фондов ниже, чем большинства облагаемых налогом облигаций, да и цены на эти бумаги колеблются сильнее. Кроме того, альтернативный минимальный налог, который сегодня обязаны платить многие американцы со средними доходами, может свести на нет налоговые преимущества муниципальных облигаций.

[13] С азами инвестиций в облигации можно познакомиться на сайте https://investor.vanguard.com/corporate-portal. Более доступный материал представлен на сайте http://money.cnn.com/pf/101/lessons/7/. Еще один способ хеджирования риска — включение в портфель облигаций с разными сроками погашения.

Таблица 4.1. **Мир облигаций**

Виды облигаций	Сроки погашения	Минимальный объем покупки	Риск дефолта	Риск, связанный с повышением процентной ставки
Казначейские векселя	До 1 года	$1000*	Чрезвычайно низкий	Очень низкий
Казначейские билеты	От 1 года до 10 лет	$1000*	Чрезвычайно низкий	Средний
Казначейские облигации	Более 10 лет	$1000*	Чрезвычайно низкий	Высокий
Сберегательные облигации	До 30 лет	$25*	Чрезвычайно низкий	Очень низкий
Депозитные сертификаты	От 1 месяца до 5 лет	Обычно $500	Очень низкий, застрахован (до $100 000)	Низкий
Паи инвестиционных фондов	Не более 397 дней	Обычно $2500	Очень низкий	Низкий
Ипотечные ценные бумаги	От 1 года до 30 лет	$2000–3000**	В целом средний, но может быть и высоким	От среднего до высокого
Муниципальные облигации	От 1 года до 30 и более лет	От $5000* до $2000–3000**	В целом средний, но может быть и высоким	От среднего до высокого
Привилегированные акции	Неограниченный	Нет	Высокий	Высокий
Высокодоходные «мусорные» облигации	От 7 до 20 лет	$2000–3000**	Высокий	Средний
Долговые обязательства развивающихся стран	До 30 лет	$2000–3000**	Высокий	Средний

* Прямые продажи.

** Продажи через взаимный фонд.

*** Показатель того, легко ли продать бумаги по справедливой цене до наступления срока погашения; ликвидность паев взаимных фондов обычно выше, чем самостоятельно приобретенных облигаций.

Такие компании, как Vanguard, Fidelity, Schwab и T. Rowe Price, предлагают широкий выбор недорогих паев облигационных инвестиционных фондов[14].

Сегодня инвесторы получили в свое распоряжение целый ряд инструментов, которых не было во времена Грэма. Что касается процентных ставок, то в 2003 г. они упали так низко, что инвесторы были готовы хвататься за любые бумаги, лишь бы повысить доходность. Существуют инструменты, позволяющие сделать это практически без риска[15]. Сравнительные характеристики облигаций представлены в таблице 4.1.

А теперь рассмотрим формы инвестирования в облигации, предназначенные для решения различных задач.

[14] Более подробная информация содержится на сайтах www.vanguard.com, www.fidelity.com, www.schwab.com, www.troweprice.com.

[15] Можно также просмотреть краткую инструкцию по инвестированию в облигации на сайте www.aaii.com.

Ликвидность до погашения***	Облагаются подоходным налогом штата	Облагаются федеральным подоходным налогом	Эталон	Доходность на 31.12.2002
Высокая	Нет	Да	90 дней	1,2
Высокая	Нет	Да	5 лет (10 лет)	2,7 (3,8)
Высокая	Нет	Да	30 лет	4,8
Низкая	Нет	Да	Облигации серии «EE», купленные в мае 1995 г.	4,2
Низкая	Да	Да	В среднем за год	1,5
Высокая	Да	Да	Облагаемые налогом паи (средние значения)	0,8
От средней до низкой	Да	Да	Индекс MBS Lehman Bros.	4,6
От средней до низкой	Да	Нет	National Long-Term Mutual Fund, в среднем	4,3
От средней до низкой	Да	Да	Нет	Сильно колеблется
Низкая	Да	Да	Индекс Merill Lynch High Yield	11,9
Низкая	Да	Да	Emerging Markets Bond Fund (средние значения)	8,8

НЕ ПРОСТО БУМАЖКИ

Как добиться максимальной доходности вложений? Разумный инвестор постарается снять средства с банковских депозитов и счетов, предназначенных для операций на финансовом рынке, доходность по которым в последнее время была смехотворно низкой, и вложить их в какие-либо из нижеперечисленных альтернативных инструментов.

Казначейские ценные бумаги, будучи государственными долговыми обязательствами, фактически не связаны с кредитным риском, поскольку Дядя Сэм всегда готов поднять налоги или включить печатный станок. Срок погашения по казначейским векселям составляет 4, 13 и 26 недель. Из-за столь коротких сроков погашения казначейские векселя редко теряют от повышения процентных ставок, которое негативно влияет на цены других доходных инструментов — например, долгосрочных казначейских обязательств. Процентный доход по казначейским ценным бумагам обычно не облагается подоходным налогом штата, но подлежит обложению федеральным налогом. Рынок казначейских обязательств огромен: $3,7 трлн, поэтому в случае необходимости срочно продать бумаги до наступления срока погашения найти покупателя не составит труда. Купить казначейские векселя, краткосрочные казначейские билеты и облигации можно без оплаты брокерских услуг, непосредственно на государственном сайте http://www.publicdebt.treas.gov/index1.htm. (Более подробная информации по защищенным от инфляции казначейским облигациям содержится в разделе «Комментарии к главе 2».)

Сберегательные облигации, в отличие от казначейских, не обращаются на рынке. Их нельзя продать. При досрочном погашении (ранее чем через пять лет) инвестор лишается процентного дохода за три месяца. Таким образом, эти бумаги следует использовать как инструмент накопления средств для покрытия серьезных расходов в будущем (таких как плата за учебу вашего отпрыска в Гарварде, свадебный подарок и т.д.). Сберегательные облигации продаются мелкими лотами по $25, поэтому могут служить прекрасным подарком внуку или внучке. Инвесторы, имеющие возможность на долгие годы оставить в неприкосновенности часть денежных средств, могут купить инвестиционные облигации, защищенные от инфляции: в последнее время их доходность составляет около 4%. Более подробную информацию можно найти в Интернете.

ОБОЙДЕМСЯ БЕЗ ДЯДИ СЭМА?

Ипотечные облигации выпускают такие агентства, как Federal National Mortgage Association (Fannie Mae) и Government National Mortgage Association (Ginnie Mae). Обеспечением по ним служат тысячи ипотечных закладных по всей стране. Поскольку государство не гарантирует выплату процентов по этим бумагам, для покрытия риска они продаются по более высоким ценам. При снижении процентных ставок доходность ипотечных облигаций снижается, при росте — поднимается до заоблачных высот. (В долгосрочной перспективе колебания сглаживаются, но доходность остается стабильно высокой.) Купить такие облигации можно через фонды Vanguard, Fidelity и Pimco. Но если какой-нибудь шустрый брокер попытается всучить вам ипотечную облигацию, скажите ему, что опаздываете на прием к проктологу.

Аннуитеты. Эти инструменты, схожие со страховыми облигациями, позволяют отсрочить уплату налогов и получать доходы после достижения пенсионного возраста. Проценты по аннуитетам могут выплачиваться по фиксированной (постоянные аннуитеты) или плавающей ставке (переменные аннуитеты). Чего следует остерегаться пассивному инвестору, так это наглых страховых агентов, брокеров и специалистов по финансовому планированию, торгующих аннуитетами вразнос по космическим ценам. В большинстве случаев высокие затраты на обслуживание аннуитетов (включая штрафы за досрочное погашение, которые разорят вас в случае, если вы решите вернуть деньги до наступления срока погашения), сводят на нет все преимущества этих ценных бумаг. Лучшие аннуитеты — те, которые покупают, а не продают. Если комиссия за продажу аннуитета обогащает продавца, скорее всего, эта бумага не обогатит покупателя. Следует рассматривать только те варианты, которые продаются дешево и без посредников. Купить подобные аннуитеты можно у таких компаний, как Ameritas, TIAA-CREF и Vanguard[16].

Привилегированные акции. Привилегированные акции — самый неэффективный инструмент инвестирования, какой только можно себе представить. Они менее надежны, чем облигации, поскольку в случае банкротства компании-эмитента не дают первоочередного права на активы компании. Их потенциальная доходность ниже доходности обыкновенных акций, поскольку при падении процентной ставки или повышении кредитного рейтинга их обычно выкупают компании-эмитенты. В отличие от процентных платежей по большинству облигаций, компании-эмитенты не имеют права вычитать дивиденды по привилегированным акциям из своей налогооблагаемой базы. Возникает вопрос: почему компания, которая, как вам кажется, заслуживает вашего внимания, предпочитает платить высокие дивиденды по привилегированным акциям вместо того, чтобы выпустить облигации и получить налоговые льготы? Ответ очевиден: или ее дела обстоят не лучшим образом, или рынок перекормлен ее облигациями. Следовательно, покупать привилегированные акции нецелесообразно.

Обыкновенные акции. Анализ сложившейся на начало 2003 г. ситуации (http://screener.finance.yahoo.com/stocks.html) показывает, что дивидендная доходность 115 акций, входящих в расчет фондового индекса Standard & Poor's 500, составляет не менее 3%. Ни один разумный инвестор, как бы он ни нуждался в деньгах, никогда не купит акции, ориентируясь только на дивидендную доходность. Компания должна быть устойчивой, а цена

---

[16] В целом переменные аннуитеты непривлекательны для инвесторов моложе 50 лет, которые после достижения пенсионного возраста будут платить налоги по максимальной ставке и которые не скопили максимальную сумму на счетах 402(k) или IRA. Гарантированные ставки дохода по постоянным аннуитетам (за исключением аннуитетов TIAA-CREF) на самом деле могут меняться. Такие аннуитеты могут преподнести и другие неприятные сюрпризы, например, штрафы за досрочный выкуп. Тщательный объективный анализ аннуитетов дается в статьях Уолтера Апгрейва (см.: Walter Upgrave, "Income for Life," *Money*, июль 2002 г., с. 89–96, и "Annuity Buyer's Guide," *Money*, ноябрь 2002 г., с. 104–110).

акции — разумной. Но на медвежьем рынке, начавшемся в 2000 г., доходность некоторых акций превышает доходность долгосрочных казначейских обязательств. Поэтому даже самый пассивный инвестор должен понимать, что включение некоторых акций в портфель, полностью или почти полностью состоящий из облигаций, может увеличить его доходность[17].

[17] Более подробно о роли дивидендов мы поговорим в главе 19.

ГЛАВА 5

Пассивный инвестор и акции

Инвестиционные характеристики акций

В первом издании книги (1949 г.) в этом разделе мы анализировали инвестиционный портфель, содержащий значительную долю акций[1]. Последние в целом считались высокоспекулятивным и потому небезопасным финансовым инструментом. По сравнению с высокими показателями 1946 г. их курсовая стоимость резко упала, но низкие цены не только не привлекли инвесторов, но, напротив, подорвали доверие к этим ценным бумагам. Мы уже рассматривали противоположную ситуацию, сложившуюся на протяжении следующих 20 лет, когда из-за роста курсовой стоимости акции стали считаться надежным и выгодным объектом инвестиций, несмотря на то, что рекордно высокий уровень цен указывал на столь же высокую степень риска[2].

Анализируя причины привлекательности акций в ситуации 1949 г., мы высказывали два соображения. Во-первых, эти бумаги, в отличие от облигаций, защищали инвесторов от инфляции и падения покупательной способности. Во-вторых, их совокупная доходность на протяжении многих лет в среднем была довольно высокой благодаря более высокой средней дивидендной доходности по сравнению с процентной доходностью качественных облигаций, а также ярко выраженной тенденции к долгосрочному

---

[1] В начале 1949 г. среднегодовая доходность акций за предшествующие 20 лет составляла 3,1%, а доходность вложений в долгосрочные казначейские обязательства — 3,9%. Это означает, что $10 000, вложенные в акции, за этот период выросли бы до $18 400, а такие же инвестиции в облигации — до $21 400. Действительно, 1949 г. был благоприятным для приобретения акций: на протяжении следующего десятилетия ежегодный темп роста фондового индекса Standard & Poor's 500 составлял 20,1%. Это был один из самых высоких показателей долгосрочной доходности в истории фондового рынка США.

[2] Замечания Грэма на эту тему приведены в главе 1. Представьте себе, как он оценил бы фондовый рынок конца 1990-х гг., когда рост цен акций воспринимался как доказательство того, что эти ценные бумаги — прямой и безопасный путь к богатству.

росту рыночной стоимости в результате реинвестирования корпорациями нераспределенной прибыли.

Хотя эти два обстоятельства делали акции более предпочтительным объектом долгосрочных инвестиций по сравнению с облигациями, мы постоянно предупреждали, что слишком высокая цена может свести на нет преимущества данных ценных бумаг. Именно это и произошло в 1929 г., причем рынку понадобилось 25 лет, чтобы вернуться к уровню, с которого он рухнул в 1929–1932 гг.[3] С 1957 г. акции, опять же в силу высокой рыночной стоимости, утратили свое традиционное преимущество — более высокую дивидендную доходность по сравнению с процентной доходностью облигаций[4]. Остается лишь гадать, как повлияют в будущем инфляция и экономический рост на показатели доходности.

Читателю должно быть очевидно, что при среднем значении индекса Доу–Джонса в конце 1971 г. на уровне 900 пунктов мы не испытываем энтузиазма по отношению к акциям. Но по указанным выше причинам пассивный инвестор не может позволить себе иметь портфель без акций, даже если такой портфель следует считать всего лишь меньшим злом, чем портфель, целиком состоящий из облигаций.

---

[3] Значение фондового индекса Доу–Джонса при закрытии торгов 3 сентября 1929 г. (381,17) было рекордно высоким. Такого уровня впоследствии не было вплоть до 23 ноября 1954 г. (382,74), т. е. более четверти века. (Намереваясь приобрести акции «на долгосрочный период», отдаете ли вы себе отчет в том, насколько долгим может оказаться этот период и что многие инвесторы, купившие акции в 1929 г., не дожили до 1954 г.? И все же терпеливые инвесторы, которые реинвестировали доход, оказались в выигрыше: доходность акций была положительной на протяжении этого трудного периода хотя бы потому, что дивидендная доходность в среднем составляла свыше 5,6% в год. По мнению профессора Элроя Димсона, профессора Пола Марша и профессора Майка Стаунтона (Лондонская школа бизнеса), $1, вложенный в акции в 1900 г., к 2000 г. (если бы вы не реинвестировали дивиденды) превратился бы в $198. А если бы вы реинвестировали дивиденды, стоимость портфеля на сегодня составляла бы $16 000. Вне всякого сомнения, дивиденды — самый большой плюс акций.

[4] Почему высокие цены акций влияют на дивидендную доходность? Последняя представляет собой отношение дивидендов к цене акции, выраженное в процентах. Если дивиденды на акцию стоимостью $100 составляют $2, доходность будет равна 2%. Но если цена акции удвоится, а дивиденды останутся на прежнем уровне, дивидендная доходность упадет до 1%. В 1959 г. тенденция, предсказанная Грэмом еще в 1957 г., проявилась со всей очевидностью. Большинство экспертов с Уолл-стрит говорили, что так не может продолжаться долго. Еще никогда доходность акций не была ниже доходности облигаций. Кроме того, поскольку акции — более рискованный инструмент инвестиций по сравнению с облигациями, стоит ли его использовать, если он не приносит дополнительного дохода, компенсирующего более высокую степень риска? Эксперты уверяли, что доходность облигаций будет превышать доходность акций на протяжении максимум нескольких месяцев, а затем фондовый рынок вернется к «нормальному» состоянию. С тех пор прошло более 40 лет, но этого так и не случилось: доходность акций остается (и, видимо, останется в будущем) ниже доходности облигаций.

Приведенные примеры помогут читателям понять, почему мы считаем «акции роста» в целом не слишком надежным и рискованным финансовым инструментом для пассивного инвестора. Конечно, случаются чудеса, особенно если акции выбраны правильно, куплены за «правильную» цену и проданы на пике роста перед грядущим падением. Но рядовой инвестор не надеется на чудо, потому что знает: деньги не растут на деревьях. Поэтому мы полагаем, что в качестве объекта инвестиций ему лучше использовать акции крупных, хотя и не столь популярных на рынке, компаний, мультипликаторы прибыли[10] которых держатся на приемлемом уровне. Данное соображение будет проиллюстрировано в главе, посвященной выбору ценных бумаг для формирования портфеля.

Изменение портфеля

Сегодня стало общепринятой практикой периодически подвергать ревизии состав инвестиционного портфеля для улучшения его качества. Именно этим и занимаются в основном консультанты по инвестициям. Почти все брокерские конторы также оказывают соответствующие услуги, причем зачастую бесплатно, рассчитывая на комиссионные от торговых операций клиентов. Но некоторые брокерские конторы взимают плату за такого рода консультации.

Мы считаем, что пассивному инвестору следует по меньшей мере раз в год обращаться к специалистам за советами по поводу состава своего портфеля. Поскольку ему обычно не хватает собственного опыта, важно, чтобы он полагался только на фирмы, имеющие устойчивую репутацию. В противном случае он может нарваться на некомпетентных или недобросовестных «консультантов». В любом случае важно, чтобы он объяснил консультанту, что намерен придерживаться четырех правил выбора акций, приведенных выше в этой главе. Кстати, если портфель с самого начала формировался правильно, его не придется постоянно перетряхивать[11].

(если сравнивать средние значения показателя за 1997–1999 и 2000–2002 гг.). Ничто не изменилось: чем большей популярностью пользуются акции, тем глубже они впоследствии падают.

[10] Мультипликатор прибыли — отношение цены акции к прибыли, которое показывает, сколько инвесторы готовы платить за акцию в сравнении с прибыльностью бизнеса (см. сноску 4 в главе 3).

[11] В настоящее время инвесторы могут самостоятельно осуществлять мониторинг качества портфеля при помощи так называемых интерактивных систем мониторинга, работающих на сайтах http://quicken.intuit.com/, http://money.msn.com/ и www.morningstar.com. Грэм, однако, не рекомендует полностью полагаться на такие системы. Он считает, что инвестор должен анализировать рынок в том числе и самостоятельно.

Метод усредненного равномерного инвестирования

Нью-Йоркская фондовая биржа приложила значительные усилия для популяризации своих «планов ежемесячных покупок», в соответствии с которыми инвестор каждый месяц делает вложения на одну и ту же сумму, покупая акции одной или нескольких компаний. Такой подход — не что иное, как разновидность инвестирования по формуле, известная как метод усредненного равномерного инвестирования. На растущем рынке, который наблюдался с 1949 г., этот метод давал неплохие результаты, в частности потому, что помогал инвестору удерживаться от чрезмерных расходов при опасных уровнях цен.

В комплексном исследовании Люсиль Томлинсон, проанализировавшей различные варианты инвестирования по формуле [1], представлены результаты применения метода усредненного равномерного инвестирования в акции компаний, входящих в расчет индекса Доу–Джонса. Рассматривались 23 10-летних периода, первый из которых завершился в 1929 г., а последний — в 1952 г. Анализ применения метода усредненного равномерного инвестирования показал, что инвестор получал прибыль либо в конце каждого периода, либо на протяжении пяти лет после его окончания. Средняя норма прибыли в конце всех периодов составила 21,5% (без учета полученных дивидендов). Следует отметить, что в некоторых случаях наблюдалось существенное кратковременное падение рыночной стоимости портфеля. Люсиль Томлинсон заканчивает анализ этой чрезвычайно простой формулы инвестирования замечательной фразой: «Никто еще не придумал другой формулы инвестирования, которая давала бы такую уверенность в конечном результате независимо от динамики цен акций, как метод усредненного равномерного инвестирования».

Можно, однако, возразить, что метод усредненного равномерного инвестирования хорош в теории, но его не так легко применять на практике, поскольку далеко не все инвесторы имеют возможность регулярно расходовать равные суммы на покупку акций на протяжении, скажем, 20 лет. Мне, однако, представляется, что данное возражение в последние годы утратило свою актуальность. В целом акции становятся неотъемлемым компонентом инвестиционного портфеля. Поэтому регулярные равномерные вложения в эти ценные бумаги психологически и в финансовом отношении не сложнее регулярных страховых платежей или покупки государственных сберегательных облигаций, дополнением к которым они могут служить. При незначительных ежемесячных расходах через 20 или более лет можно добиться впечатляющих результатов.

Обстоятельства личной жизни инвестора

Ранее мы кратко описали несколько жизненных ситуаций, в которых может оказаться инвестор, формирующий портфель. Давайте вернемся к этим обстоятельствам и рассмотрим их с точки зрения принципов инвестиционной политики. Иначе говоря, мы попытаемся понять, как обстоятельства личной жизни инвестора влияют на выбор ценных бумаг.

Попробуем сделать это на конкретных примерах. Возьмем трех человек, оказавшихся в разных жизненных ситуациях: 1) вдову, у которой есть $200 000 и которой приходится содержать себя и ребенка; 2) преуспевающего врача, успешно делающего карьеру, которому удалось скопить $100 000 и который может ежегодно откладывать по $10 000, и 3) молодого человека, зарабатывающего $200 в неделю и откладывающего $1000 в год[12].

Очевидно, что вдове при ее доходах живется непросто. Ясно также, что она не имеет права рисковать и должна придерживаться консервативной инвестиционной политики. Оптимальное решение в этом случае — распределение вложений в равной пропорции между государственными облигациями и первоклассными акциями. Оно будет отвечать целям женщины и опираться на предлагаемую нами пассивную инвестиционную политику. (Доля акций может достигать 75%, если дама психологически готова к такому решению и полностью уверена в том, что уровень цен не слишком высок. Но в ситуации, сложившейся на начало 1972 г., этого делать не следует.)

Однако нельзя исключать, что наша вдова окажется не пассивным, а активным инвестором. В этом случае ее задачи и инвестиционная политика будут совершенно другими. Единственное, чего *не должна* делать эта женщина, — участвовать в спекулятивных операциях ради дополнительного дохода, т. е. пытаться получить как можно больше денег, не будучи уверенной в успехе. Лучше увеличивать капитал на скромные $2000 в год за счет процентов по облигациям и кое-как сводить концы с концами, чем пускаться во все тяжкие, занимаясь необдуманными и, следовательно, спекулятивными операциями, рискуя потерять половину капитала.

Преуспевающему врачу живется гораздо легче, чем вдове, однако можно предположить, что он сделает примерно такой же выбор. Собирается ли он стать серьезным инвестором? Если у него нет такого намерения и предпринимательской жилки, то, безусловно, он предпочтет пассивную роль. Структура его портфеля в этом случае не будет отличаться от структуры портфеля вдовы. Так же, как и она, врач будет поддерживать постоянную долю акций в портфеле и в той же пропорции распределять ежегодный доход между акциями и облигациями.

---

[12] Чтобы понять, сколько эти суммы реально составляют сегодня, умножьте их на 5.

У среднестатистического врача больше шансов стать предприимчивым инвестором, чем у вдовы, и вероятность успеха у него выше. Но есть одно «но» — у него меньше свободного времени для получения профессиональной подготовки и управления портфелем. Как правило, эскулапы — не слишком хорошие инвесторы: они слишком самоуверенны и, стремясь получать высокую прибыль, часто забывают о том, что для успеха нужны немалые затраты времени и сил, а также специальные навыки.

Наконец, молодой человек, откладывающий $1000 в год и мечтающий о высокой зарплате после окончания учебы, сделает тот же выбор, что и вдова, и врач, хотя и по другим причинам. Часть сбережений он, несомненно, должен пустить на покупку облигаций серии «Е». Его средства настолько скромны, что вряд ли имеет смысл тратить время на обучение, чтобы стать квалифицированным агрессивным инвестором. Самый простой и логичный вариант — все та же стандартная политика пассивного инвестирования.

Но не будем забывать о человеческой природе. Финансовые операции манят небогатых молодых людей, которые хотят быть и разумными, и предприимчивыми инвесторами, несмотря на то, что с точки зрения выживания доход от инвестиций для них куда менее значим, чем заработная плата. Вообще-то эти молодые люди правы. У юного капиталиста есть серьезное преимущество: он рано получает навыки финансиста и приобретает опыт. Будущие агрессивные инвесторы вначале непременно наделают кучу ошибок и понесут убытки. Но молодость легко переносит разочарования и быстро учится. Мы лишь настоятельно рекомендуем новичкам не тратить силы и деньги на попытки «побить» рынок. Пусть лучше анализируют стоимость ценных бумаг и проверяют свои выводы на практике, рискуя минимальными суммами.

Таким образом, мы возвращаемся к утверждению, сделанному ранее: выбор ценных бумаг для включения в портфель, как и целевой уровень доходности, зависит не от финансовых ресурсов инвестора, а от его инвесторской «экипировки» — знаний, опыта и темперамента.

Несколько слов о риске

Принято считать, что первоклассные облигации менее рискованны, чем первоклассные привилегированные акции, а последние, в свою очередь, менее рискованны, чем качественные обыкновенные акции. Эти суждения обуславливают предубежденность против обыкновенных акций, которые не считаются надежными. Такой вывод делается в исследовании Федеральной резервной системы, выполненном в 1948 г. Следует отметить, что понятия «риск» и «надежность» употребляются по отношению к ценным бумагам в двух различных значениях, в результате чего возникает путаница.

Очевидно, что облигации оказываются «ненадежными», если эмитент не может выплачивать проценты или погасить сумму основного долга. Точно так же привилегированные или обыкновенные акции, приобретаемые ради получения дивидендного дохода, оказываются «ненадежными» в случае снижения размеров дивидендов или полного отказа от их выплаты. Справедливо и следующее утверждение: инвестиции являются рискованными, если существует реальная возможность того, что инвестор может столкнуться с необходимостью продать ценные бумаги по цене более низкой, чем та, по которой он их купил.

Однако понятие «риск» часто трактуют шире, имея в виду, в частности, возможность падения курсовой стоимости ценных бумаг, даже если спад носит циклический, временный по своей природе характер и если в такой ситуации ничто не вынуждает инвестора продавать ценные бумаги. Этот риск заложен в природе всех ценных бумаг за исключением долгосрочных государственных сберегательных облигаций, причем обыкновенные акции более рискованны, чем «старшие»[13] ценные бумаги. Мы, однако, полагаем, что возможность падения рыночных цен — не риск в точном смысле этого слова. Владелец закладной на дом может понести немалые убытки, если ему придется продать ее по дешевке. Этот фактор не принимается во внимание при оценке надежности или риска закладных на недвижимость: единственный критерий — уверенность в своевременных платежах. Точно так же при оценке степени риска в бизнесе не учитывают, что произойдет, если владельцу придется по каким-либо причинам срочно продать его, а исходят из вероятности финансовых потерь.

В главе 8 будут приведены новые аргументы в пользу утверждения, что *bona fide* инвестор теряет деньги не просто вследствие снижения рыночной цены своих ценных бумаг и поэтому вероятность падения стоимости инвестиций еще не говорит о том, что существует реальный риск убытков. Если показатели доходности акций какой-либо группы компаний на протяжении длительного периода достаточно высоки, инвестиции в эти акции можно считать надежными. В течение этого периода рыночная стоимость акций может колебаться, и вполне вероятно, что на каком-то временном отрезке они будут торговаться ниже цены покупки. Если этот факт делает инвестиции «рискованными», их можно одновременно считать и рискованными, и надежными. Терминологической путаницы можно избежать, если использовать понятие риска только по отношению к потере стоимости ин-

[13] «Старшими» Грэм называет привилегированные акции (по отношению к «младшим» обыкновенным акциям), поскольку дивиденды по ним, как правило, выплачиваются в первую очередь. См. сноску 4 в главе 11. — *Прим. ред.*

вестиций в результате фактической продажи, или вследствие существенного ухудшения положения компании, или, что случается чаще, покупки ценной бумаги по цене, значительно превышающей ее истинную стоимость [2].

Многие акции действительно подвержены таким рискам. Но мы убеждены, что к вложениям в набор правильно выбранных акций это не относится и их нельзя считать рискованными только потому, что их рыночная цена может колебаться. Рискованными их можно считать только в том случае, если есть опасность, что их цена покупки действительно может оказаться слишком высокой по сравнению с истинной стоимостью (даже если падение рынка будет отыграно в будущем).

Что такое «крупная успешная компания, использующая консервативную политику финансирования»?

Понятие, вынесенное в название данного раздела, уже использовалось в этой главе, когда речь шла о требованиях к акциям, которые инвесторам рекомендуется включать в портфель. Мы также писали, что эти акциям должны иметь хорошую дивидендную историю, т. е. по ним на протяжении длительного периода должны аккуратно выплачиваться дивиденды. Однако критерии, сформулированные в виде прилагательных, всегда несколько неопределенны. Действительно, какую компанию следует считать «крупной» и «успешной»? И что такое «консервативная политика финансирования»? Что касается политики финансирования, то для оценки степени ее консервативности мы можем предложить особый критерий, вполне соответствующий общепринятым стандартам. Финансовую политику промышленной компании нельзя назвать консервативной, если балансовая стоимость акционерного капитала составляет менее половины общей капитализации, включая банковскую задолженность [3]. Для железнодорожных и коммунальных компаний этот показатель должен составлять как минимум 30%.

Понятия «крупная» и «успешная» говорят о размерах компании и ее позиции в отрасли. Акции таких компаний обычно называют «первоклассными», или «голубыми фишками», а акции других, не таких «крупных» и «успешных» компаний (кроме «акций роста», которые часто выделяют в отдельную категорию) — «акциями второго эшелона». Если говорить более конкретно, то сегодня к крупным компаниям относят компании с активами или объемом продаж не менее $50 млн[14]. А к «ведущим» относят компании,

---

[14] Сегодня к крупным компаниям относят компании, рыночная стоимость акций (или рыночная капитализация) которых составляет не менее $10 млрд. На начало 2003 г.

находящиеся в первой четверти или трети списка компаний отрасли по объему операций.

И все же опираться только на эти не слишком четкие критерии неразумно. Они предлагаются скорее в качестве ориентира для тех, кто нуждается в ориентирах. На самом деле инвестор может выбирать «крупные успешные» компании по своему усмотрению, лишь бы они действительно были крупными и успешными. По сути, существует целый ряд акций компаний, которые с точки зрения включения в портфель пассивного инвестора оцениваются по-разному. В отсутствии единомыслия по этому вопросу нет ничего страшного. Более того, оно положительно влияет на конъюнктуру фондового рынка, поскольку стирает четкие границы между голубыми фишками и акциями второго эшелона.

количество таких компаний составляло около 300 (см. http://screener.finance.yahoo.com/stocks.html).

КОММЕНТАРИИ К ГЛАВЕ 5

Человеческое счастье зависит не столько от большой удачи, которая приходит редко, сколько от умения использовать незначительные возможности, которые представляются ежедневно.

Бенджамин Франклин

ЛУЧШАЯ ЗАЩИТА — НАПАДЕНИЕ

Почему пассивные инвесторы должны покупать акции, несмотря на трагические события, произошедшие на фондовом рынке в последние годы?

Во-первых, вспомним, что, по Грэму, степень «пассивности» инвестора определяется не тем, насколько он склонен к риску, а тем, сколько времени и сил он готов тратить на формирование портфеля и управление активами. Соблюдая правила Грэма, инвестировать в акции так же просто, как в облигации или любой другой инструмент денежного рынка. (Прочитав главу 9, мы узнаем, что проще всего покупать паи индексных инвестиционных фондов. Это не труднее, чем чистить зубы по утрам.)

Если вы обожглись на операциях с акциями на медвежьем рынке, начавшемся в 2000 г., вы, разумеется, могли решить никогда больше не связываться с этими бумагами. Как говорится, обжегшись на молоке, дуют на воду. Пережив ужасающий крах фондового рынка 2000–2002 гг., многие инвесторы начали считать акции самым рискованным объектом инвестиций. Но, как это ни парадоксально звучит, сам факт крушения рынка сделал его менее рискованным. Если раньше последний можно было сравнить с кипящим молоком, то теперь это просто тепленькая водичка.

Логика говорит о том, что, принимая сегодня решение о покупке акций, можно не бояться потерять столько, сколько вы потеряли бы, приобретая их несколько лет назад. Покупая акции по разумной цене, позволяющей рассчитывать на их рост в будущем, вы можете спокойно держать последние независимо от того, какие убытки они могли принести вам в прошлом. Акции становятся еще более надежным инструментом вложений при низбеда: многие работники компаний Enron, Global Crossing и WorldCom вложили в акции этих компаний почти все свои пенсионные сбережения. Лишь потеряв их, они осознали, что инсайдеры часто ничего не понимают в происходящем, хотя им кажется, что они знают все.

Психологи во главе с Барухом Фишхофом (Университет Карнеги–Меллон) пришли к внушающему тревогу заключению, что даже при более глубоком знакомстве с предметом люди склонны преувеличивать свои знания о нем[17]. Вот почему бывает опасно вкладывать деньги в «то, что знаешь». Чем больше вы знаете о деятельности приглянувшейся вам компании, тем меньше вам хочется искать в ней недостатки. Эта необоснованная уверенность называется «ошибкой привязанности к дому» или «привычкой к привычному». Вот лишь некоторые ее проявления.

- Индивидуальные инвесторы предпочитают покупать акции местных телефонных компаний. Количество этих акций в их портфелях втрое превышает количество акций всех других телефонных компаний вместе взятых.
- Взаимные инвестиционные фонды предпочитают работать с акциями «соседних» компаний. Расстояние до офисов компаний, акции которых держит среднестатистический фонд, на 115 миль короче среднего расстояния до офисов других компаний.
- Инвесторы, имеющие счета 401(k), от 25 до 30% пенсионных сбережений вкладывают в акции компаний, в которых работают[18].

Иными словами, знакомство с объектом порождает самоуспокоенность и необъективность. В криминальных новостях, как правило, именно сосед, близкий друг или даже отец преступника удивляются больше всех: «Он же был таким славным парнем!» Это потому, что, если мы близко знаем кого-то или что-то, мы считаем наши знания надежными, очевидными и не требующими подтверждения — в отличие от ситуации, когда мы сталкиваемся с чем-то новым и незнакомым. Чем больше пассивный инвестор знает о какой-то компании, тем выше вероятность, что он превратится в инвестора ленивого, считающего, что нет нужды ничего анализировать. Старайтесь, чтобы этого не случилось с вами.

---

[17] Sarah Lichtenstein and Baruch Fischhoff, "Do Those Who Know More Also Know More about How Much They Know?" *Organizational Behavior and Human Performance*, vol. 20, no. 2, 2 декабря 1977 г., с. 159–183.

[18] См.: Gur Huberman, "Familiarity Breeds Investment," Joshua D. Coval and Tobias J. Moskowitz, "The Geography of Investment" и Gur Huberman and Paul Sengmuller, "Company Stock in 401(k) Plans" (http://papers.ssrn.com/sol3/DisplayAbstractSearch.cfm).

ЧТО МОЖНО СДЕЛАТЬ БЕЗ ПОМОЩИ ЭКСПЕРТОВ?

К счастью, для пассивных инвесторов, стремящихся изучать акции, которые они намереваются включить в свой портфель, сегодня наступил золотой век. За всю историю финансового рынка выбор акций еще никогда не был таким дешевым и доступным удовольствием[19].

«Сделай сам». С помощью таких специализированных онлайновых брокерских сервисов, как www.sharebuilder.com и www.buyandhold.com, вы можете автоматически покупать акции, даже располагая весьма незначительными средствами. Стоимость услуг, связанных с регулярной покупкой каких-либо из многих тысяч торгуемых на рынке акций, составляет всего $4. Вы можете покупать акции еженедельно или ежемесячно и реинвестировать дивиденды, перечисляя средства с банковского счета или из вашей зарплаты через Интернет. Сервис www.sharebuilder.com за операции по продаже акций взимает более высокую плату, чем за операции по покупке. Тем самым он как бы дает легкий щелчок по носу инвесторам, напоминая им о том, что быстрые продажи — это не инвестиционная деятельность. А некоторые сервисы в Интернете предлагают также услуги по налоговому мониторингу.

В отличие от традиционных брокерских контор и взаимных инвестиционных фондов, которые не пустят вас на порог, если вы не готовы выложить $2000–3000, онлайн-брокеры не устанавливают минимальных сумм на счете. Они буквально созданы для начинающих инвесторов, которые хотят управлять портфелями «на автопилоте». Не следует, однако, забывать о том, что скромные $4 комиссионных при ежемесячных инвестициях $50 превращаются в гигантские 8% операционных издержек. Но если вы ограничены в средствах, микроинвестирование через онлайн-сервисы — единственная возможность для вас сформировать диверсифицированный портфель.

Помимо этого, вы можете приобрести акции непосредственно у компаний-эмитентов. В 1994 г. Комиссия по ценным бумагам и биржам США ослабила ограничения, много лет назад наложенные на операции по прямым продажам акций индивидуальным инвесторам. В результате сотни компаний создали онлайн-сервисы, через которые инвесторы могут покупать акции напрямую, без посредников. Приведем лишь несколько полезных ссылок:

---

[19] По мнению профессора Чарльза Джонса (Колумбийская школа бизнеса), затраты на операции, связанные с покупкой или продажей небольшого количества акций на Нью-Йоркской фондовой бирже, со времен Грэма до 2000 г. упали примерно с 1,25 до 0,25% от суммы сделки. Операционные издержки таких организаций, как взаимные инвестиционные фонды, несколько выше. (Charles M. Jones, "A Century of Stock Market Liquidity and Trading Costs" (http://papers.ssrn.com/sol3/DisplayAbstractSearch.cfm).

$100, инвестирует в американские облигации. Поступая так, вы можете быть уверены, что владеете почти всеми ценными бумагами на планете, которыми стоит владеть[21]. Каждый месяц с точностью часового механизма вы покупаете паи фондов на заранее установленную сумму. Если рынок падает, на эту сумму вы покупаете больше паев, чем в предыдущем месяце. Если же рынок идет вверх, вы покупаете меньше паев. Таким образом, работая «на автопилоте», вы не совершаете лихорадочных покупок на растущем, а потому опасном рынке, но и не отказываетесь от выгодных (хотя и кажущихся более рискованными) покупок на падающем рынке.

Согласно расчетам известного агентства Ibbotson Association, специализирующегося на исследовании финансовых рынков, вложив в начале сентября 1929 г. $12 000 в акции компаний, входящих в расчет фондового индекса Standard & Poor's 500, через 10 лет вы имели бы только $7223. Но если бы вы начали с каких-то $100 и затем ежемесячно инвестировали еще по $100, то к августу 1939 г. ваш капитал составил бы целых $15 571! Такова сила дисциплинированных вложений — вы остались бы в выигрыше, причем вам не помешала бы ни Великая депрессия, ни сильнейший за всю историю фондового рынка медвежий тренд[22].

Рис. 5.1 иллюстрирует волшебную силу метода усредненного равномерного инвестирования в условиях недавнего медвежьего рынка.

Сформировав инвестиционный портфель из паев индексных фондов и поставив его «на автопилот», пассивный инвестор сможет давать один универсальный ответ на любой вопрос, связанный с изменениями на финансовых рынках: «Не знаю и не хочу знать». Какова сравнительная доходность облигаций и акций? «Не знаю и не хочу знать», — отвечаете вы, потому что автоматически покупаете и то, и другое. Акции каких компаний будут расти быстрее — сектора здравоохранения или высокотехнологичных? «Не знаю и не хочу знать», — говорите вы, поскольку у вас есть и те и другие. Что будет с Microsoft? «Не знаю и не хочу знать», — повторяете вы вновь, ведь если эта компания стоит того, ее акции обязательно окажутся в портфеле вашего индексного фонда, а значит, и в вашем портфеле. Акции каких компаний лучше покупать — иностранных и американских? «Не знаю и не хочу знать», — ведь какова бы ни была доходность этих акций, вы сможете выиграть и от ее роста, и от ее снижения.

---

[21] Более подробно необходимость вложения части активов в акции иностранных компаний рассматривается в разделе «Комментарии к главе 7».

[22] Источник: расчеты, любезно предоставленные агентством Ibbotson Associates. Несмотря на то, что до 1976 г. индивидуальные инвесторы не имели возможности покупать некоторые акции, входящие в расчет индекса Standard & Poor's 500, приведенный пример доказывает целесообразность применения метода усредненного равномерного инвестирования на медвежьем рынке.

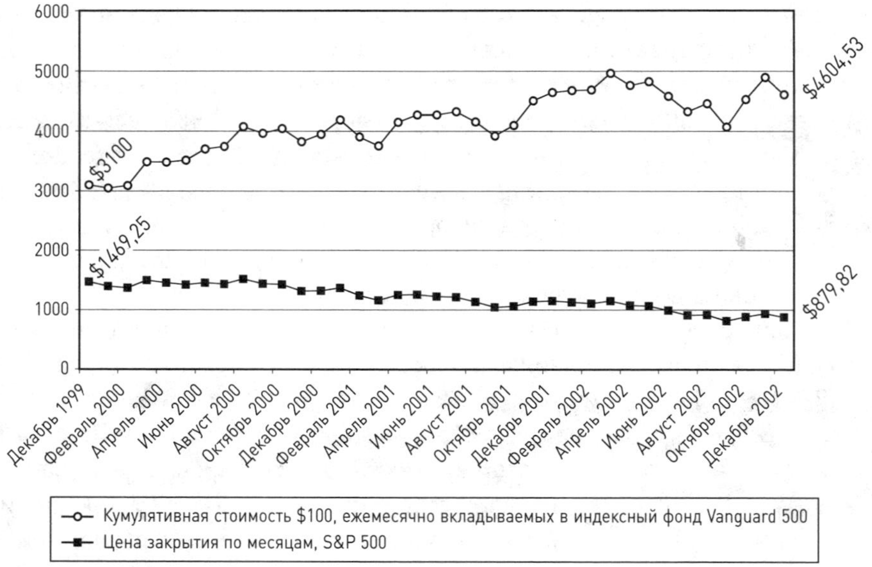

В период с конца 1999 по конец 2002 г. среднее значение S&P 500 постоянно падало. Но, открыв счет в индексном фонде на минимальную сумму $3000, а потом ежемесячно вкладывая $100, за этот период вы потеряли бы всего 30,2% объема вложений ($6600), т. е. значительно меньше, чем другие участники рынка (41,3%). Более того, покупка ценных бумаг по низким ценам позволила бы вам выиграть в условиях растущего рынка.

Источник: Vanguard Group.

Рис. 5.1. С миру по нитке — голому рубашка

Портфель, управляемый «на автопилоте», позволит отвечать «Не знаю и не хочу знать» на любой вопрос, избавит вас от необходимости прогнозировать события на финансовом рынке, а заодно и от иллюзии того, что последние вообще поддаются прогнозированию. Осознание того, что будущее нельзя предсказать, и признание собственного неведения относительно этого будущего — вот главное оружие пассивного инвестора.

ГЛАВА 6

Портфельная политика активного инвестора: чего не следует делать

Активный инвестор должен начинать свою деятельность с того же, с чего и пассивный, т. е. с распределения активов между высококачественными облигациями и акциями, приобретаемыми по разумным ценам[1]. Он может инвестировать и в другие виды ценных бумаг, но любое его решение должно опираться на прочный аналитический фундамент. Активное инвестирование не укладывается в какую-либо схему, поскольку не существует единого идеального шаблона активных операций. У активного инвестора достаточно широкий выбор, который зависит не только от опыта и объема знаний, но и от личных интересов и предпочтений.

Лучшие рекомендации, которые можно дать активному инвестору, — это рекомендации относительно того, чего *не следует* делать. Активный инвестор должен оставить первоклассные привилегированные акции корпоративным покупателям. Он должен держаться подальше от менее надежных облигаций и привилегированных акций, если только их нельзя купить по очень выгодной цене (облигации с высокими ставками купона — как минимум на 30% ниже номинальной стоимости, облигации с низкими ставками купона — еще дешевле)[2]. От иностранных государственных обли-

---

[1] Это оговорка. В главе 1 Грэм утверждал, что степень «активности» инвестора зависит не от степени риска, на который он готов пойти, а от затрат времени и сил. Здесь же Грэм становится на традиционную точку зрения, согласно которой предприимчивый инвестор — это инвестор, готовый рисковать. Но далее по тексту главы становится понятно, что Грэм все-таки придерживается определения, данного в главе 1. (Понятие «предприятие» (enterprise) как синоним понятия «аналитическое инвестирование» первым начал использовать великий английский экономист Джон Мейнард Кейнс.)

[2] Облигации с высокими ставками купона — корпоративные облигации с процентной ставкой выше среднерыночного уровня (по меркам сегодняшнего фондового рынка — не менее 8%) или привилегированные акции, по которым выплачиваются высокие

гаций, даже высокодоходных, тоже лучше отказаться. Активный инвестор должен с осторожностью относиться ко всем новым выпускам ценных бумаг, включая конвертируемые облигации и привилегированные акции, которые кажутся привлекательными, и к обыкновенным акциям с высокой доходностью в недавнем прошлом.

Инвестируя в облигации, активный инвестор поступит правильно, если будет следовать примеру своего собрата — пассивного инвестора. Он должен выбирать между первоклассными облагаемыми налогом облигациями с доходностью около 7,25% и более долгосрочными, качественными, не облагаемыми налогом облигациями с доходностью 5,30%[3].

Облигации второго эшелона и привилегированные акции

С конца 1971 г. начался выпуск первоклассных корпоративных облигаций с доходностью 7,25% и выше, поэтому нет смысла покупать облигации второго эшелона только из-за их более высокой доходности. Фактически корпорации, имеющие невысокий рейтинг, в последние два года почти не имели возможности продавать участникам рынка свои простые (неконвертируемые) облигации. Поэтому они привлекали ресурсы посредством продажи конвертируемых облигаций (или облигаций с варрантами), что позволяет выделить данные бумаги в отдельную категорию. Из этого следует, что практически все неконвертируемые облигации, имеющие невысокий рейтинг, — это старые выпуски, продаваемые с большим дисконтом. За счет дисконта инвестор при благоприятных условиях (в случае повышения кредитного рейтинга компании-эмитента или общего снижения процентных ставок) в будущем может получить довольно высокую прибыль.

Однако даже несмотря на дисконт, дающий инвестору возможность заработать на разнице между номинальной стоимостью облигаций и их текущей рыночной ценой, облигации второго эшелона конкурировали с облигациями, имеющими более высокий рейтинг. Некоторые хорошо защищенные облигации со «старомодными» ставками купона (от 2,5 до 4%)

дивиденды (10% и более). Если для привлечения заемных средств компания вынуждена устанавливать высокие процентные ставки, это может говорить о том, что инвестиции в ее бумаги довольно рискованны. Более подробно о высокодоходных и «бросовых» облигациях мы поговорим далее в этой главе.

[3] В начале 2003 г. сопоставимая доходность составляла примерно 5,1% по высококачественным корпоративным облигациям и 4,7% по 20-летним не облагаемым налогом муниципальным облигациям. Более свежую информацию по этому вопросу можно найти в Интернете (www.bondsonline.com, www.bloomberg.com/markets/rates.html и www.bloomberg.com).

и стоимостью $1 в 1970 г. продавались по 50 центов. Так, облигации American Telephone & Telegraph со ставкой купона 2,625% и сроком погашения в 1986 г. стоили 51 цент, как и облигации Atchinson Topeka & Santa Fe RR со ставкой купона 4% и сроком погашения в 1995 г., а облигации McGraw-Hill со ставкой купона 3,875% и сроком погашения в 1992 г. — 50,5 цента.

Поэтому в условиях, сложившихся к концу 1971 г., активные инвесторы могли получить от первоклассных облигаций, продаваемых с большим дисконтом, все, что только могли пожелать, — и процентный доход, и прибыль за счет разницы между номинальной стоимостью и текущей рыночной ценой.

Мы постоянно указывали на то, что любая выраженная и устойчивая тенденция, складывавшаяся на рынке в прошлом, может повториться и в будущем. Исходя из этого, попытаемся понять, какой должна быть политика агрессивного инвестора в отношении облигаций, если цены и доходность первоклассных облигаций вернутся к средним значениям, уже наблюдавшимся ранее. Вспомним, что мы писали в издании 1965 г., когда доходность первоклассных облигаций составляла всего 4,5%.

Необходимо сделать одно важное замечание по поводу операций с облигациями второго эшелона, доходность по которым вполне может составлять 8% и более. Главное различие между облигациями первого и второго эшелонов заключается в отношении платежей по процентам к прибыли компании. ***Пример.*** В начале 1964 г. доходность 5%-ных доходных облигаций железной дороги «Чикаго — Милуоки — Сент-Пол — Тихоокеанское побережье», продававшихся по 68, составляла 7,35%, а прибыль в 1963 г. превышала платежи по процентам до вычета налогов всего в 1,5 раза. Вспомним, что согласно нашим рекомендациям, этот показатель для хорошо защищенных выпусков облигаций железнодорожных компаний должен составлять не менее 5 [1].

Многие инвесторы покупают такого рода облигации ради дополнительного дохода, не желая мириться с низкой доходностью первоклассных облигаций. Но опыт однозначно говорит о том, что покупать облигации или привилегированные акции, не имеющие соответствующего «запаса надежности», только из-за высокой доходности неразумно[4] (если эти облигации не продаются с большим дисконтом, позволяющим инвестору получить доход от прироста их основной стоимости). Цены облигаций, продаваемых по полной стоимости (т. е. почти по 100[5]), обычно через некоторое время падают. Если дела у компании идут неважно или на рынке начинается спад,

[4] Более свежий пример, убедительно подтверждающий правоту Грэма, приводится далее в этой главе.

[5] Облигации котируются в процентном соотношении к номинальной стоимости (или к 100). Если цена облигации составляет 85, это означает, что она продается за 85% номинала. Если при номинале $10 000 цена продажи составляет 85, это означает, что

это сразу отражается на таких бумагах. Нередко компании-эмитенты приостанавливают выплату процентов (дивидендов), или возникает опасность их невыплаты. Кроме того, цены этих бумаг могут упасть даже в том случае, если финансовые показатели компаний-эмитентов не так уж плохи.

В качестве иллюстрации этой особенности облигаций второго эшелона рассмотрим динамику цен 10 доходных облигаций железнодорожных компаний на протяжении 1946–1947 гг. Речь идет об облигациях, которые в 1946 г. продавались по 96 и более, причем средняя цена составляла 102,5. В следующем, 1947 г., средняя цена облигаций, входящих в эту группу, составила всего 68, т. е. за очень короткий срок они потеряли треть рыночной стоимости. Как ни странно, прибыль железнодорожных компаний в целом по стране в 1947 г. была намного выше, чем в предыдущем. Следовательно, резкое падение цен не отражало реальную ситуацию в отрасли, а свидетельствовало о спаде на финансовом рынке. Но важно отметить, что цены этих доходных облигаций в пропорциональном отношении снизились более значительно, чем цены обыкновенных акций, входящие в расчет фондового индекса Доу–Джонса (примерно на 23%). Очевидно, что инвесторы, покупая облигации по 100 и более, никак не рассчитывали на дальнейший рост цен. Единственное, что их привлекало, — это процентная доходность, которая в среднем достигала 4,25% (поскольку доходность первоклассных облигаций составляла 2,5%, преимущество рассматриваемых ценных бумаг сводилось к 1,75% годовых). Последующие события очень быстро и весьма наглядно показали, что из-за незначительного преимущества в доходности облигаций второго эшелона их покупатели рисковали потерять значительную часть своих вложений.

Рассмотренный пример указывает на одно весьма распространенное заблуждение относительно «настоящего инвестирования»: предприимчивый инвестор якобы должен покупать только бумаги, доходность которых превышает доходность первоклассных, и при этом, естественно, принимая на себя значительно более высокие риски. Но можно ли считать предприимчивостью готовность потерять значительную долю вложений из-за каких-то жалких 1–2% дополнительной годовой доходности? Принимая на себя риск, вы должны быть уверены в том, что при улучшении рыночной ситуации получите существенный прирост номинальной стоимости. Поэтому облигации второго эшелона с годовой доходностью 5,5–6%, продаваемые по полной стоимости, вряд ли можно назвать удачным выбором. Куда лучше купить их по 70, и, если у вас хватит терпения, вы, скорее всего, сможете это сделать.

облигация стоит $8500. Облигации, продаваемые ниже 100, называются облигациями с дисконтом, а облигации, продаваемые выше 100, — облигациями с премией.

Разумный инвестор не должен забывать о том, как ведут себя облигации второго эшелона и привилегированные акции при изменении ситуации на рынке. При ухудшении ситуации цены практически всех таких бумаг резко падают. Однако при ее улучшении большинство из них восстанавливает свои позиции, и в конечном итоге доходность этих бумаг становится «нормальной». Эта особенность присуща даже кумулятивным привилегированным акциям, дивиденды по которым не выплачиваются на протяжении многих лет. В начале 1940-х гг. вследствие длительной депрессии 1930-х гг. на рынке обращалось множество подобных акций. Во время послевоенного бума (1945–1947 гг.) большая часть накопленных дивидендов была полностью выплачена (либо деньгами, либо новыми акциями), и их стоимость возросла. В результате инвесторы, купившие эти ценные бумаги, когда те были малопривлекательными и продавались по дешевке, неплохо заработали [2].

Может случиться и так, что в конечном итоге более высокая доходность облигаций второго эшелона компенсирует невозместимые потери, связанные с падением их рыночной стоимости. Иными словами, инвестор, который приобрел эти бумаги по ценам размещения, в долгосрочной перспективе заработает столько же или даже больше, чем тот, кто инвестирует только в первоклассные облигации [3].

Однако с практической точки зрения данный вопрос не имеет большого значения. Независимо от результата, инвестор, купивший облигации второго эшелона по полной стоимости, при стремительном снижении цены будет чувствовать себя некомфортно. Более того, он не сможет купить достаточно ценных бумаг для того, чтобы гарантировать себе «средний» результат, и вряд ли будет в состоянии использовать часть своего высокого процентного дохода для компенсации постоянного падения рыночной стоимости. И наконец, необходимость отказа от приобретения ценных бумаг по цене, близкой к номиналу, диктуется здравым смыслом: ведь исторический опыт свидетельствует о том, что рано или поздно рынок начнет падать и эти бумаги можно будет купить по 70 и менее.

Иностранные государственные облигации

Все, даже не очень опытные инвесторы, знают, что с 1914 г. вследствие двух мировых войн и вызванных ими глобальных и беспрецедентных по масштабам депрессий иностранные облигации пользуются дурной славой. Только через несколько лет после Второй мировой войны на рынке сложились достаточно благоприятные условия для реализации некоторых новых выпусков иностранных облигаций по ценам, близким к номиналу. Примерно так среднестатистический инвестор думает об этих бумагах (и не только о них).

Разумеется, не стоит *слишком* беспокоиться о таких надежных облигациях, как австралийские или норвежские. Но всем известно, что, если в иностранных государствах что-то стрясется, держатель их долговых обязательств не будет иметь ни правовых, ни каких-либо других инструментов защиты своих имущественных прав. Те, кто в 1953 г. приобрел 4,5%-ные облигации Республики Куба по 117, пострадали, когда по ним перестали выплачивать проценты. В 1963 г. эти бумаги торговались по 20 центов за доллар. В том же году на Нью-Йоркской фондовой бирже начали торговаться 5,25%-ные облигации Бельгийского Конго по 36, греческие 7%-ные по 30 и различные выпуски польских облигаций по 7. Многие ли читатели знают о приключениях 8%-ных чехословацких облигаций после их размещения в 1922 г. по 96,5? В 1928 г. их цена выросла до 112, в 1932 г. упала до 67,75, вновь поднялась в 1936 г., катастрофически упала до 6 в 1939 г., опять выросла (невероятно, но факт!) до 117 в 1946 г., снова упала до 35 в 1948 г. и в 1970 г. составила всего 8! Стоит напомнить, что один из аргументов в пользу покупки облигаций иностранных государств, который приводился в прошлом, заключался в том, что такая богатая страна, как США, несет моральные обязательства перед более бедными государствами и поэтому должна их кредитовать. Но время заставляет нас на многое взглянуть по-новому. Сегодня США сталкиваются с проблемой дефицита платежного баланса, вызванного в том числе тем, что многие американские инвесторы когда-то накупили иностранных облигаций, соблазнившись их несколько более высокой доходностью. Долгие годы мы рассматривали инвестиционную политику с точки зрения покупателя. Но сегодня пришло время сказать, что и для инвестора, и для страны будет лучше, если мы не будем искать счастья за границей.

Новые выпуски ценных бумаг

Поскольку качество и привлекательность новых выпусков ценных бумаг варьируются в весьма широких пределах, вряд ли их можно рассматривать как особую категорию инструментов финансового рынка. Разумеется, из любого правила бывают исключения. Наши рекомендации сводятся к тому, что мы призываем инвесторов к величайшей осторожности, имея в виду необходимость всестороннего анализа новых выпусков перед их покупкой.

Мы даем такую рекомендацию по двум причинам. Во-первых, продавцы новых выпусков ценных бумаг прикладывают немало усилий, чтобы сбыть эти бумаги, и покупатели должны уметь противостоять этим усилиям[6].

[6] Новые выпуски акций или акции, выпущенные в рамках IPO, обычно продаются с учетом так называемого «дисконта андеррайтера» (включенной комиссии) в размере 7%. Для сравнения: комиссия, уплачиваемая покупателем при операциях со старыми

Во-вторых, большинство новых выпусков продаются в «благоприятных рыночных условиях» — благоприятных, разумеется, для продавца, а не для покупателя[7].

В отношении облигаций с низким рейтингом указанные факторы проявляются сильнее, чем в отношении первоклассных облигаций, и еще сильнее — применительно к акциям. В прошлом на рынке проводились значительные по объему операции по досрочному выкупу высококачественных ценных бумаг (прежде всего высококачественных облигаций и привилегированных акций) по цене отзыва и их замене новыми выпусками с более низкими ставками купона. Покупателями выступали главным образом финансовые институты, прекрасно умеющие отстаивать свои интересы. Поэтому оценка стоимости новых выпусков проводилась весьма тщательно, с учетом текущей ставки дохода по сопоставимым выпускам, и, соответственно, усилия финансовых посредников почти не влияли на цены. Но по мере снижения процентных ставок покупателям приходилось платить все больше и больше, и впоследствии рыночная стоимость многих бумаг упала. Приведенный пример иллюстрирует стремление организаций размещать новые выпуски ценных бумаг всех видов именно тогда, когда рыночные условия складываются наиболее благоприятно для эмитентов. В случае с высококачественными облигациями последствия для покупателей были хотя и неприятными, но не фатальными.

Несколько иначе обстояло дело с облигациями, имеющими более низкий рейтинг, и привилегированными акциями, которые продавались в 1945–1946 и 1960–1961 гг. Усилия продавцов давали более значительный эффект, поскольку большинство этих выпусков раскупалось индивидуальными и неопытными инвесторами. Отличительной особенностью данных ценных бумаг было несоответствие цены предложения финансовым результатам компаний-эмитентов в течение достаточно долгого времени. Исходя из предположения, что текущие высокие показатели в будущем не снизятся, эти бумаги казались надежными. Инвестиционные банки, которые занимались их размещением на рынке, вероятно, именно из этого и исходили. Они верили в это сами и легко заставили поверить клиентов. Но такой подход нельзя было назвать разумным: он мог дорого обойтись покупателям.

выпусками обыкновенных акций, обычно составляет около 4%. Если за продажу новых акций брокеры берут вдвое больше, чем за продажу старых, это означает, что новые акции продаются плохо.

[7] Недавно специалисты по финансовым рынкам, профессора Оуэн Ламонт (Чикагский университет) и Пол Шульц (Университет Нотр-Дам), показали, что корпорации стремятся размещать новые выпуски акций на пике рынка. Этот вопрос рассматривается в статьях Ламонта (Evaluating Value Weighting: Corporate Events and Market Timing) и Шульца (Pseudo Market Timing and the Long-Run Performance of IPOs (http://papers.ssrn.com/sol3/papers.cfm?abstract_id=283699).

Для продолжительных бычьих периодов обычно характерен массовый выход частных компаний на фондовый рынок. Так было и в 1945–1946 гг., и в начале 1960-х гг. Тогда огромное количество компаний осуществило IPO, что привело к катастрофическому падению рынка в мае 1962 г. Спустя несколько лет, в 1967–1969 гг., трагикомедия повторилась[8].

Новые выпуски обыкновенных акций

Приведем текст из издания 1959 г., а затем прокомментируем его.

> Существует две формы финансирования бизнеса с помощью обыкновенных акций. Компании, акции которых уже зарегистрированы на бирже, предлагают дополнительные выпуски действующим акционерам пропорционально их долям. Цена подписки на новые акции устанавливается ниже текущей рыночной, право на подписку также имеет определенную стоимость[9]. Новые акции почти всегда продаются через один или несколько инвестиционных банков, но при этом предполагается, что все новые акции будут размещены в результате реализации прав подписки. Таким образом, продажа дополнительных выпусков обыкновенных акций обычно не требует активных усилий со стороны дистрибьюторов.

---

[8] За два года, с июня 1960 по май 1962 г., более 850 компаний осуществили IPO, т.е. ежедневно проводилось как минимум одно IPO. В конце 1967 г. количество IPO снова начало расти. В 1969 г. на фондовый рынок вышла 781 новая компания. Избыточное предложение стало одной из причин формирования медвежьего рынка в 1969-м и 1973–1974 гг. В 1974 г. рынок IPO: за год инвесторам было предложено лишь 9 новых выпусков акций (в 1975 г. — всего 14). Дефицит предложения, в свою очередь, питал бычьи настроения на рынке в 1980-е гг., когда на фондовый рынок вышли 4000 новых компаний. Это подхлестнуло энтузиазм участников рынка и в 1987 г. привело к биржевому краху. Далее на рынке наблюдалась противоположная тенденция: в 1988–1990 гг. IPO практически прекратились. В 1990-е гг. дефицит новых акций вновь способствовал формированию бычьего рынка. И опять на Уолл-стрит запустили машину IPO, выдавшую на-гора около 5000 новых эмиссий. В 2001 г. (после того, как в 2000 г. лопнули мыльные пузыри) было зарегистрировано только 88 IPO (самый низкий годовой показатель начиная с 1979 г.). Каждый раз, обжегшись на новых выпусках, инвесторы года два вели себя осторожно, а затем снова начинали играть с огнем. С тех пор как существует фондовый рынок, инвесторы проходят через подобный маниакально-депрессивный цикл. Так, во время первого бума IPO в США в 1825 г., некий человек был задавлен насмерть в толпе спекулянтов, стремившихся во что бы то ни стало купить акции Bank of Southwark. Богатые покупатели даже нанимали бандитов, чтобы проложить себе путь в толпе и оказаться в начале очереди. Разумеется, уже в 1829 г. акции банка потеряли примерно 25% стоимости.

[9] Грэм пишет о процедуре передачи прав — инвесторам, уже владеющим акциями, предлагают внести дополнительные деньги, чтобы сохранить свою долю в акционерном капитале компании неизменной. Такая форма финансирования бизнеса все еще широко распространенная в Европе, в США сегодня используется нечасто (за исключением инвестиционных фондов закрытого типа).

Другое дело — первичное публичное размещение акций частных компаний. Такие размещения проводятся в первую очередь в интересах владельцев компаний — держателей контрольных пакетов, стремящихся привлечь денежные средства на фоне благоприятной ситуации на рынке и диверсифицировать источники финансирования бизнеса. (Как мы уже писали, если финансовых ресурсов достаточно, осуществляется выпуск привилегированных акций.) Компании выходят на рынок, следуя определенной стратегии, которая, учитывая природу этого рынка, несет инвесторам лишь потери и разочарования. Опасности могут возникать как из-за особенностей компании-эмитента, которая прибегает к таким способам финансирования, так и вследствие ситуации на рынке, делающей подобные формы финансирования возможными.

В начале XX в. большинство ведущих компаний разместили свои акции на рынке. С течением времени компаний, имеющих высокий рейтинг и сохраняющих свою организационно-правовую форму (закрытого акционерного общества), становилось все меньше, поэтому среди компаний, впервые размещавших акции на рынке, начали преобладать менее крупные компании. К несчастью, за это время среди индивидуальных инвесторов укоренилось предубежденное отношение к мелкому бизнесу: они предпочитали покупать акции крупных компаний. Это предубеждение, как и многие другие, ослабевало в периоды бычьего рынка. Высокая прибыль, которую быстро приносили акции как таковые, мешала инвесторам быть объективными и заставляла их буквально бросаться на добычу. Тогда же многие частные компании демонстрировали прекрасные финансовые результаты, чего не наблюдалось на протяжении последних 10 и более лет.

Сочетание указанных факторов приводит к следующему. Примерно в середине периода бычьего рынка появляются первые ласточки IPO. Цена размещения обычно невысока, и покупатели этих выпусков получают высокую прибыль. По мере роста рынка все больше компаний решают прибегнуть к IPO. Качество компаний-эмитентов постепенно ухудшается, а цены акций растут до небес. Один из характерных признаков конца бычьего рынка — более высокие цены на новые выпуски акций мелких, никому не известных компаний по сравнению с ценами акций средних компаний, имеющих устойчивую репутацию. (Следует добавить, что размещением новых выпусков таких акций редко занимаются уважаемые крупные инвестиционные банки[10].)

---

[10] Во времена Грэма большинство уважаемых инвестиционных банков старались не связываться с IPO, считая недостойным зарабатывать деньги на наивности неопытных индивидуальных инвесторов. Но во времена бума IPO в конце 1999 — начале 2000 г. крупнейшие инвестиционные банки буквально бросились на рынок. Почтенные фирмы отбросили свою традиционную осмотрительность и вели настоящие бои без правил, стараясь всучить чудовищно переоцененные акции обезумевшим индивидуальным инвесторам. Описанный Грэмом процесс IPO — классика, обязательная для изучения в рамках курса по этике инвестиционно-банковской деятельности, если таковой курс когда-либо будет написан.

Результат неосмотрительности индивидуальных инвесторов и стремление трейдеров продать что попало и как можно дороже вполне предсказуем: это обвал цен. Новые выпуски акций часто теряют 75% и более первоначальной стоимости. Ситуация усугубляется еще и предубежденным отношением инвесторов, о котором мы уже писали, к тем самым акциям мелких компаний, которые они с такой готовностью скупали в период ажиотажного спроса. Цены многих таких акций резко падают, причем зачастую настолько же ниже их справедливой стоимости, насколько изначально они эту стоимость превышали.

Разумный инвестор должен уметь делать простую вещь: не слушать сладкоголосых продавцов, предлагающих новые выпуски акций на бычьем рынке. Даже если среди этих бумаг и найдется пара качественных и торгующихся по цене, соответствующей реальной стоимости компании-эмитента, это еще не значит, что нужно их покупать. Несомненно, продавцы будут говорить, что многие бумаги быстро растут в цене, а некоторые существенно подорожали уже в первый день торгов. Возможно, но такова уж особенность спекулятивного рынка. Это легкие деньги. Хорошо, если на каждый заработанный таким образом доллар вы потеряете всего два.

Некоторые новые выпуски в будущем могут стать выгодными объектами инвестиций — через несколько лет, когда они, никому не нужные, будут продаваться по бросовой цене, составляющей лишь малую часть их настоящей стоимости.

В издании 1965 г. мы продолжили обсуждение этой темы.

Хотя поведение фондового рынка после 1949 г. с трудом можно объяснить, исходя из прошлого опыта, размещение новых выпусков обыкновенных акций происходило по сложившейся схеме. Вряд ли когда-либо еще на рынке предлагалось такое количество новых акций столь низкого качества, цены на которые позже, в 1960–1962 гг., обвалились столь же резко [4]. Способность фондового рынка быстро приходить в себя после таких катастроф поистине удивительна — достаточно вспомнить, как легко он пережил крах рынка недвижимости во Флориде в 1925 г.

Стоит ли ожидать очередной волны одержимости новыми выпусками акций до окончания текущего бычьего рынка? Кто знает… Но в чем мы действительно уверены, так это в том, что разумный инвестор не забудет того, что случилось в 1962 г., и постарается не наступать на те же грабли, быстро зарабатывая деньги и столь же быстро их теряя.

Далее в нашем издании 1965 г. мы цитировали заметку под названием «Устрашающий пример». Речь шла об акциях корпорации Aetna Maintenance, которые в ноябре 1961 г. торговались по бросовой цене — $9. В 1962 г., когда рынок начал расти, значительно возросла и цена этих акций — до $15. В следующем году она упала до $2,375, а в 1964 г. — до $0,875. Далее необыкновенная история акций Aetna Maintenance отражала странные метаморфозы крупного и малого американского бизнеса, происходившие в последние годы. Любознательные читатели могут ознакомиться с «древней» и новой историей компании в приложении 5.

Можно найти сколько угодно еще более устрашающих подобных примеров, относящихся к 1967–1970 гг. Самый яркий из них — история компании AAA Enterprises (она шла первой в справочнике Standard & Poor's Stock Guide). В 1968 г. ее акции были размещены на рынке по $14, затем их цена резко поднялись (до $28), но в начале 1971 г. они стоили всего 25 центов. (Впрочем, даже эта цена была явно завышена, поскольку положение компании было безнадежно и она начала процедуру банкротства.) История компании, включая IPO, весьма поучительна. Мы подробно обсудим ее в главе 17.

КОММЕНТАРИИ К ГЛАВЕ 6

Каждый пропущенный удар приближает вас к нокауту.

Анджело Данди, тренер по боксу

Чтобы добиться успеха, и активный, и пассивный инвесторы должны знать не только то, что надо делать, но и то, чего делать не следует. В этой главе речь идет о том, чего не должен делать был делать активный инвестор, когда Грэм писал свою книгу. А чего он не должен делать сегодня?

«МУСОРНЫЕ» ОБЛИГАЦИИ

Грэм крайне неодобрительно отзывался о высокодоходных облигациях, которые он называл облигациями второго эшелона или некачественными (сегодня их называют «мусорными»). В те времена, когда он писал свою книгу, диверсификация рисков дефолта обходилась индивидуальным инвесторам довольно дорого и требовала немалых усилий[11]. (Чтобы узнать, насколько серьезным испытанием может оказаться дефолт и как часто даже самые опытные профессиональные инвесторы, покупающие облигации, попадаются в эту ловушку, читайте врезку ниже.) Тем не менее сегодня на рынке работает более 130 взаимных инвестиционных фондов, специализирующихся на инвестициях в «мусорные» облигации. Этот факт отчасти облегчает диверсификацию рисков, на трудность которой сетует Грэм. (И все же его негативное отношение к привилегированным акциям с высокой доходностью по-прежнему имеет под собой основания, поскольку дешевого и доступного метода распределения рисков не существует.)

---

[11] В начале 1970-х гг., когда Грэм писал свою книгу, на рынке насчитывалось около 10 фондов, занимающихся «мусорными» облигациями. Почти все они взимали с покупателей комиссию в размере 8,5%, а некоторые даже брали плату за реинвестирование ежемесячных доходов.

ОБЛИГАЦИИ КОМПАНИИ WORLDCOM: УРОК ДЛЯ ИНВЕСТОРОВ

Покупать облигации исключительно ради высокого процентного дохода — все равно что жениться ради секса. Страсть проходит, и встает вопрос: «Что дальше?» Если ничего, супруги, как и держатели акций, остаются у разбитого корыта.

9 мая 2001 г. компания WorldCom осуществила самую масштабную эмиссию облигаций за всю историю выпусков корпоративных бондов в США. В рынок были выброшены долговые обязательства на сумму $11,9 млрд. Среди самых активных покупателей этих привлекательных из-за высокой доходности (до 8,3%) ценных бумаг были и один из крупнейших в мире пенсионных фондов California Public Employees' Retirement System; и Пенсионный фонд штата Алабама (Retirement Systems of Alabama), руководство которого впоследствии оправдывалось тем, что «более высокая процентная доходность казалась очень привлекательной»; и Strong Corporate Bond Fund (один из управляющих последнего был буквально ослеплен обещанными WorldCom процентами и заявил, что дополнительный доход с лихвой компенсирует все риски)*.

Но даже беглый взгляд на проспект эмиссии облигаций WorldCom показал бы, что в них нет ничего, кроме высокой процентной доходности, и что покупателей неминуемо ждет катастрофа. На протяжении пяти предшествующих лет доходы WorldCom до уплаты налогов дважды не покрывали фиксированные платежи (расходы на выплату процентов держателям облигаций). Недостача составляла целых $4,1 млрд. Компании удалось выплатить проценты по облигациям только за счет новых банковских кредитов. А теперь, в результате рекордной по объему эмиссии новых облигаций, процентные расходы компании увеличились еще на $900 млн в год!** Подобно мистеру Креозоту из фильма «Смысл жизни по Монти Пайтону», лопнувшему за обеденным столом от обжорства, WorldCom наелась долгами до отвала и лопнула.

Никакая самая высокая доходность не может компенсировать инвестору подобный риск. На протяжении нескольких месяцев доходность облигаций компании WorldCom действительно была высокой — 8%. Но потом, как и предвидел Грэм, пузырь лопнул:

- в июле 2002 г. компания WorldCom начала процедуру банкротства;
- в августе 2002 г. компания признала, что завысила свои прибыли более чем на $7 млрд***;

- вскоре WorldCom оказалась не в состоянии выплачивать проценты держателям облигаций; последние потеряли более 80% первоначальной стоимости.

* См.: www.calpers.ca.gov/whatshap/worldcom_faqs.htm и www.calpers.ca.gov/whatsnew/press/2002/0716a.htm; Retirement Systems of Alabama Quarterly Investment Report, 31 мая 2001 г. (www.rsa-al.gov); интервью Джона Бендера, одного из управляющих инвестиционным фондом Strong Corporate Bond Fund (www.businessweek.com/magazine/content/01_22/b3734118.htm).

** Эти цифры взяты из проспекта эмиссии облигаций компании WorldCom. Документ от 11 мая 2001 г. можно найти на сайте www.sec.gov/edgar/searchedgar/companysearch.html (в строке «Company name» введите «WorldCom»). Даже если бы Грэм не знал, как мы сегодня, о том, что доходы WorldCom были мошеннически переоценены, условия размещения облигаций ужаснули бы его.

*** О крахе WorldCom см.: www.worldcom.com/infodesk.

С 1978 г. процент дефолтов на рынке «мусорных» облигаций составлял 4,4% в год. Но даже с поправкой на дефолты их среднегодовая доходность достигала 10,5% против 8,6%-ной доходности по 10-летним казначейским обязательствам[12]. К сожалению, услуги большинства инвестиционных фондов, специализирующихся на «мусорных» облигациях, стоят достаточно дорого. Вы можете покупать эти облигации, если получаете пенсию и рассматриваете их в качестве источника ежемесячного дополнительного дохода, мирясь с временными падениями стоимости. Вы можете делать это, если работаете в банке или финансовой компании и резкий подъем процентных ставок может затормозить рост вашей заработной платы или даже поставить вас под угрозу увольнения. В этом случае инвестирование в фонды, работающие с «мусорными» облигациями, которые в периоды роста процентных ставок обычно демонстрируют более высокие результаты, чем большинство облигационных фондов, может служить альтернативой пенсионному счету 401(k). Таким образом, работа с фондами, специализирующимися на «мусорных» облигациях, может служить дополнением к операциям разумного инвестора.

КОКТЕЙЛЬ ИЗ ВОДКИ И БУРРИТО

К иностранным облигациям Грэм относился не лучше, чем к «мусорным»[13]. Тем не менее существует одна схема инвестирования в эти бумаги, представляющая определенный интерес для инвесторов, способных справиться

[12] Edward I. Altman and Gaurav Bana, "Defaults and Returns on High-Yield Bonds," research paper, Stern School of Business, New York University, 2002.

[13] Критикуя иностранные облигации, Грэм знал, о чем писал. В начале своей карьеры он несколько лет продавал в Нью-Йорке японские облигации.

с серьезными рисками. Сегодня более 10 взаимных фондов специализируется на облигациях, выпускаемых развивающимися странами, такими как Бразилия, Мексика, Нигерия, Россия и Венесуэла[14]. Ни один здравомыслящий инвестор не вложит в эти экзотические бумаги более 10% активов облигационного портфеля. Но дело в том, что облигации развивающихся стран не всегда зависят от колебаний американского рынка ценных бумаг, поэтому они не обязательно падают одновременно с падением фондового индекса Доу–Джонса. Такие облигации могут сыграть роль «подушки безопасности» именно тогда, когда вы больше всего будете в ней нуждаться[15].

ТРЕЙДИНГ КАК ФОРМА САМОУБИЙСТВА

Как мы уже писали в главе 1, дейтрейдинг (купля-продажа акций в течение одного операционного дня) — самый надежный способ финансового самоубийства. На одних операциях вы можете заработать, на других (которых большинство) — проиграть. В прибыли всегда остается только ваш брокер.

Имейте в виду, что эмоциональный накал при торговле акциями может отрицательно сказаться на вашей прибыли. Страстное желание купить какие-либо акции может привести к тому, что вы легко согласитесь заплатить за них лишние 10 центов сверх последней котировки, лишь бы убедить продавца продать эти бумаги. Такого рода дополнительные расходы (так называемые «издержки влияния рынка») никогда не отображаются в отчетах вашего брокера, но они существуют. Например, если вы жаждете купить 1000 акций и поднимаете цену покупки всего на 5 центов, вы заплатите небольшую, но вполне реальную сумму — $50. Влияние рынка проявляется и тогда, когда инвесторы в панике пытаются продать акции и сбывают их по цене намного ниже последних котировок.

Часть вашей прибыли съедают и операционные издержки. Операция по покупке или продаже небольшого пакета «горячих» акций может стоить вам от 2 до 4% (или от 4 до 8% «на круг», т. е. за покупку и продажу)[16]. Если

---

[14] Сегодня было бы точнее сказать «странами с переходной экономикой». — *Прим. ред.*

[15] Fidelity New Market Income Fund и T. Rowe Price Emerging Bond Fund — два инвестиционных фонда, специализирующихся на облигациях развивающих стран и предлагающих неплохую доходность при сравнительно невысоких издержках (см.: www.fidelity.com, www.troweprice.com и www.morningstar.com). Ни в коем случае не вкладывайте деньги в фонды, операционные издержки которых в год составляют более 1,25% стоимости активов. Учтите, что некоторые из них взимают комиссию за вывод средств в начальный период, чтобы заставить инвесторов держать паи в течение не менее, скажем, трех месяцев.

[16] Информацию об операционных издержках можно найти на сайте калифорнийской компании Plexus Group of Santa Monica (http://www.plexus-group.com/). Компания утверждает, что операционные расходы подобны айсбергу: основная доля брокер-

вы вкладываете $1000 в акции, вам придется заплатить около $40, причем вперед, т. е. еще до того, как вы станете владельцем ценных бумаг. А при продаже акций вы потеряете еще 4%.

Ах да, чуть не забыли. Если вы не инвестируете, а торгуете, долгосрочная прибыль от прироста капитала (облагается налогом по ставке максимум 20%) превращается в обычный доход (максимальная ставка налога — 38,6%).

Сложите все вышеуказанные расходы, и вы увидите, что только для покрытия операционных издержек при покупке и продаже акций трейдер должен добиться как минимум 10%-ной доходности[17]. Любой трейдер может время от времени получать такую прибыль — если ему улыбнется удача. Но получать ее постоянно, чтобы покрывать все затраты времени и сил на дейтрейдинг (не забудьте также про постоянное дикое напряжение!), практически невозможно.

Многие пытались, но остались ни с чем. Чем больше вы торгуете, тем меньше у вас остается денег.

Специалисты по финансовым рынкам профессор Брэд Барбер и профессор Терренс Один (Калифорнийский университет) проанализировали данные по торговым операциям более чем 66 000 клиентов одной брокерской фирмы. С 1991 по 1996 г. эти клиенты провели более 1,9 млн торговых сделок. До вычета операционных издержек среднегодовая доходность, полученная всеми клиентами, превышала среднюю доходность фондового рынка по крайней мере на 0,5 процентных пункта. Но после вычета операционных издержек оказалось, что самые активные трейдеры, которым удавалось ежемесячно обновлять портфель более чем на 20%, получали в год на 6,4% меньше, чем в среднем по рынку. А самым терпеливым инвесторам, обновлявшим свой инвестиционный портфель не более чем на 0,2% в месяц, удалось оставить фондовый рынок с носом даже после вычета транзакционных издержек. Вместо того, чтобы отдавать лакомый кусок брокерам и налоговикам, они оставляли всё себе[18]. Эти данные представлены на рис. 6.1.

Вывод очевиден: не стоит торговать только для того, чтобы создавать видимость деятельности. Остановитесь. Пришло время понять, что такое «долгосрочный инвестор». Долгосрочный инвестор — это единственный

ских издержек скрыта для глаз инвесторов, в то время как последние продолжают ошибочно верить, что их торговые издержки составляют незначительные суммы при низких комиссионных. Торговля акциями на NASDAQ обходится индивидуальным инвесторам намного дороже, чем торговля акциями, котирующимися на Нью-Йоркской фондовой бирже.

[17] На самом деле даже больше, учитывая подоходные налоги штатов.

[18] Другие исследователи получили те же результаты по управляющим инвестиционных фондов. Таким образом, представленные выводы относятся и к профессионалам.

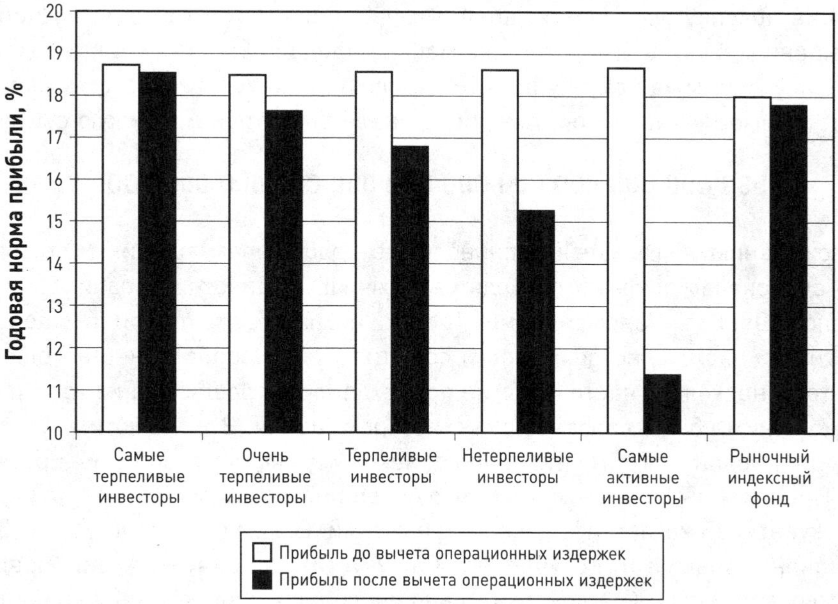

Исследователи Брэд Барбер и Терренс Один разделили трейдеров на пять групп в зависимости от скорости обновления портфеля. Самые «медленные» инвесторы получали самую высокую прибыль (на рис. слева). Самые активные и нетерпеливые инвесторы не разбогатели, но позволили разбогатеть своим брокерам. Справа для сравнения приведены данные по индексному фонду.

Источник: профессора Брэд Барбер и Терренс Один (Калифорнийский университет).

Рис. 6.1. Чем быстрее бежишь, тем сильнее отстаешь

вид инвестора, который существует. Тот, кто не в состоянии удержать акции в портфеле дольше нескольких месяцев, обречен на поражение на фондовом рынке.

РАННЯЯ ПТАШКА ЧЕРВЯЧКА СКЛЮЕТ

Один из самых опасных способов «мгновенного обогащения», которыми инвесторы забивали себе голову в 1990-е гг., — покупка акций в ходе IPO (первичного публичного размещения акций на рынке, делающем их доступными для широкого круга инвесторов). На первый взгляд, эта операция кажется весьма выгодной. И правда, если бы вы купили 100 акций Microsoft 13 марта 1986 г., к началу 2003 г. ваши вложения увеличились бы с $2100 до $720 000[19]. Специалисты по финансовым рынкам профессора Джей Риттер и Вильям Шверт подсчитали, что если бы в январе 1960 г. вы потратили

[19] См.: http://www.microsoft.com, "IPO investment results."

$1000 на покупку всех акций, впервые размещаемых на рынке, по цене размещения, затем в конце того же месяца продали бы эти акции, вложив вырученную сумму в покупку всех IPO в следующем месяце и т.д., к концу 2001 г. стоимость вашего портфеля составила бы астрономическую сумму:

$533 000 000 000 000 000 000 000 000 000 000 000.

К сожалению, на каждое IPO, приносящее, подобно размещению Microsoft, своим акционерам прибыль, приходятся тысячи IPO, приносящих одни убытки. Психологи Даниэль Канеман и Амос Тверски показали, что при оценке вероятности или частоты встречаемости события людям свойственно исходить не из того, насколько часто событие происходило в прошлом, а из того, насколько яркими были связанные с ним переживания. Все мы хотим купить «новый Microsoft», потому что точно знаем: «первый Microsoft» мы прозевали. При этом мы забываем о том, что большинство других IPO обернулись для покупателей катастрофическими убытками. Вы сможете получить $533 дециллиона только в том случае, если не упустите ни одну из акций, предлагаемых в рамках IPO и действительно способных принести прибыль, что практически невозможно. На самом деле большую часть прибыли от любого IPO получают члены элитного закрытого клуба — крупные инвестиционные банки и фонды, приобретающие акции по цене подписки (первоначальной цене) еще до того, как они станут доступны рядовым инвесторам. Выше всего подскакивают цены акций, выпущенных столь небольшим количеством, что даже не все крупные инвесторы могут их получить. Если же, подобно любому рядовому инвестору, вы можете получить доступ к впервые размещаемым на рынке акциям только после того, как их цена подскочит в первый день торгов, результаты будут плачевными. Если бы вы с 1980 по 2001 г. покупали акции в ходе среднего IPO по цене закрытия в первый день торгов и держали эти акции на протяжении трех лет, годовая доходность была бы ниже рыночной в среднем на 23 процентных пункта[20].

Возможно, самым ярким примером невозможности чудесного обогащения на IPO является история с акциями компании VA Linux. «Linux — это новый Microsoft», «Покупайте акции, и через пять лет вы сможете не работать» — эти и другие лозунги разжигали аппетиты инвесторов[21]. Наконец, 9 декабря 1999 г. было проведено IPO по цене $30. Спрос на акции был

[20] Jay R. Ritter and Ivo Welch, "A Review of IPO Activity, Pricing, and Allocations," Journal of Finance, август 2002 г., с. 1797. См. также сайт Риттера (http://bear.cba.ufl.edu/ritter/) и персональную страницу Уэлша в Интернете, где перечислены источники информации по IPO.

[21] Сообщение № 9 от GoldFingers69 на доске объявлений VA Linux на сайте https://www.yahoo.com/ (16 декабря 1999 г.).

настолько огромен, что утром, когда открылись торги на NASDAQ, ни один из первоначальных владельцев VA Linux не хотел продавать акции, пока их цена не достигла $299. Максимальная цена составила $320, цена закрытия — $239,25, доходность за день — 697,5%. Но все сливки достались лишь горстке институциональных игроков, прибыль же индивидуальных инвесторов была ничтожной.

Заметим, что покупка акций в ходе IPO — не лучший способ разбогатеть, поскольку при этом нарушается один из важнейших принципов Грэма: независимо от того, хотят ли другие инвесторы купить какие-либо акции, вы должны покупать их только в том случае, если они при небольших затратах позволяют вам стать владельцем доли в интересующем вас бизнесе. Судя по максимальной цене акций в первый день торгов, инвесторы оценили компанию VA Linux в $12,7 млрд. А сколько стоил ее бизнес на самом деле? Объем продаж за все время существования компании (менее пяти лет) составил $44 млн, убытки — $25 млн. По результатам последнего квартала финансового года выручка VA Linux составила $15 млн, убытки — $10 млн. Таким образом, на каждый доллар дохода компания теряла почти 70 центов. В результате общий чистый убыток компании (расходы компании за вычетом доходов) составил $30 млн. Если бы компанией VA Linux владел ваш сосед, разве вы согласились бы купить у него бизнес за $12,7 млрд? Если бы он предложил вам такую цену, вы бы вежливо улыбнулись, вернулись к своему барбекю и подумали, что ваш сосед обкурился какой-то дряни. Полагаясь только на свое мнение, никто даже под дулом пистолета не согласился бы заплатить почти $13 млрд за убыточное предприятие, задолжавшее $30 млн.

Но как только мы выходим на фондовый рынок в качестве инвесторов, мы перестаем обращать внимание на стоимость бизнеса. Нас интересует лишь цена акций. И если кто-то готов заплатить больше, чем заплатили бы мы, какая разница, сколько стоит бизнес?

На рис. 6.2 показано, почему так происходит.

Взмыв вверх, как пробки от шампанского, в первый день торгов, акции VA Linux полетели вниз как кирпичи с крыши. И 9 декабря 2002 г., спустя три года после взлета до $239,5, они упали до $1,19 (цена закрытия).

Объективный анализ фактов позволит разумному инвестору предположить, что аббревиатура «IPO» расшифровывается не только как «Initial Public Offering» (первичное публичное размещение). Есть и другие варианты, подчеркивающие, что эти бумаги, возможно, переоценены (It's Probably Overpriced), не приносят прибыль никому (Imaginary Profits Only), кроме инсайдеров (Insiders' Private Opportunity), и вообще покупать эти дурацкие и опасные бумаги могут только идиоты (Idiotic, Preposterous, and Outrageous).

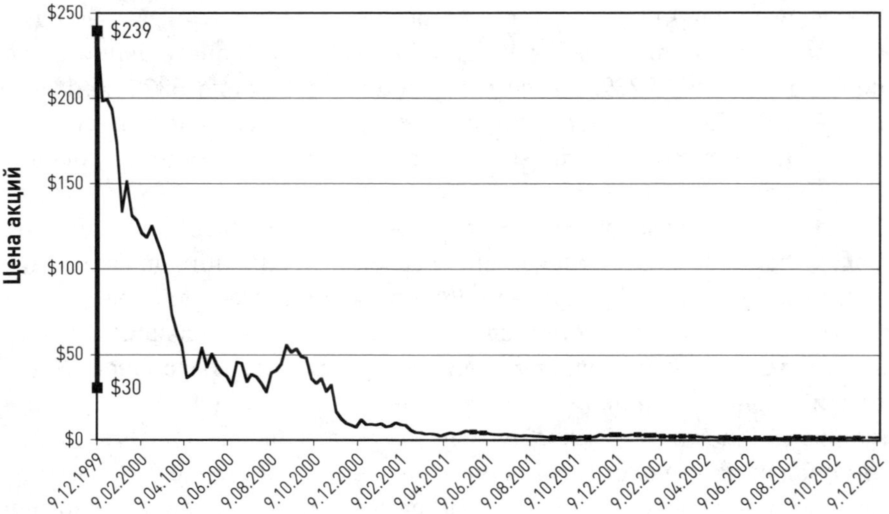

Источник: VA Linux Systems Inc., www.morningstar.com.

Рис. 6.2. Легенда о VA Linux

ГЛАВА 7

Портфельная политика активного инвестора: что делать?

Активный инвестор, по определению, прилагает значительные усилия, чтобы получить прибыль выше среднерыночной. Рассматривая основные принципы инвестиционной политики, мы высказывали несколько замечаний относительно инвестиций в облигации, адресованных прежде всего активным инвесторам. Их, в частности, могут заинтересовать следующие особые инвестиционные инструменты, позволяющие получить более высокую прибыль:

1) государственные не облагаемые налогом облигации New Housing Authority;
2) облагаемые налогом, но высокодоходные государственные облигации New Community;
3) не облагаемые налогом муниципальные промышленные облигации, проценты по которым выплачиваются за счет лизинговых платежей корпораций.

Эти особые виды облигаций уже упоминались в главе 4[1].

Наряду с данными бумагами активный инвестор может покупать облигации с невысоким рейтингом, если из-за низких цен последние достаточно выгодны. Но это возможно в так называемых «особых случаях», когда различие между облигациями и обыкновенными акциями фактически стирается[2].

---

[1] Как уже отмечалось в главе 4 (сноска 3), облигации New Housing Authority и New Community более не выпускаются.

[2] Сегодня такие низкокачественные облигации, работать с которыми следует лишь в «особых случаях», называют дефолтными или проблемными. Акции компаний, находящихся на грани или начавших процедуру банкротства, практически ничего не стоят, так как, согласно законодательству США, не владельцы акций, а держатели облигаций

Операции с обыкновенными акциями

Операции активного инвестора с обыкновенными акциями можно разделить на четыре группы:

1) покупка акций по низким и последующая их продажа по высоким ценам;
2) покупка тщательно отобранных «акций роста»;
3) покупка недооцененных акций;
4) «особые случаи».

Основы работы на рынке: тайминг по формуле

Плюсы и минусы инвестиционной стратегии, заключающейся в том, чтобы покупать акции, когда рынок падает, и продавать их, когда он начинает расти, будут рассмотрены в следующей главе. В течение долгого времени в прошлом эта замечательная стратегия казалась несложной и легко реализуемой (достаточно взглянуть на любой график, отражающий периодические колебания рынка). Но, как мы уже отмечали, к сожалению, динамику рынка на протяжении последних 20 лет невозможно описать с помощью математических уравнений. Чтобы предугадать колебания, даже весьма ощутимые, и использовать их с выгодой для себя, инвестор должен обладать особыми способностями, своего рода чутьем. Но инвестирование, основанное на чутье, не имеет отношения к тому, чем занимаются разумные инвесторы (и, надеемся, наши читатели), а потому мы не будем его рассматривать.

Инвестирование по формуле «50:50», которое мы рекомендовали пассивным инвесторам (этот метод был подробно рассмотрен в главе 4), — лучшая схема «автоматического» инвестирования в условиях 1972 г. Инвестор при этом сам волен выбирать конкретную величину доли акций в портфеле в пределах от 25 до 75%. Выбор данной величины зависит от оценки инвестором уровня текущих цен акций (т. е. от того, считает ли он его выгодным или опасным). Еще 20 лет назад имело смысл подробно разбирать особен-

---

имеют преимущественное право на активы компании. Однако если компания успешно проводит реструктуризацию и угроза банкротства минует, держатели облигаций обычно получают акции новой компании. И как только компания снова оказывается в состоянии выплачивать проценты по облигациям, стоимость этих бумаг, как правило, возвращается к нормальному уровню. Поэтому по доходности инвестиций облигации проблемной компании сопоставимы с акциями здоровой компании. Именно это имел в виду Грэм, когда писал, что различие между облигациями и акциями фактически стирается.

ности многочисленных формул, с помощью которых рассчитывалась доля акций в портфеле, и никто не сомневался в их практической пользе [1]. Однако времена меняются, и сегодня можно с полной ответственностью заявить, что попытки определить уровни покупки и продажи ценных бумаг на основе моделей поведения рынка, действовавших после 1949 г., абсолютно бесполезны. Такой короткий период не дает ориентиров на будущее[3].

Упор на «акции роста»

Каждый инвестор стремится выбрать акции компаний, темпы роста стоимости которых на протяжении определенного периода будут выше, чем в среднем по рынку. «Акции роста» — это акции компаний, которые в прошлом демонстрировали высокие финансовые показатели и, как надеются инвесторы, будут демонстрировать их и в будущем [2]. Таким образом, логично было бы считать, что разумный инвестор должен сосредоточиться на поиске и отборе именно таких акций. Однако на самом деле все не так просто, что мы и попытаемся показать.

Чтобы выявить компании, показатели которых в прошлом были выше, чем в среднем по рынку, следует обратиться к статистике. Инвестор может получить список из 50 или 100 таких компаний у своего брокера[4]. Разве трудно выбрать из них 15–20 самых, на ваш взгляд, привлекательных компаний? Казалось бы, все просто, и прибыль уже у вас в кармане!

Но реализации этой простой схемы мешают два обстоятельства. Во-первых, акции компаний с хорошей историей и неплохими перспективами, естественно, торгуются дорого. Инвестор может правильно оценивать будущее этих акций, но ему не удастся разбогатеть на них по той простой причине, что заплатит он за свое богатство дорого (или, возможно, даже слишком дорого). Во-вторых, инвестор может ошибаться относительно перспектив развития рынка. Слишком быстрый рост не может продолжаться вечно. Если темпы роста компании долгое время были высокими, ее раз-

---

[3] Будьте внимательны, читая данное рассуждение Грэма. В 1972 г., когда Грэм писал эту книгу, он считал, что с 1949 г. прошло слишком мало времени (чуть больше 22 лет) для того, чтобы сделать правильные выводы. Поскольку Грэм в совершенстве владел математическим аппаратом, он никогда не забывал о том, что для объективных выводов нужна репрезентативная выборка данных за более продолжительный период. Шарлатаны, предлагающие «прошедшие испытание временем» хитроумные формулы отбора акций, всегда основывают свои выводы на небольших выборках, использовать которые Грэм отказывался (для анализа данных прошлого периода он обычно использовал 50-летний цикл).

[4] Сегодня активный инвестор может найти эти списки на сайтах www.morningstar.com (опция «Stock Quickrank») и http://quicken.intuit.com/money-management/.

меры не позволят ей повторить собственные рекорды. В определенной точке кривая роста выравнивается, а чаще всего начинает снижаться.

Очевидно, что, если инвестор ограничивается акциями нескольких компаний, полагаясь на прошлый опыт, он, скорее всего, отдается на волю случая, и его акции могут пойти как вверх, так и вниз. Как же правильно оценить результаты покупки «акций роста»? Мы считаем, что достаточно обоснованную оценку можно сделать, изучив результаты деятельности инвестиционных фондов, специализирующихся на операциях с бумагами подобного рода. В известном ежегоднике *Investment Companies*, издаваемом участником Нью-Йоркской фондовой биржи Arthur Wiesenberger & Company, публикуются данные по 120 фондам, работающим с «акциями роста», за последние несколько лет. По 45 фондам данные приводятся не менее чем за 10 лет. Средняя совокупная доходность таких фондов (безотносительно к их размерам) в 1961–1970 гг. составляла 108% (для сравнения: за этот период рост индекса Standard & Poor's составил 105%, индекса Доу–Джонса — 83% (таблица 7.1) [3]. В 1969–1970 гг. доходность большинства из 126 фондов «акций роста» была ниже прироста фондовых индексов. Результаты наших исследований были примерно такими же. Вывод: как правило, более высокая доходность «акций роста» по сравнению с другими в целом не оправдывает усилий, затраченных на формирование диверсифицированного портфеля, состоящего исключительно из таких акций[5].

Нет никаких оснований считать, что рядовой инвестор, даже затративший колоссальные усилия на покупку «акций роста», достаточно долго будет получать более высокую прибыль, чем специализированные инвестиционные компании. Несомненно, что у последних больше опыта и аналитических возможностей, чем у непрофессионалов. Поэтому разумному инвестору не следует обременять себя поисками «акций роста»[6]. Такие акции легко

---

[5] За 10-летний период, закончившийся 31 декабря 2002 г., среднегодовая доходность фондов, инвестирующих в «акции роста» крупных компаний (сегодняшний аналог фондов, которые Грэм называл «фондами роста»), составила 5,6%, т. е. была в среднем на 3,7 процентных пункта ниже среднерыночного уровня. Однако фонды, инвестирующие в «акции стоимости» крупных компаний, оцениваемые на рынке более адекватно, на протяжении того же периода также отставали от фондового рынка на целый процентный пункт в год. Может быть, дело в том, что «фонды роста» не умеют выбирать надежные акции, способные обогнать рынок в будущем? Или в том, что расходы на управление такими фондами (независимо от того, покупают ли они «акции роста» или «акции стоимости») съедают любые дополнительные доходы, которые менеджеры зарабатывают за счет правильного выбора акций? С данными о результатах деятельности различных фондов можно ознакомиться на сайте www.morningstar.com в разделе «Category Returns».

[6] Грэм дает эту рекомендацию, напоминая о том, что активный инвестор не подвергает себя риску выше среднего по рынку и не покупает акции «агрессивного роста». Активный инвестор — это инвестор, готовый тратить больше времени и сил на исследования рынка для формирования портфеля.

Таблица 7.1. **Усредненные данные по фондам «акций роста», 1961–1970 гг., %**

Фонды	**1 год (1970 г.)**	**5 лет (1966–1970 гг.)**	**10 лет (1961–1970 гг.)**	**Дивидендная доходность (1970 г.)**
17 фондов, инвестирующих в «акции роста» крупнейших компаний	−7,5	+23,2	+121,1	2,3
106 фондов, инвестирующих в «акции роста» менее крупных компаний (группа А)	−17,7	+20,3	+102,1	1,6
38 фондов, инвестирующих в «акции роста» мелких компаний (группа Б)	-4,7	+23,2	106,7	1,4
15 фондов, в названии которых присутствует слово «рост»	-14,2	+ 13,8	+97,4	1,7
Индекс Standard & Poor's Composite	+3,5	+ 16,1	+ 104,7	3,4
Индекс Доу–Джонса	+8,7	+2,9	+83,0	3,7

Источник: Wiesenberger Financial Service.

узнать: прогнозы по ним оптимистичны, а значение коэффициента «цена/прибыль» превышает 20 (поскольку учитывает эти прогнозы). (Для пассивного инвестора, на наш взгляд, предельное значение коэффициента «цена/прибыль» составляет 25 (прибыль считается как средняя за последние семь лет)). В большинстве случаев «акции роста» имеют обе указанные отличительные черты[7].

Характерная особенность «акций роста» как особой категории акций — значительные колебания цен. Эта черта присуща как крупнейшим старым компаниям, таким как General Electric или International Business Machines, так и сравнительно молодым, не столь крупным и успешным. Данное обстоятельство подтверждает правильность нашего предположения, что главной отличительной чертой фондового рынка с 1949 г. стал спекулятивный

---

[7] Обратите внимание, что Грэм настаивает на расчете коэффициента «цена/прибыль» с учетом средней прибыли за длительный период. Это позволяет снизить вероятность завышения стоимости компании из-за временного роста доходов. Представьте себе, что прибыль компании в расчете на акцию за последние 12 месяцев составила $3, а на протяжении последних шести лет — в среднем $0,5. Какой показатель — случайные $3 или постоянные 50 центов — в большей степени свидетельствует об устойчивости тенденции? Если мы умножим 25 на $3, цена акции составит $75. Но если мы умножим 25 на среднее значение прибыли на акцию за последние семь лет (разделим $6 на 7 и получим 85,7 цента), цена акции составит всего $21,43. От выбора показателя зависит очень многое. Нечего и сомневаться, что метод расчета коэффициента «цена/прибыль» по показателю прогнозируемой прибыли следующего года, который сегодня в основном используется на Уолл-стрит, Грэм предал бы анафеме. Как можно оценить компанию на основе еще не полученной прибыли? Это все равно, что при оценке недвижимости опираться на слухи о том, Золушка как раз собирается построить поблизости новый замок.

характер оценки акций самых успешных компаний, которым заслуженно присвоен высокий инвестиционный рейтинг. (Прочное финансовое положение таких компаний позволяет им получать кредит на самых выгодных условиях.) Инвестиционное качество данных компаний может оставаться неизменным на протяжении многих лет, но степень риска, связанного с покупкой их акций, будет зависеть от ситуации на фондовом рынке. Чем больше энтузиазма проявляют инвесторы по отношению к этим акциям и чем быстрее растет их цена по сравнению с корпоративной прибылью, тем более рискованными становятся инвестиции[8].

Однако читатель вправе спросить: разве крупнейшие состояния на торговле акциями делают не те, кто вкладывает деньги в компании на ранних этапах, будучи уверенным в их блестящих перспективах, и терпеливо дожидается, пока цена акций возрастает в 100 и более раз? Да, это так. Но сделать состояние на инвестициях в одну компанию может лишь тот, кто связан с ней профессиональными, семейными или какими-то другими узами. Лишь при наличии таких связей вложение значительной части активов в одну-единственную компанию можно назвать оправданным. В этом случае инвестор держит акции несмотря ни на что, не поддаваясь постоянному соблазну продать их при росте курса. Если вы ничем не связаны с компанией, вы будете постоянно терзаться вопросом, не слишком ли много средств вы в нее вложили[9]. При любом падении курса, даже на самый короткий срок, ваши терзания будут усиливаться. Под влиянием внутренних и внешних

---

[8] Недавние примеры подтверждают правоту Грэма. Так, 21 сентября 2000 г. корпорация Intel, производитель компьютерных процессоров, объявила, что в следующем квартале ожидаемый рост продаж составит 5%. Казалось бы, что может быть лучше? Большинство крупных компаний могут только мечтать о 5%-ном росте продаж всего за три месяца. Но акции Intel упали в цене на 22%, что привело к снижению совокупной рыночной капитализации компании примерно на $91 млрд за один день. Почему? Ведь финансовые аналитики ожидали, что доходы Intel увеличатся на 10%. Другой пример: 21 февраля 2001 г. корпорация EMC, специализирующаяся на хранении данных, объявила, что ожидает роста выручки в 2001 г. как минимум на 25%, хотя «повышенная осторожность покупателей может привести к увеличению цикла продаж». Участники рынка усмотрели в этой оговорке легкий оттенок неуверенности, и акции EMC упали за день на 12,8%.

[9] Сегодняшний аналог инвесторов, связанных с компанией профессиональными, семейными и другими узами, — так называемые инсайдеры: топ-менеджеры и члены совета директоров, т. е. те, кто управляет компанией и владеет крупными пакетами ее акций. От таких руководителей, как Билл Гейтс из Microsoft или Уоррен Баффетт из Berkshire Hathaway, зависят судьбы их компаний, поэтому тот факт, что они владеют крупными пакетами акций, внешние инвесторы считают свидетельством устойчивости компании. Но рядовые менеджеры и сотрудники не могут повлиять на стоимость акций компаний, в которых они работают, и поэтому не должны вкладывать в последние значительную долю сбережений. Не должны этого делать и внешние инвесторы — независимо от того, как они оценивают деятельность компании.

факторов вы, скорее всего, продадите акции и получите неплохую, но далеко не максимальную прибыль [4].

Поле деятельности активного инвестора

Стратегия выбора акций и момента для проведения операций с ними, способная на протяжении длительного времени обеспечивать инвестору более высокую прибыль, чем в среднем по рынку, должна отвечать двум требованиям: 1) она должна быть достаточно рациональной и разумной и 2) должна отличаться от инвестиционных стратегий, применяемых большинством инвесторов и спекулянтов. Наш опыт и результаты исследований позволяют рекомендовать три подхода к инвестированию, соответствующие данным требованиям. Это совершенно разные подходы, и для их реализации необходимы различные запасы знаний и степени темперамента.

Относительно малоизвестные крупные компании

Если мы согласны с тем, что фондовому рынку свойственно переоценивать акции компаний, отличающихся высокими темпами роста или другими привлекательными особенностями, логично предположить, что акции компаний, не пользующиеся благосклонностью рынка в силу каких-либо неблагоприятных факторов временного характера, будут недооцениваться (по крайней мере относительно). Это положение, которое можно считать фундаментальным законом фондового рынка, лежит в основе описанного ниже консервативного, но весьма перспективного подхода к инвестированию.

Активный инвестор, использующий данный подход, должен сконцентрироваться на крупных компаниях, не избалованных вниманием широкой публики. Впрочем, менее крупные компании также могут оказаться недооцененными (по тем же причинам), и во многих случаях их прибыль и стоимость акций со временем могут вырасти. Но при инвестировании в некрупные компании существует опасность того, что их рентабельность так и останется низкой, а рынок так и не обратит на них внимания, несмотря на рост финансовых показателей. В этом плане у крупных компаний два преимущества. Во-первых, ресурсы в виде капитала и знаний помогают им преодолевать трудности и наращивать прибыль. Во-вторых, рынок всегда быстро реагирует на улучшение их финансового состояния.

Прекрасным подтверждением этого служат результаты анализа динамики цен непопулярных акций, входящих в расчет индекса Доу–Джонса. Допустим, мы каждый год приобретаем акции 6–10 компаний, входящих в расчет этого индекса и имеющих самые низкие значения коэффициента «цена/прибыль» (имеется в виду прибыль текущего или предыдущего года). Эти акции можно назвать самыми дешевыми из тех, которые входят в расчет индекса Доу–Джонса, причем их дешевизна свидетельствует об их относительной непопулярности среди инвесторов и трейдеров. Допустим также, что к моменту продажи владельцы акций держали их от года до пяти лет. А теперь сравним доходность наших инвестиций с доходностью всех акций, входящих в расчет индекса Доу–Джонса, или доходностью группы акций с самыми высокими мультипликаторами прибыли (читай: самых популярных).

Мы располагаем полными данными за последние 53 года [5]. На начальном этапе (1917–1933 гг.) наш подход не принес прибыли, но начиная с 1933 г. стал давать очень неплохие результаты. Анализ итогов 34 годовых инвестиционных периодов (с 1937 по 1969 г.), проведенный Drexel & Company (ныне Drexel Firestone[10]), показал, что только в трех случаях из 34 дешевые акции отставали от индекса Доу–Джонса. В 6 случаях их доходность была примерно такой же, как доходность всех акций, входящих расчет индекса Доу–Джонса, а в 25 случаях — выше, чем в среднем по рынку. Постоянное опережение акциями с более низкими значениями мультипликатора прибыли всех акций, входящими в расчет индекса Доу–Джонса, и 10 акций с самыми высокими значениями мультипликатора прибыли, подтверждается и усредненными данными за 5-летние периоды (таблица 7.2).

Таблица 7.2. **Среднегодовая доходность трех тестовых групп акций (последовательные 5-летние периоды, 1937–1969 гг.)**

Периоды	10 акций с низкими значениями коэффициента «цена/прибыль»	10 акций с высокими значениями коэффициента «цена/прибыль»	30 акций, входящих в расчет индекса Доу–Джонса
1937–1942	−2,2	−10,0	−6,3
1943–1947	17,3	8,3	14,9
1948–1952	16,4	4,6	9,9
1953–1957	20,9	10,0	13,7
1958–1962	10,2	−3,3	3,6
1963–1969 (8 лет)	8,0	4,6	4,0

Расчеты компании Drexel показывают, что, если бы в 1936 г. мы вложили в дешевые акции $10 000 и затем каждый год корректировали портфель в соответствии с предложенным методом, в 1962 г. мы имели бы $66 900. Аналогичные операции с акциями с самым высоким значением коэффици-

[10] Drexel Firestone — инвестиционный банк, расположенный в штате Филадельфия, в 1973 г. объединился с компанией Burnham & Co. и впоследствии стал называться Drexel Burnham Lambert; прославился операциями с «мусорными» облигациями во время бума корпоративных слияний и поглощений 1980-х гг.

ента «цена/прибыль» принесли бы всего $25 300. Операции же со всеми 30 акциями из списка фондового индекса Доу–Джонса дали бы $44 000[11].

Разработка и реализация стратегии, нацеленной на покупку акций непопулярных крупных компаний, достаточно проста. Однако при выборе акций конкретных компаний следует учитывать один специфический фактор, затрудняющий ее использование. Речь идет об акциях, имеющих спекулятивную природу из-за значительных колебаний прибыли соответствующих компаний. В удачные годы такие акции торгуются по относительно высоким ценам и с относительно низким коэффициентом «цена/прибыль», а в неудачные, наоборот, по низким ценам и с высоким мультипликатором прибыли. Эти особенности поведения акций представлены в таблице 7.3 на примере корпорации Chrysler. В данном случае участники рынка не только достаточно скептически относились к перспективам дальнейшего роста необычайно высоких прибылей, но и не паниковали, если прибыль была небольшой или отсутствовала вовсе. (Обратите внимание, что из формулы коэффициента «цена/прибыль» следует, что, если прибыль компании ничтожно мала, значение коэффициента высокое.)

Таблица 7.3. **Акции Chrysler: цена акций и прибыль, 1952–1970 гг.**

Годы	Прибыль на акцию, $	Высокая/низкая цена	Коэффициент «цена/прибыль»
1952	9,04	Высокая 98	10,8
1954	2,13	Низкая 56	26,2
1955	11,49	Высокая 101,5	8,8
1956	2,29	Низкая 52 (в 1957 г.)	22,9
1957	13,75	Высокая 82	6,7
1958	–3,88 (чистый убыток)	Низкая 44*	—
1968	24,92**	Высокая 294**	11,8
1970	Чистый убыток	Низкая 65**	—

* В 1962 г. цена была низкой и составляла 37,5.

** С учетом дробления акций.

Однако для крупнейших компаний, входящих в расчет индекса Доу–Джонса, Chrysler была скорее исключением, чем правилом, поэтому особенности поведения ее акций почти не повлияли на наши расчеты по акциям с низким значением коэффициента «цена/прибыль». Включения такого рода аномальных акций в список компаний с низкими коэффициентами нетрудно избежать, выбирая акции с учетом средней прибыли за опреде-

[11] Стратегия, нацеленная на покупку самых дешевых акций, входящих в расчет индекса Доу–Джонса, сегодня называется «Собаки Доу». Информацию о Dow 10 можно найти на сайте www.djindexes.com/.

ленный период в прошлом (или используя другой аналогичный критерий отбора).

При написании данного материала мы протестировали вышеописанный метод отбора акций с низкими значениями мультипликатора прибыли. Мы предположили, что инвестор приобрел сформированный в рамках описанного подхода портфель акций в конце 1968 г., и оценили его стоимость по состоянию на 30 июня 1971 г. На этот раз цифры нас разочаровали: портфель из 6–10 акций с низким значением мультипликатора прибыли оказался весьма убыточным, а портфель из акций с высоким значением мультипликатора — прибыльным. Этот пример не перечеркивает выводы, сделанные на основе данных за 30-летний период, но напоминает о необходимости соблюдать определенную осторожность при применении описанного метода. Возможно, активным инвесторам стоит отбирать акции, ориентируясь на низкие значения коэффициента «цена/прибыль», но учитывая при этом и другие количественные и качественные критерии оценки.

Покупка «выгодных» ценных бумаг

«Выгодные» ценные бумаги — это бумаги, цена которых (по результатам анализа) представляется заниженной по сравнению с их справедливой стоимостью. Данная категория ценных бумаг включает облигации и привилегированные акции, продающиеся по цене значительно ниже номинальной, а также обыкновенные акции. Для большей определенности примем, что ценную бумагу можно считать «выгодной», если ее справедливая стоимость превышает текущую рыночную цену минимум на 50%. Какого же рода анализ следует провести, чтобы убедиться в столь значительном несоответствии цены реальной стоимости компании? Откуда берутся «выгодные» бумаги и как инвестор может на них заработать?

Существует два способа выявления «выгодных» акций. Во-первых, это их оценка на основе ожидаемой прибыли. Последняя умножается на соответствующий данному конкретному выпуску акций коэффициент. Если полученное произведение намного превышает рыночную цену акций (и если инвестор уверен в правильности расчетов), акция может считаться «выгодной». Во-вторых, это оценка стоимости компании с точки зрения частного владельца, которая делается в целом также исходя из ожидаемой прибыли (в этом случае результат будет тот же, что и в первом варианте расчета). Но в данном случае больше внимания уделяется справедливой рыночной стоимости *активов* компании, и прежде всего чистых текущих активов (оборотного капитала).

При таком подходе и низких ценах на рынке значительную часть акций можно считать «выгодными». Типичный пример — акции компании General

Motors в 1941 г., когда они торговались по цене не выше $30 (всего $5 в ценах 1971 г.). Прибыль на акцию составляла более $4, при этом не менее $3,50 выплачивались в качестве дивидендов. Да, текущая прибыль может быть низкой, а ближайшие перспективы — мрачными, но объективная оценка будущего может указывать на недооценку акций. Таким образом, мудрость инвесторов, сохраняющих мужество при депрессивном состоянии фондового рынка, подтверждается не только опытом, но и методами стоимостного анализа.

Анализ показывает, что особенности поведения рынка, которые в одних случаях приводят к установлению выгодного уровня цен в целом, в других случаях обуславливают появление множества отдельных «выгодных» акций в различных рыночных сегментах. Рынок любит делать из мухи слона: кратковременные трудности компаний могут повлечь за собой падение котировок их акций[12]. Даже просто отсутствие интереса к акциям и тем более энтузиазма со стороны инвесторов может привести к снижению курса до абсурдно низких значений. Исходя из этого, можно сформулировать две основные причины возможной недооценки акций: 1) низкие текущие финансовые показатели компании и 2) затяжное игнорирование компании участниками рынка, ее непопулярность.

Однако ни один из этих двух факторов сам по себе не может служить надежным ориентиром для успешного выбора акций. Как же убедиться в том, что текущие низкие показатели компании обусловлены лишь временными трудностями? Да, бывают случаи, когда это действительно так. Цены акций сталелитейных компаний отличаются выраженной цикличностью, и мудрый покупатель может купить их на дне, когда прибыли компаний падают, и продать на пике, положив в карман немалую прибыль. Другой прекрасный пример — корпорация Chrysler (таблица 7.3).

Но если бы такое поведение было *типичным* для акций компаний с колеблющимся уровнем прибыли, то зарабатывать деньги на фондовом рынке было бы совсем просто. К сожалению, можно привести множество при-

---

[12] Вот самые яркие примеры из недавнего прошлого, иллюстрирующие способность рынка делать из мухи слона. В мае 1998 г. компания Pfizer Inc. и Управление по контролю за пищевыми продуктами и лекарственными препаратами США объявили, что 6 человек, принимавших препарат «Виагра», умерли от сердечных приступов во время занятий сексом. За один день цена акций Pfizer упала на 3,4%. Но после того, как результаты исследования показали, что для паники нет оснований, акции Pfizer взлетели вверх, подорожав на протяжении следующих двух лет примерно на треть. Еще пример: в конце 1997 г. акции компании Warner-Lambert упали на 19% за один день, когда продажи ее нового препарата для диабетиков были временно приостановлены в Англии, но потом за полгода выросли почти вдвое. И вот под конец 2002 г. корпорация Carnival, занимающаяся морскими круизами, потеряла почти 10% капитализации из-за того, что туристы заболели диареей. И что интересно: понос прохватил туристов, путешествовавших на лайнерах, принадлежавших... другим компаниям.

меров, когда прибыль и цены акций падали окончательно и бесповоротно. Взять, например, компанию Anaconda Wire and Cable: до 1956 г. ее прибыль была довольно высокой, и акции торговались по $85. Затем на протяжении шести лет прибыль скачками снижалась, и в 1962 г. цена акций упала до $23,5. В следующем году компания была поглощена материнской компанией Anaconda Corporation по расчетной цене в эквиваленте около $33.

Множество аналогичных примеров свидетельствует о том, что для полной уверенности в «выгодности» приобретаемых ценных бумаг инвестору необходимо нечто большее, чем просто снижение прибыли и цены. Он должен убедиться как минимум в устойчивости прибыли, получаемой компанией на протяжении последних 10 лет (т. е. в отсутствии убыточных периодов за это время), а также в том, что ее размер и финансовая мощь достаточны для противостояния возможным спадам в будущем. Идеальным выбором в данной ситуации можно считать крупную ведущую компанию, цена акций и коэффициент «цена/прибыль» которой в течение определенного периода в прошлом были значительно ниже среднерыночных значений. При таком подходе придется вычеркнуть из списка «выгодных» акции таких компаний, как Chrysler, поскольку их цены, как правило, падали на фоне высоких значений коэффициента «цена/прибыль». У нас есть серьезные сомнения в том, что компании, подобные Chrysler (курс акций которых напоминал американские горки), подходят активным инвесторам.

Что касается второго фактора, т. е. затянувшегося игнорирования акций компании участниками рынка, непопулярности этих акций среди инвесторов и, как следствие, снижения цен акций до необоснованно низких значений, то хорошим примером здесь может служить компания International Presto Industries. На бычьем рынке 1968 г. ее акции продавались по $45, т. е. цена всего в 8 раз превышала прибыль на акцию ($5,61). Величина прибыли на акцию продолжала расти в 1969–1970 гг., но цена акций в 1970 г. снизилась до $21. При этом значение коэффициента «цена/прибыль» упало ниже 4, и рыночная капитализация компании была меньше, чем стоимость ее чистых текущих активов.

Другой яркий пример — компания Standard Oil of California. В начале 1972 г. ее акции продавались по той же цене, что и 13 годами ранее, — по $56. Прибыль компании была поразительно стабильной: в целом она понемногу росла и за весь период лишь однажды незначительно снизилась. Балансовая стоимость компании равнялась ее рыночной стоимости. При столь устойчивых положительных показателях на протяжении 1958–1971 гг. средняя цена акций компании за год никогда не превышала прибыль более чем в 15 раз. В начале 1972 г. это соотношение составляло примерно 10:1.

Третьей причиной необоснованно низкой цены акций может стать неспособность фондового рынка распознать действительное положение дел в компании. Классический пример — компания Northern Pacific Railway, цена акций которой в 1946–1947 гг. снизилась с $36 до $13,5. В 1947 г. реальная прибыль на акцию составила около $10. Цена акций упала главным образом из-за установления дивидендов в размере $1. Инвесторы игнорировали эти акции еще и потому, что из-за особенностей ведения бухгалтерии в железнодорожных компаниях определить реальный уровень ее рентабельности было сложно.

Акции однозначно можно назвать «выгодными», если их совокупная цена не превышает величину чистого оборотного капитала за вычетом всех обязательств[13]. В такой ситуации покупателю не придется платить ни цента за основные (капитальные) активы (здания, оборудование и т. д.) и любые мыслимые нематериальные активы. Конечная стоимость лишь очень незначительного числа компаний была меньше их оборотного капитала, хотя отдельные примеры встречались. Гораздо более удивителен тот факт, что акции столь многих компаний оценивались рынком по бросовым ценам. По данным за 1957 г., когда цены на рынке были низкими, таких акций насчитывалось 150. В таблице 7.4 обобщены результаты (по состоянию на 31 декабря 1957 г.) портфеля, сформированного из акций 85 компаний из этого списка (в портфеле содержалось по одной акции каждой компании; соответствующие данные были представлены в бюллетене *Monthly Stock Guide* агентства Standard & Poor's). Акции находились в портфеле на протяжении двух лет.

Таблица 7.4. **Финансовые показатели недооцененных компаний, 1957–1959 гг.**

Рынки	Количество компаний	Совокупная стоимость чистых текущих активов, $	Совокупная цена на 31 декабря 1957 г., $	Совокупная цена на 31 декабря 1959 г., $
Нью-Йоркская фондовая биржа	35	748	419	838
Американская фондовая биржа	25	495	289	492
Фондовая биржа Среднего Запада	5	163	87	141
Внебиржевой рынок	20	425	288	433
Всего	**85**	**1831**	**1083**	**1904**

[13] Под «чистым оборотным капиталом» Грэм понимает величину текущих активов компании (таких как деньги, высоколиквидные ценные бумаги и товарно-материальные запасы) за вычетом ее обязательств (включая привилегированные акции и долгосрочную задолженность).

По случайному стечению обстоятельств в конце этого периода совокупная цена акций в каждой группе приблизилась к совокупной стоимости чистых текущих активов и даже превысила ее. Прирост рыночной стоимости портфеля за этот период составил 75% по сравнению с 50% для 425 промышленных компаний, акции которых входят в расчет индекса Standard & Poor's. Еще более примечателен тот факт, что за это время ни одна из акций существенно не упала в цене, цены 7 акций остались на прежнем уровне, а цены 78 акций значительно выросли.

Такой диверсифицированный подход к выбору акций приносил стабильно хорошие результаты на протяжении многих лет вплоть до 1957 г. Можно, разумеется, утверждать, что это свидетельствует о безопасности и прибыльности инвестирования в недооцененные акции. Но во время подъема рынка после 1957 г. количество компаний, акции которых можно было считать недооцененными, существенно сократилось. К тому же многие такие компании демонстрировали низкие показатели операционной прибыли или даже убытки. Спад на фондовом рынке в 1969–1970 гг. вновь способствовал появлению акций, цена которых была ниже стоимости оборотного капитала.

Покупка «выгодных» акций компаний второго эшелона. К числу компаний второго эшелона относятся компании, не являющиеся лидерами важнейших отраслей экономики. Это или некрупные компании ключевых отраслей, или ведущие компании второстепенных отраслей. Сразу же отметим, что компании, акции которых рассматриваются рынком в качестве «акций роста», не относятся ко второму эшелону.

На великом бычьем рынке 1920-х гг. позиции лидеров отрасли не сильно отличались от позиций других достаточно крупных компаний. Инвесторы считали, что именно средние компании способны противостоять любым «штормам» и у них даже больше возможностей для роста и расширения бизнеса, чем у гигантов. Великая депрессия 1931–1932 гг., естественно, отрицательно сказалась на положении компаний, которые не относились к первому эшелону ни по размеру, ни по устойчивости бизнеса. С тех пор инвесторы предпочитают приобретать акции отраслевых лидеров и, соответственно, почти утратили интерес к компаниям второго эшелона. Это привело к тому, что последние стали торговаться по заниженным (принимая во внимание их прибыль и активы) ценам. Кроме того, котировки таких акций во многих случаях падают до таких низких значений, что эти бумаги становятся «выгодными».

Если инвесторы отказываются покупать акции компаний второго эшелона даже по довольно низким ценам, значит, они уверены, что у этих компаний нет будущего. Фактически (по крайней мере подсознательно) инвесторы считают, что *любая* цена акций таких компаний слишком высока, поскольку они обречены на гибель. С другой стороны, согласно разработанной в 1929 г. теории считалось, что инвестировать в «голубые фишки» выгодно при любой цене акций, поскольку возможности их роста беспредельны. Оба эти подхода основывались на неверных предпосылках и нелепых натяжках и стали причиной множества серьезных инвестиционных ошибок. На самом деле типичная средняя компания, акции которой котируются на бирже, является крупной в сравнении со среднестатистическим частным предприятием. Нет никаких оснований считать, что такая компания даже под воздействием тех или иных неблагоприятных экономических факторов будет не в состоянии обеспечить инвестору достаточный уровень доходности вложений.

Этот краткий обзор позволяет сделать вывод, что фондовый рынок не всегда объективно оценивает акции компаний второго эшелона (в нормальных условиях он обычно их недооценивает). Как известно, период Второй мировой войны и послевоенные годы оказались для мелких компаний более благоприятными, чем для крупных, поскольку тогда отсутствовали условия для нормальной конкуренции, и небольшие фирмы смогли значительно увеличить объемы продаж и повысить рентабельность. Фондовый рынок 1946 г. стал полной противоположностью довоенного. В то время как фондовый индекс Доу–Джонса, в расчет которого входят акции крупнейших ведущих компаний, с конца 1938 по 1946 г. вырос только на 40%, индекс Standard & Poor's, включающий акции компаний второго эшелона, на протяжении того же периода подскочил как минимум на 280%. Спекулянты и многие инвесторы, придерживавшиеся собственных инвестиционных стратегий (и страдавшие характерными для участников фондового рынка провалами в памяти), принялись рьяно скупать акции компаний второго эшелона, не обращая внимания на взвинченные цены. Естественно, маятник качнулся в противоположную сторону. Акции компаний второго эшелона, ранее открывавшие перед инвестором широкие возможности для заключения выгодных сделок, стали теперь источником разочарований вследствие чрезмерного энтузиазма и переоценки. Подобная ситуация с небольшими вариациями повторилась в 1961 и 1968 гг., когда инвесторы слишком увлеклись акциями компаний низших эшелонов, работающих в основном в таких модных областях, как электроника, компьютеры, франчайзинг и т. п.[14].

---

[14] С 1975 по 1983 г. цены акций менее крупных компаний (второго эшелона) росли быстрее, чем цены акций крупнейших компаний (в среднем аж на 17,6% в год). Инвесторы бросились покупать эти акции, инвестиционные компании создали сотни новых специализированных фондов. Но акции отплатили инвесторам черной неблагодарностью: на протяжении следующего десятилетия их доходность на 5% отставала от среднегодовой доходности акций крупных компаний. Цикл вновь повторился в 1999 г., когда акции менее крупных компаний опередили по доходности акции крупнейших на 9%, вдохновив инвестиционные банки наводнить рынок сотнями «горячих» новых

Как и следовало ожидать, последовавший спад фондового рынка больше всего затронул именно эти переоцененные акции, ведь маятник одинаково сильно качается в обе стороны.

Если большинство акций компаний второго эшелона обычно недооценивается, может ли инвестор быть уверен, что сумеет извлечь из них выгоду? И если акции могут недооцениваться сколь угодно долго, не означает ли это, что инвестор, купивший акции второго эшелона, сколь угодно долго не сможет получить прибыль? Ответить на эти вопросы нелегко. Высокую прибыль от покупки акций компаний второго эшелона по выгодным ценам можно получить различными способами. Во-первых, их дивидендная доходность относительно высока. Во-вторых, величина реинвестированной прибыли также относительно высока по сравнению с ценой акций, что, несомненно, повлияет в будущем на их стоимость. Данные преимущества на протяжении 5–7-летних инвестиционных периодов способны обеспечить значительную совокупную доходность группы правильно отобранных акций. В-третьих, бычий рынок обычно благосклонен к недооцененным акциям: их цены выравниваются и достигают приемлемого уровня. В-четвертых, даже при сравнительно неблагоприятных условиях на рынке постоянно идет процесс коррекции цен, в результате которого недооцененные акции второго эшелона могут подняться до уровня как минимум типичного для данной категории акций. В-пятых, если низкая прибыль обуславливалась какими-либо конкретными факторами, ситуация может измениться вследствие их исчезновения, принятия новой стратегии бизнеса или смены руководства компании.

В последнее время важную роль играет и такое новое явление, как приобретение небольших компаний крупными корпорациями с целью диверсификации бизнеса. В этом случае положительная реакция рынка также приводит к росту цен акций небольших компаний.

Когда процентные ставки были намного ниже уровня 1970 г., в число «выгодных» ценных бумаг входили облигации и привилегированные акции, торговавшиеся со значительным дисконтом. В настоящее время даже хорошо обеспеченные облигации продаются с дисконтом, если их процентная ставка не превышает 4,5%. Например, 2,625%-ные облигации American Telephone & Telegraph со сроком погашения в 1986 г. продавались в 1970 г. по 51, а 4,5%-ные облигации Deere & Co. со сроком погашения в 1983 г. — по 62. Эти облигации могут оказаться выгодной инвестицией, если не произойдет падения рыночных процентных ставок. К числу «вы-

---

выпусков акций высокотехнологичных фирм. Вместо слов «электроника», «компьютеры» и «франчайзинг» в названиях новых компаний содержались новомодные слова и приставки типа «.com», «optical», «wireless» и «e-». Но мода на инвестиции тает как мираж, обманывая доверчивых инвесторов.

годных» облигаций в традиционном смысле можно отнести и облигации железнодорожных компаний с первичным залогом недвижимости, испытывающих сегодня серьезные финансовые проблемы. Эти облигации сейчас торгуются в диапазоне от 20 до 40. Однако сразу же оговоримся, что обычному, неискушенному инвестору вряд ли удастся разобраться в тонкостях поведения такого рода ценных бумаг. Ведь, не зная реального положения дел в компаниях, работающих в таком специфическом бизнесе, как железнодорожные перевозки, он может здорово обжечься. Однако, судя по всему, тенденция к падению рыночной стоимости этих облигаций сошла на нет, и сегодня данная категория ценных бумаг может принести немалую прибыль тому, кто не поленится тщательно их проанализировать и отобрать наиболее перспективные. В 1939–1948 гг. выгодным объектом инвестиций были дефолтные железнодорожные облигации общей стоимостью $1 млрд. Позднее таковых стало гораздо меньше, но, похоже, в 1970-е гг. ситуация повторилась[15].

«Особые случаи»

До недавнего времени инвестиции в рамках «особых случаев» могли гарантированно обеспечить весьма неплохую доходность практически при любой ситуации на рынке — но только тем инвесторам, которые понимали, что к чему. Это поле деятельности не было закрыто для рядовых инвесторов. Одни, обладающие чутьем, могли изучить все лазейки и стать довольно искусными практиками, не тратя много времени на получение академического образования. Другие, достаточно проницательные для того, чтобы понять, насколько привлекательна эта область инвестирования, могли пристроиться к опытным профессионалам, управляющим инвестиционными фондами, специализирующимся в основном на «особых случаях». Но в последние годы по причинам, которые будут рассмотрены ниже, область «арбитража и реструктуризации» стала более рискованной и менее прибыльной. Вполне возможно, что со временем условия здесь вновь станут благоприятными. В любом случае стоит рассмотреть основные особенности и историю такого рода инвестиционных операций и привести несколько наглядных примеров.

Типичный пример «особого случая» — это возможности, открывающиеся при поглощении небольших компаний более крупными. Количество погло-

---

[15] Сегодня дефолтные облигации железнодорожных компаний уже не представляют большого интереса. Тем не менее, как отмечалось ранее, на фоне крушения фондового рынка в 2000–2002 гг. «бросовые» облигации, как и конвертируемые облигации высокотехнологичных компаний, могут стать ценным приобретением. Следует, однако, иметь в виду, что здесь крайне важно соблюсти принцип диверсификации вложений. А это не каждому по силам — вложить в такие облигации как минимум $100 000 может только мультимиллионер.

щений растет по мере того, как идея диверсификации бизнеса все больше захватывает руководителей американских компаний. Крупные компании зачастую стремятся приобрести фирмы, работающие в отраслях, в которые они намереваются войти. Чтобы получить согласие большинства акционеров приобретаемой компании на сделку, крупным компаниям почти всегда приходится предлагать цену, значительно превышающую текущую стоимость акций объекта поглощения. Такие корпоративные схемы открывают интересные возможности инвесторам, хорошо ориентирующимся в этой области и имеющим достаточный опыт.

Не так давно значительные средства были заработаны инвесторами в результате приобретения облигаций железнодорожных компаний, находящихся на грани банкротства, — облигаций, которые, как знали инвесторы, будут стоить значительно дороже после реорганизации железнодорожной отрасли. После обнародования планов реорганизации появился рынок ожидаемых новых выпусков. Эти еще не выпущенные бумаги, как правило, торговались по цене, намного превышающей цену старых выпусков, подлежащих обмену. Конечно, существовала опасность того, что реорганизация будет отложена или не доведена до конца, но в целом «арбитражные операции» оказались весьма прибыльными.

Аналогичные возможности открылись перед инвесторами в ходе разукрупнения компаний коммунального сектора согласно закону 1935 г. Стоимость почти всех компаний, ставших самостоятельными в результате реорганизации, увеличилась после их выделения из состава холдинга.

«Особые случаи» могут представиться и в связи с недооценкой фондовым рынком ценных бумаг компаний, вовлеченных в сложные юридические процедуры. Старинное правило Уолл-стрит гласит: «Никогда не покупай во время судебного процесса». Этот совет может быть полезен спекулянтам, нацеленным на быстрые операции. Но если ему будет следовать обычный инвестор, он может сузить открывающиеся перед ними выгодные перспективы, связанные с тем, что бытующее на фондовом рынке предубеждение против таких ценных бумаг приводит к сильному падению их цен[16].

Инвестиционные операции в рамках «особых случаев» требуют от инвестора особых навыков. Скорее всего, лишь незначительная часть актив-

---

[16] Классический пример из недавнего прошлого — компания Philip Morris, акции которой за два дня потеряли 23% стоимости после того, как суд штата Флорида начал рассматривать иск против нее на сумму $200 млрд. Суд в конечном итоге признал, что сигареты могут стать причиной заболевания раком легких. На протяжении следующего года цена акций Philip Morris удвоилась, а затем опять упала после удовлетворения многомиллиардного иска в штате Иллинойс. Котировки акций ряда других компаний (John Manville, W.R. Grace и USG Corp.) в результате судебных процессов падали практически до нуля. Таким образом, принцип «никогда не покупай во время судебного процесса» остается в силе, хотя самые храбрые инвесторы его нарушают.

ных инвесторов пожелает заняться подобной деятельностью. Поэтому мы не ставили себе целью объяснить все сложности, возникающие в таких ситуациях [6].

Правила инвестирования в широком понимании

Определение конкретных направлений инвестиционной политики, принципы которой раскрываются на страницах этой книги, зависит прежде всего от выбора инвестором оборонительной (пассивной) или агрессивной (активной) стратегии. Для того чтобы операции активного инвестора можно было считать самостоятельным бизнесом, инвестор должен обладать значительным или хотя бы достаточным объемом знаний в области оценки ценных бумаг. Необходимо ясно понимать, что инвестор не может занимать промежуточную — между активной и пассивной — позицию. Правда, многие, если не большинство инвесторов, именно это и пытаются делать. На наш взгляд, такой компромисс чаще приводит к разочарованию, чем к успеху.

Если вы — инвестор, вы не можете быть «наполовину бизнесменом», ведь в этом случае вы будете получать в лучшем случае половину дохода, который может приносить инвестиционный бизнес.

В большинстве своем инвесторам приходится выбирать пассивную, оборонительную стратегию. Тому есть несколько причин. У инвестора может не быть ни времени, ни желания, ни соответствующей подготовки для инвестиционных операций как самостоятельного бизнеса. Поэтому он должен довольствоваться той очень неплохой доходностью, которую может сегодня получить благодаря пассивной инвестиционной политике, и стойко сопротивляться периодически возникающему соблазну увеличить доходность, свернув с протоптанной тропинки на новую.

Активный инвестор может осуществлять любые операции с ценными бумагами, если у него есть соответствующие навыки и если эти операции представляются ему выгодными *в соответствии с принятыми в инвестиционном бизнесе стандартами*.

В своих рекомендациях и предостережениях для этой группы инвесторов мы пытались руководствоваться именно такими стандартами. Давая советы пассивным инвесторам, мы в основном опирались на три требования: безопасность, простота выбора и положительные результаты с точки зрения как психологии, так и арифметики. Эти требования не позволили нам включить в список рекомендуемых объектов инвестиций несколько видов ценных бумаг, которые обычно считаются приемлемыми для разных типов инвесторов. Данные бумаги перечислены в главе 1.

Давайте более подробно рассмотрим, какие именно бумаги не удовлетворяют указанным требованиям. Мы советовали не приобретать по полной стоимости следующие три категории ценных бумаг: 1) иностранные облигации; 2) привилегированные акции и 3) обыкновенные акции компаний второго эшелона, включая, разумеется, впервые размещаемые на рынке. Под «полной стоимостью» мы подразумевали: для облигаций и привилегированных акций — цены, близкие к номинальной стоимости; для обыкновенных акций — цены, отражающие реальную стоимость компании. Большинство пассивных инвесторов должны избегать этих категорий ценных бумаг независимо от их цены. Предприимчивому же инвестору следует приобретать их только в том случае, если это можно сделать по выгодной цене. Выгодная цена составляет не более 2/3 оценочной стоимости ценной бумаги.

Что произойдет, если все инвесторы будут следовать нашему совету? Этот вопрос рассматривался в разделе «Иностранные государственные облигации» в главе 6, и нам нечего к этому добавить. Привилегированные акции инвестиционного уровня должны приобретать только корпорации, например страховые компании, которые будут получать выгоду от особого режима налогообложения этих акций.

Исключение из списка рекомендуемых объектов инвестиций обыкновенных акций компаний второго эшелона может создать некоторые проблемы. Если большинство пассивных инвесторов перестанут приобретать эти ценные бумаги, круг потенциальных покупателей резко сузится. А если агрессивные инвесторы будут покупать их только по выгодным ценам, они обречены на продажу по цене ниже реальной стоимости (за исключением некоторого количества, которое купят неразумные инвесторы).

Наши рассуждения могут показаться грубоватыми и даже не вполне этичными. Но мы просто говорим о том, что фактически происходило на рынке на протяжении последних 40 лет. Акции компаний второго эшелона в основном колеблются относительно некоего среднего значения, которое намного ниже их реальной стоимости. Они достигают этого значения и даже время от времени превышают его, но это происходит лишь на пике бычьего рынка — в тот момент, когда мы, опираясь на уроки прошлого, не рекомендуем покупать акции по господствующему на рынке уровню цен. Таким образом, единственное, что мы можем предложить активному инвестору, — при принятии инвестиционных решений просто учитывать эти обстоятельства и ориентироваться на средний уровень цен, характерный для данной категории акций.

И все же здесь есть некое противоречие. Акции средней, правильно выбранной компании той или иной отрасли вполне могут быть такими же многообещающими, как и акции компании-лидера той же отрасли. И то, чего меньшей по размеру компании недостает с точки зрения внутренней стабильности ее бизнеса, она способна компенсировать благодаря возможностям роста. Многим читателям может показаться нелогичным считать приобретение таких «второсортных» акций по полной стоимости неразумным шагом. Но мы полагаем, что самый сильный логический аргумент — это опыт. История фондового рынка однозначно свидетельствует о том, что результаты вложений в акции компаний второго эшелона будут удовлетворительными только в том случае, если эти бумаги куплены по цене ниже их реальной стоимости.

Однако это правило относится к обычному *внешнему* инвестору (аутсайдеру). Если же инвестор единолично или совместно с другими крупными вкладчиками владеет *контрольным пакетом* компании, приобретение акций по цене, соответствующей их истинной стоимости, вполне оправданно, как и инвестиции в контролируемую частную компанию или закрытое акционерное общество. Чем меньше компания, тем важнее, какую позицию занимает по отношению к ней инвестор (является ли он инсайдером или аутсайдером) и, соответственно, какова его инвестиционная политика. Базовая характеристика компании-лидера — стоимость отдельной акции, равная стоимости акции в контрольном пакете. Иначе дело обстоит в компаниях второго эшелона: *средняя* рыночная стоимость отдельной акции существенно ниже стоимости акции в контрольном пакете. В связи с этим проблема взаимоотношений между акционерами и менеджерами (т. е. внутренними и внешними инвесторами) в компаниях второго эшелона стоит куда более остро, чем в компаниях-лидерах.

В конце главы 5 говорилось об отсутствии четкой границы между компаниями первого и второго эшелонов. Акции многих компаний, относящихся к такой пограничной области, могут быть потенциально выгодными объектами инвестиций. Инвестор может приобретать их, даже если дисконт совсем небольшой — но только при условии, что они лишь незначительно отстают от акций ведущих компаний и в не слишком отдаленной перспективе способны войти в группу лидеров.

Таким образом, мы не проводим жесткую границу между первоклассными и «второсортными» акциями, ведь иначе незначительная разница в инвестиционном качестве приводила бы к существенной разнице в справедливых ценах. Таким образом, при классификации акций мы допускаем наличие промежуточных вариантов, но выступаем против такого подхода при классификации инвесторов. Причина такой непоследовательности состоит в том, что известная неопределенность при рассмотрении отдельной акции не страшна, поскольку «пограничные» акции являются скорее исключением, чем правилом, и не оказывают особого влияния на общую картину. Но от того, какую стратегию выбирает инвестор, — оборонительную или агрессивную, — зависят его действия, и поэтому его выбор должен быть безошибочным и бескомпромиссным.

КОММЕНТАРИИ К ГЛАВЕ 7

> Чтобы скопить состояние, нужна огромная смелость в сочетании с огромной осторожностью. А чтобы сохранить его, нужно в десять раз больше мудрости.
>
> *Натан Майер Ротшильд*

ВРЕМЯ НЕ ИМЕЕТ ЗНАЧЕНИЯ

В идеале разумный инвестор держит акции только тогда, когда они дешевы, и продает их, когда они становятся переоцененными. Продав их, он вкладывает деньги в облигации и другие инструменты денежного рынка и ждет, пока акции вновь не подешевеют настолько, что станут выгодным объектом инвестиций. По результатам исследований, $1, вложенный в акции в 1966 г., до конца 2001 г. вырос бы до $11,71. Но если бы инвестор продавал акции накануне пяти самых худших дней в каждом году, то этот доллар превратился бы в $987,12[17].

Как и большинство чудесных формул успеха, этот подход требует везения. Разве можно точно сказать, какие дни будут худшими, до того, как они наступят? Так, 7 января 1973 г. в *The New York Times* было опубликовано интервью с одним из ведущих финансовых аналитиков, специализирующихся на рыночных прогнозах. Он настоятельно советовал инвесторам покупать акции: «Мы, несомненно, стоим на пороге мощнейшего роста». Этим аналитиком был не кто иной, как Алан Гринспен, будущий глава Федеральной резервной системы США. Время показало, насколько он ошибался: 1973 и 1974 гг. стали худшими со времен Великой депрессии для экономики в целом и фондового рынка в частности[18].

---

[17] "Truth About Timing," *Barron's*, 5 ноября 2001 г., с. 20. Эта работа заставляет вспомнить одно из главных правил разумного инвестора. Если в статье об инвестировании встречается слово «правда», будьте осторожны: это значит, что многое из того, что в ней написано, — ложь. С другой стороны, инвесторы, купившие акции в 1966 г. и продавшие их в 2001 г., получили на каждый вложенный доллар не $11,71, а минимум $40. В исследовании, на которое ссылаются авторы статьи в *Barron's*, не учитывалось реинвестирование дивидендов.

[18] *The New York Times*, 7 января 1973 г., раздел «Economic Survey», с. 2, 19, 44.

Могут ли профессионалы указать момент для успешных операций на фондовом рынке точнее, чем Алан Гринспен? «Я думаю, есть все основания полагать, что большая часть спада уже пройдена», — заявила 3 декабря 2001 г. Кейт Лири Ли, президент компании R.M. Leary & Co., специализирующейся на прогнозировании рынка. «Это превосходное время для входа в рынок», — добавила она, имея в виду блестящие перспективы рынка акций в первом квартале 2002 г.[19] На протяжении следующих трех месяцев доходность акций составила ничтожные 0,28%, отстав от других инструментов денежного рынка на 1,5%.

Госпожа Лири была не одинока в своих заблуждениях. Исследования, проведенные финансовыми специалистами, профессорами Университета Дьюка, показали, что, если бы инвестор следовал рекомендациям 10% лучших информационных бюллетеней, печатающих прогнозы рынка, с 1991 по 1995 г. его среднегодовая доходность составила бы 12,6%. Но если бы он игнорировал эти прогнозы и покупал паи индексных фондов, доходность была бы выше — 16,4%[20].

Датский философ Сёрен Кьеркегор считал, что понять жизнь можно, только оглядываясь назад, но жить приходится, глядя вперед. Оглянувшись назад, можно точно сказать, когда следовало покупать, а когда продавать акции. Но не стоит заблуждаться: в реальном мире, в режиме реального времени невозможно выбрать точное время для совершения тех или иных операций. Поэтому большинству инвесторов маркет-тайминг не нужен ни с практической, ни с эмоциональной точки зрения[21].

ВПЕРЕД И ВНИЗ?

Порой кажется, что, подобно космическому кораблю, который мгновенно набирает скорость и вырывается за пределы земной атмосферы, «акции роста» неподвластны законам земного притяжения. Давайте рассмотрим

[19] Пресс-релиз "It's a good time to be in the market, says R.M. Leary & Company," 3 декабря 2001 г.

[20] Вы бы также сэкономили не одну тысячу долларов, отказавшись от подписки на эти издания (данные расходы не учитывались при расчете доходности, «гарантированной» читателям этих бюллетеней). Кроме того, инвесторам, пытающимся «ловить рынок», приходится расходовать больше средств на оплату брокерских услуг и платить более высокий налог на краткосрочный прирост капитала, чем инвесторам, которые придерживаются стратегии долгосрочного инвестирования (см. работу R. Graham and Campbell R. Harvey, "Grading the Performance of Market-Timing Newsletters," *Financial Analysts Journal*, ноябрь/декабрь 1997 г., с. 54–66; http://people.duke.edu/~charvey/research.htm).

[21] Более подробно о разумных альтернативах маркет-тайминга — периодической ребалансировке портфеля и методе усредненного равномерного инвестирования — мы уже говорили в главе 5 и еще будем говорить в главе 8.

траектории трех самых «горячих» «акций роста» 1990-х гг.: General Electric, Home Depot и Sun Microsystems (таблица 7.5).

Таблица 7.5. **Взлет и падение**

Компании	Финансовые показатели	1995	1996	1997	1998	1999
General Electric	Выручка, $ млрд	43 013	46 119	48 952	51 546	55 645
	Прибыль на акцию, $	0,65	0,73	0,83	0,93	1,07
	Годовая доходность акций, %	44,5	40,0	50,6	40,7	53,2
	Коэффициент «цена/прибыль» на конец года	18,4	22,8	29,9	36,4	47,9
Home Depot	Выручка, $ млрд	15 470	19 536	24 156	30 219	38 434
	Прибыль на акцию, $	0,34	0,43	0,52	0,71	1,00
	Годовая доходность акций, %	4,2	5,5	76,8	108,3	68,8
	Коэффициент «цена/прибыль» на конец года	32,3	27,6	37,5	61,8	73,7
Sun Microsystems	Выручка, $ млрд	5 902	7 095	8 598	9 791	11 726
	Прибыль на акцию, $	0,11	0,17	0,24	0,29	0,36
	Годовая доходность акций, %	157,0	12,6	55,2	114,7	261,7
	Коэффициент «цена/прибыль» на конец года	20,3	17,7	17,9	34,5	97,7

Примечание. Объем выручки и прибыль на акцию указаны за финансовые годы, доходность акций — за календарные годы; коэффициент «цена/прибыль» рассчитан как отношение цены по состоянию на 31 декабря к прибыли за предыдущие четыре квартала.
Источники: Bloomberg, Value Line.

С 1995 по 1999 г. доходы и рентабельность этих компаний постоянно росли. Выручка компании Sun Microsystems удвоилась, компании Home Depot — увеличилась более чем вдвое. По данным Value Line, выручка General Electric увеличилась на 29%, прибыль — на 65%. Прибыль на акции Home Depot и Sun Microsystems почти утроилась.

Но одновременно происходило еще кое-что, и это ничуть не удивило бы Грэма. Чем быстрее росли показатели этих компаний, тем дороже становились их акции. А когда акции растут быстрее, чем сами компании, для инвесторов это всегда заканчивается плачевно. Данные, представленные в таблице 7.6, позволяют сделать следующий вывод:

Акции лучших компаний — не лучшие объекты инвестиций, если они стоят слишком дорого.

Чем быстрее растет курс акций, тем труднее поверить в то, что он когда-нибудь прекратится. Однако подсознательная уверенность в возможности вечного роста противоречит фундаментальному закону финансового мира: чем крупнее компания, тем медленнее она растет. Компания с выручкой $1 млрд может легко удвоить объем продаж, но вряд ли компания с объемом продаж $50 млрд в год сможет найти еще один такой рынок.

Таблица 7.6. **Куда падаем?**

Компания	**Цена акций на 31.12.99**	**Цена акций на 31.12.2002**	**Коэффициент «цена/прибыль» на 31.12.99**	**Коэффициент «цена/прибыль» в марте 2003 г.**
General Electric	$51,58	$24,35	48,1	15,7
Home Depot	$68,75	$23,96	97,4	14,3
Sun Microsystems	$38,72	$3,11	123,3	Невозможно рассчитать*

* Невозможно рассчитать, поскольку в 2002 г. компания показала убытки.

Источники: www.morningstar.com, www.yahoo.marketguide.com.

«Акции роста» следует покупать только в том случае, если их цена разумна. А когда значение коэффициента «цена/прибыль» намного превышает 25 или 30, акции становятся невыгодными.

- Журналистка Кэрол Лумис подсчитала, что с 1960 по 1999 г. прибыль только 8 из 150 гигантов, входящих в список Fortune 500, росла в среднем не менее чем на 15% в год[22].
- Изучив данные за 50 лет, исследовательская компания Sandford C. Bernshein & Co. установила, что прибыль только 10% крупных американских компаний росла на 20% на протяжении по крайней мере пяти лет подряд. Темпы роста прибыли только 3% компаний достигали 20% на протяжении как минимум 10 лет подряд. Ни одна из компаний не смогла сохранить такие темпы роста прибыли на протяжении 15 лет подряд[23].
- Анализ поведения нескольких тысяч акций американских компаний в период с 1951 по 1998 г. показал, что на протяжении всех 10-летних периодов среднегодовой рост чистой прибыли составил 9,7%. Но прибыль 20% крупнейших компаний в среднем росла всего на 9,3% в год[24].
- Оценивая перспективы роста компаний, даже их руководители нередко отрываются от реальности (см. врезку далее). Однако для разумного инвестора «акции роста» могут представлять интерес не на пике популярности, а в периоды, когда дела компаний обстоят не слишком хорошо. Так, акции Johnson & Johnson за один день упали на 16% после того, как в июле 2002 г. было объявлено о начале судебного разбирательства в связи с обвинениями в фальсификации отчетности на одном из фармацевтических заводов. В результате значение коэффициента

[22] Carol J. Loomis, "The 15% Delusion," *Fortune*, 5 февраля 2001 г., с. 102–108.

[23] Jason Zweig, "A Matter of Expectations," *Money*, январь 2001 г, с. 49–50.

[24] Louis K.C. Chan, Jason Karceski, and Josef Lakonishok, "The Level and Persistence of Growth Rates," National Bureau of Economic Research, Working Paper No. 8282, май 2001 г. (www.nber.org/papers/w8282).

«цена/прибыль» (рассчитанное по прибыли за последние 12 месяцев) снизилось с 24 до 20. При таком низком значении коэффициента компания Johnson & Johnson могла бы стать привлекательным объектом инвестиций (т. е. ярким примером компании, которую Грэм назвал бы «относительно непопулярной крупной компанией»)[25]. Подобная временная непопулярность может обеспечить инвестору, дешево купившему акции успешной крупной компании, неплохую доходность в долгосрочной перспективе.

СТОИТ ЛИ КЛАСТЬ ВСЕ ЯЙЦА В ОДНУ КОРЗИНУ?

«Сложите все яйца в одну корзину и берегите ее как зеницу ока, — предлагал Эндрю Карнеги 100 лет назад. — Не распыляйтесь... Самого большого успеха в жизни добиваются те, кто бьет в одну точку». И Грэм показывает, что самые крупные состояния на обыкновенных акциях сделали инвесторы, вложившие все деньги во что-то одно — то, что они очень хорошо знали.

Практически все богатейшие люди Америки своим успехом обязаны целенаправленным инвестициям в определенную отрасль или даже в одну компанию (как Билл Гейтс и его корпорация Microsoft, Сэм Уолтон и Wal-Mart, Рокфеллеры и Standard Oil). Так, в списке самых богатых американцев Forbes 400 со времени его первого выхода в 1982 г. преобладают люди, которые придерживались узконаправленного подхода к инвестициям.

Но менее крупное состояние так не сколотишь, да и не так уж много крупнейших состояний удалось таким образом сохранить. Карнеги забыл упомянуть, что концентрация активов является также причиной самых серьезных финансовых катастроф. Вернемся к списку самых богатых людей Forbes 400. В 1982 г. средний размер состояния составлял $230 млн. Чтобы остаться в списке в 2002 г., капитал должен был приносить всего лишь 4,5% в год (и это в то время, когда даже доходность банковских депозитов была выше, не говоря уже о доходности фондового рынка, которая в среднем составляла 13,2%).

Но многие ли из тех, кто входил в список Forbes 400 в 1982 г., остались в нем через 20 лет? Всего лишь 64 человека из 400 (какие-то жалкие 16%).

[25] Почти ровно 20 лет назад, в октябре 1982 г., акции компании Johnson & Johnson за неделю упали в цене на 17,5%, когда несколько человек умерли после приема препарата тайленол, в который неизвестный злоумышленник добавил цианистый калий. Компания Johnson & Johnson отреагировала, разработав новую упаковку, позволяющую контролировать ее целостность, и в 1980-е гг. ее акции стали одним из лучших объектов инвестиций.

ПОТЕНЦИАЛ РОСТА: ПОЧВА ДЛЯ СПЕКУЛЯЦИЙ

Инвесторы не единственные, кто думает, что гипертрофированный рост может продолжаться вечно. В феврале 2000 г. генерального директора Nortel Networks Джона Рота спросили, каков потенциал роста его гигантской компании, занимающейся производством телекоммуникационного оборудования. «Отрасль растет в среднем на 14–15% в год, — ответил Рот, — а мы собираемся обогнать ее на 6 процентных пунктов. Для компании такого размера, как наша, это будет неплохо». Цена акций Nortel на протяжении последних шести лет ежегодно росла почти на 51% и уже в 87 раз превышала величину прибыли, которую компания, по оценке Уолл-стрит, могла заработать в 2000 г. Акции были переоценены? «Курс акций растет, — пожимал плечами Рот, — но перспективы дальнейшего роста сохраняются, особенно с учетом нашей стратегии в секторе беспроводных коммуникаций». (В конце концов, добавил он, цена акций Cisco Systems аж в 121 раз превышает прогнозную прибыль*.)

Что касается компании Cisco, то в ноябре 2000 г. ее генеральный директор Джон Чемберс считал, что акции будут расти не менее чем на 50% в год. «Логика, — уверял он, — говорит о том, что нас ждет настоящий прорыв». Акции компании Cisco на тот момент начали падать — они торговались всего с 98-кратным коэффициентом «цена/прибыль», рассчитанным по прибыли за предыдущий год. Но Чемберс убеждал инвесторов покупать акции. «На кого еще вы можете сделать ставку? — вопрошал он. — Сейчас самое время покупать»**.

Обе компании не оправдали радужных ожиданий инвесторов. Их переоцененные акции полетели вниз. Выручка компании Nortel в 2001 г. упала на 37%, убытки составили более $26 млрд. Выручка Cisco в 2001 г. выросла на 18%, но чистые убытки были больше — $1 млрд. Акции Nortel, цена которых в тот день, когда Рот давал интервью, достигала $113,50, к концу 2002 г. упали до $1,65. Акции Cisco, которые стоили $52, когда Чемберс разглагольствовал о «прорыве», обвалились до $13.

С тех пор обе компании стали более осторожными в прогнозах.

*Lisa Gibbons, "Optic Uptick," Money, апрель 2000 г., с. 54–55.

**Brooke Southall, "Cisco's Endgame Strategy," Investment News, 30 ноября 2000 г., с. 1, 23.

Хранение всех яиц в одной корзине (т. е. вложение всех денег в такие некогда процветающие отрасли, как нефтегазовая промышленность и производство компьютеров), благодаря которому эти люди сколотили свои состояния, в скором времени стало также и главной причиной их разорения. Несмотря на все преимущества, которые дает огромное богатство, никто из владельцев этих компаний не был готов к тяжелым временам. Они могли лишь стоять в стороне и с грустью наблюдать за тем, как стремительно меняющаяся экономика крушит их единственную корзину вместе со всеми яйцами[26].

В ПОИСКАХ «ВЫГОДНЫХ» АКЦИЙ

У читателя может сложиться впечатление, что в эпоху доступной информации не составляет особого труда купить недооцененные акции, отвечающие требованиям Грэма (о которых шла речь в этой главе). Разумеется, Интернет — огромное подспорье, но инвестору придется немало потрудиться и самому.

Возьмите свежий выпуск *The Wall Street Journal,* откройте раздел «Money & Investing», просмотрите биржевые сводки Нью-Йоркской фондовой биржи (а также внебиржевого рынка NASDAQ) и найдите акции, стоимость которых за последний год упала. Так быстро и без особого труда вы сможете обнаружить компании, отвечающие требованиям Грэма с точки зрения величины чистого оборотного капитала. (См. также www.morningstar.com.)

Чтобы узнать, не торгуются ли акции ниже стоимости чистого оборотного капитала, посмотрите последний квартальный или годовой отчет на сайте компании или в базе данных EDGAR (Electronic Data-Gathering, Analysis, and Retrieval) на сайте www.sec.gov. Вычтите из стоимости текущих оборотных активов компании общую стоимость ее обязательств, включая выплаты по привилегированным акциям и долгосрочную задолженность. Или же пролистайте *Value Line Investment Survey* в местной библиотеке, сэкономив на весьма дорогой годовой подписке. В каждом выпуске есть список «выгодных» акций («Bargain Basement Stocks»), в целом отвечающих определению Грэма. Большинство соответствующих компаний в последнее время работали в таких «стремных» отраслях, как высокие технологии и телекоммуникации.

Например, текущие оборотные активы компании Comverse Technology на 31 октября 2002 г. составляли $2,4 млрд, а общая сумма обязательств — $1 млрд. Чистый оборотный капитал, таким образом, составлял $1,4 млрд. Количество акций в этот момент составляло достигало 190 млн, а стоимость

[26] Выражаю благодарность управляющему инвестиционным фондом и колумнисту *Forbes* Кеннету Фишеру за его замечание о том, как сложно удержаться в списке Forbes 400.

одной акции — порядка $8. Таким образом, общая рыночная капитализация компании Comverse Technology не превышала $1,4 млрд. Поскольку совокупная стоимость акций была меньше объема денежных средств и запасов компании, ее основной бизнес продавался фактически за бесценок. Но, как писал Грэм, на таких акциях можно и прогореть, а потому покупать их стоит лишь в том случае, если у вас есть возможность приобрести сразу несколько десятков акций и затем терпеливо держать их в портфеле. Но мистер Рынок крайне редко открывает игрокам действительно выгодные возможности.

«ВНЕШНЯЯ ПОЛИТИКА» ИНВЕСТОРА

Для разумного инвестора вложения в зарубежные акции — вещь не обязательная, но желательная. Почему? Давайте рассмотрим следующий пример. Конец 1989 г., вы — японец. Ситуация такова.

- На протяжении последних 10 лет годовая доходность японского фондового рынка в среднем составляет 21,2%, опережая годовую доходность американского рынка акций (17,5%).
- Японские компании скупают в США все подряд — от полей для гольфа в Пеббл-бич до Рокфеллеровского центра, в то время как американские компании, такие как Drexel Burnham Lambert, Financial Corp. of America и Texaco, терпят банкротство.
- Индустрия высоких технологий в США балансирует на грани выживания, а в Японии она процветает.

В 1989 г. вы, как и многие инвесторы в Стране восходящего солнца, можете прийти к выводу, что инвестирование за пределами Японии — бессмысленное занятие. Это то же самое, что изобретать автомат для продажи суши. Разумеется, вы вкладываете все деньги в японские акции.

И что же? На протяжении следующего десятилетия вы теряете около 2/3 своего капитала.

Вывод? Нет, он состоит не в том, что вам не следует инвестировать в зарубежные рынки, такие как японский; он заключается в том, что японец ни в коем случае не должен держать все деньги на родине. И вы не должны так делать. Если вы живете в США, работаете в США и получаете зарплату в долларах США, вы и так уже поставили на американскую экономику. Здравый смысл требует, чтобы вы вложили часть средств в иностранные ценные бумаги, — просто потому, что никто и никогда не знает, что произойдет на родине и за рубежом. Вложив треть активов в акции взаимного инвестиционного фонда, работающего с иностранными акциями (в том числе с акциями развивающихся стран), вы поступите благоразумно.

ГЛАВА 8

Инвестор и колебания рынка

Если инвестор вложился в относительно краткосрочные первоклассные облигации (скажем, максимум 7-летние), колебания их рыночных цен существенно не повлияют на его положение, поэтому он может не обращать внимания на то, как ведет себя рынок. (Это относится и к американским государственным сберегательным облигациям, погасить которые можно в любой момент, вернув вложенные средства или даже больше.) Что же касается долгосрочных облигаций, то колебания рыночных цен на протяжении их жизненного цикла могут быть достаточно значительными. И, разумеется, они отразятся и на соответствующей части инвестиционного портфеля.

Инвестор должен знать о таких колебаниях и быть готовым к ним как в финансовом, так и в психологическом отношении. Любой инвестор стремится заработать на колебаниях фондового рынка — как на росте курса акций, так и на купле-продаже ценных бумаг по выгодным ценам. Это желание вполне естественно и оправданно. Но в случае участия в спекулятивных операциях естественное желание получить доход может привести к очень серьезным последствиям. Советовать избегать спекулятивной деятельности легко, гораздо труднее следовать этому совету. Повторяем еще раз: если вы намерены спекулировать, делайте это с открытыми глазами, отдавая себе отчет в том, что можете прогореть. Вы должны убедиться в том, что минимизировали риск и не путаете спекулятивные операции с инвестиционными.

Сначала рассмотрим более важный вопрос о колебании цен на рынке акций, а затем перейдем к облигациям. В главе 3 был представлен исторический обзор состояния фондового рынка в XX в. В данной главе мы будем время от времени возвращаться к нему, чтобы посмотреть, что может подсказать нам опыт прошлого как в плане увеличения стоимости инвестиционного портфеля, состав которого остается практически неизменным при взлетах и падениях рынка, так и в плане возможностей покупки акций на дне медвежьего и продажи их на пике бычьего рынка.

Колебания рынка: ориентир для принятия инвестиционных решений

Поскольку цена акций (даже имеющих высокий рейтинг, не говоря о прочих) подвержена колебаниям, разумный инвестор должен стремиться к тому, чтобы использовать эти колебания с выгодой для себя. Есть два способа, с помощью которых он может попытаться это сделать: через отслеживание рынка и через отслеживание цен. Что касается первого способа, то под отслеживанием рынка (маркет-таймингом) мы понимаем попытки предсказать будущие движения фондового рынка, с тем чтобы купить или воздержаться от продажи акций накануне роста и продать или воздержаться от их покупки накануне падения. Второй способ заключается в том, чтобы покупать акции, когда их цена становится значительно ниже их справедливой стоимости, и продавать тогда, когда она ее превышает. Более простая разновидность этого подхода состоит в том, чтобы просто убедиться, что вы не переплачиваете за акции при покупке. Этого бывает вполне достаточно для пассивного инвестора, намеревающегося держать акции долго, и для проведения инвестиционных операций [1].

Мы убеждены, что любой способ инвестирования, основанный на отслеживании цен, может принести разумному инвестору удовлетворительные результаты. Но мы также уверены, что, отдав предпочтение маркет-таймингу и сосредоточив свои усилия на прогнозировании состояния фондового рынка, инвестор в конце концов станет спекулянтом (с соответствующими финансовыми результатами). Неспециалисту эти тонкости могут показаться несущественными. Однако на Уолл-стрит так не считают. Среди брокеров и инвестиционных консультантов распространено убеждение, что и инвесторы, и спекулянты должны серьезно изучать прогнозы состояния фондового рынка.

Чем дальше инвестор держится от Уолл-стрит, тем с большим скептицизмом он относится к попыткам прогнозировать состояние фондового рынка и тем более зарабатывать на них. Вряд ли можно всерьез воспринимать многочисленные прогнозы, появляющиеся практически ежедневно. Но нередко инвесторы принимают их во внимание и даже действуют в соответствии с ними. Почему? Потому что убеждены: прогнозы важны, так как помогают получить хоть *какое-то* представление о будущем состоянии фондового рынка. К тому же инвесторы считают, что прогнозы брокерских и инвестиционных фирм более надежны, чем их собственные[1].

---

[1] В конце 1990-х гг. прогнозы «рыночных стратегов» стали играть более важную роль, чем когда-либо раньше. Но, к сожалению, от этого они не стали точнее. Так, 10 марта 2000 г., когда фондовый индекс NASDAQ достиг наивысшей отметки 5048,62, Ральф Акампора, главный специалист по техническому анализу Prudential Securities, заявил

Можно сколь угодно долго обсуждать аргументы «за» и «против» прогнозирования. Заниматься прогнозами пытаются многие инвесторы. Разумеется, *некоторым* это удается, и благодаря своим аналитическим способностям они получают хорошую прибыль. Но глупо было бы считать, что *все рядовые инвесторы* смогут получать сверхприбыль, руководствуясь прогнозами. Действительно, кто же будет покупать акции, если все инвесторы, получив от рынка определенный сигнал, кинутся продавать в надежде получить прибыль? Если вы, читатель, надеетесь со временем разбогатеть, полагаясь на собственное умение прогнозировать ситуацию на рынке, вы должны понимать, что вам придется прогнозировать быстрее и лучше бесчисленного множества конкурентов. Но нет никаких оснований (ни логических, ни практических) считать, что какой-либо отдельный инвестор может предсказать состояние фондового рынка точнее своих собратьев.

В теории маркет-тайминга есть один аспект, который, судя по всему, никто не учитывает. Для спекулянтов, стремящихся получать прибыль как можно быстрее, маркет-тайминг имеет огромное психологическое значение. Сама мысль о том, что придется целый год ждать, пока акции подорожают, для них просто невыносима. Для инвесторов же отслеживание рынка само по себе не так важно. Какой смысл держать деньги при себе в ожидании некоего предположительно надежного сигнала о том, что пришло время покупать? Инвестор получит выгоду только в том случае, если, подождав какое-то время, сможет купить интересующие его акции *значительно дешевле,* что позволит компенсировать недополученный дивидендный доход. Таким образом, правильный выбор времени для операций на рынке, если речь не идет о выгодных ценах, для инвесторов особого значения не имеет.

В этом отношении интересна история знаменитой теории Доу, широко используемой в маркет-тайминге (определении времени покупки

в интервью *USA Today,* что NASDAQ пересечет отметку 6000 в течение года или полутора лет. Через пять недель индекс NASDAQ снизился до 3321,29, и уже Томас Галвин, рыночный стратег из Donaldson, Lufkin & Jenrette, предсказал «падение индекса еще на 200 или 300 пунктов и последующий его рост на 2000 пунктов». В действительности NASDAQ не вырос, а, напротив, упал еще более чем на 2000 пунктов и продолжал свое движение вниз до 9 октября 2002 г., когда достиг самой низкой отметки — 1114,11. В марте 2001 г. Абби Джозеф Коэн, главный специалист по инвестиционным стратегиям Goldman, Sachs & Co., опубликовал прогноз, в котором значение индекса Standard & Poor's 500 на конец года прогнозировалось на уровне 1650, а индекса Доу–Джонса — 13 000. «Мы не ожидаем наступления рецессии, — сказал Коэн, — и считаем, что прибыли корпораций будут расти прежними темпами на протяжении всего года». В тот момент экономика США уже стояла на пороге рецессии. В конце 2001 г. значение индекса Standard & Poor's 500 составило 1148,08, а индекса Доу–Джонса — 10 021,50, что было соответственно на 30 и 23% ниже прогнозных уровней.

и продажи акций)[2]. Напомним, что согласно этой теории сигналом для покупки акций служит «прорыв» вверх за пределы среднего тренда, а сигналом для продажи — «прорыв» вниз. Теоретические расчеты (но не фактические результаты) свидетельствуют о том, что на протяжении длительного периода (с 1897 по 1960 г.) использование данного метода почти всегда приносило прибыль. Исходя из этого, значимость теории Доу представляется весьма серьезной. Но теория — это теория, а что на практике?

Более внимательное изучение имеющихся данных показывает, что с 1938 г., т. е. спустя несколько лет после начала широкого применения на фондовом рынке, теория Доу приносила инвесторам сплошные разочарования. Правда, в актив следует записать сигнал к продаже акций за месяц до начала краха 1929 г. (при уровне рынка 306), а также тот факт, что она удерживала своих последователей от покупок в период затяжного медвежьего тренда до начала восстановления рынка (на уровне 84). Но с 1938 г. ситуация изменилась: приверженцы теории Доу в основном продавали акции по вполне приемлемым ценам, но потом были вынуждены покупать их по более высокому курсу. Анализ показывает, что на протяжении следующих 30 лет инвестор получил бы гораздо более высокую прибыль, если бы просто купил и держал акции, входящие в расчет фондового индекса Доу–Джонса [2].

С нашей точки зрения, которая основывается на тщательном изучении результатов практического использования этой теории, подобные провалы отнюдь не были случайностью. Все дело в самой сущности методов (формул) прогнозирования рынка и выбора времени для проведения операций с ценными бумагами. Сначала на протяжении какого-то времени (или в отдельных случаях) эффективность таких методов подтверждается на практике, и количество их адептов растет. Но по мере того, как эти методы начинают использоваться все шире, их эффективность снижается. Это происходит, во-первых, потому, что с течением времени появляются новые факторы, не учитываемые старыми формулами. Во-вторых, если какой-либо метод торговли становится популярным на фондовом рынке, он начинает влиять на поведение участников рынка и в конце концов его эффективность снижается. (Кроме того, на наш взгляд, популярность таких методов торговли, как теория Доу, объясняется также и тем, что массовые покупки или продажи акций приверженцами этих методов сами оказывают влияние на динамику курсов ценных бумаг. Мы считаем, что из-за таких стихийных массовых действий инвесторов у данных методов больше минусов, чем плюсов.)

---

[2] Более подробно эта теория рассматривается в первом разделе главы 1.

Покупай дешево, продавай дорого

Мы убеждены, что обычный инвестор не может уповать на прогнозирование динамики рынка. Какой ему прок от изменений, которые *уже* произошли. Что толку, если он будет покупать после каждого серьезного спада или продавать после каждого значительного подъема? Колебания рынка на протяжении многих лет, вплоть до 1950 г., служили подтверждением этой мысли. На самом деле, согласно классическому определению, разумный инвестор покупает на медвежьем рынке по низким ценам, когда все продают, и продает на бычьем рынке по высоким ценам, когда все покупают. График на рис. 3.1 показывает колебания фондового индекса Standard & Poor's с 1900 по 1970 г., а данные таблицы 3.1 позволяют подтвердить справедливость этого подхода и для относительно недавнего времени.

С 1897 по 1949 г. наблюдалось 10 полных рыночных циклов: рынок поднимался с медвежьих минимумов до бычьих максимумов и снова опускался до минимальных значений. Продолжительность 6 циклов не превышала 4 лет, 4 цикла длились от 6 до 7 лет, а один цикл (получивший название «новая эра» и продолжавшийся с 1921 по 1932 г.) длился 11 лет. Процентный рост рынка между дном и пиком составлял от 44 до 500%, для большинства циклов — от 50 до 100%. Последующее процентное падение колебалось от 24 до 89% и для большинства циклов составило от 40 до 50%. (Нелишне напомнить, что спад на 50% полностью сводит на нет предыдущий рост на 100%.)

Практически всем бычьим рынкам присущи следующие особенности: 1) выход на новый исторический максимум цен; 2) высокие коэффициенты «цена/прибыль»; 3) низкий уровень дивидендной доходности по сравнению с доходностью по облигациям; 4) значительные объемы спекулятивных маржинальных операций и 5) большое количество новых выпусков акций, имеющих низкий рейтинг. Таким образом, любой студент, изучающий историю фондового рынка, понимает, что разумный инвестор должен научиться распознавать повторяющиеся бычьи и медвежьи рынки, чтобы покупать по низким ценам и продавать по высоким, причем достаточно быстро. Для определения оптимальных для купли-продажи уровней цен разработано множество методов, основанных либо на стоимостных факторах, либо на процентных колебаниях цен, либо на том и другом.

Однако следует отметить, что еще до беспрецедентного бычьего рынка, начавшегося в 1949 г., в последовательных циклах фондового рынка наблюдалось довольно много вариаций и отклонений, которые затрудняли, а иногда делали невозможной покупку акций по низким ценам и их продажу по высоким. Самым примечательным из таких отклонений, несомненно, был великий бычий рынок конца 1920-х гг., который сделал бессмысленными любые расчеты[3]. Но даже в 1949 г. нельзя было с полной уверенностью утверждать, что инвестор может строить свою инвестиционную политику исключительно на основе принципа «покупай акции по низким ценам на медвежьем рынке и продавай их по высоким на бычьем».

Как оказалось впоследствии, надо было поступать как раз наоборот. Поведение фондового рынка в последние 20 лет не укладывалось в модели прошлого. Это выразилось в том, что инвесторы больше не могли доверять «проверенным временем» сигналам о приближении опасности и больше не могли зарабатывать, руководствуясь простым правилом: покупать акции на медвежьем рынке и продавать их на бычьем. Мы не знаем, вернутся ли когда-нибудь прежние циклы с правильным чередованием медвежьих и бычьих трендов, но считаем, что сегодня инвестор не может работать на рынке, опираясь на классическое правило: ожидать очевидных признаков наступления медвежьего рынка, чтобы приобрести *любые* обыкновенные акции. Мы рекомендуем придерживаться следующей инвестиционной политики: варьировать *соотношение* акций и облигаций в портфеле в зависимости от того, насколько выгодными являются цены акций с точки зрения их справедливой стоимости[4].

Инвестирование по формуле

На первоначальном этапе начавшегося в 1949–1950 гг. подъема фондового рынка большой интерес у инвесторов вызывали различные методы проведения прибыльных операций, основанные на циклическом характере рынка, а именно инвестирование по формуле. Сущность этих методов (за ис-

---

[3] Когда бычий рынок длится долго, инвестор, ожидающий падения цен, чувствует себя как человек, отставший от поезда. В конце концов он теряет всякую осмотрительность и сломя голову кидается на рынок. Поэтому так важно замечание Грэма о необходимости соблюдения *эмоциональной дисциплины*. С октября 1990 по январь 2000 г. фондовый индекс Доу–Джонса стабильно рос, ни разу не падая больше чем на 20%, и при этом только трижды были отмечены спады в 10% или более. Доходность акций, входящих в расчет индекса (без учета дивидендов) за это время составила 395,7%. По оценке компании Crandall, Pierce & Co., за прошедшее столетие это был второй по продолжительности бычий рынок. Более длительным был только бум 1949–1961 гг. Чем дольше длится бычий рынок, тем чаще инвесторы забывают о возможности снижения цен. После пяти и более лет подъема многие участники рынка уже не верят в возможность его перехода в медвежью фазу. Безусловно, реальность всегда напоминает о себе, причем весьма жестко.

[4] Грэм рассматривает эту политику в главе 4. Данная политика, которая сегодня называется «тактическим распределением активов», широко используется такими институциональными инвесторами, как пенсионные и университетские благотворительные фонды.

ключением простейшего — метода усредненного равномерного инвестирования) состоит в том, что инвестор автоматически продает *определенное* количество акций при условии значительного роста рынка. При высоком росте многие методы предусматривают продажу всех акций, содержащихся в портфеле. Другие предполагают сохранение минимальной доли акций в любой ситуации.

Эти методы казались вполне разумными. Во-первых, они выглядели логичными и консервативными. Во-вторых, в долгосрочной ретроспективе их применение давало прекрасные результаты. К сожалению, популярность методов инвестирования по формуле росла именно в те периоды, когда они были наименее эффективны. Многие инвесторы, использовавшие подобные инвестиционные схемы, в середине 1950-х гг. обнаружили, что остались практически без акций. Действительно, в свое время они заработали немалую прибыль, но затем оказалось, что фондовый рынок просто-напросто «убежал» от них, так как все формулы приводили к вымыванию акций из инвестиционных портфелей[5].

Нечто подобное испытали и те инвесторы, которые пытались использовать методы инвестирования по формуле в начале 1950-х гг., и те, кто увлекся чисто механистической версией теории Доу 20 годами раньше. В обоих случаях пик популярности рассматриваемых подходов приходился именно на тот момент, когда они утрачивали свою эффективность. Аналогичное разочарование испытали и мы, когда перестал приносить ожидаемые результаты наш собственный «метод центральной стоимости» — определение уровней цен, оптимальных для купли-продажи акций, на основе динамики индекса Доу–Джонса. Мораль сей басни такова: любой простой и доступный метод получения прибыли на фондовом рынке со временем оказывается слишком популярным и потому не может эффективно работать на протяжении длительного периода[6]. В практике Уолл-стрит, как и в философии, можно с успехом использовать одно из высказываний Спинозы: «Все прекрасное так же трудно, как и редко».

---

[5] Многие сторонники инвестирования по формуле должны были бы продать все акции в конце 1954 г., когда американский фондовый рынок вырос на 52,6%, продемонстрировав второй по показателю годовой доходности результат за всю свою историю. На протяжении следующих пяти лет этим инвесторам пришлось бы стоять в стороне и только облизываться, наблюдая за тем, как цены акций удваиваются.

[6] Возможность легких заработков на фондовом рынке постепенно исчезает. Это происходит по двум причинам. Во-первых, рынку свойственно возвращаться к средним значениям в результате смены трендов. Во-вторых, множество инвесторов быстро осваивают очередной новый метод выбора акций, а затем гурьбой вваливаются на рынок и мешают первопроходцам получать прибыль от использования этого метода. (Обратите внимание, что, ссылаясь на свой печальный опыт, Грэм, как всегда, честно признает свои ошибки.) См. также: Jason Zweig, "Murphy Was an Investor," *Money,* июль 2002 г., с. 61–62, и Jason Zweig, "New Year's Play," *Money,* декабрь 2000 г., с. 89–90.

Рыночные колебания стоимости портфеля

Каждый инвестор, в портфеле которого есть акции, должен быть готов к колебаниям их стоимости. Учитывая поведение фондового индекса Доу–Джонса после последнего издания книги в 1964 г., нетрудно представить динамику рыночной стоимости акций в портфеле консервативного инвестора. Мы исходим из того, что в портфеле содержатся акции только крупных успешных компаний, использующих консервативную стратегию финансирования. В 1966 г. их индексная стоимость увеличилась в среднем с 890 пунктов до максимального значения 995 (и еще раз до 985 в 1968 г.), в 1970 г. она упала до 631 и практически восстановилась, выйдя на уровень 940 пунктов в начале 1971 г. (Поскольку цены акций отдельных компаний достигают максимальных и минимальных значений не одновременно, значения индекса колеблются не так сильно, как цены отдельных акций, входящих в его расчет.) Анализ колебаний стоимости других разновидностей диверсифицированных и консервативных портфелей дал примерно такие же результаты. Стоимость акций компаний второго эшелона[7] в целом колеблется значительно сильнее, чем акций компаний-лидеров, но это отнюдь не означает, что доходность акций менее крупных, но устойчивых в финансовом отношении компаний, содержащихся в портфеле инвестора, долго будет оставаться низкой. На наш взгляд, инвестору совершенно необходимо осознавать существование не просто некой абстрактной возможности, но и вполне реальной вероятности того, что в течение ближайших пять лет цены большинства его акций могут вырасти, скажем, более чем на 50% по сравнению с минимальными и снизиться не менее чем на треть по сравнению с максимальными значениями[8].

Разумеется, серьезный инвестор вряд ли надеется, что ежедневные или ежемесячные колебания фондового рынка сделают его богаче или бед-

---

[7] Сегодняшний аналог компаний, которые Грэм называл акциями второго эшелона, — любая из тысяч компаний, не входящих в расчет фондового индекса Standard & Poor's 500. Регулярно обновляемый список 500 акций, входящих в расчет этого индекса, можно найти на сайте www.standardandpoors.com.

[8] Попытайтесь вникнуть в то, о чем пишет Грэм. Не только возможно, но и вполне вероятно, что котировки большинства акций, которыми вы владеете, вырастут как минимум на 50% по сравнению с минимальными значениями. Так же вероятно, что максимальная цена акций снизится как минимум на треть. Это не зависит ни от того, какими именно акциями вы владеете, ни от того, куда движется фондовый рынок в данный момент — вверх или вниз. Если вы не можете согласиться с этой мыслью или думаете, что ваш портфель какой-то особенный и не подчиняется этому правилу, значит, вы еще не стали настоящим инвестором. (Грэм говорит о 33%-ном падении как об «эквивалентном снижении на треть», поскольку 50%-ный рост превращает $10 в $15, но последующее 33%-ное снижение цены (на $5) вновь вернет нас к исходным $10.)

нее. Но что можно сказать о более продолжительных колебаниях с более широкой амплитудой? Здесь возникают вопросы практического характера, а также серьезные психологические проблемы. Значительный рост фондового рынка не может не радовать инвестора, но одновременно он провоцирует его на необдуманные действия. Ваши акции выросли в цене? Прекрасно! Вы стали еще богаче? Великолепно! Но не стала ли цена акций *слишком* высокой и не пора ли подумать об их продаже? Не слишком ли мало акций вы купили, когда они были дешевы? И, что самое ужасное, вы начинаете задумываться о том, не следует ли поддаться настроению бычьего рынка с его необоснованным энтузиазмом и чрезмерной самоуверенностью, влиться в алчную толпу инвесторов (частью которой вы, как ни крути, являетесь) и позволить вовлечь себя в опасные сделки. А делать этого ни в коем случае нельзя, хотя даже самый разумный инвестор на практике должен обладать огромной силой воли, чтобы не поддаться стадному чувству.

Именно эти психологические факторы заставляют нас использовать механистические методы выбора соотношения между облигациями и акциями в инвестиционном портфеле. Возможно, инвесторам нравится в них то, что инвестирование по формуле создает иллюзию, что они *что-то делают сами*. Если цены на фондовом рынке растут, инвесторы время от времени продают акции, вкладывая полученные средства в облигации; если цены падают, инвесторы покупают. Поступая таким образом, они дают выход своей энергии. А «правильные» инвесторы получают удовлетворение еще и от того, что идут наперекор толпе[9].

Фундаментальная и рыночная стоимость акций

Теперь давайте посмотрим, каким образом колебания рынка влияют на положение инвестора как акционера, т. е. совладельца компании. Владелец ликвидных акций является также собственником доли бизнеса и может извлекать выгоду из своего положения. С одной стороны, его статус сродни статусу миноритарного акционера или пассивного партнера в частной фирме. В этом смысле его доход полностью зависит от величины прибыли компании или стоимости ее активов. Чтобы оценить стоимость принадлежащих ему акций, нужно взять последний балансовый отчет компании-эмитента и рассчитать стоимость доли чистых активов компании, принадлежащей инвестору. С другой стороны, наш инвестор является владельцем ценной

---

[9] Для сегодняшнего инвестора идеальной стратегией реализации этой формулы является периодическая ребалансировка портфеля, которая была рассмотрена в разделе «Комментарии к главе 4».

бумаги — сертификата акции, который может быть продан в течение нескольких минут по рыночной цене, значительно отличающейся от балансовой стоимости акций[10].

Развитие фондового рынка на протяжении последних десятилетий усилило зависимость обычного инвестора от рыночных котировок, но ослабило связь с компанией как ее совладельца. Дело в том, что акции успешных компаний, которые инвестор хотел бы видеть в своем портфеле, чаще всего продаются по цене, значительно превышающей их балансовую стоимость. Покупая такие акции с этой рыночной премией, инвестор фактически становится заложником фондового рынка, надеясь, что последний подтвердит рациональность его вложений[11].

В современных условиях данное обстоятельство заслуживает особого внимания, однако его учитывают реже, чем хотелось бы. Дело в том, что ценообразование на фондовом рынке внутренне противоречиво. Чем выше эффективность компании в прошлом и чем более оптимистичны прогнозы, тем слабее цена акции компании привязана к ее балансовой стоимости. Но чем больше рыночная премия (разность между курсом акции и ее балансовой стоимостью), тем меньше цена акции опирается на внутреннюю стоимость компании и тем больше ее курс зависит от настроений фондового рынка. Парадокс, таким образом, заключается в том, что чем более успешна компания, тем сильнее может колебаться курс ее акций. Значит, чем выше качество акций, тем выше возможная степень их *спекулятивности* (по крайней мере по сравнению с акциями, имеющими невысокий рейтинг)[12].

---

[10] Сегодня многие компании выдают сертификаты акций только по специальному запросу. Акции чаще всего существует лишь в виртуальной форме (подобно тому, как на банковском счете хранятся не бумажные деньги, а оцифрованные данные о дебете и кредите), поэтому сейчас торговать стало проще, чем во времена Грэма.

[11] Чистая стоимость активов, балансовая стоимость и стоимость материальных активов — все это синонимы чистой стоимости или полной стоимости физических и финансовых активов компании за вычетом ее обязательств. Ее можно рассчитать с помощью данных годового и квартальных балансовых отчетов компании. Для этого из общей стоимости акционерного капитала компании вычитаются все нематериальные активы, такие как репутация фирмы, торговая марка и т. д. Разделив полученную величину на общее количество выпущенных акций, получим балансовую стоимость одной акции.

[12] Использование Грэмом слова «парадокс», по всей видимости, является намеком на классическую статью Дэвида Дюрана «Рост акций и Санкт-Петербургский парадокс» (David Durand, "Growth Stocks and the Petersburg Paradox," *The Journal of Finance*, vol. XII, no. 3, сентябрь 1957 г., с. 348–363). Дэвид Дюран сравнивает покупку «акций роста» с подбрасыванием монеты в задаче, получившей название «Санкт-Петербургский парадокс» и демонстрирующей расхождение математического ожидания выигрыша с его оценкой на основе «здравого смысла». Он указывает, что если курс акций будет быстро расти на протяжении неопределенно долгого периода, инвестор будет готов (теоретически) заплатить за эти акции любую, сколь угодно высокую цену. Почему же акции никогда не продаются по таким ценам? Дело в том, что чем выше ожи-

(Напомним, что речь идет об акциях ведущих, быстро растущих, устойчивых компаний, а не об акциях, являющихся высокоспекулятивными в силу соответствующего характера бизнеса компаний-эмитентов.)

Наши рассуждения помогают объяснить причины волатильности курсов акций большинства успешных компаний. Приведем наш излюбленный пример — акции «королевы рынка» компании International Business Machines. В 1962–1963 гг. за семь месяцев они упали с $607 до $300, а после дробления акций в 1970 г. — с $987 до $219. Похожий пример: акции компании Xerox, прибыль которой на протяжении последнего десятилетия была еще более впечатляющей, в 1962–1963 гг. упали с $171 до $87, а в 1970 г. — с $116 до $65. Эти два примера падения курса акций никоим образом не заставляли усомниться в долгосрочных перспективах роста акций компаний IBM и Xerox. Все дело было в том, что участники рынка не были уверены, что величина рыночной премии, с которой продавались акции, правильно оценивалась с учетом блестящего будущего компаний.

Вышесказанное позволяет сделать вывод, на который должен опираться консервативный инвестор, вкладывающий деньги в акции. Если он готов потрудиться, выбирая их для своего портфеля, лучше всего сконцентрироваться на акциях, продающихся по цене, близкой к балансовой стоимости (а именно превышающей ее не более чем на треть). При таких (или еще более низких) уровнях цены акций непосредственно связаны с балансовой стоимостью компании и потому имеют надежную опору, ослабляющую зависимость от колебаний рынка. Рыночная премия к балансовой стоимости акций может считаться своего рода платой за преимущество, заключающееся в том, что акции котируются на бирже и поэтому их ликвидность гарантирована.

Теперь следует сказать вот о чем. Акции не становятся привлекательным объектом инвестиций только потому, что их можно купить по цене, близкой к балансовой стоимости. Помимо этого важную роль играет и значение коэффициента «цена/прибыль», и финансовое положение компании, и уверенность в ее будущей рентабельности. Эти требования к акциям, приобретаемым по столь скромным ценам, могут показаться завышенными, но они не являются невыполнимыми практически в любой (не слишком опасной) ситуации на рынке. А если инвестор немного снизит планку — например, не будет искать компании, темпы роста которых выше средних, выбрать акции, отвечающие перечисленным требованиям, не составит большого труда.

На основании данных, представленных в главах 14 и 15, посвященных отбору обыкновенных акций для портфеля, можно заключить, что в конце

даемые темпы роста и чем дольше ожидаемый период роста, тем более серьезной и дорогостоящей может оказаться ошибка. Грэм рассматривает эту проблему далее в приложении 4.

1970 г. требованию, касающемуся соотношения «цена акции/балансовая стоимость», отвечали более половины акций, входящих в расчет фондового индекса Доу–Джонса. Цена самых популярных акций — American Tel. & Tel. — фактически была ниже балансовой стоимости. Одно из многочисленных преимуществ акций компаний сектора электроэнергетики заключается в том, что сегодня (в начале 1972 г.) их можно купить по цене, близкой к балансовой стоимости.

Инвесторы, портфель которых сформирован с учетом всего вышесказанного, могут позволить себе более спокойно реагировать на колебания фондового рынка, чем те, кто купил акции по ценам, намного превышающим балансовую стоимость (на что указывают высокие значения коэффициентов «цена/прибыль» и «цена/балансовая стоимость»). Поэтому при удовлетворительной доходности портфеля они могут не обращать внимания на капризы рынка и, более того, время от времени использовать эти капризы в своих интересах, блестяще играя в игру «Покупай дешево, продавай дорого».

Пример: компания Great Atlantic & Pacific Tea

Рассмотрим один из самых интересных примеров из собственного опыта. Это довольно старый пример, но он весьма ценен, поскольку иллюстрирует важные аспекты взаимоотношений между компаниями и инвесторами. Речь идет об истории компании Great Atlantic & Pacific Tea Co (A&P).

Акции компании A&P с 1929 г. торговались на внебиржевом рынке. Их продавали члены Нью-Йоркской ассоциации внебиржевого рынка (New York Curb Market Association, сейчас — Американская фондовая биржа). В 1929 г. они почти сразу вышли на максимум — $494 за акцию. В 1932 г. курс снизился до $104, хотя прибыль компании не изменилась (вспомним о том, каким ужасным был тот год для американской экономики). В 1936 г. курс акций колебался в диапазоне от $111 до $131. Затем, в 1938 г., на фоне спада в экономике и медвежьего тренда на фондовом рынке цена акций обвалилась до минимального значения $36.

Это была абсурдно низкая цена. Дело в том, что совокупная рыночная стоимость всех привилегированных и обыкновенных акций компании составляла $126 млн. При этом из финансовых отчетов компании следовало, что только ее денежные активы достигали $85 млн, а весь оборотный капитал (чистые текущие активы) — $134 млн. Компания A&P была крупнейшим в США (если не в мире) ретейлером и на протяжении многих лет получала стабильно высокую (можно сказать, грандиозную) прибыль. Тем не менее в 1938 г. Уолл-стрит оценивала ее ниже стоимости текущих активов (ниже ликвидационной стоимости). Почему? Потому, что участники фондового рынка принимали во внимание следующие факторы. Во-первых, существовала реальная угроза введения специальных налогов на розничные сети. Во-вторых, чистая прибыль компании в предыдущем году снизилась. В-третьих, фондовый рынок находился в состоянии депрессии. Анализ показывает, что значение первого фактора преувеличивалось, а два других имели преходящий характер.

Представим себе, что инвестор купил обыкновенные акции A&P в 1937 г. по цене, в 12 раз превышающей среднегодовую прибыль на акцию за пять предшествующих лет, т. е. примерно за $80. Мы не хотим сказать, что ему не следовало обращать внимания на последующее снижение цены до $36. Напротив, он должен был бы тщательно проанализировать ситуацию и убедиться, что не допустил ошибку, купив акции. Но если бы результаты анализа показали, что он поступил правильно (а так оно на самом деле и оказалось), инвестору не следовало бы реагировать на падение фондового рынка, понимая, что оно носит временный характер. Более того, если бы у него были свободные денежные средства, он мог бы воспользоваться сложившейся ситуацией и купить по столь выгодному курсу дополнительное количество акций.

Продолжение истории и некоторые замечания

В следующем, 1939 г. курс акций компании A&P вырос до $117,5. Эта цена втрое превышала минимальную цену 1938 г. и была значительно выше среднего уровня 1937 г. Столь резкая смена тренда, вообще говоря, не является чем-то необычным для обыкновенных акций. Но в случае с акциями A&P она оказалась несколько неожиданной. После 1949 г. курс акций A&P продолжал, как и фондовый рынок в целом, расти. В 1961 г. с учетом дробления акций (10:1) их цена составила $70,5, что было эквивалентно $705 для акций образца 1938 г.

Цена $70,5 была примечательна тем, что в 1961 г. она в 30 раз превышала прибыль. Столь высокое значение коэффициента «цена/прибыль» (с учетом того, что для фондового индекса Доу–Джонса в том году оно составляло 23) должно было свидетельствовать о том, что участники рынка ожидают серьезного роста прибыли. Столь оптимистичные ожидания были безосновательными, если принять во внимание результаты деятельности компании за последние несколько лет, и, естественно, не оправдались. Прибыль компании снизилась. Через год после того, как цена акций достигла $70,5, она снизилась более чем вдвое — до $34. Но на этот раз акции не считались выгодным объектом инвестиций, как это было в 1938 г. После некоторых колебаний цена акций упала до $21,5 в 1970 г. и до $18 в 1972 г., что привело к первому квартальному убытку за всю историю компании.

Этот пример наглядно иллюстрирует многочисленные превратности, с которыми сталкивается крупная американская компания на фондовом рынке на протяжении жизни всего лишь одного поколения. Он также показывает, насколько необъективно (с неоправданным оптимизмом или пессимизмом) инвесторы подходят к оценке акций. В 1938 г. акции компании предлагались почти даром, однако желающих приобрести их по низким ценам почти не было. В то же время в 1961 г. из-за ажиотажного спроса курс акций взлетел до небес. После этого цена акций наполовину снизилась, а через несколько лет снова значительно упала. За это время компания из лидера превратилась в типичного середнячка. Ее прибыль на пике экономического бума в 1968 г. была меньше, чем в 1958 г. На протяжении многих лет она выплачивала низкие дивиденды. И хотя в 1961 и 1972 гг. компания A&P была крупнее, чем в 1938 г., она перестала быть успешной, прибыльной и привлекательной для инвесторов[13].

Из этой истории можно сделать два вывода. Во-первых, фондовый рынок часто ошибается и внимательный и смелый инвестор может извлечь из этого выгоду. Во-вторых, характер и качество бизнеса большинства компаний с течением времени меняются, иногда в лучшую сторону, но чаще — в худшую. Инвестор не должен, как ястреб за добычей, следить за изменением положения «своих» компаний, но время от времени он должен находить время для тщательного анализа ситуации.

Давайте вернемся к сравнению положения инвесторов, один из которых владеет обыкновенными ликвидными акциями, а другой — долей в капитале частной компании[14]. Как мы уже писали, первый может считать себя либо совладельцем компаний, акции которых он приобрел, либо просто держателем акций, которые он может продать в любой момент по текущему курсу.

Здесь следует сделать одно важное замечание. Настоящий инвестор крайне редко бывает *вынужден* продавать свои акции. Как правило, он может не обращать внимания на текущий курс акций, содержащихся в его

---

[13] Дальнейшая история компании A&P ничем не примечательна. В конце 1999 г. цена ее акций составила $27,875, в конце 2000 г. — $7,00, год спустя — $23,78, в конце 2002 г. — $8,06. Хотя позднее в компании были выявлены некоторые нарушения бухгалтерской отчетности, с позиции логики трудно объяснить, как стоимость сравнительно стабильного бизнеса (такого как розничная торговля продуктами питания) может за год упасть на 3/4, потом за тот же период вырасти втрое, а еще через год снова упасть на 2/3.

[14] Речь идет о таких организационно-правовых формах компаний как общество с ограниченной ответственностью или закрытое акционерное общество. — *Прим. ред.*

портфеле. Отслеживать котировки акций и проводить необходимые операции следует лишь в той мере, в какой этого требует его бухгалтерия, и не более того[15]. Инвестор, впадающий в панику из-за необъяснимого падения рыночной стоимости портфеля, превращает свое основное преимущество в главный недостаток. Для него было бы гораздо лучше, если бы акции вообще не имели рыночных котировок. В этом случае он был бы избавлен от душевных мук, вызываемых ошибочными суждениями *других* участников фондового рынка[16].

Эту мысль подтверждают примеры времен Великой депрессии 1931–1933 гг. Инвесторы, чьи вложения не имели рыночных котировок, психологически оказались в выигрышном положении. Так, владельцы первичных закладных на недвижимость, по которым продолжали выплачиваться проценты, могли считать, что стоимость их инвестиций не изменилась, поскольку у закладных отсутствовали рыночные котировки, способные доказать обратное. С другой стороны, котировки многих даже первоклассных корпоративных облигаций, торгующихся на бирже, стремительно падали, из-за чего их владельцы считали себя почти банкротами. Но в действительности положение владельцев облигаций, несмотря на низкие рыночные цены последних, было лучше, чем владельцев закладных. Дело в том, что держатели облигаций могли (по собственному желанию или в силу необходимости) продать свои ценные бумаги или обменять их на другие облигации на более выгодных условиях. Наконец, они могли не обращать внимания на колебания курсов, считая их падение временным. Убеждать себя в том, что ценные бумаги не теряют стоимость *только потому,* что не котируются на рынке, — значит заниматься самообманом.

Но вернемся к нашему примеру. Анализируя ситуацию, в которой акционер компании A&P оказался в 1938 г., мы утверждаем, что он ничего не терял из-за падения рыночной цены своих акций, если продолжал держать их в портфеле, независимо от того, что он сам думал об изменении их истинной стоимости. А раз так, у него были все основания считать, что в скором времени рыночные котировки акций вернутся к уровню 1937 г. или даже более высокому (что фактически и произошло в следующем году). В этом смысле положение инвестора можно было считать столь же прочным, как если бы он владел долей капитала частной компании, акции которой

[15] Иными словами, лишь в той мере, в какой уровень цен оправдывает продажу акций. Под бухгалтерией Грэм имеет в виду «главную книгу» инвестора — журнал, в котором ведется запись его активов и операций.

[16] Этот абзац можно считать одним из важнейших в книге. В словах Грэма сконцентрирован весь его жизненный опыт. Перечитывайте их как можно чаще. Они действуют на медвежий рынок, как криптонит на Супермена (как известно, только это взрывчатое вещество могло уничтожить героя комиксов Кларка Кента). Если вы всегда будете помнить и соблюдать это правило, вы справитесь с любыми проблемами фондового рынка.

не котировались на фондовом рынке. Он также мог бы мысленно скорректировать стоимость своих инвестиций, приняв во внимание последствия спада в экономике в 1938 г. для компании A&P.

Критики метода оценки акций на основе их стоимости утверждают, что к оценке акций, торгующихся на бирже, нельзя подходить с тех же позиций, что и к оценке доли (пая) в аналогичной частной компании, поскольку существование организованного рынка «привносит во владение акциями новый, чрезвычайно важный фактор ликвидности».

С этим трудно спорить. Ликвидность акций действительно важна. Но ее значение для инвестора заключается, во-первых, в том, что он имеет возможность ежедневно оценивать свои инвестиции (неважно, *насколько верна эта оценка*). Во-вторых, оно состоит в том, что инвестор может увеличить или уменьшить объемы инвестиций в соответствии с ежедневно меняющейся ситуацией на рынке — *если он того пожелает.* Таким образом, наличие рыночных котировок создает для инвестора *определенные возможности,* которых у него не было бы, если бы его ценные бумаги не обращались на рынке. Но рыночные котировки не являются единственным и главным ориентиром для инвестора, который предпочитает использовать другие методы оценки своих инвестиций.

Давайте завершим этот раздел своеобразной притчей. Представьте себе, что вы владеете небольшой долей (стоимостью около $1000) в капитале частной фирмы. Один из ваших партнеров — мистер Рынок — ведет себя очень любезно. Каждый день он сообщает вам, сколько, по его мнению, стоит ваша доля, и предлагает вам либо продать ему эту долю, либо, наоборот, купить у него дополнительные акции по установленной им цене. Иногда его оценка кажется вполне разумной и оправданной (исходя из ваших знаний бизнеса и прогнозов на будущее). Но, как правило, оценки мистера Рынка отличаются либо излишним оптимизмом, либо неоправданным пессимизмом, и предлагаемая им цена кажется вам смешной или дикой.

Будучи осторожным инвестором и здравомыслящим бизнесменом, позволите ли вы ежедневно меняющемуся мнению мистера Рынка влиять на вашу собственную оценку вашей собственной доли в компании? Положительный ответ на этот вопрос возможен только в двух случаях: если его мнение совпадает с вашим либо если вы хотите заключить с ним сделку. Понятно, что вы с радостью продадите ему свой пай, если он предложит очень высокую цену, или купите у него дополнительные акции, если он предложит их по низким ценам. В других случаях вы поступите мудро, если составите собственное мнение о стоимости вашей доли, опираясь на всю доступную информацию о бизнесе компании и ее финансовом положении.

Именно в такой ситуации оказывается настоящий инвестор, владеющий акциями, которые котируются на фондовом рынке. Он может использовать все преимущества ежедневной рыночной оценки стоимости акций или не обращать на нее внимания, руководствуясь собственными суждениями и намерениями. Он должен учитывать информацию о колебаниях рыночных цен, поскольку иначе ему не на чем будет основывать собственные суждения. Иногда эта информация может послужить для него предупредительным сигналом, который следует принять во внимание. Проще говоря, она может сигнализировать о том, что инвестору пора продать свои акции, поскольку цена последних пошла вниз и их будущее под вопросом. Однако, на наш взгляд, подобные сигналы могут не только помочь инвестору выбрать правильный курс, но и заставить его сбиться с пути. По правде говоря, рыночные колебания цен имеют для настоящего инвестора значение только постольку, поскольку они дают возможность эффективно торговать ценными бумагами — с выгодой покупать их в моменты резкого падения цен и с выгодой продавать тогда, когда цены значительно возрастают. В другое время инвестору лучше забыть о фондовом рынке и сосредоточиться на дивидендной доходности и результатах деятельности компаний, акциями которых он владеет.

Выводы

Главное различие между инвестором и спекулянтом заключается в отношении к колебаниям фондового рынка. Спекулянту важно предвидеть колебания фондового рынка, чтобы на них зарабатывать, инвестору — чтобы приобрести подходящие ценные бумаги по приемлемым ценам и держать их. Для последнего колебания рынка имеют значение с практической точки зрения, поскольку благодаря им цены то снижаются (и тогда разумный инвестор приобретает ценные бумаги), то растут (и тогда он воздерживается от покупки или продает свои бумаги).

Мы погрешим против истины, если будем настаивать, что инвестор должен воздерживаться от покупок до того момента, как на рынке установятся низкие цены. Дело в том, что этого момента можно ждать очень долго. При этом инвестор потеряет потенциальный доход и может упустить привлекательные инвестиционные возможности. Вообще говоря, инвестор, видимо, должен покупать акции в любое время, когда у него есть средства для этого, *за исключением* тех случаев, когда цены на рынке намного превышают уровень, рассчитанный инвестором в соответствии с его методом оценки ценных бумаг. Считая инвестора разумным человеком, мы полагаем, что он всегда может найти на рынке выгодные объекты инвестиций.

Помимо прогнозирования динамики фондового рынка в целом, на Уолл-стрит большое значение придается выявлению отдельных акций или секторов, которые в ближайшей перспективе продемонстрируют более высокие результаты, чем рынок в целом. Сколь бы оправданными ни казались усилия, направленные на поиск таких бумаг, мы считаем, что они не отвечают ни потребностям, ни характеру настоящего инвестора. Это объясняется прежде всего тем, что ему придется конкурировать с целой армией биржевых трейдеров и опытных финансовых аналитиков. Опыт показывает, что как в этом, так и во многих других случаях, когда деятельность участников фондового рынка строится в первую очередь на ценовых колебаниях и уже во вторую — на внутренней стоимости ценных бумаг, коллективные усилия сводят на нет результаты работы отдельных, даже самых лучших аналитиков.

Инвестор, чей портфель состоит из правильно подобранных акций, должен быть готов к колебаниям их рыночной стоимости. Он не должен ни расстраиваться из-за ощутимого падения цен, ни бурно радоваться при ощутимом их повышении. Он всегда должен помнить, что рыночные котировки нужны ему лишь для того, чтобы удобнее было принимать обоснованные решения. Он может либо использовать их в своих интересах, либо просто игнорировать. Не стоит покупать акции просто потому, что их курс растет, и продавать только потому, что он падает. Вот девиз настоящего инвестора: «Никогда не покупай акции сразу после значительного роста их курса и никогда не продавай сразу после значительного его падения».

Дополнение к сказанному

Следует сказать несколько слов об использовании среднего уровня курса акций той или иной компании для оценки эффективности работы ее менеджмента. Об эффективности инвестиций акционеры судят как по размерам получаемых дивидендов, так и по долгосрочной тенденции изменения средней стоимости данной инвестиции. Логика говорит о том, что те же критерии должны использоваться и для оценки эффективности работы руководителей компании и того, как они учитывают интересы акционеров.

Это утверждение может показаться банальным, но оно заслуживает внимания. Дело в том, что до сих пор не существует общепринятого метода оценки эффективности менеджмента с учетом поведения курса акций компании. Более того, руководители корпораций постоянно напоминают о том, что не несут ответственности *за все,* что происходит с курсом акций. Безусловно, они не отвечают за те *колебания курса*, которые, как мы постоянно подчеркиваем, не имеют никакого отношения к состоянию бизнеса самой компании и ее внутренней стоимости. Однако рядовые инвесторы, не отличающиеся здравомыслием или не имеющие достаточного запаса знаний, распространяют ответственность менеджеров и на рыночные котировки, в том числе винят их за низкий уровень последних. У хороших менеджеров, думают они, цены акций всегда высокие, а у плохих — низкие[17].

Колебания цен облигаций

Если в портфеле инвестора есть облигации, то, даже будучи уверенным в аккуратной выплате процентов и погашении суммы основного долга, он должен знать, что при изменении процентных ставок рыночная цена долгосрочных облигаций может варьироваться в широких пределах. В таблице 8.1 представлены данные о доходности высококачественных корпоративных облигаций и не облагаемых налогом облигаций за отдельные годы начиная с 1902 г. В качестве конкретных примеров изменения цен облигаций параллельно взяты также бонды двух железнодорожных компаний за аналогичный период — 4%-ные ипотечные облигации компании Atchison, Topeka & Santa Fe со сроком погашения в 1995 г. (один из первых безотзывных выпусков) и 3%-ные 150-летние (!) облигации компании Northern Pacific Ry. со сроком погашения в 2047 г. (типичные облигации с рейтингом Baa).

Между доходностью облигаций и их ценами существует обратная зависимость: чем ниже доходность, тем выше цена, и наоборот. В 1940 г. цена облигаций Northern Pacific Ry. упала главным образом из-за беспокойства инвесторов относительно их надежности. Далее облигации вели себя совсем уж необычно: через несколько лет их цена достигла исторического максимума, а затем упала примерно на 2/3 — в основном из-за роста процентных ставок. Не менее странные колебания цен на протяжении прошедших 40 лет наблюдались и для облигаций с более высоким рейтингом.

Обратите внимание, что цены облигаций не изменялись в строгом соответствии с изменением их доходности (в обратной зависимости), так как фиксированная номинальная стоимость их погашения оказывала смягчающее влияние на эти колебания. Но цены и доходность облигаций с очень длительным сроком погашения, таких как облигации компании Northern Pacific, изменялись почти пропорционально.

Начиная с 1964 г. на рынке высококачественных облигаций наблюдаются рекордные колебания уровней цен и доходности. Анализ поведения не облагаемых налогом муниципальных облигаций показывает, что их доходность возросла более чем вдвое — с 3,2% в январе 1965 г. до 7% в июне 1970 г., а цена, наоборот, снизилась соответственно со 110,8 до 67,5. В середине 1970 г. доходность высококачественных облигаций с длитель-

[17] Проблемы корпоративного менеджмента более подробно рассматриваются в разделе «Комментарии к главе 19».

Таблица 8.1. **Колебания процентной доходности и цен облигаций**

	Доходность облигаций			Цена облигаций	
Годы и фазы рынка	Индекс S&P Composite AAA, %	S&P Municipals, %	Годы и фазы рынка	Atkinson,Topeka & Santa Fe (4%-ные облигации со сроком погашения в 1995 г.)	Northern Pacific (3%-ные облигации со сроком погашения в 2047 г.)
1902 г., низкий уровень	4,31	3,11	1905 г., высокий уровень	105,5	79
1920 г., высокий уровень	6,40	5,28	1920 г., низкий уровень	69	49,5
1928 г., низкий уровень	4,53	3,90	1930 г., высокий уровень	105	73
1932 г., высокий уровень	5,52	5,27	1932 г., низкий уровень	75	46,75
1946 г., низкий уровень	2,44	1,45	1936 г., высокий уровень	117,25	85,25
1970 г., высокий уровень	8,44	7,06	1939-1940 гг., низкий уровень	99,5	31,5
Цена закрытия 1971 г.	7,14	5,35	1946 г., высокий уровень	141	94,75
			1970 г., высокий уровень	51	32,75
			Цена закрытия 1971 г.	64	37,25

ным сроком погашения была самой высокой за всю 200-летнюю историю экономики США[18]. А 25 лет назад, как раз перед переходом рынка в бычью фазу, доходность облигаций достигла исторических минимумов: по долгосрочным муниципальным облигациям она составила 1%, по корпоративным — 2,4% (ранее нормальными показателями доходности считались соответственно 4,5 и 5%). Старожилам Уолл-стрит не раз доводилось воочию наблюдать действие третьего закона Ньютона («Сила действия равна силе противодействия») на фондовом рынке. Самым ярким примером служить рост фондового индекса Доу–Джонса с 64 пунктов в 1921 г. до 381 пункта в 1929 г. и его последующее падение до 41 пункта в 1932 г. Но на этот раз закачался обычно устойчивый и даже неповоротливый рынок первоклассных облигаций. Отсюда мораль: никакие серьезные события на Уолл-стрит не происходят в точности так, как они происходили в прошлом. Это заставляет вспомнить первую часть нашего любимого изречения: «Чем больше все меняется, тем больше все остается по-прежнему».

Если практически невозможно дать точный прогноз динамики цен акций, то предсказать динамику цен облигаций совершенно невозможно[19]. Раньше инвесторам нередко удавалось предсказать завершение бычьего или медвежьего тренда, исходя из ситуации на рынке облигаций, но подобрать такой же «ключ» для прогнозирования изменений процентных ставок и цен облигаций нереально. Поэтому инвестор должен выбирать между долго- и краткосрочными облигациями главным образом на основе своих личных предпочтений. Если он хочет быть уверенным в том, что рыночная цена облигации не упадет, ему, видимо, следует приобретать сберегательные облигации серий «E» или «H», о которых шла речь в главе 4. Любой из этих выпусков обеспечит инвестору 5%-ную доходность (по истечении первого года) и, кроме того, гарантированный выкуп по цене, покрывающей затраты на покупку облигаций.

Если инвестор рассчитывает получать доходность на уровне 7,5%, которую сегодня приносят качественные долгосрочные корпоративные облигации, или 5,3% (не облагаемые налогом муниципальные облигации), он должен быть готов к тому, что цены этих облигаций будут значительно

---

[18] В соответствии с правилом, которое Грэм называет «с точностью до наоборот», в 2002 г. доходность долгосрочных казначейских облигаций упала до самого низкого уровня с 1963 г. Поскольку доходность облигаций меняется в направлении, противоположном движению их цен, последние, соответственно, выросли. При этом инвесторы весьма охотно покупали эти дорогие и низкодоходные финансовые инструменты. Данный пример служит еще одним подтверждением правоты Грэма, который писал, что разумный инвестор не должен принимать решения в зависимости от колебаний рынка.

[19] Анализ современной ситуации на рынке облигаций представлен в разделе «Комментарии к главе 4».

колебаться. Банки и страховые компании обычно оценивают стоимость таких первоклассных облигаций на основе математических методов расчета амортизированной стоимости, не принимая во внимание рыночные цены. Было бы неплохо, если бы это делали и индивидуальные инвесторы.

Цены *конвертируемых облигаций* или *привилегированных акций* колеблются под влиянием трех факторов: 1) изменения цен обыкновенных акций тех же компаний; 2) изменения финансового положения компаний и 3) изменения процентных ставок. Многие конвертируемые облигации выпускались компаниями, имеющими невысокий кредитный рейтинг [3]. Некоторые из них серьезно пострадали вследствие тяжелой финансовой ситуации 1970 г. Таким образом, в последние годы конвертируемые ценные бумаги подвергались негативному влиянию трех указанных факторов, что обуславливало необычно сильные колебания их цен. Инвесторы напрасно ждут от конвертируемых ценных бумаг надежности и ценовой устойчивости, как у первоклассных облигаций, в сочетании с возможностью выигрыша от роста стоимости, как у обыкновенных акций.

Давайте подумаем, что могли бы представлять собой долгосрочные облигации в будущем. Почему бы не сделать так, чтобы результат изменения процентных ставок справедливо распределялся между кредитором и заемщиком? Можно было бы, например, выпускать долгосрочные облигации, размер процентных выплат по которым менялся бы в зависимости от текущего уровня процентных ставок. Эта схема дала бы два результата: 1) при неизменном кредитном рейтинге компании ее облигации всегда торговались бы по цене, близкой номиналу (по 100), но величина процентных выплат менялась бы, например, в соответствии с процентным доходом по новым выпускам и 2) компании получили бы преимущество в виде экономии средств за счет долгосрочного характера финансирования (в противном случае им пришлось бы тратить их на постоянное рефинансирование долга), но при этом затраты по обслуживанию задолженности менялись бы из года в год [4].

На протяжении последнего десятилетия инвестор, желающий приобрести облигации, сталкивался с проблемой выбора, которая становилась все более острой. Что важнее: полная гарантия погашения основной суммы долга и меняющиеся и обычно низкие (краткосрочные) процентные ставки или фиксированный процентный доход и существенное колебание (обычно в сторону уменьшения) номинальной стоимости? Инвесторам приходится искать компромисс между этими крайними вариантами и добиваться, чтобы ни процентный доход, ни номинальная стоимость не упали ниже определенного минимума, скажем, в течение 20 лет. Это нетрудно сделать, используя соответствующую новую форму облигационного контракта. Одно важное замечание: американские чиновники уже поработали в этом направлении и предлагают продлевать контракты по сберегательным облигациям с учетом более высоких процентных ставок. Наше предложение касается облигаций, выпускаемых на более длительный, нежели сберегательные облигации, срок, и требует большей гибкости в отношении процентных ставок[20].

Вряд ли стоит здесь говорить о неконвертируемых привилегированных акциях, поскольку особый налоговый статус последних делает их более пригодными для корпоративных инвесторов (например, страховых компаний), чем для индивидуальных. Цена этих акций может колебаться столь же сильно, как и цена обыкновенных. Ничего более о них мы сказать, пожалуй, не можем. В таблице 16.2 (глава 16) показана динамика цен неконвертируемых привилегированных акций с декабря 1968 г. по декабрь 1970 г. В среднем они упали на 17%, в то время как индекс S&P Composite снизился на 11,3%.

[20] Как мы уже писали в разделах «Комментарии к главе 2» и «Комментарии к главе 4», защищенные от инфляции казначейские облигации (Treasury Inflation-Protected Securities, TIPS) являются новым усовершенствованным видом облигаций, о необходимости которого пишет Грэм.

КОММЕНТАРИИ К ГЛАВЕ 8

Тот, кто ищет известности, зависит от других людей.
Тот, кто ищет удовольствия, зависит от перемен настроения, которое ему неподвластно.
А счастье мудрого человека — результат поступков, совершаемых по доброй воле.

Марк Аврелий

ДОКТОР ДЖЕКИЛ И МИСТЕР РЫНОК

В большинстве случаев рынок достаточно точно оценивает акции. Миллионы покупателей и продавцов, торгуясь по поводу цен, проделывают огромную работу по оценке компаний — в среднем по рынку. Но случается, что акции оцениваются не совсем адекватно, а иногда и совсем неадекватно. В таких случаях важно понимать, что делает тот, кого Грэм называет «мистер Рынок». Возможно, это самый яркий образ, позволяющий объяснить, почему цены акций иногда бывают необоснованными. Мистер Рынок, страдающий маниакально-депрессивным психозом, не всегда оценивает акции так, как оценивает их инвестор или потенциальный владелец частного бизнеса. Когда курс акций растет, этот господин охотно соглашается платить за них больше, чем они стоят на самом деле, а когда курс падает, отчаянно стремится избавиться от них, продавая по цене ниже истинной стоимости.

Но, может быть, со времен Грэма мистер Рынок изменился? Или он ведет себя так же, как раньше? Можно побиться об заклад, что он остался таким же, каким и был.

17 марта 2000 г. курс акций корпорации Inktomi достиг очередного пика — $231 625. С момента их размещения на рынке в 1998 г. акции этой компании, занимающейся разработкой программного обеспечения для интернет-поисковиков, выросли в цене на 1900%. Всего лишь за несколько недель с декабря 1999 г. курс акций подскочил почти втрое.

Какие же изменения в деятельности компании Inktomi привели к столь значительному росту стоимости акций? Ответ очевиден: феноменально быстрый рост бизнеса. За последний квартал 1999 г. компания Inktomi продала продукции и услуг на $36 млн больше, чем за весь 1998 г. Если бы ей удалось поддерживать такие темпы роста в течение хотя бы последующих пяти лет, ее доходы могли бы увеличиться с $36 млн за квартал до $5 млрд в месяц. В такой ситуации чем быстрее растут акции, тем труднее представить, что их рост рано или поздно прекратится.

Но мистер Рынок, которому акции Inktomi вскружили голову, кое-чего не заметил. Компания несла убытки, и немалые. За последний квартал 1999 г. она потеряла $6 млн, за предыдущие 12 месяцев — $24 млн, а годом ранее — еще $24 млн. За все время своего существования корпорация Inktomi не получила ни цента прибыли. Но 17 марта 2000 г. господин Рынок оценил этот крошечный бизнес в $25 млрд (да-да, мы не ошиблись — именно миллиардов).

После этого господин Рынок впал в жесточайшую депрессию. И 30 сентября 2002 г., всего через два с половиной года после рекордного уровня цен — $231 625, акции Inktomi начали продаваться всего по 25 центов. В результате общая рыночная стоимость компании упала с $25 млрд до менее $40 млн. Значит ли это, что бизнес Inktomi претерпел такой же спад? Вовсе нет. Выручка компании за предыдущие 12 месяцев составила $113 млн. Что же изменилось? Только настроение мистера Рынка: в начале 2000 г. инвесторы были настолько очарованы Интернетом, что оценили акции Inktomi в 250 раз выше выручки компании. Теперь же они готовы были заплатить за них сумму, которая была в 0,35 раза меньше выручки. Мистер Рынок из доктора Джекила превратился в мистера Хайда, жестоко расправляющегося со столь любимыми им ранее акциями.

Но и жестокая депрессия мистера Рынка вряд ли имела под собой реальную почву. Так, 23 декабря 2002 г. компания Yahoo! Inc. объявила, что покупает Inktomi по цене $1,65 за акцию. Эта цена примерно в 7 раз превышала уровень 30 сентября 2002 г. Надо полагать, компания Yahoo! Inc. совершила выгодную сделку. Когда мистер Рынок так дешево оценивает акции, естественно, находятся покупатели, готовые покупать у него целые компании[21].

ОСТАВАЙТЕСЬ СОБОЙ

Понравится ли вам, если человек с диагнозом «шизофрения» будет навещать вас почти ежедневно и требовать, чтобы вы чувствовали себя так же, как он? Согласитесь ли вы впадать в эйфорию только потому, что в нее впа-

[21] Как отмечал Грэм в серии своих ставших классикой публикаций 1932 г., Великая депрессия привела к тому, что цены акций многих компаний упали намного ниже денежных и других ликвидных активов, делая их выгодными объектами инвестиций.

дает он, или мучиться от депрессии только потому, что и он хандрит? Разумеется, нет. Вы будете отстаивать свое право оставаться собой и жить так, как велит ваш опыт и убеждения. Но в финансовом мире миллионы людей почему-то позволяют мистеру Рынку диктовать им, как себя вести, — несмотря на тот очевидный факт, что сам он время от времени ведет себя как буйнопомешанный.

В 1999 г., когда мистер Рынок был на вершине блаженства, американские трудящиеся перечисляли в среднем 8,6% своей заработной платы на пенсионные счета 401(k). В 2002 г., после того как мистер Рынок три года подряд превращал акции в простые бумажки, средний процент взносов на пенсионные счета упал почти на четверть — до 7%[22]. Чем дешевле становились акции, тем меньше было желающих их покупать — ведь вместо того, чтобы оставаться собой, все стремились подражать мистеру Рынку.

Разумный инвестор не должен полностью игнорировать мистера Рынка. Наоборот, он должен строить свой бизнес вместе с ним — но только до тех пор, пока это отвечает его, инвестора, интересам. Дело мистера Рынка — назвать цену. А стоит ли продавать или покупать по этой цене — решать вам. Не следует покупать или продавать ценные бумаги только потому, что на этом настаивает мистер Рынок.

Откажитесь подчиняться мистеру Рынку, и он станет вашим слугой. В конце концов, если порой кажется, что он снижает стоимость одних ценных бумаг, помните, что он одновременно повышает стоимость других. В 1999 г. фондовый индекс Wilshire 5000 — самый полный индекс, отражающий состояние рынка акций США, — вырос на 23,8% (в основном за счет роста котировок акций высокотехнологичных и телекоммуникационных компаний). Несмотря на то, что из 7234 акций, входящих в расчет индекса, 3743 потеряли в стоимости, средняя цена выросла. В то время как акции высокотехнологичных и телекоммуникационных компаний были перегреты, как мотор гоночной машины в летний полдень, тысячи акций «старых отраслей», к которым мистер Рынок охладел, дешевели.

Так, акции компании CMGI, «инкубатора» для начинающих интернет-компаний, продемонстрировали высочайшие темпы роста: в 1999 г. их курс вырос на 939,9%. В то же время акции Berkshire Hathaway — холдинговой компании, через которую великий ученик Грэма Уоррен Баффетт управляет такими гигантами «старых отраслей», как Coca-Cola, Gillette и Washington Post Co., потеряли 24,9% своей стоимости[23].

---

[22] Пресс-релиз The Spectrem Group "Plan Sponsors Are Loosing the Battle to Prevent Declining Participation and Deferrals into Defined Contribution Plans," 25 октября 2002 г.

[23] Через несколько месяцев, 10 марта 2000 г., — в тот самый день, когда фондовый индекс NASDAQ достиг рекордного уровня, — эксперт по онлайн-трейдингу Джеймс Крамер написал, что на протяжении последних дней он «неоднократно» подвергался

Но потом, как это обычно бывает, настроение фондового рынка изменилось. Данные, представленные в таблице 8.2, показывают, что аутсайдеры 1999 г. стали звездами в 2000–2002 гг.

Что касается двух указанных холдинговых компаний, то в 2000 г. акции CMGI потеряли 96%, в 2001 г. — 70,9%, а в 2002 г. — 39,8% стоимости. В целом они упали на 99,3%. Акции же Berkshire Hathaway, наоборот, росли: в 2000 г. — на 26,6%, в 2001 г. — на 6,5%. В 2002 г. они упали на целых 3,8%. В целом рост составил 30%.

МОЖНО ЛИ ОБЫГРАТЬ ПРОФЕССИОНАЛОВ?

Один из важнейших выводов Грэма гласит: «Инвестор, впадающий в панику из-за необъяснимого падения рыночной стоимости портфеля, превращает свое основное преимущество в главный недостаток».

Что Грэм называет «основным преимуществом»? Свободу индивидуального инвестора решать, следовать за мистером Рынком или нет. У вас есть огромное преимущество, которое состоит в том, что вы можете иметь собственное мнение и руководствоваться им[24].

А вот у типичного управляющего инвестиционным фондом нет выбора: он вынужден подражать каждому движению мистера Рынка, т. е. покупать по высоким ценам и продавать по низким, бездумно шагая в ногу с этим господином. Вот лишь некоторые ограничения, с которыми сталкиваются управляющие взаимных фондов и другие профессиональные инвесторы.

- Управляя миллиардами долларов, они вынуждены концентрироваться в основном на акциях крупных компаний, которые приходится покупать в огромных количествах на многомиллионные суммы. В результате многие инвестиционные фонды становятся владельцами одних и тех же переоцененных гигантов.

соблазну осуществить короткую продажу акций Berkshire Hathaway, поскольку готов был побиться об заклад, они будут падать и дальше. Крамер уверенно заявил, что акции Berkshire «созрели для обвала». В этот же день инвестиционный стратег Ральф Акампора из Prudential Securities вопрошал: «За кем будущее — за Norfolk Southern или Cisco Systems?» Казалось, что будущее за Cisco с ее ставкой на скоростные интернет-магистрали завтрашнего дня, а Norfolk Southern с ее железнодорожными перевозками осталась далеко в прошлом. В следующем году тем не менее акции Norfolk Southern выросли на 35%, а акции Cisco обвалились на 70%.

[24] На вопрос, что мешает преуспеванию индивидуальных инвесторов, Грэм дал четкий ответ: «Главной причиной их неудач является то, что они уделяют слишком много внимания текущей ситуации на рынке». См.: "Benjamin Graham: Thoughts on Security Analysis" (запись лекции в Северо-Западной школе бизнеса Миссури, март 1972 г.), *Financial History Magazine*, № 42, март 1991 г., с. 8.

Таблица 8.2. **Через тернии к звездам**

Компании	Вид деятельности	Совокупная доходность				Конечная стоимость $1000, инвестированных 01.01.1999
		1999	2000	2001	2001	
Angelica	Производство рабочей одежды	–43,7	1,8	19,3	94,1	1328
Ball Corp.	Производство металлической и пластиковой упаковки	–12,7	19,2	55,3	46,0	2359
Checkers Drive-In-Restaurants	Фастфуд	–45,5	63,9	66,2	2,1	1517
Family Dollar Stores	Розничная торговля	–25,1	33,0	41,1	5,0	1476
International Game Technology	Производство оборудования для азартных игр	–16,3	136,1	42,3	11,2	3127
J B Hunt Transportation	Грузоперевозки	–39,1	21,9	38,0	26,3	1294
Jos. A. Bank Clothiers	Производство одежды	–62,5	50,0	57,1	201,6	2665
Lockheed Martin	Производство военной и космической техники	–46,9	58,0	39,0	24,7	1453
Piers 1 Imports	Производство мебели	–33,2	63,9	70,5	10,3	2059
UST Inc.	Производство табачных изделий	–23,5	21,6	32,2	1,0	1241
Индекс Wilshire Internet		139,1	–55,5	–46,2	–45,0	315
Индекс Wilshire 5000 (весь фондовый рынок)		23,8	–10,9	–11,0	–20,8	778

Источник: Arizon + Jonson + Ortiz, L.P.; www.wilshire.com.

- Инвесторы обычно вкладывают больше средств в инвестиционные фонды, когда рынок растет. Управляющие фондами направляют вновь поступающие ресурсы для покупки акций, которые уже имеются в их портфелях, тем самым взвинчивая цены до еще более опасного уровня.
- Если после падения фондового рынка инвесторы начинают изымать свои деньги из инвестиционных фондов, управляющим приходится продавать акции, чтобы получить наличные средства. Таким образом, во время подъема рынка фонды вынуждены покупать акции по завышенным ценам, а во время падения — продавать по дешевке.
- Многие управляющие инвестиционными фондами получают бонусы, если им удается переиграть фондовый рынок, поэтому они с такой одержимостью сравнивают доходность своих акций с эталонной, — например, с показателем доходности акций, входящих в расчет фондового индекса S&P 500. Когда в расчет индекса включают новую компанию, ее акции в обязательном порядке приобретают сотни инвестиционных фондов. (Если они этого не сделают, то в случае, если акции окажутся прибыльными, управляющие будут чувствовать себя дураками. Если же акции окажутся убыточными, никто не поставит им этого в вину.)
- От управляющих инвестиционными фондами сегодня требуют узкой специализации. Подобно тому, как врач рано или поздно становится узким специалистом — например, аллергологом-педиатром или отоларингологом-гериатром, — управляющие инвестиционными фондами вынуждены покупать только «акции роста» мелких компаний или, наоборот, «акции стоимости» средних[25]. Если компания становится слишком крупной или слишком мелкой, слишком дешевой или слишком дорогой, специализированные инвестиционные фонды вынуждены избавляться от ее акций, даже если управляющие этими фондами находят их замечательными.

В силу всех этих причин ничто не может помешать вам добиваться таких же успехов, как профессиональные инвесторы. Чего категорически нельзя делать (что бы ни говорили эксперты всех мастей), так это пытаться переиграть профессионалов в их собственной игре. *В этой игре и сами профессионалы всегда проигрывают!* Так зачем же вам-то в нее играть? Если вы будете играть по их правилам, то проиграете, так как станете, как и все профессионалы, слугой мистера Рынка.

---

[25] Не забивайте себе голову тем, что означают эти термины или что они должны означать. В то время как рядовые инвесторы относятся к ним с огромным уважением, большинство профессионалов в частных беседах употребляют их с оттенком иронии.

Лучше признайте, что разумное инвестирование требует умения контролировать то, что поддается контролю. Вы не можете сделать так, чтобы доходность ваших акций или паев инвестиционных фондов (сегодня, на следующей неделе, в следующем месяце или в целом за год) была выше средней по рынку. В краткосрочной перспективе ваша доходность всегда будет зависеть от прихотей мистера Рынка. Но вы можете контролировать:

- затраты на **оплату брокерских услуг** — торгуя редко, терпеливо и дешево;
- **затраты на управление активами** — отказываясь от покупки паев взаимных инвестиционных фондов с высоким уровнем годовых издержек;
- **свои ожидания** — прогнозируя доходность на основе реальности, а не фантазий[26];
- **свои риски** — решая, какую часть средств вложить в рискованные операции на фондовом рынке, а также через диверсификацию и ребалансировку портфеля;
- **свои налоговые счета** — держа акции как минимум год или, по возможности, лет пять, чтобы снизить налог на прирост капитала;
- и, что важнее всего, **свое поведение**.

Если вы смотрите финансовые телеканалы или читаете обзоры рынка, вы, скорее всего, считаете инвестирование одним из видов спорта, или чем-то вроде военной операции, или формой борьбы за выживание. *Но цель инвестирования не в том, чтобы победить других в их игре. Она заключается в том, чтобы научиться играть в свою игру.* Задача разумного инвестора — не в том, чтобы найти акции, курс которых будет расти или падать иначе, чем у других. Она в том, чтобы не стать злейшим врагом самому себе. Разумный инвестор не должен покупать акции по высокой цене только потому, что мистер Рынок кричит «Покупай!» и продавать их по дешевке только потому, что этот зловредный господин шепчет «Продавай!»

Если ваш инвестиционный горизонт достаточно широк — не менее 20–25 лет, вы можете использовать лишь один разумный подход к инвестированию: покупать автоматически каждый месяц и в любое другое время, когда у вас появляются свободные деньги. Оптимальный объект такого длительного инвестирования — паи индексного фонда, отслеживающего весь рынок. Продавайте только в том случае, если вам срочно понадобились деньги. В качестве психологической поддержки заполните и подпишите «инвестиционный контракт» с самим собой — образец вы найдете в конце главы.

---

[26] См. блестящую колонку Уолтера Апдегрейва "Keep It Real," *Money*, февраль 2002 г., с 53–56.

Разумному инвестору следует также отказаться от того подхода к оценке своих финансовых достижений, который используют многие. Если какой-нибудь инвестор из Дубьюка, Далласа или Денвера, в отличие от вас, сумеет добиться более высокой доходности, чем доходность фондового индекса S&P 500, вы не потеряете ни цента. А на его надгробной плите не напишут: «Он переиграл рынок».

Однажды мне пришлось брать интервью у представителей общины пенсионеров Бока-Ратон (штат Флорида) — одной из самых богатых общин в штате. Я спросил этих милых людей (а многим из них было далеко за 70), удалось ли им хоть раз в жизни переиграть фондовый рынок. Кто-то ответил «да», кто-то — «нет», но большинство не знали, что сказать. Один старичок вздохнул: «Кто его знает? Все, что я могу сказать, так это то, что мои инвестиции принесли мне достаточно денег, чтобы провести остаток жизни в этом чудесном уголке».

Можно ли ответить лучше? В конце концов, цель инвестирования состоит не в том, чтобы заработать на фондовом рынке больше, чем средний инвестор, а в том, чтобы заработать достаточно денег для собственных нужд. Лучший способ оценить эффективность своих инвестиций — не сравнивать вашу доходность с показателями фондового рынка, а убедиться в том, что вы придерживаетесь собственной стратегии и принципов, которые обязательно приведут вас к цели. И еще: не важно, пришли ли вы к финишу первым; важно то, что вы к нему все-таки пришли[27].

ДЕНЬГИ И МОЗГИ У КАЖДОГО СВОИ

Почему же мистер Рынок так нравится инвесторам? По всей видимости, человеческий мозг устроен так, чтобы создавать инвесторам как можно больше проблем. Людям свойственно во всем искать закономерности и пытаться уложить реальность в жесткие схемы. Психологи доказали, что, если человеку показать несколько случайно выбранных предметов, он будет искать в этом наборе закономерность. Точно так же, играя в кости, мы «нутром чуем», что сейчас выпадет семерка, следя за бейсбольным матчем — что сейчас нападающий доберется до базы, покупая лотерейный билет — что обязательно выиграет билет с таким-то номером, а играя на бирже — что эта компания вот-вот станет новой Microsoft.

Последние исследования мозговой деятельности показали, что этот орган способен находить закономерности даже там, где их не может быть в принципе. Реагируя на повторяющиеся события, соответствующие участки

[27] См.: Jason Zweig, "Did You Beat the Market?" *Money*, январь 2000 г., с. 55–58.

мозга (передняя поясная кора и прилежащее ядро) автоматически начинают ожидать, что оно будет повторяться и дальше. Если событие действительно происходит, в организме вырабатывается природный антидепрессант дофамин, заставляющий человека испытывать удовольствие. Поэтому, стоит курсу акций подскочить 2–3 раза подряд, как вы рефлекторно начинаете ожидать, что он будет расти и дальше, — и, если он действительно растет, ваш мозг начинает вырабатывать «гормон счастья». В итоге вы впадаете в почти наркотическую зависимость от своих собственных прогнозов.

Но когда акции падают, финансовые потери возбуждают так называемое миндалевидное тело — участок мозга, отвечающий за чувство страха и тревоги. Срабатывает пассивно- или активно-оборонительный рефлекс, как у загнанного в угол животного. Пожарная сирена заставляет ваше сердце биться чаще, вид ползущей змеи приводит вас в ужас, а резкое падение курса акций вызывает чувство страха и неуверенности[28].

Блестящие психологи Даниэль Канеман и Амос Тверски доказали, что переживания, вызванные финансовыми потерями, вдвое более интенсивны, чем переживания, вызванных получением эквивалентной прибыли. Заработанные $1000 всего лишь приятно греют карман, но потеря такой же суммы бьет по эмоциям с двойной силой. Утрата денег бывает настолько болезненна, что многие инвесторы из-за боязни новых убытков распродают свои портфели по дешевке или отказываются их расширять.

Это позволяет объяснить, почему мы зацикливаемся на абсолютных показателях падения рынка и забываем об относительных (процентных). В результате, когда ведущий финансовых новостей буквально кричит, что «фондовый рынок катится в пропасть — индекс Доу упал на 100 пунктов!», большинство людей вздрагивают. Но если индекс Доу–Джонса вчера был на отметке 8000 пунктов, падение составляет всего лишь 1,2%. Как вы отреагируете, если, рассказывая о погоде, ведущий вдруг завопит: «Все пропало! Катастрофа! Температура упала с 30 до 29,5 градуса»? Ведь и в этом случае падение составляет всего 1,2%. Если вы забываете оценивать динамику рыночных цен именно в процентном отношении, вы рискуете постоянно впадать в панику даже при самых незначительных колебаниях рынка. Если вы собираетесь заниматься инвестициями в течение нескольких ближайших десятилетий, научитесь правильно реагировать на биржевые сводки (см. врезку ниже).

В конце 1990-х гг. многие инвесторы совершенно терялись, если не могли по несколько раз в день проверять курс своих акций. Но, как указывает Грэм, для типичного инвестора «было бы гораздо лучше, если бы акции

[28] Эти аспекты инвестирования рассматриваются в одной из работ Джейсона Цвейга (Jason Zweig, "Are You Wired for Wealth?" *Money*, октябрь, 2002 г., с. 74–83. См. также: Jason Zwaig, "The Trouble with Humans," *Money*, ноябрь 2000 г., с. 67–70.

КАКИМИ ДОЛЖНЫ БЫТЬ ФИНАНСОВЫЕ НОВОСТИ

Фондовый рынок падает, и вы включаете телевизор, чтобы услышать последние сводки. Но представьте себе, что вы смотрите не CNBC или CNN, а финансовый канал Бенджамина Грэма (Benjamin Graham Financial Network, BGFN). На этом канале вы не услышите тревожного звука звонка, оповещающего об окончании торгов. Вы не увидите ни толп брокеров, снующих по биржевому залу как голодные крысы, ни инвесторов, с замиранием сердца ожидающих, не появится ли напротив тикера красная стрелка.

Зато вы увидите огромный плакат на фасаде Нью-Йоркской фондовой биржи, на котором аршинными буквами написано: «РАСПРОДАЖА! СКИДКА 50%!» В качестве музыкального сопровождения будет звучать песня канадской группы Bacham-Turner Overdrive «You Ain't Seen Nothin' Yet». Затем репортер торжественно объявит, что «сегодня акции стали еще более привлекательными, потому что индекс Доу–Джонса упал на 2,5%. Акции дешевеют четвертый день подряд. Инвесторы, предпочитающие компании сектора высоких технологий, находятся в еще более выигрышном положении — акции Microsoft за день потеряли почти 5% стоимости, и их акции стали еще более доступными. Это одна из лучших новостей за прошедший год, на протяжении которого акции уже потеряли 50% стоимости. Сегодня они продаются по самым выгодным ценам за много лет. При этом авторитетные аналитики дают оптимистические прогнозы относительно дальнейшего падения фондового рынка на протяжении следующих недель и месяцев».

Вслед за этим последует комментарий аналитика Игнатца Андерсона из компании Ketchum & Skinner, который скажет: «Я считаю, что в июне акции потеряют еще 15% стоимости. Мой прогноз достаточно оптимистичен. Я ожидаю дальнейшего падения цен акций. Если все пойдет хорошо, они подешевеют еще на 25%, а может быть, и больше».

«Будем надеяться, что Игнатц Андерсон прав, — радостно заметит ведущий. — Падение цен акций стало отличной новостью для инвесторов с достаточно широким инвестиционным горизонтом. А теперь предоставим слово Уолли Вуду, который расскажет о погоде».

вообще не имели рыночных котировок. В этом случае он был бы избавлен от душевных мук, вызванных ошибочными суждениями *других* участников фондового рынка». Если вы проверили стоимость своего портфеля в 13:24 и снова захотели это сделать в 13:37, задайте себе три вопроса.

- Если бы в 13:24 я позвонил агенту по недвижимости, чтобы узнать, сколько стоит мой дом, стал бы я перезванивать ему в 13:37?
- Если бы я все-таки перезвонил и он сказал бы, что цена изменилась, стал бы я продавать свой дом?
- Если я не буду каждую минуту проверять, не изменилась ли стоимость моего дома, помешает ли это росту цены?[29]

Единственный правильный ответ на эти вопросы — «Конечно, нет!». Так же следует относиться и к отслеживанию стоимости инвестиционного портфеля. Инвесторы с 10-, 20- или 30-летним инвестиционным горизонтом могут не обращать внимания на ежедневные капризы мистера Рынка. И в любом случае для тех, кто инвестирует в расчете на долгие годы, падение цен акций — хорошая, а не плохая новость, поскольку это позволяет им купить больше дешевых акций. Чем дольше акции падают, тем дольше вы сможете их покупать и тем больше денег в конце концов заработаете, если будете твердо и последовательно придерживаться такого подхода. Не нужно бояться медвежьего рынка — он должен вас радовать. Разумный инвестор должен чувствовать себя спокойно, владея акциями компаний или паями взаимных фондов, даже если фондовый рынок перестанет снабжать его ежедневными котировками на протяжении следующих 10 лет[30].

Удивительно, но, как уверяет нейропсихолог Антонио Дамасио, «вы будете лучше владеть собой, если поймете, насколько плохо вы собой владеете». Признав свою склонность к неадекватному инвестиционному поведению — покупкам при высокой стоимости и продажам при низких ценах, вы признаете необходимость использования таких методов, как усредненное равномерное инвестирование, периодическая ребалансировка портфеля и подписание «инвестиционного контракта» с самим собой. Поставив почти весь свой портфель «на автопилот», вы избавитесь от пагубной привычки прогнозировать рынок. Это позволит вам сконцентрироваться на долгосроч-

---

[29] Стоит задать себе еще один вопрос: «Хотел бы я жить в доме, цену которого (с точностью до цента) ежедневно публикуют в газете и объявляют по телевидению?»

[30] Результаты серии экспериментов, поставленных в конце 1980-х гг. профессором психологии Колумбийского и Гарвардского университетов Полом Андреассеном, показали, что инвесторы, часто получающие информацию о доходности своих акций, зарабатывают вдвое меньше, чем инвесторы, которые вообще не смотрят финансовые новости. См.: Jason Zweig, "Here's How to Use the News and Tune Out the Noise," *Money*, июль 1998 г., с. 63–64.

ных финансовых целях и игнорировать необъяснимые перепады настроения мистера Рынка.

МИСТЕР РЫНОК УГОЩАЕТ ВАС ЛИМОНАМИ? ТАК СДЕЛАЙТЕ ИЗ НИХ ЛИМОНАД!

Грэм учит, что вы должны покупать, когда мистер Рынок кричит: «Продавай!» Но из этого правила есть одно исключение, о котором должен знать разумный инвестор. Продажи на медвежьем рынке могут иметь смысл, если они позволяют экономить на налогах. В соответствии с налоговым законодательством США инвестор имеет право вычитать из налогооблагаемой базы величину зафиксированных (т. е. не «бумажных», а фактически понесенных в результате продажи подешевевших акций) убытков (не более $3000)[31].

Допустим, в январе 2000 г. вы купили 200 акций Coca-Cola по $60 за акцию. Общая стоимость инвестиций составила $12 000. В конце 2002 г. цена акций упала до $44 за акцию, а стоимость вашего пакета снизилась соответственно до $8800. Убыток, таким образом, составил $3200.

Вы можете поступать так, как поступают большинство людей: оплакивать свои убытки или делать вид, что их не было. Но вы можете поступить иначе и поставить ситуацию под контроль.

До конца 2002 г. вы можете продать все акции Coke, зафиксировав убыток в $3,2. Затем через 31 день, как того требует налоговое законодательство, вы можете снова купить 200 акций Coke. Таким образом, вы сможете уменьшить ваш налогооблагаемый доход за 2002 г. на $3000, а оставшиеся $200 убытка использовать для уменьшения налогооблагаемой базы в 2003 г. При этом вы по-прежнему будете владеть акциями компании, в которую вы верите, — но теперь вы заплатите за те же акции почти на 1/3 меньше, чем в первый раз[32]. Если Дядя Сэм субсидирует наши потери, имеет смысл продать акции и зафиксировать убытки.

---

[31] Федеральное налоговое законодательство постоянно меняется. Рассмотренный пример касается правил налогообложения по состоянию на начало 2003 г.

[32] Этот пример предполагает, что в 2002 г. инвестор не имел фактического (не «бумажного») прироста капитала и не реинвестировал дивиденды, полученные по акциям Coke. Операции по уменьшению налогооблагаемой базы требуют соответствующей подготовки, так как в них легко ошибиться. Перед тем как осуществлять налоговый своп, прочитайте IRS Publication 550 (http://www.irs.gov/). Полезная информация по налогообложению инвестиций содержится в книге Роберта Гордона и Жана Розена: Robert N. Gordon and Jan M. Rosen, *Wall Street Secrets for Tax-Efficient Investing* (Bloomberg Press, Princeton, New Jersey, 2001). Кроме того, стоит посоветоваться с профессиональным консультантом по налогообложению.

ИНВЕСТИЦИОННЫЙ КОНТРАКТ

Я, (ФИО), настоящим подтверждаю, что являюсь инвестором и намереваюсь наращивать свой капитал на протяжении многих лет в будущем.

Я отдаю себе отчет в том, что нередко буду подвергаться соблазну покупать акции или облигации, когда их цена растет (или начинает расти), и продавать их, когда цена падает (или начинает падать).

Настоящим я заявляю о своем отказе следовать за рынком и обязуюсь принимать решения самостоятельно. Торжественно клянусь никогда не покупать ценные бумаги из-за повышения их курса и никогда не продавать их по причине его падения. Вместо этого я обязуюсь ежемесячно вкладывать в ценные бумаги $____ в рамках автоматического инвестиционного плана или программы усредненного равномерного инвестирования в указанный ниже взаимный инвестиционный фонд (указанные ниже взаимные инвестиционные фонды) или диверсифицированный портфель:

____,

____,

____,

Обязуюсь также инвестировать дополнительные объемы средств, если таковые будут в моем распоряжении (и если я смогу позволить себе потерять их в краткосрочном периоде).

Настоящим заявляю, что буду владеть каждой из перечисленных выше инвестиций на протяжении длительного периода, как минимум до __ __________ 20__ г. (т.е. как минимум в течение 10 лет с момента подписания настоящего контракта). В соответствии с условиями этого контракта единственным исключением является срочная потребность в наличных средствах в случае наступления непредвиденных обстоятельств (болезнь или потеря работы) или для покрытия плановых расходов (покупка жилья, плата за обучение и т.д.).

Я, нижеподписавшийся, подтверждаю свое намерение не только выполнять условия этого контракта, но и перечитывать его всякий раз, когда буду подвергаться соблазну продать какую-либо из моих инвестиций.

Настоящий контракт действителен только при подписании его хотя бы одним свидетелем и должен храниться в надежном месте, достаточно доступном для того, чтобы я мог перечитывать его по мере необходимости.

Подпись Дата

__________ ____________________ ______ ____________________ 20__

Свидетели:

__________ ____________________

__________ ____________________

ГЛАВА 9

Инвестор и инвестиционные фонды

Инвестор может проводить операции на фондовом рынке не только напрямую, самостоятельно покупая и продавая ценные бумаги, но и через инвестиционные фонды. Фонды, паи которых можно в любое время свободно купить или продать по текущей стоимости активов, называются открытыми взаимными фондами. Большинство из них активно продает дополнительные паи через посредников. Фонды, которые выпускают определенное ограниченное количество паев, не подлежащих досрочному выкупу, называются закрытыми. Количество их паев остается относительно постоянным. Деятельность всех инвестиционных фондов регулируется Комиссией по ценным бумагам и биржам США[1].

Масштабы бизнеса инвестиционных фондов весьма значительны. В конце 1970 г. в Комиссии по ценным бумагам и биржам было зарегистрировано 383 инвестиционных фонда, общая стоимость активов которых составила $54,6 млрд. Из них 356 фондов с активами $50,6 млрд были взаимными фондами и 27 фондов с активами $4,0 млрд были закрытыми фондами[2].

Для классификации инвестиционных фондов используются различные критерии. В зависимости от степени диверсификации инвестиционного портфеля инвестиционные фонды делятся на сбалансированные, в которых на облигации приходится примерно треть стоимости портфеля, и фонды акций, портфели которых почти полностью состоят из акций. (Существуют

---

[1] Комиссия по ценным бумагам и биржам США рассматривает продажу паев на рынке незарегистрированными открытыми, закрытыми и биржевыми инвестиционными фондами как нарушение федерального законодательства.

[2] Сегодня масштабы индустрии инвестиционных фондов иначе как колоссальными не назовешь. По состоянию на конец 2002 г. было зарегистрировано 8279 взаимных фондов с активами $6,56 трлн, 514 закрытых фондов с активами $149,6 млрд и 116 биржевых индексных фондов с активами $109,7 млрд. Эти данные не учитывают такие аналогичные институты, как переменные аннуитеты и паевые инвестиционные трасты.

и другие виды инвестиционных фондов — облигационные фонды, хедж-фонды, внебиржевые фонды и др.[3]) Фонды также различаются по целям своей инвестиционной политики: одни ориентируются на текущий доход, другие — на ценовую стабильность, третьи — на рост стоимости капитала. Еще одним критерием классификации фондов выступает метод продажи паев. Одни фонды взимают плату за продажу паев инвесторам или их погашение (обычно около 9% суммы активов для минимальных паев) [1]. Другие фонды делают это бесплатно — инвесторы просто оплачивают услуги менеджеров. Поскольку фонды, работающие без комиссионных, не имеют возможности платить комиссионные посредникам, они обычно отличаются небольшими размерами[4]. Цены купли-продажи паев закрытых фондов не фиксированы, они складываются на открытом рынке подобно курсу обыкновенных корпоративных акций.

Налоговый режим, установленный для большинства инвестиционных фондов, позволяет избежать двойного налогообложения доходов инвесторов. Инвестиционные фонды обязаны выплачивать пайщикам почти всю обычную (краткосрочную) прибыль — полученные дивиденды и проценты за вычетом издержек фонда. Кроме того, они могут выплачивать инвесторам долгосрочную зафиксированную (фактически полученную) прибыль от продажи инвестиций (в виде дивидендов на прирост капитала), которая рассматривается как собственная прибыль пайщиков от операций с ценными бумагами. (Есть и другие тонкости, о которых мы не будем здесь говорить, чтобы избежать путаницы[5].) Практически все инвести-

---

[3] Список основных видов взаимных фондов можно найти на сайте http://news.morningstar.com/fundReturns/CategoryReturns.html. Внебиржевых фондов, работающих с ценными бумагами, не зарегистрированными на бирже, более не существует, а хедж-фондам Комиссия по ценным бумагам и биржам США запрещает продавать паи инвесторам, чей годовой доход составляет менее $200 000 или чье состояние не превышает $1 млн.

[4] Сегодня максимальная величина комиссионных, взимаемых за продажу паев фондов акций, составляет около 5,75%. Если вы инвестируете $10 000 во взаимный фонд, взимающий плату за продажу в размере 5,75%, имейте в виду, что $575 пойдут в карман посредника или брокерской фирмы, которые продали вам эту инвестицию. Таким образом, фактическая стоимость вашего пая снижается до $9425. Если считать исходя из этой суммы, ставка комиссионных вырастает до 6,1% ($575 от $9425). Подобные тонкости Грэм называет «уловками трейдеров». С 1980-х гг. популярность взаимных фондов, не взимающих плату за операции, выросла, и сегодня по своим размерам они уже не уступают фондам, работающим с «нагрузкой».

[5] Почти все взаимные фонды освобождаются от уплаты налога на прибыль корпораций, если имеют статус «регулируемой инвестиционной компании». Для подтверждения этого статуса фонд обязан почти всю свою прибыль выплачивать пайщикам. «Тонкость», о которой Грэм не пишет, чтобы избежать неразберихи, связана с тем, что инвестиционный фонд может запросить в Комиссии по ценным бумагам и биржам США разрешение на распределение каких-либо ценных бумаг из своего портфеля непо-

ционные фонды выпускают паи, включающие только один вид ценных бумаг. В 1967 г. они впервые начали выпускать два вида паев: привилегированных акций, дающих право на получение текущего дохода (процентов и дивидендов, полученных фондом), и обыкновенных акций, дающих право на получение дохода от прироста капитала, т. е. всей прибыли от продажи ценных бумаг. (Такие фонды называются инвестиционными фондами двухцелевого назначения[6].)

Многие фонды, в качестве основной своей цели декларирующие получение дохода от прироста капитала, в первую очередь приобретают так называемые «акции роста». Поэтому в названии таких инвестиционных фондов часто встречается слово «рост». Некоторые фонды специализируются на операциях с акциями определенной отрасли (например, химической, авиационной и т. п.) или категории (например, иностранными акциями).

Таким образом, перед инвестором, стремящимся грамотно вложить средства в один или несколько инвестиционных фондов, открывается настолько широкий выбор, что он может даже немного растеряться. В данной сфере у инвестора почти так же много возможностей, как и в случае самостоятельной покупки акций или облигаций. В связи с этим следует ответить на несколько важных вопросов:

1. Существует ли способ, позволяющий инвестору правильно выбрать инвестиционный фонд (фонды), куда он мог бы вложить средства, чтобы получить более высокую доходность, чем в среднем по рынку? (Дополнительный вопрос: как насчет так называемых «результативных фондов»?[7])
2. Если такого способа не существует, как избежать инвестиций в фонд, доходность которого ниже средней доходности других фондов?
3. Может ли инвестор правильно выбрать нужный ему вид инвестиционного фонда (например, сбалансированный фонд или фонд акций; открытый или закрытый фонд; фонд, взимающий плату за продажу паев, или фонд, продающий паи бесплатно)?

средственно между своими акционерами. Именно так в 1948 г. поступила его компания Graham-Newman Corp., распределив акции GEICO среди инвесторов Graham-Newman. Подобные операции очень редки.

[6] Фонды двухцелевого назначения, популярные в конце 1980-х гг., практически исчезли с рынка — а жаль, потому что они предоставляли инвесторам прекрасную возможность извлекать выгоду из способности таких выдающихся управляющих, как Джон Нефф, выбирать прибыльные акции. Возможно, сегодняшний медвежий рынок приведет к возрождению этого полезного инвестиционного института.

[7] «Результативные фонды» были очень популярны в конце 1960-х гг. Они имели много общего с агрессивными «фондами роста» конца 1990-х гг. и, подобно последним, не лучшим образом удовлетворяли потребности вкладчиков.

Доходность инвестиционных фондов

Прежде чем ответить на эти вопросы, следует рассмотреть вопрос об эффективности инвестиционных фондов в целом. Нужны ли они инвесторам? Или, иначе говоря, насколько лучше обстоят дела у инвесторов фондов по сравнению с инвесторами, самостоятельно работающими на фондовом рынке? Мы убеждены, что инвестиционные фонды в целом полезны. Они способствуют формированию у людей правильных представлений о накоплении и инвестировании, позволяют множеству индивидуальных инвесторов избежать серьезных потерь на фондовом рынке, обеспечивают своим вкладчикам доходность, соразмерную с доходностью по обыкновенным акциям. Более того, рискнем предположить, что в среднем инвесторы, средства которых были вложены исключительно в инвестиционные фонды, на протяжении последних 10 лет добивались более высоких показателей доходности, чем те, кто приобретал обыкновенные акции напрямую на фондовом рынке.

Последнее предположение, вероятнее всего, справедливо, несмотря на то, что фактически доходность инвестиционных фондов не превышает доходность фондового рынка в целом и, более того, инвестирование с помощью взаимных фондов иногда обходится дороже, чем прямые покупки акций. В реальной жизни простому инвестору, пытающемуся сформировать сбалансированный портфель, как правило, приходится выбирать не между самостоятельной работой и покупкой паев инвестиционного фонда (что обходится чуть дороже), а между Сциллой и Харибдой — хитрым и опасным продавцом паев инвестиционного фонда и еще более хитрым и опасным торговцем новыми выпусками акциями второго эшелона или низших эшелонов. Мы также считаем, что рядовой инвестор, открывающий счет в брокерской конторе для проведения самостоятельных операций с акциями, куда больше подвержен спекулятивным настроениям и, следовательно, несет больше убытков, чем покупатель паев взаимного фонда.

Однако обратимся к цифрам. Сравним финансовые показатели инвестиционных фондов с показателями фондового рынка в целом. В таблице 9.1 приведены некоторые расчеты за 1961–1970 гг. по 10 крупнейшим (в своей категории) инвестиционным фондам. В таблице представлены показатели совокупной доходности каждого из инвестиционных фондов за 5-летние периоды (1961–1965 и 1966–1970 гг.) и за 10-летний период (1961–1970 гг.), а также годовая доходность в 1969 и 1970 гг. Кроме того, приведена общая стоимость чистых активов каждого фонда. Общая стоимость активов этих 10 фондов в конце 1969 г. превышала $15 млрд (около трети общей стоимости активов всех фондов обыкновенных акций). Поэтому представленные показатели можно считать репрезентативными для всех инвестиционных фондов. (Поскольку в таблице представлены ведущие фонды, теоретически показатели

Таблица 9.1. **Результаты деятельности 10 крупнейших взаимных инвестиционных фондов***

Фонды	Доходность за пять лет, 1961–1965 гг., %**	Доходность за пять лет, 1966–1970 гг., %	Доходность за 10 лет, 1961–1970, %**	Доходность за 1969 г.	Доходность за 1970 г.	Чистые активы на декабрь 1970 г., $ млн
Affiliated Fund	71	+19,7	105,3	–14,3	+2,2	1 600
Dreyfus	97	+18,7	135,4	–11,9	–6,4	2 232
Fidelity Fund	79	+31,8	137,1	–7,4	+2,2	819
Fundamental Inv.	79	+1,0	81,3	–12,7	–5,8	154
Investment. Company of America	82	+37,9	152,2	–10,6	+2,3	1168
Investors Stock Fund	54	+5,6	63,5	–80,0	–7,2	2 227
Massachusets. Investors Trust	18	+16,2	44,2	–4,0	+0,6	1 956
National Investors	61	+31,7	112,2	+4,0	–9,1	747
Putman Growth	62	+22,3	104,0	–13,3	–3,8	684
United Accumulated Fund	74	–2,0	72,7	–10,3	–2,9	1 141
Среднее значение	**72**	**18,3**	**105,8**	**–8,9**	**–2,2**	**13 628 (всего)**
Standard & Poor's	77	+16,1	104,7	–8,3	+3,5	
Индекс Доу–Джонса	78	+2,9	83,0	–11,6	+8,7	

* Инвестиционные фонды с самой высокой стоимостью чистых активов на конец 1970 г. (крупнейшие в своей категории).

** Все значения положительные.

Источник: Wiesenberger Financial Services.

их доходности должны быть выше средних показателей всех инвестиционных фондов. Но на практике это предположение может не подтверждаться.)

Данные, представленные в таблице 9.1, позволяют сделать несколько интересных наблюдений. Во-первых, совокупные результаты всех 10 инвестиционных фондов за период 1961–1970 гг. очень незначительно отличаются от динамики фондового индекса Standard & Poor's 500 (или S & P 425 Industrial). Но они значительно выше показателей доходности фондового индекса Доу–Джонса. (Возникает вопрос: почему показатели доходности акций 30 гигантских корпораций, входящих в расчет индекса Доу–Джонса, были ниже аналогичных показателей акций компаний (в том числе мелких), входящих в расчет индекса Standard & Poor's?[8]) Другой важный момент: средняя доходность инвестиционных фондов за 1966–1970 г. была немного выше, чем доходность компаний, акции которых входят в расчет индекса Standard & Poor's, а в 1961–1965 гг. — ниже. Третий вывод состоит в том, что результаты деятельности отдельных инвестиционных фондов значительно различаются.

Мы далеки от мысли, что взаимные фонды в целом следует критиковать за то, что их результаты не превосходят результаты фондового рынка. Доля обыкновенных акций, управляемых инвестиционными фондами, в общем количестве акций, торгующихся на рынке, так велика, что все происходящее на этом рынке не может не влиять на портфель фондов. (Обратите внимание, что портфели активов, находящихся в доверительном управлении коммерческих банков, на конец 1969 г. включали обыкновенные акции на сумму $181 млрд. Если прибавить к этой сумме акции, управляемые инвестиционными консультантами, а также $56 млрд активов, управляемых взаимными и другими инвестиционными фондами, становится очевидным, что совместные решения этих профессионалов серьезно влияют на средние показатели фондового рынка, которые, в свою очередь, во многом определяют средние показатели инвестиционных фондов.)

Существуют ли инвестиционные фонды, доходность которых выше, чем доходность инвестиционной индустрии в целом? И может ли инвестор выбрать такие фонды из общей массы, чтобы обеспечить себе блестящие результаты? Очевидно, что все инвесторы не смогут этого сделать, поскольку в таком случае все они получали бы одинаковые средние результаты. Давайте упростим наш вопрос. Почему бы инвестору не поступить следующим образом: найти инвестиционный фонд, демонстрирующий отличные результаты на протяжении достаточно длительного периода, предположить, что инвестиционный управляющий этого фонда — самый квалифицированный

---

[8] Для 10-летних периодов значения доходности фондовых индексов Доу–Джонса и Standard & Poor's 500 могут значительно различаться, но на протяжении типичного длительного срока инвестирования (скажем, 25–30 лет) они сближаются.

и поэтому способен гарантировать лучшие результаты в будущем, и вложить деньги в этот инвестиционный фонд? Если речь идет о взаимном фонде, такой подход представляется разумным, поскольку в этом случае инвестор может обеспечить квалифицированное управление своим капиталом без дополнительных расходов. (Неинвестиционные компании, напротив, продают акции хорошо управляемых компаний по более высоким ценам — в зависимости от текущей прибыли и стоимости активов.)

В этом смысле опыт предыдущих лет достаточно противоречив. Данные таблицы 9.1 по 10 крупнейшим инвестиционным фондам свидетельствуют о том, что показатели доходности пяти самых успешных из них за период 1961–1965 гг. в целом остались высокими и в период 1966–1970 гг., несмотря на то, что два фонда из этой пятерки уже уступали в эффективности двум фондам из другой пятерки. Анализ показывает, что при выборе взаимного инвестиционного фонда инвестор в принципе может ориентироваться на его результативность на протяжении определенного периода в прошлом (минимум 5-летнего) при условии, что в это время не наблюдалось значительного роста фондового рынка в целом. В последнем случае самые высокие показатели могут быть достигнуты с помощью нетрадиционных стратегий, о которых пойдет речь в следующем разделе, посвященном так называемым «результативным фондам». Такие показатели свидетельствуют лишь о том, что руководителям инвестиционных фондов, которые идут на чрезмерные спекулятивные риски, *до поры до времени* удается выходить сухими из воды.

«Результативные» фонды

В последние годы мы стали свидетелями возникновения культа «результативности» в сфере управления инвестиционными фондами (и даже во многих трастовых фондах). Сразу же отметим, что это увлечение не затронуло большинства солидных инвестиционных фондов, имеющих устойчивую репутацию. Адептами «культа» стала лишь небольшая, хотя и весьма заметная, часть фондов. Все достаточно просто. Некоторые инвестиционные фонды поставили перед собой цель намного превзойти средние показатели рынка (показатели доходности компаний, входящих в расчет индекса Доу–Джонса). Какое-то время им это удавалось, что послужило хорошей рекламой и помогло привлечь дополнительные средства. Как таковая, эта цель вполне осуществима, но, к сожалению, дело в том, что чем крупнее фонд, тем большие риски он вынужден принимать на себя для ее достижения. И эти риски достаточно быстро дают о себе знать.

Ситуация, сложившаяся вокруг феномена «результативности», заставила многих ветеранов фондового рынка, некоторые из которых начали работать на нем еще в 1920-е гг., только качать головой. Но мнение людей, имеющих огромный опыт, считалось устаревшим и ничего не значило в условиях очередной (второй) «новой эры». Во-первых, и это очень важно, практически все менеджеры, управлявшие такими «успешными» фондами, были не старше 30–40 лет, т. е. сравнительно молодыми людьми, чей опыт работы на фондовом рынке ограничивался рамками длительного бычьего тренда 1948–1968 гг. Во-вторых, зачастую они действовали исходя из того, что «хорошие инвестиции» — это только те акции, для которых прогнозируется значительный рост курса на протяжении следующих нескольких месяцев. Поэтому они вкладывали огромные средства в акции новых компаний, цена которых абсолютно не соответствовала ни величине активов, ни показателям прибыли компании. Такие действия можно было объяснить разве что, с одной стороны, наивной надеждой на будущие успехи этих компаний, а с другой — стремлением эксплуатировать спекулятивный энтузиазм алчной массы невежественных инвесторов.

Не будем называть имена. Но у нас есть все основания привести примеры конкретных компаний. Самый яркий пример «результативного фонда», название которого было на слуху у инвесторов, — Manhattan Fund, Inc., созданный в конце 1965 г. Этот фонд разместил 27 млн паев по цене от $9,25 до $10 за пай. Таким образом, стартовый капитал составил $247 млн. Основной инвестиционной идеей, разумеется, были «акции роста». Поэтому большую часть активов фонд вкладывал в акции со следующими характеристиками: высокие значения мультипликатора «цена/прибыль»; отсутствие дивидендов (или очень невысокие дивиденды); большой спекулятивный потенциал; значительные колебания курса. Доходность Manhattan Fund в 1967 г. составила 38,6%, что было в несколько раз выше доходности акций, входящих в расчет индекса Standard & Poor's (11%). Но в дальнейшем ситуация кардинально изменилась, о чем свидетельствуют данные, представленные в таблице 9.2.

Инвестиционный портфель Manhattan Fund в конце 1969 г. имел, мягко говоря, нетрадиционный вид. В течение следующего полугодия две компании, крупные пакеты акций которых держал фонд, начали процедуру банкротства, а против третьей в 1971 г. кредиторы выдвинули судебные иски. Это был из ряда вон выходящий случай. Более того, акции как минимум одной из этих обреченных компаний были куплены не только инвестиционными фондами, но и университетскими благотворительными фондами, трастовыми отделами крупных банков и другими подобными организациями[9]. И, что еще более невероятно, основатель и руководитель

[9] Одной из «обреченных» компаний, о которых пишет Грэм, была корпорация National Marketing Corp. (NSM). Об этой афере под вывеской инвестиционного фонда можно прочитать в блестящей работе Эндрю Тобиаса (Andrew Tobias, *The Funny Money Game*, Playboy Press, New York, 1971). Среди опытных инвесторов, попавшихся на удочку

Таблица 9.2. **Инвестиционный портфель** (самые крупные пакеты акций в портфеле по состоянию на 31.12.1969) **и результативность Manhattan Fund**

Количество акций, тыс.	Компании	Цена акции	Прибыль на акцию в 1969 г., $	Дивиденды в 1969 г., $	Рыночная стоимость, $ млн
60	Teleprompter	99	0,99	Не выплачивались	6,0
190	Deltona	60,5	2,32	Не выплачивались	11,5
280	Fedders	34	1,28	0,35	9,5
105	Horizon Corp.	53,5	2,68	Не выплачивались	5,6
150	Rouse Co.	34	0,07	Не выплачивались	5,1
130	Mattel Inc.	64,25	1,11	0,20	8,4
120	Polaroid	125	1,90	0,32	15,0
244*	National Student Marketing	28,5	0,32	Не выплачивались	6,1
56	Telex Corp.	90,5	0,68	Не выплачивались	5,0
100	Bausch & Lomb	77,75	1,92	0,80	7,8
190	Four Seasons Nursing	66	0,80	Не выплачивались	12,3**
20	International Business Machines	365	8,21	3,60	7,3
41,5	National Cash Register	160	1,95	1,20	6,7
100	Saxon Ind.	109	3,81	Не выплачивались	10,9
105	Career Academy	50	0,43	Не выплачивались	5,3
285	King Resources	28	0,69	Не выплачивались	8,1
				Всего	130,6
				Другие обыкновенные акции	93,8
				Другие активы	19,6
				Общая сумма инвестиций***	244,0

* После дробления акций (в соотношении 2:1).

** В том числе аффилированные акции на сумму $1,1 млн.

*** За исключением денежных эквивалентов.

Годовая доходность Manhattan Fund и компаний, входящих в расчет индекса широкого рынка S&P, 1966–1971 гг., %

	1966	1967	1968	1969	1970	1971
Manhattan Fund	−6	+38,6	−7,3	−13,3	−36,9	+9,6
S&P Composite	−10,1	+23,0	+10,4	−8,3	+3,5	+13,5

инвестиционного фонда Manhattan Fund продал свою долю в специально созданной управляющей компании, капитал которой не превышал $1 млн, другой крупной компании за пакет ее акций стоимостью более $20 млн!

харизматического основателя NSM Корта Ранделла, были фонды пожертвований Корнеллского и Гарвардского университетов, а также трастовые отделы таких престижных банков, как Morgan Guaranty и Bankers Trust.

Вне всякого сомнения, это был один из самых ярких примеров того, как интересы рядовых инвесторов приносятся в жертву интересам «управляющих» их капиталом.

В изданной в конце 1969 г. книге The Money Managers [2] рассказывается о 19 финансистах, «лучших из лучших в таком невероятно сложном и ответственном деле, как управление миллиардами долларов, принадлежащих другим людям». Герои книги молоды, но уже «получают по миллиону долларов в год». Это «финансисты нового поколения», «влюбленные в фондовый рынок», которые «знают свое дело до тонкостей и просто не могут не быть лучшими». Представление о достижениях «финансистов нового поколения» дает анализ результатов деятельности возглавляемых ими инвестиционных фондов. Такой анализ может быть произведен для 12 из 19 инвестиционных фондов, управляющие которых описаны в книге. В 1966 г. фонды работали успешно, в 1967 г. — блестяще. В 1968 г. их результаты в целом все еще были хорошими, хотя показатели отдельных фондов ухудшились. В 1969 г. все они понесли убытки, и только один из них смог немного превзойти фондовый индекс Standard & Poor's. В 1970 г. ситуация продолжила ухудшаться.

Мы рассказали об этом для того, чтобы лишний раз напомнить читателям старую французскую пословицу: «Чем больше все меняется, тем больше все остается по-старому». Яркие, энергичные молодые люди не первый раз обещают «чудесное обогащение» тем, кто даст им деньги. Какое-то время им удается (или только кажется, что удается) держать слово, но рано или поздно те, кто доверяет им деньги, эти деньги теряют[10]. Полвека назад «чудеса» часто сопровождались откровенным мошенничеством: подделкой бухгалтерских отчетов, использованием схем получения «сверхдоходов» и другими элементами финансовых махинаций. Государство не осталось в стороне: для защиты интересов инвесторов была разработана четкая система финансового контроля, который был возложен на Комиссию по ценным бумагам и биржам США. Да и сами инвесторы стали более осторожными. Прошло несколько десятилетий, и на смену махинаторам 1926–1929 гг. пришли «управляющие капиталом нового поколения» образца 1965–1969 гг.[11] Они не совершают противозаконных действий, как до краха 1929 г., поскольку

[10] Вот одно из последних подтверждений того, что «чем больше все меняется, тем больше все остается по-старому». В конце 1999 г. 29-летний Райан Джейкоб создал инвестиционный фонд Jacob Internet Fund (после того, как его предыдущий фонд, специализировавшийся на акциях доткомов, показал 216%-ную доходность). В 2000 г. всего за несколько недель новый фонд собрал около $300 млн. В том же году он потерял 79,1%, в 2001 г. — 56,4%, а в 2002 г. — 13% активов. В общей сложности потери составили 92%. Несомненно, эти убытки многому научили инвесторов — в отличие от Джейкоба.

[11] Любопытно, что бум и последовавший за ним обвал фондового рынка в 1999–2002 гг. также произошли примерно через 35 лет после предыдущего безумного цикла. Возможно, должно было пройти именно 35 лет, чтобы на рынке ослабло влияние инвес-

не хотят оказаться за решеткой. Но на Уолл-стрит появились новые «схемы», которые в итоге приводят к аналогичным результатам. Откровенные манипуляции ценами прекратились, но появилось множество других способов привлечь внимание легковерной публики, падкой на возможность заработать на «горячих» акциях. Например, пакеты не зарегистрированных на бирже акций [3] можно купить гораздо дешевле котировальной цены. При этом, хотя на их продажу могут быть наложены ограничения, в отчетах отражается полная рыночная стоимость последних, что создает иллюзию высокой прибыли. Примеры такого рода «схем» можно приводить и дальше. Остается только удивляться тому, как в новых, жестких условиях регулирования фондового рынка его участники все же умудряются повторять ошибки не столь уж далеких 1920-х гг.

Вне всякого сомнения, новые «схемы» потребуют новых запретов. Наиболее очевидные злоупотребления, распространенные на Уолл-стрит в конце 1960-х гг., будут пресекаться в зародыше. Но не стоит возлагать слишком большие надежды на то, что желание спекулировать когда-либо исчезнет или попытки заработать на этой человеческой слабости будут полностью искоренены. Разумный инвестор должен знать о подобных «широко распространенных заблуждениях» [4] и держаться от них как можно дальше.

Картина «результативности» большинства «результативных фондов» выглядит весьма плачевно, если проанализировать их деятельность после ошеломляющего успеха в 1967 г. Конечно, с учетом результатов того года общая ситуация вовсе не кажется ужасающей. Одному из упомянутых в книге Money Managers управляющих даже удалось получить доходность немного выше доходности фондового рынка в целом (если судить по S&P). Еще шестеро показали такую же доходность, как и рынок, а трое намного отстали от него. Рассмотрим итоги деятельности еще одной группы «результативных» фондов — 10 фондов, показавших самую высокую доходность (от 84 до 301%) только в одном 1967 г. Из этой группы четыре инвестиционных фонда, если учитывать данные за 1967 г., за 4-летний период показали результат, превышающий доходность S&P. При этом в 1968–1970 гг. только два из них превзошли рынок. Все эти инвестиционные фонды не были крупными. В среднем величина активов под их управлением не превышала $60 млн. Таким образом, можно сделать вывод, что небольшие размеры — необходимый фактор получения блестящих результатов на протяжении длительного периода времени.

Данные расчеты явно указывают на то, что инвестиционные управляющие, нацеленные на достижение исключительных результатов, иногда подвергают свои фонды серьезным рискам. Практика показывает, что

торов, переживших ужасы «новой экономики». Если это предположение верно, разумные инвесторы должны будут проявить особую бдительность где-то в 2030 г.

показатели доходности грамотно управляемых крупных инвестиционных фондов в течение длительного времени могут в лучшем случае лишь немного превышать среднерыночные. При неразумном управлении они способны приносить значительную, но в большинстве случаев иллюзорную прибыль на протяжении достаточно короткого периода времени, который завершается неизбежными убытками. Случалось, что некоторым инвестиционным фондам удавалось добиваться доходности выше среднерыночной на протяжении, скажем, 10 и более лет. Но они были скорее исключением из правила. Такие фонды работали в основном в узких областях, ограничивали объемы своих активов и почти не работали с мелкими инвесторами[12].

Инвестиционные фонды: закрытые или открытые?

Практически все взаимные (открытые) инвестиционные фонды, вкладчики которых могут свободно покупать и продавать паи по рыночным ценам, имеют право выпускать и новые паи. Поэтому многие из них с течением времени значительно увеличиваются в размере. У закрытых фондов, почти все из которых были созданы достаточно давно, структура капитала остается постоянной, что приводит к относительному уменьшению их удельного веса по сравнению с открытыми. Паи открытых фондов продают тысячи энергичных торговых представителей, тогда как в распространении долей закрытых инвестиционных фондов особо никто не заинтересован. Поэтому неудивительно, что большинство паев взаимных фондов удается продать лишь мелким инвесторам с фиксированной премией около 9% сверх чистой стоимости активов (чтобы покрывать комиссионные торговым представителям и т. п.), в то время как большинство акций закрытых фондов можно приобрести по цене *ниже* стоимости их активов. Величина дисконта неодинакова для различных фондов, а кроме того, она также меняется с течением времени. В таблице 9.3 приведены данные за 1961–1970 гг., иллюстрирующие колебания дисконта при операциях с акциями закрытых инвестиционных фондов.

---

[12] Сегодняшний эквивалент фондов, являющихся исключением из правила, — инвестиционные фонды открытого типа, закрытые для новых инвесторов, т. е. фонды, управляющие которыми прекратили привлечение средств. При этом менеджеры получают меньше комиссионных за управление активами, но доходы «действующих» инвесторов увеличиваются. Поскольку большинство менеджеров инвестиционных фондов стремятся добиться самых высоких показателей, но не любят их поддерживать, закрытие инвестиционного фонда для новых инвесторов требует особого мужества, и поэтому к нему прибегают нечасто.

Не нужно обладать особой проницательностью, чтобы предположить, что более низкая цена паев закрытых инвестиционных фондов по сравнению с паями взаимных фондов не имеет практически никакого отношения к их результатам. Эти выводы подтверждают данные, представленные в таблице 9.3.

Таким образом, можно предложить достаточно простое правило для выбора инвестиционного фонда. Если вы хотите вложить деньги в инвестиционный фонд, покупайте паи инвестиционного фонда закрытого типа с ориентировочным дисконтом в пределах 10–15% стоимости активов, вместо того чтобы переплачивать примерно 9% сверх их стоимости в случае покупки паев открытого инвестиционного фонда. Если предположить, что дивиденды и прирост стоимости капитала в открытых и закрытых фондах будут почти одинаковы, ваша доходность будет на 20% выше, если вы приобретете паи закрытого инвестиционного фонда.

Торговый представитель взаимного инвестиционного фонда сразу возразит: «Да, но с паями закрытого инвестиционного фонда вы никогда не будете уверены в том, что сможете продать их по выгодной цене. Может так случиться, что при продаже дисконт окажется больше, чем при покупке, и тогда вы понесете убытки. С нашими же паями вы получаете право погасить их по цене, соответствующей 100%-ной стоимости активов, и не ниже». Давайте проверим этот аргумент. Нам предстоит хорошее упражнение на логическое мышление и просто здравый смысл. Предположим, что величина

Таблица 9.3. **Сравнительные характеристики закрытых и открытых инвестиционных фондов**

Годы	Средняя величина дисконта для паев закрытых инвестиционных фондов, %	Средняя доходность закрытых инвестиционных фондов*	Средняя доходность взаимных инвестиционных фондов**	Доходность индекса S&P***
1970	−6	0	−5,3	+3,5
1969		−7,9	−12,5	−8,3
1968	(+7)****	+13,3	+15,4	+10,4
1967	−5	+28,2	+37,2	+23,0
1966	−12	−5,9	−4,1	−10,1
1965	−14	+14,0	+24,8	+12,2
1964	−10	+16,9	+13,6	+14,8
1963	−8	+20,8	+19,3	+24,0
1962	−4	−11,6	−14,6	−8,7
1961	−3	+23,6	+25,7	+27,0
Среднее значение за 10 лет		+9,14	+9,95	+9,79

* Среднее значение для 10 диверсифицированных фондов (по данным компании Wiesenberger Financial Services).

** Среднее значение для пяти инвестиционных фондов обыкновенных акций за каждый год (по данным компании Wiesenberger Financial Services).

*** Доходы реинвестируются.

**** Премия.

дисконта для паев закрытого инвестиционного фонда выросла. Давайте посмотрим, каким образом это отразится на вас? Принесут ли эти паи вам больший убыток, чем паи любого открытого инвестиционного фонда?

Для ответа на эти вопросы проведем простые арифметические расчеты. Допустим, инвестор А покупает паи открытого инвестиционного фонда по цене, составляющей 109% от стоимости активов, а инвестор Б покупает паи закрытого инвестиционного фонда с дисконтом 15%, т. е. за 85% стоимости активов. Комиссионные в обоих случаях составляют 1,5%. Допустим также, что за четыре года цена паев обоих инвесторов выросла на 30% и они решили продать их. Фонд выкупает у инвестора А его паи по 100%-ной стоимости активов. Совокупная доходность фонда за весь период владения составила 30%. Таким образом, 30% минус 9% премии, которые были уплачены при покупке, дает нам доходность, равную 21% чистой стоимости активов, или 19%-ную доходность инвестиций. Сколько же должен выручить инвестор Б за паи своего закрытого инвестиционного фонда, чтобы получить такую же доходность своих инвестиций, как и инвестор А? Ответ: он может продать паи за 73% стоимости активов, т. е. с дисконтом 27%. Иными словами, если инвестор Б хочет сохранить доходность своих инвестиций на уровне инвестора А, который предпочел вложить свои средства в открытый инвестиционный фонд, он может продать паи своего фонда на 12 процентных пунктов дешевле. Отметим, что столь значительное падение цен паев закрытых фондов случалось крайне редко. Следовательно, достаточно маловероятно, что вы получите в целом более низкую доходность, покупая с дисконтом паи закрытого инвестиционного фонда, доходность которого почти равна доходности типичного взаимного фонда. Если предположить, что за продажу паев закрытый фонд взимает стандартную плату (8,5%), то, разумеется, привлекательность фонда несколько снизится, но тем не менее он сохранит свое преимущество.

Тот факт, что некоторые закрытые инвестиционные фонды продают паи с более высокой премией, чем стандартные 9%, заставляет задать еще один вопрос: действительно ли эти фонды обеспечивают высокое качество управления активами и результаты, оправдывающие такие затраты? Если проанализировать их доходность за последние 5–10 лет, ответ будет отрицательным (см. таблицу 9.4). Три из шести таких фондов специализировались в основном на зарубежных инвестициях. Их отличительной чертой был широкий разброс цен на паи в течение ряда лет. В конце 1970 г. паи одного из фондов продавались за четверть их самой высокой цены, второго — за треть, третьего — менее чем за половину. Что касается трех других фондов, работающих с акциями американских компаний, то в среднем их общая доходность за 10 лет была несколько выше доходности 10 закрытых фондов, торгующихся с дисконтом, и лишь в последний год картина изменилась. Результаты деятельности

Lehman Corp. и General American Investors — двух крупнейших компаний, представляющих собой инвестиционные фонды закрытого типа, — приведены в таблице 9.5. В конце 1970 г. одна из них продавала паи с премией 14%, другая — с дисконтом 7,6%. Мы видим, что результаты деятельности этих фондов не оправдывают такой разницы в цене паев.

Таблица 9.4. **Средняя доходность диверсифицированных закрытых инвестиционных фондов в 1961–1970 гг., %**

	1970 г.	5 лет, 1966–1970 гг.	1961–1970 гг.	Премия или дисконт на декабрь 1970 г., %
Три инвестиционных фонда, паи которых продаются с премией	–5,2	+25,4	+115,0	Премия 11,4
10 инвестиционных фондов, паи которых продаются с дисконтом	+1,3	+22,6	+102,9	Дисконт 9,2

Источник: Wiesenberger Financial Services.

Таблица 9.5. **Доходность двух крупнейших закрытых инвестиционных фондов, %**

	1970 г.	5 лет, 1966–1970 гг.	10 лет, 1961–1970 гг.	Премия или дисконт на декабрь 1970 г., %
General Am Investors Co.	–0,3	+34,0	+165,6	Дисконт 7,6
Lehman Corp.	–7,2	+20,6	+108,0	Премия 13,9

Источник: Wiesenberger Financial Services.

Сбалансированные фонды

По данным отчета компании Wiesenberger Financial Services, 23 сбалансированных инвестиционных фонда вкладывали от 25 до 59% активов в привилегированные акции и облигации, т. е. в среднем на долю этих видов ценных бумаг приходилось 40%. Остальную часть портфеля составляли обыкновенные акции. Рядовому инвестору имеет смысл напрямую покупать облигации и привилегированные акции, не прибегая к услугам взаимных инвестиционных фондов. Средняя доходность сбалансированных инвестиционных фондов в 1970 г. составила только 3,9% от стоимости активов (или 3,6%, исходя из стоимости размещения). Лучшим выбором для инвестора могут считаться сберегательные облигации США или корпоративные облигации с рейтингом А и выше, а также не облагаемые налогом облигации.

КОММЕНТАРИИ К ГЛАВЕ 9

> Учитель спрашивает Билли Боба: «Допустим, у тебя 12 овец. Одна овца перепрыгнула через изгородь и убежала. Сколько овец осталось?». «Ни одной», — отвечает Билли Боб. «Да-а-а, — качает головой учитель, — считать-то ты не умеешь». «Может быть, я и не умею считать, — отвечает Билли Боб, — зато хорошо знаю своих овец».
>
> *Старый техасский анекдот*

И НА СОЛНЦЕ БЫВАЮТ ПЯТНА

Первый взаимный инвестиционный фонд — чисто американское изобретение — был создан в 1924 г. Его основал бывший торговец кухонной утварью Эдвард Леффлер. Фонды предлагают инвесторам много полезного: сравнительно низкий уровень инвестиционных издержек; высокодиверсифицированный портфель; услуги профессиональных управляющих; наконец, за деятельностью фондов неусыпно следит государство. Значительно облегчив инвестиционные операции с ценными бумагами и сделав их доступными практически для всех, инвестиционные фонды вовлекли в них свыше 54 млн американских семей, не считая миллионов людей во всем мире. Это, по всей видимости, самое большое достижение финансовой демократии.

Но и на солнце бывают пятна. Взаимные инвестиционные фонды — это *почти* совершенный институт. В этом «почти» как раз и заключается проблема (как справедливо гласит французская пословица, дьявол кроется в деталях). Вследствие несовершенства инвестиционных фондов доходность большинства их оказывается ниже среднерыночной. Кроме того, фонды взимают с вкладчиков слишком высокую плату за свои услуги и создают для них налоговые проблемы. Наконец, доходность инвестиционных фондов подвержена резким колебаниям. Чтобы избежать крупных неприятностей, разумный инвестор должен подходить к выбору инвестиционных фондов с особой осторожностью.

ФОНДЫ-ЛИДЕРЫ: ИЗНАНКА УСПЕХА

Большинство инвесторов действуют просто: они вкладывают деньги в те инвестиционные фонды, которые показывали высокую доходность в недавнем прошлом, предполагая, что так будет продолжаться и в будущем. А почему бы им и не поступать таким образом? Психологи доказали, что людям свойственна убежденность в том, что они могут предвидеть далекое будущее, исходя из сложившихся краткосрочных тенденций. Более того, наш собственный жизненный опыт свидетельствует, что некоторые сантехники лучше других справляются со своей работой; в баскетбольной команде всегда есть лидеры, чаще других игроков забрасывающие мяч в кольцо; только в нашем любимом ресторане всегда готовят исключительно вкусные блюда и что прилежные и смышленые школьники всегда получают хорошие отметки. Таким образом, происходящее вокруг нас постоянно подтверждает простую закономерность: чем усерднее работает трудолюбивый и квалифицированный работник, тем большее вознаграждение он получает. Из этого мы делаем интуитивный вывод: если инвестиционный фонд сегодня обеспечивает инвестору большую доходность, чем фондовый рынок в среднем, то это преимущество сохранится и в дальнейшем.

К сожалению, для успешной работы на финансовых рынках важна не столько квалификация, сколько удача. Если управляющий инвестиционным фондом случайно оказывается «в нужное время в нужном месте», его результаты выглядят блестящими. Но ситуация на рынке часто кардинально меняется, и эффективность работы инвестиционного управляющего катастрофически падает. Со стороны кажется, что еще недавно такой умный управляющий внезапно резко поглупел. Данные таблицы 9.6 показывают, что произошло с инвестиционными фондами, которые пользовались наибольшей популярностью среди инвесторов в 1999 г.

Это еще раз напоминает нам о том, что температура самого «горячего» сектора фондового рынка (в 1999 г. это был сектор высокотехнологичных компаний) часто и практически мгновенно падает до абсолютного нуля. При этом, что крайне важно, это происходит без какого-либо предупреждения[13]. Следует понимать, что выбор инвестиционного фонда, исходя исключительно из его доходности в прошлом, — величайшая глупость, которую только может сделать инвестор. Ученые-финансисты, изучавшие деятельность взаимных

---

[13] Существуют отраслевые инвестиционные фонды, специализирующиеся на работе в самых разных секторах экономики. Такие фонды появились еще в 1920-е гг. Их 80-летняя история высвечивает один очевидный факт: сектор, который был самым прибыльным и популярным в каком-то отдельно взятом году, в следующем году часто показывает наихудшие результаты. Отраслевые фонды привлекают в основном ленивых инвесторов, а праздность всегда бывает наказана.

Таблица 9.6. **Клуб неудачников**

Инвестиционные фонды	Доходность, %				Стоимость $10 000, инвестированных 01.01.1999, по состоянию на 31.12.2002
	1999	2000	2001	2002	
Van Wagoner Emerging Growth	291,2	–20,9	–59,7	–64,6	4 419
Monumen Internet	273,1	–56,9	–52,2	–51,2	3 756
Amerindo Technology	248,9	–64,8	–50,8	–31,0	4 175
PBHG Technology & Communications	243,9	–43,7	–52,4	–54,5	4 198
Van Wagoner Post-Venture	237,2	–30,3	–62,1	–67,3	2 907
ProFunds Ultra OTC	233,2	–73,7	–69,1	–69,4	829
Van Wagoner Technology	223,8	–28,1	–61,9	–65,8	3 029
Thurlow Growth	213,2	–56,0	–26,1	–31,0	7 015
Firsthand Technology Innovators	212,3	–37,9	–29,1	–54,8	6 217
Janus Global Technology	211,6	–33,7	–40,0	–40,9	7 327
Фондовый индекс Wilshire 5000 (рынок акций в целом)	23,8	–10,9	–11,0	–20,8	7 780

Примечание. Инвестиционный фонд Monument Internet впоследствии был переименован в Orbitex Emerging Technology. В 1999 г. доходность инвестиционных фондов, данные по которым представлены в таблице, была рекордно высокой за всю их историю. Но затем, как мы видим, фортуна отвернулась от них, и за следующие три года инвесторы потеряли больше, чем получили ранее.

Источник: Lipper.

инвестиционных фондов на протяжении как минимум 50 лет, фактически единогласно пришли к следующим выводам.

- Средний инвестиционный фонд не в состоянии обеспечить настолько эффективный выбор акций для своего портфеля, чтобы покрыть затраты на проведение исследований и торговлю этими акциями.
- Чем выше издержки инвестиционного фонда, тем ниже его доходность.
- Чем чаще инвестиционный фонд торгует своими акциями, тем меньше он обычно зарабатывает.
- Высоковолатильные фонды, показатели которых колеблются намного сильнее, чем в среднем по отрасли, вероятнее всего, сохранят высокую волатильность и в дальнейшем.
- Инвестиционным фондам с высокой доходностью в прошлом, скорее всего, не удастся длительно поддерживать ее на таком же уровне и в будущем[14].

Ваши шансы выбрать инвестиционный фонд с будущей высокой доходностью на основе его прошлых достижений так же велики, как и возможность

[14] Это исследование слишком объемно, чтобы цитировать его целиком. Полезные данные и ссылки можно найти в Интернете (см.: www.investorhome.com/mutual.htm#do, www.ssrn.com (в окне поиска следует ввести «mutual fund») и www.stanford.edu/~wfsharpe/art/art.htm).

выиграть миллион в лотерею. Иначе говоря, ваши шансы отличны от нуля, но стремятся к нему (см. врезку «Скромность украшает инвестора» в конце раздела «Когда забирать деньги?»).

Инвесторы, однако, не должны унывать. Во-первых, понимание того, насколько сложно найти хороший инвестиционный фонд, поможет вам стать более разумным инвестором. Во-вторых, поскольку прогнозы на основе прошлого опыта ненадежны, существуют другие подходы, которые вы можете использовать, чтобы увеличить свои шансы найти хороший инвестиционный фонд. И, наконец, инвестиционный фонд может быть вам полезен даже в том случае, если его доходность ниже среднерыночной. Дело в том, что в любом случае он поможет вам без особых затрат времени и денег диверсифицировать активы, а также освободит вас от необходимости самому выбирать акции, и, таким образом, у вас будет больше свободного времени, которое вы сможете потратить на другие полезные дела.

БУДУТ ПЕРВЫЕ ПОСЛЕДНИМИ

Почему самые успешные инвестиционные фонды не могут долго оставаться лидерами?

Дело в том, что чем выше доходность инвестиционного фонда, тем больше трудностей испытывают его вкладчики.

Управляющие уходят в другие компании. Инвесторы должны знать, что за управляющими инвестиционными фондами, которые умеют, как царь Мидас, превращать в золото все, к чему ни прикоснутся, охотятся компании-конкуренты. Если вы вложили деньги в Transamerica Premier Equity Fund, чтобы заработать на талантах его управляющего Глена Бикерстафа, благодаря которому доходность фонда в 1997 г. достигла 47,5%, вы быстро убедитесь, что поставили не на ту лошадку. В середине 1998 г. его переманила компания TCW, сделав Бикерстафа управляющим ее инвестиционным фондом TCW Galileo Select Equities Fund. В результате доходность Transamerica Premier Equity Fund на протяжении трех из последующих четырех лет уступала доходности фондового рынка. В такой же ситуации оказались и те, кто в начале 2000 г. вложил деньги в Fidelity Aggressive Growth Fund, чтобы сколотить капитал на умениях Эрин Салливан, которая с 1997 г. почти утроила активы вкладчиков. В 2000 г. она ушла, чтобы основать собственный хедж-фонд, а Fidelity Aggressive Growth Fund в течение следующих трех лет потерял более 3/4 стоимости[15].

[15] Это не значит, что судьба указанных инвестиционных фондов была бы намного лучше, если бы менеджеры-суперзвезды возглавляли их и дальше; единственное, что можно сказать, — то, что после их ухода доходность этих двух фондов упала.

Фонды страдают слоновой болезнью. Если инвесторы замечают, что какой-либо инвестиционный фонд демонстрирует отличные результаты, они могут вложить в него за считаные недели сотни миллионов долларов. В такой ситуации управляющему инвестиционным фондом приходится выбирать меньшее из зол. Во-первых, можно приберечь эти деньги на черный день, положив их в банк или вложив в не очень рискованные инструменты денежного рынка. Но если фондовый рынок будет расти, низкая доходность операций на денежном рынке ухудшит показатели инвестиционного фонда. Во-вторых, можно подкупить акции компаний, которыми фонд уже владеет. Однако, если курс этих акций растет, вброс нескольких миллионов долларов может лишь подстегнуть темпы роста, что приведет к опасной переоценке акций. В-третьих, можно приобрести акции новых компаний, которые управляющему фондом не особенно нравятся. В этом случае число компаний, акции которых придется контролировать, увеличится. Есть и еще одна проблема, связанная с ростом активов фонда. Допустим, инвестиционный фонд Nimble с активами $100 млн вкладывает 2% средств ($2 млн) в акции Minnow Corp., рыночная капитализация которой составляет $500 млн. Иными словами, он покупает менее 0,5% капитала корпорации Minnow. Но если размер инвестиционного фонда Nimble увеличивается до $10 млрд, инвестиции в размере 2% стоимости его активов составят $200 млн, или почти половину общей стоимости акций Minnow. Такой уровень контроля над компанией уже противоречит федеральному законодательству. Если управляющий инвестиционным фондом Nimble к тому времени еще не остынет к акциям мелких компаний, ему придется вкладывать деньги в большее их количество, уделяя каждой из них меньше внимания.

Можно нарваться на «инкубатор». Некоторые фонды создают «инкубаторы» паев. Прежде чем продавать их всем желающим, они тестируют паи в закрытом режиме. (Обычно единственными вкладчиками фондов на этом этапе являются сотрудники самой инвестиционной компании и аффилированные лица.) Инвестиционная компания использует небольшие «инкубаторские» фонды для апробации рискованных стратегий, которые лучше срабатывают с небольшими суммами денег. Речь может идти о приобретении акций мелких компаний или операциях с только что размещенными акциями. Если отрабатываемые стратегии оказываются успешными, инвестиционный фонд, публикуя высокие показатели доходности, начинает массовое привлечение инвесторов. В других случаях управляющий инвестиционным фондом временно отказывается от начисления комиссионных за управление (или откладывает его), поднимая за счет этого чистую доходность фонда. Когда высокая доходность привлечет огромное количество вкладчиков, фонд начинает взимать комиссионные. Практически во всех случаях доходность «инкубационных» фондов и фондов, временно отказывающихся от комиссионных за управление, падала до посредственного уровня после того, как внешние инвесторы вкладывали в них миллионы долларов.

Издержки фонда могут вырасти. Зачастую торговля крупными пакетами акций обходится дороже операций с небольшими пакетами. Дело в том, что найти покупателей или продавцов крупных пакетов акций труднее. Торговые издержки инвестиционного фонда с активами $100 млн могут составлять 1% стоимости активов. Но если благодаря растущей популярности фонда его активы увеличатся до $10 млрд, торговые издержки могут подскочить до 2% активов. Средний период держания акций в портфеле типичного инвестиционного фонда не превышает 11 месяцев, поэтому торговые издержки, как ржавчина, разъедают его доходы. При этом с ростом фонда прочие издержки, связанные с его деятельностью, не снижаются или даже увеличиваются. Учитывая операционные и торговые издержки (составляющие соответственно в среднем 1,5% и 2% стоимости активов), только для того, чтобы чистая доходность фонда была не ниже среднерыночной, его доходность до вычета издержек должна не менее чем на 3,5% превышать последнюю.

Фонды могут вести себя как стадо баранов. Чем более успешным становится фонд, тем более консервативными становятся его управляющие. Они начинают поддаваться стадному чувству. С ростом инвестиционного фонда растут и их доходы, а потому они начинают бояться «раскачивать лодку». Ведь огромные риски, на которые они шли, чтобы добиться высоких результатов, в новой ситуации могут отпугнуть инвесторов и поставить под вопрос их огромные гонорары. Поэтому крупные инвестиционные фонды начинают вести себя как стадо перекормленных баранов, как две капли воды похожих друг на друга, пассивно бредущих в одном направлении и блеющих хором. Почти все инвестиционные фонды, ориентированные на рост стоимости акций, владели акциями Cisco, GE, Microsoft, Pfizer и Wal-Mart — и почти в одинаковых пропорциях. Стадное чувство настолько распространено, что ученые-финансисты называют его стадным инстинктом[16]. Боясь потерять деньги, управляющие инвестиционными фондами приносят в жертву свои

[16] Из сказанного можно сделать еще один вывод. Чтобы преуспеть, индивидуальный инвестор должен либо не покупать акции из списка, которым руководствуются при выборе акций гигантские инвестиционные фонды, либо держать их как можно дольше. См.: Erik R. Sirri and Peter Tufano, "Costly Search and Mutual Fund Flows," *The Journal of Finance*, vol. 53, no. 8, октябрь 1998 г., с. 1589–1622; Keith C. Brown, W.V. Harlow, and Laura Starks, "Of Tournaments and Temptations," *The Journal of Finance*, vol. 51, № 1, март 1996 г., с. 85–110; Josef Lakonishok, Andrei Shleifer, and Robert Vishny, "What Do Money Managers Do?" working paper, Университет штата Иллинойс, февраль 1997 г.; Stanley Eakins, Stanley Stansell, and Paul Wertheim, "Institutional Portfolio Composition," *Quarterly Review of Economics and Finance*, vol. 38, no. 1, весна 1998 г., с. 93–110; Paul Gompers and Andrew Metrick, "Institutional Investors and Equity Prices," *The Quarterly Journal of Economics*, vol. 116, no. 1, февраль 2001 г., с. 229–260.

таланты, которые ранее позволяли им добиваться отличной доходности для своих вкладчиков.

Из-за серьезных издержек, связанных с осуществлением торговых операций и неэффективной деятельностью, большинству инвестиционных фондов не удается сохранить высокую доходность, которая «тает» почти так же быстро, как и лед на весеннем солнце. Более того, как показано на рис. 9.1, с течением времени растущие издержки отбрасывают инвестиционные фонды назад[17].

Количество инвестиционных фондов, которые смогли обеспечить вкладчикам более высокую доходность по сравнению с доходностью индексного фонда Vanguard 500 (по состоянию на 31.12.2002 г.)

На протяжении одного года
1186 из 2423 инвестиционных фондов (или 48,9%)

На протяжении трех лет
1157 из 1944 инвестиционных фондов (или 59,5%)

На протяжении пяти лет
786 из 1494 инвестиционных фондов (или 51,4%)

На протяжении 10 лет
227 из 728 инвестиционных фондов (или 31,2%)

На протяжении 15 лет
125 из 445 инвестиционных фондов (или 28,1%)

На протяжении 20 лет
37 из 248 инвестиционных фондов (или 14,9%)

Источник: Lipper Inc.

Рис. 9.1. «Воронка доходности» инвестиционных фондов

[17] Интересно, что преимущество индексного фонда даже несколько *преуменьшено*, поскольку база данных, из которой взяты данные для рис. 9.1, не включает информацию по сотням инвестиционных фондов, исчезнувшим за этот период. При более точной оценке преимущества индексного инвестирования становятся еще более очевидными.

Что же остается делать разумному инвестору?

Прежде всего он должен усвоить, что индексный фонд, в портфель которого входят все акции, обращающиеся на рынке (а не только «лучшие»), в долгосрочной перспективе принесет больше прибыли, чем большинство инвестиционных фондов. Низкий уровень его затрат — операционные издержки на уровне 0,2% в год и торговые издержки в размере лишь 0,1% — обеспечивает индексному фонду несокрушимое превосходство. Если допустить, что ежегодная доходность акций на протяжении следующих 20 лет составит 7%, то использование такого недорогого индексного фонда, как Vanguard Total Stock Market, обеспечит вам примерно 6,7% годовой доходности. (Такая доходность превратит ваши $10 000 в более чем $36 000.) Что же касается среднестатистического фонда акций, реализующего какую-либо активную стратегию, то при 1,5%-ных операционных издержках и примерно 2%-ных торговых издержках его годовая доходность в лучшем случае составит 3,5%. (В результате инвестиция размером $10 000 возрастет лишь примерно до $20 000, т. е. вы заработаете практически на 50% меньше, чем при использовании индексного фонда.)

У индексных фондов есть лишь один существенный недостаток: с ними скучно. Вы не сможете ни хвастаться друзьям, что вложили деньги в самый высокодоходный в стране инвестиционный фонд, ни бахвалиться тем, что «переиграли» фондовый рынок; ведь предназначение индексного фонда состоит не в том, чтобы «побить» рынок, а в том, чтобы обеспечить вам доходность не ниже среднерыночной. Управляющий индексным фондом не будет играть в азартные игры. Он не поставит на очередную «горячую» компанию, занимающуюся, например, телепортацией, продажей запахов через Интернет или распространением методов похудения при помощи телепатии. Для индексного фонда все компании на одно лицо — ведь он всегда покупает акции всех компаний, не обращая внимания на предсказания аналитиков. С течением времени инвестор, увидев, как постепенно прирастает его капитал, убедится в преимуществе низких инвестиционных издержек. Владея паями индексного фонда на протяжении 20 лет и более и ежемесячно вкладывая в них дополнительно определенную сумму, инвестор сможет опередить большинство как профессиональных, так и индивидуальных инвесторов. На склоне лет Грэм считал индексные фонды лучшим выбором для индивидуальных инвесторов. Уоррен Баффетт полностью с ним согласен[18].

---

[18] См.: Benjamin Graham: *Memoirs of the Dean of Wall Street*, Seymour Chatman, ed. (McGraw-Hill, New York, 1996), с. 273; Janet Lowe, *The Rediscovered Benjamin Graham: Selected Wrightings of the Wall Street Legend* (John Wiley & Sons, New York, 1999), с. 273. Как писал Уоррен Баффетт в годовом отчете за 1996 г., «большинству как институциональных, так и индивидуальных инвесторов выгоднее покупать паи индексных фондов с низкими комиссионными. Чистый доход (доход за вычетом комиссионных и других расходов)

Разумный инвестор тоже учитывает все эти моменты, но в обратном порядке.

Поскольку издержки инвестиционного фонда намного более предсказуемы, чем риск или доходность, они должны служить главным критерием отбора. Нет смысла переплачивать сверх указанных ниже годовых операционных издержек.

- Фонды, работающие с облагаемыми налогом и муниципальными облигациями, — 0,75%.
- Фонды, работающие с акциями крупных и средних американских компаний, — 1,0%.
- Фонды, работающие с высокодоходными (бросовыми) облигациями, — 1,0%.
- Фонды, работающие с акциями мелких американских компаний, — 1,25%.
- Фонды, работающие с акциями иностранных компаний, — 1,50%[21].

Далее вам следует оценить рискованность операций. В проспектах инвестиционных фондов должны быть представлены данные о наиболее существенных убытках за календарный квартал. Стоит также поинтересоваться рейтингом инвестиционного фонда, рассчитываемым компанией Morningstar — лидером в области инвестиционных исследований. Morningstar присуждает «звездный рейтинг» инвестиционным фондам в зависимости от степени рискованности их операций (самый низкий рейтинг — одна звезда, самый высокий — пять звезд). Но, как и оценка доходности, эти рейтинговые оценки также основываются на прошлых данных. Они говорят вам, какой из инвестиционных фондов был лучшим в прошлом, а не какой будет лучшим в будущем. На самом деле у инвестиционных фондов с рейтингом пять звезд есть один серьезный недостаток: с течением времени их доходность может оказаться ниже, чем доходность фондов с одной звездой. Все изложенное лишний раз подтверждает, что вам лучше следовать нашей рекомендации: сначала найти инвестиционный фонд с низкими издержками, управляющие которым одновременно являются его крупными вкладчиками, не боятся быть непохожими на других, не рекламируют свою доходность и готовы закрыть двери фонда для новых вкладчиков еще до того, как он станет слишком громоздким и неуправляемым, и только после этого поинтересоваться рейтингом Morningstar[22].

---

[21] Инвесторы без труда найдут инвестиционные фонды с низкими издержками на сайтах www.morningstar.com и http://money.cnn.com.

[22] См.: Mattew Morey, "Rating the Raters: An Investigation of Mutual Fund Rating Services," *Journal of Investment Consulting*, vol. 5, no. 2, ноябрь/декабрь 2002 г. Несмотря на то, что

Только собрав всю эту информацию, можно обратить внимание на доходность фонда в прошлом, не забывая, однако, о том, что последняя никоим образом не гарантирует его доходность в будущем. Сегодняшние лидеры завтра могут стать лузерами. Правда, исследования показывают, что почти всегда можно быть уверенным в том, что сегодняшние лузеры не станут лидерами в будущем. Поэтому избегайте фондов с низкими показателями в прошлом, особенно если их издержки выше среднего уровня.

ЗАКРЫТЫЙ МИР ЗАКРЫТЫХ ИНВЕСТИЦИОННЫХ ФОНДОВ

Закрытые фонды акций, популярные в 1980-е гг., постепенно утрачивают свои позиции. Сегодня насчитывается всего 30 закрытых инвестиционных фондов с диверсифицированными портфелями акций американских компаний. Как правило, это крошечные фонды, которые продают за день всего несколько сот паев. Их издержки высоки, а стратегии непонятны. Так, инвестиционный фонд Morgan Funshares специализируется на акциях винодельческих компаний, производителей табачных изделий и представителей игорного бизнеса, т. е. компаний, чья продукция предназначена для удовлетворения специфических потребностей, связанных с получением удовольствия. Результаты проведенного Дональдом Кэссиди (компания Lipper Inc.) исследования закрытых фондов подтверждают мысль Грэма: доходность диверсифицированных закрытых инвестиционных фондов, паи которых продаются с дисконтом, превышает не только доходность закрытых фондов, паи которых продаются с премией, но и среднюю доходность открытых инвестиционных фондов. Жаль только, что на сузившемся рынке не всегда можно найти паи диверсифицированных закрытых инвестиционных фондов, продающиеся с дисконтом[23].

Однако существуют сотни инвестиционных фондов закрытого типа, которые специализируются на операциях с облигациями. Среди них особенно популярны фонды, работающие с муниципальными долговыми обязательствами. Если такие инвестиционные фонды продают паи с дисконтом, это повышает доходность последних и, соответственно, их привлекательность

рейтинги мало помогают при прогнозировании будущих результатов, Morningstar — лучший источник информации об инвестиционных фондах для индивидуальных инвесторов.

[23] В отличие от взаимных инвестиционных фондов открытого типа закрытые фонды не продают новые паи всем желающим. Инвестор может купить паи не у фонда, а у другого вкладчика, который согласен их продать. Таким образом, цена паев колеблется в зависимости от спроса и предложения. Ее уровень то превышает стоимость чистых активов фонда в расчете на пай, то оказывается ниже ее.

СКРОМНОСТЬ УКРАШАЕТ ИНВЕСТОРА

Вера или просто надежда на то, что мы сумеем выбрать инвестиционные фонды, которые покажут в будущем самые высокие результаты, греет нам душу. Нам начинает казаться, что наша судьба как инвесторов — в наших руках. Человеку свойственно верить в то, что он может контролировать происходящее. Психологи называют это явление самонадеянностью. Приведем несколько примеров.

- В 1999 г. журнал *Money* опросил более 500 человек, чтобы выяснить, удалось ли им получить доходность выше, чем в среднем по фондовому рынку. Положительный ответ дал каждый четвертый опрошенный. Но когда респондентов попросили конкретизировать свой ответ, 80% назвали цифры ниже среднерыночных. (4% и понятия не имели, какие результаты показал их портфель, но тем не менее все равно были уверены, что его доходность была выше среднерыночной).
- Шведские ученые провели опрос автолюбителей, попавших в серьезные аварии, и попросили их оценить свои навыки управления автомобилем. Все опрошенные (включая признанных виновными в совершении аварий и тех, кто оказался на больничной койке) настаивали на том, что водят машину лучше, чем обычные водители.
- В конце 2000 г. журнал *Time* и телеканал CNN опросили более 1000 человек, пытаясь выяснить, считают ли они, что принадлежат к 1% населения с очень высоким уровнем доходов; 19% опрошенных ответили на этот вопрос положительно.
- Проведенный в конце 1997 г. опрос 750 инвесторов показал, что 74% респондентов считали доходность их взаимного инвестиционного фонда «стабильно выше рыночной, измеренной на основе фондового индекса Standard & Poor's 500». На самом деле большинству инвестиционных фондов в долгосрочной перспективе не удается превзойти доходность S&P 500, а многим не под силу это сделать даже в любом отдельно взятом году*.

Хотя такого рода оптимизм — признак здоровой психики, на поприще инвестирования он вряд ли является плюсом. Все-таки стоит учитывать, что прогнозировать можно только то, что поддается прогнозированию. Если вы оторветесь от реальности, ваша самонадеянность приведет вас к поражению.

---

* См.: Jason Zweig, "Did You Beat the Market?" *Money*, январь 2000 г., с 55–58; *Time*/CNN poll #15, 25–26 октября 2000 г., вопрос 29.

ГЛАВА 10

Инвестор и его консультанты

Уникальность инвестиционной деятельности заключается в том, что инвестор вынужден в той или иной степени полагаться на чужие советы. Подавляющее большинство инвесторов — непрофессионалы. Естественно, они считают, что профессиональные консультанты помогут им правильно выбрать ценные бумаги для своего портфеля. Однако следует учитывать, что инвестиционный консалтинг имеет ряд особенностей.

Когда люди занимаются инвестированием, они обращаются к консультантам, чтобы те подсказали, как получить прибыль. Эта выглядит несколько наивно. Другие бизнесмены консультируются с профессионалами относительно различных аспектов ведения бизнеса, но не требуют, чтобы те подсказали им, как получать прибыль. Они должны знать это сами. В сфере инвестиционного консультирования ситуация иная. В отличие от представителей других видов бизнеса, рядовые инвесторы-непрофессионалы обращаются к профессионалам по поводу получения *прибыли от инвестиций*.

Если мы допустим, что существует некий нормальный или стандартный уровень доходности, на который можно рассчитывать, инвестируя средства в ценные бумаги, роль консультанта становится более определенной. Его задача — используя свою квалификацию и опыт, предостеречь клиента от ошибок и помочь ему получить столько, сколько должны приносить его инвестиции. Если инвестор хочет, чтобы его доходность превышала среднюю, или же консультант пытается сделать все, что в его силах, чтобы услужить своему клиенту, дело обстоит иначе. Возникает резонный вопрос: не требует ли одна сторона и не обещает ли другая сторона больше возможного?

Инвестор может получать советы из разных источников. Это могут быть: 1) родственники и друзья, разбирающиеся в ценных бумагах; 2) специалисты местного коммерческого банка; 3) брокерские конторы или инвестиционные банки; 4) финансовые агентства и печатные издания и 5) инвестиционные консультанты[1]. Разнообразие источников свидетельствует об отсутствии сложившегося общего системного подхода к выбору консультантов.

Рассмотрим логику инвестора, обращающегося к консультанту, с позиций здравого смысла (т. е. получения нормальной доходности). Общий принцип таков: если инвестор при управлении своими средствами полагается главным образом на советы других людей, он должен либо ограничиться (и ограничить своих консультантов) использованием стандартных, консервативных, простейших методов инвестирования, либо очень хорошо знать того, кому он доверяет управление своими активами на основе более сложных стратегий. Но если у инвестора с консультантом складываются чисто деловые отношения, он должен следовать только тем *особым* рекомендациям, которые не выходят за рамки его собственных знаний и опыта, позволяющих ему иметь собственное независимое суждение о рекомендациях консультантов. В этом случае из категории пассивных инвесторов он переходит в категорию активных.

Инвестиционные консультанты и трастовые и консалтинговые отделы банков

Настоящие профессиональные инвестиционные консультанты, т. е. солидные консалтинговые компании, годовая стоимость услуг которых довольно высока, не дают инвесторам невыполнимых обещаний и не подают им несбыточных надежд. Как правило, они вкладывают средства клиентов в стандартные ценные бумаги, характеризующиеся нормальным уровнем процентных выплат и дивидендов, и опираются на стандартные инвестиционные стратегии, нацеленные на получение нормальной доходности инвестиций. Большую часть средств клиентов они вкладывают в акции компаний-лидеров и государственные облигации (включая муниципальные и облигации штатов). В другие ценные бумаги они обычно инвестируют не более 10% активов инвестора. Эти компании обычно не стремятся получать прибыль за счет колебаний фондового рынка.

---

[1] Сегодня у инвестора такой же широкий выбор, как и во времена Грэма. Опрос инвесторов, проведенный в конце 2002 г. ассоциацией Security Industry Association, показал, что 17% инвесторов полагаются в основном на советы супруга(и) или друга, 2% — на советы специалистов коммерческого банка, 16% — на советы брокеров, 10% — на рекомендации финансовых изданий и 24% — на помощь финансового консультанта. Единственное отличие от списка Грэма состоит в том, что сегодня 8% инвесторов серьезно полагаются на Интернет, а 3% — на финансовые телеканалы.

Ведущие консалтинговые компании не претендуют на достижение исключительных результатов. Они гордятся своей осторожностью, консервативностью и компетентностью. Главная их цель — сохранить капитал инвестора на протяжении определенного срока и обеспечить консервативный уровень доходности. Еще одно преимущество этих компаний заключается в том, что они оказывают своим клиентам дополнительные услуги. Возможно, их главная ценность, с точки зрения клиентов, состоит в защите последних от дорогостоящих ошибок. К тому же они предлагают пассивным инвесторам весьма широкий спектр услуг в сфере инвестиционного консалтинга.

Все сказанное относится также к трастовым и консалтинговым отделам крупных банков[2].

Финансовые агентства

Финансовые агентства рассылают своим подписчикам информационные бюллетени (иногда по телеграфу). Тематика бюллетеней разнообразна: состояние и перспективы развития той или иной сферы бизнеса; обзоры финансовых рынков и прогнозы; информация и советы по отдельным акциям. В финансовых агентствах существуют и так называемые справочные отделы, которые отвечают на вопросы индивидуальных подписчиков. Услуги финансовых агентств в среднем намного дешевле, чем услуги инвестиционных консультантов, предоставляемые индивидуальным клиентам. Некоторые институты, такие как Babson и Standard & Poor's, могут одновременно выступать в роли финансового агентства и инвестиционно-консалтинговой фирмы. (А некоторые компании, например Scudder, Stevens & Clark, совмещают инвестиционный консалтинг с управлением одним или несколькими инвестиционными фондами.)

Услуги финансовых агентств и инвестиционно-консалтинговых компаний предназначены для разных категорий клиентов. Инвесторы, обращающиеся в инвестиционно-консалтинговые компании, стремятся избавиться от необходимости выполнять скучную, но необходимую работу, связанную с принятием инвестиционных решений. Финансовые агентства, напротив,

---

[2] Принципы работы консалтинговых компаний и консалтинговых отделов банков не изменились, но сегодня они работают только с инвесторами, капитал которых составляет не менее $1 млн (или даже $5 млн). Сегодня инвестиционным консультированием занимаются независимые компании, специализирующиеся на финансовом планировании, хотя (как считает финансовый аналитик Роберт Верес) они предпочитают работать не с «голубыми фишками», а с инвестиционными фондами и отбирать акции. Надежность инвестиций при этом обеспечивается не за счет их качества, а за счет диверсификации.

обслуживают тех клиентов, которые либо сами занимаются инвестиционным бизнесом, либо консультируют других инвесторов. Многие финансовые агентства специализируются на прогнозировании ситуации на фондовом рынке с помощью различных методов технического анализа. Мы не будем рассматривать такие агентства, поскольку считаем, что их работа не имеет никакого отношения к инвесторам в том смысле, какой мы вкладываем в это понятие.

Некоторые ведущие финансовые агентства, такие как Moody's Investment Service и Standard & Poor's, известны тем, что собирают статистику и создают мощные базы данных, которые служат основой для всех серьезных исследований финансовых рынков. У этих агентств разнообразная клиентура — от самых консервативных инвесторов до откровенных спекулянтов. Поэтому они испытывают некоторые трудности, связанные с методологией выработки конкретных рекомендаций.

Услуги, традиционно оказываемые такими агентствами, как Moody's, должны, очевидно, представлять определенную ценность для широкого круга инвесторов. Почему? Потому что эти агентства специализируются на вопросах, интересующих рядовых активных инвесторов-спекулянтов. Они пользуются авторитетом у этой публики, а их рекомендации являются (или считаются) весьма надежными.

Десятки лет финансовые агентства прогнозируют динамику фондового рынка. Правда, эти прогнозы никто не воспринимает всерьез. Как и все, кто пытается прогнозировать рынок, они иногда оказываются правы, а иногда ошибаются. При этом финансовые агентства стараются выражаться осторожно, чтобы не «подставиться». (Они используют те же риторические приемы, что и дельфийские оракулы в древности. Эти приемы делали предсказания убедительными независимо от того, сбывались они или нет.) На наш взгляд (возможно, несколько предвзятый), пользы от прогнозов нет почти никакой за исключением, возможно, лишь того, что отчасти они проливают свет на поведение участников рынка ценных бумаг. Практически все, кто занимается операциями с акциями, хотят знать, что думают о будущей ситуации на рынке другие игроки. Разумеется, спрос рождает предложение.

Вне всякого сомнения, обзоры ситуации и рыночные прогнозы указанных выше финансовых агентств более надежны, информативны и полезны, чем обзоры и прогнозы менее авторитетных организаций. Эти обзоры и прогнозы — важная часть огромного массива экономической информации, используемого покупателями и продавцами ценных бумаг и способствующего разумному ценообразованию на рынке акций и облигаций. Безусловно, информация, публикуемая финансовыми агентствами, помогает индивидуальным инвесторам принимать разумные инвестиционные решения.

Рекомендации финансовых агентств относительно конкретных ценных бумаг оценивать сложно. О каждом агентстве следует судить особо, на основе тщательного анализа и с учетом показателей за длительный период. Но у всех этих рекомендаций есть одна особенность, которая снижает их ценность. Финансовые агентства убеждены, что при благоприятном краткосрочном прогнозе для бизнеса компании ее акции следует покупать, а при неблагоприятном — продавать *независимо от текущей цены*. Из-за этого поверхностного подхода финансовые агентства обычно отказываются от серьезной аналитической работы (которой они вполне могли бы заниматься). В частности, они не пытаются выяснить, является ли та или иная акция переоцененной или недооцененной с учетом долгосрочных перспектив компании.

Принимая финансовые решения, разумный инвестор не будет руководствоваться только рекомендациями финансовых агентств. Как мы уже отмечали, последние играют роль всего лишь полезного источника информации и ориентира при выборе того или иного решения.

Брокерские конторы

По всей видимости, главным источником информации и рекомендаций для инвестора выступают брокерских конторы — участники Нью-Йоркской фондовой биржи и других фондовых бирж, за комиссионное вознаграждение исполняющие поручения (ордера), связанные с куплей-продажей ценных бумаг. Практически все брокерские конторы, обслуживающие рядовых инвесторов, имеют в своей структуре статистические или аналитические отделы, которые работают с инвесторами и дают им соответствующие рекомендации. Клиенты (а именно так брокеры называют потребителей своих услуг) бесплатно получают в конторах серьезные и дорогостоящие аналитические материалы.

В невинном, на первый взгляд, вопросе — следует ли называть инвесторов, обращающихся к брокерам, «потребителями» или «клиентами» — на самом деле кроется один важный момент. Потребителями обычно называют тех, кто покупает продукцию какой-либо бизнес-структуры, клиентами — тех, кому специалисты или организации оказывают какие-либо услуги. Сообщество брокеров с Уолл-стрит придерживается, наверное, куда более строгих этических норм, чем представители любого другого вида бизнеса, но ему еще предстоит пройти долгий путь, чтобы завоевать репутацию профессионального сообщества[3].

---

[3] Вряд ли кто-либо критиковал Уолл-стрит более жестко и цинично, чем Грэм. Но на этот раз цинизма ему явно не хватило. Возможно, на Уолл-стрит действительно придер-

В прошлом брокерские конторы Уолл-стрит процветали в основном благодаря спекуляциям с ценными бумагами, хотя спекулянты как отдельная категория участников фондового рынка несли убытки. Поэтому брокерские конторы, естественно, не могли придерживаться строгих моральных принципов — ведь в этом случае они должны были бы отговаривать клиентов от убыточных спекулятивных операций, что вело бы к снижению их собственных доходов.

Самое большее, на что смогли пойти в этих условиях отдельные брокерские конторы, — это стараться не провоцировать клиентов на спекулятивные операции. Такие конторы ограничивались исполнением ордеров, предоставлением финансовой информации, аналитической работой и оценкой инвестиционных качеств различных ценных бумаг. Таким образом, по крайней мере формально, они не несли никакой ответственности ни за прибыль, ни за убытки своих клиентов-спекулянтов[4].

Несмотря на это, большинство брокерских контор до сих пор держатся за свои старые слоганы. Они настаивают на том, что занимаются бизнесом, получают прибыль от комиссионных и поэтому единственный способ добиться успеха — давать покупателям то, что они хотят. Самые выгодные клиенты (потребители их услуг) — спекулянты, которые, естественно, хотят получать рекомендации именно относительно спекулятивных операций. Поэтому типичная брокерская контора не только активно занимается дейтрейдингом, но и анализирует рынок с соответствующих позиций, а также предоставляет соответствующие рекомендации. Брокеры трудятся не покладая рук, чтобы помочь «потребителям услуг» заработать деньги в той сфере, в которой те, согласно законам математики, обречены на убытки[5]. Мы имеем в виду, что спекулятивные операции большинства клиентов брокерских фирм не могут быть прибыльными в течение длительного времени. Но если помимо этого спекулянты занимаются и настоящими

живаются более строгих этические норм, чем в некоторых других отраслях бизнеса (таких как контрабанда, проституция, лоббирование в конгрессе и СМИ), но в сфере инвестиций крутится столько обманщиков, мошенников и воров, что черти в аду могут не беспокоиться — им еще очень долго не грозит безработица.

[4] Тысячи людей, купившие акции в конце 1990-х гг., поверив в то, что аналитики Уолл-стрит дают им объективные и ценные советы, поняли (к сожалению, слишком поздно), насколько прав был Грэм в этом вопросе.

[5] Интересно, но жесткую критику Грэма в адрес брокерских контор «полного цикла» сегодня следовало бы адресовать появившимся в 1990-е гг. дисконтным интернет-брокерам. Эти конторы расходуют миллионы долларов на навязчивую рекламу, подстрекающую инвесторов торговать много и быстро. В результате большинство их клиентов остаются ни с чем, и лишь дешевизна онлайн-операций может служить им некоторым утешением. В то же время традиционные брокерские конторы сегодня делают упор на оказание услуг по финансовому планированию и «интегрированному управлению активами», чтобы ослабить свою зависимость от комиссионных.

инвестициями, доход от последних может покрывать убытки от спекулятивных операций.

Консультированием и информационным обеспечением клиентов занимаются две категории работников брокерских контор: брокеры по работе с клиентами (управляющие клиентскими счетами) и финансовые аналитики.

Брокеров по работе с клиентами иначе называют зарегистрированными представителями. Раньше эта должность называлась скромнее — менеджер по работе с клиентами. Сегодня на ней обычно трудятся коммуникабельные люди, хорошо разбирающиеся в ценных бумагах. В своей работе они опираются на строгие инструкции. Но поскольку бизнес напрямую зависит от комиссионных, их нет-нет да и посещают мысли о спекуляциях. Поэтому покупатель ценных бумаг, который не хочет пасть жертвой спекулятивных операций, должен вести себя с брокером очень осторожно. Он должен ясно показать (и подтвердить на словах и на деле), что не будет участвовать в операциях, хотя бы отдаленно напоминающих спекуляции. Если брокер убедится в том, что имеет дело с настоящим инвестором, он будет уважать его мнение и вести себя должным образом.

Работа финансового аналитика, которого раньше называли аналитиком ценных бумаг, хорошо знакома и вашему покорному слуге, который сам 50 лет работал аналитиком и обучил этой профессии множество людей. На данном этапе мы будем говорить только о финансовых аналитиках, которые работают в брокерских конторах. Их функции предельно ясны — они следуют из названия должности. Финансовый аналитик изучает ценные бумаги, сравнивает различные акции, принадлежащие к одной категории, оценивает надежность, привлекательность и внутреннюю стоимость различных видов акций и облигаций.

Инвестора может удивить отсутствие формальных квалификационных требований к работе финансового аналитика — в отличие от брокера, который должен сдать экзамен, пройти тестирование у психолога, получить разрешение на работу и зарегистрироваться на Нью-Йоркской фондовой или какой-либо другой бирже. Но практика показывает, что почти все молодые финансовые аналитики получили прекрасное образование в школах бизнеса, а их более зрелых коллег выручает многолетний опыт. Однако чаще всего брокерские конторы сами оценивают квалификацию и компетентность своих аналитиков[6].

---

[6] Ситуация почти не изменилась, хотя многие лучшие специалисты Уолл-стрит получили CFA — сертификат дипломированного финансового аналитика (Charted Financial Analyst), который Ассоциация инвестиционного менеджмента и исследований (Association of Investment Management and Research, бывшая Федерация финансовых аналитиков, Financial Analysts Federation) выдает только после серьезного

Клиент брокерской фирмы может получать консультации финансового аналитика либо непосредственно, либо через своего брокера. В любом случае финансовый аналитик может предоставить клиенту существенный объем информации и реальную помощь. Важно подчеркнуть, что степень полезности финансового аналитика для инвестора зависит от самого инвестора. Чтобы получать правильные (или хотя бы полезные) ответы, он должен задавать аналитику правильные вопросы. Мы считаем, что финансовым аналитикам, работающим в брокерских конторах, мешает навязываемая им роль аналитиков рынка, обязанных следить за текущей ситуацией на фондовом рынке. Если их спрашивают о том, что они думают о той или иной акции, обычно это означает, что их просят сказать, будет ли курс данной акции расти на протяжении нескольких следующих месяцев. В результате многие аналитики вынуждены заниматься финансовым анализом, не отрываясь от биржевых котировок. Естественно, это сказывается на качестве анализа[7].

В следующем разделе мы рассмотрим некоторые теоретические основы анализа ценных бумаг и его возможности. Финансовые аналитики, в огромном количестве корпящие в брокерских конторах, могут оказать неоценимую помощь настоящим инвесторам, которые за свои деньги хотят иметь действительно «ценные» ценные бумаги. Как и в случае с брокером, инвестор с самого начала должен объяснить финансовому аналитику, чего он хочет. Если аналитик убедится в том, что к нему обратился человек, который судит об акциях не по рыночным котировкам, а по их истинной стоимости, инвестор сможет получить действительно ценные рекомендации.

обучения и сдачи нескольких сложных экзаменов. Сертификаты CFA получили более 50 000 аналитиков во всем мире. К сожалению, результаты последнего исследования профессора Стэнли Блока свидетельствуют о том, что большинство финансовых аналитиков, имеющих диплом CFA, игнорируют принципы Грэма. Это проявляется в том, что при расчете значения коэффициента «цена/прибыль» они обращают внимание не на качество прибыли, риски и дивидендную политику, а на потенциал роста. При расчете рейтингов акций многие аналитики исходят не из долгосрочных перспектив соответствующей компании, а из их текущего курса (см.: Stanley Block, "A Study of Financial Analysts: Practice And Theory," *Financial Analysts Journal*, июль/август 1999 г.; www.aimrpubs.org). Как любил повторять Грэм, его книги читают (и игнорируют) чаще, чем все другие книги по финансам.

[7] В настоящее время финансовые аналитики практически не работают с индивидуальными инвесторами. Лицезреть Его Величество Финансового Аналитика дозволено только крупным институциональным инвесторам. Индивидуальный инвестор в лучшем случае может попытаться связаться по телефону с аналитиками, работающими в местном представительстве нью-йоркской брокерской конторы. На сайтах компаний, акции которых торгуются на бирже, в разделе «Информация для инвесторов» обычно размещают комментарии финансовых аналитиков, специализирующихся на данных акциях. На сайтах www.zacks.com и www.multex.com представлены отчеты финансовых аналитиков. Однако разумный инвестор не должен забывать, что подавляющее большинство последних не анализируют положение дел в компаниях, а лишь пытаются угадать будущую цену акций.

Сертификаты CFA

В 1963 г. был сделан важный шаг для поддержания профессиональной репутации и усиления ответственности финансовых аналитиков. Специалистам, имеющим значительный опыт работы, успешно сдавшим экзамены и отвечающим ряду других требований, начали выдавать сертификат дипломированного финансового аналитика CFA (Charted Financial Analyst) [1]. Желающие получить сертификат сдавали экзамены по таким дисциплинам, как анализ ценных бумаг и управление инвестиционным портфелем. Сертификаты CFA, как и сертификаты дипломированного бухгалтера высшей квалификации CPA (Certified Public Accountant), высоко ценятся и признаются во всем мире. Эта относительно новая форма профессионального признания и контроля, несомненно, способствует повышению качества работы финансовых аналитиков и их квалификации[8].

Как работать с брокерскими конторами

Одним из самых тревожных событий со времени выхода в свет последнего издания этой книги стали финансовые трудности, с которыми столкнулись некоторые брокерские конторы — участники Нью-Йоркской фондовой биржи, включая две весьма крупные[9]. В ряде случаев данные проблемы привели к банкротству контор. За последние полвека подобное случилось впервые и вызвало шок. Дело в том, что на протяжении многих десятилетий Нью-Йоркская фондовая биржа постепенно ужесточала контроль за операциями и финансовым положением своих участников. В этих целях были установлены минимальные размеры капитала, проводились внезапные аудиторские проверки и т. п. Кроме того, на протяжении 37 лет деятельность фондовых бирж и их участников строго контролировалась Комиссией по ценным бумагам и биржам США. Наконец, рыночная конъ-

[8] Бенджамин Грэм первым высказывался за введение сертификатов CFA еще за 20 лет до того, как их начали выдавать.

[9] Две конторы, о которых пишет Грэм, — это, скорее всего, DuPont, Glore, Forgan & Co. и Goodbody & Co., созданные наследниками химического магната. Первая из них чудом избежала банкротства в 1970 г. благодаря предпринимателю из Техаса Генри Россу Перо, который предоставил ей кредит на сумму свыше $50 млн. Компания Goodbody, пятая по величине брокерская контора в США, обанкротилась бы в конце 1970 г., если бы ее не поглотила компания Merrill Lynch. Компания Hayden, Stone & Co. также стала бы банкротом, если бы не была поглощена. В 1970 г. обанкротилось не менее семи брокерских контор. Более подробно об этом рассказывается в книге: John Brooks, *The Go-Go Years* (John Wiley & Sons, New York, 1999).

юнктура была как нельзя более благоприятной для брокерских контор — ограничивалось их количество, объемы торговых операций постоянно росли, были установлены минимальные ставки комиссионных (что способствовало снижению конкуренции).

Сначала (в 1969 г.) финансовые трудности брокерских контор объясняли увеличением объемов их операций, которое привело к чрезмерной налоговой нагрузке, росту накладных расходов и возникновению проблем с финансовыми расчетами. Следует отметить, что, возможно, это был первый случай в истории, когда компании такого уровня разорялись из-за неспособности справиться с ростом своего бизнеса. В 1970 г. количество банкротств брокерских контор увеличилось, но теперь они жаловались в основном на спад в бизнесе. Это было довольно странно, если вспомнить, например, что в тот год на Нью-Йоркской фондовой бирже торговались 2937 млн акций — рекордное количество за всю ее историю, более чем вдвое превышавшее все годовые показатели до 1965 г. На протяжении 15 лет бычьего рынка, закончившегося в 1964 г., биржевой оборот в среднем состоял «всего лишь» из 712 млн акций (четверть от уровня 1970 г.), но брокерский бизнес в то время процветал как никогда ранее. Тот факт, что руководители брокерских контор не могли контролировать накладные и другие расходы, что столь ощутимо сказывалось на их бизнесе даже при незначительном снижении объема операций, свидетельствовал лишь об их недостаточной квалификации.

Таким образом, вырисовывалась еще одна, самая, на наш взгляд, серьезная причина финансовых проблем. Оказалось, что значительная часть капитала некоторых брокерских контор была инвестирована в спекулятивные акции, цены которых в ряде случаев были явно завышенными. Спад на фондовом рынке 1969 г. привел к ощутимому падению цен этих акций, что, в свою очередь, привело к потере брокерскими конторами значительной части капитала [2]. К тому же последние использовали для спекулятивных операций средства, предназначенные для защиты клиентов от обычных финансовых рисков, связанных с брокерским бизнесом. Это было, мягко говоря, непростительно.

Инвестор должен подходить разумно не только к разработке своей финансовой политики в общих чертах, но и к проработке ее отдельных деталей. Речь идет и о выборе достойной брокерской конторы. До последнего времени мы советовали читателям консультироваться исключительно у участников Нью-Йоркской фондовой биржи, если только у инвестора не было веских оснований для сотрудничества с другими, не столь уважаемыми фирмами. Мы вынуждены дать еще несколько советов по рассматриваемой теме. На наш взгляд, участники фондового рынка, не практикующие маржинальную торговлю (согласно нашей классификации, к их числу относятся все непрофессиональные инвесторы), для приема и хранения ценных бумаг должны пользоваться услугами своего банка. Поручая брокеру приобрести ценные бумаги, вы должны поручить ему их доставку в банк, который и оплатит покупку. И наоборот, при продаже ценных бумаг вам следует договориться с банком о том, чтобы он передал их посреднику и принял от него плату. Услуги банка потребуют дополнительных расходов, но эти расходы оправданы: ведь вы платите за свою безопасность и свой покой. Данный совет можно будет игнорировать лишь после того, как инвестор убедится, что все проблемы брокерских контор решены, и не ранее[10].

Инвестиционные банки

Инвестиционным банком называют компанию, бизнес которой в значительной степени связан с организацией, подпиской и продажей новых эмиссий акций и облигаций. Подписка (андеррайтинг) гарантирует эмитенту продажу всего выпуска ценных бумаг. Андеррайтингом занимаются и брокерские конторы. Чаще всего это сводится к участию в эмиссионных синдикатах, формируемых ведущими инвестиционными банками. Иногда брокерские конторы сами организуют и финансируют выпуск ценных бумаг. Как правило, речь идет о небольших эмиссиях обыкновенных акций и только на пике бычьего рынка.

С нашей точки зрения, инвестиционные банки являются самыми уважаемыми на Уолл-стрит институтами финансового сообщества, поскольку именно они способствуют привлечению средств для расширения отрасли. Действительно, главный аргумент в пользу необходимости активного функционирования фондового рынка (несмотря на присущие ему спекулятивные эксцессы) состоит в том, что организованный рынок ценных бумаг упрощает процесс размещения новых выпусков облигаций и акций. Если инвесторы или спекулянты считают, что рынок еще не готов принять новую эмиссию, они могут просто отказаться их приобретать.

---

[10] Сейчас почти все сделки с ценными бумагами совершаются через Интернет, и необходимость доставлять бумаги в банк отпала. Благодаря созданию в 1979 г. Корпорации по защите инвесторов в ценные бумаги (Securities Investor Protection Corporation, SIPC) сегодня в случае банкротства брокерской конторы последним гарантировано полное возмещение средств на их счетах. Инициатором создания корпорации было государство. Эта организация представляет собой консорциум брокеров, которые выделяют часть своих средств с целью формирования пула страхового капитала, предназначенного для покрытия убытков клиентов неплатежеспособных брокерских контор. Такой защитный механизм позволяет инвесторам отказаться от посреднических услуг банка при проведении платежей и доставки ценных бумаг в банк, о которых пишет Грэм.

Отношения между инвестиционным банком и инвестором складываются так же, как между продавцом и возможным покупателем. Следует отметить, что в прошлом значительную часть новых выпусков ценных бумаг (в денежном исчислении) составляли облигации, приобретавшиеся в основном такими финансовыми организациями, как банки и страховые компании. Понятно, что инвестиционные банки, продавая такие облигации, имели дело с искушенными и опытными покупателями. И поскольку любые рекомендации инвестиционных банков подвергались серьезному анализу, такое сотрудничество можно было считать равноправным.

Отношения между инвестиционными банками (и выступающими в качестве андеррайтеров брокерскими конторами) и *индивидуальными* покупателями ценных бумаг складываются иначе. Покупателям часто не хватает опыта, к тому же они редко ведут себя достаточно разумно. Они слепо верят продавцам, особенно когда им предлагают обыкновенные акции, поскольку часто именно с ростом их курса связывают надежды на быстрое получение прибыли. Поэтому рядовой инвестор должен руководствоваться прежде всего собственным мнением относительно качества предлагаемых ему ценных бумаг, а не рекомендациями продавца, который может оказаться бессовестным обманщиком [3].

К чести компаний-андеррайтеров следует сказать, что им неплохо удается выступать в двух ипостасях — консультантов и трейдеров. Однако покупатель не должен целиком полагаться на мнение продавца. В 1950 г. мы писали: «Негативные результаты такого некритического отношения к рекомендациям продавца периодически проявляются в сфере андеррайтинга, прежде всего при продаже новых выпусков обыкновенных акций в период активных спекуляций». Вскоре жизнь доказала нашу правоту. Как мы уже писали, 1960–1961 гг. и затем 1968–1969 гг. ознаменовались беспрецедентным наводнением фондового рынка выпусками ценных бумаг низкого качества, которые предлагались по абсурдно высоким ценам. Во многих случаях из-за рискованных спекуляций и манипуляций с этими бумагами наблюдалось дальнейшее повышение цен. К этому приложили руку некоторые крупнейшие брокерские конторы. Их действия лишний раз подтвердили, что «тройственный союз» алчности, близорукости и безответственности по-прежнему играет важную роль на рынке.

Разумный инвестор, несомненно, не оставит без внимания советы и рекомендации инвестиционных банков, особенно имеющих хорошую репутацию. Но он никогда не будет следовать им слепо, не составив собственного мнения или не получив рекомендаций других консультантов[11].

[11] Те, кто последовал бы совету Грэма, не пострадали бы от краха акций доткомов в 1999 и 2000 гг.

Другие консультанты

У жителей небольших городов сохранилась хорошая традиция консультироваться по вопросам инвестирования с сотрудниками местных коммерческих банков. Местные специалисты могут и не быть опытными экспертами по оценке стоимости ценных бумаг, но у банка так или иначе есть определенный опыт и наработанные консервативные подходы к ней. Особенно полезны такие консультации новичкам, которые постоянно подвергаются соблазну свернуть с прямого и немного скучного пути пассивного инвестора, а потому нуждаются в регулярных инъекциях здравого смысла. Более предприимчивый и агрессивный инвестор, нуждающийся в советах относительно выбора выгодных объектов инвестиций, может и не согласиться с точкой зрения своего банкира[12].

Мы не слишком одобряем широко распространенную практику — советоваться по вопросам инвестиционной деятельности с родственниками и друзьями. Тот, кто нуждается в совете, почему-то всегда думает, что его консультант прекрасно знает вопрос и имеет соответствующий опыт. Но наши наблюдения свидетельствуют о том, что найти подходящего советчика так же трудно, как выбрать хорошие ценные бумаги самостоятельно. Бесплатные советы — это, как правило, очень плохие советы.

Выводы

Инвесторы, готовые платить за управление своими активами, могут, все взвесив, выбрать солидную фирму с хорошей репутацией, специализирующуюся на предоставлении услуг по инвестиционному консалтингу. Они также могут воспользоваться услугами инвестиционного отдела крупной трастовой компании или услугами по управлению капиталом, предоставляемыми некоторыми ведущими брокерскими конторами — участниками Нью-Йоркской фондовой биржи. Не стоит ожидать сверхвысоких результатов, но эти институты вполне могут обеспечить инвестору доходность, сравнимую с доходностью среднего хорошо информированного и осторожного инвестора.

Большинство покупателей ценных бумаг получают рекомендации фактически бесплатно, в процессе покупки. Разумеется, во многих случаях инвесторы не должны рассчитывать на более высокую доходность, чем в среднем по рынку. Ко всем без исключения контрагентам (будь то брокеры по работе с клиентами или продавцы ценных бумаг), обещающим высокую

[12] Эту роль, которую традиционно играли банкиры, сегодня взяли на себя бухгалтеры, юристы и консультанты по финансовому планированию.

спекулятивную доходность, следует относиться с осторожностью. Этот совет касается также выбора ценных бумаг и непростого искусства торговли на фондовом рынке в целом.

Как мы уже писали, пассивный инвестор зачастую не имеет достаточного запаса знаний для того, чтобы адекватно оценить рекомендации консультантов относительно ценных бумаг. Но он должен ясно дать понять консультанту (и постоянно напоминать ему), какие именно ценные бумаги ему нужны. Мы советуем таким инвесторам ограничиться облигациями высокого инвестиционного качества и обыкновенными акциями ведущих компаний — желательно тех, которые можно приобрести по не слишком высоким ценам, при выборе руководствуясь результатами анализа и собственным опытом. Финансовый аналитик из любой солидной брокерской конторы может составить список таких обыкновенных акций и сообщить инвестору, следует ли считать их текущий курс приемлемым.

Активный инвестор, как правило, тесно сотрудничает со своими консультантами. Ему нужны подробные рекомендации, на основе которых он старается составить собственное мнение. Это означает, что ожидания активного инвестора и характер его операций с ценными бумагами будут соответствовать объему его знаний и опыта в этой области. Только в особых случаях, если инвестор будет абсолютно убежден в кристальной честности и высоком профессионализме своих консультантов, он может руководствоваться их советами без тщательного анализа их рекомендаций.

Практика показывает, что на фондовом рынке никогда не было недостатка в жуликах и обманщиках всех мастей, поэтому мы настоятельно рекомендуем читателям по возможности работать только с организациями, являющимися участниками Нью-Йоркской фондовой биржи. И еще один совет (осторожность никогда не помешает): доставку ценных бумаг и проведение платежей следует доверять только своему банку. Безусловно, проблема безопасности сделок на Уолл-стрит постепенно решается, но и в конце 1971 г. нелишне еще раз напомнить, что «береженого Бог бережет».

КОММЕНТАРИИ К ГЛАВЕ 10

> Я одобряю ту остроумную служанку-милетянку, которая, видя, что ее хозяин философ Фалес постоянно занят созерцанием небесного свода и взор его всегда устремлен ввысь, подбросила там, где он должен был проходить, какой-то предмет, чтобы он споткнулся; она хотела дать ему понять, что он успеет насладиться заоблачными высями после того, как обратит внимание на то, что лежит у его ног. Она таким образом правильно посоветовала ему смотреть больше на себя, чем на небо.
>
> *Мишель де Монтень*

НУЖНА ПОМОЩЬ?

В конце славных 1990-х гг. многие инвесторы предпочитали действовать в одиночку. Они самостоятельно изучали фондовый рынок, самостоятельно выбирали акции и самостоятельно торговали ими при помощи интернет-брокеров. Так инвесторы стремились сэкономить на оплате дорогих услуг профессионалов: аналитиков, консультантов и трейдеров. К несчастью, многие из таких инвесторов-самоучек отправились в самостоятельное плавание незадолго до самого сильного со времен Великой депрессии шторма на фондовом рынке. Результат очевиден — они пошли ко дну. Справедливости ради скажем, что убытки понесли и те инвесторы, которые действовали по старинке, торгуя через обычные брокерские конторы.

Однако многие инвесторы чувствуют себя более комфортно, полагаясь на опыт и советы финансовых консультантов. Одним инвесторам эти советы нужны, чтобы понять, на какую ставку доходности они могут рассчитывать в том или ином случае или сколько еще денег им следует отложить, чтобы добиться поставленных целей. Другие ищут у консультантов психологической поддержки, чтобы продолжать заниматься инвестированием, несмотря на одолевающие их сомнения. Некоторым просто нужен кто-то, на кого можно переложить ответственность за возможные убытки. Как бы то ни было, в привлечении профессионалов для управления портфелем нет ничего постыдного[13].

Но как определить, нуждаетесь ли вы в помощи? Приведем ряд сигналов, свидетельствующих о том, что помощь вам действительно нужна.

Вы несете серьезные убытки. Если рыночная стоимость вашего портфеля в конце 2002 г. упала более чем на 40% по сравнению с началом 2000 г., значит, вы работали хуже, чем фондовый рынок в целом. Не важно, что вам мешало: лень, опрометчивость или просто невезение, но такие серьезные убытки — это сигнал SOS.

Вам не удается контролировать расходы. Если вы с трудом сводите концы с концами; не знаете, куда уходят деньги; вам не удается регулярно пополнять свои сбережения и хронически не хватает денег для своевременной оплаты счетов, значит, ваши финансы вышли из-под контроля. Консультант поможет вам сократить расходы, разработав финансовый план, четко определяющий, как и сколько вы должны тратить, занимать, откладывать и инвестировать.

В вашем портфеле нет гармонии. Многие инвесторы считают, что они диверсифицировали свои портфели, приобретя в конце 1990-х гг. акции 39 «разных» интернет-компаний или же вложив деньги в акции семи «разных» инвестиционных фондов, специализирующихся на «акциях роста». Но это все равно что думать, что песня «Old Man River» в исполнении хора, состоящего из одних сопрано, прозвучит лучше, чем в исполнении одного солиста-сопрано. Сколько бы сопрано вы ни собрали, они не смогут взять низкие ноты — для этого нужен баритон. Если ваши инвестиции теряют стоимость или растут в цене все вместе, «хором», это означает, что в вашем портфеле нет гармонии, которую дает настоящая диверсификация. Вам нужен разработанный профессионалом план распределения активов.

Серьезные изменения. Если вас заботят источники дохода после выхода на пенсию; если финансы ваших пожилых родителей не в порядке; если вы ломаете голову над тем, как накопить денег на обучение детей, вам также может помочь консультант. Он не только успокоит вас, но и сможет реально улучшить качество вашей жизни. Кроме того, квалифицированный профессионал научит вас правильно использовать положения налогового и пенсионного законодательства.

ДОВЕРЯЙ, НО ПРОВЕРЯЙ

Помните: финансовые аферисты наживаются на доверчивости инвесторов. Если вы намерены вручить финансовому консультанту свою судьбу, найдите

[13] Более подробно эти вопросы рассмотрены в работе Уолтера Апдегрейва: Walter Updegrave, "Advice on Advice," *Money*, январь 2003 г., с. 53–55.

специалиста не просто приятного в общении, но и имеющего безупречную репутацию. Как любил повторять Рональд Рейган, «доверяй, но проверяй». Для начала попросите людей, которых вы хорошо знаете и которым доверяете, порекомендовать вам консультанта, вызывающего доверие у них и стоящего, по их мнению, тех денег, какие вы ему заплатите. Рекомендации хороших знакомых — первый шаг в поиске консультанта[14].

Когда вы узнаете, как его зовут, в какой организации он работает и чем занимается (кто он — биржевой брокер, консультант по финансовому планированию, бухгалтер или страховой агент), можно попытаться проверить его благонадежность. Для этого можно воспользоваться Интернетом. Введите в строку поиска любого поисковика (например, Google) имя консультанта и название его фирмы и просмотрите ссылки. Особое внимание обращайте на те из них, в которых встречаются слова «жалоба», «судебное разбирательство», «административные меры», «временное отстранение от должности». Если ваш предполагаемый консультант — биржевой брокер или страховой агент, обратитесь в местные органы власти, контролирующие рынок ценных бумаг (их список можно найти на сайте www.nasaa.org), и поинтересуйтесь, не налагались ли на него дисциплинарные взыскания и не было ли жалоб от его клиентов[15]. Информацию о бухгалтерах, одновременно исполняющих обязанности финансовых консультантов, можно получить во властных структурах штата, регулирующих бухгалтерскую деятельность (их список можно найти на сайте Национальной ассоциации советов штатов по бухгалтерскому учету (National Association of State Boards of Accountancy, NASBA (www.nasba.org)).

Индивидуальные и корпоративные консультанты по финансовому планированию должны быть зарегистрированы либо федеральной Комиссией по ценным бумагам и биржам США, либо соответствующими регуляторами на уровне штата, где они работают. Для регистрации консультант должен заполнить специальную форму (так называемую Form ADV), состоящую из двух разделов. Эту форму можно просмотреть и скачать на сайте www.iard.com. Внимательно просмотрите раздел Disclosure Reporting Pages, где консультант должен указать все административные взыскания, когда-либо наложенные на него регулирующими органами. (Имейте в виду, что

[14] Если такой возможности нет, платного консультанта по вопросам финансового планирования можно найти на сайте www.napfa.org. Члены этих организаций отличаются высоким профессионализмом и порядочностью.

[15] Если кто-то пожаловался на вашего предполагаемого консультанта, это еще не повод для отказа от его услуг. А вот в случае постоянных жалоб обращаться к нему не стоит. Наложение на него административных взысканий федеральных регуляторов или органов власти штата однозначно говорит о том, что вам лучше поискать другого человека.

недобросовестные консультанты не показывают эти страницы Form ADV потенциальным клиентам, поэтому важно ознакомиться с полной версией документа). Во врезке ниже вы найдете еще несколько рекомендаций относительно выбора финансового консультанта.

СЛОВА, КОТОРЫЕ ДОЛЖНЫ ВАС НАСТОРОЖИТЬ

Не теряйте бдительности и после того, как вы уже выбрали финансового консультанта. Мелани Лубин, уполномоченная Комиссии по ценным бумагам и биржам США в штате Мэриленд, считает, что некоторые слова и фразы, часто звучащие из уст вашего консультанта, должны вас насторожить, так как они могут свидетельствовать о его неблагонадежности. Если консультант постоянно произносит эти слова или настаивает на каких-либо нежелательных действиях, Лубин советует немедленно связаться с властями. Вот слова и выражения, которые должны служить для вас сигналом тревоги.

Офшор
Такой шанс бывает раз в жизни
Лучший банк
Эти бумаги пойдут вверх
Прибыль гарантирована
Надо поторапливаться
Дело — верняк
Наша проприетарная компьютерная программа
Эта бумага того стоит
Опционная стратегия
Не надо ломать голову
Вы просто обязаны это купить
Мы побьем рынок
Вы пожалеете, если этого не сделаете
Эксклюзивный
Важен результат, а не комиссионные
Разве вы не хотите разбогатеть?
Это беспроигрышный вариант
Выигрыш огромен
Вы ничего не потеряете
Я вложил в это деньги моей матери
Вы должны мне доверять
Операции на товарной бирже
Месячная доходность
Стратегия активного размещения
Мы покроем все убытки
Никто, кроме нас, не знает, как это сделать

ЛИЧНОЕ ЗНАКОМСТВО

Не так давно на страницах одного журнала, специализирующегося на вопросах финансового планирования, появилась публикация, посвященная обсуждению вопроса о том, что в первую очередь инвестор должен выяснить в ходе встречи с финансовым консультантом[16]. Целый ряд специалистов предлагали инвесторам выяснить следующее:

- Действительно ли консультант искренне стремится помочь клиентам или выполняет свои обязанности формально?
- Согласен ли он с основополагающими принципами инвестирования, сформулированными в этой книге?
- Достаточно ли у него знаний и опыта, чтобы помочь вам?

Далее приведены некоторые вопросы, которые, по мнению известных специалистов в области финансового планирования, будущие клиенты должны задать своим потенциальным финансовым консультантам.

Почему вы занимаетесь этим делом? Какова миссия вашей фирмы? Что заставляет вас просыпаться по утрам, кроме будильника?

Каких теоретических основ инвестирования вы придерживаетесь? Куда вы рекомендуете вкладывать деньги — в акции компаний или во взаимные фонды? Используете ли вы технический анализ? Практикуете ли вы маркет-тайминг? (Положительный ответ на последние два вопроса должен служить для вас стоп-сигналом.)

Вы даете советы исключительно в области управления активами или также консультируете по вопросам налогообложения, недвижимости, пенсионного обеспечения, страхования, управления расходами и долгом? Где вы учились? Каков ваш опыт работы? Позволяет ли ваша квалификация давать рекомендации по этим вопросам?[17]

За какого рода консультациями обычно обращаются к вам клиенты? Можете ли вы помочь мне в достижении моих целей? Каким образом вы

---

[16] Роберт Верес, редактор и издатель журнала *Inside Information,* любезно предоставил перечень этих вопросов для нашей книги. Другие вопросы можно найти на сайтах www.cfp-board.org и www.napfa.org.

[17] Сертификаты CFA, дипломированного специалиста по финансовому планированию CFP (Certified Financial Planner) и CPA свидетельствуют о том, что консультант прошел серьезный курс обучения и успешно сдал сложные экзамены. (Большинство других сертификатов, которыми любят размахивать консультанты по финансовому планированию, включая дипломы финансовых менеджеров (Certified Financial Manager, CFM) или финансовых менеджеров-консультантов (CMFC), почти ни о чем не говорят). Важно также связаться с организацией, которая выдала сертификат, и удостовериться в том, что к консультанту не применялись дисциплинарные меры из-за нарушения закона и этических норм.

Это фундамент, на который должны опираться ваши финансовые решения. Вы и ваш консультант должны строить его не по одиночке, а совместными усилиями. До тех пор, пока такой фундамент не создан и пока вы не убедитесь в его надежности, не следует вкладывать в ценные бумаги ни цента.

ГЛАВА 11

Анализ ценных бумаг непрофессионального инвестора: общие представления

Те, кто выбрал профессию финансового аналитика, сегодня могут не сомневаться в правильности своего выбора. Они зарабатывают очень хорошие деньги. Профессиональные ассоциации финансовых аналитиков, которые входят в Федерацию финансовых аналитиков США, сегодня насчитывают свыше 13 000 членов, большинство которых зарабатывают на жизнь с помощью этого вида умственной деятельности. У финансовых аналитиков есть своя учебная литература, издается специализированный ежеквартальный журнал. Существует кодекс профессиональной этики, которого финансовые аналитики обязаны придерживаться[1]. Но есть и нерешенные проблемы. Прежде всего в последние годы упор делается не столько на анализ ценных бумаг, сколько на финансовый анализ. Последний термин употребляется чаще и точнее описывает деятельность большинства серьезных профессионалов, работающих на Уолл-стрит. Мы считаем, что различие между этими двумя профессиями заключается в следующем. Анализ ценных бумаг в основном сводится к изучению и оценке стоимости акций и облигаций, в то время как финансовый анализ включает выработку инвестиционной политики (подходов к формированию портфеля ценных бумаг) и в значительной степени — общий анализ экономической ситуации [1]. В данной главе мы будем использовать чаще употребляемый термин, уделяя особое внимание анализу ценных бумаг.

Финансовый аналитик изучает прошлое, настоящее и будущее конкретных ценных бумаг. Как он это делает? Он анализирует бизнес компании; обобщает показатели ее операционной деятельности и финансового состояния; выявляет слабые и сильные стороны, возможности и риски компании;

---

[1] Сегодня — Ассоциация инвестиционного менеджмента и исследований. *Financial Analysts Journal* выходит ежемесячно.

оценивает потенциал рентабельности с учетом различных вариантов развития событий; проводит сравнительный анализ различных компаний или позиций одной и той же компании в разные периоды времени. Он пишет отчеты, в которых дает заключение о надежности рассматриваемых ценных бумаг (если речь идет об облигациях или привилегированных акциях инвестиционного качества) или об их привлекательности в качестве объектов инвестиций (если речь идет об обыкновенных акциях).

В своей работе финансовые аналитики используют различные методы — от простейших до весьма сложных. Они могут давать собственную интерпретацию годового отчета компании, даже если он уже заверен печатью аудиторской фирмы. Финансового аналитика главным образом интересуют позиции отчета, позволяющие понять, представляют ли ценные бумаги компании интерес в качестве объектов инвестиций.

Финансовый аналитик разрабатывает и использует критерии оценки надежности и целесообразности приобретения конкретных привилегированных акций или облигаций. Эти критерии основываются прежде всего на динамике средних показателей прибыли компании в прошлом, но также учитывают структуру капитала, величину оборотного капитала, стоимость активов и другие показатели.

До недавнего времени для оценки стоимости обыкновенных акций редко применялись столь же четкие критерии, как те, которые используются для оценки надежности облигаций и привилегированных акций. Стоимость обыкновенных акций оценивалась главным образом на основе обобщенных финансовых показателей компании-эмитента в прошлом, а также примерных прогнозов (прежде всего на ближайшие 12 месяцев). На основании этих данных делались весьма произвольные выводы. При этом финансовые аналитики часто опирались (и продолжают опираться) на текущие котировки акций и графики, отражающие динамику фондового рынка. Однако в последние годы финансовые аналитики стали уделять больше внимания оценке стоимости «акций роста». Многие из этих акций торговались по такой высокой цене по сравнению с прошлой и настоящей прибылью, что финансовые аналитики, рекомендовавшие покупать их, считали своей обязанностью обосновать свои выводы с помощью достаточно четких прогнозов ожидаемой прибыли компании в долгосрочной перспективе. Чтобы сделать свои оценки более убедительными, финансовые аналитики прибегали к сложным математическим методам анализа.

Эти методы мы рассмотрим позже и в несколько упрощенной форме. Здесь же следует указать на одно неприятное противоречие: математические методы оценки стоимости чаще используются именно в тех областях, где они наименее надежны. Чем сильнее оценка стоимости зависит от прогноза развития событий (и чем меньше она связана с фактическими результатами, показанными в прошлом), тем менее она надежна и тем более чревата серьезными ошибками. Значительная часть стоимости, приписываемая «акциям роста» с высокими коэффициентами «цена/прибыль», опирается на прогнозные значения прибыли компаний, заметно отличающиеся от ее показателей в прошлом. Сегодня финансовые аналитики вынуждены все чаще использовать сложные математические методы расчетов и разного рода «научные» подходы даже в самых простых случаях, что снижает точность их оценок[2].

Но вернемся к важнейшим инструментам и методам анализа ценных бумаг. Представленный в данной книге их краткий обзор предназначен для непрофессиональных инвесторов. Последние должны как минимум понимать, о чем говорит финансовый аналитик и что им движет. Желательно также, чтобы инвесторы умели отличить поверхностный анализ от более глубокого.

Анализ ценных бумаг непрофессионального инвестора начинается с анализа годовой финансовой отчетности компании. Желающие могут прочитать нашу книгу «Как читать финансовые отчеты» [2]. Мы не видим необходимости подробно обсуждать этот вопрос в данной главе, поскольку главное для нас — показать, как должен вести себя инвестор, а не разобраться в тонкостях анализа годовой отчетности. Вот два вопроса, встающих перед инвестором при выборе ценных бумаг. Каковы важнейшие критерии надежности корпоративных облигаций и привилегированных акций? Какие факторы следует учитывать при оценке стоимости обыкновенных акций?

---

[2] Чем выше прогнозируемые темпы роста и чем длиннее прогнозный период, тем в большей степени точность прогноза зависит от точности исходных данных. Предположив, например, что показатель прибыли в расчете на акцию компании составляет $1 и что прибыль компании на протяжении следующих 15 лет будет расти на 15% в год, получим, что в конце этого периода прибыль на акцию составит $8,14. Если фондовый рынок оценивает акции компании в 35 раз выше ее прибыли, то цена акции через 15 лет составит приблизительно $285. Но если прибыль будет увеличиваться не на 15%, а на 14%, то в конце периода прибыль на акцию составит всего $7,14, и разочарованные инвесторы откажутся покупать акции с 35-кратным мультипликатором. Если же коэффициент «цена/прибыль» упадет до 20, акция уже будет стоить $140, т. е. вдвое меньше, чем при 15%-ных темпах роста. Поскольку сложные математические расчеты создают видимость точности неточных по сути прогнозов, инвесторы должны критически воспринимать призывы специалистов использовать сложные расчеты для решения ключевых финансовых задач. Как пишет Грэм, «44 года практической работы и исследований фондового рынка убедили меня в том, что самые надежные расчеты стоимости обыкновенных акций или соответствующей инвестиционной политики — это те, для которых достаточно простой арифметики и элементарной алгебры. Если финансовый аналитик использует сложные формулы и высшую математику, будьте осторожны: он пытается подменить опыт теорией и заодно выдать спекуляцию за инвестицию» (см. приложение 4).

Анализ облигаций

Базовая и, следовательно, заслуживающая самого пристального внимания область анализа ценных бумаг связана с оценкой надежности (качества) облигаций и привилегированных акций инвестиционного уровня. Главный критерий, который используется при оценке качества корпоративных облигаций, — коэффициент покрытия обязательств чистой прибылью соответствующей компании в среднем за несколько прошедших лет. Чем он выше, тем выше качество облигации. Для оценки привилегированных акций используется аналогичный коэффициент. Он показывает, во сколько раз полученная прибыль превышает суммарную величину процентных платежей по облигациям и дивидендов по привилегированным акциям.

Выбор конкретных показателей надежности ценных бумаг зависит от конкретной компании или специалиста. Поскольку все оценки относительны, трудно назвать единственно правильный показатель. В переработанном и исправленном издании книги «Анализ ценных бумаг» (1961) мы рекомендовали следующие значения коэффициентов покрытия обязательств (см. таблицу 11.1)[3].

Наши базовые показатели применимы только к *средним* результатам за семь лет. Другие аналитики рассчитывают также минимальные значения коэффициентов покрытия для каждого рассматриваемого года. Мы считаем, что тест на основе «наихудшего года» может служить достаточной альтернативой тесту на основе средних значений за семь лет. Достаточно, чтобы облигации или привилегированные акции отвечали одному из этих критериев.

Можно возразить, что быстрый рост процентных ставок по облигациям, начавшийся в 1961 г., оправдывает некоторое снижение указанных пороговых значений коэффициентов покрытия. Понятно, что промышленным компаниям намного труднее выйти на семикратное значение коэффициента покрытия при ставке 8%, чем при ставке 4,5%. С учетом изменившейся ситуации мы предлагаем рассмотреть возможность использования альтер-

---

[3] В 1972 г. у инвестора, желавшего вложить деньги в корпоративные облигации, не было другого выбора, кроме как самостоятельно сформировать собственный портфель. Сегодня приблизительно 500 взаимных инвестиционных фондов специализируются на корпоративных облигациях, предлагая инвесторам удобный способ инвестирования в хорошо диверсифицированный портфель ценных бумаг. Поскольку нереально сформировать диверсифицированный портфель облигаций, располагая менее $100 000, разумному рядовому инвестору проще приобрести паи облигационного инвестиционного фонда с низким уровнем затрат, переложив тем самым кропотливую работу по изучению кредитных рейтингов корпораций на плечи инвестиционных управляющих. Информация по облигационным фондам представлена в разделе «Комментарии к главе 4».

Таблица 11.1. **Рекомендованные минимальные значения коэффициентов покрытия обязательств для облигаций и привилегированных акций**

А. *Для облигаций инвестиционного уровня*

Минимальные значения отношения прибыли к сумме всех фиксированных платежей, раз

	До уплаты налога на прибыль		После уплаты налога на прибыль	
Виды компаний	**Среднее значение за 7 лет**	**Альтернативный вариант: для «наименее благоприятного года»**	**Среднее значение за 7 лет**	**Альтернативный вариант: для «наименее благоприятного года»**
Компании коммунального сектора	4	3	2,65	2,10
Железнодорожные компании	5	4	3,20	2,65
Промышленные компании	7	5	4,30	3,20
Ретейлеры	5	4	3,20	2,65

Б. *Для привилегированных акций инвестиционного уровня*

Рекомендуются те же минимальные значения, что и для облигаций инвестиционного уровня. При этом рассчитывается отношение прибыли до уплаты налогов к сумме фиксированных процентных платежей и удвоенной величины дивидендов по привилегированным акциям.

Примечание. Включение удвоенной величины дивидендов по привилегированным акциям обусловлено тем, что они не подлежат вычету из налогооблагаемой базы налога на прибыль, в то время как процентные платежи подлежат вычету.

В. *Для других категорий облигаций и привилегированных акций*

Представленные выше значения коэффициентов не применимы: 1) к холдинговым компаниям коммунального сектора; 2) финансовым компаниям и 3) компаниям, занимающимся операциями с недвижимостью. Требования к этим особым группам компаний здесь не рассматриваются.

нативного критерия — отношения процентных выплат к основной сумме долга. Данная величина (до уплаты налогов) должна составлять 33% для промышленных компаний, 20% — для компаний коммунального сектора и 25% — для железнодорожных компаний. При этом следует помнить, что процентная ставка, которая фактически выплачивается большинством компаний по суммарной задолженности, ниже текущих 8%, поскольку ранее выпущенные облигации имели более низкие ставки купона. Значение порогового коэффициента для «наименее благоприятного года» можно установить на уровне примерно 2/3 от значения коэффициента за семь лет.

Помимо рассмотренных критериев можно использовать несколько дополнительных.

1. ***Размеры компании-эмитента.*** Речь идет о минимальных размерах компании (минимальном объеме продаж), которые могут варьиро-

ваться в зависимости от вида компании (промышленные компании, компании коммунального сектора и железнодорожные компании), а также от численности населения административной единицы (для муниципальных облигаций).

2. ***Отношение рыночной стоимости акций к величине долговых обязательств.*** Речь идет об отношении рыночной стоимости «младших» акций[4] к полной номинальной величине долговых обязательств (облигаций) или величине долговых обязательств плюс стоимость привилегированных акций. Этот показатель позволяет грубо оценить степень надежности, или «подушку безопасности», которая обеспечивается благодаря наличию «младших» ценных бумаг, способных принять на себя первый удар в случае неблагоприятного развития событий. Данный критерий используется также для оценки перспектив компании на рынке.
3. ***Стоимость активов компании.*** Еще недавно считалось, что главной защитой и основой надежности облигаций являются активы компании (рассматриваемые по балансовой или оценочной стоимости). Опыт показал, что в большинстве случаев надежность зависит от способности компании получать прибыль, и если эта способность выражена слабо, активы компании теряют большую часть своей предполагаемой стоимости. Однако стоимость активов остается важным критерием оценки общей надежности облигаций и привилегированных акций трех групп компаний: коммунального сектора (поскольку уровни процентной ставки могут сильно зависеть от активов компании), инвестиционных и риелторских (занимающихся операциями с недвижимостью).

На этом этапе разумный инвестор может задаться вопросом: «Насколько можно доверять критериям надежности, в основе которых лежат прошлые и текущие показатели компании, если выплата процентов и основной суммы долга зависит от того, как сложится ситуация в будущем?» Ответить на этот вопрос можно только исходя из опыта. Практика показывает, что эмитентам облигаций и привилегированных акций, соответствующим строгим критериям надежности, основанным на прошлых показателях, в большинстве случаев удается успешно справиться с превратностями будущего. Этот факт подтверждается на примере большинства облигаций железнодорожных компаний, работающих в отрасли, отличающейся

---

[4] «Младшими» акциями Грэм называет обыкновенные акции (по отношению к «старшим» привилегированным), потому что дивиденды по ним выплачиваются после выплаты дивидендов по привилегированным акциям.

высокой частотой банкротств и серьезных убытков. Практически каждая компания, у которой возникали проблемы, на протяжении длительного времени имела чрезмерную задолженность, а также недостаточный коэффициент покрытия фиксированных платежей в периоды относительного процветания. Следовательно, инвесторы, использовавшие строгие критерии надежности, не покупали облигации таких проблемных компаний. И наоборот, практически всем железнодорожным компаниям, финансовое состояние которых отвечало критериям надежности, удавалось избегать проблем. Наши рассуждения опираются на историю многих железнодорожных компаний, прошедших через реорганизацию в 1940–1950-е гг. У всех компаний, кроме одной, в результате реорганизации величина фиксированных выплат сократилась настолько, что текущее значение коэффициента покрытия фиксированных процентных выплат стало достаточно высоким или хотя бы приемлемым. Исключение составляла компания New Haven Railroad, которая в период реорганизации в 1947 г. заработала всего в 1,1 раза больше, чем должна была выплатить по процентам. В результате, хотя все компании смогли пережить трудные времена, сохранив платежеспособность, в компании New Haven в 1961 г. (уже в третий раз) была введена процедура внешнего управления.

В главе 17 будут рассмотрены некоторые аспекты банкротства компании Penn Central Railroad, которое потрясло финансовые круги в 1970 г. Самый поверхностный анализ показывал, что коэффициент покрытия фиксированных выплат не соответствовал консервативным требованиям уже с начала 1965 г. Поэтому разумный инвестор вообще не покупал бы бумаги этой компании или избавился бы от них задолго до наступления финансового коллапса.

Наши рассуждения относительно достаточности информации о прошлых показателях для оценки будущей надежности ценных бумаг касаются прежде всего компаний коммунального сектора, доля ценных бумаг которых на рынке облигаций довольно значительна. Электроэнергетическая компания с высокой капитализацией практически не может обанкротиться. С тех пор, как была учреждена Комиссия по ценным бумагам и биржам США[5], методы финансирования коммунальных предприятий стали разумными и случаев банкротства не наблюдалось. Финансовые проблемы газовых и электрических компаний в 1930-х гг. практически на 100% объяснялись несоблюдением принципов разумного финансирования и неэффективным

---

[5] После того, как инвесторы в 1929–1932 гг. потеряли миллиарды долларов на акциях бестолково созданных холдинговых компаний коммунального сектора, конгресс уполномочил Комиссию по ценным бумагам и биржам США регулировать эмиссию акций коммунальных компаний (в соответствии с Законом о холдинговых компаниях коммунального сектора 1935 г.).

менеджментом, что негативно отразилось на структуре их капитализации. Поэтому применение простых, но строгих критериев для оценки надежности таких компаний могло бы уберечь инвесторов от покупки ценных бумаг, обреченных на дефолт.

Долгосрочные показатели облигаций промышленных компаний варьируются. Хотя промышленная группа в целом демонстрировала более высокий рост потенциальной прибыльности («силы доходности»), чем железнодорожные компании или компании коммунального сектора, уровень внутренней стабильности бизнеса отдельных компаний или секторов был несколько ниже. Таким образом, по крайней мере в прошлом, имелись веские причины для ограничения покупок облигаций и привилегированных акций не только крупных компаний, но и тех, которые в прошлом доказали свою способность противостоять серьезным трудностям.

С 1950 г. имело место всего несколько дефолтов корпоративных облигаций, что отчасти объясняется отсутствием серьезных экономических спадов на протяжении данного (длительного) периода. С 1966 г. в финансовом состоянии большинства промышленных компаний отмечались неблагоприятные тенденции. Существенные осложнения возникали в результате неразумного расширения бизнеса. Это, с одной стороны, приводило к чрезмерному росту долговой нагрузки в виде банковских кредитов и долгосрочной задолженности, с другой — стало причиной частых операционных убытков вместо ожидаемой прибыли. Расчеты, сделанные в начале 1971 г., показали, что за семь лет (с 1963 по 1970 г.) процентные выплаты всех нефинансовых компаний выросли с $9,8 млрд до $26,1 млрд. При этом в 1971 г. на процентные выплаты приходилось 29% совокупной прибыли до уплаты процентов и налогов по сравнению с 16% в 1963 г. [3]. Ясно, что многие компании испытали еще более существенное увеличение долговой нагрузки. Они взваливали на себя непосильный груз множества облигационных выпусков. На наш взгляд, стоит повторить предостережение, которое мы сделали в издании 1965 г.:

> Вряд ли инвестор может рассчитывать на то, что благоприятная ситуация сохранится и в дальнейшем, позволив смягчить критерии надежности облигаций промышленных и других компаний, которые он намерен приобрести.

Анализ обыкновенных акций

В идеале анализ обыкновенных акций позволяет выявить их реальную стоимость и сравнить ее с текущей рыночной ценой, чтобы оценить их привлекательность как объекта приобретения. Для определения реальной стоимости акции, как правило, рассчитывают среднюю величину прибыли компании на протяжении определенного *будущего* периода, которую затем умножают на соответствующий коэффициент капитализации.

Сегодня стандартный метод оценки будущей прибыльности компании начинается с определения средних *прошлых* показателей объемов производства в натуральном выражении, уровней цен и операционной маржи. Затем на основе предположений об изменении объемов производства и уровня цен прогнозируются объемы продаж в стоимостном выражении. Эти прогнозы базируются также на общих прогнозах развития экономики (динамики ВВП), отраслевых прогнозах и прогнозах развития конкретной компании.

В издании 1965 г. содержится пример использования этого метода оценки стоимости акций. При работе над последним изданием книги, которое вы держите в руках, мы обновили данные из нашего примера. Компания Value Line, одна из крупнейших инвестиционных компаний, прогнозирует будущую прибыль и дивиденды, используя рассмотренный выше метод, а затем рассчитывает «потенциальную цену» (прогнозную рыночную цену), используя для этого специальную формулу, учитывающую наблюдавшиеся в прошлом закономерности. В таблице 11.2 представлены прогнозы на 1967–1969 гг., сделанные в июне 1964 г. Прогнозные оценки сравниваются с фактическими показателями прибыли и средними рыночными ценами 1968 г. (что приблизительно соответствует рассматриваемому нами периоду 1967–1969 гг.).

Прогнозные оценки оказались несколько ниже фактических показателей, но не намного. Сделанный шесть лет назад прогноз прибыли и дивидендов оказался несколько оптимистичным, но оптимизм отчасти компенсировался использованием более низкого значения мультипликатора[6]. В результате потенциальная цена оказалась близка к фактической средней цене за 1963 г.

Читатель наверняка заметит, что многие прогнозные оценки по отдельным компаниям значительно отличаются от фактических показателей. Это лишний раз подтверждает тот факт, о котором мы уже писали: общие, или групповые, оценки, как правило, точнее прогнозов для отдельных компаний. Возможно, в идеале аналитик по ценным бумагам должен отобрать три-четыре компании, которые, по его мнению, ждет самое радужное будущее, сконцентрироваться на них и ориентировать на них своих клиентов. К сожалению, почти невозможно заранее оценить достоверность прогнозов. По сути, именно этим диктуется необходимость диверсификации, которую практикуют инвестиционные фонды. Конечно, лучше сконцентрировать свои инвестиции на акциях одной компании, про которую вам *точно известно*, что ее бумаги будут высокодоходными, чем распылять активы, покупая

[6] См. таблицу 11.4. — *Прим. ред.*

Таблица 11.2. **Прибыль на акцию и цены акций компаний, входящих в расчет индекса Доу–Джонса:** прогноз на 1967–1969 гг. (Value Line, середина 1964 г.) и фактические результаты 1968 г., $

	Прибыль на акцию		Цена		
Компании	Прогноз на 1967–1969 гг.	Фактическая за 1968 г.*	Фактическая на 30.06.1964	Прогноз на 1967–1969 гг.	Средняя в 1968 г.*
Allied Chemical	3,70	1,46	54,5	67	36,5
Aluminum Corp. of Am.	3,85	4,75	71,5	85	79,0
American Can	3,50	4,25	47,0	57	48,0
American Tel. & Tel.	4,00	3,75	73,5	68	53,0
American Tobacco	3,00	4,38	51,5	33	37,0
Anaconda	6,00	8,12	44,5	70	106,0
Bethlehem Steel	3,25	3,55	36,5	45	31,0
Chrysler	4,75	6,23	48,5	45	60,0
DuPont	8,50	7,82	253,0	240	163,0
Eastman Kodak	5,00	9,32	133,0	100	320,0
General Electric	4,50	3,95	80,0	90	90,5
General Foods	4,70	4,16	88,0	71	84,5
General Motors	6,25	6,02	88,0	78	81,5
Goodyear Tire	3,25	4,12	43,0	43	54,0
Internat. Harvester	5,75	5,38	82,0	63	69,0
Internat. Nickel	5,20	3,86	79,0	83	76,0
Internat. Paper	2,25	2,04	32,0	36	33,0
Johns Manville	4,00	4,78	57,5	54	71,5
Owens-Ill. Glass	5,25	6,20	99,0	100	125,5
Procter & Gamble	4,20	4,30	83,0	70	91,0
Sears Roebuck	4,70	5,46	118,0	78	122,5
Standard Oil of Cal.	5,25	5,59	64,5	60	67,0
Standard Oil of NJ.	6,00	5,94	87,0	73	76,0
Swift & Co.	3,85	3,41**	54,0	50	57,0
Texaco	5,50	6,04	79,5	70	81,0
Union Carbide	7,35	5,20	126,5	165	90,0
United Aircraft	4,00	7,65	49,5	50	106
U.S. Steel	4,50	4,69	57,5	60	42,0
Westinghouse Elec.	3,25	3,49	30,5	50	69,0
Woolworth	2,25	2,29	29,5	32	29,5
Всего	138,25	149,20	2222,0	2186	2450,0
Индекса Доу–Джонса (всего 2,67%)	52,00	56,00	832,0	820,0	918,0***
Индекс Доу–Джонса, фактическое значение, 1968 г.	57,89				906***
Индекс Доу–Джонса, фактическое значение, 1967–1969 гг.	56,26				

* С учетом дробления акций в 1964 г.

** Среднее значения за 1967–1969 гг.

*** Разница вследствие изменения делителя.

множество бумаг. Но так никто не поступает, потому что это невозможно сделать *с достаточной степенью надежности* [4]. Широкое распространение принципа диверсификации, по сути, является своего рода протестом против фетишизации «избирательного подхода», о котором постоянно твердят на Уолл-стрит[7].

Факторы, влияющие на уровень капитализации

Хотя стоимость акций зависит прежде всего от средних значений будущей прибыли, финансовый аналитик принимает во внимание и ряд других факторов, характеризующихся большей или меньшей степенью определенности. Большинство этих факторов влияет на уровень капитализации, который в зависимости от качества акций может варьироваться в широких пределах. Поэтому, даже если ожидаемая прибыль в расчете на акцию двух разных компании одинакова (в 1973–1975 гг., скажем, $4), финансовый аналитик может оценить акции одной компании в $40, а другой — в $100. Рассмотрим некоторые факторы, влияющие на уровень капитализации.

1. ***Общие долгосрочные перспективы.*** Хотя в действительности никто не знает, что произойдет в отдаленном будущем, аналитики и инвесторы обычно имеют на этот счет какое-то мнение. Различие во взглядах обуславливает значительное различие коэффициентов «цена/прибыль» для акций отдельных компаний и отраслей. Вот что мы писали по этому поводу в издании 1965 г.

---

[7] Еще недавно большинство взаимных инвестиционных фондов почти автоматически формировали свои портфели на основе акций, входящих в расчет фондового индекса Standard & Poor's 500. Это делалось для того, чтобы акции других компаний не привели к отклонению доходности фонда от доходности индекса. Лишь некоторые инвестиционные фонды формировали «концентрированный» портфель из 25–50 акций, которые управляющие считали «лучшими». Разумеется, у инвесторов возникал вопрос: «Означает ли это, что все остальные фонды, управляемые теми же менеджерами, держат в своих портфелях "худшие" акции?» Учитывая, что показатели инвестиционных фондов, работающих с «лучшими» акциями, не превышают среднерыночные, инвесторы начали сомневаться в том, могут ли «лучшие» акции называться таковыми. Такому гениальному инвестору, как Уоррен Баффетт, диверсификация была не нужна, поскольку она разводняла бы его концентрированный портфель, содержащий действительно лучшие акции. Но рядовой управляющий инвестиционным фондом или индивидуальный инвестор поступят неправильно, отказавшись от диверсификации инвестиций, поскольку им сложно сформировать концентрированный портфель из ограниченного числа акций-победителей. Чем выше диверсификация вашего портфеля, тем слабее будет влияние «проигравших» акций на общую доходность ваших инвестиций и тем выше вероятность того, что вам удастся включить в портфель все акции-победители. Идеальный выбор для большинства инвесторов — биржевой индексный фонд, в портфеле которого содержатся все акции, обращающиеся на фондовом рынке. Это позволяет при небольших затратах владеть всеми стоящими акциями.

Например, в конце 1963 г. значение коэффициента «цена/прибыль» для акций химических компаний, входящих в расчет фондового индекса Доу–Джонса, значительно превышало значение коэффициента для акций нефтяных компаний. Тем самым рынок показывал, что первые кажутся ему более перспективными, чем вторые. Такие различия, устанавливаемые рынком, обычно обоснованны, но если они обуславливаются исключительно прошлым опытом, они чаще всего оказываются ошибочными.

В таблице 11.3 представлены данные по химическим и нефтяным компаниям, входящим в расчет индекса Доу–Джонса, по состоянию на конец 1963 г. и 1970 г. Из таблицы видно, что прибыль компаний химической промышленности, несмотря на высокое значение коэффициентов «цена/прибыль», после 1963 г. практически не выросла, в то время как прибыль нефтяных компаний существенно увеличилась (что почти соответствовало темпам роста, заложенным в мультипликаторах по состоянию на 1963 г.) [5]. Пример химических компаний доказывает, что рынок иногда может ошибаться[8].

2. ***Качество менеджмента.*** На Уолл-стрит часто и много рассуждают о менеджменте, но от этих разговоров мало толку. До тех пор, пока не будут разработаны и внедрены объективные и надежные количественные критерии оценки качества менеджмента, этот фактор будет с трудом поддаваться учету. Очевидно, что наиболее успешные компании отличаются высоким качеством менеджмента. Так было в прошлом, что следует из фактических показателей. Так будет и в будущем, поскольку качество менеджмента отражается на оценках в следующий пятилетний период, а также на общих долгосрочных перспективах компаний (мы писали об этом выше). Однако иногда качеству менеджмента придается слишком большое значение, что ведет к необоснованной переоценке акций. На наш взгляд, этот фактор приобретает особую значимость в случае смены ру-

[8] Замечание Грэма относительно химических и нефтяных компаний, сделанное в 1960-е гг., справедливо практически для каждой отрасли на протяжении любого периода времени. Единогласное мнение Уолл-стрит относительно будущего определенной отрасли обычно либо слишком оптимистично, либо слишком пессимистично. Более того, это общее мнение наиболее оптимистично именно в тот момент, когда акции больше всего переоценены, и наиболее пессимистично, когда их лучше всего покупать. Один из недавних примеров — акции компаний, работающих в сфере высоких технологий и телекоммуникаций, которые в 1999 г. и в начале 2000 г. торговались по рекордно высоким ценам. В то время их будущее казалось блестящим. Но вскоре акции этих компаний обвалились. История доказывает, что «экспертам» с Уолл-стрит одинаково плохо удается прогнозировать состояние как фондового рынка в целом, так и отдельных его секторов и акций в частности. Однако, как отмечает Грэм, индивидуальным инвесторам вряд ли удастся превзойти «экспертов». Разумный инвестор выигрывает благодаря тому, что принимаемые им решения не зависят от точности чьих бы то ни было прогнозов, включая и его собственные (см. главу 8).

Таблица 11.3. **Показатели деятельности компаний химической и нефтяной отраслей из индекса Доу–Джонса в 1963 и 1970 г.**

	1963 г.			1970 г.		
	Цена закрытия, $	Прибыль на акцию, $	Коэффициент «цена/прибыль», раз	Цена закрытия, $	Прибыль на акцию, $	Коэффициент «цена/прибыль», раз
Химические компании						
Allied Chemical	55	2,77	19,8	24,125	1,56	15,5
DuPont*	77	6,55	23,5	133,5	6,76	19,8
Union Carbide**	60,25	2,66	22,7	40	2,60	15,4
			В среднем 25,3			
Нефтяные компании						
Standard Oil of Cal.	59,5	4,50	13,2	54,5	5,36	10,2
Standard Oil of N.J.	76	4,74	16,0	73,5	5,90	12,4
Texaco**	35	2,15	16,3	35	3,02	11,6
			В среднем 15,3			

* Данные за 1963 г. представлены с учетом распространения акций компании General Motors.

** Данные за 1963 г. представлены с учетом соответствующих дроблений акций.

ководства компании, которая еще не успела отразиться на фактических показателях.

В качестве иллюстрации рассмотрим два события из истории корпорации Chrysler Motors. Первое произошло очень давно, еще в 1921 г., когда Уолтер Крайслер взял на себя управление почти умирающей компанией Maxwell Motors и всего за несколько лет сделал ее крупным высокоприбыльным автопроизводителем, в то время как другие автомобильные компании были вынуждены уйти с рынка. Второе событие относится к недавнему прошлому. В 1962 г. акции Chrysler значительно упали в цене и продавались по самому низкому за многие годы курсу. Тогда из-за новых интересов, связанных с Consolidation Coal, в компании сменилось руководство. Прибыль на акцию выросла с $1,24 в 1961 г. до $17 в 1963 г., а цена акций подскочила с минимального значения $38,5 в 1962 г. до почти $200 уже в следующем году [6].

3. Финансовая мощь и структура капитальных активов. Акции компании, располагающей значительными финансовыми ресурсами и не выпускающей «старшие» ценные бумаги, однозначно являются более предпочтительным объектом инвестиций, чем (при той же цене) акции компании с таким же показателем прибыли на акцию, но имеющей значительную задолженность и эмитирующей «старшие» ценные бумаги. К этим факторам необходимо относиться с должным вниманием и правильно учитывать их при анализе ценных бумаг. В то же время умеренные объемы эмиссии облигаций или привилегированных акций не обязательно являются недостатком. Это относится и к сезонным банковским кредитам. (Кстати, структура капитала, характеризующаяся невысоким удельным весом обыкновенных акций по сравнению с облигациями и привилегированными акциями, может при благоприятных условиях способствовать получению значительной спекулятивной прибыли. Это так называемый «леверидж».)

4. Дивидендная история. Один из важнейших критериев высокого качества акций — положительная история дивидендных выплат на протяжении длительного периода. Мы считаем, что регулярная выплата дивидендов в течение 20 и более лет — важный показатель надежности акций компании. Поэтому рекомендуем пассивному инвестору выбирать только те акции, которые отвечают данному требованию.

5. Текущий уровень дивидендных выплат. Это еще один фактор, который сложнее всего учитывать с точки зрения положительного влияния на надежность акций. К счастью, большинство компаний стараются придерживаться так называемой «стандартной дивидендной политики», а именно направлять на выплату дивидендов примерно 2/3 объема средней прибыли, хотя в периоды, когда прибыль высока или возникает дополнительная потребность в денежных средствах, этот показатель может быть ниже. (В 1969 г. для компаний, входящих в расчет индекса Доу–Джонса, он составлял 59,5%, а для всех американских компаний — 55%[9].) Если пропорция дивидендов и прибыли является нормальной, для оценки акций можно использовать любой из двух следующих способов: акции типичной компании второго эшелона с ожидаемой средней прибылью $3 на акцию и ожидаемыми дивидендами $2 на акцию можно оценить в 12 раз выше прибыли или в 18 раз выше дивидендов. В обоих случаях стоимость акции будет равна $36.

Однако «компаний роста», придерживающихся стандартной дивидендной политики (распределения в виде дивидендов не менее 60% прибыли), становится все меньше. Это объясняют тем, что направление почти всей прибыли на расширение бизнеса в большей степени отвечает интересам

---

[9] Значение этого показателя, называемого «коэффициентом выплаты дивидендов», со времен Грэма ощутимо снизилось, поскольку американское налоговое законодательство не благоприятствует, с одной стороны, получению дивидендов инвесторами, а с другой — их выплате корпорациями. В конце 2002 г. для компаний, входящих в расчет индекса Standard & Poor's 500, коэффициент выплаты дивидендов составлял 34,1%, хотя еще недавно, в апреле того же года, достигал минимального значения за всю историю — 25,3%. (Более подробную информацию можно найти на сайте http://www.msci.com.) Дивидендная политика подробнее будет рассмотрена в разделе «Комментарии к главе 19».

инвесторов. Данная точка зрения требует подробного обсуждения. Такому важному вопросу, как дивидендная политика, посвящена глава 19, в которой взаимоотношения руководства компании и ее акционеров рассматриваются более подробно.

Уровень капитализации «акций роста»

Большинство работ финансовых аналитиков посвящено расчету стоимости «акций роста». Изучение различных методов помогло нам вывести довольно простую формулу оценки стоимости этих акций, которая дает приблизительно такие же результаты, как и более сложные математические расчеты. Наша формула такова:

Стоимость акции = текущая (нормальная) прибыль ×
× (8,5 + удвоенное значение ожидаемых годовых темпов роста).

Значение ожидаемых темпов роста берется для будущего семи- или десятилетнего периода [7].

В таблице 11.4 представлены различные значения ожидаемых темпов роста, которые можно использовать при расчетах по вышеприведенной формуле. Обратный расчет позволяет рассчитать ожидаемые рынком темпы роста исходя из текущего курса акций. В последнем издании книги приводились соответствующие расчеты для акций, входящих в расчет фондового индекса Доу–Джонса, и акций шести выбранных нами компаний. Эти данные приведены в таблице 11.5.

В то время мы давали следующий комментарий.

> Разница между расчетными годовыми темпами роста компании Xerox (32,4%) и чрезвычайно скромными темпами роста General Motors (2,8%) поражает воображение. Частично она объясняется тем, что участники фондового рынка исходят из следующей посылки: компании General Motors трудно будет поддерживать уровень прибыли, достигнутый в 1963 г. — самом успешном году за всю ее историю. Превзойти его она сможет в лучшем случае лишь ненамного. Коэффициент «цена/прибыль» компании Xerox, в свою очередь, отражает спекулятивный энтузиазм рынка, подкрепленный серьезными достижениями компании и, возможно, еще более оптимистическими ожиданиями.
>
> Прогнозируемые темпы роста компаний, входящих в расчет фондового индекса Доу–Джонса (на уровне 5,1%), сопоставимы с фактическими среднегодовыми темпами роста 3,4% в 1951–1953 гг. и 1961–1963 гг.

Здесь следует сделать одно замечание. Оценка предполагаемых «акций роста» необходима инвестору, чтобы проанализировать положение дел

Таблица 11.4. **Расчет годовых мультипликаторов прибыли на основе ожидаемых темпов роста** (по упрощенной формуле)

Ожидаемые годовые темпы роста, %	0,0	2,5	5,0	7,2	10,0	14,3	20,0
Рост за 10 лет, %	0,0	28,0	63,0	100,0	159,0	280,0	319,0
Текущий мультипликатор	8,5	13,5	18,5	22,9	28,5	37,1	48,5

Таблица 11.5. **Подразумеваемые, или ожидаемые, темпы роста, декабрь 1963 г. — декабрь 1969 г.**

Акции	**Коэффициент «цена/прибыль», 1963 г., раз**	**Прогнозные* темпы роста, 1963 г., %**	**Прибыль на акцию, 1963 г.**	**Прибыль на акцию, 1969 г.**	**Фактический ежегодный рост, 1963–1969 гг., %**	**Коэффициент «цена/прибыль», 1969 г., раз**	**Прогнозные* темпы роста, 1969 г., %**
American Tel. & Tel.	23,0	7,3	3,03	4,00	4,75	12,2	1,8
General Electric	29,0	10,3	3,00	3,79**	4,0	20,4	6,0
General Motors	14,1	2,8	5,55	5,95	1,17	11,6	1,6
IBM	38,5	15,0	3,48***	8,21	16,0	44,4	17,9
International Harvester	13,2	2,4	2,29***	2,30	0,1	10,8	1,1
Xerox	25,0	32,4	0,38***	2,08	29,2	50,8	21,2
Акции компаний, входящих в расчет индекса Доу–Джонса	18,6	5,1	41,11	57,02	5,5	14,0	2,8

* Формула приводилась ранее.

** Среднее значение по результатам 1968 и 1970 гг., поскольку прибыль 1969 г. занижена из-за забастовки.

*** С учетом дробления акций.

в случае, если темпы роста будут ниже ожидаемых. Действительно, простые арифметические расчеты показывают: если компании удастся поддерживать годовые темпы роста на уровне 8% и выше на протяжении *сколь угодно продолжительного* периода, ее стоимость также будет возрастать бесконечно. В этом случае любая сколь угодно высокая цена акций будет оправданна. В такой ситуации инвестор должен включить в свои расчеты поправку на *«запас надежности»*, как это делают инженеры при расчете технических характеристик конструкций. При этом инвестор добьется поставленных целей (в 1963 г. он ориентировался на общую годовую доходность на уровне 7,5%), даже если фактический уровень роста окажется значительно ниже заложенного в формулу. Естественно, потом, если этот уровень будет достигнут фактически, инвестор сможет порадоваться дополнительной прибыли. В действительности же не существует такого способа оценки акций компании с высоким уровнем роста (скажем, свыше 8% в год), с помощью которого финансовый аналитик мог бы сделать реалистичные предположения *одновременно* как в отношении мультипликатора текущих показателей прибыли, так и в отношении ожидаемого мультипликатора будущей прибыли.

На практике фактические темпы роста компаний Xerox и IBM оказались очень близки к высоким показателям, рассчитанным с помощью нашей формулы. Эти блестящие результаты, естественно, привели к значительному росту курса акций обеих компаний. Темпы роста индекса Доу–Джонса тоже были примерно равны темпам, спрогнозированным на основе цены закрытия фондового рынка в 1963 г. Однако скромные 5% не имеют ничего общего с математической дилеммой компаний Xerox и IBM. Учитывая, что к концу 1970 г. курс их акций вырос на 23%, и принимая во внимание 28%-ный рост дивидендного дохода, мы выходим на темпы роста, близкие к 7,5%, положенные в основу нашей формулы. Что касается четырех других компаний, то их фактические темпы роста не соответствовали тем, которые диктовались ценами 1963 г., поэтому цены их акций не выросли в такой же мере, как индекс Доу–Джонса. ***Предостережение.*** Изложенный материал — всего лишь пример прогнозирования темпов роста рассматриваемых компаний в процессе анализа ценных бумаг. Читатель не должен заблуждаться, полагая, что такого рода прогнозы безоговорочно надежны. Иными словами, он не должен думать, что котировки акций в будущем будут вести себя в точном соответствии с предсказаниями финансовых аналитиков.

Следует отметить, что любая «научная» или хотя бы достаточно надежная оценка акций, основанная на ожидаемых будущих результатах, должна учитывать будущие уровни процентных ставок. Дело в том, что рассчитанная нами ожидаемая прибыль (дивиденды) будет иметь разную стоимость в зависимости от того, какой уровень процентных ставок мы заложим — более высокий или более низкий. Чем выше процентные ставки, тем меньше стоимость ожидаемых поступлений — прибыли или дивидендов[10]. Отметим также, что эти предположения обычно носят вероятностный характер. Недавние сильные колебания долгосрочных процентных ставок показали ненадежность сделанных ранее прогнозов. Мы вновь привели в данном разделе нашу старую формулу оценки акций лишь по одной простой причине: потому что ни одна из новых формул не доказала свою более высокую эффективность.

Анализ отрасли

Поскольку при установлении рыночной цены акций огромную роль играют общие перспективы бизнеса компании-эмитента, вполне естественно, что финансовые аналитики должны уделять самое серьезное внимание экономическому положению отрасли в целом и конкретной компании в частности. Глубина таких исследований ничем не ограничена. Иногда они позволяют выявить важные факторы, не привлекающие внимания участников фондового рынка сегодня, но способные сыграть важную роль в будущем. Если вы уверены в наличии таких факторов, они могут послужить хорошей основой для принятия инвестиционных решений.

По нашим наблюдениям, большинство доступных рядовым инвесторам отраслевых исследований почти не имеют для них практического значения. Как правило, в них содержатся данные и без того всем известные и к тому же уже учтенные в котировках акций. Выполненные аналитиками брокерской конторы исследования, показывающие, что отрасли, пользующиеся вниманием инвесторов, обречены на неудачу, а отрасли, обойденные таким вниманием, напротив, будут преуспевать, — большая редкость. Особенно часто ошибочными оказываются прогнозы аналитиков с Уолл-стрит на долгосрочную перспективу. Прежде всего это касается такого важного направления исследований, как прогнозирование роста отдельных отраслей.

Тем не менее следует отметить, что стремительное развитие и распространение новых технологий в последние годы в немалой степени повлияло

[10] Почему? Потому что, исходя из «правила 72», при 10%-ной ставке сумма удвоится всего за семь лет, в то время как при 7% — уже за 10 лет. При высоком уровне процентных ставок для получения определенной суммы в будущем вам придется сегодня инвестировать меньшую сумму, чем при низком. При высоких процентных ставках ваш капитал вырастет быстрее. Таким образом, наблюдающийся сегодня рост процентных ставок обесценивает ваши будущие поступления в виде прибыли и дивидендов, так как альтернативный вариант инвестирования в облигации становится сравнительно более привлекательным.

на подходы финансовых аналитиков к исследованиям. В грядущем десятилетии, в отличие от прошлых лет, прогресс или отставание типичной компании будет зависеть от ее инновационной деятельности, влияние которой на будущие результаты поддается анализу и экспертной оценке уже *сегодня*. Поэтому, вне всякого сомнения, аналитики могут эффективно работать на ниве отраслевого анализа, проводя «полевые исследования», обращаясь за информацией к другим аналитикам или самостоятельно изучая новые технологии. Разумеется, при этом возникает опасность, что вследствие увлечения новыми технологиями выводы аналитика окажутся основанными лишь на ожиданиях будущего успеха, не будучи подкрепленными текущими стоимостными показателями. Но оценивать стоимость компании, исходя исключительно из уже достигнутых результатов и не принимая в расчет возможные будущие достижения, было бы столь же неправильно.

Инвестор не должен впадать ни в одну из этих двух крайностей. Разумеется, он может дать волю воображению и «пуститься во все тяжкие» ради высокой прибыли, которая станет ему наградой, если его прогноз оправдается. Но тогда ему придется нести и все риски, связанные с возможными ошибками. Однако он может занять и консервативную позицию, отказавшись платить слишком много за акции «журавля в небе». Однако в этом случае он должен быть готов к тому, что ему придется рвать на себе волосы, сожалея об утраченных возможностях.

Двухступенчатый анализ

Но вернемся к методам оценки (определения стоимости) обыкновенных акций, которые уже обсуждались в разделе «Анализ обыкновенных акций». Мы пришли к выводу, что общепринятые способы такой оценки не совсем корректны. Мы предлагаем оценивать стоимость акций в два этапа. На первом этапе аналитик должен оценить прошлые результаты компании, исходя только из информации за прошедший период. Такая оценка дает возможность определить, сколько должна стоить акция (в абсолютном или процентном выражении) относительно индекса Доу–Джонса или Standard & Poor's Composite, если предположить, что все ее относительные характеристики останутся неизменными (т. е. относительные темпы роста, наблюдавшиеся на протяжении последних семи лет, останутся неизменными на протяжении следующих семи лет). Оценка проводится по формуле, в которой каждому отдельному фактору (прошлая рентабельность, стабильность, рост, текущее финансовое положение) присваивается определенный «вес». На втором этапе аналитику следует скорректировать стоимость, определенную на основе прошлых показателей, с учетом новых условий, ожидаемых в будущем.

Такая процедура оценки позволяет распределить работу между старшим и младшим финансовыми аналитиками следующим образом: 1) старший финансовый аналитик выводит формулу, пригодную для определения стоимости акций на основе прошлых показателей; 2) младший финансовый аналитик производит расчет стоимости акций рассматриваемых компаний с учетом выявленных факторов (эта работа носит в основном механический характер); 3) старший финансовый аналитик определяет, в какой степени могут измениться в будущем факторы, влияющие на стоимость акций компании, и каким образом в связи с этим следует скорректировать стоимость акций. Лучше всего, если в отчете старшего аналитика будут показаны как исходные значения стоимости акций компании, так и скорректированные (с обязательным обоснованием).

Нужна ли эта работа? Разумеется, нужна. Однако причины, которые побуждают нас так считать, могут показаться читателю несколько циничными. Мы сомневаемся, что полученные таким образом оценки типичной (крупной или мелкой) промышленной компании окажутся достаточно надежными. Вся сложность этой работы будет показана на примере Aluminum Company of America (ALCOA) в главе 12. И тем не менее для оценки обыкновенных акций она совершенно необходима. Почему? Во-первых, текущие и прогнозные оценки стоимости входят в должностные обязанности многих финансовых аналитиков. Метод, который мы предлагаем, должен им помочь. Во-вторых, те, кто использует этот метод, получают полезный опыт и глубже понимают суть вопроса. В-третьих, подобная работа чрезвычайно полезна с точки зрения накопления практического профессионального опыта (как в медицине). В конечном итоге она способствует совершенствованию методов оценки и накоплению знаний об их возможностях и недостатках. Реальное практическое значение данный подход может иметь в плане оценки акций компаний коммунального сектора. Со временем разумный инвестор ограничит свою активность работой с акциями таких компаний или отраслей, будущее которых можно считать предсказуемым[11]. Или же его внимание практически полностью сконцентрируется на бумагах, «запас надежности» (расхождение между стоимостью, определяемой прошлыми результатами, и текущей ценой) которых настолько велик, что он может попытать счастья, несмотря на будущие колебания их курса, поступая так же, как при выборе «старших» ценных бумаг с высоким уровнем защиты.

---

[11] Эти отрасли в идеале не будут чрезмерно зависеть от таких непредсказуемых факторов, как изменение процентных ставок или цен на сырье (например, нефть или металлы). Возможности могут открыться в таких отраслях, как игорный бизнес, производство косметических товаров или алкогольных напитков, дома престарелых, сбор и переработка мусора.

В последующих главах будут приведены конкретные примеры использования различных методов анализа, но уже на конкретных примерах. Читателям, которых заинтересует этот вопрос, придется приложить усилия для его фундаментального и системного изучения. Лишь после этого они будут готовы самостоятельно принимать решения о купле-продаже ценных бумаг.

КОММЕНТАРИИ К ГЛАВЕ 11

— Скажите, пожалуйста, куда мне отсюда идти?
— А куда ты хочешь попасть? — ответил Кот.

Льюис Кэрролл.
Алиса в Стране чудес

СКОЛЬКО СТОИТ БУДУЩЕЕ?

Какие факторы влияют на ваше решение относительно того, сколько платить за акцию? Почему акции одной компании оцениваются рынком в 10 раз, а другой — в 20 раз дороже прибыли? Можно ли быть уверенным в том, что за свои деньги вы получите не просто бумажки, а действительно ценные бумаги?

Грэм считает, что решающее значение имеют следующие пять факторов[12]:

- общие долгосрочные перспективы компании;
- качество менеджмента;
- финансовая мощь и структура капитала;
- дивидендная история;
- текущий уровень дивидендных выплат.

Давайте рассмотрим эти факторы с точки зрения сегодняшнего фондового рынка.

Долгосрочные перспективы компании. Сегодня разумный инвестор должен начинать анализ с ознакомления с годовыми отчетами компании (форма 10-Q) как минимум за последние пять лет. Эти отчеты можно найти на сайте компании или в базе данных EDGAR на сайте www.sec.gov[13]. Изу-

---

[12] Поскольку сегодня инвесторы редко покупают облигации, мы ограничимся анализом акций. Более подробно об облигационных инвестиционных фондах читайте в разделе «Комментарии к главе 4».

[13] Следует также получить квартальные отчеты по крайней мере за год (форма 10-Q). Мы исходим из того, что вы — активный инвестор, который, в соответствии с нашим

чая финансовую отчетность, необходимо собрать данные, которые помогут получить ответ на два главных вопроса: какие факторы обуславливают рост компании и за счет чего она получает (и будет получать в дальнейшем) прибыль?

Опасения должны вызывать следующие особенности компании.

- Компания является «серийным покупателем». В среднем более 2–3 приобретений на протяжении года — верный признак потенциальной проблемы. Подумайте сами: если компания более охотно покупает акции других предприятий, чем инвестирует в собственный бизнес, не значит ли это, что вам лучше последовать ее примеру и поискать другой объект инвестиций? И не забудьте посмотреть, чего добилась компания в результате покупок. Будьте осторожны с компаниями, страдающими «корпоративной булимией» и жадно пожирающими своих собратьев только для того, чтобы потом «изрыгнуть» их. Примеров немало: Lucent, Mattel, Quaker Oats и Tyco International — все эти компании были вынуждены отказаться от своих приобретений, приносивших одни убытки. Другие компании хронически занимаются списаниями активов или (как показывает анализ их балансовых отчетов) явно переплачивают за приобретения[14].
- Компания подсела на «финансовую иглу», т. е. постоянно использует внешние источники финансирования (займы и продажу акций). В годовом отчете о движении денежных средств такие поступления называются «доходами от финансовой деятельности». Они могут создавать иллюзию роста слабой компании даже в том случае, если ее собственный бизнес не генерирует достаточных денежных потоков, как показывает пример компаний Global Crossing и WorldCom[15].

определением, готов прилагать значительные усилия для формирования и управления портфелем. Если предлагаемые в данной главе шаги кажутся вам непосильными, это свидетельствует о том, что роль активного инвестора, увы, не для вас. Чтобы получить желаемые результаты, придется потрудиться.

[14] Как правило, подробную информацию о поглощениях можно найти в отчете (форма 10-K) в разделе Management's Discussion and Analysis. Данные следует сверить с примечаниями к финансовому отчету. О «серийных приобретениях» речь пойдет в разделе «Комментарии к главе 12».

[15] Чтобы определить, не сидит ли компания на финансовой игле, смотрите раздел финансового отчета «Денежные потоки» (Statement of Cash Flows). В этом документе денежные потоки разбиты по категориям (операционная деятельность, инвестиционная деятельность и финансовая деятельность). Если денежный поток от операционной деятельности стабильно отрицателен, а денежный поток от финансовой деятельности стабильно положителен, значит, компания привыкла привлекать извне больше средств, чем дает ее собственный бизнес, и если она имеет такую вредную привычку, ей не следует доверять свои деньги. Более подробно о компании Global Crossing мы расскажем в разделе «Комментарии к главе 12». О компании WorldCom речь шла

- Практически все доходы компании зависят от одного (или нескольких) клиентов. В октябре 1999 г. компания Sycamore Networks, производящая оптоволокно, провела IPO. Из проспекта эмиссии было видно, что вся продукция компании (на сумму $11 млн) продавалась одной-единственной компании — Williams Communications. Рынок оценил компанию Sycamore в $15 млрд. К сожалению, Williams Communications через два года обанкротилась. Несмотря на то, что компания Sycamore расширила круг своих клиентов, ее акции с 2000 по 2002 г. потеряли 97% стоимости.

Инвестор должен обращать внимание не только на негативные, но и на позитивные сигналы. К последним можно отнести:

- Серьезное конкурентное преимущество защищает бизнес компании не хуже крепостного рва. Незащищенные компании, как и незащищенные замки, могут быть захвачены завоевателями-конкурентами, а защищенные почти недосягаемы. Некоторые факторы делают этот «ров» шире и глубже. К их числу относятся: сильная торговая марка, обуславливающая *отождествление с брендом* (например, покупатели мотоциклов компании Harley-Davidson делают татуировку логотипа компании); *монопольное* (или почти монопольное) *положение на рынке*; *эффект масштаба*, т.е. экономия на затратах за счет увеличения объемов производства товаров или услуг (например, компания Gillette производит миллиарды бритвенных лезвий); уникальные *нематериальные активы* (например, секретная формула напитка Coca-Cola не имеет материальной ценности, но является бесценной для покупателей); отсутствие *замещающего товара* (например, многие предприятия не могут использовать никакие другие виды энергии, кроме электрической, поэтому электроэнергетические компании коммунального сектора могут быть спокойны за свое будущее)[16].
- Компания обладает «длинным дыханием» (т.е. является «марафонцем», а не «спринтером». Анализируя финансовую отчетность компании, посмотрите, насколько стабильно росла ее выручка и чистая прибыль на протяжении предыдущих 10 лет. Статья в журнале *Financial Analysts* подтвердила результаты многочисленных исследований (о которых многие инвесторы узнали на собственном печальном опыте): компании, имеющие наиболее высокие темпы роста, зачастую быстро

во врезке «Облигации компании WorldCom: урок для инвесторов» в разделе «Комментарии к главе 6».

[16] Более подробно тема «крепостных рвов» в бизнесе рассматривается в классическом труде профессора Майкла Портера (Гарвардская школа бизнеса) «Конкурентная стратегия» (Michael E. Porter, *Competitive Strategy*, Free Press, New York, 1998).

«сходят с дистанции»[17]. Если долгосрочные годовые темпы роста прибыли до вычета налогов составляют 10% (или 6–7% после вычета налогов), рост можно считать устойчивым. Но если компания ставит целью достижение 15%-ных темпов роста, она во власти иллюзий. Еще более высокие темпы роста (или неожиданный взрывной рост на протяжении года или двух лет) говорят о том, что, скорее всего, компания «спалится» как неопытный марафонец, пытающийся пробежать всю дистанцию на спринтерской скорости.

- Компания развивает свой бизнес. Независимо от того, насколько хороша ее продукция или сильна торговая марка, компания должна развивать новые направления бизнеса. И пускай расходы на НИОКР не являются источником роста сегодня, они могут принести прибыль завтра — особенно если компания уже доказала свою способность эффективно коммерциализировать новые разработки. Оптимальной общепринятой доли расходов на НИОКР не существует. В 2002 г. компания Procter & Gamble израсходовала на исследования и разработки около 4% чистой прибыли, компания 3M — 6,5%, Johnson & Johnson — 10,9%. В долгосрочной перспективе компания, которая ничего не тратит на исследования и разработки, окажется как минимум столь же уязвимой, как и компания, которая расходует слишком много.

Качество менеджмента и поведение руководства. Слова руководителей компаний не должны расходиться с делами. Изучите отчеты за прошлые годы и попытайтесь понять, удавалось ли руководству компании добиваться поставленных целей. Руководители должны уметь признавать ошибки и отвечать за них, а не списывать свои неудачи на экономическую ситуацию, слабый спрос и т. п. Посмотрите, не менялся ли тон и содержание обращения председателя совета директоров к акционерам в зависимости от ситуации на Уолл-стрит. (Особое внимание обратите на периоды резкого подъема деловой активности, как, например, в 1999 г. Не было ли неожиданных заявлений со стороны компаний — производителей цемента или нижнего белья о том, что они находятся «в авангарде великой компьютерной революции»?)

Чтобы понять, будет ли руководство компании действовать в интересах акционеров, попытайтесь ответить на следующие вопросы.

- Стремится ли компания стать лидером?

  Компания, которая платит генеральному директору $100 млн в год, должна иметь для этого очень веские основания. (Возможно, он раз-

[17] См. Cyrus A. Ramezani, Luc Soenen, and Alan Jung, "Growth, Corporate Profitability, and Value Creation," *Financial Analysts Journal*, ноябрь/декабрь 2002 г., с. 56–67; а также http://cyrus.cob.calpoly.edu/.

работал и запатентовал эликсир вечной молодости? Или открыл Эльдорадо и купил там золотоносные участки по доллару за акр? А может быть, он обнаружил жизнь на другой планете и подписал с инопланетянами контракт, обязав их покупать только продукцию его компании?) Во всех других случаях неприлично высокая заработная плата говорит о том, что руководство компании печется только о своих интересах.

Если компания проводит переоценку (обмен или перевыпуск) акционерных опционов для инсайдеров, держитесь от нее подальше. В ходе такой операции компания аннулирует существующие (как правило, обесценившиеся) акционерные опционы, которыми владеют ее сотрудники и руководители, и заменяет их новыми, по более привлекательным ценам. Зададимся вопросом: если компания не допускает обесценивания акционерных опционов, сохраняя в то же время их безграничный потенциал прибыльности, как могут такие опционы стимулировать эффективное управление корпоративными активами? Любая компания, проводящая такого рода операции (как многие высокотехнологичные компании), не стоит вашего внимания. Любой инвестор, покупающий акции такой компании, останется на бобах.

Изучая примечания к годовому отчету, касающиеся акционерных опционов, вы можете увидеть, сколько дополнительных акций будет выпущено в обращение в случае, если эти опционы будут реализованы. Компания AOL Time Warner, например, заявила в начальной части своего отчета, что на рынке торгуются 4,5 млрд ее обыкновенных акций (на 31 декабря 2002 г.). Однако в примечаниях к отчету было указано, что компания выпустила опционы еще на 657 млн акций. Таким образом, количество акций, по которым должна была распределяться будущая прибыль AOL, увеличилось на 15%. При оценке будущей стоимости компании следует учитывать подобные обстоятельства[18].

В отчете (форма 4), который можно найти в базе данных EDGAR по адресу www.sec.gov, содержатся данные о купле-продаже акций компании ее сотрудниками и руководством. Конечно, для продажи акций могут быть веские основания — диверсификация их активов, покупка более просторного дома и т. п. Но если вы увидите, что руководство просто избавляется от акций, стоит задуматься о положении дел в компании. Действительно, зачем инвестору покупать акции компании, от которых избавляются ее руководители?

---

[18] Джейсон Цвейг работает в компании AOL Time Warner и владеет ее опционами. Более подробно об акционерных опционах рассказывается в разделе «Комментарии к главе 19».

- Являются ли руководители компании менеджерами или промоутерами?

  Менеджеры должны посвящать бо́льшую часть рабочего времени управлению компанией, а не продвижению ее акций. Нередко генеральные директора компаний жалуются на то, что их акции недооценены, независимо от того, насколько высоко поднимается их курс, забывая при этом наставления Грэма о том, что менеджеры должны предотвращать как резкое падение цены акций, так и слишком быстрый ее рост[19]. В то же время многие финансовые директора увлекаются прогнозированием квартальной прибыли. Некоторые компании буквально заваливают рынок пресс-релизами, в которых вовсю расписываются открывающиеся перед ними временные, вполне тривиальные или совсем уж иллюзорные «возможности».

  Отдельные компании, в том числе Coca-Cola, Gillette и USA Interactive, постепенно отказываются от краткосрочных прогнозов, которые так любят на Уолл-стрит. Эти отважные компании предоставляют подробную информацию о текущих бюджетах и долгосрочных планах, но отказываются давать прогнозы на следующий квартал. (Примером компании, ведущей открытый и честный диалог с акционерами, может служить Expeditors International of Washington. Ее отчет (форма 8-K) можно найти в базе данных EDGAR по адресу www.sec.gov, где компания периодически размещает также ответы на вопросы акционеров.)

  Наконец, попытайтесь понять, какие методы бухгалтерского учета использует компания и насколько прозрачны (или непрозрачны) ее финансовые результаты. Если «разовые» или «непредвиденные» расходы почему-то встречаются постоянно, если EBITDA (прибыль до уплаты налогов, процентов по кредитам и начисленной амортизации) заменяет «чистую прибыль», а «гипотетическая прибыль» используется для сокрытия фактических убытков, то, скорее всего, компания еще не научилась заботиться в первую очередь о долгосрочных интересах своих акционеров[20].

Финансовая мощь и структура капитала. Главный признак успешного бизнеса — превышение доходов над расходами. Хорошие руководители постоянно ищут возможности эффективного использования прибыли. В долгосрочной перспективе стоимость компаний, доходы которых превышают расходы, практически всегда растет независимо от ситуации на фондовом рынке.

---

[19] См. сноску 30 в разделе «Комментарии к главе 19».

[20] Более подробная информация о таких выпусках содержится в разделе «Комментарии к главе 12». См. также работы Джозефа Фуллера и Майкла Дженсена (Joseph Fuller and Michael C. Jensen, "Just Say No to Wall Street," http://papers.ssrn.com/sol3/DisplayAbstractSearch.cfm).

Начните с анализа денежных потоков в годовом отчете компании. Посмотрите, был ли рост операционных доходов постоянным на протяжении последних 10 лет. После этого можно двигаться дальше. Уоррен Баффетт разработал концепцию *прибыли собственника*. Это чистая прибыль плюс амортизация за вычетом обычных расходов на капитал. Кристофер Дэвис, портфельный управляющий компании Davis Selected Advisors, сводит эту концепцию к простому вопросу: «Если вы владеете 100% бизнеса, сколько денег окажется в вашем кармане в конце года»? Поскольку при расчетах учитывается амортизация, которая не влияет на текущие денежные средства компании, прибыль собственника — более надежный показатель, чем объявленная чистая прибыль. Для более точного расчета прибыли собственника из объявленной чистой прибыли следует вычесть следующие позиции:

- любые издержки, связанные с акционерными опционами, благодаря которым часть прибыли акционеров оказывается в карманах инсайдеров;
- любые «разовые», «непредвиденные» и «чрезвычайные» расходы;
- любую «прибыль», полученную пенсионным фондом компании.

Если показатель «прибыль собственника на акцию» на протяжении последних 10 лет постоянно рос в среднем как минимум на 6–7%, можно считать, что компания способна зарабатывать деньги для акционеров и у нее хорошие перспективы роста.

Затем изучите структуру капитала компании. Посмотрите балансовый отчет и выясните, каковы долговые обязательства компании (в том силе по привилегированным акциям). В целом долгосрочная задолженность не должна превышать 50% общего капитала компании. Прочитайте примечания к финансовым отчетам и узнайте, являются ли проценты, выплачиваемые по долгосрочному долгу, фиксированными (фиксированные процентные платежи) или варьирующимися (процентные платежи увеличиваются с ростом процентных ставок).

Найдите в годовом отчете сведения о соотношении прибыли компании и ее фиксированных платежей. Из отчета компании Amazon.com за 2002 г. видно, что прибыль компании не покрывает ее процентные платежи на $145 млн. В будущем компании Amazon.com придется зарабатывать намного больше на своих операциях или занимать деньги на более выгодных условиях, иначе она окажется собственностью не акционеров, а держателей облигаций, причем последние смогут отсудить часть ее активов, если не найдут другого способа получить полагающиеся им процентные платежи. (Откровенно говоря, соотношение прибыли Amazon.com и ее фиксированных платежей в 2002 г. было лучше, чем два года назад, когда компания не могла за счет прибыли покрыть процентные платежи на сумму $1,1 млрд.)

И еще несколько слов о дивидендах и акционерной политике (более подробно эти вопросы рассматриваются в главе 19).

- Если компания не выплачивает дивиденды, она должна доказать акционерам, что это в их же интересах. Если компания стабильно опережает конкурентов независимо от ситуации на рынке, руководство умеет грамотно распоряжаться деньгами. Если же бизнес идет ни шатко ни валко, а акции компании отстают от акций конкурентов, значит, руководители компании напрасно отказываются выплачивать дивиденды.
- Компании, которые время от времени дробят свои акции (и активно рекламируют дробление в крикливых пресс-релизах), считают своих инвесторов дурачками. Вспомним историю про американского бейсболиста Йоги Берра, которого как-то раз в пиццерии спросили, на сколько кусков разрезать пиццу — на шесть или на восемь. Берра ответил: «На шесть, пожалуйста, — я не настолько голоден, чтобы съесть восемь». Так же ведут себя и акционеры, которым нравится дробление акций. Две акции по $50 стоят не больше, чем одна по $100. Менеджеры, использующие дробление акций в рекламных целях, играют на неведении вкладчиков, и разумный инвестор должен дважды подумать, прежде чем вкладывать деньги в такие компании[21].
- Компании должны выкупать свои акции тогда, когда они дешевы, а не тогда, когда курс достигает рекордной отметки. К сожалению, в последнее время многие компании выкупают акции, когда их котировки находятся на пике. Это пустая трата денег, и действительная цель такого маневра — «снятие сливок» топ-менеджерами компании, которые зарабатывают многомиллионные суммы на продаже акционерных опционов под предлогом «повышения акционерной стоимости».

Жизнь дает многочисленные, порой анекдотические свидетельства того, что руководители компаний, постоянно твердящие о «повышении акционерной стоимости», на практике редко заботятся о ней. В инвестировании, как, впрочем, и в жизни, решающую роль играют не слова, а дела.

[21] Дробление акций рассматривается в разделе «Комментарии к главе 13».

ГЛАВА 12

Что следует учитывать при анализе показателя прибыли на акцию

В начале этой главы дадим несколько советов инвестору. Совет первый: не стоит воспринимать всерьез показатели прибыли за один год. Совет второй: если вы обращаете внимание на краткосрочную прибыль, будьте осторожны, чтобы не попасть в ловушки, скрывающиеся за показателем прибыли на акцию. Если вы будете аккуратно следовать первому совету, второй, скорее всего, вам не понадобится. Однако вряд ли большинство инвесторов при принятии инвестиционных решений опираются на долгосрочные показатели и ориентируются на долгосрочную перспективу. Финансисты чаще всего используют данные квартальной и годовой отчетности, и это не может не влиять на ход мысли инвестора. Поэтому знание азов анализа финансовых показателей поможет ему избежать многих неприятностей.

В данной главе рассматривается отчет о прибылях и убытках Aluminum Company of America (ALCOA), опубликованный в 1970 г. в *The Wall Street Journal*. Первые данные, которые мы видим в отчете, следующие:

	1970	1969
Прибыль на акцию*, $	5,20	5,58

* Прибыль до вычета специальных расходов. Текст примечания гораздо длиннее — он занимает вдвое больше места, чем собственно цифры.

За четвертый квартал 1970 г. прибыль на акцию составила $1,58, а за четвертый квартал 1969 г. — $1,56.

Глядя на эти цифры, инвестор или спекулянт, заинтересованный в акциях ALCOA, может подумать: «Что ж, неплохо. Как известно, в 1970 г. в алюминиевой промышленности наблюдался спад. Но прибыль в четвертом квартале

1970 г. была выше, чем в четвертом квартале 1969 г. Если экстраполировать данные четвертого квартала на год, годовая прибыль на акцию составит $6,32. Что же получается? Цена акций ($62) лишь примерно в 10 раз превышает прибыль компании. Значит, акции можно считать достаточно дешевыми по сравнению с акциями компании International Nickel, для которой коэффициент "цена/прибыль" составляет 16. И т. д. и т. п.»

Но если наш инвестор-спекулянт прочитает полный текст примечаний, то вместо одной цифры (прибыль на акцию в 1970 г.) он увидит целых четыре показателя прибыли, а именно:

	1970	1969
Основная прибыль на акцию, $	5,20	5,58
Чистая прибыль (за вычетом специальных расходов), $	4,32	5,58
Прибыль с учетом эффекта размывания акций (до вычета специальных расходов), $	5,01	5,35
Прибыль с учетом эффекта размывания акций (за вычетом специальных расходов), $	4,19	5,35

По четвертому кварталу даются только две цифры:

Основная прибыль на акцию, $	1,58	1,56
Чистая прибыль (за вычетом специальных расходов), $	0,70	1,56

О чем говорят все эти многочисленные показатели прибыли? Какие из них отражают реальную прибыль за год и за четвертый квартал? Если принять за реальную прибыль 70 центов (чистая прибыль за вычетом специальных расходов), то прибыль за год составит уже не $6,32, а $2,80, а цена акции ($62) будет уже не в 10 раз, а в 22 раза выше прибыли.

На вопрос о том, какую прибыль считать «правильной», ответить нетрудно. Данные таблицы недвусмысленно указывают на то, что снижение прибыли с $5,20 до $5,01 обусловлено размыванием акций. Компания ALCOA выпустила значительное количество конвертируемых облигаций, поэтому, чтобы рассчитать потенциальную доходность обыкновенных акций на основе результатов 1970 г., следует предположить, что владельцы этих облигаций воспользуются правом конверсии в случае, если им будет выгодно это сделать. В случае с ALCOA размывание акций не сильно меняет картину, поэтому говорить здесь особенно не о чем. Но в других случаях наличие конвертируемых облигаций и варрантов на покупку акций может снизить показанную прибыль как минимум вдвое. Примеры, приведенные в главе 16, показывают, что размывание акций может играть серьезную роль. (Финансовые агентства не всегда бывают последовательны в вопросе учета этого фактора при анализе и составлении отчетов[1].)

Теперь вернемся к «специальным расходам». В четвертом квартале они составляют $18,8 млн (88 центов на акцию), что немало. Может быть, эту цифру вообще не стоит учитывать? Или, напротив, ее следует полностью вычитать из прибыли? Или вычитать частично? Разумный инвестор обратит внимание на то обстоятельство, что «эпидемия» специальных расходов началась именно в конце 1970 г. и никак не ранее. Почему? Возможно, к бухгалтерским отчетам приложили руку итальянские мастеровые[2] (разумеется, в рамках дозволенного)? При более тщательном рассмотрении мы увидим, что убытки, которые списываются до их фактического возникновения, могут чудесным образом раствориться, ни на цент не снизив ни прошлую, ни будущую основную прибыль. В отдельных случаях они даже могут сделать будущую прибыль вдвое выше фактической (при помощи более или менее тонких манипуляций с налоговыми кредитами).

Чтобы разобраться со специальными расходами компании ALCOA, посмотрим прежде всего откуда они берутся. Обратимся к тексту примечаний. Там указаны четыре источника подобного рода расходов:

1) оценка руководством компании расходов, связанных с ожидаемым закрытием одного из ее производственных подразделений;
2) ожидаемые затраты в связи с закрытием заводов ALCOA Castings;
3) ожидаемые затраты в связи с постепенной ликвидацией ALCOA Credit;
4) ожидаемые затраты ($5,3 млн) в связи с исполнением контракта по строительству экрана топки котла.

Все эти статьи расходов связаны с будущими затратами и убытками. Нетрудно предположить, что они не являются частью текущих операци-

---

[1] «Размывание» («разводнение») — один из многих терминов, описывающих действия с акциями с помощью понятий, так или иначе связанных с водой. Так, акции, характеризующиеся высокими объемами торгов, называют ликвидными, т. е. «жидкими» (от лат. liquidus — жидкий, текучий). Когда компания проводит IPO, говорят, что она отправляет акции «в свободное плавание». И, наконец, выпуск больших объемов конвертируемых облигаций или дополнительные эмиссии обыкновенных акций называют «размыванием» акций. Считается, что этот термин возник благодаря легендарному аферисту Дэниелю Дрю (1797–1879), который в начале своей карьеры торговал крупным рогатым скотом. Перегоняя животных к месту продажи, он кормил их солью. Это вызывало у них жажду, они поглощали воду в огромных количествах, и вес их, соответственно, увеличивался. «Разводненных» животных Дрю, естественно, продавал дороже. Позже Дрю «разводнял» акции железной дороги Erie Railroad (он был ее казначеем), выпуская огромное количество акций.

[2] Грэм имеет в виду мастерство резчиков по камню — итальянских иммигрантов, которые украшали фасады зданий в Нью-Йорке в начале 1900-х гг. Как и эти мастера, бухгалтеры умеют «высекать» из сухих цифр замысловатые узоры.

онных расходов 1970 г. Но если так, на какой период их следует отнести? Являются ли они «чрезвычайными и разовыми» и, соответственно, не относящимися ни к какому периоду? Такая огромная компания, как ALCOA с годовым оборотом $15,5 млрд, включает множество подразделений, отделов, филиалов и других структурных единиц. Как оценивать закрытие одного или нескольких подразделений, ставших убыточными и ненужными, — как вполне рядовое или как чрезвычайное событие? Этот же вопрос возникает и в связи со строительством экрана топки котла. Может быть, всякий раз, когда какое-либо из подразделений компаний становится убыточным, руководству приходит в голову замечательная идея — списать убытки по статье «специальные расходы» и, таким образом, рассчитать основную прибыль, учитывая только прибыльные контракты и операции? На ум приходят солнечные часы короля Эдуарда VII, которые отсчитывали только «безоблачные часы»[3].

Читатель должен обратить внимание на две уловки бухгалтеров ALCOA. Во-первых, показывая *ожидаемые будущие убытки*, компания избавляется от необходимости учитывать эти самые убытки в соответствующем году. Они не отнесены к 1970 г., поскольку действительно не относились к этому году. Но они не будут показаны и в том году, в котором фактически будут иметь место, поскольку о них уже было заявлено ранее. Чистая работа, но честная ли?

В примечаниях к отчету компании ALCOA ничего не говорится о будущем уменьшении налоговых платежей за счет этих убытков. (В большинстве других подобных отчетов ясно указывается, что списание производится «после уплаты налога».) Если компания ALCOA показывает будущие убытки без учета соответствующей отсрочки уплаты налога, то они не только не повлияют на будущую прибыль (так как фактически уже учтены), но и могут привести к ее увеличению из-за налоговой отсрочки в размере 50%. Трудно поверить, как много можно сделать, используя тонкости бухгалтерского учета. Однако в реальности именно так и происходит. Некоторые компании, которые в прошлом терпели серьезные убытки, показывали в финан-

---

[3] Возможно, монарха вдохновило эссе Уильяма Хэзлитта «О циферблате солнечных часов», посвященное солнечным часам в Венеции, на циферблате которых было написано: «Horas non numero nisi serenas» («Отсчитываем только безоблачные часы»). Компании, привыкшие не включать в финансовые отчеты неприятные моменты под предлогом того, что последние носят случайный или разовый характер, вероятно, следуют совету Хэзлитта «отсчитывать время, как эти солнечные часы; замечать одни лишь улыбки судьбы, но не ее гримасы; строить жизнь из одних лишь ярких и приятных мгновений; во всем видеть одну лишь светлую сторону, позволяя неприятностям скользить мимо сознания и памяти» (William Hazlitt, "On a Sun-Dial," ca. 1827). К сожалению, инвесторам приходится учитывать не только безоблачные, но и пасмурные дни.

совых отчетах прибыль без учета соответствующих налоговых платежей. В результате «видимая» прибыль оказывалась неплохой, хотя, как это ни парадоксально, лишь благодаря прошлым убыткам. Отсроченные в связи с *прошлыми* убытками налоговые платежи *в текущем году* учитываются как «специальные расходы», а в будущем финансовом отчете — как часть «окончательной» чистой прибыли. Однако резерв для покрытия будущих убытков с учетом ожидаемого налогового кредита не должен служить «довеском» к чистой прибыли в последующие годы.

Другая гениальная уловка заключается в том, что компания ALCOA (впрочем, как и многие другие компании) при учете специальных расходов воспользовалась условиями, сложившимися на конец 1970 г. В первой половине 1970 г. для многих корпораций фондовый рынок стал настоящей «мясорубкой». Все были настроены на то, что большинство компаний в этому году покажет относительно плохие результаты. Однако перспективы на 1971–1972 и последующие годы игроки оценивали как благоприятные. Так почему бы в плохом 1970 г., который и так уже мысленно «списан» участниками рынка и фактически уходит в прошлое, не списать убытки по максимуму, чтобы в следующие несколько лет значительно завысить результаты? Может быть, в этом и заключается мастерство бухгалтеров и бизнес-стратегов и именно так руководство компаний и должно строить отношения с акционерами? Может быть, но мы в этом сильно сомневаемся.

В конце 1970 г. увлечение высокодиверсифицированными (или, точнее говоря, безумно диверсифицированными) операциями в сочетании с желанием провести «генеральную уборку» привело к появлению странных пассажей в тексте примечаний к годовым отчетам компаний. Так, читателя позабавило бы примечание к статье «специальные расходы» (речь шла о затратах в сумме $2,357 млн, что составляло около 1/3 прибыли до вычета специальных расходов) в отчете некой компании, акции которой торговались на Нью-Йоркской фондовой бирже (название ее мы не указываем). Там, в частности, было указано, что специальные расходы «включают ожидаемые затраты в связи с прекращением операций Spalding United Kingdom; ожидаемые затраты на реорганизацию одного из производственных подразделений; расходы в связи с продажей предприятия по производству детских подгузников и нагрудников; расходы в связи с продажей доли в испанской автомобильной лизинговой компании; расходы в связи с ликвидацией подразделения по производству лыжных ботинок»[4].

[4] Компания, название которой деликатно не указывает Грэм, — это, видимо, American Machine & Foundry (AMF Corp.), один из самых бестолковых конгломератов конца 1960-х гг. Эта компания стала предшественницей AMF Bowling Worldwide, которая занимается строительством помещений и производством оборудования для боулинга.

Раньше сильные компании старались создавать резервы для покрытия чрезвычайных расходов за счет прибыли, полученной в «тучные» годы, чтобы отчасти улучшить показатели будущих «тощих» лет. Это делалось для того, чтобы по возможности корректировать показатели прибыли в отчетах и придавать показателям компании видимость стабильного роста. Казалось бы, ничего страшного, но в прошлом бухгалтеры не жаловали такой подход, потому что он давал неверное представление о прибыли. Они настаивали на том, что результаты каждого года (как хорошие, так и плохие) следует показывать как есть, чтобы акционеры и аналитики могли оценить их сами. Сегодня ситуация полностью изменилась: каждая компания пытается произвести как можно больше списаний в 1970 г., чтобы начать 1971 г. с «чистого листа» и подготовить почву для демонстрации высоких показателей прибыли на акцию в последующие годы.

Но вернемся к вопросу о том, какие показатели отражали реальную прибыль компании ALCOA в 1970 г. Ответ такой: $5,01 на акцию с полным учетом эффекта размывания за вычетом той части специальных расходов (82 цента), которая полностью относится к 1970 г. Правда, мы не знаем, какова эта часть, и поэтому *не можем точно рассчитать реальную прибыль за текущий год*. Руководители компании и ее аудиторы должны были высказать свое мнение по этому поводу, но они этого не сделали. Более того, они должны были сделать так, чтобы списания производились из *обычной прибыли* на протяжении некоего приемлемого (допустим, пятилетнего) периода в будущем. Конечно, они не сделают и этого — ведь им выгодно списать всю сумму специальных расходов в 1970 г.

Чем более серьезно инвесторы относятся к показателю прибыли на акцию, тем больше они должны знать о бухгалтерских уловках, искажающих этот показатель. Мы упомянули три вида манипуляций с цифрами: использование *специальных расходов*, которые могут не отражаться на величине показателя прибыли на акцию; сокращение нормальных размеров *налога на прибыль* за счет прошлых убытков; фактор *размывания акций*, обусловленный выпуском значительных объемов конвертируемых ценных бумаг или варрантов [1]. Четвертый фактор, который в прошлом оказывал значительное влияние на отчетную прибыль, — это метод начисления амортизации, используемый руководством компании: линейный или ускоренный. Мы не будем подробно описывать эти методы, но в качестве примера рассмотрим отчет компании Trane за 1970 г. В 1969 г. отчетный показатель прибыли на акцию вырос почти на 20% ($3,29 по сравнению с $2,76 в 1968 г.). Однако этот рост наполовину был обусловлен возвратом к прежнему методу равномерного начисления амортизации — менее «обременительному» с точки зрения показателя прибыли, чем применявшийся в предыдущие годы метод ускоренной амортизации. (В то же время компания продолжала использовать ставки ускоренной амортизации для расчета налогооблагаемой базы налога на прибыль, что позволило ей получить соответствующую отсрочку уплаты налога на прибыль.) Существует и еще один фактор, в отдельных случаях играющий важную роль. Речь идет о выборе метода учета затрат на НИОКР. Компания может принять решение о списании затрат на НИОКР полностью в том году, в котором они имели место, либо списывать их на протяжении определенного периода. Наконец, можно по-разному учитывать товарно-материальные запасы: по принципу «первым получен — первым выдан» (first in — first out, FIFO) или по принципу «последним получен — первым выдан» (last in — first out, LIFO)[5].

Следует отметить, что, если эти бухгалтерские уловки не оказывают значительного влияния на показатели прибыли, инвесторы могут не обращать на них внимания. Но Уолл-стрит — это Уолл-стрит, и даже самые, казалось бы, незначительные факторы там воспринимаются очень серьезно. Так, за два дня до публикации финансового отчета ALCOA в *The Wall Street Journal* был напечатан аналитический материал, посвященный анализу финансовой отчетности компании Dow Chemical. Писали, в частности, об обеспокоенности многих аналитиков тем, что компания учла как часть обычной прибыли за 1969 г. 21 цент, хотя на самом деле эти центы следовало рассматривать в качестве внереализационных доходов. Стоило ли поднимать шум из-за такой мелочи? Все дело в том, что оценка стоимости компании Dow Chemical (а речь шла уже о многих миллионах долларов) зависела от процентного роста в 1969 г. по сравнению с 1968 г. Рынку важно было знать, каким был этот рост — на 9 или на 4,5%. Это могло показаться абсурдным — ведь едва ли столь незначительные спорные моменты в отчетности за один год могут существенно повлиять не только на будущую среднюю прибыль и темпы ее роста, но и на консервативные реалистичные оценки стоимости компании.

---

[5] Сегодня инвесторы должны знать и другие бухгалтерские уловки, позволяющие исказить реальные финансовые показатели компании. Одна из таких уловок — расчет гипотетической (pro forma) прибыли (при этом прибыль рассчитывается так, словно компания отказались от использования общепринятых принципов бухгалтерского учета (Generally Accepted Accounting Principles, GAAP)). Другая уловка — размывание акций за счет выпуска миллионов акционерных опционов, предназначенных для компенсаций менеджерам компании. После выпуска производится обратный выкуп акций (чтобы избежать падения их стоимости). Еще один трюк — оторванные от реальности предположения о доходности пенсионных фондов компаний; эти фонды могут искусственно взвинчивать прибыль в хорошие годы и снижать ее в плохие. Четвертая уловка — «подразделения специального назначения», т.е. специально создаваемые фирмы или партнерства, которые берут на свой баланс рискованные активы и обязательства «материнской» компании, тем самым улучшая показатели ее отчетности. Наконец, расходы на маркетинг и другие непроизводственные затраты могут учитываться не как затраты, связанные с ведением бизнеса, а как активы компании. Все эти уловки будут рассмотрены в разделе «Комментарии к главе 12».

Для сравнения рассмотрим еще один документ, опубликованный в январе 1971 г., — отчет компании Northwest Industries за 1970 г.[6] Компания собиралась одним махом списать по статье «чрезвычайные расходы» $264 млн, из которых $200 млн приходилось на убытки, которые Northwest Industries должна была понести в результате будущей продажи дочерней железнодорожной компании ее работникам. Оставшиеся 64 млн были израсходованы на недавний выкуп акций. Данная сумма представляла собой потери компании в размере около $35 на одну обыкновенную акцию (без учета размывания), что означало бы падение ее курса по сравнению с текущим вдвое. Здесь следует отметить ряд важных моментов. Если планируемая операция состоится и налоговое законодательство не изменится, эти затраты, показанные в 1970 г., позволят компании Northwest Industries не платить налог на прибыль примерно с $400 млн будущей прибыли, полученной на протяжении последующих пяти лет от других подразделений[7]. Какова же в этом случае будет реальная прибыль компании? Следует ли рассчитывать ее с учетом налоговых льгот? С нашей точки зрения, корректно рассчитывать прибыль следовало бы так: сначала принять во внимание всю прибыль с учетом полных обязательств по уплате налога на прибыль, а затем на основе полученных данных дать в первом приближении оценку стоимости одной акции. Затем к этой оценочной цифре следовало бы прибавить определенную «премию», отражающую последствия использования компанией существенной (но временной) налоговой льготы. (Кроме того, в этом случае следовало бы сделать поправку на возможное масштабное размывание акций. Практика показывает, что конвертируемые привилегированные акции и варранты могут более чем вдвое увеличить количество находящихся в обращении обыкновенных акций в случае, если все их держатели реализуют свои права.)

Все это может показаться читателям непонятным и скучным, но такова наша жизнь. Корпоративный бухгалтерский учет зачастую ненадежен;

---

[6] Northwest Industries — холдинговая компания, в состав которой входили, в частности, Chicago and Northwestern Railway и Union Underwear (создатель BVD и Fruit of the Loom). В 1985 г. холдинг приобрел погрязший в долгах финансист Уильям Фарлей, который довел его до разорения. Компанию Fruit of the Loom, которая начала процедуру банкротства, в начале 2002 г. приобрел Уоррен Баффетт, владелец Berkshire Hathaway.

[7] Грэм ссылается на федеральное налоговое законодательство, которое позволяет корпорациям переносить чистые операционные убытки на будущие периоды, т. е. покрывать их за счет будущей прибыли. В соответствии с Налоговым кодексом США сегодня эти убытки можно переносить на период до 20 лет, уменьшая налоговые обязательства компании в течение всего этого периода (и, соответственно, увеличивая величину прибыли после уплаты налогов). Следовательно, инвесторы должны решать, могут ли недавние значительные убытки искусственно завысить будущую чистую прибыль компании.

анализ ценных бумаг — дело непростое, а оценка акций бывает точной лишь в отдельных случаях[8]. Большинству инвесторов достаточно просто убедиться в том, что они получают за свои деньги надежные акции, и этим ограничиться.

Показатель средней прибыли

Раньше финансовые аналитики и инвесторы уделяли много внимания средней прибыли за достаточно длительный период в прошлом — обычно от семи до 10 лет. Эти «средние данные»[9] были полезны для сглаживания эффекта частых пиков и падений, вызванных экономическим циклом, и предполагалось, что с точки зрения оценки потенциальной прибыльности компании они более показательны, чем результаты одного последнего года. Важнейшее преимущество усреднения состоит в том, что с его помощью можно решить вопрос правильного учета практически всех специальных (чрезвычайных) расходов и отсрочек уплаты налогов. Их следует включать в расчет средней прибыли. Ведь большинство этих расходов и отсрочек — часть операционной истории компании. Если произвести такое усреднение для компании ALCOA, то средний размер ее прибыли в расчете на акцию в 1961–1970 гг. (т. е. за 10 лет) составит $3,62, а с 1964 по 1970 г. (т. е. за семь лет) — $4,62. Данные цифры в сочетании с показателями роста и стабильности прибыли за эти же периоды дают более полное представление о результатах деятельности компании в прошлом.

Расчет прошлых темпов роста

Чрезвычайно важно, чтобы в отчетности компании должное внимание уделялось фактору роста прибыли в прошлом. Если темпы ее недавнего роста были высокими, то значения прибыли за этот период превысят средние показатели за семь и 10 лет, и финансовый аналитик может счесть подобные

---

[8] Инвесторы никогда не должны забывать о том, что обоснованная оценка акций — не правило, а исключение. Стоимость акций в целом чаще всего оценивается почти правильно, но цена отдельной акции почти не зависит от стоимости бизнеса. Рыночные оценки стоимости, основанные на цене акций, обычно неверны. К сожалению, отклонение цены от стоимости в ту или иную сторону часто не настолько велико, чтобы оправдать торговые издержки. Пытаясь заработать на этом отклонении, разумный инвестор должен прежде всего оценивать эти издержки и налоги. Кроме того, он не должен забывать, что ему вряд ли удастся продать акции точно по котировке.

[9] Грэм имеет в виду простую арифметическую среднюю, о которой пишет в предыдущем предложении.

цифры недостоверными. Но он будет неправ. Важны как средние, так и последние показатели прибыли. На наш взгляд, темпы роста нужно рассчитывать, относя среднее значение прибыли за последние три года к среднему (за три года) значению прибыли 10 лет назад. (При этом проблему учета специальных расходов и отсрочки уплаты налогов можно решать на некой компромиссной основе.) Обратите внимание на представленные расчеты темпов роста прибыли компаний ALCOA и Sears Roebuck в сравнении с показателями фондового индекса Доу–Джонса (таблица 12.1).

Таблица 12.1. **Прошлые темпы роста прибыли**

Показатели	ALCOA	Sears Roebuck	Индекс Доу–Джонса
Средняя прибыль в 1968–1970 гг.	4,95*	2,87	55,4
Средняя прибыль в 1958–1960 гг.	2,08	1,23	31,49
Рост, %	141	134	75
Расчетные годовые темпы роста, %	9	8,7	5,7

*За вычетом 60% специальных расходов, которые в 1970 г. составили 82 цента на акцию.

Комментарий. Эти несколько цифр можно обсуждать очень долго. Они, как и некоторые другие показатели, полученные путем математических расчетов, описывают фактический рост прибыли на протяжении длительного периода — с 1958 по 1970 г. Но насколько значимы эти данные, обычно считающиеся ключевыми при определении стоимости обыкновенных акций, в случае компании ALCOA? Темпы роста ее прибыли в прошлом были высокими — фактически даже немного выше, чем компании Sears Roebuck, и намного выше, чем темпы роста фондового индекса Доу–Джонса. Но судя по цене акций в начале 1971 г., фондовый рынок, казалось, не обращал никакого внимания на эти прекрасные показатели. Акции компании ALCOA продавались по цене, всего в 11,5 раза превышавшей среднюю прибыль за последние три года, в то время как цена акций компании Sears Roebuck превышала ее прибыль в 27 раз, а цена акций, входящих в расчет индекса Доу–Джонса, — более чем в 15 раз. Почему? Очевидно, трейдеры были настроены пессимистично относительно будущей способности компании ALCOA получать прибыль, которая, с их точки зрения, уже была не столь хороша, как в прошлом. Как ни странно, в 1959 г. цена акций компании ALCOA была высокой — они продавались тогда по $116, т.е. в 45 раз дороже прибыли. (Для сравнения: скорректированная цена акций компании Sears Roebuck составляла $25,5, т.е. была в 20 раз выше прибыли.) И хотя прибыль компании ALCOA впоследствии продемонстрировала замечательные темпы роста, совершенно очевидно, что в 1959 г. будущие возможности получения прибыли были сильно переоценены фондовым рынком. При закрытии рынка в 1970 г. цена акций компании была вдвое ниже цены 1959 г., тогда как котировки акций Sears Roebuck выросли втрое, а индекс Доу–Джонса — на 30%.

Следует отметить, что показатель доходности на основной капитал (рассчитанный как отношение чистой прибыли к чистым материальным активам[10]) ALCOA был на среднем (или даже ниже среднего) уровне, что могло послужить решающим фактором для такой динамики курса ее акций. Рынок награждает высоким коэффициентом «цена/прибыль» только те компании, рентабельность которых превышает средний уровень.

А теперь давайте применим к акциям компании ALCOA наш метод двухступенчатого анализа, рассмотренный в предыдущей главе[11]. С помощью этого метода можно оценить стоимость акций ALCOA на основе ее прошлых результатов. Она составляет $84 за акцию, или 10% от значения индекса Доу–Джонса, исходя из цены закрытия последнего на уровне 840 пунктов в 1970 г. Таким образом, при текущей цене $57,25 акции ALCOA можно считать выгодным объектом инвестиций.

В каких пределах старшему аналитику следует занижать оценочную стоимость акции, выведенную на основе прошлых результатов, чтобы учесть возможные неблагоприятные тенденции в будущем? Честно говоря, на этот счет общепринятого мнения не существует. Предположим, есть все основания полагать, что в 1971 г. прибыль будет низкой и составит $2,5 на акцию, т. е. значительно меньше, чем в 1970 г., несмотря на ожидаемый рост фондового рынка. Весьма вероятно, что фондовый рынок негативно отреагирует на столь низкий показатель. Но свидетельствует ли это о том, что некогда могущественная Aluminum Company of America будет считаться достаточно неприбыльной компанией для того, чтобы рынок оценил ее стоимость ниже стоимости материальных активов?[12] (В 1971 г. котировки акций ALCOA упали с максимума ($70) в мае до минимума ($36) в декабре при балансовой стоимости $55.)

---

[10] Отношение прибыли к активам Грэм рассматривает в традиционном понимании, т. е. как отношение прибыли к балансовой стоимости активов (чистый доход, деленный на величину чистых материальных активов компании).

[11] См. главу 11, раздел «Двухступенчатый анализ».

[12] Недавние события история (и множество исследований) показали, что фондовый рынок плохо относится к быстрорастущим компаниям, неожиданно объявляющим о падении прибыли. При падении прибыли, указанном в отчетах, курс акций большинства компаний со средними устойчивыми темпами роста (таких как ALCOA во времена Грэма или Anheuser-Busch и Colgate-Palmolive в наши дни) снижается более плавно. Несбывшиеся надежды — источник серьезных разочарований; на неспособность компаний удовлетворить более скромные ожидания рынок реагирует не так жестко.

ALCOA — типичная гигантская промышленная компания, но мы считаем, что динамика ее прибыли и курса акций не совсем обычна и более противоречива, чем динамика большинства других крупных корпораций. Именно этот факт отчасти объясняет выраженные в последней главе сомнения в надежности процедуры оценки стоимости акций применительно к типичной промышленной компании.

Таким образом, один из главных рисков, связанных с владением «акциями роста», связан не с прекращением роста, а с его замедлением. В долгосрочной перспективе замедление роста неизбежно.

КОММЕНТАРИИ К ГЛАВЕ 12

Прощелыге с авторучкой легче отнять у вас деньги, чем гангстеру с пистолетом.

Бо Диддли

МАНИПУЛЯЦИИ С ЦИФРАМИ

Даже Грэм поразился бы, узнав, до какой степени руководителям и бухгалтерам компаний за последние годы удалось раздвинуть пределы возможного. Топ-менеджеры, привыкшие получать вознаграждение в виде огромных пакетов акционерных опционов, поняли, что могут сказочно разбогатеть, просто раздувая прибыль компании в течение нескольких лет[13]. Руководители сотен компаний перестали следовать если не букве, то духу честного бухгалтерского учета. Финансовые отчеты превратилась в малопонятный набор цифр. Плохие результаты деятельности компаний приукрашиваются при помощи всевозможных «косметических процедур», позволяющих маскировать расходы и создавать прибыль буквально из воздуха. Рассмотрим несколько примеров недобросовестной бухгалтерии.

АХ, ЕСЛИ БЫ...

Возможно, самый распространенный бухгалтерский фокус — фантазии на тему гипотетической (pro forma) прибыли. Как это часто бывает на Уолл-стрит, благие намерения приводят к самым печальным результатам. Изначально показатель гипотетической прибыли предназначался для того, чтобы дать инвесторам представление о росте прибыли компании в долгосрочной перспективе, очищенном от влияния разного рода случайностей. Например, в пресс-релизе компании могли содержаться предположения о том, какую прибыль она могла бы получить в прошедшем году, если бы компания, которую она только что приобрела, входила в ее состав на протяжении всего года.

---

[13] Более подробно о том, как опционы обогащают менеджеров корпораций (но не внешних акционеров), мы поговорим в разделе «Комментарии к главе 19».

Но, как показали «великие и ужасные» 1990-е гг., эти предположения использовались и для других целей. Вот лишь несколько примеров манипуляций с ними.

- Компания InfoSpace представила гипотетическую прибыль за третий квартал 1999 г., исключив из ее расчета выплату $159,9 млн дивидендов по привилегированным акциям.
- Компания BEA Systems рассчитала гипотетическую прибыль за третий квартал 2001 г. без учета уплаты $193 млн подоходного налога в результате исполнения акционерных опционов.
- Корпорация JDS Uniphase рассчитала, какой была бы ее прибыль за первый квартал 2001 г., если бы она не выплатила $4 млн в виде налогов на заработную плату; не потеряла бы $7 млн на убыточных операциях с акциями и не понесла бы издержки, связанные со слияниями и гудвиллом, в размере $2,5 млрд.

Короче говоря, гипотетическая прибыль позволяет компании показать, какие прекрасные результаты она могла бы получать, если бы умела работать[14]. Единственное, что вы как разумный инвестор можете сделать с гипотетической прибылью, — это проигнорировать ее.

ЖАЖДА СЛАВЫ

В 2000 г. телекоммуникационный гигант Qwest Communications International казался сильной и здоровой компанией. Его акции упали менее чем на 5%, в то время как фондовый рынок — более чем на 9%.

Но в финансовых отчетах Qwest Communications International была одна небольшая хитрость. В конце 1999 г. компания решила отразить выручку от продажи своих телефонных справочников сразу же после их выпуска, хотя любой, кто давал рекламу в *Yellow Pages*, знает, что она оплачивается ежемесячными взносами. Абракадабра! Это пустяковое изменение «учетной политики» позволило увеличить показатель чистой прибыли за 1999 г. после уплаты налогов на $240 млн — т. е. на 1/5 величины прибыли, полученной компанией в этом году.

Подобно тому, как мы видим лишь верхушку айсберга, бо́льшая и самая опасная часть которого скрывается под водой, громкие крики о высокой

[14] Все эти примеры взяты непосредственно из пресс-релизов компаний. О том, во что превратилась бы наша жизнь, если бы мы вели себя так, как компании, «натягивающие» показатели прибыли, рассказывается в замечательном сатирическом эссе Роба Уолкера «Моя гипотетическая жизнь» (Rob Walker, "My Pro Forma Life," http://www.firewallr.us/my-pro-forma-life-by-rob-walker-slate-magazine/).

прибыли свидетельствуют о том, что «под водой» таится опасность. Именно так было в случае с Qwest Communications International. В начале 2003 г. компания пересмотрела свои предыдущие финансовые отчеты и объявила, что преждевременно учла прибыль от продажи оборудования, неправильно оформила затраты на оплату услуг внешних поставщиков, ненадлежащим образом отразила отдельные затраты (не как расходы, а как капитальные активы) и необоснованно отразила обмен активов как их продажу. За счет этих манипуляций выручка компании за 2000 и 2001 гг. была завышена на $2,2 млрд — включая $80 млн, «полученных» за счет рассмотренного выше изменения «учетной политики»[15], от которого теперь компания была вынуждена отказаться.

«АКТИВНЫЕ» МАНИПУЛЯЦИИ

В конце 1990-х гг. руководство компании Global Crossing Ltd. вынашивало амбициозные планы. Компания намеревалась построить «первую интегрированную глобальную оптоволоконную сеть» протяженностью более 100 000 миль. Эта сеть должна была быть проложена по океанскому дну. После прокладки кабеля Global Crossing намеревалась продавать коммуникационным компаниям права на использование сети. Только в 1998 г. на прокладку кабеля было потрачено более $600 млн. В том же году почти 1/3 расходов на строительство была покрыта (как расходы по статье «Себестоимость реализованных мощностей») за счет доходов компании. Если бы не $178 млн расходов, компания, объявившая о чистых убытках ($96 млн), могла бы показать в отчете чистую прибыль в размере примерно $82 млн.

---

[15] В 2002 г. компания Qwest была одной из 330 публичных компаний, представивших пересмотренную финансовую отчетность. По данным Huron Consulting Group, столь значительное число компаний было рекордным за всю историю фондового рынка. Информация о компании Qwest взята из финансовых документов, подаваемых в Комиссию по ценным бумагам и биржам США (годовые отчеты, формы 8-K и 10-K) (см. базу данных EDGAR на сайте www.sec.gov). Не нужно было особой проницательности, чтобы заподозрить Qwest в искажении отчетных показателей, в чем она и призналась позднее. Что же происходило с акциями компании на протяжении этого периода? В конце 2000 г. курс акций составлял $41, рыночная капитализация компании — $67,9 млрд. В начале 2003 г. курс акций упал до примерно $4, капитализация — до менее $7 млрд. Таким образом, компания потеряла 90% рыночной стоимости. Падение цены акций было связано не только с завышением прибыли. Недавний анализ деятельности 27 компаний, обвиненных Комиссией по ценным бумагам и биржам США в махинациях с финансовой отчетностью, показал, что они переплатили $320 млн в виде федерального налога на прибыль. И хотя бóльшая часть этих денег должна быть им возвращена, большинство акционеров слабо верят в то, что выиграют от этого (см. Merle Erickson, Michelle Hanlon, and Edvard Maydew, "How Much Will Frms Pay for Earnings that Do Not Exist?", http://papers.ssrn.com).

В следующем году, как говорится в примечании к годовому отчету за 1999 г., Global Crossing начала «учитывать контракты на обслуживание». Компания отказалась покрывать затраты на строительство за счет непосредственной выручки от реализации мощностей. Вместо этого основная часть затрат на строительство стала рассматриваться не как операционные расходы, а как основные фонды, в результате чего чистый доход перестал сокращаться, а общая стоимость активов начала расти[16].

Вот это да! Одним росчерком пера компания увеличила свои материальные активы — «имущество и оборудование» — на $575 млн, притом что себестоимость реализованных мощностей увеличилась всего на $350 млн. Компания сорила деньгами, как матрос в припортовом кабаке.

Капитальные затраты играют важнейшую роль, поскольку позволяют создать базу для роста и развития прибыльного бизнеса. Но иногда вольная трактовка правил бухгалтерского учета позволяет менеджерам раздувать отчетную прибыль, превращая обычные операционные затраты в капитальные активы. Как показывает пример компании Global Crossing, разумный инвестор должен понимать, что именно расходы компании капитализируются в виде активов.

САГА О ЗАПАСАХ

После 2000 г. объем продаж компании Micron Technology, как и многих других производителей полупроводниковых чипов, начал падать. Фактически компания так сильно пострадала от падения спроса, что ей пришлось пойти на списание части стоимости запасов (клиенты не хотели покупать продукцию по ценам, установленным Micron Technology). В конце второго квартала 2001 г. компания снизила стоимость запасов на $261 млн. Большинство инвесторов рассматривали такую операцию не как обычные операционные убытки, а как «разовые чрезвычайные расходы».

А дальше случилось вот что (рис. 12.1).

---

[16] Раньше компания Global Crossing отражала большую часть затрат на строительство как расходы, подлежащие покрытию за счет выручки от продажи или аренды прав на использование оптоволоконной сети. Клиенты обычно платили всю сумму вперед, хотя некоторым предоставлялась рассрочка (до четырех лет). Но большинство авансовых платежей Global Crossing учитывала не сразу, а распределяя доходы на весь период аренды. Однако сейчас, поскольку срок эксплуатации сетей составляет около 25 лет, компания начала учитывать эти платежи как подлежащие амортизации капитальные активы. Несмотря на то, что подобная трактовка соответствует общепринятым принципам бухгалтерского учета, непонятно, почему Global Crossing не использовала такой способ учета до 1 октября 1999 г. и почему начала использовать его именно после этой даты. В марте 2001 г. общая стоимость акций Global Crossing составляла $12,6 млрд. А 28 января 2002 г. компания объявила о банкротстве, и ее акции превратились в фантики.

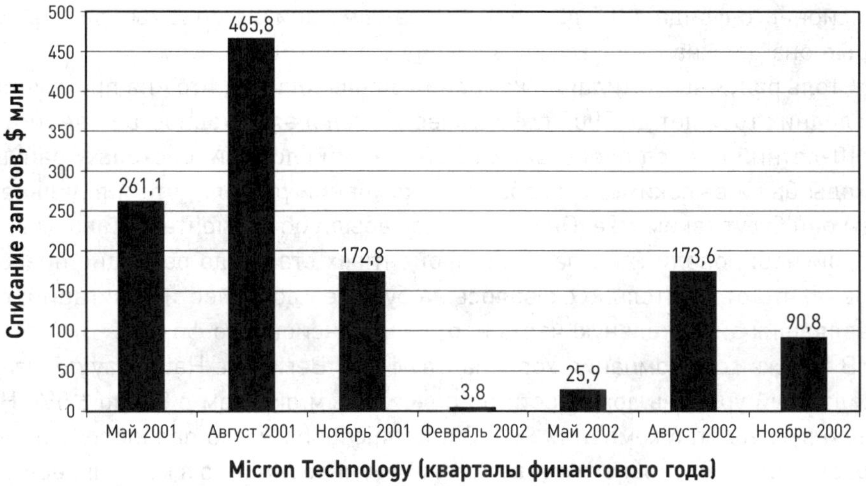

Источник: финансовая отчетность Micron Technology.

Рис. 12.1. Запасы старых чипов

Компания Micron Technology продолжала списывать запасы и в каждом из шести следующих кварталов. Так было ли списание эпизодическим событием или оно приобрело хронический характер? В данном случае на этот вопрос можно отвечать по-разному, но ясно одно: разумный инвестор должен отслеживать разовые расходы с энергией зайца, рекламирующего батарейки Energizer[17].

ПЕНСИОННЫЙ ФАКТОР

В 2001 г. компания SBC Communications, владеющая пакетами акций компаний Cingular Wireless, PacTel и Southern New England Telephone, заработала $7,2 млрд чистой прибыли — выдающийся успех для плохого года в телекоммуникационной отрасли. Но эта прибыль была заслугой не только компании SBC Communications: $1,4 млрд из этой суммы (13% чистой прибыли компании) поступили из пенсионного фонда.

Поскольку в пенсионном фонде SBC Communications оказалось больше денег, чем (по ее оценкам) было необходимо для осуществления будущих выплат работникам, компания посчитала эту разницу текущей прибылью. Одной из причин возникновения излишков денежных средств стал тот факт, что в 2001 г. компания повысила ожидаемую доходность по инвестициям

[17] Я благодарен Ховарду Шилиту и Марку Хэмелу (Center for Financial Research and Analysis), которые предоставили мне этот материал.

пенсионного фонда с 8,5 до 9,5%, тем самым занизив объемы средств, которые она должна была вложить в фонд в этом году.

Столь радужные ожидания компания объясняла тем, что «на протяжении последних трех лет до 2001 г. фактическая годовая доходность инвестиций за 10-летний период превышала 10%». Иными словами, поскольку раньше доходы были высокими, руководители компании решили, что и в дальнейшем они будут такими же. Они не только забыли об элементарной логике, но и проигнорировали факт падения процентных ставок до рекордно низкого уровня, что отрицательно сказалось на будущей доходности облигаций, составлявших значительную часть портфеля пенсионного фонда.

В том же году компания Уоррена Баффетта Berkshire Hathaway *понизила* ожидаемый уровень доходности по пенсионным активам с 8,3 до 6,5%. Неужели руководство компании SBC Communications могло предположить, что управляющие пенсионного фонда компании умнее лучшего в мире инвестора? Вряд ли: в 2001 г. доходность пенсионного фонда компании Berkshire Hathaway была на уровне 9,8%, а пенсионный фонд компании SBC Communications потерял 6,9% доходности[18].

Вот вопросы, на которые в этой связи должен ответить разумный инвестор. Не составляет ли вклад пенсионного фонда в чистую прибыль компании более 5%? (Если да, будет ли прибыль компании приемлемой для вас, если эта «дотация» за счет пенсионного фонда в будущем существенно сократится?) Является ли ориентировочный уровень долгосрочной доходности пенсионных активов разумным? (Что касается 2003 г., то любые предположения о доходности свыше 6,5% явно далеки от реальности.)

ПРЕДУПРЕЖДЕН — ЗНАЧИТ ВООРУЖЕН

Дадим несколько советов-предупреждений, которые помогут вам удержаться от приобретения акций, в которые заложена «бухгалтерская» бомба.

Читайте с конца. Чтение финансовых отчетов компании следует начинать с последней страницы, постепенно, страница за страницей, продвигаясь к началу отчета. То, что компания хочет скрыть, написано в конце. Именно оттуда и рекомендуется начинать чтение.

Читайте примечания. Никогда не покупайте акций, не прочитав примечания к годовому финансовому отчету. В тексте, озаглавленном «Краткий обзор важных аспектов учетной политики»[19], как правило, речь идет о самых

[18] Доходность рассчитывается как отношение фактического дохода на активы пенсионного фонда к чистой стоимости активов на начало года.

[19] Пусть вас не пугает суконный бюрократический язык, которым написаны примечания к финансовым отчетам. Он используется именно для того, чтобы отпугнуть простых

важных вещах — о том, как компания учитывает доходы, отражает запасы и затраты на маркетинг и т. п. В других примечаниях вы найдете информацию о долгах, акционерных опционах, займах клиентам, резервах на покрытие убытков и других «факторах риска», которые могут «съесть» большую часть прибыли. Заметив термины типа «капитализированный», «отсроченный» или «реструктурированный», а также свидетельства того, что компания изменила учетную политику (слова «начали», «изменили» и «но»), будьте осторожны. Ни одно из этих слов само по себе еще не говорит о том, что не стоит покупать акции данной компании, но вместе взятые они указывают на необходимость хорошенько подумать. Читайте внимательно, сравнивайте примечания к тексту отчета с аналогичными примечаниями к текстам отчетов других компаний (хотя бы одного конкурента интересующей вас компании).

Читайте больше. Если вы относите себя к числу активных инвесторов и горите желанием направить свою энергию на управление инвестиционным портфелем, вам следует заняться самообразованием и глубже изучить бухгалтерский учет. Это единственный способ уменьшить риск оказаться введенным в заблуждение бухгалтерскими уловками. Рекомендуем три книги, которые содержат полезную информацию: Martin Fridson and Fernando Alvarez, Financial Statement Analysis; Charles Mulford and Eugene Comiskey, The Financial Numbers Game; и Howard Schilit, Financial Shenanigans[20].

читателей, и именно поэтому вы и должны внимательно читать корявый текст. Так, в примечаниях к годовому отчету компании Informix Corp. указано: «При продаже лицензий на программное обеспечение компания обычно учитывает доход от продажи лицензий непосредственно после продажи продукта потребителю. Однако некоторым производителям компьютеров и их конечным потребителям, отвечающим установленным компанией требованиям, предоставляется рассрочка на 12 месяцев. При этом доход от продажи лицензий учитывается после подписания контракта и уплаты первого минимального, не подлежащего возврату взноса». В переводе на нормальный язык это означает, что компания занимается самокредитованием, учитывая в виде дохода еще не полученные платежи от конечных потребителей производителей компьютеров (которые и являются реальными конечными потребителями программного обеспечения). После того как Комиссия по ценным бумагам и биржам США обвинила Informix в подтасовке данных отчетности, компания пересмотрела показатели дохода (якобы полученного от «продаж»), уменьшив его на $244 млн. Данный пример лишний раз напоминает о необходимости внимательно читать примечания к финансовым отчетам, напечатанные мелким шрифтом. Я благодарю Мартина Фридсона за предоставленный пример.

[20] Martin Fridson and Fernando Alvarez, *Financial Statement Analysis: A Practitioner's Guide* (John Wiley & Sons, New York, 2002); Charles W. Mulford and Eugene E. Comiskey, The Financial Numbers Game: Detecting Creative Accounting Practices (John Wiley & Sons, New York, 2002); Howard Schilit, *Financial Shenanigan*s (McGraw-Hill, New York, 2002). См. также книгу самого Бенджамина Грэма (Benjamin Graham, *The Interpretation of Financial Statements* (Harper Business, New York, 1998 reprint of 1937 edition)), которая по-прежнему является прекрасным пособием по учету доходов и расходов, активов и обязательств.

ГЛАВА 13

Анализ ценных бумаг на практике: сравнение четырех компаний

Данная глава посвящена практическому применению анализа ценных бумаг. Мы произвольно выбрали четыре компании, акции которых зарегистрированы на Нью-Йоркской фондовой бирже. Это корпорация Eltra (образованная в результате объединения компаний Electric Autolite и Mergenthaler Linotype), компания Emerson Electric (производитель электротоваров и электроники), Emery Air Freight (экспедиторская компания, работающая в отрасли авиационных грузоперевозок) и корпорация Emphart (которая раньше занималась только производством оборудования для бутилирования, а теперь специализируется и на строительном оборудовании)[21]. Три производственные компании из этого списка во многом схожи, но между ними есть и различия. В нашем распоряжении имеется значительный объем финансовых и операционных данных, дающих всестороннее представление о бизнесе интересующих нас компаний.

В таблице 13.1 представлены данные, характеризующие положение четырех компаний на фондовом рынке и их деятельность в конце 1970 г. В таблице показаны также некоторые ключевые коэффициенты, отражающие, с одной стороны, *финансовые результаты* компании, а с другой — *цены акций*. Далее мы прокомментируем, каким образом финансовые результаты компании отражаются на курсе ее акций. Последним этапом исследования

---

[21] Из четырех компаний, выбранных Грэмом, до настоящего времени только компания Emerson Electric сохранила свою организационно-правовую форму. Корпорация Eltra больше не является независимой компанией. В 1970-е гг. она слилась с корпорацией Bunker Ramo, специализирующейся на передаче брокерским конторам котировок акций через ранние версии компьютерных сетей. Тем, чем раньше занималась Eltra, сегодня занимается корпорация Honeywell. Компания, которая раньше называлась Emery Air Freight, сегодня является подразделением корпорации CNF Inc. Корпорацию Emhart в 1989 г. купила корпорация Black & Decker.

Таблица 13.1. **Сравнительный анализ ценных бумаг четырех компаний, акции которых зарегистрированы на Нью-Йоркской фондовой бирже**

	Eltra	Emerson Electric	Emery Air Freight	Emphart Corp.
А. Капитализация				
Цена акции, 31.12.1970, $	27,00	66,00	57,75	32,75
Количество обыкновенных акций	7 714 000	24 884 000*	3 807 000	4 932 000
Рыночная стоимость акций, $	208 300 000	1 640 000 000	220 000 000	160 000 000
Облигации и привилегированные акции, $	8 000 000	42 000 000		9 200 000
Общая капитализация	216 300 000	1 682 000 000	220 000 000	169 200 000
Б. Статьи отчета о прибылях и убытках				
Объем продаж, 1970 г., $	454 000 000	657 000 000	108 000 000	227 000 000
Чистая прибыль, 1970 г., $	20 773 000	54 600 000	5 679 000	13 551 000
Прибыль на акцию 1970 г., $	2,70	2,30	1,49	2,75**
Средняя прибыль на акцию, 1968–1970 гг., $	2,78	2,10	1,28	2,81
Средняя прибыль на акцию, 1960–1963 гг., $	1,54	1,06	0,54	2,46
Средняя прибыль на акцию, 1958–1960 гг., $	0,54	0,57	0,17	1,21
Текущие дивиденды на акцию, $	1,20	1,16	1,00	1,20
В. Статьи баланса за 1970 г.				
Текущие активы, $	205 000 000	307 000 000	20 400 000	121 000 000
Текущие обязательства, $	71 000 000	72 000 000	11 800 000	34 800 000
Чистые активы (для обыкновенных акций), $	207 000 000	257 000 000	15 200 000	133 000 000
Балансовая стоимость на акцию, $	27,5	10,34	3,96	27,02
Г. Коэффициенты				
цена/прибыль, 1970 г., раз	10,0	30,0	38,5	11,9
цена/прибыль, 1968–1970 гг., раз	9,7	33,0	45,0	11,7
цена/балансовая стоимость	1,00	6,37	14,3	1,22
чистая прибыль/объем продаж, 1970 г., %	4,6	8,5	5,4	5,7
чистая прибыль на акцию/балансовая стоимость, %	10	22,2	34,5	10,2
Дивидендная доходность, %	4,45	1,78	1,76	3,65
Текущие активы/текущие обязательства, раз	2,9	4,3	1,7	3,4
Оборотный капитал/долг, раз	Очень большое	5,6	Нет долга	3,4
Темпы роста прибыли на акцию				
1968–1970 гг. по сравнению с 1963–1965 гг., %	81	87	135	14
1968–1970 гг. по сравнению с 1958–1970 гг., %	400	250	Очень большие	132
Д. Рекордные цены за				
1936–1968 гг.				
Минимум	0,75	1	0,125	3,625
Максимум	50,75	61,5	66	58,25
1970 г. (минимум)	18,625	42,125	41	23,5
1971 г. (максимум)	29,375	78,75	72	44,375

* С учетом конверсии привилегированных акций.

** За вычетом специальных расходов (13 центов на акцию)

будет сравнительный анализ компаний для поиска общих черт и закономерностей, которые могут быть полезными для консервативного инвестора, занимающегося операциями с обыкновенными акциями.

При сравнении четырех компаний наибольшее удивление вызывает тот факт, что значения их текущих коэффициентов «цена/прибыль» колеблются более значительно, чем производственные и финансовые показатели. Цены акций двух компаний — Eltra и Emphart — были весьма скромными: они превышали среднюю прибыль за 1968–1970 гг. всего в 9,7 и 12 раз соответственно. Аналогичный показатель для фондового индекса Доу–Джонса составил 15,5. Цены акций двух других компаний — Emerson и Emery — превышали среднюю прибыль более значительно (соответственно в 33 и 45 раз). Различие показателей в значительной степени объяснялось более высокими темпами роста прибыли последних двух компаний за предыдущие годы. Особенно хорошо шли дела в сфере грузовых авиаперевозок. (Впрочем, и темпы роста прибыли первых двух компаний были вполне приемлемыми.)

Для полноты картины следует рассмотреть основные финансовые показатели четырех компаний, представленные в таблице 13.1.

1. ***Рентабельность.*** а) Все четыре компании демонстрировали удовлетворительное отношение прибыли к балансовой стоимости, но значения этого показателя у компаний Emerson и Emery были значительно выше, чем у двух других. Высокий уровень рентабельности инвестиций часто сопровождается высокими годовыми темпами роста прибыли на акцию[22]. У всех компаний, кроме Emery, значения коэффициента «прибыль/балансовая стоимость» в 1969 г. были лучше, чем в 1961 г. Однако у корпорации Emery этот показатель был очень высоким и в 1961 г., и в 1969 г. б) Показателем мощи или слабости промышленных компаний обычно служит величина прибыли на доллар выручки. Здесь мы используем отношение операционной прибыли к продажам, взятое из бюллетеня *Listed Stock Reports,* выпускаемого агентством Standard & Poor's. Все четыре компании опять-таки демонстрируют удовлетворительные показатели, но особенно впечатляют показатели компании Emerson.

2. ***Стабильность.*** Показателем стабильности является максимальное отклонение величины прибыли на акцию в течение любого года из последних 10 лет от его среднего значения за три предыдущих года. Отсутствие отклонения свидетельствует о 100%-ной стабильности. На этом основании стабильными можно считать две компании. Но даже в «плохом» 1970 г. уровень стабильности компаний Eltra и Emhart снизился

---

[22] См. строку «чистая прибыль на акцию/балансовая стоимость» таблицы 13.1.

лишь незначительно — на 8% (для сравнения: для компаний, входящих в расчет индекса Доу–Джонса, этот показатель упал на 7%).

3. ***Рост.*** Две компании с низкими значениями коэффициента «цена/прибыль» демонстрировали удовлетворительные темпы роста, которые в обоих случаях превышали соответствующий показатель для компаний, входящих в расчет фондового индекса Доу–Джонса. Впечатляют показатели компании Eltra, учитывая невысокое значение указанного мультипликатора, хотя темпы роста двух компаний с высоким значением коэффициента, разумеется, были более впечатляющими.

4. ***Финансовое состояние.*** Финансовое состояние трех компаний было хорошим, о чем свидетельствует практически нормальное соотношение текущих активов и текущих обязательств, превышающее стандартное соотношение 2:1. У Emery Air Freight значение этого коэффициента было ниже, но следует учитывать, что ее бизнес отличается от бизнеса трех других компаний. Учитывая хорошие показатели Emery, ей не составит труда привлечь необходимые финансовые ресурсы. Все компании характеризуются сравнительно незначительным объемом долгосрочной задолженности. Обратите внимание на фактор размывания акций: рыночная стоимость низкодивидендных конвертируемых привилегированных акций Emerson Electric на конец 1970 г. составляла $163 млн. Мы учли фактор размывания в соответствии с общепринятым методом (рассматривая привилегированные акции как обыкновенные), и «окончательный» показатель прибыли снизился примерно на 10 центов на акцию, или на 4%.

5. ***Дивиденды.*** Большое значение имеет длительная история непрерывных дивидендных выплат. В этом отношении лучшие показатели демонстрировала компания Emphart, которая выплачивала дивиденды на протяжении всего периода начиная с 1902 г. Показатели компании Eltra очень хорошие, компании Emerson — вполне удовлетворительные, а компания Emery Air Freight — новичок. Разброс значений коэффициента дивидендных выплат рассматриваемых компаний не кажется чрезмерным. Текущая дивидендная доходность «дешевой пары» акций в два раза превышает дивидендную доходность «дорогой пары», что соответствует их коэффициентам «цена/прибыль».

6. ***Динамика цен.*** На читателя должен произвести впечатление процентный рост цен акций всех четырех компаний, если принять во внимание ценовые минимумы и максимумы на протяжении последних 34 лет. (Во всех случаях мы учитывали дробление акций.) Обратите внимание, что для фондового индекса Доу–Джонса соотношение

между максимальным и минимальным значением составило 11:1. Для наших компаний это соотношение составило «всего лишь» 17:1 для Emhart и 528:1 для Emery Air Freight[23]. Такой низкий рост цен характерен для акций большинства старых компаний. Он свидетельствует о широких возможностях получения прибыли, которые существовали на фондовых рынках в прошлом. (Но они могут свидетельствовать и о том, насколько серьезными были спады на медвежьих рынках до 1950 г., когда цены падали до минимальных значений.) В 1969–1970 гг. и Eltra, и Emhart пережили падение котировок акций более чем на 50%. Компании Emerson и Emery также пережили серьезное, но менее значительное снижение курсов акций. Акции Emerson восстановились и достигли своего исторического максимума до конца 1970 г., акции Emery — в начале 1971 г.

Основные особенности четырех компаний

Emerson Electric. Полная рыночная стоимость компании Emerson Electric огромна, она превышает стоимость трех остальных компаний, вместе взятых[24]. Эта компания — один из наших «гигантов гудвилла», о которых мы расскажем далее. Финансовый аналитик, имеющий (к счастью или к сожалению) хорошую память, сможет провести аналогию между компанией Emerson Electric и Zenith Radio. Эта аналогия будет неутешительной. Компания Zenith на протяжении многих лет показывала блестящие темпы роста. Ее капитализация в 1966 г. составляла $1,7 млрд. Однако в 1970 г. прибыль компании сократилась наполовину по сравнению с $43 млн в 1968 г., а курс акций составил $22,5 по сравнению с $89 в том же году. Высокие рыночные оценки влекут за собой и высокие риски.

Emery Air Freight. Компанию Emery Air Freight считают самой многообещающей из всех четырех рассматриваемых компаний с точки зрения будущих темпов роста — при условии, что высокое значение коэффициента «цена/прибыль» (которое составляет более 40; расчет производился

---

[23] В каждом случае Грэм использует данные, представленные в разделе В таблицы 13.1 и делит максимальную цену за период 1936-1968 гг. на минимальную. Например, для компании Emery максимальная цена акций ($66) при делении на минимальную цену ($0,125) дает 528, т.е. соотношение между максимальной и минимальной ценой составляет 528:1.

[24] В конце 1970 г. рыночная капитализация компании Emerson ($1,6 млрд) действительно была «бешеной», учитывая средние размеры компаний того времени. В конце 2002 г. общая рыночная стоимость обыкновенных акций компании Emerson составляла около $21 млрд.

на основе максимального значения объявленной прибыли) оправдается хотя бы частично. Темпы роста компании в прошлом были самыми впечатляющими, но в будущем они могут оказаться не столь высокими, учитывая, что отправной точкой роста в 1958 г. были жалкие $570 000 чистой прибыли. Чаще всего по мере роста бизнеса и прибыли поддерживать прежние высокие темпы роста становится все труднее. В случае с компанией Emery самое удивительное то, что ее прибыль и рыночная стоимость продолжали быстро расти и в 1970 г. — наихудшем для отрасли авиаперевозок. Это само по себе немалое достижение. Но возникает вопрос: не угрожают ли будущей прибыли такие неблагоприятные факторы, как рост конкуренции, ухудшение условий новых соглашений между экспедиторами и авиакомпаниями и т. д.? Возможно, придется немало потрудиться, чтобы проанализировать все эти риски, однако консервативный инвестор обязан учитывать их, если он намерен принимать исключительно взвешенные решения.

Emhart и Eltra. На протяжении последних 14 лет компания Emphart гораздо больше преуспевала в бизнесе, чем на фондовом рынке. В 1958 г. ее акции продавались по цене, в 22 раза превышавшей прибыль. Примерно такой же коэффициент «цена/прибыль» отмечался и у компаний, акции которых входили в расчет фондового индекса Доу–Джонса. С того времени прибыль Emphart утроилась, тогда как прибыль компаний, входящих в расчет фондового индекса Доу–Джонса, выросла менее чем вдвое. Однако цена акций компании при закрытии рынка в 1970 г. была лишь на уровне 1/3 максимальной цены 1958 г., в то время как Доу–Джонс закрылся на уровне 43% аналогичного максимума.

Ситуация с Eltra примерно такая же. Складывается впечатление, что акции и той и другой компании не привлекают сегодняшних инвесторов. При этом все показатели деятельности обеих компаний выглядят на удивление хорошо. Каковы же их перспективы? Нам трудно что-либо сказать по этому поводу, но вот что писали аналитики Standard & Poor's об этих четырех компаниях в 1971 г.

> **Eltra.** Долгосрочные перспективы: некоторые операции носят циклический характер, но достигнутая конкурентная позиция и диверсификация бизнеса служат смягчающими факторами.
>
> **Emerson Electronic.** Несмотря на адекватную цену ($71) в данный момент, акции могут быть привлекательными в долгосрочной перспективе… Продолжающаяся политика приобретения других компаний наряду с сильной позицией в отрасли и ускоренным ростом международного бизнеса может указывать на возможный дальнейший рост объемов продаж и прибыли.
>
> **Emery Air Freight.** С учетом текущей ситуации акции оцениваются достаточно высоко ($57), но их можно рассматривать и в качестве выгодного объекта инвестиций на долгосрочную перспективу.

Emhart. Несмотря на ограничения, вызванные сокращением в этом году капиталовложений в сфере производства стеклотары, прибыль должна вырасти благодаря улучшению конъюнктуры в 1972 г. Акции стоит держать (при цене $34).

Выводы. Многие финансовые аналитики могут считать акции компаний Emerson и Emery более привлекательными, чем акции двух других компаний, — во-первых, из-за их более сильных позиций на рынке и, во-вторых, из-за более высоких темпов роста прибыли. В соответствии с нашими принципами консервативного инвестирования первый фактор не является определяющим при выборе акций, так как он способствует скорее спекуляциям. Второй фактор более релевантен, но его также следует учитывать с определенными оговорками. Может ли прошлый рост и вероятные благоприятные перспективы компании Emery Air Freight оправдать цену акций, которая более чем в 60 раз превышает недавнюю прибыль? [1] Наш ответ таков: «Может, но только для инвестора, глубоко изучившего возможности этой компании и пришедшего к абсолютно твердым и оптимистическим выводам». Подобный ответ, однако, не подходит для осторожного инвестора, который должен убедиться в том, что не совершает типичную для Уолл-стрит ошибку, проявляя чрезмерный энтузиазм по поводу перспектив роста отдельной компании или фондового рынка в целом[25]. Аналогичные предостережения можно высказать и в отношении компании Emerson Electric, акцентируя особое внимание на текущей рыночной оценке ее гудвилла, — нематериальных активов, стоимость которых превышает $1 млрд. Следует добавить, что для электронной отрасли, некогда ходившей в «любимчиках» фондового рынка, сегодня наступили тяжелые времена. Компания Emerson является исключением, но ей придется и в дальнейшем на протяжении многих лет доказывать свою исключительность вплоть до того времени, когда цена закрытия 1970 г. будет полностью оправдана соответствующими финансовыми показателями.

В отличие от Emerson и Emery, Eltra и Emphart (их акции стоят соответственно $27 и $33) имеют все признаки компаний, цена акций которых

[25] Грэм был прав. В 1972 г. акции компании Emery стоили дешевле, чем акции других компаний из списка 50 самых популярных. А 1 марта 1982 г. журнал *Forbes* сообщил, что с учетом инфляции компания Emery с 1972 г. потеряла 72,8% своей стоимости. В конце 1974 г., по данным инвестиционных аналитиков из Leuthold Group (Миннеаполис), курс акций компании Emery упал на 58%, а коэффициент «цена/прибыль» снизился с 64 до всего лишь 15. «Чрезмерный энтузиазм», от которого предостерегал Грэм, быстро испарился. Может быть, со временем акции восстановили свои позиции и компания компенсировала потери? Не совсем. Специалисты Leuthold Group подсчитали, что каждая $1000, инвестированная в акции компании Emery в 1972 г., в 1999 г. стоила всего $839. Точно так же инвесторы, которые переплатили за акции интернет-компаний в конце 1990-х гг., не смогут окупить свои инвестиции за несколько десятилетий (или вообще никогда).

КОММЕНТАРИИ К ГЛАВЕ 13

> В ВВС существует правило: «стрелки на шесть часов». Это означает, что всегда надо знать, кто летит за вами и может вас сбить. Большинство самолетов сбивают из-за того, что пилот смотрит только вперед, забывая посмотреть назад, как часовая стрелка, которая показывает шесть часов. Опасно считать себя в безопасности! Всегда надо знать, что творится за спиной.
>
> *Дональд Кутина,*
> *генерал ВВС США*

КОМПАНИИ НА БУКВУ «Е»

Следуя примеру Грэма, проведем сравнительный анализ (или аналитическое сравнение) четырех компаний по состоянию на 31 декабря 1999 г. Это позволит обнаружить самые дикие перекосы в оценке акций за всю историю фондового рынка.

Компания **Emerson Electric** (тикер EMR) была основана в 1890 г. Это единственная компания из «списка Грэма», которой удалось дожить до наших дней. Она производит широкий ассортимент продукции, включая электроинструменты, кондиционеры и электромоторы.

Корпорация **EMC Corp.** (тикер EMC), основанная в 1979 г., занимается автоматизацией хранения электронной информации в компьютерных сетях.

Корпорация **Expeditors International of Washington** (тикер EXPD), основанная в Сиэтле в 1979 г., организует грузоперевозки по всему миру.

Корпорация **Exodus Communications** (тикер EXDS) разрабатывает и управляет сайтами корпоративных клиентов, а также предоставляет прочие интернет-услуги. Впервые она вышла на фондовый рынок в марте 1998 г.

В таблице 13.2 представлены цены акций, финансовые показатели и рыночные оценки этих компаний по состоянию на конец 1999 г.

Таблица 13.2. **Е-бизнес**

	Emerson Electric	EMC Corp.	Exodus Communications, Inc.	Expeditors International of Washington
Капитализация				
Цена закрытия на 31.12.1999, $ за акцию	57,37	54,62	44,41	21,68
Совокупная доходность за 1999 г., %	–3,1	157,1	1 005,8	109,1
Совокупная рыночная капитализация на 31.12.1999, $ млн	24 845,9	111 054,3	14 358,4	2 218,8
Совокупный долг (включая привилегированные акции), $ млн	4 600,1	27,1	2 555,7	0
Прибыль				
Совокупная выручка за 1999 г., $ млн	14 385,8	6 715,6	242,1	1 444,6
Чистая прибыль за 1999 г., $ млн	1 313,6	1 010,6	-130,3	59,2
Среднегодовые темпы роста прибыли с 1995 по 1999 г., %	7,7	28,8	Незначительные	19,8
Прибыль на акцию за 1999 г. (с учетом полного разводнения), $	3,00	0,53	-0,38	0,55
Среднегодовые темпы роста прибыли на акцию на протяжении 1995–1999 гг., %	8,3	28,8	Незначительные	25,8
Размер годовых дивидендных выплат за 1999 г., $ на акцию	1,30	0	0	0,08
Баланс				
Текущие активы, $ млн	5 124,4	4 320,4	1 093,2	402,7
Текущие обязательства, $ млн	4 590,4	1 397,9	150,6	253,1
Балансовая стоимость акции на 31.12.1999, $	14,27	2,38	0,05	2,79
Коэффициенты				
цена/прибыль	17,7	103,1	Незначительные	39,4
цена/балансовая стоимость	3,7	22,9	888,1	7,8
чистая прибыль/выручка, %	9,2	17,4	Незначительные	4,1
чистая прибыль/балансовая стоимость, %	21,0	22,2	Незначительные	19,7
оборотный капитал/долг	0,1	107,8	0,4	Нет долга
рыночная капитализация/выручка	1,7	16,5	59,3	1,5

Примечание: все данные учитывают последующее дробление акций. Данные о величине долга, выручки и прибыли указаны за фискальные периоды. Рыночная капитализация рассматривается как общая стоимость обыкновенных акций.

Источники: Value Line, Thomson/Baseline, Bloomberg, www.finance.yahoo.com, данные компаний, предоставляемые в Комиссию по ценным бумагам и биржам.

EMERSON ELECTRIC: НЕ СВЕТИТ, НО ГРЕЕТ

Самые дорогие из «четверки Грэма» акции Emerson Electric являются самыми дешевыми из нашей четверки. Бизнес Emerson Electric, относящийся к так называемой «старой экономике», в 1990-е гг. казался немного скучным. (Кому в век Интернета была интересна компания, производящая громоздкие пылесосы для сухой и влажной уборки?) Акции компании, казалось, погрузились в анабиоз. За 1998–1999 гг. рост их курса отстал от роста фондового индекса Standard & Poor на 49,7%.

Но акции акциями, а что с самой компанией Emerson? В 1999 г. она продала товаров и предоставила услуг на сумму $14,4 млрд, т. е. почти на $1 млрд больше, чем в предыдущем году. Из этой выручки $1,3 млрд составила чистая прибыль, что было на 6,9% больше, чем в 1998 г. На протяжении предыдущих пяти лет среднегодовые темпы роста прибыли на акцию составили 8,3%. Дивидендные выплаты компании Emerson более чем удвоились (до $1,3 на акцию). Балансовая стоимость акции увеличилась с $6,69 до $14,27. По данным Value Line, на протяжении 1990-х гг. норма чистой прибыли и рентабельность капитала Emerson — ключевые показатели эффективности бизнеса — оставались стабильно высокими (соответственно, около 9% и 18%). Более того, прибыль компании Emerson росла на протяжении 42 лет, а дивиденды — в течение 43 лет подряд (это пример самого длительного роста в американском бизнесе). В конце года акции компании Emerson оценивались рынком в 17,7 раза выше величины чистой прибыли на акцию. Как и продукция Emerson, сама компания никогда не бросалась в глаза, но ее акции были надежными и не «перегретыми».

EMC: ПРЕДЕЛЫ РОСТА

Доходность акций корпорации EMC в 1990-е гг. была удивительно высокой, поскольку их цена выросла (точнее говоря, подскочила) более чем на 81 000%. Вложив в начале 1990 г. в акции компании EMC $10 000, в 1999 г. вы получили бы $9,1 млн. Акции EMC обеспечили своим владельцам доходность на уровне 157,1% в одном только 1999 г. — больше, чем акции Emerson принесли за восемь предыдущих лет. Компания никогда не выплачивала дивиденды — она удерживала всю прибыль, чтобы капитала хватило для дальнейшего непрерывного роста[27]. При цене $54,625 на 31 декабря 1999 г. акции компании котировались в 103 раза выше отчетной прибыли за год,

[27] Как будет показано в главе 19, на практике это часто означает «для дальнейшего обогащения высшего руководства компании».

т. е. оценивались рынком примерно в 6 раз дороже (в относительных величинах), чем акции Emerson.

А как у EMC обстояли дела с бизнесом? В 1999 г. объем выручки увеличился на 24%, или до $6,7 млрд. Прибыль на акцию достигла 92 центов по сравнению с 61 центом в предыдущем году, т. е. выросла на 51%. В течение пятилетнего периода, который закончился в 1999 г., прибыль EMC ежегодно росла на 28,8%. А будущее выглядело еще более радужным, поскольку все ожидали, что бум интернет-бизнеса будет продолжаться вечно. На протяжении 1999 г. генеральный директор EMC неоднократно высказывал мнение, что выручка компании в 2001 г. вырастет до $10 млрд (с $5,4 млрд в 1998 г.)[28]. Для этого ей потребовалось бы обеспечить среднегодовые темпы роста на уровне 23% — поистине гигантская цифра для предприятия такого размера. Но аналитики Уолл-стрит и большинство инвесторов были уверены, что EMC это под силу. В конце концов, на протяжении предыдущих пяти лет ей удалось более чем удвоить объем выручки и более чем утроить величину чистой прибыли.

Однако, по данным Value Line, с 1995 по 1999 г. норма чистой прибыли EMC снизилась с 19,0 до 17,4%, а рентабельность капитала упала с 26,8 до 21%. Прибыльность еще оставалась высокой, но уже начала снижаться. В октябре 1999 г. компания приобрела корпорацию Data General, которая добавила примерно $1,1 млрд к выручке EMC за этот год. Если вычесть из отчетной выручки вклад Data General, окажется, что объем продаж вырос с $5,4 млрд в 1998 г. до $5,6 млрд в 1999 г., т. е. всего на 3,6%. Иными словами, реальный темп роста компании EMC в 1999 г. был весьма незначительным, несмотря на то, что страх перед компьютерной «проблемой-2000» заставил многие фирмы израсходовать на новые технологии колоссальные суммы[29].

[28] 30 декабря 1999 г. на канале CNBC ведущий программы Рон Инсана задал генеральному директору компании EMC Майклу Руттгерсу вопрос: «Будет ли 2000 г. и последующие годы такими же благоприятными, как 1990-е?» «Да, и даже лучше, потому что все ускоряется», — ответил Руттгерс. На вопрос Инсаны, не переоценены ли акции компании EMC, Руттгерс заметил: «Я думаю, перед нами открываются поистине неограниченные возможности... Говорить о том, насколько переоценены акции, вообще сложно. Но сегодня происходят такие радикальные перемены, что, если вам удастся угадать победителей, — а я убежден, что компания EMC относится к их числу, — вы будете щедро вознаграждены в будущем».

[29] «Проблема-2000» была связана с тем, что, как считалось, миллионы компьютеров во всем мире перестанут работать 1 января 2000 г., поскольку разработанное в 1960-е и 1970-е гг. программное обеспечение не предусматривало использование дат в операционном коде после 31.12.1999. В 1999 г. американские компании потратили миллиарды долларов на защиту компьютеров. Однако 1 января 2000 г. коллапса не случилось.

EXPEDITORS INTERNATIONAL OF WASHINGTON: БЕЗ ГРУЗА ПРОБЛЕМ

В отличие от акций ЕМС акции компании Expeditors International of Washington еще не научились летать. Хотя в 1990-е гг. они ежегодно росли в среднем на 30%, большая часть этого роста пришлась на 1999 г., когда доходность акций взлетела до 109,1%. За год до этого акции Expeditors поднялись лишь на 9,5%, отстав при этом от фондового индекса Standard & Poor's более чем на 19 процентных пунктов.

А что происходило с бизнесом компании? Он рос достаточно быстро. С 1995 г. выручка в среднем ежегодно увеличивалась на 19,8%, и к концу 1999 г. почти утроилась, составив $1,4 млрд. Прибыль на акцию ежегодно возрастала на 25,8%, дивиденды увеличивались на 27% в год. У компании Expeditors не было долгосрочной задолженности, и ее оборотный капитал с 1995 г. почти удвоился. По данным Value Line, балансовая стоимость акций увеличилась на 129%, доходность капитала — более чем на 1/3, составив 21%.

Судя по всему, у Expeditors был отличный бизнес. Но маленькое транспортно-экспедиционное предприятие со штаб-квартирой в Сиэтле, осуществлявшее большую часть своих операций в Азии, никому не было известно на Уолл-стрит. Только лишь 32% акций находились в портфелях институциональных инвесторов. Фактически у компании Expeditors было всего 8500 акционеров. В 1999 г., после удвоения, цена акций компании в 39 раз превышала чистую прибыль, заработанную в этом году. Они стоили не то чтобы дешево, но и не так безумно дорого, как акции ЕМС.

EXODUS COMMUNICATIONS INC.: ИСХОД В НИКУДА?

В конце 1999 г. казалось, что Exodus Communications ведет своих инвесторов прямиком на землю обетованную, обещая им манну небесную[30]. В 1999 г. цена акций возросла на 1005,8% — достаточно для того, чтобы инвестированные 1 января $10 000 к 31 декабря превратить в более чем $110 000. Ведущие аналитики Уолл-стрит, включая влиятельного эксперта Генри Блоджета из Merrill Lynch, предсказывали, что в следующем году акции компании вырастут в цене на 25–125%.

Наконец (и это было главным в глазах онлайн-трейдеров, наживавшихся на «исходе»), в течение 1999 г. компания трижды осуществляла дробление

[30] Exodus (англ.) — исход; события, описываемые в Пятикнижии (книга Исход) и связанные с исходом евреев из египетского плена под предводительством Моисея. — *Прим. ред.*

акций в соотношении 2:1. При таком дроблении компания удваивает количество своих акций и вдвое уменьшает их стоимость, в результате чего каждый инвестор получает вдвое большее количество акций, каждая из которых стоит вдвое меньше. Ну и что в этом такого? Представьте, что вы дали мне 10-центовую монету, а я вам — две монеты по 5 центов и спросил при этом, чувствуете ли вы, что стали богаче. Вы, скорее всего, сочтете, что либо я сам идиот, либо считаю дураком вас. Но в атмосфере всеобщего помешательства, царившей в 1999 г. в доткомовском секторе, онлайн-трейдеры вели себя так, словно две монеты по 5 центов действительно стоили более 10 центов. Соответственно, известия об очередном дроблении акций тотчас же увеличивало их стоимость на 20% и более.

Почему? Потому что увеличение количества акций в портфеле создает у инвесторов иллюзию роста благосостояния. Те, кто приобрел 100 акций Exodus в январе, после дробления в апреле оказались держателями 200 акций, которые в августе превратились в 400 акций, а в декабре — в 800! Эти люди были в восторге: ведь, купив всего 100 акций, они «вдобавок» получали еще 700. Это было чем-то вроде манны небесной, и никто не принимал во внимание тот факт, что каждый раз цена акций сокращалась вдвое[31]. В декабре 1999 г. один ликующий акционер компании Exodus торжествовал в чате: «Я собираюсь держать данные акции до 80 лет, поскольку после сотни-другой дроблений на протяжении следующих лет я буду близок к тому, чтобы стать генеральным директором этой компании»[32].

А как обстояли дела с бизнесом Exodus? Грэм ни за что на свете не стал бы вкладывать деньги в эту компанию. Ее выручка выросла — с $52,7 млн в 1998 г. до $242,1 млн в 1999 г., но в том же 1999 г. убытки составили $130,3 млн, т.е вдвое больше, чем в 1998 г. Общая задолженность Exodus составляла $2,6 млрд, причем компания так остро нуждалась в деньгах, что только в декабре заняла еще $971 млн. Согласно годовому отчету, этот новый долг увеличивал процентные платежи в следующем году более чем на $50 млн. Компания начала 1999 г., имея на счету $156 млн, но даже после привлечения дополнительных финансовых ресурсов на сумму $1,3 млрд в конце года ее доступные денежные средства составили лишь $1 млрд. Иными словами, бизнес компании безвозвратно поглотил более $400 млн за один только 1999 г. Как же компания могла погашать долги?

Но, конечно же, онлайн-трейдеров волновало не состояние бизнеса эмитента, а лишь темпы роста цены его акций. «Рост этих акций, — хвастался

---

[31] Более подробная информация об иллюзиях, связанных с дроблением акций, содержится в работе Джейсона Цвейга (Jason Zweig, "Splitsville," *Money*, март 2001 г., с. 55–56.

[32] Сообщение № 3622 от 7 декабря 1999 г., размещенное на доске объявлений компании Exodus Communications на сайте Raging Bull (ragingbull.com).

один из трейдеров под псевдонимом Launch_Pad1999, — будет продолжаться вечно»[33].

Абсурдность прогнозов «Launch_Pad1999» (как рост может продолжаться вечно?) вновь и вновь заставляет нас вспомнить одно из классических предостережений Грэма.

> Сегодняшний инвестор настолько увлечен будущими перспективами, что готов щедро платить за них. При этом он забывает, что... если ожидаемый результат будет не совсем таким, как запланированный, он может столкнуться с серьезными временными или даже долгосрочными убытками[34].

КОНЕЦ ИСТОРИИ Е-КОМПАНИЙ

Как сложилась судьба акций рассматриваемых компаний после 1999 г.?

Акции Emerson Electric в 2000 г. выросли на 40,7%. И хотя в 2001–2002 гг. они упали в цене, 2002 г. они закончили менее чем с 4%-ным снижением по сравнению с ценой на конец 1999 г.

Акции EMC в 2000 г. также росли, заработав 21,7% годовых. Но в 2001 г. они потеряли 79,4% стоимости и еще 54,3% — в 2002 г. В общей сложности падение составило 88% относительно цены на конец 1999 г. А как же прогнозные $10 млрд выручки в 2001 г.? Выручка компании EMC за этот год составила всего $7,1 млрд (чистые убытки — $508 млн).

А вот для акций компании Expeditors International медвежий рынок как будто и не наступал. В 2000 г. они выросли на 22,9%, в 2001 г. — на 6,5%, в 2002 г. — еще на 15,1% и в итоге закончили этот год с 51%-ным приростом относительно цены на конец 1999 г.

Акции компании Exodus в 2000 г. потеряли 55% стоимости и 99,8% — в 2001 г. А 26 сентября 2001 г. компания начала процедуру банкротства. Большая часть активов компании была приобретена британским телекоммуникационным гигантом Cable & Wireless. В начале 2003 г. акции Exodus стоили 1 цент. Это была их последняя котировка.

---

[33] Сообщение № 3910 от 15 декабря 1999 г. на доске объявлений компании Exodus Communications на сайте Raging Bull (ragingbull.com).

[34] Более подробно об этом можно прочесть в докладе Грэма «Новые спекуляции обыкновенными акциями» (см. приложение 4).

ГЛАВА 14

Выбор акций пассивным инвестором

Рассмотрим примеры более широкого применения методов анализа ценных бумаг. Поскольку в общих чертах мы уже изучили инвестиционную политику, рекомендованную обеим категориям инвесторов[1], представляется логичным посмотреть, каким образом можно использовать анализ ценных бумаг для ее практической реализации. Пассивный инвестор, который придерживается наших подходов, позволит себе купить только высококачественные облигации плюс диверсифицированный набор акций компаний — лидеров фондового рынка. Он должен убедиться в том, что цена, по которой он приобретает обыкновенные акции, не является чрезмерно завышенной с точки зрения общепринятых стандартов.

Для формирования диверсифицированного списка акций инвестор может использовать два подхода: во-первых, взять за основу фондовый индекс Доу–Джонса; во-вторых, подбирать акции на основе определенных количественных критериев. В первом случае он сформирует портфель из акций крупнейших ведущих американских компаний. В портфеле окажутся как «акции роста» с высокими коэффициентами «цена/прибыль», так и менее популярные и менее дорогие акции. Проще сформировать портфель из 30 акций в такой же пропорции, в какой они входят в состав фондового индекса Доу–Джонса. Покупка 10 акций каждой из 30 компаний (при значении индекса на уровне 900 пунктов) обойдется вам примерно в $16 000 [1]. Анализ данных предшествующих периодов показывает, что инвестор может ожидать практически таких же результатов в будущем, если купит паи нескольких инвестиционных фондов с правильно диверсифицированными портфелями[2].

---

[1] Рекомендации относительно инвестиционной политики Грэм рассматривает в главах 4–7.

[2] Как мы уже писали в разделах «Комментарии к главе 5» и «Комментарии к главе 8», сегодня пассивный инвестор может добиться этого, покупая паи недорогого индексного фонда, в портфеле которого содержатся все акции, обращающиеся на бирже.

ности (слишком значительная доля текущей цены акции зависит от роста прибыли компании в будущем). Читателю следует решить для себя этот важный вопрос, взвесив все аргументы за и против.

Мы ничего не имеем против того, чтобы в качестве одного из критериев отбора акций пассивным инвестором выступал умеренный рост прибыли за прошедшее десятилетие. Если этого не происходит, можно считать, что в деятельности компании наблюдается регресс, по крайней мере с точки зрения рентабельности инвестиций. Пассивный инвестор не должен включать в портфель акции таких компаний (впрочем, если их цена достаточно низка, они могут считаться выгодным приобретением).

Говоря о *максимальном* значении коэффициента «цена/прибыль», равном 15, следует иметь в виду, что его среднее значение для всего инвестиционного портфеля может оказаться в пределах 12–13. Обратите внимание, что в феврале 1972 г. акции компании American Tel. & Tel. продавались по цене, которая в 11 раз превышала ее среднюю трехлетнюю (как, впрочем, и текущую) прибыль, а для акций компании Standard Oil of California значение этого показателя составляло менее 10. Нам представляется, что значение коэффициента «прибыль/цена» (который находится в обратной пропорции к коэффициенту «цена/прибыль») для всего портфеля должно быть не ниже показателя текущей доходности высококачественных облигаций, т. е. значение коэффициента «цена/прибыль» не должно превышать 13,3 с учетом того, что доходность облигаций, имеющих рейтинг АА, составляет 7,5%[3].

Соответствие акций, входящих в расчет индекса Доу–Джонса, предложенным критериям в конце 1970 г.

Акции компаний, входящих в расчет индекса Доу–Джонса, в конце 1971 г. отвечали практически всем рассмотренным выше критериям (кроме двух, которым они соответствовали с небольшой натяжкой.) В таблицах 14.1 и 14.2 представлены цены закрытия торгов акциями в 1971 г. и соответствующие показатели.

---

[3] В начале 2003 г. доходность 10-летних корпоративных облигаций с рейтингом АА составляла примерно 4,6%. В соответствии с формулой Грэма, доходность портфеля акций должна быть по крайней мере не ниже. Разделив 100 на 4,6, получим примерное максимальное значение коэффициента «цена/прибыль» (21,7). Выше Грэм пишет, что среднее значение коэффициента может быть примерно на 20% ниже максимального. Это означает, что он рекомендует покупать акции, цена которых превышает среднюю прибыль за три года не более чем в 17 раз. На 31 декабря 2002 г. значение коэффициента «цена/прибыль» (рассчитанного по средней прибыли за три года) для 200 (т. е. более 40%) акций, входящих в расчет фондового индекса Standard & Poor's 500, не превышало 17.

Таблица 14.1. **Основные характеристики акций 30 компаний, входящих в расчет индекса Доу–Джонса (на 30.09.1971)**

Компании	Цена акции на 30.09.1971, $	Прибыль на акцию*			Дивидендные выплаты с (годы)	Чистая стоимость активов на акцию, $	Текущий размер дивидендов на акцию, $
		на 30.09.1971, $	средняя за 1968–1970 гг.	средняя за 1958–1960 гг.			
Allied Chemical	32,50	1,40	1,82	2,14	1887	26,02	1,20
Aluminum Co. Of Am.	45,50	4,25	5,18	2,08	1939	55,01	1,80
Amer. Brands	43,50	4,32	3,69	2,24	1905	13,46	2,10
Amer. Can	33,25	2,68	3,76	2,42	1923	40,01	2,20
Amer. Tel. & Tel.	43,00	4,03	3,91	2,52	1881	45,47	2,60
Anaconda	15,00	2,06	3,90	2,17	1936	54,28	Нет
Bethlehem Steel	25,50	2,64	3,05	2,62	1939	44,62	1,20
Chrysler	28,50	1,05	2,72	(0,13)	1926	42,40	0,60
DuPont	154,00	6,31	7,32	8,09	1904	55,22	5,00
Eastman Kodak	87,00	2,45	2,44	0,72	1902	13,70	1,32
General Electric	61,25	2,63	1,78	1,37	1899	14,92	1,40
General Foods	34,00	2,34	2,23	1,13	1922	14,13	1,40
General Motors	83,00	3,33	4,69	2,94	1915	33,39	3,40
Goodyear	33,50	2,11	2,01	1,04	1937	18,49	0,85
Inter. Harvester	28,50	1,16	2,30	1,87	1910	42,06	1,40
Inter. Nickel	31,00	2,27	2,10	0,94	1934	14,53	1,00
Inter. Paper	33,00	1,46	2,22	1,76	1946	23,68	1,50
Johns-Manville	39,00	2,02	2,33	1,62	1935	24,51	1,20
Owens-Illinois	52,00	3,89	3,69	2,24	1907	43,75	1,35
Procter & Gamble	71,00	2,91	2,33	1,02	1891	15,41	1,50
Sears Roebuck	68,50	3,19	2,87	1,17	1935	23,97	1,55
Std. Oil of Calif.	56,00	5,78	5,35	3,17	1912	54,79	2,80
Std. Oil of N.J.	72,00	6,51	5,88	2,90	1882	48,95	3,90
Swift & Co.	42,00	2,56	1,66	1,33	1934	26,74	0,70
Texaco	32,00	3,24	2,96	1,34	1903	23,06	1,60
Union Carbide	43,50	2,59	2,76	2,52	1918	29,64	2,00
United Aircraft	30,50	3,13	4,35	2,79	1936	47,00	1,80
US. Steel	29,50	3,53	3,81	4,85	1940	65,54	1,60
Westinghouse	96,50	3,26	3,44	2,26	1935	33,67	1,80
Woolworth	49,00	2,47	2,38	1,35	1912	25,47	1,20

*С учетом дивидендов и дробления акций.

Таблица 14.2. **Основные коэффициенты для акций, входящих в расчет индекса Доу–Джонса (на 30.09.1971)**

Компании	Коэффициент «цена/прибыль», раз		Текущая дивидендная доходность, %	Темпы роста прибыли (1968–1970 гг. по отношению к 1958–1960 гг.), %	Текущие активы / текущие обязательства*, раз	Чистые текущие активы/ долг, %**	Цена/ текущие активы, %
	Сентябрь 1971 г.	1968–1970 гг.					
Allied Chemical	18,3	18,0	3,7	(–15,0)	2,1	74	125
Aluminum Co. of Am.	10,7	8,8	4,0	149,0	2,7	51	84
Amer. Brands	10,1	11,8	5,1	64,7	2,1	138	282
Amer. Can	12,4	8,9	6,6	52,5	2,1	91	83
Amer. Tel. & Tel.	10,8	11,0	6,0	55,2	1,1	—***	94
Anaconda	5,7	3,9	—	80,0	2,9	80	28
Bethlehem Steel	12,4	8,1	4,7	16,4	1,7	68	58
Chrysler	27,0	10,5	2,1	—****	1,4	78	67
DuPont	24,5	21,0	3,2	(–9,0)	3,6	609	280
Eastman Kodak	35,5	35,6	1,5	238,9	2,4	1 764	635
General Electric	23,4	34,4	2,3	29,9	1,3	89	410
General Foods	14,5	15,2	4,1	97,3	1,6	254	240
General Motors	24,4	17,6	4,1	59,5	1,9	1 071	247
Goodyear	15,8	16,7	2,5	93,3	2,1	129	80
Inter. Harvester	24,5	12,4	4,9	23,0	2,2	191	66
Inter. Nickel	13,6	16,2	3,2	123,4	2,5	131	213
Inter. Paper	22,5	14,0	4,6	26,1	2,2	62	139
Johns-Manville	19,3	16,8	3,0	43,8	2,6	—	158
Owens-Illinois	13,2	14,0	2,6	64,7	1,6	51	118
Procter & Gamble	24,2	31,6	2,1	128,4	2,4	400	460
Sears Roebuck	21,4	23,8	1,7	145,3	1,6	322	285
Std. Oil of Calif.	9,7	10,5	5,0	68,8	1,5	79	102
Std. Oil of N.J.	11,0	12,2	5,4	102,8	1,5	94	115
Swift & Co.	16,4	25,5	1,7	24,8	2,4	138	158
Texaco	9,9	10,8	5,0	120,9	1,7	128	138
Union Carbide	16,6	15,8	4,6	9,5	2,2	86	146
United Aircraft	9,7	7,0	5,9	55,9	1,5	155	65
US. Steel	8,3	6,7	5,4	(–21,5)	1,7	51	63
Westinghouse	29,5	28,0	1,9	52,2	1,8	145	2,86
Woolworth	19,7	20,5	2,4	76,3	1,8	185	1,90

* Данные на конец 1970 финансового года.

** Данные взяты из справочника Moody's Industrial Manual (1970 г.).

*** Положительное сальдо для чистых текущих активов.

**** Отчетные убытки за 1958–1960 гг.

Данные таблиц показывают следующее.

1. Все компании вполне соответствуют требованию относительно размеров.
2. Финансовое состояние большинства (но не всех) компаний удовлетворительное [2].
3. Дивидендная история всех компаний начинается не позднее 1940 г., а у пяти компаний — еще в XIX в.
4. Совокупная прибыль на протяжении последнего десятилетия была довольно стабильной. Ни у одной из компаний не было убытков на протяжении довольно длительного (с 1961 по 1969 г.) периода, хотя компания Chrysler показала небольшой убыток в 1970 г.
5. Совокупный рост (при сравнении средних данных за три года в начале и в конце десятилетнего периода) составил 77%, или около 6% в год. Но у пяти компаний рост составил менее 1/3.
6. Соотношение между ценой на конец года и средней прибылью за последние три года составило 839:$55,5, или 15 — предельное рекомендуемое нами значение.
7. Соотношение цены и чистой стоимости активов составило 839:562, что близко к рекомендуемой нами верхней границе (1,5).

Однако, рассмотрев компании на предмет соответствия нашим семи критериям, мы обнаружим, что только пять из них отвечают всем нашим требованиям. Это American Can, American Tel & Tel, Anaconda, Swift и Woolworth. Сводные показатели для этой группы компаний представлены в таблице 14.3. Естественно, эти показатели намного лучше (в целом) показателей всех компаний, акции которых входят в расчет индекса Доу–Джонса (за исключением прошлых темпов роста) [3].

Таким образом, из всего многообразия торгующихся на рынке акций лишь относительно небольшой их процент отвечает всем семи критериям. По нашим оценкам, этот тест могут пройти около 100 компаний из числа представленных в списке Stock Guide агентства Standard & Poor's в конце 1970 г., — в принципе, достаточно широкий выбор для консервативного инвестора[4].

[4] Удобный онлайн-поисковик акций, входящих в расчет индекса S&P 500 и отвечающих большинству требований Грэма, есть на сайте www.quicken.com/invesments/stocks/search/full.

Таблица 14.3. **Акции компаний, входящих в расчет индекса Доу–Джонса, отвечающие нашим критериям (конец 1970 г.)**

	American Can	American Tel. & Tel.	Anaconda	Swift	Woolworth	В среднем по пяти компаниям
Цена на 31.12.1970, $	39,75	48,875	21	30,125	36,5	
Коэффициент «цена/прибыль», 1970 г., раз	11,0	12,3	6,7	13,5	14,4	11,6
Коэффициент «цена/прибыль», в среднем за три года, раз	10,5	12,5	5,4	18,1**	15,1	12,3
Коэффициент «цена/балансовая стоимость», %	99	108	38	113	148	112
Коэффициент «текущие активы / текущие обязательства», раз	2,2	Н.р.****	2,9	2,3	1,8***	2,3
Коэффициент «чистые текущие активы/долг», %	110	Н.р. ****	120	141	190	140
Индекс стабильности*	85	100	72	77	99	86
Темпы роста прибыли на акцию, %*	55	53	78	25	73	57

* См. определение выше (рост прибыли на акцию в течение 10 лет не менее чем на 1/3).

** С учетом хороших показателей в неблагоприятном 1970 г. показатели Swift за 1968–1970 гг. не очень высоки.

*** Соотношение ниже 2:1 было обусловлено использованием части прибыли для обслуживания долга.

**** Невозможно рассчитать. Долг American Tel. & Tel. был меньше акционерного капитала.

Выбор акций компаний коммунального сектора

Что касается акций компаний коммунального сектора, то выбирать их гораздо легче и удобнее[5]. Разумеется, большинство акций компаний коммунального сектора не подойдут пассивному инвестору из-за значений ценовых коэффициентов и прошлой доходности. При рассмотрении этих компаний мы исключаем из нашего списка один из критериев, а именно — соотношение текущих активов и текущих обязательств. Достаточный объем

[5] Когда Грэм писал эту книгу, единственным общедоступным инвестиционным фондом, специализировавшимся на акциях компаний коммунального сектора, был фонд Franklin Utilities. Сегодня таких фондов более 30. Грэм не мог предвидеть финансовых потрясений, вызванных закрытием атомных электростанций, и последствий недальновидного регулирования коммунальной сферы в штате Калифорния. Сегодня акции компаний коммунального сектора намного более волатильны, чем во времена Грэма, и большинству инвесторов следует работать с ними через недорогие диверсифицированные инвестиционные фонды типа Dow Jones U.S. Utilities Sector Index Fund (тикер — YDU) или Utilities Select Sector SPDR (XLU). Более подробную информацию можно найти на сайтах www.ishares.com и http://www.sectorspdr.com/sectorspdr/. (Следует убедиться в том, что биржевой брокер не взимает комиссионные за реинвестирование дивидендов.)

оборотного капитала в этом секторе обеспечивается в рамках непрерывного финансирования роста за счет продажи облигаций и акций. Нам требуется только адекватное соотношение акционерного и долгового капитала [4].

В таблице 14.4 представлены данные по 15 акциям, входящим в расчет индекса Доу–Джонса для компаний коммунального сектора (Dow Jones Utility Average, DJUA). Для сравнения в таблице 14.5 приведены аналогичные данные для случайно выбранных 15 компаний коммунального сектора, котирующихся на Нью-Йоркской фондовой бирже.

К началу 1972 г. у пассивного инвестора был довольно широкий выбор акций компаний коммунального сектора, каждая из которых отвечала нашим требованиям с точки зрения как финансового состояния, так и цены. Акции этих компаний давали инвестору все, ради чего он приобретал эти бумаги. По сравнению с известными промышленными компаниями, входящими в расчет индекса Доу–Джонса, они обеспечивали почти такие же показатели роста в прошлом и меньшие колебания годовых показателей, причем обходились дешевле (с учетом коэффициентов «цена/прибыль» и «цена/балансовая стоимость»). Их дивидендная доходность была намного выше. Финансовое состояние компаний коммунального сектора (регулируемых монополий) однозначно делало их более привлекательными для консервативного инвестора. В соответствии с законом эти компании имеют право устанавливать тарифы на свои услуги, позволяющие обеспечивать приток необходимого для непрерывного роста капитала. Благодаря этому инвестор получает надежную защиту от инфляции. Несмотря на то, что механизм государственного регулирования компаний коммунального сектора далек от совершенства, это не мешает им демонстрировать высокие показатели доходности инвестиций на протяжении многих десятилетий.

Сегодня акции компаний коммунального сектора нравятся пассивным инвесторам прежде всего из-за их доступности (умеренных цен по сравнению с их балансовой стоимостью). Это означает, что инвестор по желанию может игнорировать мнение фондового рынка относительно ценности данных акций и считать себя *совладельцем* хорошо организованного бизнеса, приносящего неплохую прибыль. Котировки акций позволяют ему воспользоваться привлекательными возможностями в случае их возникновения — либо для покупки акций при очень низких ценах, либо для их продажи, если цены достаточно высоки.

Рыночные показатели компаний коммунального сектора, представленные в таблице 14.6, при сравнении с показателями компаний других отраслей говорят о том, что в прошлом они открывали инвесторам хорошие возможности для получения инвестиционной прибыли. Несмотря на то, что темпы их роста не были такими же высокими, как темпы роста акций промышленных компаний, отдельные компании коммунального сектора,

Таблица 14.4. **Данные по 15 акциям, входящим в расчет индекса Доу–Джонса для компаний коммунального сектора (на 30.09.1971 г.)**

Компании	Цена на 30.09.1971	Прибыль на акцию, $*	Дивиденды на акцию, $	Балансовая стоимость акции, $	Коэффициент «цена/прибыль», раз	Цена/балансовая стоимость, %	Дивидендная доходность, %	Рост прибыли на акцию (1970 г. по сравнению с 1960 г.), %
Am. Elec. Power	26,00	2,40	1,70	18,86	11	138	6.5	87
Cleveland El. Ill.	34,75	3,10	2,24	22,94	11	150	6.4	86
Columbia Gas System	33,00	2,95	1,76	25,58	11	129	5.3	85
Commonwealth Edison	35,50	3,05	2,20	27,28	12	130	6.2	56
Consolidated Edison	24,50	2,40	1,80	30,63	10	80	7.4	19
Consd. Nat. Gas	27,75	3,00	1,88	32,11	9	86	6.8	53
Detroit Edison	19,25	1,80	1,40	22,66	11	84	7.3	40
Houston Ltg. & Power	42,75	2,88	1,32	19,02	15	222	3.1	135
Niagara-Mohawk Pwr.	15,50	1,45	1,10	16,46	11	93	7,2	32
Pacific Gas & Electric	29	2,65	1,64	25,45	11	114	5,6	79
Panhandle E. Pipe L.	32,50	2,90	1,80	19,95	11	166	5,5	79
People Gas Co.	31,50	2,70	2,08	30,28	8	104	6,6	23
Philadelphia El.	20,50	2,00	1,64	19,74	10	103	8,0	29
Public Svs. El. & Gas	25,50	2,80	1,64	21,81	9	116	6,4	80
Sou. Calif. Edison	29,25	2,80	1,50	27,28	10	107	5,1	85
В среднем	28,50	2,66	1,71	23,83	10,7	121	6,2	65

* Оценка за 1971 г.

Таблица 14.5. **Данные по случайной выборке компаний коммунального сектора (на 30.09.1971)**

Компании	Цена на 30.09.1971	Прибыль на акцию, $	Дивиденды на акцию, $	Балансовая стоимость акции, $	Коэффициент «цена/прибыль», раз	Цена/балансовая стоимость, %	Дивидендная доходность, %	Рост прибыли на акцию (1970 г. по сравнению с 1960 г.), %
Alabama Gas	15,50	1,50	1,10	17,80	10	87	7,1	34
Allegheny Power	22,50	2,15	1,32	16,88	10	134	6,0	71
Am. Tel. & Tel.	43,00	4,05	2,60	45,47	11	95	6,0	47
Am. Water Works	14,00	1,46	0,60	16,80	10	84	4,3	187
Atlantic City Elec.	20,50	1,85	1,36	14,81	11	138	6,6	74
Baltimore Gas & Elec.	30,25	2,85	1,82	23,03	11	132	6,0	86
Brooklyn Union Gas	23,50	2,00	1,12	20,91	12	112	7,3	29
Carolina Pwr. & Lt.	22,50	1,65	1,46	20,49	14	110	6,5	39
Cen. Hudson G. & E	22,25	2,00	1,48	20,29	11	110	6,5	13
Cen. Ill. Lt.	25,25	2,50	1,56	22,16	10	114	6,5	55
Cen. Maine Pwr.	17,25	1,48	1,20	16,35	12	113	6,8	62
Cincinnati Gas & Elec.	23,25	2,20	1,56	16,13	11	145	6,7	102
Consumers Power	29,50	2,80	2,00	32,59	11	90	6,8	89
Dayton Pwr. & Lt.	23,00	2,25	1,66	16,79	10	137	7,2	94
Delmarva Pwr. & Lt.	16,50	1,55	1,12	14,04	11	117	6,7	78
В среднем	23,50	2,15	1,50	21,00	11	112	6,5	71

в отличие от компаний других отраслей, показывали более высокую ценовую стабильность на протяжении почти всех рассматриваемых периодов[6]. Поразительно, что коэффициенты «цена/прибыль» для промышленных компаний и компаний коммунального сектора за последние два десятилетия поменялись местами (таблица 14.6).

Таблица 14.6. **Изменение цен акций и коэффициентов «цена/прибыль» компаний, входящих в расчет трех отраслевых индексов Standard & Poor's, 1948–1970 гг.**

	Промышленные компании		Железнодорожные компании		Компании коммунального сектора	
Годы	Цена, $*	Коэффициент «цена/прибыль»	Цена, $*	Коэффициент «цена/прибыль»	Цена, $*	Коэффициент «цена/прибыль»
1948	15,34	6,56	15,27	4,55	16,77	10,03
1953	24,84	9,56	22,60	5,42	24,03	14,00
1958	58,65	19,88	34,23	12,45	43,13	18,59
1963	79,25	18,18	40,65	12,78	66,42	20,44
1968	113,02	17,80	54,15	14,21	69,69	15,87
1970	100,00	17,84	34,40	12,83	61,75	13,16

* Цены указаны на момент закрытия торгов в конце года.

Эта перемена мест более важна для активного инвестора, чем для пассивного. Но она также свидетельствует о том, что портфель даже пассивного инвестора время от времени должен меняться, особенно если акции становятся чрезмерно переоцененными и могут быть заменены другими, цена которых более приемлема. Увы, при этом инвестору придется заплатить налог на прирост капитала. Однако наш старый союзник — опыт — свидетельствует, что лучше продать и уплатить налог, чем не продавать и потом сожалеть об этом.

Инвестиции в акции финансовых компаний

Огромное количество компаний занято в финансовом секторе экономики. Это банки; страховые компании; ссудо-сберегательные ассоциации; кредитные общества; компании, занимающиеся кредитованием малого бизнеса; ипотечные и инвестиционные компании (в том числе управляющие взаим-

[6] Правоту Грэма доказывает тот факт, что доходность индекса компаний коммунального сектора Standard & Poor's Utility на протяжении 30 лет (вплоть до 31 декабря 2002 г.) была выше доходности хваленого NASDAQ Composite.

ными фондами)[7]. Характерной чертой всех этих компаний является то, что материальные активы (основные средства и товарные запасы) составляют лишь небольшую часть их общих активов. В то же время краткосрочные долговые обязательства большинства таких компаний значительно превышают объемы их собственного капитала. Таким образом, в данном случае финансовая стабильность играет более серьезную роль, чем для типичной промышленной или торговой компании. Это, в свою очередь, привело к появлению различных методов государственного регулирования и контроля, нацеленного на предотвращение использования недобросовестных финансовых практик.

В целом акции финансовых компаний обеспечивают своим владельцам примерно такую же доходность, как и акции компаний из других отраслей. В таблице 14.7 показана динамика цен акций компаний (сгруппированных по шести секторам), входящих в расчет индекса Standard & Poor's (с 1948 по 1970 г.). Среднее значение цен в 1941–1943 гг. принято за базовый уровень, равный 10.

Таблица 14.7. **Относительные изменения цен акций различных видов финансовых компаний, 1948–1970 гг.***

	1948	1953	1958	1963	1968	1970
Страхование жизни	17,1	59,5	156,6	318,1	282,2	218,0
Страхование имущества и гражданской ответственности	13,7	23,9	41,0	64,7	99,2	84,3
Банки Нью-Йорка	11,2	15,0	24,3	36,8	49,6	44,3
Банки за пределами Нью-Йорка	16,9	33,3	48,7	75,9	96,9	83,3
Финансовые компании	15,6	27,1	55,4	64,3	92,8	78,3
Компании, занимающиеся микрокредитованием	18,4	36,4	68,5	118,2	142,8	126,8
Индекс Standard & Poor's	13,2	24,8	55,2	75,0	103,9	92,2

* Данные на конец года — Standard & Poor's. Среднее значение за 1941–1943 г. = 10.

Мы видим, что по состоянию на конец 1970 г. цифры варьировались от 44,3 для девяти нью-йоркских банков до 218 для 11 компаний, занимающихся страхованием жизни. В различные периоды на протяжении заданного интервала динамика цен была различной. Так, доходность акций

[7] Сегодня индустрия финансовых услуг включает в себя еще больше видов компаний: коммерческие банки, сберегательные и кредитные организации, компании ипотечного и потребительского кредитования (в том числе эмитенты кредитных карт), управляющие и трастовые компании, инвестиционные банки, брокерские конторы, страховые компании, а также девелоперские и риелторские компании, включая инвестиционные трасты недвижимости. Несмотря на то, что данный сектор на сегодняшний день является самым диверсифицированным, замечание Грэма относительно благонадежности этих институтов актуально как никогда.

New York City Bank в 1958–1968 гг. была довольно высокой. В то же время за период с 1963 по 1968 г. акции страховых компаний фактически обесценились. Такая противоположно направленная динамика цен наблюдалась во многих, возможно, в большинстве отраслевых групп, входящих в расчет индекса Standard & Poor's.

Мы не можем дать каких-либо полезных рекомендаций относительно того, как следует вести себя в этой (довольно неоднородной) инвестиционной сфере. Хотим лишь напомнить, что при выборе акций компаний этой категории следует применять такие же арифметические стандарты, касающиеся соотношения цены и прибыли, а также цены и балансовой стоимости, которые мы рекомендовали применять в отношении промышленных компаний и компаний коммунального сектора.

Инвестиции в акции железнодорожных компаний

Ситуация с акциями железнодорожных компаний сильно отличается от ситуации с акциями предприятий коммунального сектора. Железнодорожные компании сильно пострадали как от жестокой конкуренции, так и от жесткого государственного регулирования. (Разумеется, они пострадали и от роста затрат на оплату труда, но эта проблема стоит и во всех других отраслях.) Развитие авто- и авиаперевозок привело к сужению клиентской базы бизнеса железнодорожных перевозок, сделав последний весьма убыточным. Значительная часть грузоперевозок сегодня осуществляется автотранспортом. На протяжении последних 50 лет более половины железных дорог страны прошло через процедуру банкротства (с введением внешнего управления).

Но за эти полстолетия были и периоды, когда железнодорожная отрасль процветала (особенно во время Второй мировой войны). Некоторым железнодорожным компаниям удавалось получать прибыль и выплачивать дивиденды, несмотря на сложную ситуацию в отрасли.

С 1942 по 1968 г. отраслевой индекс Standard & Poor's вырос в 7 раз, т. е. даже немного меньше, чем отраслевой индекс компаний коммунального сектора. Банкротство в 1970 г. Penn Central Transportation, самой крупной железнодорожной компании, потрясло финансовый мир. Оно случилось спустя два года после того, как курс акций компании достиг максимального значения за всю ее историю. Компания постоянно выплачивала дивиденды на протяжении более 120 лет. (В главе 17 будет представлен краткий обзор деятельности этой железнодорожной компании, чтобы показать, что внимательный финансовый аналитик мог заметить нарастание негативных тенденций в ее деятельности и, соответственно, не рекомендовать инвесторам покупать ее акции.) Крах Penn Central Transportation серьезно сказался на позициях акций железнодорожных компаний.

Как правило, не имеет смысла давать рекомендации применительно к той или иной группе акций в целом. Динамика цен акций железнодорожных компаний, представленная в таблице 14.6, свидетельствует о том, что в принципе они нередко приносили хорошую прибыль. (Хотя с нашей точки зрения позитивная ценовая динамика в значительной мере носила случайный и непредсказуемый характер.) Давайте ограничим наши рассуждения следующим тезисом: у инвестора нет веских оснований для категорического отказа от акций какой-либо железнодорожной компании. Но прежде чем покупать их, следует убедиться в том, что за свои деньги он получит действительно стоящие бумаги[8].

Выбор акций для пассивного инвестора

Каждый инвестор хотел бы, чтобы результативность его инвестиционного портфеля была выше средней. Читатель может спросить: «Обратившись за помощью к компетентному консультанту или финансовому аналитику, можно ли рассчитывать, что мне помогут сформировать портфель высокого инвестиционного качества? Ведь правила, которые рассматриваются в этой книге, довольно просты и естественны. Финансовый аналитик, имеющий хорошую профессиональную подготовку, должен предложить что-то получше, чем просто акции, входящие в расчет индекса Доу–Джонса. Иначе зачем нужны все эти статистические данные, расчеты, теоретические рассуждения и прогнозы?»

Представьте, что в конце 1970 г. мы попросили сотню финансовых аналитиков выбрать пять «лучших» акций из числа входящих в расчет индекса Доу–Джонса, которые они могли бы рекомендовать в качестве объекта инвестиций. Лишь немногие из них выберут одни и те же акции, а большинство аналитиков остановятся на акциях совершенно разных компаний.

Как ни странно, ничего удивительного в этом нет. Дело в том, что текущая цена каждой известной акции достаточно хорошо отражает как прошлые достижения компании, так и общий взгляд участников рынка на ее будущие

[8] Сегодня на рынке обращаются акции всего нескольких крупных железнодорожных компаний, таких как Burlington Northern, CSX, Norfolk Southern и Union Pacific. Рекомендации, содержащиеся в данном разделе, относятся и к акциям авиакомпаний. Масштабные убытки, которые они терпят сегодня, и неудовлетворительные финансовые показатели на протяжении почти полувека делают ситуацию в авиационной отрасли очень похожей на ситуацию с железнодорожными компаниями во времена Грэма.

перспективы. Уверенность любого финансового аналитика в том, что акции именно этой, а не какой-либо другой компании больше подходят инвестору, свидетельствует о его индивидуальных пристрастиях и ожиданиях или же о его ориентации на какие-то отдельные факторы из множества возможных. Если бы все финансовые аналитики были убеждены в том, что акции какой-либо компании лучше остальных, эти акции очень быстро выросли бы в цене, что свело бы на нет их преимущества[9].

Говоря, что текущая цена отражает как известные факты, так и ожидания, мы хотели бы обратить внимание читателя на двойственную природу оценок, которые дает фондовый рынок. Эти два ключевых элемента стоимости порождают два принципиально отличных подхода к анализу ценных бумаг. Разумеется, любой компетентный аналитик в своей работе в большей степени ориентирован на будущее, чем на прошлое, и отдает себе отчет в том, что о его работе будут судить по тому, что произойдет *в будущем,* а не по тому, что произошло *в прошлом.* Между тем к будущему также можно подходить двумя различными способами, делая ставку на *прогноз* или на *защиту*[10].

Те, кто делают ставку на *прогноз*, пытаются с достаточной степенью вероятности предсказать будущие результаты деятельности компании, — в частности, понять, будет ли иметь место ожидаемый постоянный рост

---

[9] Грэм кратко излагает суть теории эффективного рынка, в соответствии с которой цена каждой акции отражает всю доступную участникам фондового рынка информацию о компании. При наличии миллионов инвесторов, которые каждый день ищут привлекательные объекты инвестиций, маловероятно, чтобы серьезные ошибки в ценообразовании акций наблюдались на протяжении длительных периодов. В связи с этим вспоминается старый анекдот о двух профессорах, прогуливающихся в парке. Один из них замечает валяющуюся на земле двадцатидолларовую банкноту и наклоняется, чтобы поднять ее, но другой профессор хватает его за руку и говорит: «Не стоит беспокоиться. Если бы это действительно была двадцатидолларовая банкнота, ее давно бы кто-нибудь уже поднял». Несмотря на то, что рынок не является абсолютно эффективным, в большинстве случаев он почти близок к эффективности, а потому разумный инвестор обязательно наклонится, чтобы поднять двадцатидолларовую банкноту, валяющуюся на рынке, но лишь после тщательного изучения ситуации и при условии, что его затраты (торговые издержки и налоги) будут невысоки.

[10] Это одно из важнейших мест в книге Грэма. Инвестирование — парадоксальное занятие: мы инвестируем *сегодня*, но делаем это ради *будущего*. Однако, к сожалению, будущее практически всегда неопределенно. Темпы инфляции и колебания процентных ставок непредсказуемы. Экономический спад начинается и заканчивается внезапно. Геополитические потрясения (войны, товарный дефицит, теракты) случаются неожиданно. Судьба отдельных компаний и отраслей часто складывается не так, как ожидает большинство инвесторов. Поэтому инвестирование на основе прогнозов — бесполезное занятие. Даже прогнозы так называемых «экспертов» не более надежны, чем гадание на кофейной гуще. Для большинства инвесторов лучшее решение — *обезопасить* себя от покупки акций по завышенным ценам и собственной самоуверенности. Более подробно Грэм рассматривает этот вопрос в главе 20.

прибыли. Соответствующие выводы могут основываться либо на тщательном изучении таких факторов, как спрос и предложение в отрасли, объем производства, цены, производственные затраты, либо на наивных попытках спроецировать прошлые темпы роста на будущее. Если такие аналитики убеждены в том, что долгосрочные перспективы тех или иных акций благоприятны, они почти всегда будут рекомендовать покупать их, не обращая особого внимания на уровень цен. Таким было, например, единодушное мнение об акциях авиакомпаний, несмотря на то, что результаты их деятельности начиная с 1946 г. внушали беспокойство. Расхождение между существенным ростом курсов акций авиакомпаний и неудовлетворительным ростом их прибыльности мы прокомментировали в предисловии к книге.

И наоборот, те инвесторы, которые ориентируются на *защиту*, особое внимание уделяют анализу цен акций. Основная их цель — убедиться в существенном превышении справедливой стоимости акций их рыночной цены (т. е. в наличии существенного «запаса надежности»). Это расхождение между ценой и стоимостью создает своего рода «подушку безопасности», способную принять на себя возможные удары в случае неблагоприятного развития ситуации в будущем. В целом таким инвесторам важны не столько благоприятные долгосрочные перспективы, сколько уверенность в том, что компания сможет пережить любые потрясения и будет работать и дальше.

Первый, *прогнозный,* метод инвестирования можно также назвать качественным подходом, поскольку он фокусирует внимание инвестора на перспективах компании, качестве руководства и других не поддающихся измерению, но очень важных качественных факторах бизнеса. Второй, или *защитный,* метод инвестирования можно назвать количественным или статистическим, поскольку он ориентирует инвестора на количественные взаимосвязи между курсом акций и прибылью компании, активами, дивидендами и т. д. Выбор обыкновенных акций на основе количественного подхода — это фактически продолжение того подхода, который финансовое сообщество давным-давно сочло разумным и успешно применяет при выборе облигаций и привилегированных акций.

В нашей исследовательской и профессиональной деятельности мы всегда опирались на количественный подход к инвестированию. Мы всегда хотели не просто быть уверенными в том, что за свои деньги получим значительную стоимость, но и обосновать нашу убежденность с помощью конкретных цифр. Мы не хотели верить на слово тем, кто яркими красками расписывал будущее компании, не давая четкого обоснования сложившемуся курсу акций. Следует отметить, что наш подход нетипичен для подавляющего большинства инвестиционных консультантов и аналитиков. Они придерживаются качественного подхода и считают, что перспективы бизнеса, качество руководства, другие нематериальные активы и человеческий фактор играют гораздо более важную роль, чем показатели и выводы, полученные в ходе изучения отчетов о деятельности компании, ее баланса и других сухих цифр.

Таким образом, выбор «лучших» акций — очень непростое дело. Мы советуем пассивному инвестору не тратить время на анализ сильных и слабых сторон двух вышеуказанных методов. Лучше сосредоточиться не столько на выборе отдельных акций, сколько на диверсификации инвестиционного портфеля. Кстати, тот факт, что сегодня все признают огромное значение диверсификации, также свидетельствует о том, что селективный подход, как правило, не имеет под собой оснований. Если бы кто-то мог безошибочно отобрать «лучшие» акции, то диверсификация вложений приносила бы одни убытки. Мы считаем, что у пассивного инвестора, соблюдающего четыре главных правила отбора обыкновенных акций для своего портфеля (см. главу 5), есть достаточно широкий простор для маневра в процессе выбора бумаг, которые ему нравятся. Хуже от этого не будет, а в лучшем случае он получит более высокую прибыль. Принимая во внимание растущее влияние научно-технического прогресса на долгосрочные результаты корпораций, инвестор не может не учитывать его в своих расчетах. Но, как и в любой другой сфере, он не должен впадать в крайности. Игнорировать прогресс не следует, но и ставить его во главу угла тоже не стоит.

КОММЕНТАРИИ К ГЛАВЕ 14

> Кто ищет одних лишь верных прибылей, навряд ли станет очень богат; а кто вкладывает все имущество в рискованные предприятия, зачастую разоряется и впадает в нищету; поэтому надлежит сочетать риск с известным обеспечением на случай убытков.
>
> *Сэр Фрэнсис Бэкон*

С ЧЕГО НАЧАТЬ?

Как же проделать рутинную, но очень важную работу, связанную с выбором подходящих акций? Грэм считает, что пассивный инвестор может просто купить акции всех компаний, входящих в расчет фондового индекса Доу–Джонса. Сегодня пассивный инвестор в состоянии вообще купить «весь рынок», т. е. приобрести паи индексного фонда, в портфеле которого содержатся практически все обращающиеся на рынке акции. Низкозатратный индексный фонд широкого рынка — лучший инструмент из всех когда-либо созданных для пассивного инвестирования. Любая попытка его улучшить потребует от пассивного инвестора гораздо больше времени и сил (а также расходов и отваги), чем он может себе позволить.

Необязательно самому изучать и самостоятельно отбирать акции для портфеля. Для большинства людей это даже нежелательно. И все же отдельным пассивным инвесторам нравится решать увлекательные головоломки, занимаясь отбором акций. Если вы пережили медвежий рынок и все еще получаете удовольствие от выбора акций, то ни Грэм, ни ваш покорный слуга не смогут вас разубедить. В этом случае вы можете сделать индексные фонды широкого рынка основой своего инвестиционного портфеля, но не ограничиваться ими. Построив прочный фундамент в виде паев индексного фонда (мы рекомендуем использовать для этой цели 90% ваших активов), оставшиеся 10% средств вы можете потратить на эксперименты, выбирая акции самостоятельно. Но не забывайте, что любые эксперименты должны проводиться только при наличии вышеуказанного прочного фунуничтожили» деньги многих инвесторов. Однако в начале 2003 г., как мы знаем, ситуация кардинально изменилась. Большинство этих компаний обрело финансовую стабильность. Сегодня у них достаточно оборотного капитала, они не испытывают недостатка в денежных средствах и, как правило, не обременены долгами (см. таблицу 14.8).

В 1999 г. большинство этих компаний пользовались горячей любовью фондового рынка, но кормили инвесторов лишь обещаниями высокого роста. В начале 2003 г. цена этих акций уже имеет под собой прочную основу в виде реальной стоимости.

Какой же вывод следует из этого? Он состоит не в том, что данные акции изначально были «верным делом» или что вы должны броситься со всех ног

Таблица 14.8. **Новое — это хорошо забытое старое**

Компании	Текущие активы, $ млн	Текущие обязательства, $ млн	Текущие активы/ текущие обязательства	Долгосрочные обязательства, $ млн	Долгосрочные обязательства / оборотный капитал
Applied Micro Circuits	1 091,2	61,9	17,6	0	нет
Linear Technology	1 736,4	148,1	11,7	0	нет
QLogic Corp.	713,1	69,6	10,2	0	нет
Analog Devices	3 711,1	467,3	7,9	1 274,5	0,39
Qualcomm Inc.	4 368,5	654,9	6,7	156,9	0,04
Maxim Integrated Products	1 390,5	212,3	6,5	0	нет
Applied Materials	7 878,7	1 298,4	6,1	573,9	0,09
Tellabs Inc.	1 533,6	257,3	6,0	0,5	0,0004
Scientific-Atlanta	1 259,8	252,4	5,0	8,8	0,01
Altera Corp.	1 176,2	240,5	4,9	0	нет
Xilinx Inc.	1 108,8	228,1	4,9	0	нет
American Power Conversion	1 276,3	277,4	4,6	0	нет
Chiron Corp.	1 393,8	306,7	4,5	414,9	0,38
Biogen Inc.	1 194,7	265,4	4,5	39	0,04
Novellus Systems	1 633,9	381,6	4,3	0	нет
Amgen Inc.	6 403,5	1529,2	4,2	3 039,7	0,62
LSI Logic Corp.	1 626,1	397,8	4,1	1 287,1	1,05
Rowan Cos.	469,9	116,0	4,1	494,8	1,40
Biomet Inc.	1 000,0	248,6	4,0	0	нет
Siebel Systems	2 588,4	646,5	4,0	315,6	0,16

Примечание: данные взяты из последнего финансового отчета (31.12.2002). Оборотный капитал рассчитывается как разница между текущими активами и текущими обязательствами. Долгосрочные обязательства включают привилегированные акции за вычетом отсроченных налоговых обязательств.

Источник: Morgan Stanley; Baseline; база данных EDGAR на сайте www.sec.gov.

покупать акции компаний, представленных в таблице 14.8[11]. Нет, урок совсем в другом: следует понимать, что пассивный инвестор всегда может извлечь выгоду, терпеливо и спокойно выбирая акции на развалинах медвежьего рынка. Критерий Грэма, связанный с финансовой мощью, по-прежнему актуален: если вы отбираете акции компаний, текущая стоимость активов которых как минимум вдвое превышает объем текущих обязательств, а долгосрочные обязательства не превышают величину оборотного капитала, вы получаете бумаги компаний с консервативным финансированием и устойчивой способностью приносить прибыль. Лучший выбор на сегодняшний день — немного «остывшие» акции «горячих» компаний.

Отсутствие убытков на протяжении последних 10 лет. По данным Morgan Stanley, 86% компаний, входящих в расчет фондового индекса Standard & Poor's 500, в период с 1993 по 2002 г. не имели убыточных лет. Потому требование Грэма, заключающееся в том, что компания должна зарабатывать прибыль на протяжении последних 10 лет подряд, остается актуальным, позволяя исключать из списка «претендентов на портфель» хронически убыточные компании, но в то же время не ограничивая выбор инвестора очень небольшой группой компаний.

Дивидендная история. По данным агентства Standard & Poor's, в начале 2003 г. 354 компании, входящие в расчет фондового индекса Standard & Poor's 500 (71%), выплачивали дивиденды. Не менее 255 компаний выплачивали дивиденды на протяжении как минимум 20 лет подряд, а 57 компаний увеличивали дивидендные выплаты как минимум на протяжении последних 25 лет (таблица 14.9). Хотя никто не может гарантировать, что эта тенденция сохранится и в будущем, это хороший знак.

Рост прибыли. Сколько же компаний, акции которых входят в расчет фондового индекса Standard & Poor's 500, увеличили показатель прибыли на акцию «минимум на 1/3», как того требует Грэм, за 10-летний период, т. е. к концу 2002 г.? (Для этого нужно взять среднюю прибыль за три года с 1991 по 1993 г. и с 2000 по 2002 г. и выбрать компании, для которых рост между этими двумя показателями составит не менее 33%.) По данным Morgan Stanley, 264 компании, входящие в расчетную базу индекса Standard & Poor's 500, отвечали этому требованию. Но в этом случае Грэм, кажется, занизил планку; 33%-ный кумулятивный рост на 10-летнем интервале обеспечивается всего 3%-ным среднегодовым приростом. Возможно, стоит использовать более жесткий критерий — кумулятивный рост прибыли на акцию в размере как минимум 50% (4% в год). В начале 2003 г. этому критерию соответствовало не менее 245 компаний, входящих в расчет фон-

[11] Сегодня, когда вы читаете эту книгу, многое уже изменилось по сравнению с тем, что было в конце 2002 г.

Таблица 14.9. **«Оплоты стабильности»** (компании, которые не только ежегодно выплачивали дивиденды, но и увеличивали их размер)

Компании	Сектора	Дивиденды выплачивались непрерывно с (годы)	Количество повышений годовых дивидендов за последние 40 лет
3M Co.	Промышленность	1916	40
Abbott Laboratories	Здравоохранение	1926	35
ALLTEL Corp.	Телекоммуникации	1961	37
Altria Group (formerly Philip Morris)	Потребительские товары	1928	36
AmSouth Bancorp	Финансовые услуги	1943	34
Anheuser-Busch Cos	Потребительские товары	1932	39
Archer-Daniels-Midland	Потребительские товары	1927	32
Automatic Data Proc	Промышленность	1974	29
Avery Dennison Corp.	Промышленность	1964	36
Bank of America	Финансовые услуги	1903	36
Bard (C. R.)	Здравоохранение	1960	36
Becton, Dickinson	Здравоохранение	1926	38
CenturyTel Inc.	Телекоммуникации	1974	29
Chubb Corp.	Финансовые услуги	1902	28
Clorox Co.	Потребительские товары	1968	30
Coca-Cola Co.	Потребительские товары	1893	40
Comerica Inc.	Финансовые услуги	1936	39
ConAgra Foods	Потребительские товары	1976	32
Consolidated Edison	Коммунальные услуги	1885	31
Donnelley (R. R.) & Sons	Промышленность	1911	36
Dover Corp.	Промышленность	1947	37
Emerson Electric	Промышленность	1947	40
Family Dollar Stores	Потребительский сектор	1976	27
First Tenn Natl	Финансовые услуги	1895	31
Gannett Co.	Потребительский сектор	1929	35
General Electric	Промышленность	1899	35
Grainer (W. W.)	Промышленность	1965	33
Heinz (H. J.)	Потребительские товары	1911	38
Household Intl.	Финансовые услуги	1926	40
Jeffeson-Pilot	Финансовые услуги	1913	36
Johnson & Johnson	Здравоохранение	1944	40
Johnson Controls	Потребительский сектор	1887	29
KeyCorp	Финансовые услуги	1963	36
Kimberly-Clark	Потребительские товары	1935	34
Leggett & Platt	Потребительский сектор	1939	33
Lilly (Eli)	Здравоохранение	1885	38
Lowe's Cos.	Потребительский сектор	1961	40
May Dept Stores	Потребительский сектор	1911	31
McDonald's Corp.	Потребительский сектор	1976	27
McGraw-Hill Cos.	Потребительский сектор	1937	35

Окончание таблицы 14.9

Компании	Сектора	Дивиденды выплачивались непрерывно с (годы)	Количество повышений годовых дивидендов за последние 40 лет
Merck & Co.	Здравоохранение	1935	38
Nucor Corp.	Сырье	1973	30
PepsiCo Inc.	Потребительские товары	1952	35
Pfizer, Inc.	Здравоохранение	1901	39
PPG Indus.	Сырье	1899	37
Procter & Gamble	Потребительские товары	1891	40
Regions Financial	Финансовые услуги	1968	32
Rohm & Haas	Сырье	1927	38
Sigma-Aldrich	Сырье	1970	28
Stanley Works	Потребительский сектор	1877	37
Supervalu Inc.	Потребительские товары	1936	36
Target Corp.	Потребительский сектор	1965	34
TECO Energy	Коммунальные услуги	1900	40
U.S. Bancorp	Финансовые услуги	1999	35
VF Corp.	Потребительский сектор	1941	35
Wal-Mart Stores	Потребительский сектор	1973	29
Walgreen Co.	Потребительские товары	1933	31

Примечание: данные на 31.12.2002.

Источник: Standard & Poor's Corp.

дового индекса Standard & Poor's 500. Пассивному инвестору было из чего выбирать. (Даже если мы повысим планку кумулятивного роста до 100% (7% в год), то в выборке останется целых 198 компаний.)

Оптимальное значение коэффициента «цена/прибыль». Грэм рекомендует ограничиваться акциями, текущая цена которых превышает среднюю прибыль за последние три года не более чем в 15 раз. Невероятно, но факт: сегодня на Уолл-стрит широко распространена оценка акций на основе деления их текущей цены на «прибыль следующего года». Такой показатель называют «будущим коэффициентом "цена/прибыль"». Бессмысленно, однако, рассчитывать соотношение «цена/прибыль» путем деления известной текущей цены акции на неизвестную будущую прибыль. В долгосрочной перспективе, как показали исследования инвестиционного управляющего Дэвида Дремана, 59% «консенсусных» прогнозов Уолл-стрит по будущим прибылям не подтверждаются на практике, причем фактическое значение сильно отличается от прогнозного — как минимум на 15% в ту или другую сторону[12]. Вкладывать деньги, исходя из того, что прогнозируют на следующий год какие-то горе-предсказатели, столь же рискованно, как дове-

[12] David Dreman, "Bubbles and the Role of Analysts' Forecast," *The Journal of Psychology and Financial Markets,* vol. 3, no. 1 (2002), c. 4–14.

риться слепому стрелку, уверяющему, что он попадет в яблоко на вашей голове. Лучше, используя формулу Грэма (т. е. разделив текущую цену акции на среднюю прибыль за последние три года), рассчитайте коэффициент «цена/прибыль» самостоятельно[13].

Сколько же акций, входящих в расчет фондового индекса Standard & Poor's 500, на начало 2003 г. торговалось по цене, превышающей среднегодовую прибыль компании за 2000–2002 гг. не более чем в 15 раз? По данным Morgan Stanley, критерию Грэма соответствовало 185 компаний.

Оптимальное значение коэффициента «цена/балансовая стоимость». Грэм рекомендует выбирать акции, ориентируясь на значение коэффициента «цена/активы» («цена/балансовая стоимость») не выше 1,5. В последние годы значительная часть стоимости компаний формировалась за счет таких нематериальных активов, как франшизы, бренды, патенты. Если очистить балансовую стоимость от такого рода нематериальных активов (а также от гудвилла в результате слияний и поглощений), то обнаружится, что большинство компаний сегодня имеют более высокие значения коэффициента «цена/балансовая стоимость», чем во времена Грэма. По данным Morgan Stanley, у 123 компаний, акции которых входят в расчет фондового индекса Standard & Poor's 500, т. е. у каждой четвертой, значение этого мультипликатора ниже 1,5. У 273 компаний (т. е. у 55% компаний из индекса Standard & Poor's 500) он не превышает 2,5.

А как насчет рекомендации Грэма умножить коэффициент «цена/прибыль» на коэффициент «цена/балансовая стоимость» и посмотреть, будет ли полученный результат ниже 22,5? По данным Morgan Stanley, в начале 2003 г. этому критерию соответствовали как минимум 142 компании, акции которых входят в расчет фондового индекса Standard & Poor's 500, включая Dana Corp., Electronic Data Systems, Sun Microsystems и Washington Mutual. Таким образом, «смешанный мультипликатор» Грэма по-прежнему служит надежным критерием отбора разумно оцененных акций.

ПРОВЕРКА НА ВШИВОСТЬ

Независимо от того, насколько вы в понимании Грэма пассивны как инвестор (т. е. не желаете тратить много времени и сил на выбор акций), вы обязаны сделать две вещи.

Выполните домашнее задание. База данных EDGAR (www.sec.gov) позволяет мгновенно получить годовые и квартальные отчеты компаний (которые,

---

[13] Вы можете рассчитать это соотношение самостоятельно, используя годовые отчеты компаний, или получить данные на сайтах www.morningstar.com или http://finance.yahoo.com.

помимо прочего, содержат информацию о вознаграждении менеджеров, структуре собственности и потенциальных конфликтах интересов). Изучите информацию как минимум за пять лет[14].

Проверьте соседей. Такие сайты, как http://quicktake.morningstar.com, http://finance.yahoo.com и www.quicken.com, содержат сведения о том, какой процент акций компании находится в собственности институциональных инвесторов. Значения выше 60% свидетельствуют о том, что компания имеет недостаточно диверсифицированную структуру собственников, т. е. «институционально перекуплена». Проблема заключается в том, что, если крупные институциональные инвесторы одновременно начнут продавать свои огромные пакеты, курс акций катастрофически упадет. Эти сайты также расскажут вам о крупнейших держателях акций. Если это инвестиционные компании, стиль инвестирования которых похож на ваш собственный, — это хороший знак.

---

[14] Более подробно о том, какую именно информацию следует искать, читайте в разделах «Комментарии к главе 11», «Комментарии к главе 12» и «Комментарии к главе 19». Если вы не готовы прилагать даже минимальных усилий для изучения финансового состояния компании по годовым отчетам за пять лет, вы слишком ленивы и вам вообще не стоит работать с акциями. Перестаньте ломать голову над тем, как самому выбрать акции, и вложите деньги в инвестиционный фонд.

ГЛАВА 15

Выбор акций активным инвестором

В предыдущей главе мы рассмотрели выбор акций пассивным инвестором. Из числа многих ценных бумаг он может самостоятельно, исходя из собственных предпочтений или руководствуясь советами консультанта, сформировать свой — в достаточной степени диверсифицированный — инвестиционный портфель. Основное внимание мы обращали на то, какие акции ему *не следует* включать в портфель. С одной стороны, это все акции заведомо низкого качества, с другой — качественные акции, цена которых настолько высока, что возникает значительный спекулятивный риск. В данной главе, адресованной активному инвестору, мы рассмотрим все возможности и методы индивидуального отбора акций, позволяющие сформировать портфель, доходность которого будет выше средней по рынку.

Можно ли этого добиться? Как честные люди, мы должны с самого начала сделать несколько оговорок. Казалось бы, правильно выбрать акции совсем нетрудно. Чтобы выйти на средний уровень доходности (например, соответствующий уровню доходности индекса Доу–Джонса), не обязательно иметь специальную подготовку. Все, что нужно, — это сформировать портфель акций, идентичный или сходный по составу с индексом, в расчет которого входят акции 30 известных компаний. Далее, используя простейшие навыки, приобретенные благодаря самостоятельным исследованиям и опыту, а также врожденную интуицию, инвестор может добиться значительно лучших результатов, чем демонстрирует фондовый рынок в среднем (индекс Доу–Джонса).

Но, как показывает практика, даже высококвалифицированным специалистам редко удается переиграть фондовый рынок. Об этом говорят показатели многих инвестиционных компаний и инвестиционных фондов, долгие годы работающих на рынке. Как правило, это весьма крупные компании, где работают лучшие финансовые аналитики и специалисты по анализу ценных бумаг. В их структуре есть специальные подразделения, занимающиеся соответствующими исследованиями, на содержание которых в год расходуется в среднем 1% активов в управлении. Это немало, но если сравнить данные затраты с годовой доходностью обыкновенных акций на протяжении 1951–1961 гг. (15%) или даже 1961–1970 гг. (6%), то оказывается, что они не так уж высоки. Практика показывает, что даже незначительные успехи, достигнутые благодаря правильному выбору акций, быстро компенсируют эти дополнительные расходы и обеспечивают вкладчикам инвестиционного фонда высокие показатели доходности.

Однако инвестиционной индустрии (всем инвестиционным фондам акций вместе взятым) не удается в долгосрочном периоде обеспечивать своим вкладчикам доходность, равную доходности акций, входящих в расчет индекса Standard & Poor's 500, или фондового рынка в целом. К такому выводу пришли специалисты на основании ряда комплексных исследований. Процитируем одно из последних, относящееся к 1960–1968 гг.[1]:

> Полученные результаты свидетельствуют о том, что портфели, содержащие случайную выборку акций из числа торгующихся на Нью-Йоркской фондовой бирже (в равных долях), на протяжении рассматриваемого периода в среднем показали более высокие результаты, чем взаимные фонды с таким же уровнем риска. Разница оказалась весьма существенной для портфелей с низким и средним уровнями риска (соответственно 3,7% и 2,5% в год), но весьма незначительной для портфелей с высокой степенью риска (0,2% в год) [1].

Как было отмечено в главе 9, эти сравнительные данные вовсе не отрицают полезности инвестиционных фондов как финансового института. Взаимные фонды дают инвесторам возможность получать средний уровень доходности по инвестициям в обыкновенные акции. В силу разных причин большинству мелких инвесторов, самостоятельно приобретающих обыкновенные акции, не удается добиться таких же результатов. Для объективного наблюдателя неспособность инвестиционных фондов обеспечивать доходность выше средней по рынку является убедительным свидетельством того, что правильно выбрать акции не так просто, как кажется на первый взгляд.

[1] В ходе исследования, проведенного фирмой Friend-Blume-Crockett и охватывающего период с января 1960 г. по июнь 1968 г., сравнивалась доходность более 100 ведущих инвестиционных фондов с доходностью портфелей, сформированных на основе случайной выборки из более 500 акций крупнейших компаний, котирующихся на Нью-Йоркской фондовой бирже. С 1965 по 1968 г. доходность инвестиционных фондов была выше, чем в 1960–1964 гг. К такому же выводу пришел и Грэм (см. главы 7 и 9). Но рост доходности был временным. Исследования показали, что доходность взаимных инвестиционных фондов в среднем была ниже доходности фондового рынка на величину, примерно равную операционным и торговым издержкам. Этот факт подтвердили и многие другие исследования, поэтому сомневаться в нем так же нелепо, как в том, что Земля круглая.

Почему? Можно предположить, что тому есть две причины. Во-первых, текущие рыночные цены акций отражают не только всю значимую информацию о прошлом компании и ее сегодняшнем положении, но и ожидания участников рынка относительно ее будущего. Значит, любые колебания фондового рынка (и прежде всего резкие) происходят из-за факторов, которые невозможно было предвидеть. Следовательно, колебания цен акций во многом носят неожиданный и случайный характер. Если дело действительно обстоит именно так, работа финансового аналитика, пусть даже самого квалифицированного, в большинстве случаев совершенно бесполезна, поскольку она, по сути, нацелена на прогнозирование того, что невозможно прогнозировать.

К тому же количество финансовых аналитиков значительно возросло. Если факторы формирования стоимости акций ведущих компаний тщательно изучаются сотнями и тысячами экспертов, вполне естественно, что котировки акций полностью отражают согласованное мнение участников рынка. И если инвесторы отдают предпочтение каким-либо определенным акциям, то лишь на основании собственных оценок и пристрастий. Их выбор в равной степени может оказаться и правильным, и ошибочным.

Финансовых аналитиков с Уолл-стрит можно сравнить с игроками в бридж. Первые пытаются выбрать акции, которые, вероятнее всего, переиграют другие, вторые — набрать максимальное количество очков за счет своих партнеров по игре. В обоих случаях в выигрыше оказываются немногие. Если все игроки в бридж имеют примерно одинаковую подготовку и опыт, то выиграют, скорее всего, не те, кто в принципе играет лучше, а те, кто сделает меньше ошибок в данной партии. Что касается работы финансовых аналитиков, то их представления о рынке нивелируются из-за корпоративного духа — ведь профессионалы охотно делятся своими мыслями и представлениями на многочисленных встречах и семинарах. Продолжая сравнение с игрой в бридж, можно сказать, что они заглядывают друг другу в карты и при этом обсуждают каждый ход.

Вторая возможная причина совсем иного рода. Вполне вероятно, что на результаты работы многих финансовых аналитиков влияет принципиальная ошибка, заложенная в самом их подходе к выбору акций. Сначала они ищут самые перспективные с точки зрения роста отрасли, затем внутри этих отраслей стараются найти компании, отличающиеся хорошим менеджментом и имеющие ряд других преимуществ. Следуя рекомендациям финансовых аналитиков, инвестиционные фонды готовы покупать акции выбранных компаний по любой цене (даже очень высокой), игнорируя акции менее перспективных с точки зрения аналитиков компаний (пусть даже дешевые). Такой метод выбора акций оправдан только в том случае, если предположить, что, во-первых, прибыль «хороших» компаний в будущем действительно будет быстро расти, причем бесконечно долго (потому что в этом случае чисто теоретически стоимость акций также будет увеличиваться до бесконечности) и, во-вторых, что отвергнутые аналитиками компании действительно обречены на вымирание, а их акции, соответственно, следует считать непривлекательными при любом уровне цен.

Однако в мире корпораций все происходит иначе. С одной стороны, лишь немногие компании способны поддерживать стабильно высокие темпы роста на протяжении длительного периода. С другой стороны, лишь немногие из них, столкнувшись с временными трудностями, навсегда уходят со сцены. История большинства компаний — это история взлетов и падений. Их позиции на рынке могут кардинально меняться. Некоторые компании регулярно продвигаются «из грязи в князи» и обратно (такая динамика характерна, например, для компаний сталелитейной отрасли). Иногда причиной резкого изменения положения компании становится снижение или повышение качества управления[2].

Какое отношение все это имеет к активному инвестору, желающему выбрать акции с доходностью выше среднерыночной? Прежде всего результаты нашего анализа позволяют сделать вывод, что такой инвестор берется за трудную, подчас невыполнимую задачу. Читателям этой книги, сколь бы разумными и знающими инвесторами они ни были, вряд ли удастся преуспеть в выборе акций больше, чем ведущим финансовым аналитикам с Уолл-стрит. Но если предположить, что значительное количество акций просто выпадает из поля зрения финансовых аналитиков или недооценивается ими при проведении стандартной процедуры отбора, может ли разумный инвестор извлечь из этого выгоду?

Он сможет это сделать, лишь используя особый метод отбора акций, до сих пор не получивший широкого распространения (ведь мы уже знаем, что, если какой-либо метод берется на вооружение широкими кругами инвесторов, его эффективность падает). Учитывая, какие мощные умы бьются над разгадыванием головоломок фондового рынка, трудно представить, что существуют эффективные и в то же время относительно непопулярные

[2] Как мы уже писали в разделе «Комментарии к главе 9», доходность инвестиционных фондов оказывается ниже доходности фондового рынка в целом по ряду причин. В частности, это связано с низкой доходностью той части активов, которую инвесторы держат в денежной форме, высокой стоимостью финансовых исследований и торговыми издержками. Отметим также, что показатели инвестиционного фонда, владеющего акциями 120 компаний (среднее количество акций, которыми владеют инвестиционные фонды), могут быть ниже показателей акций, входящих в расчет индекса Standard & Poor's 500, если хотя бы одна из оставшихся 380 акций продемонстрирует очень высокую доходность. Чем меньше количество акций, которым владеет инвестиционный фонд, тем выше вероятность того, что он *упустит акции компании*, которая, как Microsoft, станет лидером рынка.

методы отбора акций. Но, с другой стороны, карьера и репутация автора этой книги свидетельствуют именно о том, что такие методы существуют[3].

Выбор акций: методы Грэма–Ньюмена

Чтобы не быть голословными, рассмотрим основные операции, которыми на протяжении 30 лет (с 1926 по 1956 г.) занималась наша компания — Graham-Newman Corporation[4]. В отчетах эти операции разбиты на следующие группы.

Арбитражные операции — покупка одних ценных бумаг и одновременная продажа одной или нескольких других ценных бумаг, на которые обмениваются первые в соответствии с планами реорганизации, слияния и другими подобными процессами.

Покупка акций компании в процессе ее ликвидации — покупка акций, по которым должны быть получены денежные средства после реализации активов компании.

Наша компания проводила операции этих двух видов, если: а) ожидаемая доходность составляла не менее 20%; б) вероятность успеха, по нашим оценкам, была не менее 80%.

«Связанное» хеджирование — покупка конвертируемых облигаций или конвертируемых привилегированных акций с одновременной продажей обыкновенных акций, на которые они могли быть обменены. Мы открывали позиции на паритетной основе, т. е. создавали ситуацию, при которой наши убытки были минимальными, если бы пришлось реально конвертировать «старшие» ценные бумаги в обыкновенные акции при закрытии этих позиций. Но в то же время можно было рассчитывать на прибыль при закрытии позиций по рынку в случае, если курс обыкновенных акций падал в большей степени, чем курс «старших» ценных бумаг.

---

[3] В этом разделе, как и в главе 14, Грэм раскрывает сущность теории эффективного рынка. Сегодняшние проблемы фондового рынка вызваны не глупостью финансовых аналитиков; это, скорее, «горе от ума». Все большее число аналитиков занимаются исследованиями фондового рынка, пытаясь найти выгодные объекты инвестиций, поэтому сделать это становится все труднее. Парадокс состоит в том, что чем умнее аналитики, тем большими дураками, неспособными сделать правильный выбор, они в итоге оказываются. Рыночная оценка акций — результат масштабной, не прекращающейся ни на минуту работы коллективного разума. В большинстве случаев этот коллективный разум рынка правильно оценивает большинство акций. И лишь в редких случаях мистер Рынок (см. главу 8) устанавливает цены наобум.

[4] Грэм основал компанию Graham-Newman Corporation в январе 1936 г. и заявил о ее роспуске в 1956 г. после того, как перестал непосредственно участвовать в управлении активами. Предшественником этой корпорации было партнерство Benjamin Graham Joint Account, просуществовавшее с января 1926 г. по декабрь 1935 г.

Покупка акций, продаваемых по стоимости чистых текущих активов («выгодных» акций). Идея состояла в том, чтобы купить как можно больше акций по цене ниже балансовой стоимости приходящихся на них чистых оборотных средств (т. е. без учета стоимости средств производства и других основных фондов). Как правило, мы покупали такие акции, если их цена составляла не более 2/3 удельной стоимости «урезанных» активов. На протяжении многих лет мы старались придерживаться принципа широкой диверсификации инвестиций, формируя портфель как минимум из 100 различных акций.

Следует также добавить, что время от времени мы осуществляли крупномасштабные приобретения контрольных пакетов акций, но эти операции уже не относятся к рассматриваемой здесь теме.

Мы тщательно следили за доходностью наших операций. Проанализировав результаты, мы отказались от дальнейшего проведения двух их видов: во-первых, от покупки предположительно (по результатам предварительного анализа) привлекательных акций, которые нельзя было приобрести по цене, не превышающей удельную стоимость оборотного капитала компании; во-вторых, от «несвязанного» хеджирования, т. е. от покупки конвертируемых ценных бумаг, которые не могли быть обменены на торгующиеся обыкновенные акции. (Такие операции сегодня проводят так называемые хедж-фонды, недавно появившиеся на инвестиционное арене[5].)

В обоих случаях анализ результатов деятельности более чем за 10 лет показал, что доходность таких операций невысока и от них лучше отказаться. Поэтому с 1939 г. круг наших операций ограничился сделками, связанными с ликвидацией компаний, «связанным» хеджированием, покупкой «выгодных» акций по цене оборотного капитала и приобретением ряда контрольных пакетов. Эти виды сделок приносили нам неплохой доход. Следует отметить, что «связанное» хеджирование обеспечивало нам хорошую доходность на бычьем рынке. Это важно, так как в то время операции с недооцененными акциями не были столь же успешны.

Мы сомневаемся, что стоит рекомендовать свой «рацион» широкому кругу разумных инвесторов. Мы абсолютно уверены, что использованные нами профессиональные методы работы не подходят пассивным инвесторам, которые по определению являются любителями. Что касается

---

[5] Операции по «несвязанному» хеджированию включают покупку акций или облигаций одной компании и короткую продажу (т. е. ставку на падение курса) акций другой компании. «Связанное» хеджирование — это купля-продажа акций и облигаций, выпущенных одной и той же компанией. «Новые» хедж-фонды, о которых пишет Грэм, в 1968 г. активно привлекали инвесторов, но позже по распоряжению Комиссии по ценным бумагам и биржам США доступность хедж-фондов для рядовых инвесторов была ограничена.

активных инвесторов, то, скорее всего, лишь некоторые из них обладают темпераментом, который позволит им строго ограничить рамки своей деятельности данными операциями с относительно немногочисленными видами ценных бумаг. Большинство активно настроенных практиков предпочтут расширить рамки своей деятельности. Они будут охотиться за всеми ценными бумагами, которые, по их мнению, во-первых, не являются переоцененными (в консервативном понимании) и, во-вторых, кажутся более привлекательными (с точки зрения прогнозов и/или прошлых результатов), чем «рядовые» акции. В таких случаях активному инвестору следует использовать различные критерии качества ценных бумаг и обоснованности цен в соответствии с методами, предлагаемыми его пассивному коллеге. Но эти методы должны быть более гибкими, учитывая, что плюсы по одним критериям можно уравновесить за счет минусов по другим. Например, инвестор не должен отказываться от акций компании, которая в 1970 г. показала убытки, если из-за высокой средней прибыли и других серьезных достоинств ее цена кажется привлекательной. Предприимчивый инвестор может ограничивать свой выбор отраслями и компаниями, перспективы которых он оценивает оптимистически, но мы настоятельно не рекомендуем ему платить слишком высокую (относительно прибыли и активов) цену за акции лишь под воздействием энтузиазма. Если он будет следовать нашей теории инвестиций, то будет покупать акции компаний с циклическим характером бизнеса (таких как, например, сталелитейные компании) в периоды, когда текущая ситуация неблагоприятна, ближайшие перспективы кажутся весьма мрачными и низкая цена акций отражает всеобщий пессимизм[6].

Компании второго эшелона

Еще одно поле для исследований и отбора акций — бумаги компаний второго эшелона, отличающиеся хорошими финансовыми показателями, но по каким-либо причинам не избалованные вниманием рынка. Речь идет об акциях таких компаний, как, например, Eltra и Emphart, торгующихся по ценам 1970 г. (см. главу 13). Существуют различные способы выявления подобных компаний. Нами используется новаторский подход, практическое применение которого будет подробно рассмотрено на одном из примеров. При этом мы преследуем двоякую цель. Многие читатели поймут огромную практическую ценность данного метода и возьмут его на вооружение

[6] В 2003 г. разумный инвестор, следуя рекомендациям Грэма, попытал бы счастья с акциями высокотехнологичных и телекоммуникационных компаний, а также с энергетическими компаниями коммунального сектора. История учит, что вчерашние неудачники завтра могут стать победителями.

либо, оттолкнувшись от него, разработают собственные аналогичные подходы. Кроме того, цель данной главы — помочь читателям больше узнать о реальном мире обыкновенных акций и предложить их вниманию один из лучших на данный момент справочников — Standard & Poor's Stock Guide, который издается ежемесячно и распространяется по годовой подписке. Многие брокерские фирмы также предоставляют этот справочник своим клиентам (по запросу).

Значительная часть Standard & Poor's Stock Guide (около 230 страниц) посвящена обобщенной статистической информации по акциям более 4500 компаний. В их число входят все акции (около 3000), зарегистрированные на фондовых биржах, плюс примерно 1500 незарегистрированных выпусков. В справочнике представлено большинство показателей, необходимых для общего или более глубокого ознакомления с конкретными компаниями. (Правда, здесь вы не найдете таких важных показателей, как величина чистых активов в расчете на акцию или балансовая стоимость акции, но их можно взять в других изданиях.)

Если вы не прочь поиграть с цифрами, то будете в восторге от Stock Guide. Откройте любую страницу, и перед вами панорама, представляющая блеск и нищету фондового рынка. Вашему вниманию предлагается информация о максимальных и минимальных уровнях цен начиная с 1936 г. Вы найдете компании, акции которых взлетели с ничтожных минимумов до колоссальных максимумов, увеличившись в цене в 2000 раз. (За этот период акции престижной компании IBM выросли «всего» в 333 раза.) Вы увидите, как акции одной из компаний выросли с $0,375 до $68, а затем снова упали до $3 [2]. В разделе «Выплата дивидендов» вы обнаружите компанию, которая начала платить дивиденды еще в 1791 г. — это Industrial National Bank of Rhode Island (банк недавно объявил об изменении названия)[7]. Открыв Stock Guide, изданный в конце 1969 г., вы узнаете, что Penn Central Co. (преемник корпорации Pennsylvania Railroad) стабильно выплачивала дивиденды с 1848 г., но, увы, спустя всего несколько месяцев компания обанкротилась. Вы обнаружите компании, цена акций которых лишь вдвое превышает величину прибыли, и компании, акции которых превосходят прибыль в 99 раз [3]. В большинстве случаев трудно определить сферу деятельности компании по ее названию, потому что на одну компанию с «говорящим» названием (как U.S. Steel) приходится три, названия которых ничего вам не скажут (например, кто может предположить, что компания ITI Corp. занимается производством хлебобулочных изделий, а Santa Fe Industries — это крупная железнодорожная компания?). Вы сможете отследить динамику

[7] Преемник корпорации Industrial Bank of Rhode Island — Fleet Boston Financial Corp. Один из предшественников корпорации, Providence Bank, был учрежден в 1791 г.

цен и прибыли, дивидендную историю за много лет, а также финансовое состояние компаний, их капитализацию и т. д. Стойкий консерватизм; заурядные, ничем не примечательные компании; самые причудливые комбинации «основных направлений деятельности» и т. д. и т. п. — все это вы найдете на страницах Stock Guide. Данный справочник можно читать по диагонали или изучать серьезно.

Отдельные разделы содержат информацию о дивидендной доходности и значениях коэффициентов «цена/прибыль», рассчитанных за последние 12 месяцев. Именно эти данные и нужны нам для того, чтобы поупражняться в выборе обыкновенных акций.

Как работать с Stock Guide

Допустим, мы пытаемся найти простой, но эффективный критерий дешевизны акций. Первое, что приходит на ум, — низкий уровень цены по сравнению с недавней прибылью компании. Составим предварительный список акций, для которых в конце 1970 г. значение коэффициента «цена/прибыль» было не выше 9. Для примера возьмем из справочника Stock Guide первые 20 акций с низким значением мультипликатора. Наш список начинается с акций компании Aberdeen Mfg. Co., курс которых в этом году при закрытии составил $10,25, т. е. в 9 раз превышал прибыль на акцию ($1,25) в предшествующем финансовом году, закончившемся 30 сентября 1970 г. На 20-м месте мы видим компанию American Maize Products, цена акций которой на момент закрытия фондового рынка составила 9,5, а коэффициент «цена/прибыль» — 9.

Может показаться, что данная выборка ничем не примечательна. Цена 10 акций не превышает $10. (На самом деле это не так важно. Можно (хотя и необязательно) предостеречь пассивных инвесторов от выбора таких акций. Но активным инвесторам они могут оказаться полезными[8].) Прежде чем углубляться в анализ, давайте займемся арифметикой. В наш список входит примерно каждая десятая акция из первых 200. Соответственно,

---

[8] Для сегодняшнего активного инвестора точкой отсечения, скорее всего, будет цена, равная примерно $1 за акцию. Этот уровень — необходимый минимум для котировки на крупных фондовых биржах. При цене ниже указанной многие акции вычеркиваются из котировального списка или объявляются «несоответствующими требованиям». Мониторинг уровня цен таких акций затруднен, поэтому пассивным инвесторам не стоит работать с ними. Торговые издержки при операциях с этой группой акций весьма высоки. Компании, акции которых стоят очень дешево, чаще других уходят из бизнеса. Тем не менее диверсифицированные портфели, сформированные из акций таких компаний, в настоящее время могут быть привлекательными для некоторых активных инвесторов.

аналогичная выборка из общего количества акций, представленных в Stock Guide, будет включать примерно 450 акций со значением коэффициента «цена/прибыль» ниже 10. Таким образом, мы будем иметь достаточное количество акций для дальнейшего отбора.

Применим по отношению к акциям, входящим в наш список, несколько критериев, во многом сходных с теми, которые мы советовали использовать пассивному инвестору, но не столь жестких. Мы предлагаем использовать следующие пять критериев.

1. **Финансовое положение компании:** а) текущие активы должны как минимум в 1,5 раза превышать текущие обязательства; б) величина долга должна составлять не более 110% величины чистых текущих активов (для промышленных компаний).
2. **Стабильность прибыли:** в истории компании не должно быть убыточных лет на протяжении последнего пятилетнего периода, представленного в Stock Guide.
3. **Дивидендная история:** компания должна выплачивать дивиденды на текущий момент.
4. **Рост прибыли:** прибыль прошлого года должна быть выше прибыли за 1966 г.
5. **Цена акций:** она не должна превышать 120% чистой стоимости материальных активов в расчете на акцию.

Показатели прибыли в Stock Guide даются по состоянию на 30 сентября 1970 г. и, соответственно, не включают результаты за последний квартал этого года, который для некоторых компаний мог оказаться плохим. Но разумный инвестор довольствуется доступной информацией. Обратите внимание, что мы не устанавливаем минимальный размер компании. Инвестиции в акции небольших фирм могут быть достаточно безопасными, если их приобретать осторожно и наряду с другими бумагами.

Применив эти пять критериев к акциям из нашего предварительного списка (20 компаний), мы увидим, что их число сократится до пяти. Продолжив анализ, мы сократим количество акций, выбранных из Stock Guide (450), до 15, отвечающим нашим требованиям (см. таблицу 15.1). Данная выборка, разумеется, дается лишь в качестве примера и совсем необязательно должна входить в портфель реального инвестора.

Дело в том, что у инвесторов, использующих наш метод, будет гораздо более широкий выбор. Применив наш подход ко всем 4500 компаниям, представленным в Stock Guide, мы получим около 150 компаний, отвечающих всем критериям отбора. На третьем этапе отбора активный инвестор может выбирать акции, основываясь на своем мнении и своих предпочтениях, включив в окончательный список, например, каждую пятую компанию из этого списка.

В справочнике Stock Guide есть раздел «Рейтинг по прибыли и дивидендам». Рейтинговые оценки выставляются с учетом стабильности и роста этих показателей на протяжении последних восьми лет. (Привлекательность цены акции здесь не учитывается.) В таблице 15.1 представлены соответствующие оценки S&P для выбранных нами акций. Десять из 15 акций имеют рейтинг B+ (средний), одна компания (American Maize) — рейтинг A (высокий). Если активный инвестор пожелает добавить количественный критерий, отбирая акции только тех компаний, которые Standard & Poor's оценивает как акции среднего или высокого инвестиционного уровня, у него все равно останется около 100 акций для дальнейшего отбора. Итак, мы можем сказать, что получили набор акций высокого или среднего инвестиционного уровня, отвечающих требованию удовлетворительного финансового состояния, торгующихся с низким мультипликатором прибыли и ниже удельной стоимости активов компании, — т. е. портфель акций, от которых инвестор вполне может ожидать удовлетворительных инвестиционных результатов.

Таблица 15.1. **Портфель акций промышленных компаний с низким значением коэффициента «цена/прибыль»** (пример)

Компании	Цена акций в декабре 1970 г., $	Прибыль на акцию (за последние 12 месяцев), $	Балансовая стоимость акции, $	Рейтинг S&P	Цена в феврале 1972 г., $
Aberdeen Mfg.	10,50	1,25	9,33	B	13,75
Alba-Waldensian	6,135	0,68	9,06	B+	6,75
Albert's Inc.	8,50	1,00	8,48	Нет рейтинга	14,00
Allied Milk	24,50	2,68	24,38	B+	18,25
Am. Maize Prod.	9,25	1,03	10,68	A	16,50
Am. Rubber & Plastics	13,75	1,58	15,06	B	15,00
Am. Smelt. & Ref.	27,50	3,69	25,30	B+	23,25
Anaconda	21,00	4,19	54,28	B+	19,00
Anderson Clayton	37,75	4,52	65,74	B+	52,50
Archer-Daniels-Mid.	32,50	3,51	31,35	B+	32,50
Bagdad Copper	22,00	2,69	18,54	Нет рейтинга	32,00
D.H. Baldwin	28,00	3,21	28,60	B+	50,00
Big Bear Stores	18,50	2,71	20,57	B+	39,50
Binks Mfg.	15,25	1,83	14,41	B+	21,50
Bluefield Supply	22,25	2,59	28,66	Нет рейтинга	39,50*

*С учетом дробления акций.

Единственный критерий для выбора обыкновенных акций

Вдумчивый читатель может поинтересоваться: а нельзя ли сформировать портфель с доходностью выше среднерыночной, применяя более простой, чем мы только что рассмотрели, метод? Можно ли в качестве единственного простого и надежного критерия отбора акций использовать низкое соотношение цены и прибыли, высокую дивидендную доходность или значительную величину активов? Мы предлагаем использовать два метода отбора акций, которые продемонстрировали хорошие и стабильные результаты в прошлом. Речь идет о таких методах, как (а) приобретение акций компаний-лидеров при низком значении коэффициента «цена/прибыль» (например, акций компаний, входящих в расчет индекса Доу–Джонса) и (б) выбор диверсифицированного набора акций, торгующихся ниже чистой стоимости текущих активов (или оборотного капитала компании). Мы уже отмечали, что использование в качестве критерия низкого мультипликатора прибыли для акций, входящих в расчет индекса Доу–Джонса, в конце 1968 г. оказалось нецелесообразным, учитывая результаты на середину 1971 г. Критерий покупки акций по цене ниже удельной стоимости оборотного капитала, приходящегося на акцию, работал неплохо. Проблема заключалась в том, что на протяжении большей части последнего десятилетия ему соответствовало слишком мало акций.

А что можно сказать по поводу остальных базовых критериев отбора акций? В процессе написания этой книги мы провели несколько экспериментов, чтобы выяснить, можно ли использовать каждый из них в качестве единственного. Данные, на которые мы опирались, можно найти в *Standard & Poor's Stock Guide*. Предполагалось, что портфель из 30 акций приобретается по ценам закрытия 1968 г. и затем переоценивается по состоянию на 30 июня 1971 г. Случайные выборки акций (не ограниченные бумагами, входящими в расчет индекса Доу–Джонса) производились по следующим критериям (каждый раз в расчет брался лишь один из них): 1) низкое значение коэффициента «цена/прибыль»; 2) высокая дивидендная доходность; 3) весьма продолжительная дивидендная история; 4) значительный размер компании, измеряемый количеством акций в обращении; 5) прочное финансовое положение; 6) низкая цена акции в долларовом выражении; 7) низкая цена относительно предыдущего ценового максимума; 8) высокий инвестиционный рейтинг в соответствии с классификацией Standard & Poor's.

Следует отметить, что в *Stock Guide* каждому из указанных показателей отводится как минимум одна графа. Это свидетельствует об уверенности издателя в том, что каждый из них играет важную роль в процессе отбора обыкновенных акций. (Как мы уже отмечали, нам было бы интересно рассмотреть также и показатель балансовой стоимости акции.)

Наша цель заключалась в том, чтобы оценить доходность этих произвольно выбранных акций. Мы также оценивали доходность трех портфелей, каждый из которых был сформирован из 30 акций, занимавших соответственно первые тридцать строк на разных страницах *Stock Guide* от 31 декабря 1968 г. и представленных также в справочнике от 31 августа 1971 г. За этот период индекс Standard & Poor's практически не изменился, а индекс Доу–Джонса упал всего на 5%. Но цена 90 случайно выбранных нами акций в среднем снизилась на 22% (не считая 19 акций, которые были исключены из справочника и которые, скорее всего, понесли более значительные потери). Эти результаты, несомненно, отражают тенденцию к сравнительной переоценке акций небольших компаний с низким качеством в период бычьего рынка. Такие акции не только переживают более серьезные спады, чем ценные бумаги более высокого инвестиционного уровня, но они и дольше восстанавливаются, причем зачастую период восстановления затягивается на неопределенное время. Мораль для разумного инвестора такова: не следует выбирать акции компаний второго эшелона, если (с точки зрения активного инвестора) они не являются бесспорно выгодными.

Другие результаты наших наблюдений можно обобщить следующим образом.

Доходность только трех из рассмотренных нами групп акций оказалась выше доходности фондового индекса Standard & Poor's Composite (и, следовательно, выше доходности индекса Доу–Джонса). Во-первых, это акции промышленных компаний, имевших самый высокий рейтинг (A+). Их цена за рассматриваемый период выросла на 9,5% на фоне падения отраслевого индекса Standard & Poor's Industrials на 2,4% и индекса Доу–Джонса на 5,6%. (В то же время цена 10 акций компаний коммунального сектора, имевших рейтинг A+, снизилась на 18%, а 55 акций, входящих в расчет отраслевого индекса Standard & Poor's Public Utility, — на 14%.) Следует отметить, что рейтинг Standard & Poor's проявил свою надежность в качестве единственного критерия отбора акций. Во всех случаях доходность портфеля акций, имевших более высокий рейтинг, была выше доходности портфеля акций, имевших более низкий рейтинг. Во-вторых, это акции крупных компаний, количество которых в обращении составляло более 50 млн. Цены акций этих компаний остались на прежнем уровне при незначительном снижении фондовых индексов. В-третьих, это, как ни странно, дорогие акции (по цене $100 и выше) — они показали небольшой (примерно на 1%) совокупный рост.

Помимо прочих, мы использовали и критерий балансовой стоимости акций. Данный показатель не представлен в *Stock Guide*. В этом случае мы обнаружили (и это шло в разрез с нашей теорией инвестирования), что доходность акций крупных компаний, отличающихся значительным компонентом гудвилла в рыночной цене, на протяжении 2,5-летнего периода держания в целом была высокой. («Компонентом гудвилла» мы называем часть цены сверх балансовой стоимости[9].) В наш список «гигантов гудвилла» вошли 30 компаний, для каждой из которых соответствующий компонент в рыночной цене превышал $1 млрд и составлял более половины рыночной стоимости. Суммарная капитализация «компаний гудвилла» в конце 1968 г. достигала более $120 млрд. Несмотря на столь высокие рыночные оценки, цена акций данной группы компаний с декабря 1968 г. по август 1971 г. в целом выросла еще на 15% (лучший результат среди протестированных нами групп).

Данное обстоятельство следует учитывать при выработке инвестиционной политики. Ясно, что акции крупных компаний, отличавшихся прекрасными показателями прибыли в прошлом, имеющих хорошие перспективы с точки зрения ожидаемого роста прибыли и на протяжении многих лет занимающих сильные позиции на рынке, обладают значительным «инерционным потенциалом». Даже если их цена является завышенной (в соответствии с нашими количественными стандартами), инерция фондового рынка будет продвигать их вверх довольно долгое время. (Разумеется, этого нельзя сказать об акциях каждой отдельной компании рассматриваемой категории. Например, цена акций IBM — бесспорного лидера по критерию гудвилла — за 30 месяцев упала с $315 до $304.) Трудно сказать, в какой степени указанное воздействие на фондовый рынок происходит под влиянием объективных причин, а в какой является следствием того, что компания долгое время пользовалась популярностью. Но, несомненно, важны оба фактора. Очевидно, и долгосрочная, и текущая рыночная динамика «гигантов гудвилла» говорит в пользу включения их акций в диверсифицированный инвестиционный портфель. И все же мы отдаем предпочтение другим группам акций, растущих вследствие благоприятных инвестиционных факторов, включая прочный фундамент в виде стоимости активов (она должна составлять не менее 2/3 рыночной цены).

Результаты экспериментов с использованием различных критериев в целом свидетельствуют о том, что доходность портфеля, сформированного из акций, удовлетворяющих какому-то одному требованию, превышает доходность портфеля, сформированного из акций, не удовлетворяющих данному требованию. Так, падение цен акций с низким значением коэф-

---

[9] С точки зрения Грэма, значительный компонент гудвилла имеет место в двух случаях: если корпорация приобретает другие компании по цене значительно ниже стоимости их активов или если ее собственные акции продаются значительно дороже балансовой стоимости.

фициента «цена/прибыль» оказалось не столь значительным, чем падение цен акций с высоким значением последнего. Аналогично убытки компаний, имеющих хорошую дивидендную историю, были ниже убытков компаний, не выплачивавших дивиденды по состоянию на конец 1968 г. Эти результаты подтверждают правильность наших рекомендаций относительно того, что отобранные акции должны отвечать нескольким количественным критериям.

В заключение следует прокомментировать более низкие показатели акций, включенных в наши списки, по сравнению с динамикой цен индекса Standard & Poor's. Последний рассчитывается с учетом удельного веса каждой компании (в зависимости от ее размера), в то время как наши расчеты основаны на использовании одной акции каждой компании. Естественно, более значительный удельный вес акций компаний-гигантов при расчете индекса Standard & Poor's приводит к огромному различию в результатах и в очередной раз свидетельствует о более высокой ценовой стабильности акций крупных компаний по сравнению с акциями рядовых предприятий.

«Выгодные» акции

В рамках описанных выше экспериментов мы не рассматривали результаты, полученные для списка из 30 акций, купленных по цене ниже чистой стоимости текущих активов. Дело в том, что в конце 1968 г. в *Stock Guide* такие акции можно было пересчитать по пальцам. Но ситуация изменилась после падения цен в 1970 г.; теперь многие акции можно было приобрести по цене, не превышающей стоимость оборотного капитала. Как и в прошлом, сегодня может показаться, что доходность диверсифицированного портфеля, сформированного из обыкновенных акций, приобретенных по цене ниже удельной стоимости чистых оборотных активов (т. е. стоимости активов компании без учета стоимости преимущественных требований; стоимость постоянных и прочих активов считаем нулевой), будет вполне удовлетворительной. Более 30 лет (с 1923 по 1957 г., за исключением самого тяжелого периода с 1930 по 1932 г.) практика подтверждала эффективность этого принципа инвестирования.

Могли ли инвесторы использовать такой подход и в начале 1971 г.? Пожалуй, да. Пролистав *Stock Guide*, мы найдем не менее 50 акций, которые можно приобрести по цене, не превышающей стоимость чистых оборотных активов. По итогам тяжелого 1970 г. многие из них показали неважные результаты. Даже если мы исключим акции компаний, объявивших о чистых убытках за последние 12 месяцев, в нашем распоряжении остается достаточно акций для формирования диверсифицированного портфеля.

В таблице 15.2 представлены данные по пяти акциям, торговавшимся по цене ниже удельной стоимости оборотного капитала[10] в 1970 г. Они дают пищу для размышлений относительно природы колебания рыночных цен. Почему известные компании, производящие товары, пользующиеся спросом, оцениваются рынком настолько низко, в то время как другие (с более высокими темпами роста прибыли, разумеется) стоят на миллиарды долларов дороже указанной в балансовом отчете стоимости? В старые добрые времена гудвилл как элемент нематериальных активов обычно ассоциировался с торговой маркой. Такие марки, как Lady Pepperell (постельное белье), Jantzen (купальники) и Parker (ручки), действительно являются весьма ценными активами. Но сегодня, если фондовый рынок невзлюбит компанию, полностью обесценится не только самая известная торговая марка, но и земля, здания, оборудование и все остальное. Как говорил Паскаль, у сердца свои законы, неподвластные разуму[11]. В нашем случае роль сердца играет фондовый рынок.

Таблица 15.2. **Акции известных компаний, торговавшиеся в 1970 г. по цене, не превышающей стоимость чистых оборотных активов, $**

Компании	Цена в 1970 г.	Стоимость чистых текущих активов в расчете на акцию	Балансовая стоимость акции	Прибыль в расчете на акцию в 1970 г.	Текущие дивиденды	Максимальная цена до 1970 г.
Cone Mills	13,000	18,0	39,3	1,51	1,00	41,50
Jantzen Inc.	11,125	12,0	16,3	1,27	0,60	37,00
National Presto	21,500	27,0	31,7	6,15	1,00	45,00
Parker Pen	9,250	9,5	16,6	1,62	0,60	31,25
West Point Pepperell	16,250	20,5	39,4	1,82	1,50	64,00

И еще одно важное замечание. Когда дела идут хорошо и новые выпуски акций раскупаются как горячие пирожки, на рынке часто появляются бумаги, качество которых можно считать нулевым. Они быстро находят покупателей; их цены часто взлетают до таких немыслимых высот (с точки зрения прибыли и объема активов), что Xerox, IBM и Polaroid нервно курят в сторонке. Уолл-стрит горячо приветствует это безумие, даже не пытаясь

[10] Удельная стоимость оборотного капитала в расчете на акцию обычно рассчитывается как разность между стоимостью текущих активов в расчете на акцию и величиной текущих обязательств в расчете на акцию, деленная на количество акций, находящихся в обращении. Однако здесь Грэм пишет о *чистой* стоимости оборотного капитала (стоимости текущих активов за вычетом *всех* обязательств в расчете на акцию).

[11] Эта поэтическая формулировка подвела черту под богословской дискуссией, развернувшейся во Франции и получившей название «пари Паскаля» (см. раздел «Комментарии к главе 20»).

взывать к разуму инвесторов и предотвратить неизбежный коллапс. (Комиссия по ценным бумагам и биржам США ограничивается требованием раскрытия информации, которая вряд ли интересует спекулянтов, или расследованиями и различного рода штрафными санкциями в случае явного нарушения закона.) Когда многие из этих микроскопических, но раздутых до неузнаваемости компаний исчезают из поля зрения, Уолл-стрит реагирует философски: что делать, таковы правила игры. Каждый инвестор зарекается играть в эти игры в будущем, но никогда не держит слово.

Вежливый читатель поблагодарит нас за лекцию, но спросит: так как же быть с «выгодными» акциями? Можно ли на них хорошо заработать, не принимая на себя серьезный риск? Конечно, можно, если вы найдете их в достаточном количестве для того, чтобы сформировать диверсифицированный портфель, и не потеряете самообладание, если они не начнут расти в цене сразу же после приобретения. Иногда может понадобиться немалое терпение. В предыдущем (1965 г.) издании книги в качестве примера мы рассматривали акции корпорации Burton-Dixie, которые продавались по $20 при удельной стоимости чистых оборотных активов $30 и балансовой стоимости около $50. Владение такими акциями не гарантировало немедленной прибыли. Но в августе 1967 г. компания предложила акционерам обратный выкуп акций по $53,25 за штуку, т. е. фактически по балансовой стоимости. Терпеливые инвесторы, купившие акции в марте 1964 г. по $20, через три с половиной года получили прибыль — 165%, т. е. их годовая доходность (без учета реинвестирования) составила 47%. Наш опыт показывает, что большинство «выгодных» акций приносят инвесторам хорошую прибыль гораздо быстрее, но эта прибыль оказывается ниже. Подобная ситуация была рассмотрена на примере National Presto Industries в главе 6.

«Особые случаи»

Рассмотрим коротко эти «особые случаи», поскольку, как мы уже писали выше, теоретически они входят в программу действий активного инвестора. Затем приведем несколько примеров и прокомментируем их с точки зрения полезности для внимательного активного инвестора.

Три таких «особых случая» имели место в начале 1971 г. Расскажем о них.

Случай 1. Приобретение компании Kayser-Roth корпорацией Borden. В январе 1971 г. корпорация Borden объявила о плане приобретения контрольного пакета акций компании Kayser-Roth (производство одежды), в соответствии с которым ее акции обменивались на акции Kayser-Roth в соотношении 1,33:1. На следующий день, после активных торгов, курс акций Borden составил $26, а курс акций Kayser-Roth — $28. Тот, кто приобрел

300 акций компании Kayser-Roth и продал 400 акций Borden при таких уровнях цен и довел сделку до конца, закрыв позиции на объявленных условиях, получил 24% доходности по инвестициям (без учета комиссионных и некоторых других издержек). Если предположить, что период полного закрытия сделки составил полгода, то окончательная величина полученной прибыли могла соответствовать доходности около 40% в годовом исчислении.

Случай 2. В ноябре 1970 г. компания National Biscuit выразила намерение приобрести контрольный пакет акций компании Aurora Plastics, предложив $11 за акцию. На тот момент акции последней стоили около $8,5. В конце месяца цена закрытия составила $9, и акции торговались на этом уровне до конца года. В данном случае валовая доходность, которая могла составить 25%, была подвержена временно́му риску и риску того, что сделка не будет завершена.

Случай 3. Руководство компании Universal Marion, которая прекратила операции, попросило своих акционеров одобрить роспуск предприятия. Финансовый директор компании объявил, что балансовая стоимость составляет $28,5 на акцию, и значительная часть этой балансовой стоимости ликвидна. В конце 1970 г. цена закрытия акций составила $21,5, т.е. возможная доходность инвесторов превышала бы 30%, если бы они получили полную балансовую стоимость.

Если возможная доходность такого рода операций, проводимых в рамках диверсифицированного портфеля с целью уменьшения риска, может составлять не менее 20%, то эти операции, бесспорно, представляют интерес для инвестора. Поскольку наша книга — не учебник для желающих научиться такому бизнесу (а это на самом деле именно бизнес), мы не будем подробно рассматривать «особые случаи».

Поговорим о двух противоположнонаправленных тенденциях в этой области, проявившихся в недавнем прошлом. С одной стороны, количество сделок, из которых можно было бы выбирать, сегодня значительно увеличилось по сравнению, скажем, с ситуацией десятилетней давности. Это стало следствием мании диверсификации через разного рода слияния и поглощения, охватившей американские корпорации. В 1969 г. количество объявлений о слиянии составило свыше 6000, в 1970 г. — «всего» 5000. Общий оборот по таким сделкам достигает миллиардов долларов. Возможно, лишь некоторые из 5000 объявленных сделок позволяют активному инвестору выгодно приобрести акции, но и эта часть достаточно значительна, чтобы надолго обеспечить его работой по изучению и отбору бумаг.

Но существует и другая сторона медали: выросло и количество объявленных слияний, которые на самом деле так и не были совершены. В таких случаях, конечно же, планируемой прибыли достичь не удается. Вместо прибыли инвестор обычно получает более или менее серьезные убытки. Причин неудач множество: это и вмешательство антимонопольных органов; и противодействие акционеров; и изменение рыночной конъюнктуры; и неприятные моменты, всплывающие при глубоком анализе поглощаемой компании; и неспособность прийти к соглашению по отдельным вопросам и т. д. Фокус состоит в том, чтобы научиться на основе опыта выявлять сделки, которые имеют больше шансов на успех, а также те из них, убыток по которым в случае провала будет минимальным[12].

Еще несколько комментариев к вышеприведенным примерам

Kayser-Roth. Когда данная глава уже была написана, стало известно, что совет директоров компании практически сразу же отклонил предложение Borden. Если бы инвестор немедленно после этого закрыл соответствующие позиции, его общие убытки с учетом комиссионных составили бы около 12% от стоимости купленных им акций Kayser-Roth.

Aurora Plastics. Из-за плохих результатов компании в 1970 г. условия сделки были пересмотрены и цена предложения снижена до $10,5. Акции были выкуплены в конце мая. Фактический уровень доходности в пересчете на годовой составил около 25%.

Universal Marion. Компания в короткие сроки распределила среди акционеров денежные средства из расчета $7 на акцию, таким образом уменьшив стоимость последней до $14,5. Однако затем цена акций упала до $13, поставив под сомнение окончательные результаты ликвидации.

В целом эти три примера полностью отражают возможности, существовавшие в сфере арбитражных и ликвидационных операций в 1971 г. Понятно, что в такие сделки нельзя входить наобум. Постепенно арбитражные операции становятся в основном уделом профессионалов, имеющих необходимый опыт и подготовку.

Интересным было дальнейшее развитие событий в истории с Kayser-Roth. В конце 1971 г. цена акций упала до $20, в то время как акции Borden торговались по $25, что соответствовало $33 для акций Kayser-Roth согласно предлагавшимся ранее условиям обмена. Такой дисбаланс свидетельствует о том, что либо руководство компании допустило огромную ошибку, отказавшись в свое время от поглощения, либо акции Kayser-Roth были теперь сильно недооценены фондовым рынком. Это интересный вопрос для финансового аналитика.

---

[12] Как мы уже писали в разделе «Комментарии к главе 7», арбитраж на слияниях абсолютно не подходит большинству индивидуальных инвесторов.

КОММЕНТАРИИ К ГЛАВЕ 15

> Легко жить в мире, руководствуясь мнением толпы; легко жить в одиночестве, руководствуясь собственным мнением. Но велик тот человек, который посреди толпы хранит с совершенной безмятежностью независимость одиночества.
>
> *Ральф Уальдо Эмерсон*

ПРАКТИКА, ПРАКТИКА И ЕЩЕ РАЗ ПРАКТИКА

Макс Хейн, основатель инвестиционного фонда Mutual Series Funds, любил повторять: «Все дороги ведут в Иерусалим». Этот великий мастер выбора акций имел в виду, что его собственный метод отбора, ориентированный на стоимость, — не единственный путь к успеху. В данном разделе мы рассмотрим несколько подходов к отбору акций, которые сегодня используют лучшие портфельные управляющие.

Прежде всего нелишне напомнить, что большинству инвесторов не обязательно отбирать акции отдельных компаний. Более того, иногда делать это и вовсе нежелательно. Раз уж это не всегда получается у большинства профессионалов, у любителей получится еще хуже. Подавляющее большинство инвесторов, пытающихся самостоятельно выбирать акции, рано или поздно понимают, что неважно справляются с этим делом. Успешные инвесторы приходят к такому выводу быстро, менее удачливые — спустя годы. Лишь немногим удается преуспеть, а остальным лучше довериться профессионалам — прежде всего индексным фондам.

Грэм советует инвесторам сначала потренироваться — ведь даже великие спортсмены и музыканты тренируются и репетируют перед каждым выступлением. Он рекомендует потратить примерно год на отслеживание и выбор акций, не покупая их[13]. Сегодня для этого можно использовать специальные

---

[13] Patricia Dreyfus, "Investment Analysis in Two Easy Lessons" (интервью Грэма), *Money*, июль 1976 г., с. 36.

программы (см. сайты www.morningstar.com, http://finance.yahoo.com, http://money.cnn.com/services/portfolio/ и www.marketocracy.com).

Апробация ваших методов до того, как вы начнете вкладывать в ценные бумаги реальные деньги, даст вам возможность совершать ошибки, не неся убытков; стать дисциплинированным и научиться избегать чрезмерной торговой активности; сравнить свои подходы с подходами успешных инвестиционных управляющих и выяснить, какие методы лучше всего подходят именно вам. И, главное, отслеживание результатов выбранных вами акций позволит воочию убедиться в том, что ваши суждения и интуиция могут вас подвести. Это заставит вас проанализировать причины своих успехов и неудач. Через год сравните свои результаты с тем, что вы имели бы на сегодняшний день, если бы вложили тогда свои деньги в индексный фонд S&P 500. Если эксперимент окончится неудачей и ваш воображаемый портфель окажется убыточным — ничего страшного, просто это значит, что активное инвестирование не для вас. Вложите свои сбережения в индексный фонд и не тратьте время на отбор акций.

Если же вам понравится экспериментировать и вы получите неплохую прибыль, можно постепенно формировать портфель акций. Но пусть вложения в него не превышают 10% общей стоимости ваших инвестиционных активов (остальные средства вложите в индексный фонд). И помните, что вы всегда можете выйти из игры, если утратите к ней интерес или перестанете получать прибыль.

ИСКАТЬ НУЖНО В ПРАВИЛЬНОМ МЕСТЕ

Как же найти лучшие акции? Используя такие сайты, как http://finance.yahoo.com и www.morningstar.com, можно выбирать акции по критериям, рассмотренным в главе 14. Можно использовать и другой подход, требующий больше терпения и профессионализма. В отличие от большинства участников рынка, самые успешные профессиональные инвесторы начинают интересоваться компанией не тогда, когда курс ее акций растет, а когда он падает. Кристофер Браун (Tweedy Browne Global Value Fund), Уильям Нигрен (Oakmark Fund), Роберт Родригес (FPA Capital Fund) и Роберт Торрей (Torray Fund) рекомендуют ежедневно изучать список новых 52-недельных минимумов, публикуемый в *The Wall Street Journal* или в разделе «Рынок за неделю» (Market Week) в журнале *Barron's*. С помощью этих списков вы найдете немодные или непопулярные акции и отрасли. На них можно неплохо заработать, если отношение рынка к ним изменится.

Кристофер Дэвис (Davis Funds) и Уильям Миллер (Legg Mason Value Trust) при отборе акций особое внимание уделяют росту коэффициента рентабельности инвестированного капитала (returns on invested capital, ROIC), показывающей, насколько эффективно компания генерирует «прибыль собственника» (выражение Уоррена Баффетта, см. врезку далее)[14].

Инвестиционные управляющие Уильям Нигрен (Oakmark) и Мейсон Хокинс (Longleaf Partners) оценивают стоимость отдельных бизнесов компании по аналогии, т. е. учитывая цены, по которым в разное время покупались сопоставимые бизнесы. Для индивидуального инвестора такая работа слишком трудоемка и сложна. Начать ее можно с просмотра раздела «Business Segments» в примечаниях к годовому отчету компании, где обычно указываются направления деятельности, выручка и прибыль каждого подразделения. (Полезно также просмотреть раздел «Management Discussion and Analysis».) Далее в таких базах данных, как Factiva, ProQuest и LexisNexis, можно поискать примеры других компаний тех же отраслей, которые недавно были приобретены. Можно также использовать базу данных EDGAR на сайте www.sec.org, чтобы найти последние годовые отчеты и рассчитать соотношение между ценой покупки и заработанной прибылью. Полученные данные позволяют определить, сколько готов платить корпоративный покупатель за аналогичное подразделение компании, в которую вы собираетесь вложить свои деньги.

Проанализировав каждое подразделение компании в отдельности, вы сможете определить соотношение между ее реальной и рыночной стоимостью. Например, Мейсон Хокинс (Longleaf) любит искать, как он выражается, «доллары по 60 центов», т. е. компании, акции которых продаются по цене, составляющей не более 60% реальной стоимости бизнеса (по оценке Хокинса). Это помогает обеспечить «запас надежности», на необходимости которого настаивает Грэм.

КТО В ДОМЕ ХОЗЯИН?

Помимо прочего, самые успешные профессиональные инвесторы стремятся убедиться в том, что компанией управляют люди, которые, по словам Уильяма Нигрена (Oakmark), «мыслят не только как менеджеры, но и как собственники». Сделать это можно, ответив на два простых вопроса: легко ли понять финансовые отчеты компании и являются ли «чрезвычайные» или «разовые» расходы таковыми на самом деле или же фигурируют в отчетах компании с завидным постоянством?

Мейсон Хокинс (Longleaf) ищет руководителей компаний, которые являются «добросовестными партнерами» — т. е. таких, которые откровенно говорят о проблемах, имеют четкие планы относительно использования текущих и будущих денежных потоков и владеют значительными пакетами акций

[14] См. раздел «Комментарии к главе 11».

ОТ ПРИБЫЛИ НА АКЦИЮ К КОЭФФИЦИЕНТУ РЕНТАБЕЛЬНОСТИ ИНВЕСТИРОВАННОГО КАПИТАЛА

В последние годы показатель чистой прибыли в расчете на акцию исказил истинное положение дел в компании. Причина заключалась в широком распространении акционерных опционов и бухгалтерских уловок при расчете расходов и доходов компании. Чтобы понять, какой доход компания приносит на самом деле, заменим показатель прибыли на акцию коэффициентом рентабельности инвестированного капитала. Для расчета этого показателя Кристофер Дэвис (Davis Funds) использует следующую формулу.

$$\text{Рентабельность инвестированного капитала} = \frac{\text{Прибыль собственника}}{\text{Инвестированный капитал}}.$$

Прибыль собственника и инвестированный капитал рассчитываются следующим образом.

Прибыль собственника =
= операционная прибыль +
+ амортизация материальных активов +
+ амортизация нематериальных активов –
– федеральный налог на прибыль (который выплачивается по средней для компании ставке) –
– стоимость акционерных опционов –
– капиталовложения, необходимые для поддержания текущего уровня конкурентоспособности компании, –
– любая прибыль, полученная в результате более высокой по сравнению с ожидаемой доходностью пенсионного фонда, которая не может поддерживаться на протяжении длительного времени (в 2003 г. — любая дополнительная прибыль сверх доходности в 6,5%).

Инвестированный капитал =
= совокупные активы –
– денежные средства (а также краткосрочные инвестиции и беспроцентные текущие обязательства) +
+ прошлые бухгалтерские списания, которые уменьшают инвестированный капитал.

Коэффициент рентабельности инвестированного капитала более надежен: он показывает, сколько фактически зарабатывает компания в результате операционной деятельности (после вычета обоснованных расходов) и насколько эффективно она использует деньги акционеров для генерирования прибыли. Акции компании привлекательны, если отдача рентабельности инвестированного капитала составляет не менее 10%. Они могут быть привлекательными, даже если этот показатель составляет 6–7% (при условии, что компания владеет известными торговыми марками, а ее менеджмент достаточно эффективен).

своих компаний (желательно приобретенными за деньги, а не полученными через акционерные опционы). «Мы не вкладываем деньги в компании, менеджеры которых чаще говорят не о бизнесе, а о курсе акций», — говорит Роберт Торрей из инвестиционного фонда Torray Fund. А Кристофер Дэвис (Davis Funds) отдает предпочтение компаниям, которые расходуют на акционерные опционы не более 3% всех выпущенных акций.

Говард Шоу, управляющий инвестиционным фондом Vanguard Primecap Fund, внимательно следит за заявлениями компаний и за тем, как эти заявления реализуются на практике. «Нам важно знать, — говорит он, — не только то, как руководители компаний относятся к акционерам, но и честны ли они перед самими собой». (Если босс кричит, что все идет отлично, когда бизнес трещит по швам, будьте осторожны!) Сегодня вы можете участвовать в регулярных телеконференциях компании, даже если владеете всего несколькими ее акциями. Чтобы узнать о времени проведения конференций, позвоните в отдел по связям с инвесторами в штаб-квартиру компании или зайдите на ее сайт.

Роберт Родригес (FPA Capital Fund) внимательно читает последние страницы годовых отчетов компаний, где перечисляются руководители подразделений. Высокая текучесть управленческих кадров в первый год-два после прихода нового генерального директора — нормально. Скорее всего, новый босс очищает дерево от мертвых веток. Но если текучка продолжается и в дальнейшем, это может свидетельствовать о наличии в компании серьезных проблем.

СЛЕДИТЕ ЗА ДОРОГОЙ

Разумеется, мы показали далеко не все дороги, которые ведут в Иерусалим. Некоторые известные портфельные управляющие, такие как Дэвид Дреман (Dreman Value Management) и Мартин Уитмэн (Third Avenue Funds), в первую очередь обращают внимание на акции компаний с очень низким отношением цены к активам, прибыли или денежным потокам. Другие, такие как Чарльз Ройс (Royce Funds) и Джоэл Тиллингаст (Fidelity Low-Priced Stock Fund), охотятся за недооцененными акциями компаний с малой капитализацией. Во врезке ниже рассказывается о том, как выбирает акции самый уважаемый на сегодняшний день инвестор — Уоррен Баффетт.

ПОДХОД УОРРЕНА БАФФЕТТА

Лучший из учеников Грэма — Уоррен Баффетт — стал самым успешным инвестором в мире благодаря новаторскому применению на практике идей Грэма. Баффетт и его партнер Чарльз Мунгер используют предложенную Грэмом концепцию «запаса надежности» в сочетании с беспристрастным отношением к рынку и собственным подходом, в основе которого лежит оценка будущего роста компании. Суть подхода Баффетта заключается в следующем.

Уоррен Баффетт, по его словам, ищет франчайзинговые компании с сильным потребительским брендом, простым и понятным бизнесом, крепким финансовым положением и почти монопольной позицией на своем рынке. К таким компаниям можно отнести H&R Block, Gillette и Washington Post. Баффетту нравится покупать акции компаний, переживающих катаклизмы (это может быть внезапно разгоревшийся скандал, крупные убытки и т.д.). Именно так он купил акции Coca-Cola вскоре после катастрофически неудачного вывода на рынок нового продукта New Coke и краха фондового рынка в 1987 г. Он предпочитает видеть в руководстве компаний менеджеров, которые ставят перед собой реалистичные цели и достигают их; развивают бизнес изнутри, а не за счет приобретений; разумно используют капитал и не кладут в свой карман сотни миллионов долларов посредством акционерных опционов. Баффетт настаивает на необходимости постоянного роста прибыли компании, ибо только в этом случае в будущем компания будет стоить больше, чем сегодня.

В своих годовых отчетах на сайте www.berkshirehathaway.com Баффетт делится своими мыслями со всеми желающими. Вероятно, никакой другой инвестор, включая Грэма, не говорил более открыто о своих подходах и не писал более убедительных эссе. (Вот одно классическое высказывание Баффетта: «Если менеджеры, имеющие блестящую репутацию, используют уважаемую компанию в грязных целях, страдает репутация менеджеров, а не компании».) Каждый разумный инвестор может и должен учиться у этого великого мастера.

Можно использовать и такой подход: посмотрите, кто из известных инвестиционных управляющих держит те же акции, что и вы. Узнав одно-два имени, зайдите на сайты соответствующих инвестиционных фондов и скачайте последние отчеты. Посмотрите, какие еще акции включают в портфели своих фондов эти менеджеры. Так вы поймете, что общего между этими акциями. Прочитав комментарии менеджеров, вы сможете усовершенствовать свой собственный подход[15].

Независимо от подхода к отбору акций, успешных профессионалов отличают два качества. Во-первых, они дисциплинированны, последовательны и не меняют подход, если он выходит из моды. Во-вторых, они думают о том, что они делают и как они это делают, не обращая внимания на то, что делает фондовый рынок.

[15] Сегодня издается множество информационных бюллетеней, посвященных анализу профессиональных портфелей, но большинство из них — макулатура, на которую не стоит тратить время и деньги даже самым активным инвесторам. Единственное приятное исключение (для тех, кто готов раскошелиться) — бюллетень *Outstanding Investor Digest* (www.oid.com).

ГЛАВА 16

Конвертируемые ценные бумаги и варранты

В последние годы при выпуске «старших» бумаг компании уделяют особое внимание конвертируемым облигациям и привилегированным акциям. Растет и выпуск *опционов на биржевые варранты*[1] — долгосрочных прав на покупку акций по заранее установленным ценам. Так, более половины привилегированных акций, указанных в справочнике *Stock Guide* агентства Standard & Poor's, являются конвертируемыми. Корпоративные облигации, выпущенные на протяжении 1968–1970 гг., также были конвертируемыми. На Американской фондовой бирже торгуются по меньшей мере 60 различных серий варрантов. В 1970 г. на Нью-Йоркской фондовой бирже впервые в истории были зарегистрированы долгосрочные варранты, дающие право на приобретение 31,4 млн акций компании American Tel. & Tel. по $52 за акцию. Сейчас «Матушка Белл» (как ласково называют эту компанию) возглавляет постоянно растущий список эмитентов варрантов. Компании не просто выпускают, а буквально фабрикуют варранты, о чем мы поговорим далее[2].

Поскольку конвертируемые ценные бумаги значительно «старше» варрантов, сначала мы проанализируем именно их. Для инвестора важны две вещи. Во-первых, как их ранжировать с точки зрения инвестиционных возможностей и рисков? Во-вторых, как их выпуск влияет на стоимость соответствующих обыкновенных акций?

Конвертируемые ценные бумаги считаются выгодными как для инвестора, так и для компании-эмитента. Облигации и привилегированные акции — надежный объект вложений. Кроме того, вкладывая в них деньги, инвестор получает возможность выиграть от роста курса акций, если

---

[1] См. сноску 9 в главе 20. Понятие «опционы на биржевые варранты» (common stock option warrant) Грэм использует как синоним понятия «варрант». — *Прим. ред.*

[2] Как будет показано далее в данной главе, Грэм весьма скептически относится к варрантам.

таковой будет иметь место. А компания-эмитент привлекает капитал при сравнительно небольших расходах (проценты по облигациям и дивиденды по привилегированным акциям), причем, начав процветать, она сможет избавиться от облигаций, обменяв их на обыкновенные акции. Таким образом, обе стороны остаются в выигрыше.

На первый взгляд кажется, что утверждения, содержащиеся в предыдущем абзаце, противоречат друг другу. Действительно, трудно представить такой финансовый инструмент, который был бы выгоден одновременно обеим сторонам — и эмитенту, и инвестору. Как правило, получая возможность конверсии, инвестор должен пожертвовать либо качеством, либо доходностью, либо тем и другим [1]. И наоборот, привлекая финансовые ресурсы сравнительно недорого (в связи с возможностью конвертации), компания снижает будущую прибыль на акцию. На эту тему можно долго спорить, приводя аргументы и за, и против. Но, взвесив все, мы придем к выводу, что конвертируемые ценные бумаги мало чем отличаются от любых других их видов и в этом смысле сами по себе они не являются ни чрезмерно привлекательными, ни наоборот. Все будет зависеть от совокупности факторов, влияющих на конкретный выпуск ценных бумаг[3].

Но мы также знаем, что доходность конвертируемых ценных бумаг, выпускаемых на излете бычьего рынка, в принципе обречена оставаться низкой. (К сожалению, в прошлом большинство компаний привлекали финансовые ресурсы за счет выпуска конвертируемых бумаг именно в «горячие» периоды, когда на рынке царил оптимизм.) Из-за неудачного момента для эмиссии результаты неизбежно оказываются плохими, поскольку серьезный спад на рынке неизменно приводит к снижению привлекательности конверсионных привилегий и подчас ставит под сомнение надежность самих ценных бумаг[4]. Рассмотрим пример взаимовлияния динамики цен

---

[3] Грэм имеет в виду, что конвертируемые облигации, которые рекламируются как «по определению лучшие во всех отношениях», на самом деле таковыми не являются. Высокая доходность редко сочетается с низким уровнем риска. То, что Уолл-стрит одной рукой дает, другой обычно отнимает. Инвестиционный инструмент может быть лучшим в одном отношении и худшим — в другом. Но «лучшим во всех отношениях» он быть не может.

[4] По данным Goldman Sachs и Ibbotson Associates, с 1998 по 2002 г. годовая доходность конвертируемых ценных бумаг в среднем составляла 4,8%. Этот показатель был намного выше показателя акций американских компаний (убыток 0,6%), но значительно ниже показателей среднесрочных (7,5%) и долгосрочных (8,3%) корпоративных облигаций. По информации компании Merrill Lynch, в середине 1990-х гг. ежегодный объем выпуска конвертируемых ценных бумаг достигал примерно $15 млрд. К 1999 г. объем новых выпусков увеличился более чем вдвое — до $39 млрд. В 2000 г. было выпущено конвертируемых ценных бумаг на $58 млрд, в 2001 г. — еще на $105 млрд. Грэм предупреждает, что всплеск новых выпусков конвертируемых ценных бумаг обычно происходит ближе к концу бычьего рынка. Это объясняется прежде всего тем, что в этот период доходность акций даже компаний с низким рейтингом достигает

конвертируемых и обычных (неконвертируемых) привилегированных акций, выпущенных в 1946 г., последнем году бычьего рынка (таблица 16.1). Этот пример содержался в первом издании данной книги.

Таблица 16.1. **Динамика цен новых выпусков привилегированных акций, размещенных в 1946 г.**

Изменение между ценой размещения и минимальной ценой в июле 1947 г.	Количество выпусков	
	Неконвертируемые ценные бумаги	Конвертируемые ценные бумаги и бумаги, дающие право участия в прибыли
Не было падения	7	0
Падение, %		
0–10	16	2
10–20	11	6
20–40	3	22
40 и более	0	12
Итого	37	42
Падение в среднем, %	Около 9	Около 30

Сравнить результаты за период с 1967 по 1970 г. сложно, поскольку в то время фактически не было новых эмиссий неконвертируемых акций. Но нетрудно заметить, что в среднем падение курсов конвертируемых привилегированных акций с декабря 1967 г. по декабрь 1970 г. было более значительным, чем падение курса обыкновенных акций в целом (их цены упали только на 5%). Кроме того, результаты конвертируемых ценных бумаг были немного хуже результатов «старых» выпусков неконвертируемых привилегированных акций (в период с декабря 1968 г. по декабрь 1970 г.), как показано в таблице 16.2 на основе выборок, включающих по 20 акций. Данные таблицы показывают, что качество «старших» конвертируемых ценных бумаг было сравнительно невысоким, причем они зависели от обыкновенных акций, показатели которых в целом были ниже среднерыночных (за исключением периода спекулятивного роста). Однако данные таблицы, конечно же, применимы не ко всем выпускам конвертируемых ценных бумаг. В 1968 и 1969 гг. многие компании, занимавшие сильные позиции на рынке, использовали конвертируемые ценные бумаги, чтобы не платить слишком высокие процентные платежи, характерные в той ситуации даже для первоклассных облигаций. Примечательно, однако, что даже в нашей небольшой выборке (20 конвертируемых привилегированных акций) только в одном случае наблюдался рост цены, а в 14 — значительное падение[5].

достаточно высокого уровня, благодаря чему возможность конверсии становится привлекательной.

[5] Вследствие структурных сдвигов, произошедших в последние годы на рынке конвертируемых ценных бумаг, критические выпады Грэма отчасти утратили свою актуаль-

Таблица 16.2. **Динамика цен привилегированных акций, обыкновенных акций и варрантов**
(декабрь 1970 г. по сравнению с декабрем 1968 г., на основе случайных выборок, включающих по 20 акций)

	Неконвертируемые привилегированные акции		Конвертируемые привилегированные акции	Зарегистрированные обыкновенные акции	Зарегистрированные варранты
	с рейтингом А или выше	с рейтингом ниже А			
Рост,	2	0	1	2	1
Падение, %					
0–10	3	3	3	4	0
10–20	14	10	2	1	0
20–40	1	5	5	6	1
40 и более	0	0	9	7	18
Падение в среднем, %	10	17	29	33	65

Примечание. Индекс S&P 500 снизился на 11,3%.

Данные цифры говорят совсем не о том, что конвертируемые ценные бумаги (как может показаться) по сути менее привлекательны для инвестора, чем неконвертируемые. Это не так. При прочих равных условиях их вполне можно считать привлекательными. Но всем очевидно, что на практике эти «прочие условия» редко бывают «равными» и что наличие конверсионной привилегии зачастую (а возможно, и всегда) указывает на отсутствие внутреннего инвестиционного качества этих ценных бумаг.

Разумеется, конвертируемые ценные бумаги справедливо считаются более надежными, чем обыкновенные акции той же компании, поскольку они связаны с меньшим риском потери основной суммы инвестированного капитала. Поэтому те, кто приобретает новые конвертируемые ценные бумаги вместо соответствующих обыкновенных акций, поступают вполне логично. Но в большинстве случаев начинать с покупки обыкновенных акций по установившимся ценам неразумно, и покупка вместо них конвертируемых привилегированных акций не спасает положения. Кроме того, значительная доля конвертируемых ценных бумаг скупалась инвесторами,

---

ность. Доля конвертируемых привилегированных акций на рынке конвертируемых ценных бумаг, которая во времена Грэма составляла около 50%, сегодня снизилась до 0,125%. Период погашения сократился, волатильность конвертируемых облигаций, соответственно, снизилась. При этом многие из них теперь имеют «защиту от досрочного выкупа» (эмитент не имеет права проводить обратный выкуп в течение определенного периода после эмиссии). К тому же сегодня более половины конвертируемых ценных бумаг — это бумаги инвестиционного уровня (их кредитное качество со времен Грэма повысилось). Так, в 2002 г. индекс Merrill Lynch All U.S. Convertible Index снизился всего на 8,6%, тогда как S&P 500 обвалился на 22,1%, а NASDAQ Composite — на 31,3%.

которые не были заинтересованы в покупке обыкновенных акций или не испытывали к ним доверия (т.е. в тот момент они ни за что не купили бы обыкновенные акции), но не смогли устоять перед искушением приобрести ценные бумаги, дающие одновременно преимущественное право и конверсионную привилегию. Иногда эта комбинация срабатывала, но, судя по статистическим данным, чаще оказывалась ловушкой.

В связи с владением конвертируемыми ценными бумагами возникает специфическая проблема, которую не осознает большинство инвесторов. Дело в том, что, даже если динамика рынка позволяет получать прибыль, возникает вопрос: стоит ли продавать конвертируемые бумаги, как только они начинают приносить небольшую прибыль, или лучше держать их, ожидая ее роста? И что делать инвестору в случае отзыва выпуска (что часто случается при значительном росте курса обыкновенных акций) — продавать бумаги или конвертировать в обыкновенные акции и держать их?[6]

Рассмотрим конкретный пример. Допустим, вы купили 6%-ные облигации по номинальной стоимости 100, которые можно конвертировать в акции, получив 40 акций на каждую $1000 облигаций, т.е. приобретая акции по $25. Если курс акций вырастет до $30, цена облигаций автоматически поднимется минимум до 120, поэтому они будут торговаться по 125. Вы можете продолжать держать облигации или продать их. Если вы выбираете первый вариант в надежде на дальнейший рост курса, то оказываетесь в положении держателя обыкновенных акций, поскольку, если курс акций снизится, рыночная цена ваших облигаций также автоматически упадет. Консервативный инвестор, скорее всего, согласится с тем, что при цене выше 125 его позиция становится высокоспекулятивной, и потому продаст облигации, получив неплохую прибыль (25%).

Казалось бы, все хорошо, но что дальше? Если инвестор продает облигации по 125 и при этом курс обыкновенных акций продолжает расти, что автоматически приводит к росту цен конвертируемых облигаций, он начинает жалеть, что продал облигации так рано. В следующий раз он решит придержать облигации, пока их цена не вырастет до 150 или даже до 200. Курс поднимается до 140. Инвестор продолжает держать облигации. А дальше на рынке начинается спад, и рыночная стоимость облигаций снижается до 80. И инвестор начинает переживать, что опять все сделал неправильно.

Помимо переживаний из-за неправильных решений (а они практически неизбежны), при проведении операций с конвертируемыми ценными бума-

[6] Отзыв (досрочный выкуп) облигации — принудительный выкуп облигации эмитентом до наступления установленного срока погашения или до окончательной выплаты процентных платежей. Краткий обзор механизма выпуска и обращения конвертируемых облигаций дается в сноске 17 в разделе «Комментарии к главе 16».

гами возникает еще одна, теперь уже арифметическая, проблема. Инвестор может исходить из того, что строгое и последовательное соблюдение политики продаж конвертируемых ценных бумаг при получении 25–30%-ной доходности во многих случаях является оправданным. Таким образом, он устанавливает для себя верхнюю планку доходности, которая, однако, будет достигнута, только если курс облигаций вырастет до прогнозируемых высоких значений. Но если (как это часто бывает на практике) конвертируемые облигации не обеспечены сильными обыкновенными акциями и к тому же выпускаются и приобретаются на последних стадиях бычьего рынка, большинству из них не удастся вырасти в цене до 125. Следует также иметь в виду, что им не удастся избежать потерь рыночной стоимости при спаде на фондовом рынке. Поэтому заманчивые возможности, возникающие при работе с конвертируемыми ценными бумагами, на практике оказываются иллюзорными. Опыт показывает, что на рынке конвертируемых ценных бумаг инвесторы столь же часто несут убытки (в лучшем случае временного характера), как и получают прибыль.

Из-за чрезвычайно продолжительного бычьего рынка 1950–1968 гг. конвертируемые ценные бумаги на протяжении 18 лет в целом показывали хорошую доходность. Но это свидетельствует лишь о том, что котировки большинства обыкновенных акций значительно выросли, что, в свою очередь, благоприятно отразилось и на большинстве конвертируемых ценных бумаг. Выгода от инвестирования в конвертируемые бумаги может быть доказана только их удовлетворительным состоянием в периоды спада на фондовом рынке, однако в целом их доходность в такие периоды разочаровывала инвесторов[7].

В первом издании этой книги (1949 г.) мы рассматривали вопрос о том, что делать инвестору, если цена конвертируемой бумаги растет, на конкретном примере. Мы считаем, что этот пример и сегодня сохраняет свою актуальность. Как и некоторые другие примеры, он взят из нашего личного опыта. Мы вошли в число избранных (в основном это были инвестиционные фонды), сподобившихся участвовать в частном размещении облигаций компании Eversharp с доходностью 4,5% по номинальной стоимости, конвертируемых в обыкновенные акции по цене $40. После этого акции стремительно выросли в цене до $65,5, а затем (после дробления в соотношении 3:2) — до эквивалента $88. При такой цене акций стоимость соответствующих конвертируемых облигаций возрастала как минимум до 220. На протяжении этого периода два выпуска облигаций были отозваны

[7] В последние годы в периоды спада на фондовом рынке доходность конвертируемых ценных бумаг обычно была выше доходности индекса Standard & Poor's 500, но ниже доходности по другим облигациям. Это отчасти делает критические замечания Грэма по этому поводу не столь актуальными.

с рынка с небольшой премией, поэтому практически все оставшиеся были конвертированы в обыкновенные акции и осели в портфелях инвестиционных фондов, изначально купивших конвертируемые долговые обязательства. Но затем курс акций начал резко падать, и в марте 1948 г. цена одной акции составила всего $7,375. В это же время рыночная стоимость конвертируемых облигаций упала до 27, потеряв 75%. Сравните с уровнем доходности (более 100%), достигнутым немного ранее.

Главное в этой истории — то, что некоторые первоначальные покупатели облигаций конвертировали их в акции и владели ими во время серьезного спада. Тем самым они нарушили одно из старых правил Уолл-стрит, гласившее: «Никогда не конвертируй конвертируемые бумаги». Откуда взялся такой совет? Дело в том, что при конвертации вы теряете стратегическую комбинацию преимущественного права и возможности получить хорошую прибыль. По большому счету, вы перестаете быть инвестором и превращаетесь в спекулянта, причем зачастую в самый неудачный момент (когда курс акций перестает расти). Но если правило «никогда не конвертировать конвертируемые бумаги» обосновано, почему опытные управляющие инвестиционных фондов обменяли облигации Eversharp на акции, обрекая себя на убытки? Вне всякого сомнения, их прельстили прогнозы компании и «выгодная рыночная позиция» акций. На Уолл-стрит придумали много разумных правил, но о них забывают именно тогда, когда они больше всего нужны[8]. По этому поводу на Уолл-стрит шутят: «Делай, как я говорю, а не как я делаю».

В целом наше отношение к новым выпускам конвертируемых облигаций таково: мы им не доверяем. Иными словами, инвестор должен хорошенько подумать, прежде чем покупать их. Тщательно проанализировав ситуацию, он может найти какие-то исключительные выпуски, от которых не стоит отказываться. Но, несомненно, идеальный вариант для инвестора — это хорошо обеспеченный выпуск облигаций, конвертируемых в привлекательные сами по себе обыкновенные акции, причем по цене, лишь незначительно превышающей текущие рыночные цены. Время от времени появляются новые выпуски конвертируемых облигаций, отвечающие таким требованиям. В силу природы рынка ценных бумаг такие облигации следует искать скорее среди «старых» выпусков, занимающих прочные позиции. (Если новый выпуск конвертируемых облигаций достаточно силен, он, очевидно, не будет обладать привлекательной конверсионной привилегией.)

---

[8] Эту фразу можно было бы использовать в качестве эпитафии на могиле бычьего рынка 1990-х гг. Игроки фондового рынка забыли, в частности, о двух правилах разумного инвестора: о том, что деревья не растут до небес, и о том, что быки и медведи делают деньги, а свиньи годятся только на мясо.

Практика использования конвертируемых ценных бумаг компанией American Telephone & Telegraph наглядно показывает: эти бумаги что-то дают инвестору, а что-то у него отнимают. С 1913 по 1957 г. компания активно прибегала к такому способу финансирования и осуществила минимум девять эмиссий конвертируемых облигаций, большинство которых продавалось по подписке. Конвертируемые облигации давали компании одно важное преимущество — возможность предложить ценные бумаги более широкому кругу покупателей, чем в случае выпуска акций. Дело в том, что облигации пользуются популярностью у многих финансовых организаций, управляющих гигантскими активами, но не имеющих права инвестировать в акции. Процентная доходность рассматриваемых облигаций в целом была вдвое ниже соответствующей дивидендной доходности акций — фактор, который нивелировал значение преимущественного права держателей облигаций. Поскольку компания выплачивала дивиденды на уровне $9 на протяжении 40 лет (с 1919 г. до дробления акций в 1959 г.), практически все облигации были конвертированы в обыкновенные акции. Таким образом, покупатели конвертируемых облигаций на протяжении многих лет получали приличный доход, но он был ниже дохода, который они получили бы в случае покупки акций. Данный пример свидетельствует о мудрости руководства American Telephone & Telegraph, но не об истинной привлекательности конвертируемых облигаций. Чтобы доказать их выгодность на практике, придется поискать достаточное количество примеров того, что конвертируемые облигации могут работать хорошо, несмотря на неважные параллельные результаты соответствующих обыкновенных акций. Но, увы, найти такие примеры непросто[9].

Влияние конвертируемых ценных бумаг на статус обыкновенных акций

Во многих случаях эмиссия конвертируемых ценных бумаг осуществляется в связи со слияниями и поглощениями. Наверное, самый известный пример — выпуск корпорацией NVF 5%-ных облигаций на сумму примерно $100 млн (плюс варранты), чтобы обменять на них большую часть обыкновенных акций компании Sharon Steel. Эта необычная сделка более подробно будет рассмотрена в следующей главе. В результате таких операций компания формально увеличивает показатель прибыли на акцию. Благодаря этому (а также потому, что руководство компании демонстрирует предпри-

[9] Корпорация American Telephone & Telegraph больше не является крупным эмитентом конвертируемых облигаций. Сегодня крупнейшие компании-эмитенты конвертируемых облигаций — General Motors, Merrill Lynch, Tyco International и Roche.

имчивость и способность заработать больше денег для акционеров) акции, в свою очередь, растут в цене[10]. Но есть два фактора, которые сводят на нет все эти приятные моменты. Первый фактор участники рынка игнорируют почти всегда, второй — в ситуациях, когда на рынке царит оптимизм. Первый фактор связан с тем, что при выпуске новых конвертируемых ценных бумаг происходит размывание имеющихся акций и фактическое снижение удельных значений текущей и будущей прибыли на акцию. Для определения «размытого» показателя прибыли необходимо взять последнюю прибыль компании и скорректировать ее удельное значение с учетом того, что владельцы всех выпущенных конвертируемых ценных бумаг воспользовались конверсионной привилегией. Для большинства компаний снижение прибыли на акцию будет незначительным. Но существует множество исключений из этого правила, и мы опасаемся, что их количество вырастет до неприемлемо высокого уровня. Особенно широко практику выпуска конвертируемых ценных бумаг использовали быстро расширяющиеся «конгломераты». В таблице 16.3 представлены данные по семи компаниям, выпустившим существенные объемы конвертируемых бумаг и варрантов и таким образом подвергших свои обыкновенные акции риску значительного размывания[11].

Таблица 16.3. **Компании, выпустившие существенные объемы конвертируемых ценных бумаг и варрантов** (по состоянию на конец 1969 г.)

Компании	Количество обыкновенных акций в обращении, тыс.	Дополнительное количество обыкновенных акций, подлежащих выпуску под			
		Конвертируемые облигации, тыс.	Конвертируемые привилегированные акции, тыс.	Варранты, тыс.	Всего, тыс.
Avco Corp.	11 470	1 750	10,436	3 085	15 271
Gulf & Westrn Inc.	14 964	9 671	5 632	6 951	22 260
International Tel & Tel.	67 393	190	48 115		48 305
Ling-Temco-Vought	4 410*	1 180	685	7 564	9 429
National General	4 910	4 530		12 170	16 700
Northwest Industries**	7 433		11 467	1 513	12 980
Rapid American	3 591	426	1 503	8 000	9 929

* Включая ценные бумаги со специальными правами.

** По состоянию на конец 1970 г.

[10] «Гипотетические» (pro forma) финансовые показатели подробно рассматриваются в разделе «Комментарии к главе 12».

[11] В последние годы конвертируемые облигации широко используют финансовые и высокотехнологичные компании, а также компании сектора здравоохранения.

Смена предпочтений: от обыкновенных акций к привилегированным

В течение нескольких десятилетий (до середины 1950-х гг.) доходность обыкновенных акций превышала доходность привилегированных, выпущенных теми же компаниями. Эта закономерность наблюдалась при реализации конверсионной привилегии на условиях, близких к сложившимся на рынке. Но в настоящее время наблюдается обратная закономерность. Сегодня на рынке обращается значительное количество конвертируемых привилегированных акций, которые, несомненно, более привлекательны, чем соответствующие обыкновенные акции. Владельцы последних, которым нечего терять, кроме сомнительной доходности, могут воспользоваться возможностью заработать дополнительную прибыль, переведя свои средства в «старшие» ценные бумаги.

Пример. В качестве типичного примера рассмотрим положение корпорации Studebaker-Worthington в конце 1970 г. Обыкновенные акции продавались по $57, а конвертируемые привилегированные акции с дивидендной доходностью $5 выросли до $87,5. Каждая привилегированная акция обменивалась на 1,5 обыкновенные акции, что соответствовало цене последней на уровне $85,5. Это означало, что покупатель привилегированных акций платил немного больше. Однако следовало учитывать, что по обыкновенным акциям выплачивались дивиденды в размере $1,2 на акцию (или $1,8 на полторы акции), а по привилегированным — $5. Поэтому разница в цене компенсировалась менее чем за год вследствие выплаты более высоких дивидендов. Но главным основанием для покупки конвертируемых привилегированных акций, разумеется, было то, что в результате такого обмена их владелец получал «старшие» ценные бумаги. Мы видим, что при низком ценовом уровне фондового рынка в 1968–1970 гг. привилегированные акции компании торговались на 15 процентных пунктов дороже, чем 1,5 обыкновенные акции. Конверсионное преимущество привилегированных акций гарантировало, что они никогда не будут продаваться дешевле обыкновенных акций [2].

Опционы на биржевые варранты

Не будем лукавить и выразим наше отношение к варрантам без обиняков. Мы считаем, что сегодняшнее состояние дел с варрантами способствует распространению разного рода махинаций. Эта опасная ситуация в будущем может привести к катастрофе. С помощью варрантов буквально из воздуха создаются гигантские объемы «капитала». Они наносят огромный вред, потому что вводят в заблуждение спекулянтов и инвесторов. Операции с варрантами должны быть запрещены законом или по крайней мере строго ограничены (незначительной долей общей капитализации компании)[12].

В качестве исторической и литературной аналогии вспомним фрагмент «Фауста» Гёте, в котором речь идет о возникновении бумажных денег. Страшный прецедент в истории Уолл-стрит — варранты компании American & Foreign Power, стоимость которых по котировкам 1929 г. превысила $1 млрд, несмотря на то, что они указывались только в примечаниях к балансу компании. В 1932 г. эта цифра сократилась до $8 млн, а в 1952 г. варранты были аннулированы в процессе рекапитализации компании, которая сама по себе сохранила платежеспособность.

Изначально варранты предлагались в качестве дополнения к облигациям и по сути выступали эквивалентом частичной конверсионной привилегии. Объемы операций с варрантами были незначительны и поэтому не представляли какой-либо серьезной угрозы. В конце 1920-х гг. варранты стали использоваться намного чаще, но затем на долгие годы исчезли из поля зрения. Однако постепенно они вернулись на сцену и с 1967 г. стали популярными «инструментами финансирования бизнеса». Была даже разработана стандартная процедура привлечения капитала для аффилированных с крупными банками новых риелторских компаний посредством продажи пакетов, включающих одинаковое количество обыкновенных акций и варрантов, дающих право на покупку дополнительных акций по той же цене.

Пример. В 1971 г. компания CleveTrust Realty Investors продала 2,5 млн таких комбинированных финансовых инструментов (акции плюс варранты) по $20 за штуку.

Давайте рассмотрим, что на самом деле представляла собой данная финансовая схема. Как правило, если руководство принимает решение увеличить капитал компании за счет дополнительной эмиссии акций, владельцы обыкновенных акций получают приоритетное право на покупку новых выпусков, которое (наряду с правом на получение дивидендов, правом на участие в росте прибыли компании и правом голоса при выборе совета директоров) является одним из элементов стоимости, которую дают своим владельцам обыкновенные акции. Но если для привлечения дополнительного капитала компания эмитирует варранты, то данный элемент внутрен-

---

[12] Варранты были широко распространенным инструментом корпоративного финансирования в XIX в. и довольно обычным явлением во времена Грэма. С тех пор они утратили свою значимость, и их популярность упала (одна из немногих тенденций последнего времени, которая порадовала бы Грэма). В конце 2002 г. на Нью-Йоркской фондовой бирже торговались лишь семь варрантов — жалкие остатки былой роскоши. Поскольку варранты больше не являются общепринятым инструментом финансирования бизнеса крупнейших компаний, чтение последних страниц данной главы представляет для сегодняшних инвесторов лишь познавательный интерес.

ней стоимости акций переносится на отдельные сертификаты на варранты, как если бы выпускались отдельные сертификаты на получение дивидендов (на протяжении ограниченного или неограниченного периода времени), либо на получение части выручки при продаже или ликвидации предприятия, либо на право голоса в компании. Почему же участники рынка стали рассматривать эти варранты как часть оригинальной структуры капитала? Да потому, что они плохо знают финансы и не понимают, что после выпуска варрантов обыкновенные акции теряют в стоимости. Именно поэтому акции и варранты «в одном флаконе» обычно стоят на фондовом рынке дороже, чем варранты сами по себе. Обратите внимание, что, как правило, показатель прибыли на акцию рассчитывается (или рассчитывался) без учета влияния выпуска варрантов. В результате участники рынка получали искаженную информацию о взаимосвязи между прибылью компании и ее рыночной капитализацией[13].

Самый простой и, скорее всего, самый эффективный метод учета влияния варрантов — прибавить эквивалент их рыночной стоимости к совокупной рыночной стоимости обыкновенных акций, увеличив таким образом «действительную» рыночную цену акций. В тех случаях, когда варранты выпускаются на рынок вместе со «старшими» ценными бумагами, принято делать поправку на основе предположения, что поступления от новых акций будут использованы для вывода с фондового рынка соответствующих облигаций и привилегированных акций. Этот метод не позволяет адекватно учитывать «премиальную стоимость» варрантов, превышающую цену их реализации. В таблице 16.4 сравниваются эти два метода расчета показателя «скорректированной» прибыли на акцию на примере корпорации National General за 1970 г.

Получает ли сама компания выгоду от выпуска варрантов, т. е. гарантируют ли они каким-либо образом получение в случае необходимости дополнительного капитала? Вовсе нет. Как правило, компания никак не может повлиять на владельцев варрантов и заставить их реализовать свои права на покупку акций до истечения срока действия варрантов. Между тем, если компания желает увеличить капитал за счет дополнительного выпуска обыкновенных акций, она должна предложить их своим акционерам обычным путем, т. е. по цене чуть ниже текущей рыночной. Варранты при проведении

[13] Сегодня варранты обращаются лишь в «сточной канаве» — на информационном табло внебиржевого рынка NASDAQ, где торгуются бумаги крошечных компаний. Варранты часто идут в пакете с обыкновенными акциями (сегодня такой пакет называется «блок»). Если биржевой брокер предлагает вам купить «блок», вы можете быть на 95% уверены в том, что вам предлагают варранты, и как минимум на 90% — что брокер либо мошенник, либо идиот. Настоящие брокеры и брокерские конторы не связываются с подобными инструментами.

Таблица 16.4. **Расчет «действительной» рыночной цены акции и величины прибыли на акцию с учетом крупной эмиссии варрантов на примере корпорации National General, июнь 1971 г.**

1. Расчет «действительной» рыночной цены

Рыночная стоимость трех выпусков варрантов, на 30.06.1971, $ млн	94
Стоимость варрантов в расчете на одну обыкновенную акцию, $	18,80
Цена обыкновенной акции, $	24,50
Скорректированная цена обыкновенной акции с учетом варрантов, $	43,30

2. Расчет величины прибыли на акцию с учетом разводнения варрантами

		С учетом варрантов	
(прибыль в 1970 г.)	**Без учета варрантов**	**Расчет компании**	**Наш расчет**
А. До вычета специальных расходов			
Величина прибыли на акцию, $	2,33	1,6	2,33
Цена обыкновенной акции, $	24,5	24,5	43,3
Коэффициент «цена/прибыль», раз	10,5	15,3	18,5
Б. После вычета специальных расходов			
Величина прибыли на акцию, $	0,9	1,33	0,9
Цена обыкновенной акции, $	24,5	24,5	43,3
Коэффициент «цена/прибыль», раз	27,2	18,4	48,1

Примечание. Обратите внимание, что после вычета специальных расходов по расчетам компании выпуск варрантов увеличивает величину прибыли на акцию и снижает коэффициент «цена/прибыль». Это очевидный абсурд. В соответствии с нашим методом выпуск варрантов приведет к значительному увеличению коэффициента «цена/прибыль», как это и должно быть.

таких операций бесполезны. Они лишь еще усложняют ситуацию, поскольку требуют частого пересмотра стоимости подписки в сторону понижения. Еще раз подчеркнем: огромные выпуски варрантов не преследуют никакой иной цели, кроме создания иллюзорной рыночной стоимости.

Бумажными деньгами, о которых Гёте писал в «Фаусте», были пресловутые французские ассигнации. Их считали гениальным изобретением, но в конечном итоге они полностью обесценились — как и варранты компании American & Foreign Power, унесшие с собой в небытие миллиарды долларов[14]. Некоторые из замечаний поэта в равной степени можно отнести к обоим финансовым новшествам.

[14] «Пресловутые французские ассигнации» были выпущены во время Великой французской революции 1789 г. Сначала это были долговые обязательства революционного правительства. Подразумевалось, что они обеспечены недвижимостью, которую революционеры отобрали у католической церкви и дворянства. Но революционеры были плохими финансовыми менеджерами. В 1790 г. процентная ставка по этим бумагам была урезана. Вскоре по ним вообще перестали выплачивать проценты и переквалифицировали их в бумажные деньги. Но правительство отказалось менять их на золото или серебро и выпустило огромное количество новых купюр. В 1797 г. они были официально объявлены недействительными.

Фауст:

Восторженный мечтатель и фантаст
Понятья никогда о них не даст,
Но дальновидный риска не боится
И в безграничность верит без границы.

Мефистофель:

С билетами всегда вы налегке,
Они удобней денег в кошельке.
Они вас избавляют от поклажи
При купле ценностей и их продаже.

Шут:

В листках волшебных ничего не смыслю.

Император:

Увы, я дураку их и отчислю[15].

Послесловие: с точки зрения практика

«Преступление» варрантов состоит в том, что они «появились на свет»[16]. После «рождения» они выполняют свои функции так же, как и другие виды ценных бумаг, предоставляя участникам рынка возможность получить прибыль либо понести убытки. Практически все новые варранты действуют на протяжении ограниченного периода времени — чаще всего от пяти до 10 лет. «Старые» выпуски варрантов чаще всего были бессрочными, и их история, полная взлетов и падений, была поистине захватывающей.

Пример. Согласно архивным данным, выпущенные в 1929 г. варранты корпорации Tri-Continental в годы Великой депрессии торговались по $0,03125 за штуку. Затем их цена начала расти, пока не достигла (в 1969 г.) аж $75,25. Рост был поистине астрономическим — 242 000%. (Цены варрантов в то время значительно превышали цены соответствующих акций. Подобные вещи случаются на Уолл-стрит чаще всего в результате использования технических приемов, таких как дробление акций.) Другой пример — варранты компании Ling-Temco-Vought, которые в первой половине 1971 г. выросли с $2,5 до $12,5, а затем опять упали до $4.

[15] Перевод Б. Пастернака.

[16] Так Грэм, который был тонким знатоком испанской литературы, перефразировал ремарку из пьесы Кальдерона (1600–1681) «Жизнь есть сон»: «Великое преступление человека заключается в том, что он родился на свет Божий».

Вне всякого сомнения, с помощью варрантов можно воплощать в жизнь самые хитроумные финансовые схемы, но мы не будем рассматривать их подробно. Стоит лишь отметить, что сегодня наблюдается тенденция к продаже варрантов по более высокой цене, чем цена соответствующих рыночных инструментов, связанных с конверсионными привилегиями (облигаций и привилегированных акций). Это веский аргумент в пользу продажи облигаций с варрантами вместо «разводнения» за счет эмиссии конвертируемых облигаций. Если в целом объем варрантов сравнительно мал, теоретически они почти не играют роли. Значительный объем варрантов (по сравнению с объемом выпущенных акций) может свидетельствовать о перегруженности капитала «старшими» ценными бумагами. В этом случае компании следовало бы прибегнуть к дополнительной эмиссии обыкновенных акций. Потому наши критические выпады против варрантов как финансового инструмента имеют целью не отказ от их использования вместе с умеренными по объему выпусками облигаций, а предостережение против создания чрезмерных запасов этих «бумажных денег».

КОММЕНТАРИИ К ГЛАВЕ 16

Безрассудный! То, что ты сеешь, не оживет, если не умрет.

1 Кор. 15:36

СИНДРОМ НЕОФИТА

Хотя конвертируемые облигации и называются «облигациями», они ведут себя как акции, работают как опционы, и вообще, дело это темное.

Если вы владеете конвертируемой облигацией, у вас также есть своеобразный опцион: вы можете или держать ее и получать проценты, или обменять эту бумагу в определенной пропорции на обыкновенные акции компании. (Опцион дает право купить или продать ценную бумагу по обусловленной цене на протяжении определенного периода времени.) Поскольку конвертируемые облигации можно обменять на акции, процентные ставки по ним ниже, чем по большинству других облигаций. Если курс акций растет, то конвертируемые облигации, которые можно обменять на эти акции, показывают лучшие результаты, чем обычные облигации. (И наоборот, при падении рынка конвертируемые облигации с их более низкими процентными ставками показывают худшие результаты[17].)

---

[17] Чтобы понять, как ведут себя на практике конвертируемые облигации, рассмотрим конкретный пример. В 1999 г. компания DoubleClick выпустила 4,75%-ные конвертируемые субординированные ценные бумаги, процентные платежи по которым составляли $47,5 в год, причем каждая из них могла быть обменена на 24,24 обыкновенные акции, т. е. коэффициент конверсии равнялся 24,24. В конце 2002 г. курс акций компании DoubleClick составлял $5,66, что соответствовало «конверсионной стоимости» облигации $137,20 ($5,66 × 24,24). Но облигации продавались в 6 раз дороже (по $881,3). Таким образом, «конверсионная премия» (излишек сверх конверсионной стоимости) составляла 542%. При покупке по этой цене период окупаемости инвестиции был бы весьма продолжительным. (Вы заплатили бы примерно $750 сверх конверсионной стоимости облигации, и чтобы вернуть конверсионную премию, вам потребовалось бы почти 16 лет получать процентные платежи ($47,5)). Поскольку каждую облигацию компании DoubleClick можно было обменять только на 24,24 обыкновенных акций, для того, чтобы вы согласились использовать свое право (опцион) на конверсию облигаций до истечения срока их обращения в 2006 г., цена акций должна была вырасти с $5,66 до более чем $36. Это в принципе было возможно, но в случае реализации стало бы

По данным Ibbotson Associates, с 1957 по 2002 г. годовая доходность конвертируемых облигаций в среднем составляла 8,3%, т. е. была всего на 2 процентных пункта ниже совокупной доходности акций, но при этом цены конвертируемых облигаций были более стабильными, а убытки по ним — менее значительными[18]. Финансисты с Уолл-стрит часто называют конвертируемые облигации инвестиционным инструментом, сочетающим в себе лучшие отличительные признаки акций и облигаций. Но разумный инвестор быстро поймет, что конвертируемые облигации менее доходны и более рискованны, чем другие виды облигаций. Поэтому есть все основания считать их инвестиционным инструментом, соединившим в себе все худшее, что есть в акциях и облигациях. Ваше собственное мнение об этих ценных бумагах будет зависеть от того, как именно вы собираетесь их использовать.

На самом деле конвертируемые облигации больше похожи на акции, чем на облигации. Их доходность примерно на 83% коррелирует с доходностью фондового индекса Standard & Poor's 500 и всего на 30% — с доходностью казначейских облигаций. В этом проявляется главное отличие конвертируемых облигаций от неконвертируемых. Для консервативных инвесторов, вкладывающих бóльшую часть активов (или все активы) в облигации, формирование дополнительного диверсифицированного портфеля конвертируемых облигаций целесообразно с точки зрения получения доходности, близкой к доходности акций, но без необходимости прямой покупки последних. Конвертируемые облигации можно назвать «акциями для детей».

Барри Нельсон, эксперт по конвертируемым облигациям (Advent Capital Management), считает, что по сравнению с временами Грэма рынок конвертируемых облигаций сегодня процветает. Он достиг гигантских размеров — $200 млрд. Большинство конвертируемых облигаций являются среднесрочными, период погашения составляет 7–10 лет. Около половины этих ценных бумаг — инвестиционного уровня. Многие облигации сегодня защищены от досрочного выкупа. Все эти факторы делают их менее рискованными инструментами, чем раньше[19].

почти чудом. Учитывая малую вероятность конверсии, денежную доходность по этим облигациям вряд ли можно было назвать адекватной.

[18] Как и многие другие выводы, на которые ссылается Уолл-стрит, эти также являются лишь гипотетическими. Они отражают прибыль, которую вы могли бы заработать в неком абстрактном индексном фонде, владеющем всеми основными конвертируемыми ценными бумагами. При расчете не учитывались комиссионные за управление и торговые издержки (которые довольно высоки при операциях с конвертируемыми ценными бумагами). На практике ваша доходность была бы почти на 2 процентных пункта ниже.

[19] Тем не менее большинство конвертируемых облигаций являются «младшими» по отношению к долгосрочным долговым обязательствам и банковскими займам. Поэтому

Следует иметь в виду, что торговать небольшими лотами конвертируемых облигаций — дело недешевое, а диверсификация непрактична, если вы собираетесь инвестировать в них менее $100 000. К счастью, сегодня разумный инвестор имеет возможность купить паи низкозатратных инвестиционных фондов, специализирующихся на конвертируемых облигациях. Компании Fidelity и Vanguard предлагают взаимные инвестиционные фонды, годовые издержки которых не превышают 1%. Кроме того, существует несколько закрытых фондов, паи которых можно купить по разумной цене (а иногда даже с дисконтом относительно стоимости чистых активов)[20].

На Уолл-стрит привлекательность и сложность всегда идут рука об руку, и конвертируемые облигации — не исключение. Среди последних «разработок» — новые разновидности конвертируемых облигаций с причудливыми аббревиатурами в названиях: LYONS, ELKS, EYES, PERCS, MIPS, CHIPS и YEELDS. Эти хитрые бумаги, с одной стороны, ограждают вас от значительных убытков, но с другой — не позволяют заработать существенную прибыль. Кроме того, вы обязаны конвертировать их в обыкновенные акции в установленные сроки. Как и большинство инвестиционных инструментов, подразумевающих защиту от убытков (см. врезку ниже), данные ценные бумаги в целом доставляют больше забот, чем радости. Лучшая защита от убытков — не приобретение одного из этих новоявленных хитроумных инвестиционных инструментов, а разумная диверсификация всего портфеля через включение в него инструментов денежного рынка, облигаций, американских и иностранных акций.

в случае банкротства компании — держатели конвертируемых ценных бумаг не имеют преимущественного права на активы последней. Поскольку эти бумаги не настолько рискованны, как высокодоходные «мусорные» облигации, многие из них выпускаются компаниями, имеющими невысокий кредитный рейтинг. Наконец, значительная часть конвертируемых ценных бумаг содержится в портфелях хедж-фондов, чьи молниеносные торговые операции способствуют росту волатильности цен облигаций.

[20] Более подробную информацию можно получить на сайтах этих компаний: www.vanguard.com и www.morningstar.com. Разумный инвестор не будет вкладывать средства в инвестиционный фонд, годовые операционные издержки которого превышают 1%.

ОПЦИОНЫ КОЛЛ С ПОКРЫТИЕМ: СРЫВАЕМ ПОКРОВ

В 2003 г. на медвежьем рынке вновь активно использовался старый прием: продажа опционов колл с покрытием. (На запрос «продажа опционов колл» Google недавно выдавал 2600 ссылок.) Что же представляют собой эти колл-опционы с покрытием и как они работают? Представьте себе, что вы покупаете 100 акций корпорации Ixnay по $95 за акцию. Потом вы продаете (или «выписываете») колл-опцион на имеющиеся у вас акции. В обмен на это вы получаете деньги (так называемую «опционную премию»; допустим, она составляет $10 на акцию). Покупатель опциона, в свою очередь, получает право выкупить акции корпорации Ixnay по обговоренной цене — скажем, по $100 за акцию. Вы будете владеть акциями, пока их цена не поднимется до $100, при этом получив $1000 в виде опционной премии, которая смягчит убытки, если цена акций Ixnay упадет.

Риска меньше, прибыли больше. Что в этом плохого?

Но представим, что акции Ixnay за день подскочили в цене до $110. В этом случае покупатель опциона потребует его исполнения и выкупит у вас данные акции по $100 за штуку. Вы получите свою $1000, но он-то отберет у вас акции — и чем больше они будут расти в цене, тем больнее вы будете кусать себе локти*.

Поскольку потенциальный размер прибыли по акциям неограничен, а убытки не могут превысить 100%, единственным, кто обогатится в результате использования подобной стратегии, будет брокер. Вы ограничиваете свои убытки, но при этом устанавливаете потолок для прибыли. Индивидуальным инвесторам не стоит отказываться от большей части возможной прибыли ради такой защиты от убытков.

* Или же вы можете выкупить обратно опцион колл, но при этом вы понесете убытки. Кроме того, торговые издержки при операциях с опционами еще выше, чем при операциях с акциями.

ГЛАВА 17

Четыре крайне поучительных примера

Слово «крайне» в названии главы не случайно — ведь история Уолл-стрит полна разного рода крайностями, причем действительно весьма поучительными. Зная об этом, все, кто тесно связан с миром акций и облигаций, — не только рядовые инвесторы и спекулянты, но и серьезные профессионалы, финансовые аналитики, управляющие инвестиционными фондами и доверительными счетами и даже банкиры, занимающиеся кредитованием бизнеса, будут предупреждены об опасности. Рассмотрим некоторые такие вопиющие крайности на примере четырех компаний.

Penn Central (Railroad) Co. Держатели облигаций и акций этой компании — пример вопиющего пренебрежения явными предупредительными сигналами о плохом финансовом положении последней. Акции этого балансирующего на грани краха гиганта стоили безумно дорого.

Ling-Temco-Vought Inc. Это яркий пример попытки мгновенного создания империи, заведомо обреченной на провал. Компанию спасли лишь кредиты неразборчивых банков.

NVF Corp. Это пример не совсем обычного поглощения: менее крупная компания поглотила более крупную (превосходящую ее по размерам в 7 раз). Результат — огромная задолженность и сногсшибательные бухгалтерские фокусы.

AAA Enterprises. Это удивительный образчик выхода небольшой компании на публичный рынок. Вся ее стоимость полностью сводилась к волшебному слову «франчайзинг», а IPO спонсировалось ведущими брокерскими домами. Рынок обезумел: первоначальная цена, и без того непомерно раздутая, поднялась вдвое. Через два года компания обанкротилась.

Penn Central Co.

По объему активов и валовой выручке это была крупнейшая в стране железнодорожная компания. Ее банкротство в 1970 г. потрясло финансовый мир. Компания объявила о дефолте по большинству выпусков своих облигаций. Возникла опасность полного прекращения ее деятельности. Ценные бумаги обвалились. Цена обыкновенных акций скатилась с максимума ($86,5) в 1968 г. до $5,5 в 1970 г. (Вряд ли можно было сомневаться и в дальнейшем падении курса в процессе реорганизации компании[1].)

Мы убеждены, что использование простейших методов анализа ценных бумаг и правил разумного инвестирования помогло бы инвесторам задолго до банкротства Penn Central увидеть фундаментальный изъян компании — слабость финансового положения. Несомненно, инвесторы могли прозреть уже в 1968 г., когда курс акций компании достиг максимального после 1929 г. уровня и большинство выпусков ее облигаций могли быть паритетно обменены на хорошо защищенные облигации коммунальных компаний с аналогичным уровнем доходности.

Проведем поэтапный анализ ситуации.

1. По данным справочника *S&P Bond Guide*, в 1967 г. прибыль компании превышала процентные платежи в 1,91 раза, а в 1968 г. — в 1,98 раза. В книге «Анализ ценных бумаг» (Security Analysis) мы писали, что минимальное значение коэффициента покрытия для облигаций железнодорожных компаний должно равняться 5 до уплаты налога на прибыль и 2,9 после уплаты налога на прибыль по стандартной ставке. Насколько нам известно, специалисты в области инвестирования никогда не подвергали сомнению обоснованность этих требований. При таком коэффициенте покрытия прибыли после уплаты налогов финансовое положение компании Penn Central немного не дотягивало до уровня, считающегося надежным. Однако наше требование к коэффициенту покрытия после уплаты налога основано на его значении до уплаты налога (5) с учетом уплаты регулярной ставки налога на прибыль после выплаты процентов. А Penn Central не платила налог на прибыль на протяжении последних 11 лет! Иными словами, коэффициент покрытия процентных выплат до уплаты налога был

[1] Каково же было удивление представителей финансового сообщества, когда они, выйдя на работу в понедельник 22 июня 1970 г., узнали, что в прошедшие выходные компания Penn Central объявила о банкротстве! Еще в пятницу, 19 июня акции компании Penn Central продавались по $11,25 — согласитесь, немалая цена для компании накануне банкротства. Более свежий пример: также буквально накануне объявления о начале процедуры банкротства акции компаний Enron и WorldCom аналогично торговались по довольно высокому курсу.

менее 2, поэтому мы считаем, что финансовое положение компании абсолютно не отвечало консервативному требованию (5).

2. Тот факт, что компания не платила налог на прибыль на протяжении столь длительного периода, должен был поставить под сомнение обоснованность показателей прибыли, указываемых в отчетах компании.
3. В 1968–1969 гг. облигации Penn Central могли быть легко, без потерь в цене или доходности, обменены на более надежные ценные бумаги. Например, в 1969 г. цена облигаций компании Pennsylvania RR (одного из подразделений Penn Central) с процентным купоном 4,5 и сроком погашения в 1994 г. колебалась в диапазоне от $61 до $74,5. В то же время курс облигаций компании Pennsylvania Electric с процентным купоном 4,375 и сроком погашения в 1994 г. варьировался в диапазоне от $64,25 до $72,25. При этом прибыль коммунальных компаний до уплаты налога в 1968 г. покрывала процентные платежи в 4,2 раза. Сравним это с коэффициентом Penn Central — 1,98. На протяжении 1969 г. положение дел в компании постоянно ухудшалось. Обмен такого рода был бы спасением для держателей облигаций Penn Central. (В конце 1970 г. железнодорожная компания объявила дефолт по своим 4,25%-ным облигациям. Они стоили тогда всего $18,5, в то время как облигации компаний коммунального сектора с купонной ставкой 4,375% — $66,5.)
4. Компания Penn Central объявила, что в 1968 г. прибыль на акцию составила $3,8. Максимальная цена акций в этом году ($86,5) в 24 раза превышала прибыль. Но любой финансовый аналитик, который недаром ест свой хлеб, засомневался бы в реальности такой прибыли, если учесть, что компания уже несколько лет не платила налог на прибыль.
5. В 1966 г. новая объединенная компания[2] заявила о «прибыли» на акцию в размере $6,8, в результате чего цена акций достигла максимума ($86,5). Такая оценка акций рынком означала, что капитализация компании составила $2 млрд. Сколько покупателей в то время знали, что эта огромная прибыль была рассчитана без учета специальных расходов в размере $275 млн ($12 на акцию), которые должны были в 1971 г. проходить по статье «Издержки и убытки, связанные со слиянием»? О, удивительная волшебная страна Уолл-стрит, где компания, с одной стороны, объявляет о «прибыли» $6,8 на акцию, а с другой —

[2] Компания Penn Central образовалась в результате слияния компаний Pennsylvania Railroad и New York Central Railroad, о котором было объявлено в 1966 г.

об издержках и убытках в размере $12 на акцию, и при этом владельцы бумаг и спекулянты радостно потирают руки![3]

6. Эксперты, занимающиеся изучением бизнеса железнодорожных перевозок, давно обратили внимание на тот факт, что эффективность операций компании существенно ниже аналогичной эффективности ее конкурентов. Так, в 1968 г. транспортный коэффициент Penn Central составлял 47,5% по сравнению с 35,2% у схожей компании Norfolk & Western[4].
7. На фоне всего этого заключались довольно странные сделки, результаты которых были весьма интересны с точки зрения бухгалтерского учета [1]. Но это непростой вопрос, и мы не будем вдаваться в детали.

Выводы. Трудно сказать, удалось ли бы более эффективному руководству спасти компанию Penn Central от банкротства. Но, вне всякого сомнения, после 1968 г. квалифицированные финансовые аналитики, инвестиционные консультанты, а также управляющие инвестиционными фондами и трастами не должны были считать облигации и акции компании выгодными объектами инвестиций. ***Мораль.*** Прежде чем анализировать тренды фондового рынка, заглядывать в «магический кристалл», проводить сложные математические расчеты и заниматься полевыми исследованиями, оплачиваемыми из кармана клиентов, финансовые аналитики должны были просто сделать свою работу — изучить положение дел в компании[5].

Ling-Temco-Vought Inc.

А сейчас мы познакомимся с историей невиданной корпоративной экспансии, сопровождавшейся столь же невиданным ростом долга, что привело к колоссальным убыткам и массе других проблем. Как это обычно бывает

---

[3] Эта бухгалтерская уловка (расчет прибыли без учета «чрезвычайных» или «разовых» расходов) стала предшественницей получивших распространение в конце 1990-х гг. «гипотетических» финансовых отчетов (см. раздел «Комментарии к главе 12»).

[4] Показатель эффективности железнодорожных перевозок — так называемый «транспортный коэффициент» (сейчас этот показатель называется «операционный коэффициент») — представляет собой выраженное в процентах отношение затрат на осуществление перевозок к общим доходам железной дороги. Чем выше это соотношение, тем ниже эффективность бизнеса железнодорожной компании. Сегодня даже показатель 70% считался бы очень хорошим.

[5] Компании Penn Central более не существует. В 1976 г. она была поглощена корпорацией Consolidated Rail (Conrail) — холдингом, финансируемым из федерального бюджета, который вытащил целый ряд обанкротившихся железнодорожных компаний. В 1987 г. корпорация Conrail провела IPO, а в 1997 г. была поглощена компаниями CSX и Norfalk Southern.

в таких ситуациях, к созданию «империи» и ее позорному падению приложило руку очередное «юное дарование» — но, впрочем, не только оно одно[6].

Картина взлета и падения корпорации Ling-Temco-Vought (LTV) вырисовывается из анализа статей счетов прибылей и убытков и балансовых отчетов компании за пять отдельно взятых лет на протяжении 1958–1970 гг. Эти данные представлены в таблице 17.1. Цифры в первом столбце показывают, с каких скромных позиций стартовала компания в 1958 г., когда продажи составили только $7 млн. Во втором столбце даются данные за 1960 г. Мы видим, что компания всего за два года выросла в 20 раз, но все еще оставалась некрупной. Далее следуют лучшие годы компании, продолжавшиеся до 1967–1968 гг., когда объем продаж вновь вырос в 20 раз — до $2,8 млрд; однако задолженность при этом также увеличилась с $44 млн до угрожающих $1653 млн. В 1969 г. были новые приобретения, долг снова вырос (уже до $1865 млн!), и, естественно, начались серьезные проблемы. В этом году был заявлен большой убыток после вычета чрезвычайных расходов; цена акций упала с максимума $169,5 (в 1967 г). до $24. «Юное дарование» сместили с поста главы компании, которая заявила о чистых убытках в размере $70 млн. Цена акций обвалилась до $7,125, а самый большой выпуск облигаций компании котировался по 15 (жалкие 15 центов на доллар номинала). Компания отказалась от политики расширения, ключевые подразделения были выставлены на продажу, принимались жесткие меры по сокращению огромных объемов задолженности.

Данные таблицы 17.1 столь красноречивы, что не требуют подробных комментариев. Однако мы все же выскажем несколько соображений.

1. Рост компании был неустойчивым. В 1961 г. она показала операционный убыток, но, судя по всему, это объяснялось переходом на новую практику бухгалтерского учета (в 1970 г. она использовалась

[6] Корпорация Ling-Temco-Vought была основана в 1955 г. Джеймсом Лингом — подрядчиком, занимавшимся электротехническими работами, который самостоятельно продал акции своей компании, выручив $1 млн, т.е. выступив в роли собственного инвестиционного банкира. Он распространял проспекты эмиссии на ежегодной ярмарке в штате Техас. Успех этого мероприятия позволил ему купить десятки разных компаний, за которые он почти всегда расплачивался акциями LTV. Чем больше компаний приобретала LTV, тем выше поднималась цена ее акций, а чем дороже становились акции, тем больше компаний она могла приобрести. В 1969 г. корпорация LTV занимала 14-е место в списке Fortune 500. А затем, как показывает Грэм, этот «карточный домик» начал рушиться. (Корпорация LTV, преобразовавшаяся в конечном итоге в сталелитейную компанию, на исходе 2000 г. начала процедуру банкротства.) Компании, растущие в основном за счет приобретений, обычно называют «серийными покупателями». Аналогия с «серийными убийцами» не случайна. Как показывает пример LTV, серийные приобретения почти всегда приводят к финансовой смерти — краху. Если бы этот урок Грэма усвоили сегодняшние инвесторы, они на пушечный выстрел не приблизились бы к акциям таких любимчиков фондового рынка 1990-х гг., как Conseco, Tyco и WorldCom.

Таблица 17.1. **Результаты деятельности компании Ling-Temco-Vought Inc., 1958–1970 гг.**

	1958	1960	1967	1969	1970
А. Операционные результаты					
Продажи, $ млн	6,9	143,0	1 833,0	3 750,0	374,0
Чистая прибыль до уплаты налогов и процентов, $ млн	0,552	7,287	95,6	124,4	88,0
Процентные платежи, $ млн	0,1 (оценка)	1,5 (оценка)	17,7	122,6	128,3
(коэффициент покрытия процентов, раз)	(5,5)	(4,8)	(5,4)	(1,02)	(0,68)
Налог на прибыль, $ млн	0,225	2,686	35,6	Кредит 15,2	4,9
Специальные статьи, $ млн				Дебет 40,6	Дебет 18,8
Чистая прибыль после вычета специальных статей, $ млн	0,227	3,051	34,0	Дебет 38,3	Дебет 69,6
Балансовая прибыль для распределения среди акционеров, $ млн	0,202	3,051	30,7	Дебет 40,8	Дебет 71,3
Прибыль в расчете на одну обыкновенную акцию	0,17	0,83	5,56	Убыток 10,59	Убыток 17,18
Б. Финансовое состояние					
Общая стоимость активов, $ млн	6,4	94,5	845,0	2 944,0	2 582,0
Краткосрочная задолженность (до одного года), $ млн	1,5	29,3	165,0	389,3	301,3
Долгосрочная задолженность, $ млн	0,5	14,6	202,6	1500,8	1394,6
Акционерный капитал, $ млн	2,7	28,5	245,06	Дефицит 12,0*	Дефицит 69,0*
Коэффициенты					
Текущие активы / текущие обязательства	1,27	1,45	1,80	1,52	1,45
Собственный капитал / долгосрочный долг	5,4	2,0	1,2	0,17	0,13
Диапазон рыночных цен акций		28–20	169,5–109	97,75–24,125	29,5–7,125

* Без активов, сформированных за счет облигационного дисконта и за вычетом привилегированных акций (по стоимости погашения).

в отчетах многих компаний), в рамках которой все списания и резервы относились на один неудачный год[7]. Убыток составил примерно $13 млн, превысив чистую суммарную прибыль за три предыдущих года. После таких манипуляций в 1962 г. компания была готова показать «рекордную» прибыль.

2. В конце 1966 г. величина чистых материальных активов в расчете на обыкновенную акцию составляла $7,66 (с учетом дробления акций в пропорции 3:2). Таким образом, в 1967 г. рыночная капитализация превысила балансовую стоимость активов компании в 22 раза. В конце 1968 г. в балансовом отчете была указана цифра $286 млн, что при 3,8 млн находящихся в обращении обыкновенных акций и акций класса АА давало около $77 на акцию. Но, если мы вычтем из этой объявленной величины балансовой стоимости полную стоимость привилегированных акций, исключим гудвилл и «активы», сформированные за счет облигационного дисконта[8], у нас останется только $13 млн, т. е. не более $3 на обыкновенную акцию. Да и эти материальные активы исчезают под грудой убытков следующих лет.
3. К концу 1967 г. два лучших инвестиционных банка предлагали 600 000 акций компании Ling-Temco-Vought по $111 за акцию. Какое-то время они торговались по $169,5, но менее чем через три года обвалились до $7,125[9].
4. В конце 1967 г. объем краткосрочной банковской задолженности составлял $161 млн, а год спустя — уже $414 млн (устрашающая цифра!). Долгосрочная задолженность достигла $1237 млн, а по состоянию на 1969 г. общая сумма задолженности составила $1869 млн.

---

[7] Компании все еще страдают от дурной привычки скрывать реальные показатели прибыли за ширмой реструктуризации расходов. При этом всевозможные расходы и убытки учитываются в документах за один финансовый год (это называется «принцип большой ванны» или «кухонной раковины»). Данная бухгалтерская уловка позволяет компаниям показывать стабильный рост прибыли в следующем году. Но инвесторы не должны заблуждаться относительно финансового благополучия таких компаний.

[8] Когда Грэм пишет об «активах, сформированных за счет облигационного дисконта», он, видимо, имеет в виду, что корпорация LTV приобрела какие-то облигации по цене ниже их номинальной стоимости и включила сэкономленные средства в активы на том основании, что облигации в будущем могут быть проданы по номинальной стоимости. Грэм высмеивает эту позицию, поскольку невозможно узнать, какой будет рыночная цена облигаций в будущем. Если облигации будут торговаться с еще большим дисконтом, такой «актив» фактически превратится в обязательство.

[9] Мы можем только предполагать, что бы подумал Грэм об инвестиционных банках, которые в декабре 1998 г. провели размещение акций корпорации InfoSpace. При открытии торгов акции стоили $31,25 (с учетом дальнейших дроблений), затем в марте 2000 г. выросли до $1305,32, а в конце 2002 г. упали до $8,45.

Вероятно, это самый большой совокупный долг, который когда-либо имела промышленная компания за всю историю американской экономики, — если не брать в расчет Standard Oil of N.J.

5. Убытки в 1969–1970 гг. превысили совокупную прибыль за все годы существования компании.

Мораль. Главный вопрос, который возникает при изучении истории компании Ling-Temco-Vought, — как ей удавалось убеждать банкиров предоставлять такие огромные займы на протяжении всего периода ее экспансии? В 1966 г. и ранее значение коэффициента покрытия процентных платежей компании не отвечало консервативным требованиям. То же самое можно было сказать и об отношении текущих активов к текущим обязательствам и собственного капитала к общей сумме долга. Тем не менее в течение следующих двух лет банки дополнительно предоставили компании около $400 млн для проведения дальнейшей «диверсификации». Столь безрассудная политика кредитования не пошла на пользу ни банкам, ни тем более акционерам компании. Если случай с Ling-Temco-Vought послужит предостережением руководству коммерческих банков против предоставления помощи и содействия нездоровой экспансии подобного рода в будущем, можно считать, что в этой истории есть светлое пятно[10].

NVF Corp.: поглощение Sharon Steel (уникальный пример)

В конце 1968 г. положение дел в NVF было следующим: долгосрочная задолженность — $4,6 млн, акционерный капитал — $17,4 млн, объем продаж — $31 млн, чистая прибыль (до выплаты специального кредита в размере $374 000) — $502 000. Компания занималась производством синтетических волокон и пластмасс. Ее руководство решило приобрести корпорацию Sharon Steel, долгосрочная задолженность которой составляла $43 млн, акционерный капитал — $101 млн, объем продаж — $219 млн, чистая прибыль — $2,929 млн. Компания, которую захотела приобрести NVF, была в 7 раз больше ее самой. В начале 1969 г. NVF предложила Sharon выкупить все ее акции. Условия сделки были следующие: акции обменивались на 5%-ные облигации NVF по номинальной стоимости $70

[10] Грэм был бы разочарован, но ничуть не удивлен, узнав, что коммерческие банки попрежнему придерживаются политики содействия «нездоровой экспансии». Корпорации Enron и WorldCom, пережившие два самых громких краха в корпоративной истории, получали помощь и поддержку со стороны банков, которые выделяли им миллиарды долларов.

за штуку со сроком погашения в 1994 г. Дополнительно акционеры Sharon получали варранты на покупку 1,5 акций NVF по $22 на акцию. Руководство компании Sharon стойко сопротивлялось попытке поглощения, но все было напрасно. Корпорация NVF приобрела 88% акций компании Sharon в соответствии с условиями предложения, выпустив при этом 5%-ные облигации на сумму $102 млн и варранты на приобретение 2197 млн своих акций. Полное выполнение условий сделки привело бы к тому, что по итогам 1968 г. объединенная компания имела бы $163 млн долга и всего $2,2 млн акционерного капитала при объеме продаж $250 млн. Выяснить величину чистой прибыли было сложно, но компания впоследствии заявила о чистых убытках в размере 50 центов на акцию NVF (без учета единовременного кредита) и чистой прибыли в размере 3 центов на акцию (с учетом кредита)[11].

Первый комментарий. Это поглощение, безусловно, было самым выдающимся (с точки зрения финансовых диспропорций) из всех имевших место в 1969 г. Компания-покупатель взвалила на себя гигантскую долговую нагрузку, в результате чего расчетная прибыль за 1968 г. по факту поглощения превратилась в убытки. Об ухудшении финансового состояния компании свидетельствовал тот факт, что новые 5%-ные облигации торговались не дороже 42 центов за доллар номинала на протяжении целого года после их выпуска. Это говорило о том, что у участников фондового рынка были серьезные сомнения относительно надежности как инвестиций в облигации компании, так и будущего самого эмитента. Однако, как будет показано далее, руководство компании ухитрилось использовать вышеупомянутый дисконт для снижения налога на прибыль на $1 млн.

В отчете за 1968 г., выпущенном после поглощения Sharon, были суммированы результаты деятельности компании за год. При этом бросались в глаза две странности.

---

[11] В июне 1972 г. (сразу после написания Грэмом этой главы) федеральный суд признал, что президент NVF Виктор Познер неправильно распорядился пенсионными активами компании Sharon Steel, использовав их для «помощи аффилированным компаниям в поглощении других компаний». В 1977 г. Комиссия по ценным бумагам и биржам США добилась бессрочных судебных санкций в отношении Познера, NVF и Sharon Steel, чтобы не допустить будущих нарушений федеральных законов и махинаций с ценными бумагами. Комиссия утверждала, что Познер и его семья незаконно получили от NVF и Sharon Steel $1,7 млн. Познера также обвинили в завышении прибыли компании Sharon до уплаты налогов на $13,9 млн, неправильном учете запасов и «переносе прибылей и убытков из одного отчетного финансового года в другой». Попавшую в поле зрения Грэма компанию Sharon Steel финансисты Уолл-стрит называли Share and Steal («Раздели и укради»). Впоследствии Познер сыграл ключевую роль в ряде левериджированных выкупов и враждебных поглощений, волна которых накрыла США в 1980-е гг. Он стал основным покупателем «мусорных» облигаций, выпускавшихся при посредничестве Drexel Burnham Lambert.

1. В разделе «Активы» были указаны $58,6 млн «расходов на обслуживание долгосрочного долга». Эта сумма превышала совокупный акционерный капитал, составляющий $40,2 млн.
2. Как ни странно, в акционерный капитал не были включены $20,7 млн, заявленные как «излишек собственного капитала сверх стоимости инвестиций в компанию Sharon».

Второй комментарий. Не рассматривая расходы на обслуживание долга в качестве активов (поскольку они вряд ли таковыми являются) и $20,7 млн как «добавку» к акционерному капиталу (как и полагается), получим более реалистичную величину собственного капитала корпорации NVF — $2,2 млн. Таким образом, первым результатом этой сделки стало снижение «реального капитала» корпорации NVF с $17,4 млн до $2,2 млн (или с $23,71 до примерно $3 на акцию) при общем количестве акций 731 000. Кроме того, «старые» акционеры корпорации NVF предоставили новым акционерам право купить в 3,5 раза больше акций компании по цене на 6 процентных пунктов ниже рыночной при закрытии рынка в конце 1968 г. Начальная рыночная стоимость варрантов в это время составляла около $12 за штуку, или $30 млн применительно ко всей сделке. Фактически рыночная стоимость варрантов намного превышала суммарную рыночную стоимость всех выпущенных акций корпорации NVF. Этот факт — еще одно доказательство сомнительного характера рассматриваемой операции.

Бухгалтерские уловки

Покончив с «гипотетическим» отчетом, обратимся к отчету за следующий год. В нем мы также обнаружим несколько странных цифр. Так, в дополнение к основным процентным платежам ($7,5 млн) учтены $1 795 000 в качестве «амортизации расходов на обслуживание долгосрочного долга». Но этот пассаж меркнет в сравнении со следующим. В отчете представлена очень необычная прибыль: «амортизация собственного капитала, превышающего стоимость инвестиций в дочернее предприятие: кредит $1,65 млн». В примечаниях мы видим текст (ничего подобного не встречалось ни в одном из отчетов, которые нам когда-либо доводилось читать), поясняющий, что часть акционерного капитала учитывается как «справедливая рыночная стоимость варрантов, выпущенных в связи со сделкой по приобретению и т.д., которая составляет $22,129 млн».

Что все это значит? Ни одна из формулировок не разъясняется в текстовой части отчета за 1969 г. Квалифицированный финансовый аналитик, конечно, сумеет разгадать этот ребус, но для этого ему придется поработать детективом. Он обнаружит, что основное назначение этих записей — уменьшить величину налога на прибыль за счет изначально низкой рыночной стоимости 5%-ных облигаций.

Другие странности

1. Сразу же после закрытия торгов в 1969 г. компания выкупила не менее 650 000 варрантов, заплатив по $9,38 за каждый. Это весьма странно, учитывая, что (1) в конце года у NVF было в наличии всего $700 000 при $4,4 млн долга, подлежащего погашению в 1970 г. (очевидно, что для покупки варрантов компании нужно было взять в долг еще $6 млн), и (2) компания покупала варранты в тот момент, когда ее собственные 5%-ные облигации торговались менее чем по 40 центов за доллар номинала. Такой значительный дисконт обычно предвещает финансовые проблемы.
2. Для частичного решения данных проблем компания вывела из обращения облигации на сумму $5,1 млн вместе с 253 000 варрантов, обменяв их на соответствующее количество обыкновенных акций. Это стало возможным, потому что вследствие необъяснимых причуд рынка ценных бумаг 5%-ные облигации котировались дешевле 40 центов за доллар номинала, в то время как обыкновенные акции торговались в среднем по $13,5 (без дивидендных выплат).
3. Компания реализовывала план по продаже своим сотрудникам не только акций, но и большого количества варрантов на покупку акций. Как и в случае покупки акций, при приобретении варрантов предусматривалась первоначальная выплата в размере 5% от их стоимости, а погашение остальной суммы растягивалось на долгие годы. Это единственный известный нам случай, когда у компании имелся план по продаже варрантов своим работникам. Быть может, в недалеком будущем кто-то изобретет и будет продавать в рассрочку права на приобретение прав на покупку акций и т. д. и т. п.?
4. В 1969 г. перешедшая под контроль новых собственников компания Sharon Steel начала использовать новые методы учета затрат на пенсионное обеспечение и понизила ставки амортизационных отчислений. Эти изменения методов бухгалтерского учета добавили около $1 к объявленной прибыли на акцию NVF без учета разводнения.
5. По данным справочника *Stock Guide*, издаваемого агентством Standard & Poor's, в конце 1970 г. значение коэффициента «цена/прибыль» для акций NVF составляло 2. Это была компания с самым низким значением данного коэффициента среди всех 4500 компаний, представ-

ленных в справочнике. Одна из старых поговорок Уолл-стрит гласит: «Это важно, если это правда». Коэффициент определялся исходя из цены закрытия на конец года ($8,75) и «расчетной прибыли» на акцию в размере $5,38 за год, заканчивающийся в сентябре 1970 г. (На самом деле, исходя из этих данных, значение коэффициента «цена/прибыль» составляло не 2, а всего 1,6.) Но при этом не учитывалось серьезное влияние фактора размывания[12], а также не были отражены отрицательные результаты работы компании в последнем квартале 1970 г. Если взять фактические данные за год, то прибыль на акцию составила лишь $2,03 до «разводнения» и $1,80 с учетом «разводнения». Обратите также внимание, что совокупная рыночная стоимость акций и варрантов в это время составляла около $14 млн при $135 млн задолженности по облигациям.

AAA Enterprises

История компании

Около 15 лет назад студент колледжа по фамилии Уильямс начал продавать дома на колесах (которые потом стали называть трейлерами)[13]. В 1965 г. он открыл собственную компанию. В том году он продал таких домов на $5,8 млн и заработал $61 000 прибыли до уплаты налогов. Накануне 1968 г. он примкнул к «франчайзинговому» движению и начал продавать другим право продавать трейлеры от своего имени. Кроме того, ему пришла в голову блестящая идея заняться составлением налоговых деклараций для

[12] Фактор размывания должен был начать действовать, когда сотрудники NVF использовали бы свои варранты для покупки обыкновенных акций. Компании в этом случае пришлось бы выпустить больше акций, и ее чистая прибыль делилась бы на возросшее количество акций.

[13] Джеки Уильямс основал AAA Enterprises в 1958 г. В первый день торгов цена акций взлетела на 56% и составила на закрытие торгов $20,25. Позже Уильямс объявил, что AAA Enterprises каждый месяц будет выводить на рынок новую франчайзинговую идею (только представьте, сколько разнообразных услуг можно предложить человеку, который зашел в мобильный офис Mr. Tax of America за помощью в заполнении налоговой декларации!). Но не успели иссякнуть идеи у г-на Уильямса, как у AAA закончились деньги. Продолжением феномена AAA Enterprises стала история созданной позднее компании ZZZZ Best с харизматическим боссом и скудными активами. В конце 1980-х гг. рыночная стоимость ZZZZ Best достигла почти $200 млн, хотя все активы этого бизнеса (оказание клининговых услуг) состояли из телефонного аппарата и арендуемого офиса, в котором распоряжался подросток (его звали Барри Минков). Компания ZZZZ Best обанкротилась, Минкова посадили. Однако и сейчас, когда вы читаете эту книгу, наверняка создается еще какая-нибудь подобная компания, предназначенная для одурачивания нового поколения горе-инвесторов. Ни один из тех, кто прочел книгу Грэма, не должен попасть в их число.

населения, используя трейлеры в качестве мобильных офисов. Он создал дочернюю компанию под названием Mr. Tax of America и стал продавать франшизы на использование своей идеи и своего имени. Он увеличил количество корпоративных акций до 2,71 млн и стал готовиться к их размещению при посредничестве наряду с прочими одного из крупнейших брокерских домов. В марте 1969 г. они разместили 500 000 акций AAA Enterprises по $13 за акцию. Средства от продажи 300 000 акций поступили на личный счет г-на Уильямса, а от продажи 200 000 — на счет компании, увеличив ее капитал на $2,4 млн. Цена акций быстро удвоилась (до $28), увеличив капитализацию компании до $84 млн при балансовой стоимости около $4,2 млн и максимальной объявленной прибыли $690 000. Таким образом, акции торговались по цене, которая в более чем в 120 (!) раз превышала текущую (максимальную) удельную прибыль. Несомненно, г-н Уильямс назвал свою компанию AAA Enterprises неслучайно: он хотел, чтобы она занимала одну из первых строк в телефонных справочниках. Естественно, AAA, как и Абу Бен Адем[14], оказалась на первой строке и в справочнике *Stock Guide* агентства Standard & Poor's, а заодно попала в рассмотренную нами ранее группу «горячих» акций 1969 г.

Комментарий. Г-н Уильямс совершил удачную сделку. За 300 000 акций, балансовая стоимость которых в декабре 1968 г. составляла $180 000, он выручил в 20 раз больше — кругленькую сумму $3,6 млн. Андеррайтеры и другие посредники поделили между собой $500 000 за вычетом расходов.

1. Для клиентов брокерских компаний, купивших акции, сделка оказалась не столь удачной. Им пришлось заплатить за акции цену, примерно в 10 раз превышающую их балансовую стоимость, — и это после того, как за их же деньги удельная величина собственного капитала в расчете на акцию была увеличена с 59 центов до $1,35[15]. До начала 1968 г. лучшее за всю историю компании максимальное значение показателя прибыли на акцию составляло всего 7 центов. У компании, разумеется, были амбициозные планы на будущее, но стоило ли

[14] В поэме «Абу Бен Адем» британского поэта-романтика Ли Ханта (1784–1859) праведный Муслим видит ангела, который в золотой книге записывает имена тех, кто любит Бога. Когда ангел говорит Абу, что его имени среди этих людей нет, тот отвечает: «Прошу тебя, запиши мое имя в числе тех, кто любит его последователей». Ангел вернулся следующей ночью. Он показал Абу книгу, в которой имя Бен Адема стояло первым.

[15] Покупая обыкновенные акции по цене, намного превышающей их балансовую стоимость, инвесторы способствовали росту величины собственного капитала AAA Enterprises в расчете на акцию. Но они, как барон Мюнхгаузен, вытаскивали себя из болота за волосы, поскольку рост акционерного капитала обуславливался главным образом их готовностью переплачивать за акции.

платить за сомнительные перспективы? Инвесторам предложили это сделать, и они это сделали.

2. Тем не менее практически сразу после размещения акций их цена удвоилась, и клиенты брокерских контор, продавшие свои акции, получили неплохую прибыль. Возникает, однако, вопрос: меняет ли это обстоятельство последствия IPO с минуса на плюс или же ожидание возможного роста котировок акций освобождает андеррайтеров от ответственности за публичное размещение и дальнейшую судьбу бумаг, к выпуску которых они «приложили руку»? Это вопрос непростой, но он заслуживает внимания аналитиков Уолл-стрит и органов государственного регулирования[16].

Продолжение истории

Увеличение капитала AAA Enterprises использовала для развития двух новых бизнесов. В 1969 г. компания открыла сеть розничных магазинов по продаже ковров и приобрела завод по производству трейлеров. Результаты за первые девять месяцев были не блестящими — прибыль 22 цента на акцию, но они оказались немного лучше, чем в предыдущем году (14 центов). А дальше случилось невероятное. В течение следующих нескольких месяцев компания понесла убытки в размере $4,365 млн, или $1,49 в расчете на акцию. Это поглотило весь ее первоначальный (до выпуска акций) капитал плюс все $2,4 млн, полученные от публичной продажи акций плюс 2/3 объявленной прибыли за первые девять месяцев 1969 г. Акционерам, всего семь месяцев назад заплатившим $13 за акцию, остались лишь жалкие крохи ($242 000 капитала, или 8 центов на акцию). Тем не менее курс акций в конце 1969 г. составлял $8,125, т. е. рыночная капитализация компании превышала $25 млн.

1. ***Еще один комментарий.*** Трудно поверить, что с января по сентябрь 1969 г. компания действительно заработала $686 000, а в течение следующих трех месяцев потеряла $4,365 млн. В отчете на 30 сентября что-то явно было не так.

---

[16] Грэм считает, что инвестиционные банки не должны ставить себе в заслугу то, что горячие акции подскочили в цене сразу после их размещения, потому что в этом случае им придется нести ответственность и за дальнейшую судьбу этих акций. В 1999 г. и в начале 2000 г. многие вновь выпущенные акции интернет-компаний подскочили в цене на 1000% и более, но за следующие три года большинство из них потеряло свыше 95% стоимости. Оправдывает ли высокая прибыль, полученная горсткой «ранних» инвесторов, разорение миллионов, пришедших на рынок позже? Многие IPO намеренно проводились по заниженным ценам, чтобы быстро показать значительный рост котировок и привлечь внимание к следующим первичным размещениям.

2. Цена закрытия в конце года на уровне $8,125 в большей степени отражала отсутствие какой-либо обоснованности котировок фондового рынка, чем даже цена первоначального размещения ($13) или последующий ажиотажный максимум ($28). Эти последние котировки как минимум основывались на энтузиазме и надежде, которые были вполне понятны, хотя и не имели никакого отношения к действительности и здравому смыслу. В данном же случае рынок оценил в $25 млн компанию, потерявшую практически весь свой капитал и оказавшуюся под угрозой полной неплатежеспособности. В такой ситуации говорить об энтузиазме или надежде можно было только в насмешку. (Правда, результаты деятельности компании на конец года не были опубликованы 31 декабря, но задача аналитиков Уолл-стрит в том и состоит, чтобы получать ежемесячные отчеты курируемых ими компаний и формировать по возможности точное представление о том, что с ними происходит.)

Заключительная ремарка

По итогам первой половины 1970 г. компания объявила об убытках в размере $1 млн. Тогда она была спасена от банкротства г-ном Уильямсом, который взял кредиты на $2,5 млн. В дальнейшем отчеты не публиковались вплоть до января 1971 г., когда AAA Enterprises наконец-то объявила о банкротстве. В конце месяца за акции предлагали жалкие 50 центов ($1,5 млн за весь выпуск), хотя они уже годились разве что на то, чтобы оклеивать ими стены в туалете. Тут и сказке конец.

Мораль и вопросы. Спекулянты неисправимы. Если речь идет о деньгах, они не могут сложить два и два. Они покупают что угодно по любой цене, если им кажется, что развивается какой-то «тренд». Они попадаются на удочку любой компании, бизнес которой связан с франчайзингом, компьютерами, электроникой, наукой, технологиями и прочими сферами, на данный момент пользующимися особой популярностью. Наши читатели, будучи разумными инвесторами, конечно же, не занимаются подобными глупостями. Давайте зададим себе ряд вопросов. Должны ли респектабельные, уважающие себя инвестиционные банки связываться с компаниями, которые практически неизбежно разорятся? (Когда автор этой книги пришел работать на Уолл-стрит в 1914 г., банки избегали таких компаний, так как не хотели марать руки. Однако, судя по всему, на протяжении последующих 57 лет моральные нормы Уолл-стрит не только не укрепились, но, напротив, вопреки всем реформам и усилению контроля со стороны государства, существенно расшатались. Не следует ли наделить Комиссию по ценным бумагам и биржам США дополнительными функциями в области защиты интересов инвесторов, поскольку сегодня ее полномочия ограничиваются одним лишь правом требовать раскрытия важной информации в проспектах эмиссий? Не пора ли рассчитывать и публиковать надежный и прозрачный рейтинг IPO? Не должен ли каждый проспект и каждое подтверждение продажи на IPO давать некую формальную гарантию того, что цена размещения не отличается значительно от сложившихся цен на аналогичные бумаги, давно торгующиеся на рынке? Пока мы готовили данное издание, набирало силу движение за реформы в этой сфере, нацеленные на искоренение царящих в ней злоупотреблений. Мы считаем, что добиться сколько-нибудь значительных улучшений в сфере IPO будет весьма трудно, поскольку злоупотребления становятся возможны во многом из-за жадности и глупости самих инвесторов. А потому данная тема требует подробного и тщательного рассмотрения[17].

[17] Первые четыре предложения этого абзаца можно считать официальной эпитафией «мыльным пузырям» интернет- и телекоммуникационных компаний, лопнувшим в начале 2000 г. Никакие предупреждения о вреде курения на упаковке сигарет не останавливают курильщиков, и никакие меры государственного регулирования не спасают инвесторов от их собственной жадности. (Даже коммунизм не в силах искоренить «мыльные пузыри» на рынке — вспомним рост китайского рынка акций на 101,7% в первой половине 1999 г. и последовавший за этим крах.) Так же и инвестиционные банки никогда полностью не излечатся от неодолимого желания продавать акции по любой цене, которую способен вынести фондовый рынок. Этот порочный круг может быть разорван лишь совместными усилиями инвесторов и финансовых аналитиков. Прежде чем заняться инвестициями, изучите принципы, сформулированные Грэмом (см. прежде всего главы 1, 8 и 20).

КОММЕНТАРИИ К ГЛАВЕ 17

> Бог мудрости Воден поймал короля троллей и захотел узнать у него, как порядок может победить хаос. «Дай мне свой левый глаз, — сказал тролль, — и я расскажу тебе». Без колебаний Воден отдал свой левый глаз: «А теперь скажи мне». Тролль ответил: «Секрет в том, чтобы смотреть в оба!»
>
> *Джон Гарднер*

ЧЕМ БОЛЬШЕ ВСЕ МЕНЯЕТСЯ, ТЕМ БОЛЬШЕ ВСЕ ОСТАЕТСЯ ПО-СТАРОМУ

Грэм рассматривает четыре крайности:

- переоцененный «балансирующий на грани краха гигант»;
- конгломерат, строящий «империю»;
- слияние, в ходе которого менее крупная компания поглощает более крупную;
- публичное размещение акций ничего не стоящей компании.

Последние несколько лет ознаменовались таким количеством разнообразных «крайностей», что впору составлять энциклопедию. Приведем несколько примеров.

LUCENT TECHNOLOGIES: СВЕТИТ, ДА НЕ ГРЕЕТ

В середине 2000 г. у Lucent[18] Technologies было больше инвесторов, чем у любой другой компании США. По показателю рыночной капитализации ($192,9 млрд) она занимала 12-е место в стране.

[18] Lucent (англ.) — светящийся. — *Прим. ред.*

Чем была оправдана гигантская стоимость компании? Рассмотрим важнейшие показатели, представленные в финансовом отчете компании за второй квартал 2000 г.[19] (таблица 17.2).

Таблица 17.2. **Показатели компании Lucent Technologies, $ млн**

	Периоды	
	II квартал 2000 г.	**II квартал 1999 г.**
Доходы		
Выручка	8 713	7 403
Прибыль (убыток) от текущих операций	(14)	622
Прибыль (убыток) от прекращенных операций	(287)	141
Чистая прибыль	(301)	763
Активы		
Денежные средства	710	1 495
Дебиторская задолженность	10 101	9 486
Гудвилл	8 736	3 340*
Капитализированные затраты на разработку программного обеспечения	576	412
Полная стоимость активов	46 340	37 156

*Другие активы, включая гудвиллы.

Источник: квартальные финансовые отчеты компании Lucent Technologies (форма 10-Q).

При более внимательном изучении отчета Lucent обнаруживается ряд настораживающих фактов.

- Компания Lucent только что купила компанию Chromatis Networks, производящую оптическое оборудование, за $4,8 млрд, из которых $4,2 млрд приходились на гудвилл (т. е. превышение цены покупки над балансовой стоимостью компании). Вот характеристики компании Chromatis: 150 сотрудников, отсутствие клиентов, нулевая выручка. Вряд ли тут уместно говорить о гудвилле; скорее, речь может идти о «сундуке с приданым». Если компания Chromatis не сумеет реализовать свои планы по разрабатываемым продуктам, Lucent придется списать стоимость гудвилла за счет будущей прибыли.
- В примечаниях раскрывается информация о том, что Lucent предоставила покупателям своей продукции кредиты в общей сумме $1,5 млрд. На Lucent уже висело $350 млн гарантий по займам, которые ее клиенты взяли в других организациях. Общий объем такого «финансирования клиентов» за год удвоился, что свидетельствовало

[19] Этот документ, как и другие финансовые документы, которые мы приводим, можно найти в базе данных EDGAR (www.sec.gov).

об отсутствии у покупателей денег на приобретение продукции Lucent. Что если у них совсем кончатся деньги и они не смогут выплачивать свои долги?

- И, наконец, компания учла затраты на разработку нового программного обеспечения как «капитальные активы». А не были ли они обычными затратами на ведение бизнеса, которые должны вычитаться из прибыли?

Выводы. В августе 2001 г. компания Lucent закрыла подразделение Chromatis после того, как выяснилось, что на ее продукцию нашлось всего два покупателя[20]. В 2001 г. Lucent потеряла $16,2 млрд, в 2002 г. — еще $1,9 млрд. Эти убытки включают $3,5 млрд «резервов под плохие кредиты и финансирование клиентов», $4,1 млрд «расходов, вытекающих из обесценения рыночной стоимости гудвилла» и $362 млн издержек, «связанных с капитализированным программным обеспечением».

Акции компании Lucent, 30 июня 2000 г. торговавшиеся по $51,062 за штуку, в конце 2002 г. стоили всего $1,26. Совокупные потери рыночной стоимости за два с половиной года составили примерно $190 млрд.

TYCO INTERNATIONAL: ПОСЛЕДНИЙ ИЗ МОГИКАН

Чтобы вкратце охарактеризовать корпорацию Tyco International, мы можем только перефразировать Уинстона Черчилля и сказать, что никогда еще такая маленькая компания не покупала так много и за такую высокую цену. С 1997 по 2001 г. этот зарегистрированный на Бермудских островах конгломерат потратил более $37 млрд (в основном в виде акций), покупая компании в тех же количествах, в каких кинозвезды покупают туфли. Только в 2000 г., по данным годового отчета, Tyco приобрела «примерно 200 компаний» — в среднем одну компанию за рабочий день.

И что в результате? Tyco росла феноменально быстро. За пять лет ее доходы выросли с $7,6 до $34 млрд, а операционные результаты превратились из $476 млн убытков в $6,2 млрд прибыли. Рыночная капитализация в конце 2001 г. составила $114 млрд.

Но финансовые отчеты Tyco были как минимум настолько же фантастическими, как и ее рост. Практически каждый год в отчетах отражались сотни миллионов долларов издержек, связанных с поглощениями. Эти издержки можно было разделить на три категории.

---

[20] Неудачное поглощение Chromatis обсуждалось в газете *The Financial Times* (29 августа 2001 г., с. 1 и 1–2 сентября 2001 г., с. XXXIII).

1. Расходы в связи с проведением слияний и поглощений и прочие разовые расходы.
2. Расходы на покрытие обесценения долгосрочных активов.
3. Списание стоимости приобретенных неоконченных исследований и разработок.

Обозначим издержки, относящиеся к каждой из этих групп, как «издержки 1», «издержки 2», «издержки 3» и посмотрим на их динамику (таблица 17.3).

Таблица 17.3. **Издержки компании Tyco International по категориям, $ млн** (по данным отчета)

	Период	Издержки 1	Издержки 2	Издержки 3
	1997	918	148	361
	1998	0	0	0
	1999	1 183	335	0
	2000	175	99	0
	2001	234	120	184
Итого		**2 510**	**702**	**545**

Итоговая цифра по издержкам 1 «Слияния и поглощения» не включает сделки по простому объединению долей.
Источник: годовые отчеты Tyco International (форма 10-K).

Мы видим, что издержки 1, рассматриваемые как разовые, имели место на протяжении четырех лет из пяти и в сумме составили огромную величину — $2,5 млрд. Издержки 2 также имели место с дивной регулярностью, их общая сумма превысила $700 млн. Издержки 3 составили более $500 млн[21].

У разумного инвестора в этой связи неизбежно возникал ряд вопросов:

- Если стратегия Tyco, направленная на обеспечение роста за счет приобретений, была так хороша, почему компании приходилось расходовать в среднем $750 млн в год, чтобы подчистить последствия этих сделок?
- Если (и это совершенно ясно) бизнес Tyco состоял не в производстве товаров и услуг, а в приобретении других компаний, занимающихся производством товаров и услуг, почему издержки 1 отражались как разовые? Не были ли они просто частью обычных затрат Tyco на ведение бизнеса?

---

[21] При учете поглощений завышение издержек 3 позволяло Tyco сокращать ту часть цены покупки, которую она выделяла как гудвилл. Поскольку издержки 3 списывались сразу, а стоимость гудвилла (согласно действовавшим в то время правилам учета) должна была списываться на протяжении длительного периода, этот маневр позволял Tyco минимизировать влияние стоимости гудвилла на будущую прибыль компании.

- Можно ли спрогнозировать, каким будет следующий год, если бухгалтерские расходы по прошлым сделкам относятся на прибыль будущих лет?

Фактически инвестор даже не сможет сказать, какой была прибыль компании Tyco за предыдущие периоды. В 1999 г., после проверки Комиссии по ценным бумагам и биржам США, Tyco добавила $257 млн к издержкам 1 за 1998 г. Это свидетельствовало о том, что такие «разовые» расходы на самом деле имели место ежегодно на протяжении пяти лет. В то же время компания пересмотрела заявленные в 1999 г. цифры: издержки 1 были снижены до $929 млн, а издержки 2 — увеличены до $507 млн.

Безусловно, Tyco росла, но росла ли ее прибыльность? Никто из внешних наблюдателей не может утверждать это наверняка.

Выводы. В 2002 г. компания Tyco понесла убытки в размере $9,4 млрд. Цена закрытия акций в конце 2001 г. составила $58,90, в конце 2002 г. — $17,08. Компания потеряла 71% рыночной стоимости всего за 12 месяцев[22].

AMERICA ONLINE: КИЛЬКА ГЛОТАЕТ КИТА

10 января 2000 г. корпорации America Online и Time Warner объявили о слиянии. Стоимость сделки оценивалась в $156 млрд.

На 31 декабря 1999 г. активы AOL составляли $10,3 млрд, а выручка за предыдущие 12 месяцев — $5,7 млрд. Компания Time Warner владела активами на $51,2 млрд, ее выручка составила $27,3 млрд. Time Warner была намного крупнее по всем параметрам за исключением одного: оценки рынком ее акций. Интернет-бизнес America Online ослеплял инвесторов колоссальными перспективами, благодаря чему акции компании торговались с не менее ослепительным 164-кратным мультипликатором прибыли. Акции компании Time Warner, бизнес которой был связан с кабельным телевидением, производством кинофильмов, музыкальной индустрией и издательским делом, торговались по цене, в 50 раз превышающей прибыль.

В объявлении о сделке предстоящее объединение было названо «стратегическим слиянием равных партнеров». Генеральный директор Time Warner Джеральд Левин заявил, что «для всех, кто связан с AOL Time Warner, возможности безграничны». «Прежде всего, — добавил он, — речь идет об акционерах».

---

[22] В 2000 г. федеральные власти и власти штата обвинили бывшего руководителя Tyco Дэнниса Козловски в уклонении от уплаты подоходного налога и использовании активов компании в личных целях, включая присвоение $15 000 (на эту сумму была приобретена подставка для зонтиков) и $6000 (эта сумма была потрачена на установку душевой кабины). Козловски отрицал свою вину.

Подавляющее большинство акционеров Time Warner встретили сделку с восторгом. Но они не придали значения нескольким фактам.

- Это «слияние равных партнеров» давало акционерам компании America Online 55%-ную долю в объединенной компании — несмотря на то, что компания Time Warner была в пять раз крупнее.
- Комиссия по ценным бумагам и биржам США уже второй раз на протяжении последних трех лет проводила расследование, пытаясь выяснить, правильно ли America Online учитывает маркетинговые затраты.
- Почти половина общей стоимости активов America Online ($4,9 млрд) приходилась на акции компаний, в том числе и высокотехнологичных. Понятно, что при падении котировок этих акций большая часть активов America Online также бы обесценилась.

Выводы. 11 января 2001 г. компании закрыли сделку по слиянию. В 2001 г. AOL Time Warner потеряла $4,9 млрд, а в 2002 г. понесла самые крупные убытки, когда-либо зарегистрированные среди корпораций, — $98,7 млрд. Значительная часть этих убытков обуславливалась списанием стоимости активов America Online. В конце 2002 г. акционеры, которым Левин предрекал «безграничные возможности», могли похвастаться разве что потерей 80% стоимости акций с момента первого объявления о слиянии компаний[23].

ETOYS: ИГРА В ИНВЕСТИЦИИ

20 мая 1999 г. корпорация eToys разместила на фондовом рынке 8% своих акций. Четыре престижных инвестиционных банка Уолл-стрит — Goldman Sachs & Co.; BancBoston Robertson Stephens; Donaldson, Lufkin & Jenrette и Merrill Lynch & Co. — выступили андеррайтерами, реализовав подписчикам 8 320 000 акций по $20 за бумагу на общую сумму $166,4 млн. В первый же день после размещения акции на торгах резко взлетели в цене и закрылись на уровне $76,5625, продемонстрировав 282,8%-ный рост. При такой цене рыночная стоимость компании eToys (с ее 102 млн акций) составила $7,8 млрд[24].

---

[23] Раскроем важную информацию: Джейсон Цвейг является сотрудником корпорации Time, которая в прошлом была подразделением компании Time Warner, а сегодня входит в состав корпорации AOL Time Warner.

[24] Роскошную обложку проспекта эмиссии компании eToys украшали кадры из мультсериала «Артур», в шутливой форме показывающие, насколько проще покупать игрушки для детей в магазине eToys, чем в традиционном магазине игрушек. В день IPO eToys аналитик Гейл Бронсон из IPO Monitor заявил в интервью Associated Press: «В прошлом году компания eToys развивалась очень успешно и удачно позиционировала

Какой же бизнес купили акционеры eToys? Продажи компании в предыдущем году возросли на 4261%, и только за последний квартал количество покупателей выросло на 75 000. Но за 20 месяцев существования компании ее общая выручка составила $30,6 млн, а чистый убыток — $30,8 млн. Это свидетельствовало о том, что eToys тратила $2 на каждый доллар проданных игрушек.

В проспекте эмиссии было сказано, что компания eToys намерена приобрести еще одну интернет-компанию — Baby-Center, убытки которой в предыдущем году составили $4,5 млн при выручке $4,8 млн. (Чтобы получить этот «приз», eToys пришлось заплатить более $205 млн.) Кроме того, eToys собиралась «зарезервировать» 40,6 млн обыкновенных акций для будущего их размещения среди своего руководства. Таким образом, если бы компания когда-либо начала зарабатывать деньги, то ее чистая прибыль делилась бы не на 102 млн, а на 143 млн акций, что привело бы к уменьшению будущей прибыли на акцию примерно на 1/3.

Сравнение компании eToys с корпорацией Toys "R" Us — самым крупным из ее конкурентов — просто шокирует. На протяжении предыдущих трех месяцев корпорация Toys "R" Us получила $27 млн чистой прибыли и продала в 70 раз больше продукции, чем eToys за весь год. Но, как показано в таблице 17.4, фондовый рынок оценил компанию eToys почти на $2 млрд дороже, чем корпорацию Toys "R" Us.

Выводы. 7 марта 2001 г. компания eToys начала процедуру банкротства после того, как ее чистые убытки превысили $398 млн. Акции, цена которых в октябре 1999 г. достигала $86, впоследствии продавались буквально за центы.

Таблица 17.4. **История игрушек, $ млн**

	Корпорация eToys: год, закончившийся 31.03.1999	**Корпорация Toys "R" Us: квартал, закончившийся 01.04.1999**
Чистые продажи	30	2 166
Чистая прибыль	(29)	27
Денежные средства	20	289
Общие активы	31	8 067
Рыночная стоимость обыкновенных акций на 20.05.1999	7 780	5 650

Источник: данные, представляемые в Комиссию по ценным бумагам и биржам США.

себя в качестве интернет-магазина товаров для детей. Ключом к успеху IPO, особенно если речь идет об IPO доткома, является хороший маркетинг и продвижение бренда». Бронсон был прав, но лишь отчасти: это был ключ к успеху самой компании и ее банкиров. К сожалению, ключом к успеху инвесторов является только прибыль, которой у eToys не было.

ГЛАВА 18

Сравнительный анализ восьми пар компаний

В этой главе мы попытаемся использовать новую форму изложения материала. Выбрав восемь пар компаний, расположенных в соседних строках котировального листа, мы попробуем на конкретных данных проанализировать их бизнес, финансовое положение, методы работы и рентабельность. Кроме того, мы рассмотрим проблемы, с которыми сталкивались эти компании, и возможности, которые открывались перед участниками фондового рынка в последние годы в плане инвестиционных и спекулятивных операций с их акциями. Анализируя каждую пару компаний, мы будем комментировать только те аспекты, которые имеют для нас особое значение.

Пара 1. Real Estate Investment Trust (магазины, офисы, заводы и др.) и Realty Equities Corp. of New York (инвестиции в недвижимость и строительство)

В отличие от компаний, входящих в другие пары, названия двух данных компаний начинаются не с первой буквы алфавита. Однако их сравнение имеет для нас особое значение. Дело в том, что одна из них — образец последовательного использования разумных и эффективных традиционных методов управления деньгами других людей, а вторая — пример необдуманного расширения бизнеса, сопровождающегося финансовыми махинациями и непрерывными изменениями, столь характерными для многих сегодняшних корпораций. У этих двух компаний похожие названия, и в течение многих лет они стояли рядом в котировальном листе Американской фондовой биржи. Их тикеры — REI и REC — легко перепутать. Но на этом сходство кончается. Первая компания — Real Estate Investment Trust — солидный трастовый фонд из Новой Англии, управляемый тремя попечителями. Он имеет почти вековую историю и непрерывно выплачивает дивиденды с 1889 г. Траст всегда придерживается осторожной инвестиционной политики, умеренными темпами расширяя бизнес и ограничивая задолженность уровнем, при котором ей легко управлять[1].

Вторая компания — Realty Equities Corp. of New York — типичная нью-йоркская выскочка. За восемь лет существования компании ее активы выросли с $6,2 млн до $154 млн. Примерно в такой же пропорции увеличились и ее долги. Начав с традиционных операций с недвижимостью, компания постепенно превратилась в разношерстный конгломерат: два ипподрома, 74 кинотеатра, три литературных агентства, пиар-компании, гостиницы и супермаркеты. Кроме того, ей принадлежала доля (26%) в крупной косметической фирме, обанкротившейся в 1970 г.[2] Выпускаемые REC бумаги были столь же пестрыми, как и ее бизнес. Перечислим их.

1. Привилегированные акции номиналом всего $1, дающие право на получение дивидендов в размере $7 в год и учтенные как долговые обязательства ($1 на акцию).
2. Обыкновенные акции, объявленная стоимость которых ($2,5 млн, т.е. $1 за акцию) с лихвой перекрывалась расходами в размере $5,5 млн на обратный выкуп 209 000 акций.
3. Три серии опционов на биржевые варранты, дающих право на покупку в общей сложности 1 578 000 акций.
4. Не менее шести видов долговых обязательств в форме закладных на недвижимость, необеспеченных долговых обязательств, простых векселей, банковских векселей, долговых расписок, займов и задолженностей по контрактам, а также ссуд, предоставленных Управлением по делам малого бизнеса. Общая сумма долга в марте 1969 г. превышала $100 млн. Кроме того, компания, естественно, должна была платить налоги и покрывать кредиторскую задолженность.

Для начала сравним некоторые цифры за 1960 г. (таблица 18.1А). Рыночная стоимость акций Trust в 9 раз превышала совокупную стоимость акций Equities. Относительная величина задолженности Trust была меньше, соотношение чистой и валовой прибыли — лучше. Значение коэффициента «цена/прибыль» было выше.

[1] Компания, о которой пишет Грэм, — Real Estate Investment Trust — в 1983 г. была поглощена San Francisco Real Estate Investors при курсе акций $50.

[2] Какое-то время владельцем крупного пакета акций Realty Equities Corp. of New York был актер Пол Ньюман (после того, как эта компания в 1969 г. приобрела его киностудию Kayos Inc.).

Таблица 18.1А. **Пара 1. Real Estate Investment Trust и Realty Equities Corp., 1960 г.**

	Real Estate Investment Trust	Realty Equities Corp. of New York
Валовой доход, $	3 585 000	1 484 000
Чистая прибыль, $	485 000	150 000
Прибыль на акцию, $	0,66	0,47
Дивиденды на акцию, $	Не выплачивались	0,10
Балансовая стоимость на акцию, $	20	4
Диапазон цен, $	20–12	5,375–4,750
Активы, $	22 700 000	6 200 000
Обязательства, $	7 400 000	5 000 000
Балансовая стоимость обыкновенных акций, $	15 300 000	1 200 000
Средняя рыночная стоимость обыкновенных акций, $	12 200 000	1 360 000

В таблице 18.1В представлены результаты деятельности этих компаний спустя восемь лет. Благодаря усилиям руководителей Trust, которые «беспечно шли тропинкою своей»[3], выручка и прибыль в расчете на акцию выросли примерно на 3/4. А Realty Equities стала чудовищным и чрезвычайно уязвимым гигантом.

Как же реагировала Уолл-стрит на столь разные результаты? Очень просто: Thrust почти не замечали, а Realty Equities, наоборот, была в центре внимания. В 1958 г. ее акции выросли в цене с $10 до $37,75, зарегистрированные на бирже варранты — с $6 до $36,5, а общее количество проданных акций составило 2 420 000. В то же время при скромном объеме продаж цена акций Trust выросла с $20 до $30,25. По состоянию на март 1969 г. балансовая стоимость Realty в расчете на акцию составляла всего $3,41, т. е. менее 10% максимальной цены за этот год. У Trust этот показатель был равен $20,85.

В следующем году стало ясно, что финансовое состояние Realty Equities оставляет желать лучшего, и курс акций упал до $9,5. Акционеры, надо полагать, были в шоке, когда в марте 1970 г. узнали, что чистые убытки компании составили $13,2 млн ($5,17 на акцию), т. е. она осталась практически без собственного (и без того довольно тощего) капитала. (Катастрофические убытки включали резерв на покрытие будущих убытков по инвестициям в размере $8,8 млн). Несмотря на это, сразу же после завершения финансового года руководство компании «мужественно» заявило о выплате дополнительных дивидендов в размере 5 центов. Но неприятности на этом

[3] Грэм, который был тонким ценителем поэзии, цитирует строку из элегии Томаса Грея «Сельское кладбище» (пер. В. Жуковского. — *Прим. ред.*).

Таблица 18.1В. **Пара 1. Real Investment Trust и Realty Equities Corp., 1968 г.**

	Real Estate Investment Trust	Realty Equities Corp. of New York
Цена акций на 31.12.1968, $	26,5	32,5
Количество обыкновенных акций	1 423 000	2 311 000
Рыночная стоимость обыкновенных акций, $	37 800 000	75 000 000
Расчетная рыночная стоимость варрантов, $	—	30 000 000*
Расчетная совокупная рыночная стоимость обыкновенных акций и варрантов, $	—	105 000 000
Долг, $	9 600 000	100 800 000
Привилегированные акции	—	2 900 000
Общая капитализация, $	47 400 000	208 700 000
Рыночная стоимость в расчете на одну обыкновенную акцию (с учетом варрантов), $	—	45 (прогноз)
Балансовая стоимость в расчете на акцию, $	20,85	3,41
	Ноябрь 1968 г.	**Март 1969 г.**
Доход, $	6 281 000	39 706 000
Прибыль до выплаты процентов, $	2 696 000	11 182 000
Процентные платежи, $	590 000	6 684 000
Налог на прибыль, $	58 000**	2 401 000
Дивиденды на привилегированные акции, $		174 000
Чистая прибыль на обыкновенные акции, $	2 048 000	1 943 000
Специальные статьи, $	245 000 (кредит)	1 896 000 (дебет)
Окончательный размер прибыли на обыкновенные акции, $	2 293 000	47 000
Прибыль в расчете на одну акцию до вычета специальных статей, $	1,28	1,00
Прибыль в расчете на одну акцию после вычета специальных статей, $	1,45	0,20
Дивиденды в расчете на одну обыкновенную акцию, $	1,20	0,30
Коэффициент покрытия процентов (прибыль до выплаты процентов / процентные платежи), раз	4,6	1,8

* Компания осуществила несколько выпусков варрантов, дающих право на приобретение более 1,6 млн акций по различным ценам. Зарегистрированные на бирже варранты продавались по $30,5.

** Как траст, проводящий операции с недвижимостью, в 1968 г. компания не должна была платить федеральный налог на прибыль.

не кончились. Аудиторы компании отказались утвердить отчеты компании за 1969/70 финансовый год, и на Американской фондовой бирже торги акциями компании были приостановлены. На внебиржевом рынке цена покупки упала ниже $2 за акцию[4].

[4] В сентябре 1973 г. компания Realty Equities была исключена из котировального листа Американской фондовой биржи. В 1974 г. Комиссия по ценным бумагам и биржам США подала в суд на бухгалтеров компании Realty Equities, обвинив их в мошенничестве. Основатель компании Моррис Карп позднее признал себя виновным по одному из пунктов обвинения (хищение в крупных размерах). В 1974–1975 гг. чрезмерная за-

Что касается акций Real Estate Investment Trust, то после 1969 г. их курс колебался в допустимых пределах. Минимум 1970 г. составил $16,5, но к началу 1971 г. курс вырос до $26,83. Последнее значение показателя прибыли на акцию равнялось $1,5. При этом акции продавались по $21,6, причем эта цена незначительно превышала балансовую стоимость. Можно сказать, что в 1968 г. акции Trust были немного переоценены, принимая во внимание их высокий курс. Руководители компании честно вели себя по отношению к акционерам — в отличие от руководителей Real Estate Equities.

Пара 2. Air Products and Chemicals (промышленные и медицинские газы и др.) и Air Reduction Co. (промышленные газы и оборудование, химические продукты)

Эти две компании с похожими названиями относятся к близким сферам деятельности. Они куда больше похожи друг на друга, чем первые две. Учитывая это сходство, мы можем провести почти классический анализ их ценных бумаг. (Компании, рассматриваемые далее в этой главе скорее можно назвать гетероклитами[5].) Компания Air Products and Chemicals моложе Air Reduction Co., и в 1969 г. объем ее бизнеса[6] был вдвое меньше. Несмотря на это, рыночная капитализация Air Products была на 25% выше, чем у Air Reduction. Как показывают данные, представленные в таблице 18.2, это обуславливалось как более высокой рентабельностью, так и лучшими показателями деятельности в прошлом. Перед нами типичный пример «качественной» компании. Цена акций Air Products в 16,5 раза превышала ее последнюю объявленную прибыль; для акций Air Reduction значение этого показателя составляло 9,1. Кроме того, акции Air Products торговались намного дороже балансовой стоимости активов, в то время как акции Air Reduction можно было купить всего за 75% их балансовой стоимости[7]. Компания Air Reduction выплачивала более щедрые дивиденды. Но стремление Air Products удерживать прибыль могло быть связано с желанием направлять

долженность, о которой пишет Грэм, привела к финансовому кризису крупных банков, в том числе Chase Manhattan, который активно кредитовал наиболее агрессивные трасты, работающие с недвижимостью.

[5] Гетероклит (от греч. heteros — «другой») — отличающийся от других; Грэм имеет в виду, что у других компаний больше отклонений от нормы, чем у рассматриваемых в данном разделе.

[6] Под «объемом бизнеса» Грэм понимает объем продаж или выручку в стоимостном выражении.

[7] В таблице 18.2 соотношение между ценой и активами или балансовой стоимостью можно определить, разделив первую строку «Цена акций на 31.12.1969» на строку «Балансовая стоимость в расчете на акцию».

ее на развитие бизнеса. Кроме того, позиция Air Reduction по оборотному капиталу была сильнее. (По этому поводу можно заметить, что прибыльная компания всегда может привести этот показатель в норму с помощью привлечения финансовых ресурсов. Однако, по нашим стандартам, Air Products была немного «перегружена» облигациями.)

Таблица 18.2. **Пара 2. Air Products and Chemicals и Air Reduction Co., 1969 г.**

	Air Products & Chemicals	Air Reduction
Цена акций на 31.12.1969, $	39,5	16,375
Количество обыкновенных акций	5 832 000*	11 279 000
Рыночная стоимость обыкновенных акций, $	231 000 000	185 000 000
Долг, $	113 000 000	179 000 000
Общая капитализация, $	344 000 000	364 000 000
Балансовая стоимость в расчете на акцию, $	22,89	21,91
Объем продаж, $	221 500 000	487 600 000
Чистая прибыль, $	13 639 000	20 326 000
Прибыль на акцию, 1969 г., $	2,40	1,80
Прибыль на акцию, 1964 г., $	1,51	1,51
Прибыль на акцию, 1959 г., $	0,52	1,95
Текущие дивиденды, $	0,20	0,80
Дивиденды выплачиваются с (годы)	1954 г.	1917 г.
Коэффициенты		
Цена/прибыль, раз	16,5	9,1
Цена акции / балансовая стоимость, %	165,0	75,0
Дивидендная доходность, %	0,5	4,9
Чистая прибыль / продажи, %	6,2	4,25
Прибыль / балансовая стоимость, %	11,0	8,2
Текущие активы / обязательства, раз	1,53	3,77
Оборотный капитал / долг, раз	0,32	0,85
Рост или падение прибыли на акцию, %		
1969 г. по сравнению с 1964 г.	+59	+19
1969 г. по сравнению с 1959 г.	+362	Падение

* С учетом конверсии привилегированных акций.

Если бы финансового аналитика попросили выбрать между этими двумя компаниями, он без труда пришел бы к выводу, что компания Air Products более перспективна, чем Air Reduction. Но делает ли это компанию Air Products более привлекательной, учитывая несколько завышенный уровень цен? Вряд ли на этот вопрос можно дать однозначный ответ. В целом Уолл-стрит предпочитает качество количеству, и, скорее всего, большинство финансовых аналитиков отдали бы предпочтение «лучшим», хотя и более дорогим акциям компании Air Products, а не менее «качественным», хотя и более дешевым акциям Air Reduction. Насколько справедливо это предположение, зависит не столько от очевидных инвестиционных характеристик компаний, сколько от непредсказуемого будущего. В этом смысле компания Air Reduction принадлежит к важной группе компаний с низким мультипликатором прибыли. Если пример, который рассматривался ранее[8], верен, т.е. доходность акций с низким значением данного коэффициента выше доходности акций с высоким мультипликатором прибыли, логично предположить, что акциям компании Air Reduction можно отдать предпочтение, но рассматривая их только как часть диверсифицированного инвестиционного портфеля. (Следует отметить, что по результатам более тщательного анализа аналитик может прийти к прямо противоположному выводу, — по причинам, которые мы здесь не рассматривали.)

Продолжение истории. В 1970 г. акции Air Products вели себя лучше, чем акции Air Reduction, — котировки акций двух компаний снизились соответственно на 16 и 24%. Но Air Reduction быстрее восстановила свои позиции. Уже в начале 1971 г. цена ее акций увеличилась на 50% по сравнению с ценой закрытия в 1969 г. Акции Air Products за тот же период выросли на 30%. В данном случае акции с более низким значением коэффициента «цена/прибыль» продемонстрировали свое преимущество — по крайней мере временное[9].

Пара 3. American Home Products Co. (лекарственные препараты, косметическая продукция, хозяйственные товары, кондитерские изделия) и American Hospital Supply Co. (дистрибуция и производство оборудования и материалов для медицинских учреждений)

Перед нами две компании с миллиардными гудвиллами (по состоянию на конец 1969 г.), представляющие различные сегменты быстроразвивающейся и чрезвычайно прибыльной отрасли здравоохранения. Для краткости

---

[8] Грэм ссылается на рассуждения в главе 15, где сравнивалась доходность «акций стоимости» и «акций роста». С тех пор было получено множество доказательств того, что в долгосрочной перспективе доходность «акций стоимости» выше доходности «акций роста». Сегодня многие серьезные независимые исследования подтверждают выводы Грэма, сделанные много лет назад. (См., например: James L. Davis, Eugene F. Fama, and Kenneth R. French, "Characteristics, Covariances, and Average Returns: 1929–1997" на сайте http://papers.ssrn.com).

[9] Корпорация Air Products and Chemicals существует и поныне. Ее акции обращаются на бирже и входят в расчетную базу фондового индекса Standard & Poor's 500. Компания Air Reduction Co. в 1978 г. стала дочерней компанией The BOC Group (сегодня она называется British Oxygen).

будем называть их соответственно Home и Hospital. Основные показатели деятельности компаний представлены в таблице 18.3. Можно отметить следующие положительные моменты. Обе компании отличает, во-первых, значительный рост без единого убыточного года начиная с 1958 г. (т. е. 100%-ная стабильность прибыли) и, во-вторых, устойчивое финансовое положение. Темпы роста Hospital (на конец 1969 г.) были значительно выше, чем Home. В то же время рентабельность Home (рассчитанная как по объему продаж, так и по основным фондам) была значительно выше[10]. (Действительно, в связи с относительно низкой рентабельностью Hospital в 1969 г. (только 9,5%), несмотря на существенный рост объемов продаж и прибыли, возникал интересный вопрос о том, действительно ли этот бизнес был высокоприбыльным.)

Таблица 18.3. **Пара 3. American Home Products Co. и American Hospital Supply Co., 1969 г.**

	American Home Products	American Hospital Supply
Цена акции на 31.12.1969, $	72	45,5
Количество обыкновенных акций	52 300 000	33 600 000
Рыночная стоимость обыкновенных акций, $	3 800 000 000	1 516 000 000
Долг, $	11 000 000	18 000 000
Общая капитализация, $	3 811 000 000	1 534 000 000
Балансовая стоимость в расчете на акцию, $	5,73	7,84
Объем продаж, $	1 193 000 000	446 000 000
Чистая прибыль, $	123 300 000	25 000 000
Прибыль на акцию, 1969 г., $	2,32	0,77
Прибыль на акцию, 1964 г., $	1,37	0,31
Прибыль на акцию, 1959 г., $	0,92	0,15
Текущие дивиденды, $	1,40	0,24
Дивиденды выплачиваются с (годы)	1919 г.	1947 г.
Коэффициенты		
цена/прибыль, раз	31,0	58,5
цена акции / балансовая стоимость, %	1250,0	575,0
дивидендная доходность, %	1,9	0,55
чистая прибыль / продажи, %	10,7	5,6
прибыль / балансовая стоимость, %	41,0	9,5
текущие активы / обязательства, раз	2,6	4,5
Рост прибыли на акцию, %		
1969 г. сравнению с 1964 г.	+75	+142
1969 г. по сравнению с 1959 г.	+161	+405

[10] См. соответствующие строки таблицы 18.3.

Сравнение цен акций показывает, что покупатели акций Home за свои деньги получали гораздо больше с точки зрения текущих (и прошлых) прибылей и дивидендов. Весьма низкая балансовая стоимость Home отражала двойственную и противоречивую природу анализа ценных бумаг. С одной стороны, этот показатель говорил о том, что отдача основных фондов компании выше (что в целом является признаком здоровья и благополучия), но с другой — о том, что при текущей цене акций инвестор более уязвим в случае любых существенных негативных изменений динамики прибыли. Поскольку в 1969 г. цена акций Hospital вчетверо превышала ее балансовую стоимость, это замечание можно отнести к обеим компаниям.

Выводы. По нашему мнению, при текущих ценах обе компании были слишком дорогими для инвесторов, придерживающихся консервативных принципов отбора акций. Это не значит, они были неперспективными. Просто за их ценой стояло слишком много обещаний и мало фактических результатов. Совокупный гудвилл двух компаний в 1969 г. достигал почти $5 млрд. Сколько же лет компании должны были получать высокую прибыль, чтобы реализовать фактор гудвилла в форме дивидендов или материальных активов?

Продолжение истории (в краткосрочной перспективе). В конце 1969 г. перспективы роста прибыли Hospital рынок оценивал выше, чем аналогичные перспективы Home: значение коэффициента «цена/прибыль» у первой компании было почти вдвое выше, чем у второй. Как это часто случается, в следующем году прибыль компании-фаворита немного снизилась, а прибыль Home выросла на 8%. Показательно, что рынок резко отреагировал на ухудшение годовых показателей Hospital — в феврале 1971 г. акции компании продавались по $32, т. е. примерно на 30% ниже цены закрытия в 1969 г., в то время как акции Home котировались немного выше цены закрытия того же года[11].

Пара 4. H&R Block (налоговые консультации) и Blue Bell (производство рабочей одежды, униформы и др.)

Эти две компании — почти новички на Нью-Йоркской фондовой бирже. Истории их успеха совершенно разные. Компания Blue Bell прошла сложный путь и со временем заняла ведущее место в отрасли, отличающейся высоким уровнем конкуренции. Колебания прибыли в определенной степени были обусловлены изменением условий в отрасли, но с 1965 г. компания росла

[11] Компания American Home Products Co. Сегодня называется Wyeth. Ее акции входят в расчетную базу фондового индекса Standard & Poor's 500. American Hospital Supply Co. в 1985 г. была поглощена корпорацией Baxter Healthcare.

впечатляющими темпами. Она вышла на рынок в 1916 г., а дивиденды регулярно выплачивала с 1923 г. В конце 1969 г. фондовый рынок относился к ее акциям без энтузиазма, о чем свидетельствовало значение коэффициента «цена/прибыль» (11), в то время как для компаний, входящих в расчет индекса Standard & Poor's Composite, оно достигало 17.

Взлет компании H&R Block был головокружительным. Сведения о первых ее результатах относятся к 1961 г., когда компания получила прибыль в размере $83 000 при выручке $610 000. Через восемь лет выручка увеличилась до $53,6 млн, а чистая прибыль — до $6,3 млн. В то время фондовый рынок был в восторге от таких быстрорастущих компаний. В 1969 г. цена закрытия акций H&R Block составила $55, т. е. превысила прибыль за последние 12 месяцев более чем в 100 раз. Общая рыночная стоимость акций достигла $300 млн, превысив стоимость материальных активов почти в 30 раз[12]. Это был неслыханный пример столь высокой рыночной оценки компании. (В то время акции корпораций IBM и Xerox торговались, соответственно, примерно в 9 и 11 раз выше балансовой стоимости.)

В таблице 18.4 представлены абсолютные и относительные показатели, демонстрирующие колоссальное, ничем не обоснованное различие в оценке рынком стоимости H&R Block и Blue Bell. Действительно, отдача основных фондов H&R Block была вдвое выше, чем Blue Bell. При этом в течение последних пяти лет прибыль первой компании (которая бралась практически из ничего) также росла намного быстрее. Но рыночная стоимость Blue Bell составляла менее 1/3 рыночной стоимости компании H&R Block, хотя ее объем продаж был в 4 раза больше, величина прибыли на акцию — в 2,5 раза выше, инвестиции в материальные активы — в 5,5 раза выше, а дивидендная доходность — в 9 раз выше, чем у H&R Block.

Очевидный вывод. Опытный финансовый аналитик признал бы перспективность акций H&R Block, исходя из ожидаемого будущего роста. Разумеется, у него возникли бы некоторые сомнения, связанные с тем, что высокая доходность бизнеса компании могла привлечь в сферу налогового консультирования новых игроков, что существенно обострило бы конкурентную борьбу [1]. Но, зная о том, что даже в высококонкурентных отраслях есть стабильные лидеры (взять хотя бы Avon Products в области производства косметической продукции), он не решился бы прогнозировать

[12] «Почти в 30 раз» — см. число в «2920» в строке «цена акции / балансовая стоимость» в таблице 18.4. В конце 1999 г. — начале 2000 г. Грэм только покачал бы головой, видя, что акции многих высокотехнологичных компаний торгуются по цене, в сотни раз превышавшей стоимость активов. Что же касается «неслыханного примера столь высокой рыночной оценки компании», то акции компании H&R Block по-прежнему торгуются на бирже, в то время как корпорация Blue Bell в 1984 г. была выкуплена частными инвесторами по $47,5 за акцию.

Таблица 18.4. **Пара 4. H&R Block и Blue Bell, 1969 г.**

	H & R Block	Blue Bell
Цена акции на 31.12.1969, $	55	49,75
Количество обыкновенных акций	5 426 000	1 802 000*
Рыночная стоимость обыкновенных акций, $	298 000 000	89 500 000
Долг, $	—	17 500 000
Общая капитализация, $	298 000 000	107 000 000
Балансовая стоимость в расчете на акцию, $	1,89	34,54
Объем продаж, $	53 600 000	202 700 000
Чистая прибыль, $	6 380 000	7 920 000
Прибыль на акцию, 1969 г., $	0,51 (октябрь)	4,47
Прибыль на акцию, 1964 г., $	0,07	2,64
Прибыль на акцию, 1959 г., $	—	1,80
Текущие дивиденды, $	0,24	1,80
Дивиденды выплачиваются с (годы)	1962 г.	1923 г.
Коэффициенты:		
цена/прибыль, раз	108,0	11,2
цена акции/балансовая стоимость, %	2920	142
дивидендная доходность, %	0,4	3,6
чистая прибыль/продажи, %	11,9	3,9
прибыль/балансовая стоимость, %	27	12,8
текущие активы/обязательства, раз	3,2	2,4
оборотный капитал/долг, раз	Нет долга	3,75
Рост прибыли на акцию, %:		
1969 г. по сравнению с 1964 г.	+630	+68
1969 г. по сравнению с 1959 г.	—	+148

* С учетом конверсии привилегированных акций.

быстрое выравнивание кривой роста компании H&R Block. Главная задача состояла бы в том, чтобы определить, не является ли текущая рыночная стоимость компании ($300 млн) максимально возможной или завышенной, даже учитывая блестящие перспективы бизнеса. В то же время аналитик со спокойной душой рекомендовал бы инвесторам акции Blue Bell, считая компанию успешной, а цену акций — весьма умеренной.

Продолжение истории (март 1971 г.). Близкие к паническим настроения, господствовавшие на рынке в 1970 г., привели к тому, что цена акций Blue Bell снизилась на 1/4, а цена акций H&R Block — примерно на 1/3. Но затем на волне восстановления фондового рынка они не только вернули утраченные позиции, но и превзошли их: в феврале 1971 г. акции H&R Block выросли до $75, а акции Blue Bell — еще больше (до $109 с учетом дробления в соотношении 3:2). Ясно, что в конце 1969 г. акции Blue Bell были более выгодным приобретением, чем акции Block. Но тот факт, что цена последних (несомненно, завышенная) все-таки выросла еще примерно на 35%, свидетельствует о том, насколько осторожными должны быть аналитики и инвесторы (первые — в словах, вторые — в делах) в отношении коротких продаж акций хороших компаний — вне зависимости от того, насколько высокими могут казаться котировки[13].

Пара 5. International Flavors & Fragrances (производство промышленных ароматических добавок) и International Harvester Co. (производство грузовых автомобилей, сельскохозяйственной и строительной техники)

Сравнение этих двух компаний преподнесет нам немало сюрпризов. International Harvester знают все. Это одна из 30 крупнейших американских компаний, входящих в расчет фондового индекса Доу–Джонса[14]. Но многие ли читатели знают что-либо о компании International Flavors & Fragrances (IFF), ближайшем соседе Harvester в котировальном листе Нью-Йоркской фондовой биржи? Между тем, как ни странно, в конце 1969 г. совокупная рыночная капитализация компании IFF была значительно выше, чем Harvester: $747 млн против $710 млн. Это еще более удивительно, если принять во внимание, что акционерный капитал Harvester был в 17 раз, а годовой объем продаж — в 27 раз больше, чем Flavors. Но вы удивитесь еще больше, узнав, что всего три года назад чистая прибыль компании Harvester была выше, чем объем продаж Flavors в 1969 г. Как объяснить столь странное расхождение в рыночных оценках двух компаний? Все дело,

[13] Грэм предупреждает читателей об опасной форме «ошибки игрока», имея в виду веру инвесторов в то, что переоцененные акции непременно упадут в цене просто потому, что переоценены. Но если при подбрасывании монеты 9 раз подряд выпадает решка, это не значит, что в следующий раз выпадет орел. Точно так же и переоцененные акции (или фондовый рынок в целом) могут оставаться переоцененными очень и очень долго. Поэтому короткие продажи, т. е. ставка на падение акций, слишком рискованны для простых смертных.

[14] Компания International Harvester стала преемником компании McCormick Harvesting Machine, производителя жаток марки McCormick, благодаря которым штаты Среднего Запада превратились в «мировую житницу». В 1970-е гг. для компании International Harvester наступили тяжелые времена, и в 1985 г. она продала свой бизнес по производству сельскохозяйственной техники компании Tenneco. После смены названия на Navistar оставшаяся часть компании в 1991 г. была исключена из списка компаний, входящих в расчет индекса Доу–Джонса (но она по-прежнему входит в число компаний, по которым рассчитывается индекс Standard & Poor's 500). Общая рыночная капитализация компании International Flavors & Fragrances, которая также входит в расчетную базу индекса Standard & Poor's 500, в начале 2003 г. составляла $3 млрд (для сравнения: стоимость компании Navistar составляла $1,6 млрд).

разумеется, в двух волшебных словах — «рентабельность» и «рост». С этих позиций компания Flavors проявила себя с лучшей стороны, в то время как Harvester могла лишь мечтать об этом.

Показатели деятельности компаний представлены в таблице 18.5. Рентабельность Flavors, рассчитанная как отношение чистой прибыли к объему продаж, достигает аж 14,3% (23% до уплаты налога на прибыль). Значение этого показателя Harvester составляет какие-то жалкие 2,6%. Рентабельность Flavors, рассчитанная как отношение прибыли к балансовой стоимости, составляет 19,7%, Harvester — только 5,5%. За пять лет чистая прибыль Flavors почти удвоилась, Harvester — почти не росла. Сравнение показателей 1969-го и 1959 г. дает примерно ту же картину. Разная результативность компаний обуславливает различие в их оценке фондовым рынком. Цена акций Flavors в 55 раз превышала удельную прибыль (за последний период), цена акций Harvester — лишь в 10,7 раза. Соответственно, акции Flavors оценивались рынком в 10,4 раза выше балансовой стоимости, а акции Harvester торговались с 41%-ным дисконтом.

Комментарии и выводы. Во-первых, следует отметить, что успех Flavors на фондовом рынке полностью основывался на развитии ее основного бизнеса. Руководство компании не увлекалось разного рода корпоративными схемами, приобретением других компаний, попытками увеличить капитализацию за счет обременительных долговых обязательств и прочими популярными на Уолл-стрит приемами. Компании удавалось поддерживать высокую рентабельность, и в этом — главный секрет ее успеха. Результаты деятельности Harvester говорят совершенно о другом, но и в этом случае можно обойтись без сложных методов финансового анализа. Почему прибыльность многих крупных компаний снижается даже в периоды продолжительного роста экономики? Зачем нужны обороты свыше $2,5 млрд, если компания не может заработать достаточно прибыли, чтобы оправдать инвестиции своих акционеров? Мы с вами не обязаны решать эту проблему. Однако мы настаиваем, что о ней должны помнить не только руководители компаний, но и рядовые акционеры и что ее решение требует немалых умственных усилий и энергичных действий[15]. Акции обеих компаний не отвечают нашим консервативным требованиям, т. е. не являются достаточно привлекательным и дешевым объектом инвестиций. Flavors — типичная успешная,

---

[15] Об энергичных действиях инвесторов речь идет в разделе «Комментарии к главе 19». Критикуя Harvester за отказ увеличить акционерную стоимость, Грэм словно предвидел поведение будущего руководства компании. В 2001 г. акционеры проголосовали за отмену ограничений Navistar на поглощение, но совет директоров отказался выполнить требование акционеров. Следует отметить, что нарушения демократических принципов управления американскими компаниями наблюдаются не один десяток лет.

Таблица 18.5. **Пара 5. International Flavors & Fragrances и International Harvester Co., 1969 г.**

	International Flavors & Fragrances	International Harvester
Цена акции на 31.12.1969, $	65,5	24,75
Количество обыкновенных акций	11 400 000	27 329 000
Рыночная стоимость обыкновенных акций, $	747 000 000	710 000 000
Долг, $	4 000 000	313 000 000
Общая рыночная капитализация, $	751 000 000	1 023 000 000
Балансовая стоимость в расчете на акцию, $	6,29	41,70
Объем продаж, $	94 200 000	2 652 000 000
Чистая прибыль, $	13 540 000	63 800 000
Прибыль на акцию, 1969 г., $	1,19	2,30
Прибыль на акцию, 1964 г., $	0,62	3,39
Прибыль на акцию, 1959 г., $	0,28	2,83
Текущие дивиденды, $	0,50	1,80
Дивиденды выплачиваются с (годы)	1956 г.	1910 г.
Коэффициенты		
цена/прибыль, раз	55,0	10,7
цена акции / балансовая стоимость, %	1050,0	59,0
дивидендная доходность, %	0,9	7,3
чистая прибыль / продажи, %	14,3	2,6
прибыль / балансовая стоимость, %	19,7	5,5
текущие активы / обязательства, раз	3,7	2,0
оборотный капитал / долг, раз	Высокий	1,7
Коэффициент покрытия процентов, раз	—	3,9 (до уплаты налогов)
Рост прибыли на акцию, %		
1969 г. по сравнению с 1964 г.	+93	+9
1969 г. по сравнению с 1959 г.	+326	+39

но переоцененная компания. Показатели компании Harvester — слишком заурядные, чтобы ее можно было считать действительно привлекательной, несмотря на то, что ее акции торгуются значительно ниже балансовой стоимости. (Инвестор, вне всякого сомнения, может найти на рынке другие, куда более выгодные акции.)

Продолжение истории (1971 г.). Низкая цена акций Harvester в конце 1969 г. защитила их от стремительного падения в 1970 г. Они потеряли в цене только 10%. Позиции Flavors оказались более уязвимыми — ее акции упали до $45, т. е. на 30%. Во время последовавшего подъема на фондовом рынке позиции обеих компаний восстановились, и их рыночная стоимость значительно превысила уровень закрытия в 1969 г., но акции Harvester вскоре опять упали до $25.

Пара 6. McGraw Edison (коммунальное хозяйство и оборудование) и McGraw-Hill (книгоиздание, кинопроизводство, обучающие и информационные системы, издание журналов и газет)

Эта пара компаний со столь похожими названиями (для краткости будем называть их Edison и Hill) включает две крупные успешные компании совершенно разных отраслей. Сравнение проводится по состоянию на 31 декабря 1968 г. Соответствующие данные приведены в таблице 18.6.

Цена акций компаний была примерно равной, но из-за большего количества выпущенных акций рыночная капитализация Hill была примерно вдвое выше, чем Edison. Это было немного странно, поскольку объем

Таблица 18.6. **Пара 6. McGraw Edison и McGraw-Hill, 1968 г.**

	McGraw Edison	McGraw-Hill
Цена акций на 31.12.1968, $	37,625	39,75
Количество обыкновенных акций	13 717 000	24 200 000*
Рыночная стоимость обыкновенных акций, $	527 000 000	962 000 000
Долг, $	6 000 000	53 000 000
Общая рыночная капитализация, $	533 000 000	1 015 000 000
Балансовая стоимость в расчете на акцию, $	20,53	5,00
Объем продаж, $	568 600 000	398 300 000
Чистая прибыль, $	33 400 000	26 200 000
Прибыль на акцию, 1968 г., $	2,44	1,13
Прибыль на акцию, 1963 г., $	1,20	0,66
Прибыль на акцию, 1958 г., $	1,02	0,46
Текущие дивиденды, $	1,40	0,70
Дивиденды выплачиваются с (годы)	1934 г.	1937 г.
Коэффициенты		
цена/прибыль, раз	15,5	35,0
цена акции / балансовая стоимость, %	183,0	795,0
дивидендная доходность, %	3,7	1,8
чистая прибыль / продажи, %	5,8	6,6
прибыль / балансовая стоимость, %	11,8	22,6
текущие активы / обязательства, раз	3,95	1,75
Оборотный капитал / долг, раз	Высокий	1,75
Рост прибыли на акцию, %		
1968 г. по сравнению с 1963 г.	+104	+71
1968 г. по сравнению с 1958 г.	+139	+146

* С учетом конверсии привилегированных акций.

продаж Edison был примерно на 50%, а чистая прибыль — на 25% выше. В результате значение такого важного показателя, как коэффициент «цена/прибыль» у Hill было более чем вдвое выше, чем у компании Edison. Это объяснялось прежде всего благожелательным и даже восторженным отношением фондового рынка к акциям книгоиздательских компаний, некоторые из которых вышли на публичный рынок в конце 1960-х гг.[16]

В конце 1968 г. стало ясно, что энтузиазм рынка зашел слишком далеко. В 1967 г. акции Hill продавались по $56, т. е. цена акций более чем в 40 раз превышала величину объявленной прибыли за 1966 г. Но в 1967 г. имело место незначительное снижение прибыли, которое вновь повторилось в 1968 г. Таким образом, рынок наделял щедрым 35-кратным коэффициентом «цена/прибыль» компанию, прибыль которой на протяжении последних двух лет падала. Однако, несмотря на это, ее акции все еще оценивались в 8 раз выше удельной стоимости материальных активов, т. е. стоимость гудвилла достигала примерно $1 млрд! Этот случай прекрасно подтверждает справедливость высказывания доктора Сэмуэла Джонсона: «Надежда побеждает опыт».

И наоборот, на фоне растущего фондового рынка котировки акций McGraw Edison, судя по всему, были достаточно разумными, учитывая результаты деятельности и финансовое положение компании.

Продолжение истории (начало 1971 г.). В 1969–1970 гг. прибыль McGraw-Hill продолжала падать: она снизилась до $1,02 и затем до $0,82 на акцию. Только за ужасный май 1970 г. акции упали в цене до $10 (менее 1/5 цены, зафиксированной двумя годами ранее). Затем акции снова продемонстрировали значительный рост, но достигнутый в мае 1971 г. максимум ($24) составлял всего 60% от цены закрытия в 1968 г. Акции McGraw Edison оказались в более выигрышной ситуации: в 1970 г. их цена снизилась до $22, а в мае 1971 г. снова выросла до $41,5[17].

McGraw-Hill продолжает оставаться сильной и процветающей компанией. Колебания курса ее акций — яркий пример присущих таким акциям спекулятивных рисков, создаваемых стихийными волнами оптимизма и пессимизма на Уолл-стрит.

---

[16] Корпорация McGraw Hill по-прежнему остается публичной компанией, владеющей, помимо прочего, журналом *BusinessWeek* и агентством Standard & Poor's. Компания McGraw Edison сегодня является подразделением корпорации Cooper Industries.

[17] Говоря об «ужасном мае 1970 г.», Грэм имеет в виду падение фондового рынка США на 5,5%. С конца марта до конца июня 1970 г. индекс Standard & Poor's 500 потерял 19% стоимости — рекордное падение за три месяца за всю историю фондового рынка.

Пара 7. National General (крупный конгломерат) и National Presto Industries (производство бытовых электроприборов и военной техники)

Мы решили сравнить эти две компании именно потому, что они очень разные. Для простоты будем называть их General и Presto. Сравнение проводится по состоянию на конец 1968 г., поскольку списания, имевшие место в General в 1969 г., сделали проблематичным использование для наших целей данных этого года. И хотя в 1968 г. спектр деловой активности компании еще не был столь широким, как год спустя, она уже и тогда могла считаться настоящим конгломератом. Вот ее описание в *Stock Guide*: «Общенациональная сеть кинотеатров; производство кинофильмов и телевизионных передач; ссудо-сберегательные ассоциации; книгоиздание». К этому можно добавить, что компания также занимается страхованием, инвестициями и недвижимостью, оказывает банковские услуги и услуги в области компьютеризации, а также производит музыкальные записи и издает музыкальную литературу. Помимо этого, компания владеет 35% активов в корпорации Performance Systems (ранее известной как Minnie Pearl's Chicken Systems). Бизнес Presto также диверсифицирован, но не столь масштабно. Начав с производства скороварок и став лидером в этом сегменте рынка, компания начала выпускать также бытовые электроприборы. Кроме того, она участвовала в выполнении ряда контрактов для армии.

Данные по двум компаниям по состоянию на конец 1968 г. приведены в таблице 18.7. Структура капитала Presto была проще простоты — только 1 478 000 обыкновенных акций, рыночная стоимость которых составляла $58 млн. Структура капитала General была значительно сложнее: обыкновенные акции (почти вдвое больше, чем у Presto), конвертируемые привилегированные акции, три выпуска варрантов на значительное количество обыкновенных акций, огромное количество конвертируемых облигаций (обмененных на акции страховой компании), а также неконвертируемые облигации на внушительную сумму. В совокупности эти ценные бумаги давали $534 млн общей рыночной капитализации компании без учета запланированного на ближайшее будущее выпуска конвертируемых облигаций и $750 млн — с учетом последнего. Хотя капитализация National General была во много раз выше, чем у Presto, объем продаж был намного скромнее, а прибыль составляла только 75% чистой прибыли последней.

Определение *истинной рыночной стоимости* (капитализации) обыкновенных акций General — интересная задача для финансового аналитика. Ее решение имеет важное значение для каждого участника фондового рынка, который намерен серьезно заниматься инвестиционным бизнесом.

Таблица 18.7. **Пара 7. National General и National Presto Industries, 1968 г.**

	National General	National Presto Industries
Цена акций на 31.12.1968, $	44,25	38,625
Количество обыкновенных акций	4 330 000*	1 478 000
Рыночная стоимость обыкновенных акций, $	192 000 000	58 000 000
Дополнительная рыночная стоимость трех выпусков варрантов, $	221 000 000	—
Общая стоимость обыкновенных акций и варрантов, $	413 000 000	—
Старшие бумаги, $	121 000 000	—
Общая капитализация на фондовом рынке, $	534 000 000	58 000 000
Рыночная цена обыкновенных акций с учетом варрантов, $	98	—
Балансовая стоимость в расчете на обыкновенную акцию, $	31,50	26,30
Продажи и выручка, $	117 600 000	152 200 000
Чистая прибыль, $	6 121 000	8 206 000
Прибыль на акцию, 1968 г., $	1,42 (декабрь)	5,61
Прибыль на акцию, 1963 г., $	0,96 (сентябрь)	1,03
Прибыль на акцию, 1958 г., $	0,48 (сентябрь)	0,77
Текущие дивиденды, $	0,20	0,80
Дивиденды выплачиваются с (годы)	1964 г.	1945 г.
Коэффициенты		
цена/прибыль, раз	69,0**	6,9
цена акции / балансовая стоимость, %	310,0	142,0
дивидендная доходность, %	0,5	2,4
чистая прибыль / продажи, %	5,5	5,4
прибыль / балансовая стоимость, %	4,5	21,4
текущие активы / обязательства, раз	1,63	3,40
оборотный капитал / долг, раз	0,21	Без долга
Рост показателя прибыли на акцию, %		
1968 г. по сравнению с 1963 г., %	+48	+450
1968 г. по сравнению с 1958 г., %	+195	+630

* С учетом конверсии привилегированных акций.

** С учетом рыночной цены варрантов.

Сравнительно небольшой выпуск привилегированных акций ($4,5) может быть конвертирован в обыкновенные акции, объем выпуска которых (при достижении благоприятного уровня цен) рассчитать нетрудно. Результаты наших расчетов представлены в таблице 18.7. С варрантами дело обстоит сложнее. Чтобы рассчитать «полностью разводненную» базу, следует предположить, что все акционеры решат использовать свои варранты, причем соответствующие поступления будут направлены на погашение части облигаций и частичный выкуп собственных обыкновенных акций. Но в реальности это предположение никак не повлияло на величину прибыли на акцию в 1968 г. — в отчете за этот год прибыль и без учета, и с учетом фактора разводнения составила одну и ту же величину ($1,51 на акцию). Мы считаем такой расчет показателя прибыли на акцию нелогичным и неправильным. На наш взгляд, варранты представляют собой часть пакета обыкновенных акций, и их рыночная стоимость входит в реальную рыночную стоимость акционерной части капитала компании (см. главу 17.) Прибавив рыночную стоимость варрантов к рыночной стоимости обыкновенных акций, мы получим абсолютно другие (см. таблицу 18.7) показатели деятельности компании National General в 1968 г. В действительности истинная рыночная стоимость обыкновенных акций компании оказывается более чем вдвое выше указанной цифры, поэтому и истинное значение коэффициента «цена/прибыль» в 1968 г. увеличивается до абсурдной величины — 69 (более чем вдвое). И наконец, совокупная рыночная стоимость всех эквивалентов обыкновенных акций составляет $413 млн, что втрое превышает балансовую стоимость активов компании.

Эти цифры выглядят еще более дикими в сравнении с аналогичными показателями компании Presto. Возникает вопрос: почему значения коэффициентов «цена/прибыль» двух компаний разнятся столь существенно (на порядок): 6,9 у Presto и 69 у National General? Значения всех коэффициентов акций Presto выглядят вполне нормально. Возможно, дело в том, что прошлые успехи компании во многом были связаны с выполнением военных контрактов. В мирных же условиях инвесторы ожидали некоторого снижения прибыли. Подводя итог, можно сказать, что акции компании Presto по всем статьям подходят под определение «разумной покупки по приемлемой цене». В этот же период General имела все характерные черты типичного конгломерата образца конца 1960-х гг.: масса корпоративных инициатив и громадье планов. Но ее рыночные котировки не соответствовали истинной стоимости.

Продолжение истории. В 1969 г. компания General продолжала проводить политику диверсификации, немного увеличив объем долга. При этом она списала десятки миллионов долларов (главным образом, стоимость своих инвестиций в Minnie Pearl Chicken). В итоге компания показала убыток — $72 млн без учета налогового кредита и $46,4 млн с учетом кредита. В 1969 г. котировки упали до $16,5, в 1970 г. — до $9, что составляло только 15% максимальной цены акций ($60) в 1968 г. В 1970 г. объявленная прибыль на акцию составила $2,33 (с учетом разводнения), и в 1971 г. курс акций вырос до $28,5. Компания National Presto постепенно увеличивала прибыль на акцию как в 1969 г., так и в 1970 г., показав непрерывный рост прибыли на протяжении 10 лет подряд. Несмотря на это, в 1970 г. ее акции упали до $21,5. Обратим внимание на эту цифру. Она менее чем в 4 раза превышала последнюю отчетную прибыль компании на акцию, а также была меньше удельной стоимости ее чистых оборотных активов. В 1971 г.

цена акций National Presto увеличилась на 60% — до $34, но коэффициенты все еще оставались впечатляющими. Увеличившийся оборотный капитал на акцию почти равнялся текущей цене, которая в свою очередь только в 5,5 раза превышала последнюю заявленную прибыль на акцию. Если бы вам удалось найти десяток таких акций для формирования диверсифицированного инвестиционного портфеля, вы могли бы не сомневаться в его удовлетворительных результатах[18].

Пара 8. Whiting (оборудование для обрабатывающей промышленности) и Willcox & Gibbs (небольшой конгломерат)

В котировальном листе Американской фондовой биржи эти компании расположены почти рядом, хотя и не в соседних строках. Результаты их сравнения, представленные в таблице 18.8A, еще раз напоминают о том, насколько нерационально ведет себя фондовый рынок.

Компания с меньшими объемами продаж и прибыли и вполовину меньшими материальными активами, стоящими за акциями, оценивалась в 4 раза дороже. Более дорогая компания едва не объявила об убытках после вычета специальных расходов и не выплачивала дивиденды на протяжении 13 лет. Более дешевая компания на протяжении длительного периода получала удовлетворительную прибыль и с 1936 г. постоянно выплачивала дивиденды. На момент сравнения ее дивидендная доходность была самой высокой из всех компаний, представленных в котировальном листе Американской фондовой биржи. Чтобы наглядно показать, насколько различается финансовое положение двух компаний, мы приведем показатели прибыли и цены акций за 1961–1970 гг. (таблица 18.8B).

Выше мы сравнивали крупные корпорации. История данных двух компаний позволяет пролить свет на некоторые аспекты развития американского среднего бизнеса. Компания Whiting была зарегистрирована в 1896 г., т. е. имеет внушительную 75-летнюю историю. Она всегда осталась верна своему «призванию» — производству оборудования для обрабатывающей промышленности, которым успешно занималась на протяжении нескольких десятилетий. Компания Willcox & Gibbs была создана еще раньше — в 1866 г. Она давно известна в своей отрасли как производитель промышленных

[18] Компания National Presto по-прежнему остается публичной компанией. Компания National General в 1974 г. была приобретена другим сомнительным конгломератом — American Financial Group, который в разные времена проявлял интерес к кабельному телевидению, банковскому делу, недвижимости, взаимным инвестиционным фондам, страхованию и торговле бананами. AFG также стала могилой для некоторых активов железнодорожной компании Penn Central Corp. (см. главу 17).

Таблица 18.8А. **Пара 8. Whiting и Willcox & Gibbs,1969 г.**

	Whiting	Willcox & Gibbs
Цена акций на 31.12.1969, $	17,75	15,5
Количество обыкновенных акций	570 000	2 381 000
Рыночная стоимость обыкновенных акций, $	10 200 000	36 900 000
Долг	1 000 000	5 900 000
Привилегированные акции	—	1 800 000
Общая рыночная капитализация, $	11 200 000	44 600 000
Балансовая стоимость в расчете на обыкновенную акцию, $	25,39	3,29
Объем продаж, $	42 200 000 (октябрь)	29 000 000 (декабрь)
Чистая прибыль, $ до вычета специальных расходов	1 091 000	347 000
Чистая прибыль, $ после вычета специальных расходов	1 091 000	*Дефицит 1 639 000*
Прибыль на акцию, 1969 г., $	1,91 (октябрь)	0,08*
Прибыль на акцию, 1964 г., $	1,90 (апрель)	0,13
Прибыль на акцию, 1959 г., $	0,42 (апрель)	0,13
Текущие дивиденды, $	1,50	—
Дивиденды выплачиваются с (годы)	1954 г.	Не выплачиваются
Коэффициенты		
цена/прибыль, раз	9,3	Очень высокий
цена акции / балансовая стоимость, %	70	470
дивидендная доходность, %	8,4	—
чистая прибыль / продажи, %	3,2	0,1*
прибыль / балансовая стоимость, %	7,5	2,4*
текущие активы / обязательства, раз	3,0	1,55
оборотный капитал / долг, раз	9,0	3,6
Рост показателя прибыли на акцию, %		
1968 г. по сравнению с 1963 г.	Без изменений	Падение
1968 г. по сравнению с 1958 г.	+354	Падение

* Без специальных платежей.

швейных машин. На протяжении последнего десятилетия она проводит политику диверсификации, которую иначе как странной не назовешь. С одной стороны, у компании огромное количество дочерних фирм (не менее 24), производящих самую разнообразную продукцию, но с другой — по меркам Уолл-стрит этот конгломерат просто лилипут.

Динамика прибыли компании Whiting свидетельствует о стабильном и довольно впечатляющем росте: с 41 цента на акцию в 1960 г. до $3,63 в 1968 г. Но вряд ли такой рост мог продолжаться вечно. В 1970 г. прибыль компании снизилась до $1,77. Это стало следствием общего спада в экономике, но не более того. Однако рынок, как это часто бывает, отреагировал неадекватно: цена закрытия в 1969 г. была ниже максимальной цены

Таблица 18.8В. **Цены акций и прибыли компаний Whiting и Willcox, 1961–1970 гг.**

	Whiting Corp.		Willcox & Gibbs	
Годы	Прибыль на акцию, $*	Разброс рыночных цен	Прибыль на акцию, $	Разброс рыночных цен
1970	1,81	22,5–16,25	0,34	18,5–4,5
1969	2,63	37–17,75	0,05	20,625–8,75
1968	3,63	43,125–28,25	0,35	20,125–8,3
1967	3,01	36,5–25	0,47	11–4,75
1966	2,49	30,25–19,25	0,41	8–3,75
1965	1,90	20–18	0,32	10,375–6,125
1964	1,53	14–8	0,20	9,5–4,5
1963	0,88	15–9	0,13	14–4,75
1962	0,46	10–6,5	0,04	19,75–8,25
1961	0,42	12,5–7,75	0,03	19,5–10,5

* Год заканчивается 30 апреля.

в 1968 г. ($43,5) примерно на 60%. Результаты нашего анализа показывают, что эти акции представляли собой привлекательный объект для инвестиций, вполне приемлемый для активного инвестора (как часть диверсифицированного портфеля акций компаний второго эшелона).

Продолжение истории. В 1970 г. компания Willcox & Gibbs показала небольшие операционные убытки. Цена ее акций значительно снизилась — до $4,5, но в феврале 1971 г. выросла до $9,5. С точки зрения статистики найти объяснение такому росту непросто. Акции компании Whiting также несколько падали в цене — до $16,75 в 1970 г. (При такой цене ее акции торговались практически по стоимости оборотных активов.) В июле 1971 г. прибыль на акцию составила $1,85. В начале 1971 г. цена акций выросла до $24,5. Этот рост был достаточно логичным, но акции, в соответствии с нашими критериями, перестали быть «выгодными»[19].

Общие замечания

Разумеется, для сравнения мы не случайно выбрали акции именно этих компаний и поэтому не можем утверждать, что наши выводы справедливы для любых обыкновенных акций. К тому же мы ограничились акциями

[19] Корпорация Whiting впоследствии стала дочерней компанией Wheelabrator Frye, а в 1983 г. — частной фирмой. Компанией Willcox & Gibbs сейчас владеет корпорация Group Rexel, производитель электрооборудования (подразделение Pinault-Printemps-Redoute Group of France). Акции Rexel котируются на Парижской фондовой бирже.

промышленных компаний, не рассматривая такие важные сферы, как коммунальный сектор, транспорт и финансы. Однако объекты нашего анализа значительно различаются по размерам, сферам деятельности, а также количественным и качественным показателям. Таким образом, нам удалось продемонстрировать возможности нашего метода, который инвесторы могут использовать для выбора подходящих акций.

Мы увидели, что курс акций не всегда напрямую зависит от результатов деятельности компаний. Акции большинства компаний с более высокими темпами роста прибыли и показателями рентабельности, как правило, отличаются и более высокими коэффициентами «цена/прибыль», что в целом логично. С одной стороны, трудно сказать, насколько оправданны расхождения в значениях коэффициентов «цена/прибыль» для акций рассмотренных компаний (с точки зрения показателей их деятельности и перспектив). С другой стороны, в отдельных редких случаях можно сделать однозначные выводы. Речь идет, во-первых, о благосклонности рынка к акциям, не имеющим прочной стоимостной основы. Такие акции были не только спекулятивными, т. е. рискованными по сути, но и в большинстве случаев значительно переоцененными. Во-вторых, речь идет об акциях, истинная стоимость которых была выше их цены. Их недооцененность также объяснялась особым отношением к ним участников рынка — своего рода «антиспекулятивными» настроениями или необоснованным пессимизмом, вызванным временным снижением прибыли компании.

В таблице 18.9 представлены данные о колебаниях цен акций, рассмотренных в данной главе. Большинство из них сильно упали в цене с 1961 по 1962 г., а также с 1969 по 1970 г. Безусловно, инвестор должен быть готов к подобным неблагоприятным изменениям на фондовом рынке в будущем.

В таблице 18.10 показаны колебания цен обыкновенных акций компании McGraw Hill в период с 1958 по 1970 г. Следует отметить, что на протяжении каждого года за последние 13 лет курс акций компании демонстрировал существенные взлеты и падения.

Анализируя акции в процессе работы над данной главой, мы вновь и вновь поражались огромной разнице между задачами, которые обычно ставятся в рамках анализа ценных бумаг, и теми, которые он действительно, как мы считаем, должен решать. Большинство финансовых аналитиков пытаются выбрать акции, которые лучше всего проявят себя в будущем с точки зрения роста цен и прибыли. Мы сомневаемся, что эта задача имеет решение. На наш взгляд, финансовый аналитик прежде всего должен искать достаточно редкие ценные бумаги, о цене которых с уверенностью можно сказать, что она существенно ниже их стоимости. Имея достаточно знаний и опыта, аналитик должен уметь из года в год успешно находить такие акции.

Таблица 18.9. **Колебания цен обыкновенных акций 16 рассмотренных компаний** (с учетом дробления акций)

	Разброс цен, 1936–1970 гг.	Падение, 1962/1961	Падение, 1970/1968–1969
Air Products & Chemical	1,375–49	43,25–21,625	49–31,375
Air Reduction	9,375–45,75	22,5–12	37–16
American Home Products	0,875–72	44,75–22	72–51,125
American Hospital Supply	0,75–47,5	11,625–5,75	47,5–26,75*
H&R Block	0,25–68,5	—	68,5–37,125*
Blue Bell	8,75–55	25–16	44,75–26,5
International Flavors & Fragrances	4,75–67,5	8–4,5	66,375–44,875
International Harvester	6,24–53	28,75–19,25	38,75–22
McGraw Edison	1,25–46,25	24,375–14	44,75–21,625
McGraw-Hill	0,125–56,5	21,5–9,125	54,625–10,25
National General	3,625–60,5	14,825–4,75**	60,5–9
National Presto Industries	0,5–45	20,625–8,25	45–21,5
Real Estate Investment Trust	10,5–30,25	25,125–15,25	30,25–16,375
Realty Equities of N.Y.	3,75–47,75	6,825–4,5	37,75–2
Whiting	2,875–43,375	12,5–6,5	43,375–16,75
Willcox & Gibbs	4–20,625	19,5–8,25	20,375–4,5

* Обе цифры за 1970 г.

** 1959–1960 гг.

Таблица 18.10. **Значительные ежегодные колебания курса акций компании McGraw-Hill в 1958–1971 гг.** (без учета дробления акций)

Начало периода	Конец периода	Рост	Падение
1958	1959	39–72	
1959	1960	54–109,75	
1960	1961	21,75–43,125	
1961	1962	18,25–32,25	43,125–18,25
1963	1964	23,375–38,875	
1964	1965	28,375–61	
1965	1966	37,5–79,5	
1966	1967	54,5–112	
1967	1968		56,25–37,5
1968	1969		54,625–24
1969	1970		39½–10
1970	1971	10–24,125	

КОММЕНТАРИИ К ГЛАВЕ 18

> Что было, то и будет; и что делалось, то и будет делаться,
> и нет ничего нового под солнцем. Бывает нечто,
> о чем говорят: «Смотри, вот это новое»; но это было уже
> в веках, бывших прежде нас.
>
> *Еккл. 1, 9:10*

Попробуем использовать классический метод Грэма, который сравнивал восемь пар компаний, читая лекции в Школе бизнеса Колумбийского университета и Нью-Йоркском финансовом институте, и проанализировать акции сегодняшних компаний. Следует помнить, что мы рассматриваем акции этих компаний на определенный момент времени. Дешевые акции могут стать переоцененными, дорогие — дешевыми. Практически каждая акция в какой-то момент может стать выгодным объектом инвестиций или оказаться слишком дорогой. Есть хорошие и плохие компании, но нет такого понятия, как «хорошая акция». «Хорошей» может быть только цена акции.

Пара 1. CISCO и SYSCO

27 марта 2000 г. корпорация Cisco Systems стала самой дорогой компанией в мире. В этот день ее капитализация достигла $548 млрд. Cisco, которая производит оборудование для передачи данных через Интернет, вышла на фондовый рынок всего 10 лет назад. Если бы вы купили акции Cisco на IPO, сегодня вы получили бы прибыль, значение которой, напечатанное в книге, можно принять за опечатку: 103 697%, или в среднем 217% в год. За предыдущие четыре финансовых квартала объем продаж Cisco составил $14,9 млрд, прибыль — $2,5 млрд. Рыночная цена акций Cisco в 219 раз превышала ее чистую прибыль, т. е. коэффициент «цена/прибыль» был одним из самых высоких, когда-либо отмеченных для акций крупных компаний.

Корпорация Sysco занимается поставками продуктов питания для организаций и учреждений, ее акции обращаются на фондовом рынке на протяжении 30 лет. За последние четыре квартала выручка Sysco составила $17,7 млрд (почти на 20% больше, чем у Cisco), но чистая прибыль компании равнялась «всего» $457 млн. При рыночной стоимости $11,7 млрд акции Sysco продавались по цене в 26 раз выше прибыли, т. е. существенно ниже среднерыночного коэффициента, равного 31.

А теперь попробуем поиграть в ассоциации с типичным инвестором.

Вопрос: Что в первую очередь приходит вам на ум, когда вы слышите название Cisco Systems?

Ответ: Интернет... отрасль будущего... привлекательные акции... «горячие акции»... успеть купить побольше акций, прежде чем курс взлетит еще выше...

Вопрос: А как насчет корпорации Sysco?

Ответ: Грузовики... картофельная запеканка с мясом... школьные обеды... больничная еда... спасибо, я не голоден!

Общеизвестно, что оценка акций часто зависит от эмоционального восприятия компании инвесторами[20]. Но разумные инвесторы копают глубже. Следуя их примеру, попытаемся объективно оценить финансовое состояние обеих компаний.

- Большая часть роста выручки и прибыли корпорации Cisco была следствием ее приобретений. Только с сентября Cisco раскошелилась на $10,2 млрд, чтобы купить 11 компаний. Можно ли интегрировать в единый бизнес такое количество компаний за такой короткий срок?[21] Кроме того, около 1/3 прибыли за предыдущее полугодие было получено не от бизнеса, а за счет налоговых льгот по акционерным опционам, исполненным ее руководителями и сотрудниками. Интересно отметить, что Cisco получила $5,8 млрд от продажи неких «инвестиций», а затем потратила $6 млрд на покупку других. Возникает естественный вопрос: с чем мы имеем дело — с интернет-компанией или взаимным инвестиционным фондом? Что будет, если эти «инвестиции» перестанут расти в цене?

---

[20] Подумайте, акции какой компании, скорее всего, вырастут больше: той, которая открыла лекарство от рака, или той, которая изобрела новую технологию переработки мусора. Открытие лекарства от рака сильнее подействует на воображение большинства инвесторов, но новая технология переработки мусора, скорее всего, принесет больше денег. См. работы: Paul Slovic, Melissa Finucane, Ellen Peters, and Donald G. MacGregor, "Affect Heuristic," in Thomas Gilovich, Date Griffin, and Daniel Kahneman, eds., *Heuristics and Biases: The Psychology of Intuitive Judgment* (Cambridge University Press, New York, 2002), c. 397–420 и Donald G. MacGregor, "Imagery and Financial Judgment," *The Journal of Psychology and Financial Markets*, vol. 3, no. 1, 2002, c. 15–22.

[21] Акции «серийных покупателей», бизнес которых растет в результате покупки других компаний, ждет печальный конец. Более подробно мы писали об этом в разделе «Комментарии к главе 17».

- На протяжении того же периода Sysco также приобрела несколько компаний, но заплатила за них только около $130 млн. Акционерные опционы для сотрудников составили всего 1,5% общего количества находящихся в обращении акций (по сравнению с 6,9% у Cisco). Если бы владельцы опционов реализовали их, прибыль компании Cisco в расчете на акцию была бы разводнена намного сильнее, чем Sysco. Кроме того, Sysco увеличила квартальные дивиденды с 9 до 10 центов, тогда как Cisco дивидендов вообще не платила.

В конце концов, как отмечал профессор финансов Джереми Сигел (Уортонская школа бизнеса), ни одна компания такого размера, как Cisco, не может расти такими темпами, чтобы оправдать значение коэффициента «цена/прибыль» выше 60 или тем более выше 200[22]. Как только компания становится гигантом, темпы ее роста замедляются, иначе эта компания просто проглотит весь мир. Для описания двух вещей, существование которых возможно только по отдельности, но никак не вместе, великий американский сатирик Амброз Бирс придумал новое слово — «incompossible»[23]. Компания может либо быть гигантом, либо иметь гигантское значение коэффициента «цена/прибыль», но и то и другое вместе невозможно.

Вскоре колосс на глиняных ногах — Cisco — зашатался. Сначала в 2001 г. компании пришлось списать $1,2 млрд на «реструктуризацию» некоторых своих приобретений. На протяжении следующих двух лет компания потеряла еще $1,3 млрд от снижения стоимости своих так называемых «инвестиций». С 2000 по 2002 г. акции корпорации Cisco потеряли 3/4 стоимости. А Sysco продолжала получать прибыль, и цена ее акций за тот же период выросла на 56% (см. таблицу 18.11).

Таблица 18.11. **Cisco и Sysco**

	2000	2001	2002
Cisco			
Совокупная доходность, %	–28,6	–52,7	–27,7
Чистая прибыль, $ млн	2 668	–1 014	1 893
Sysco			
Совокупная доходность, %	53,5	–11,7	15,5
Чистая прибыль, $ млн	446	597	680

Примечание: совокупная доходность указана за календарный год, чистая прибыль — за финансовый год.
Источник: www.morningstar.com.

---

[22] Jeremy Siegel, "Big-Cap Tech Stocks are a Sucher's Bet," *Wall Street Journal,* 14 марта 2000 г. (www.jeremysiegel.com).

[23] От англ. «possible» (возможно); приставки «-in» «-com» указывают не невозможность сочетания двух «возможностей». — *Прим. ред.*

Пара 2. YAHOO! и YUM!

30 ноября 1999 г. цена закрытия акций корпорации Yahoo! составила $212,75, т. е. на 79,6% больше, чем в начале года. А уже 7 декабря акции торговались по $348 — за пять торговых дней рост составил 63,6%. Акции Yahoo! продолжали расти вплоть до конца года: 31 декабря цена закрытия составила $432,687. Всего за месяц стоимость акций выросла более чем вдвое, а рыночная капитализация компании увеличилась на $58 млрд и достигла $114 млрд[24].

За предыдущие четыре квартала выручка Yahoo! составила $433 млн, чистая прибыль — $34,9 млн. Таким образом, акции Yahoo! оценивались рынком в 263 раза дороже выручки и в 3264 раза дороже прибыли. (Как мы помним, значение коэффициента «цена/прибыль», даже ненамного превышающее 25, вызывало у Грэма скептическую усмешку[25].)

Почему курс акций Yahoo! рос так быстро? После закрытия торгов 30 ноября 1999 г. агентство Standard & Poor's заявило, что 7 декабря включит Yahoo! в расчет фондового индекса Standard & Poor's 500. Это сделало бы акции Yahoo! обязательными для включения в портфель индексных инвестиционных фондов и других крупных инвесторов, и столь резкий рост спроса неизменно привел бы к дальнейшему росту акций — по крайней мере на время. Почти 90% акций Yahoo! были в руках работников компании и венчурных капиталистов (т. е. круг их держателей был весьма узким), и лишь небольшая часть обращалась на фондовом рынке. Таким образом, тысячи людей покупали акции Yahoo! только потому, что знали: другие тоже хотят их купить. Цена при этом не имела значения.

Что касается Yum!, то фондовый рынок не особенно жаловал эту компанию, которая ранее была подразделением PepsiCo. Она владела тысячами заведений быстрого питания, таких как Kentucky Fried Chicken, Pizza Hut и Taco Bell. За последние четыре квартала ее выручка составила $8 млрд, чистая прибыль — $633 млн (в 17 раз больше, чем у Yahoo!). Но рыночная стоимость Yum! в конце 1999 г. составила всего $5,9 млрд, или 1/19 рыночной капитализации Yahoo! Акции Yum! торговались лишь в 9 раз дороже прибыли и всего за 73% удельной выручки[26].

---

[24] В феврале 2000 г. акции корпорации Yahoo! были раздроблены в пропорции 2:1. Указанные здесь цены акций не учитывают дробление, чтобы показать уровни, на которых фактически осуществлялись торги. Но значения показателей доходности и рыночной стоимости Yahoo! учитывают дробление акций.

[25] В результате приобретений выручка корпорации Yahoo! составила $464 млн. Высокие значения коэффициента «цена/прибыль» Грэм критикует, в частности, в главах 7 и 11.

[26] Компания Yum! ранее называлась Tricon Global Restaurants, но ее тикер был YUM. Компания официально изменила свое название на Yum! Brands, Inc. в мае 2002 г.

Как не уставал повторять Грэм, в краткосрочной перспективе фондовый рынок ведет себя как машина для подсчета голосов, а в долгосрочной — как весы. Корпорация Yahoo! выигрывала с точки зрения краткосрочной популярности. Но в итоге решающее значение приобрела прибыль, которой у Yahoo! фактически не было. Как только фондовый рынок перестал голосовать и начал взвешивать, стрелки весов сместились в пользу компании Yum! С 2000 по 2002 г. ее акции выросли в цене на 25,4%, в то время как Yahoo! потеряла в общей сложности 92,4% стоимости (таблица 18.12).

Таблица 18.12. **Yahoo! и Yum!**

	2000	2001	2002
Yahoo!			
Совокупная доходность, %	–86,1	–41	–7,8
Чистая прибыль, $ млн	71	–93	43
Yum!			
Совокупная доходность, %	–14,6	49,1	–1,5
Чистая прибыль, $ млн	413	492	583

Примечание: совокупная доходность указана за календарный год, чистая прибыль — за финансовый год. В 2002 г. чистая прибыль Yahoo! рассчитывалась по новым правилам бухгалтерского учета.

Источник: www.morningstar.com.

Пара 3. COMMERCE ONE и CAPITAL ONE

По состоянию на май 2000 г. акции корпорации Commerce One обращались на фондовом рынке менее года (с июля 1999 г.). В первом годовом отчете эта компания, занимающаяся созданием интернет-бирж для соответствующих подразделений компаний, указала, что ее активы составляют $385 млн, и заявила о чистых убытках в размере $63 млн при лишь $34 млн выручки. Курс акций этой крошечной компании с момента IPO вырос примерно на 900%, а ее рыночная капитализация составила $15 млрд. Была ли компания переоценена? «Да, у нас большая рыночная капитализация, — пожимал плечами генеральный директор Commerce One Марк Хоффман, отвечая на вопросы журналистов, — но у нас блестящие перспективы на рынке. Аналитики считают, что в текущем году наша выручка составит $140 млн. А в прошлом наша выручка была больше ожидаемой».

Слова Хоффмана вызывали ряд вопросов:

- Если компания Commerce One теряет $2 на каждом $1 продаж, то при увеличении выручки вчетверо (как предсказывали «аналитики») не вырастут ли в такой же пропорции и ее убытки?
- Какую «ожидаемую выручку» и насколько удалось превысить компании Commerce One «в прошлом»? И о каком «прошлом» идет речь?

На вопрос начнет ли компания получать прибыль, Хоффман с готовностью ответил: «Без сомнения, мы можем стать прибыльным бизнесом. Мы планируем получить прибыль в четвертом квартале 2001 г. Аналитики считают, что в этом году выручка составит $250 млн».

Ох уж эти аналитики! «Мне нравится Commerce One на данном этапе развития, потому что она растет быстрее, чем Ariba (ближайший конкурент компании, стоимость акций которого также превышала выручку почти в 400 раз), — говорила Дженет Синг, аналитик инвестиционного банка Wasserstein Perella. — Если такие темпы роста сохранятся, в 2001 г. рыночная стоимость компании превысит объем продаж в 60–70 раз». (Читай: акции некоторых компаний переоценены даже больше, чем акции Commerce One, поэтому акции Commerce One — дешевые[27].)

Другая компания, которая привлекла наше внимание, — Capital One Financial Corp., эмитент кредитных карт MasterCard и Visa. С июля 1999 г. по май 2000 г. ее акции упали в цене на 21,5%. Однако общая стоимость активов компании достигала $12 млрд, а выручка в 1999 г. составила $363 млн (на 32% больше, чем в 1998 г.). При рыночной стоимости около $7,3 млрд акции компании торговались в 20 раз дороже ее чистой прибыли. Впрочем, и у Capital One не все шло гладко — компания немного увеличила свои резервы (имея в виду возможные проблемные долги), несмотря на то, что в периоды рецессии дефолтные ставки обычно резко увеличиваются. Рынок отреагировал мгновенно: потенциальные проблемы отразились на цене акций.

Что же произошло дальше? В 2001 г. выручка Commerce One составила $409 млн. К сожалению, чистый убыток компании достиг $2,6 млрд ($10,30 на акцию). А Capital One с 2000 по 2002 г. получила почти $2 млрд чистой прибыли. На протяжении этих трех лет курс ее акций упал на 38% (не больше, чем фондовый рынок в целом). А вот компания Commerce One потеряла 99,7% стоимости[28].

Вместо того, чтобы слушать Хоффмана и его приверженцев, трейдерам следовало обратить внимание на честное предупреждение, которое содержалось в годовом отчете компании за 1999 г: «Компания никогда не была прибыльной. Скорее всего, в обозримой перспективе она будет нести чистые убытки и рискует навсегда остаться убыточной».

---

[27] См.: "CEO Speaks" и "The Bottom Line", *Money*, май 2000 г., с. 42–44.

[28] В начале 2003 г. финансовый директор Capital One ушел в отставку после того, как регуляторы объявили о своем намерении обвинить его в нарушении законов об инсайдерских торговых операциях с ценными бумагами.

Пара 4. PALM и 3COM

2 марта 2000 г. корпорация 3Com (производство оборудования для компьютерных сетей) продала на фондовом рынке 5% акций своей дочерней компании Palm, Inc. Оставшиеся 95% акций Palm должны были быть распределены среди акционеров 3Com в течение нескольких месяцев. На каждую акцию 3Com инвесторы должны были получить 1,525 акции компании Palm.

Таким образом, инвесторы могли получить 100 акций компании Palm двумя способами: попытаться купить акции при IPO или купить 66 акций компании 3Com и подождать, когда на них можно будет получить акции Palm. Получив 1,5 акции Palm на каждую акцию 3Com, в итоге они получили бы 100 акций новой компании, оставаясь владельцами акций 3Com.

Но кому хотелось ждать несколько месяцев? В тот момент расклад был такой: 3Com боролась против конкурента — гиганта Cisco, а Palm занимала лидирующие позиции в «горячем» секторе — производстве карманных персональных компьютеров. Поэтому акции Palm в первый же день торгов взлетели на 150% — с $38 (цена IPO) до примерно $95,06 на момент закрытия. Таким образом, цена акций превысила прибыль компании за последние 12 месяцев более чем в 1350 раз.

В тот же день цена акций корпорации 3Com упала с $104,13 до $81,81. Какой же должна была быть цена закрытия акций 3Com, учитывая цену акций Palm? Арифметика проста:

- в соответствии с договоренностью за каждую акцию 3Com акционеры должны были получить 1,525 акции компании Palm;
- цена закрытия акций Palm составила $95,06;
- 1,525 × $95,06 = $144,97.

Это была стоимость одной акции 3Com с учетом ее доли в компании Palm. Таким образом, оценив акции 3Com в $81,81, трейдеры фактически заявили, что стоимость всего остального бизнеса 3Com — отрицательная величина: –$63,16 на акцию. Иными словами, его *совокупная отрицательная стоимость* составляет –$22 млрд! История знает всего несколько случаев такой дурацкой оценки акций[29].

Но здесь была одна загвоздка: точно так же, как бизнес компании 3Com в действительности не стоил –$22 млрд, так и компания Palm не стоила в 1350 раз дороже прибыли. В конце 2002 г. обе компании пострадали из-за обвала в секторе высоких технологий. Самую громкую пощечину получили акционеры Palm, безрассудно купившие ее акции (рис. 18.1).

---

[29] См.: Owen A. Lamont and Richard H. Thaler, "Can the Market Add and Subtrust?" National Bureau of Economic Research working paper no. 8302 (nber.org/papers/w8302).

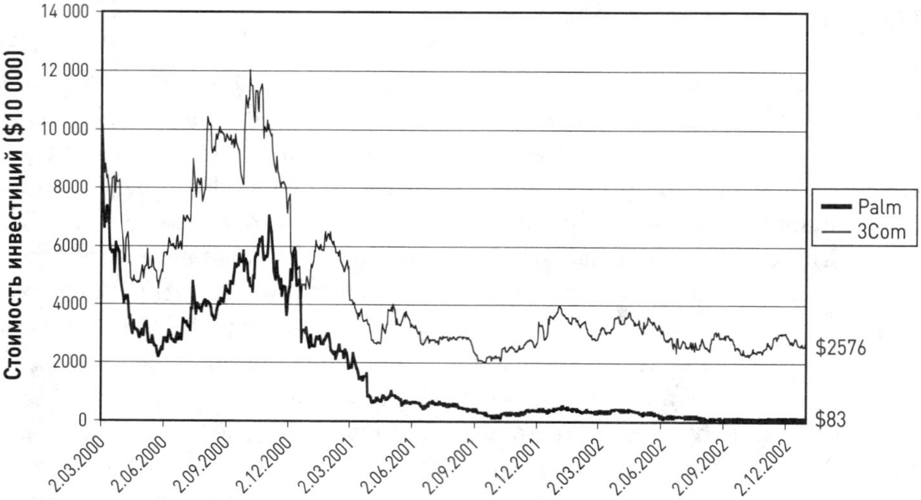

Источник: www.morningstar.com.

Рис. 18.1. Падение Palm

Пара 5. CMGI и CGI

Для корпорации CMGI 2000 г. начался с приятного сюрприза: 3 января курс ее акций достиг $163,22, т. е. стал на 1126% выше, чем год назад. Компания была так называемым интернет-инкубатором: она финансировала и приобретала стартапы, занимавшиеся различными видами интернет-бизнеса. Среди них были и такие звезды, как theglobe.com и Lycos[30].

В 1998 финансовом году, в течение которого курс акций CMGI вырос с 98 центов до $8,52, компания израсходовала $53,8 млн на частичное или полное приобретение начинающих интернет-компаний. В 1999 финансовом году, после резкого роста цены акций с $8,52 до $46,09, CMGI раскошелилась на $104,7 млн. На протяжении последних пяти месяцев 1999 г., когда ее акции выросли до $138,44, CMGI потратила на новые приобретения $4,1 млрд. Теперь ее рыночная стоимость составляла более $40 млрд.

Это была волшебная денежная карусель. Чем больше росли в цене акции CMGI, тем больше компаний она могла позволить себе купить. Чем больше компаний она покупала, тем дороже становились ее акции. Акции потенциальных объектов приобретения начинали расти в цене, как только проходил

[30] CMGI (ранее называвшаяся College Marketing Group) начинала с продажи академическим издательствам информации о профессорах и их курсах — т. е. занималась бизнесом, напоминающим бизнес компании National Student Marketing, рассмотренной Грэмом в главе 9.

слух о том, что их может купить CMGI. Как только CMGI покупала новую компанию, начинала расти цена ее собственных акций — ведь теперь она владела еще одной компанией. И никто не обратил внимания на то, что за последний финансовый год операционные убытки CMGI составили $127 млн.

Головной офис Commerce Group, Inc. располагался в г. Уэбстер (штат Массачусетс) — примерно на 70 миль к югу от штаб-квартиры CMGI в г. Андовер. Компания CGI была полной противоположностью CMGI: она занималась страхованием автомобилей (главным образом в штате Массачусетс) и принадлежала к «старой экономике», поэтому ее акции не пользовались благосклонностью рынка. В 1999 г. их цена упала на 23%, хотя чистая прибыль ($89 млн) снизилась всего на 7% по сравнению с 1998 г. Более того, CGI выплачивала дивиденды (более 4%), в то время как CMGI дивидендов не платила. При общей рыночной стоимости $870 млн цена акций CGI превышала ее прибыль за 1999 г. не более чем в 10 раз.

И вдруг все изменилось. Волшебная денежная карусель начала скрипеть, а затем и вовсе остановилась: акции доткомов внезапно перестали расти в цене, а потом стремительно полетели вниз. «Подопечные» CMGI потеряли в стоимости, что свело на нет прибыль компании. В 2000 г. убытки составили $1,4 млрд, в 2001 г. — $5,5 млрд, в 2002 г. — еще примерно $500 млн. Курс акций упал с $163,22 в начале 2000 г. до 98 центов в конце 2002 г. Иными словами, стоимость компании упала на 99,4%. А скучная старушка CGI попрежнему получала стабильный доход, и цена ее акций в 2000 г. выросла на 8,5%, в 2000 г. — на 43,6%, а в 2002 г. — на 2,7%. Совокупная доходность акций составила 60%.

Пара 6. BALL и STRYKER

С 9 по 23 июля 2002 г. акции Ball упали в цене с $43,69 до $33,48, а рыночная стоимость снизилась до $1,9 млрд. За эти же две недели цена акций Stryker упала с $49,55 до $45,60, т. е. на 8%, а общая стоимость компании составила $9 млрд.

Почему стоимость этих двух компаний снизилась так сильно за столь короткое время? Корпорация Stryker, производитель ортопедических имплантатов и хирургического оборудования, за эти две недели выпустила только один пресс-релиз: 16 июля она объявила, что за второй квартал объем продаж увеличился на 15% (до $734 млн), а прибыль выросла на 31% (до $86 млн). На следующий день акции выросли в цене на 7%, но затем продолжили падение.

Компания Ball, ранее производившая знаменитые банки для консервирования Ball Jars, теперь выпускала металлическую и пластиковую упаковку для промышленных потребителей. За эти две недели она не обнародовала ни одного пресс-релиза, но 25 июля сообщила, что во втором квартале ее прибыль составила $50 млн на $1 млрд выручки, т. е. чистая прибыль выросла на 61% по сравнению с тем же периодом прошлого года. В итоге прибыль за последние четыре квартала составила $152 млн. Таким образом, акции Ball торговались всего с 12,5-кратным мультипликатором прибыли. Поскольку балансовая стоимость компании составляла $1,1 млрд, ее акции продавались в 1,7 раза дороже стоимости материальных активов. (Правда, у компании был долг в размере $900 млн.)

Компания Stryker играла в другой лиге. За последние четыре квартала она получила $301 млн чистой прибыли. Ее балансовая стоимость составляла $570 млн. Таким образом, цена акций превышала чистую прибыль за предыдущие 12 месяцев в 30 раз, а балансовую стоимость — почти в 16 раз. С другой стороны, с 1992 г. до конца 2001 г. прибыль Stryker ежегодно росла на 18,6%, а дивиденды — на 21%. В 2001 г. Stryker потратила $142 млн на исследования и разработки, чтобы заложить основу для будущего роста.

Что же привело к обвалу акций этих двух компаний? С 9 по 23 июля 2002 г., после того как компания WorldCom неожиданно объявила о банкротстве, индекс Доу–Джонса упал с 9096,09 до 7702,34 пункта, т. е. на 15,3%. На рынке, охваченном паникой, среди пугающих новостей никто не заметил хорошие показатели компаний Ball и Stryker. Падающий рынок потянул их акции за собой.

Разумный инвестор должен понимать, что паника на фондовом рынке дает ему возможность купить по выгодной цене акции хороших компаний. В конце 2002 г. акции Ball стоили уже $51,19, т. е. на 53% больше, чем в июле, а акции Stryker — $64,12, т. е. на 47% больше. Как и многие другие товары, «акции стоимости» и «акции роста» иногда можно купить на распродаже. Каким именно акциям отдать предпочтение — решать вам, но выгодной покупкой могут стать и те и другие.

Пара 7. NORTEL и NORTEK

В годовом отчете компании Nortel Networks, специализирующейся на производстве телекоммуникационного оборудования, отмечалось, что в финансовом отношении этот год был «золотым». В феврале 2000 г. рыночная стоимость компании превышала $150 млрд, акции торговались в 87 раз выше будущей прибыли, которую аналитики Уолл-стрит предрекали в 2000 г.

Насколько надежна эта оценка? Дебиторская задолженность компании Nortel, т. е. продажи, по которым покупатели еще не оплатили своих счетов, за один только год увеличилась на $1 млрд. Компания объясняла, что такой рост дебиторской задолженности «был вызван увеличением объема продаж в четвертом квартале 1999 г.» Однако ее товарные запасы также увеличились на $1,2 млрд, что свидетельствовало о том, что Nortel производила оборудование быстрее, чем мог абсорбировать «увеличившийся объем продаж».

Тем временем «долгосрочная дебиторская задолженность» — неоплаченные счета по многолетним контрактам — увеличилась с $519 млн до $1,4 млрд. Кроме того, компания Nortel не очень хорошо контролировала издержки: доля расходов на маркетинг, а также общих и административных издержек (накладных расходов) в объеме выручки увеличилась с 17,6% в 1997 г. до 18,7% в 1999 г. Учитывая все это, оказывается, что потери компании в 1999 г. составили $351 млн.

А теперь рассмотрим корпорацию Nortek, производящую широкий ассортимент продукции (виниловая обшивка, дверные звонки, вытяжные вентиляторы, кухонные вытяжки, уплотнители мусора). В 1999 г. Nortek заработала $49 млн прибыли при $2 млрд выручки, в 1997 г. — $21 млн чистой прибыли при $1,1 млрд продаж. Коэффициент прибыльности Nortek (доля чистой прибыли в объеме чистых продаж) увеличился почти на 1/3 — с 1,9 до 2,5%. Кроме того, Nortek урезала накладные расходы с 19,3% доходов до 18,1%.

Вообще говоря, такой рост бизнеса в значительной степени обуславливался не внутренними факторами, а приобретением других компаний. Более того, долг компании составлял $1 млрд, а это довольно крупная сумма для небольшой компании. В феврале 2000 г. цена акций Nortek, которая в 1999 г. примерно в 5 раз превышала прибыль, немного отрезвляла инвесторов.

С другой стороны, цена акций Nortel, в 87 раз превышающая прибыль, которую компания могла заработать в следующем году, была слишком оптимистичной. Как показали дальнейшие события, вместо прибыли в размере $1,30 на акцию, которую прогнозировали аналитики, в 2000 г. компания Nortel понесла убытки в размере $1,17 на акцию. К концу 2002 г. убытки Nortel составили более $36 млрд.

А Nortek в 2000 г. получила $41,6 млн прибыли, в 2001 г. — $8 млн, а за первые девять месяцев 2002 г. — $55 млн. Цена ее акций увеличилась с $28 до $45,75 (на конец 2002 г.; рост составил 63%). В январе 2003 г. менеджеры Nortek приватизировали компанию, выкупив ее у мелких акционеров по $46 за акцию. Тем временем курс акций компании Nortel упал с $56,81 в феврале 2000 г. до $1,61 в конце 2002 г., т. е. в общей сложности на 97%.

Пара 8. RED HAT и BROWN SHOE

11 августа 1999 г. корпорация Red Hat, разработчик программного обеспечения Linux, провела IPO. Она разместила на рынке «горячие» акции: при цене размещения $7 торги открылись на уровне $23, а закрылись на уровне

$26,031. Таким образом, общий рост составил 272%[31]. За один только день акции компании выросли больше, чем акции Brown Shoe за предыдущие 18 лет. Наконец, 9 декабря акции Red Hat достигли отметки $143,13 — за четыре месяца их цена увеличилась на 1944%.

Тем временем компания Brown Shoe переживала непростые времена. Основанная в 1978 г., она занималась оптовой продажей обуви марки Buster Brown и владела примерно 1300 обувными магазинами в США и Канаде. Акции Brown Shoe 11 августа стоили $17,50, а к 9 декабря их цена снизилась до $14,31. За 1999 г. акции Brown Shoe потеряли 17,6% стоимости[32].

Что же получили инвесторы компании Red Hat? На протяжении девяти месяцев, закончившихся 30 ноября, компания заработала $13 млн выручки, и чистые убытки составили $9 млн[33]. Бизнес Red Hat был ненамного крупнее бизнеса продуктовой лавки, к тому же намного менее прибыльным. Но трейдеры, вдохновленные словами «программное обеспечение» и «Интернет», 9 декабря общими усилиями довели общую стоимость компании до $21,3 млрд.

А что же компания Brown Shoe? Ее выручка за предыдущие три квартала составила $1,2 млрд, прибыль — $32 млн. На одну ее акцию приходилось примерно $5 денежных средств и недвижимости. Обувь марки Buster Brown по-прежнему пользовалась популярностью. Однако 9 декабря общая стоимость акций компании Brown Shoe составила $261 млн — примерно 1/80 рыночной стоимости Red Hat, несмотря на то, что выручка Brown Shoe в 100 раз превышала выручку последней. При такой цене компания Brown Shoe была оценена рынком всего в 7,6 раза выше годовой прибыли и ниже 1/4 годового объема продаж. Компания Red Hat, с другой стороны, вообще не приносила прибыли, несмотря на то, что ее акции продавались в 1000 раз дороже годовой выручки (см. таблицу 18.13).

И что? Мы вновь увидели, как, насмехаясь над принципами Грэма в краткосрочном периоде, фондовый рынок подтверждает их правильность в долгосрочной перспективе. Если вы покупаете акции просто потому, что растет их цена, не задаваясь вопросом, увеличивается ли при этом реальная стоимость компании, рано или поздно вы об этом очень сильно пожалеете. Тут уж ничего не попишешь.

---

[31] Все цены акций компании Red Hot указаны с учетом дробления акций из расчета 2:1 в январе 2000 г.

[32] По иронии судьбы, 65 лет назад Грэм называл компанию Brown Shoe одной из самых устойчивых компаний на Нью-Йоркской фондовой бирже. Более подробно этот материал представлен в издании книги 1934 г. (с. 159).

[33] Мы использовали девятимесячный период, потому что невозможно рассчитать годовые показатели Red Hot по финансовой отчетности компании без учета результатов приобретений.

Таблица 18.13. **Red Hat и Brown Shoe**

	2000	2001	2002
Red Hat			
Совокупная доходность, %	−94,1	13,6	−16,8
Чистая прибыль, $ млн	−43	−87	−140
Brown Shoe			
Совокупная доходность, %	−4,6	28,2	49,5
Чистая прибыль, $ млн	36	36	−4

Примечание: совокупная доходность указана за календарный год, чистая прибыль — за финансовый год.

Источник: www.morningstar.com.

ГЛАВА 19

Акционеры и руководство компаний: дивидендная политика

Начиная с 1934 г. мы постоянно призываем акционеров занимать более разумную и активную позицию в отношении руководителей компаний. Мы напоминаем, что честно работающие руководители заслуживают всяческого уважения. Но если компания работает плохо, акционеры вправе требовать от руководства четких и подробных объяснений, добиваться улучшения работы менеджеров или их замены. Если: 1) показатели компании неудовлетворительные; 2) они хуже показателей других сопоставимых компаний и 3) курс акций падает на протяжении длительного периода — акционеры должны ставить вопрос о компетентности руководства.

К сожалению, опыт последних 36 лет однозначно показывает, что акционерам в целом не удалось добиться существенных результатов в этой области. Впечатлительный борец за права акционеров (если такие существуют) может решить, что не стоит зря тратить время и лучше отказаться от борьбы. И все же наши призывы не пропали втуне. Об этом свидетельствует ситуация, сложившаяся вокруг операций по поглощению компаний (прежде всего враждебному)[1]. В главе 8 мы писали, что низкие цены акций — результат

---

[1] По иронии судьбы, враждебные поглощения стали сходить на нет вскоре после того, как была закончена последняя редакция книги Грэма. В 1970-х — начале 1980-х гг. эффективность американской промышленности резко упала. Автомобили барахлили, телевизоры и радиоприемники приходилось постоянно чинить. Руководство многих публичных корпораций игнорировало как текущие интересы своих акционеров, так и перспективы бизнеса. Все изменилось в 1984 г., когда независимый нефтепромышленник Бун Пикенс начал враждебное поглощение компании-конкурента Gulf Oil. Вскоре «корпоративные захватчики», вооруженные «бросовыми» облигациями Drexel Bumham Lambert, начали прочесывать корпоративную Америку в поисках жертв, заставляя склеротичных индустриальных монстров шевелиться ради повышения собственной эффективности. Многие компании, ставшие жертвами левериджированных выкупов и поглощений, были разорены, но оставшиеся взбодрились и стали не только

плохого менеджмента. Кроме того, дешевые компании часто становятся жертвой корпораций, заинтересованных в диверсификации бизнеса, которых развелось великое множество. Огромное количество приобретений было осуществлено с согласия действующих руководителей приобретаемых компаний или путем покупки акций на фондовом рынке через предложение о враждебном поглощении, адресованное непосредственно инвесторам. При этом за акции предлагалась справедливая цена, по которой они могли бы продаваться, если бы их руководство было достаточно компетентно. Эта цена вполне устраивала инертную массу рядовых акционеров. Как правило, инициаторами поглощений выступали внешние инвесторы — отдельные предприимчивые личности или «корпоративные захватчики».

За редкими исключениями, плохих руководителей невозможно сместить по инициативе рядовых акционеров. Это можно сделать лишь при условии, что компанию контролирует индивидуальный инвестор или небольшая группа так называемых «частных инвесторов». Последнее случается в наши дни достаточно часто, поэтому менеджеры и члены совета директоров публичных компаний начали понимать, что, если операционные результаты будут неудовлетворительными, а цена акций, соответственно, недостаточно высокой, их компании могут стать объектом враждебного поглощения. Поэтому руководители компаний стали более ответственно относиться к своей главной обязанности — следить за тем, чтобы управление компанией было эффективным. В последние годы было смещено больше президентов компаний, чем когда-либо раньше.

Не всем малоприбыльным компаниям это помогло. Смена руководства зачастую происходила слишком поздно, когда показатели компании долгое время были плохими и не предпринималось каких-либо существенных мер для их улучшения. В результате разочарованные акционеры продавали свои акции по дешевке, помогая энергичным «захватчикам» получить контроль над компанией. Считать, что рядовые акционеры могут помочь себе сами, пытаясь объединенными усилиями повлиять на работу руководства компании, — значит отрываться от реальности, и мы не будем обсуждать этот вопрос на страницах книги. Индивидуальные акционеры, знающие, как правильно вести себя на ежегодных собраниях акционеров (в общем-то, абсолютно бесполезных мероприятиях), не нуждаются в наших советах: их не надо учить, какие вопросы следует ставить перед руководством. Другим акционерам давать советы бесполезно. Поэтому мы просто призываем всех акционеров внимательно читать материалы, рассылаемые их собратьями, желающими решить проблему плохого управления компанией.

более подвижными (что пошло им на пользу), но и более экономными (что шло им на пользу не всегда).

Акционеры и дивидендная политика

В прошлом дивидендная политика часто становилась объектом разногласий между рядовыми (миноритарными) акционерами и руководством компании. Ведь акционеры заинтересованы в более высоких дивидендах, а руководители стремятся вкладывать больше средств в бизнес для укрепления позиций компании, призывая акционеров жертвовать сиюминутными интересами ради долгосрочных выгод для компании в будущем. Однако в последние годы отношение акционеров к дивидендам медленно, но верно меняется. Теперь главный аргумент в пользу снижения дивидендов — вовсе не потребность компании в денежных средствах. Акционеров убеждают, что от вложения прибыли в расширение бизнеса они быстро получат выгоду. Раньше компания, вынужденная удерживать прибыль, а не распределять 60–75% в виде дивидендов, считалась слабой, и сам факт отсутствия дивидендов почти всегда негативно сказывался на рыночной стоимости акций. Сегодня сознательное урезание дивидендов рассматривается как свидетельство силы и роста компании. Его поддерживают и инвесторы, и спекулянты[2].

Заметим, что с теоретической точки зрения реинвестирование прибыли вполне обоснованно, так как со временем может способствовать существенному ее росту. Но так считают не все. Некоторые полагают, что прибыль принадлежит акционерам, которые имеют полное право на получение дивидендов. Для многих акционеров дивиденды — источник средств к существованию. Прибыль, которую они получают в виде дивидендов, — это «реальные деньги», в отличие от денег, вложенных в компанию (ведь последние могут и не материализоваться в реальную ценность). В прошлом такие аргументы были настолько убедительными, что фондовый рынок гораздо более благосклонно относился к компаниям, выплачивавшим щедрые дивиденды, чем к тем, которые либо совсем не выплачивали, либо выплачивали относительно скромные суммы [1].

Но за последние 20 лет теория «прибыльного реинвестирования» стала весьма популярной. Чем выше темпы роста прибыли в прошлом, тем охотнее инвесторы и спекулянты соглашаются с политикой низких дивидендов. Об этом свидетельствует тот факт, что темпы роста дивидендов (или даже невыплата последних) никак не сказываются на курсе акций многих компаний[3].

---

[2] Парадокс, о котором пишет Грэм, еще более наглядно стал проявляться в 1990-е гг., когда казалось, что чем сильнее компания, тем менее она склонна выплачивать дивиденды, получить которые акционеры почти отчаялись. Коэффициент выплаты дивидендов, т. е. доля чистой прибыли, которую компании выплачивают в качестве дивидендов, уменьшился с 60–75% во времена Грэма до 35–40% в конце 1990-х гг.

[3] В конце 1990-х гг. высокотехнологичные компании упорно отстаивали точку зрения, согласно которой вся прибыль должна «вливаться обратно в бизнес» ради повышения его доходности. Поразительно, но инвесторы никогда не подвергали сомнению

Наглядным примером может служить корпорации Texas Instruments. Рыночная цена ее обыкновенных акций выросла с $5 в 1953 г. до $256 за акцию в 1960 г., прибыль на акцию увеличилась с 43 центов до $3,91, а дивиденды вообще не выплачивались. (В 1962 г. дивиденды были выплачены, но тогда же прибыль на акцию упала до $2,14, а курс акций снизился до $49.)

Другой яркий пример — компания Superior Oil. В 1948 г. она заявила, что ее прибыль на акцию составляет $35,26, дивиденды — $3, а цена акции — $235. В 1953 г. дивиденды снизились до $1, но цена акций выросла до $660. В 1957 г. компания *вообще не платила дивиденды,* но акции взлетели до $2000! В 1962 г., когда прибыль на акцию составила $49,50, а дивиденды — $7, эти удивительные акции упали в цене до $795[4].

Заметим, что рынок относится к такой дивидендной политике быстрорастущих компаний неоднозначно. Об этом свидетельствует пример двух крупных корпораций — American Telephone & Telegraph и International Business Machines. Акции American Tel. & Tel. рынок считает весьма перспективными с точки зрения роста (подтверждением может служить тот факт, что в 1961 г. их цена в 25 раз превышала прибыль). Тем не менее дивидендная политика компании — важный фактор, который учитывают и инвесторы, и спекулянты. Для изменения курса акций достаточно всего лишь *слухов* о грядущем увеличении нормы дивидендных выплат. В то же время рынок почти не обращает внимания на дивидендную политику IBM. Дивидендная доходность акций этой компании в 1960 г. составила всего лишь 0,5% относительно самой высокой цены этого года, а в 1970 г. — 1,5% относительно цены закрытия. (Однако в обоих случаях дробление акций выступало мощным фактором влияния на рыночные позиции компаний.)

Механизм оценки рынком дивидендной политики компании, видимо, таков: если упор делается не на фактор роста, акции оцениваются как «доходные». Таким образом, в долгосрочной перспективе дивидендная доходность остается решающим фактором, влияющим на рыночную стоимость акций. Если же акции бесспорно относятся к категории «акций роста», рынок оценивает их в зависимости от ожидаемых (например, в следующем десятилетии) темпов роста. При этом дивидендная доходность практически не принимается в расчет.

справедливость принципа «папа лучше знает» и даже не отдавали себе отчет в том, что прибыль компании принадлежит не менеджерам, а акционерам. См. раздел «Комментарии к главе 19».

[4] Цена акций компании Superior Oil в 1959 г. достигла пикового значения ($2165), когда размер дивидендов составлял всего $4. На протяжении многих лет это были самые дорогие акции, котировавшиеся на Нью-Йоркской фондовой бирже. В 1984 г. Superior, контролируемая семейством Кек из Хьюстона, была выкуплена корпорацией Mobil.

Хотя сегодня ситуация на фондовом рынке именно такова, нашими рассуждениями нельзя руководствоваться при проведении операций со всеми или даже с большинством обыкновенных акций. Во-первых, многие акции занимают промежуточное положение между двумя рассмотренными выше категориями. Трудно сказать, насколько значим в этом случае фактор роста, да и отношение фондового рынка к этому вопросу с течением времени меняется. Во-вторых, довольно странно требовать более щедрых дивидендов от компаний с низкими темпами роста. Последние чаще всего характерны для не слишком успешных компаний. В прошлом же участники рынка считали, что чем более эффективна компания, тем выше дивиденды.

Мы убеждены, что акционеры должны требовать от руководителей компаний либо нормальных дивидендов (в размере, скажем, 2/3 прибыли), либо убедительных доказательств того, что реинвестированная прибыль обеспечивает удовлетворительные темпы роста прибыли в расчете на акцию. Такие доказательства могут быть представлены, если компания однозначно относится к категории «компаний роста». В других случаях низкие дивидендные выплаты обуславливают падение цен акций ниже справедливого уровня. В этом случае акционеры имеют полное право задавать руководителям компаний вопросы и высказывать недовольство.

Политика низких дивидендных выплат часто практикуется компаниями со слабым финансовым положением, которым необходима вся или практически вся прибыль (плюс амортизационные отчисления) для выплаты долгов и поддержания адекватного уровня оборотного капитала. В этих случаях акционеры мало что могут сделать, разве что покритиковать руководство компании за то, что оно довело ее до такого плачевного состояния. Иногда низкорентабельные компании удерживают дивиденды под предлогом расширения бизнеса. Нам представляется, что такая политика нелогична по сути. Чтобы она была одобрена акционерами, руководители компании должны убедительно обосновать ее необходимость. Учитывая слабые результаты деятельности компании в прошлом, акционеры не должны слепо верить, что выиграют от расширения бизнеса за их счет, если ситуация в компании не улучшается, а у руля остаются прежние руководители.

Дивиденды в форме акций и дробление акций

Важно, чтобы инвестор понимал разницу между дивидендами в форме акций и дроблением акций. Последнее представляет собой изменение (увеличение) количества обыкновенных акций без изменения их общей стоимости. Как правило, вместо одной старой акции в обращение выпускаются две или три новые. Эмиссия новых акций никак не связана с реинвестированием прибыли, полученной в тот или иной период времени в прошлом. Цель дробления — установление более низкой рыночной цены одной акции. Считается, что более низкая цена акции удобнее для старых и новых инвесторов. Дробление акций может осуществляться при помощи такой технической операции, как выплата дивидендов в форме акций. В этом случае нераспределенная прибыль переводится на счет акционерного капитала. Возможен также вариант, при котором номинал акций меняется без изменения состояния счета акционерного капитала[5].

Дивиденды в форме акций в чистом виде — это дивиденды, которые выплачиваются акционерам в качестве материального свидетельства вложенной в бизнес в недавнем прошлом (скажем, за предшествующие два года) *дополнительной* прибыли. Согласно принятой сейчас практике, компания оценивает приблизительную стоимость дивидендов в форме акций на определенный момент, а затем переводит соответствующую сумму из нераспределенного излишка на счет акционерного капитала. В большинстве случаев размер дивидендов, выплачиваемых в форме акций, невелик — не более 5%. По сути, выплата дивидендов в форме акций в целом приводит к такому же результату, как если бы компания выплатила эквивалентную денежную сумму и продала акционерам дополнительные акции, выпущенные на такую же сумму. Однако выплата дивидендов в форме акций дает важное налоговое преимущество (по сравнению с выплатой дивидендов в денежной форме в сочетании с правом подписки на акции, что часто практикуют компании коммунального сектора).

Правилами Нью-Йоркской фондовой биржи установлена граница между дроблением акций и выплатой дивидендов в форме акций (на уровне 25%). При этом операции по дроблению акций необязательно должны сопровождаться переводом средств со счета нераспределенной прибыли на счет акционерного капитала[6]. Некоторые компании, особенно банки, все еще придерживаются старой практики, выплачивая дивиденды в форме акций

---

[5] Сегодня практически все операции по дроблению акций проводятся за счет изменения их номинала. При дроблении в пропорции 2:1 одна акция делится на две, номинал каждой из которых равен половине номинала первоначальной акции. При дроблении в пропорции 3:1 акция делится на три, номинал каждой из которых равен 1/3 номинала акции-предшественницы, и т. д. Только в редких случаях дробление сопровождается переводом нераспределенной прибыли на счет акционерного капитала, как это было во времена Грэма.

[6] Операции по дроблению акций и выплата дивидендов в форме акций регулируются Правилом 703 Нью-Йоркской фондовой биржи. Дивиденды в форме акций, выплачиваемые в пределах от 25 до 100%, называются «частичное дробление акций». В отличие от практики, принятой во времена Грэма, сегодня дивиденды, выплачиваемые в форме акций, должны отвечать требованиям Нью-Йоркской фондовой биржи, касающимся бухгалтерского учета (дивиденды должны выплачиваться за счет нераспределяемой прибыли).

произвольно (например, 10%), причем не связывая эти выплаты с недавно полученной прибылью. Эти примеры создают нежелательную путаницу в финансовом мире.

Мы уже давно настаиваем на том, что политика в области выплаты дивидендов (и в денежной форме, и в форме акций) должна быть четкой и последовательной. Дивиденды в форме акций должны периодически выплачиваться с целью капитализации всей прибыли, реинвестированной в бизнес, или ее части. Такой политики (в отношении 100% реинвестированной прибыли) придерживаются компании Purex, Government Employees Insurance и ряд других[7].

К практике выплаты дивидендов в форме акций неодобрительно относится большинство академических исследователей, занимающихся этим вопросом. Они настаивают на том, что такие дивиденды — не что иное, как клочок бумаги, не дающий акционерам никаких прав и влекущий за собой ненужные издержки и неудобства[8]. Мы, напротив, считаем академическую точку зрения оторванной от реальности, поскольку она не учитывает практическую и психологическую сущность инвестиций. Действительно, периодически выплачиваемые дивиденды в форме акций (в размере, допустим, 5%) меняют только форму инвестиций акционера. Вместо 100 акций он получает 105, однако доля капитала компании, которой он владеет, остается неизменной. Тем не менее изменение формы инвестиций имеет для акционера определенную значимость и практическую ценность. Если он захочет превратить свою долю реинвестированной прибыли в деньги, он может сделать это, продав свой новый сертификат на акции, не разбивая старый сертификат. Кроме того, он может рассчитывать на получение

---

[7] Этот подход, который не был распространен и во времена Грэма, сегодня используется крайне редко. В 1936 г. и затем в 1950 г. примерно по половине всех акций, торгующихся на Нью-Йоркской фондовой бирже, выплачивались так называемые «особые дивиденды». В 1970 г. количество таких акций сократилось менее чем до 10%, а в 1990-е гг. составляло всего 5%. Более подробно об «особых дивидендах» можно прочесть в работе Harry DeAngelo, Linda DeAngelo, and Douglas J. Skinner, "Special Dividends and the Evolution of Dividend Signaling," *Journal of Financial Economics*, vol. 57, no. 3, сентябрь 2000 г., с. 309–354. Наиболее правдоподобное объяснение причин нелюбви к «особым дивидендам» — опасения руководства компаний, связанные с тем, что акционеры могут воспринять их выплату как сигнал о возможном снижении будущей прибыли компании.

[8] Среди наиболее активных противников практики выплаты дивидендов в форме акций можно назвать Мертона Миллера и Франко Модильяни, которые за свои взгляды, высказанные в статье «Дивидендная политика, рост и оценка акций» (Dividend Policy, Growth, and the Valuation of Shares, 1961), получили Нобелевскую премию в области экономики. Они утверждали, что дивиденды не важны для инвесторов, поскольку инвестору безразлично, в какой форме он получает доход от инвестиций — в форме дивидендов и за счет роста курса акций или только за счет роста курса акций, если в обоих случаях он получает одинаковый доход.

дивидендов не по 100, а по 105 акциям. Иными словами, его уровень дивидендной доходности вырастает на 5%, что без выплаты дивидендов в форме акций вряд ли было бы возможно[9].

Преимущества политики периодических выплат дивидендов в форме акций становятся очевидными при сравнении с обычной практикой компаний коммунального сектора, которые выплачивают щедрые дивиденды в денежной форме, а затем забирают добрую часть этих денег обратно, продавая акционерам дополнительные акции (через права подписки)[10]. Как мы уже писали, акционеры окажутся в точно такой же ситуации, если вместо распространенного сочетания дивидендов, выплачиваемых в денежной форме, и подписки на акции получат дивиденды в форме акций, разве что в последнем случае им не придется платить подоходный налог с дивидендов в денежной форме. Акционеры, желающие получать доход в денежной форме, могут просто продать полученные акции — так же, как они продают права подписки на новые акции.

Акционеры могут сэкономить на подоходном налоге приличную сумму, если вместо дивидендов в денежной форме и прав на покупку акций они получают дивиденды в форме акций. Мы настаиваем, что компании коммунального сектора должны изменить свою дивидендную политику, сделав ее более удобной для акционеров, даже если это приведет к снижению налоговых поступлений в бюджет страны. Мы убеждены, что двойное налогообложение (включая налог на доходы физических лиц) дохода, в действительности не полученного акционерами (поскольку их деньги возвращаются обратно в компанию за счет продажи новых акций), абсолютно несправедливо[11].

---

[9] Эти аргументы Грэма утратили свою силу, поэтому современные инвесторы могут спокойно пропустить данный абзац. Акционерам больше не нужно разбивать свой сертификат на акции, поскольку практически все акции сегодня выпускаются не в бумажном, а в электронном виде. Когда Грэм говорит о том, что 5%-ный рост дивидендов, выплачиваемых в денежной форме, в отличие от роста за счет получения дивидендов по 105 акциям, «вряд ли возможен», не совсем понятно, как он рассчитывал эту «возможность».

[10] Права подписки сегодня используются реже, чем во времена Грэма. Предполагается, что действующие акционеры имеют преимущественное право на покупку новых выпусков акций (иногда по цене ниже рыночной). Доля акционеров, не воспользовавшихся этим правом, в капитале компании, соответственно, уменьшается. Поэтому, как и во многих других случаях, «право» на деле оказывается «принуждением». Сегодня право подписки практикуется в основном в закрытых фондах, страховых компаниях и других холдингах.

[11] В 2003 г. администрация президента Джорджа Буша пыталась решить проблему двойного налогообложения дивидендов, хотя еще рано говорить о том, насколько полезными могут оказаться в действительности законы, обсуждаемые в конгрессе. Более целесообразно было бы исключить дивидендные платежи корпорации из налого-

Корпорации, успешно занимающиеся своим бизнесом, постоянно наращивают производственные мощности и выпуск продукции, совершенствуют систему бухгалтерского учета, программы подготовки управленческого персонала, а также отношения с собственным персоналом. Может быть, настало время подумать и о совершенствовании финансовой политики, в рамках которой важную роль играет политика дивидендная.

облагаемой базы, но обсуждаемые законопроекты не предусматривают такую возможность.

КОММЕНТАРИИ К ГЛАВЕ 19

Самая опасная ложь — слегка извращенная истина.

Георг Кристоф Лихтенберг

ГРЭМ ОТЧАЯЛСЯ?

Наверно, ни одна из глав книги не подвергалась автором такой серьезной переработке, как эта. В первом издании данная глава занимала почти 34 страницы и называлась «Инвестор как владелец бизнеса». В ней рассказывалось о праве голоса акционеров, методах оценки качества управления компаниями и выявления конфликта интересов инсайдеров и внешних инвесторов. При работе над последним изданием книги Грэм ужал главу до нескольких страниц, в основном посвятив ее дивидендной политике.

Почему Грэм вымарал более 3/4 текста, содержавшегося в первом варианте главы? Увещевая инвесторов не одно десятилетие, он, видимо, отчаялся увидеть их в качестве активных и ответственных наблюдателей за деятельностью руководителей компаний.

Однако недавняя эпидемия корпоративных скандалов, связанных с обвинениями руководителей компаний в недобросовестной работе, применении сомнительных методов бухгалтерского учета или использовании разного рода схем ухода от налогов, затронувшая такие крупные фирмы, как AOL, Enron, Global Crossing, Sprint, Tyco и WorldCom, напомнила о призывах Грэма к бдительности, которые сегодня более актуальны, чем когда-либо. Давайте рассмотрим эту проблему в свете сегодняшних событий.

ТЕОРИЯ И ПРАКТИКА

В первом издании книги (1949 г.) Грэм обращает внимание на то, что сплоченные акционеры теоретически — истинные хозяева компаний. Объединенными усилиями они могут нанимать и увольнять руководителей компаний, а также диктовать им свою волю. Но на практике, пишет Грэм, все происходит иначе.

> Акционеры ведут себя как рабы. Они ни о чем не думают, ни о чем не беспокоятся. Покорно, как овцы, они голосуют за решения, принимаемые руководителями компаний, даже если последние работают плохо... Единственный способ заставить среднего американского акционера действовать самостоятельно и разумно — посадить его на бочку с порохом и поджечь ее... Приходится с горечью констатировать, что Иисус Христос, видимо, был более практичным бизнесменом, чем американские акционеры[12].

Грэм хочет донести до читателей одну простую, но очень важную вещь. Покупая акции, вы становитесь собственником компании. Все ее менеджеры, включая генерального директора, работают на вас. Совет директоров компании обязан отчитываться перед вами. Денежные средства компании принадлежат вам. Ее бизнес является вашей собственностью. Если вам не нравится, как управляют вашей компанией, вы имеете полное право требовать увольнения руководителей. «Акционеры, — пишет Грэм, — должны проснуться»[13].

РАЗУМНЫЙ СОБСТВЕННИК

Сегодня инвесторы забывают о призывах Грэма. Больше всего они озабочены тем, как купить акции, чуть меньше — тем, как их продать, а акции как объект собственности не волнуют их вообще. «Видимо, — напоминает Грэм, — следует отличать *держателей акций* от *настоящих акционеров*»[14].

Так что же должен делать разумный инвестор, чтобы быть разумным собственником? Прежде всего, указывает Грэм, акционеры должны ответить на два принципиальных вопроса:

---

[12] Benjamin Graham, *The Intelligent Investor* (Harper & Row, New York, 1949), с. 217, 219, 240. Грэм так объясняет ссылку на Иисуса: «В нескольких евангельских притчах говорится об отношениях между богатым человеком и управляющим его имением. В данном случае можно вспомнить Евангелие от Луки: «...один человек был богат и имел управителя, на которого донесено было ему, что расточает имение его; и, призвав его, сказал ему: что это я слышу о тебе? Дай отчет в управлении твоем, ибо ты не можешь более управлять (Лк. 16, 1:2)». Можно также вспомнить притчу о талантах (Мф. 25, 14:30).

[13] Benjamin Graham, "A Questionnaire on Stockholder-Management Relationship," *The Analyst Journal*, четвертый квартал 1947 г., с. 62. Грэм пишет о результатах проведенного им опроса 600 профессиональных финансовых аналитиков. Более 95% опрошенных считали, что акционеры имеют право требовать официального расследования деятельности топ-менеджеров, неспособных обеспечить рост стоимости акций. Грэм сухо добавляет, что «таких примеров на практике не встречалось». Это, пишет он, указывает на то, что между желаемым и действительным — дистанция огромного размера.

[14] Graham and Dodd, *Security Analysis* (1934 ed.), с. 508.

1. Достаточно ли эффективно осуществляется управление компанией?
2. Учитываются ли должным образом интересы рядовых внешних акционеров?[15]

Судить об эффективности менеджмента можно, сравнивая рентабельность, размеры и конкурентоспособность компании с показателями сопоставимых компаний той же отрасли. Но что если вы придете к выводу, что менеджеры плохо справляются со своими обязанностями? Тогда Грэм советует сделать следующее.

> Во-первых, хотя бы несколько крупных акционеров должны быть уверены в том, что изменения необходимы, а сами они готовы довести их реализацию до конца. Во-вторых, перед собранием акционеров рядовые акционеры должны тщательно изучить разосланные им материалы и проанализировать все аргументы и факты. Они должны хотя бы понять, когда именно их компания стала работать плохо, и быть готовыми потребовать объяснения сложившейся ситуации, не довольствуясь банальными отговорками руководителей компании. В-третьих, если показатели деятельности компании явно ниже средних, для оценки качества работы и компетентности руководства можно привлечь внешних специалистов[16].

Что это за «материалы», которые рассылаются перед собранием акционеров, и почему их необходимо «тщательно изучить»? В этих материалах, рассылаемых каждому акционеру, компания сообщает о повестке дня ежегодного собрания и приводит данные о вознаграждении руководителей компании; количестве акций, которыми они владеют; а также о сделках между инсайдерами и компанией. Акционеров просят проголосовать за то, какая фирма должна проводить аудит финансовой деятельности компании, и за состав совета директоров. Если вы внимательно и вдумчиво прочитаете эти материалы, они вполне могут сыграть роль «канарейки в угольной шахте», т. е. подать сигнал о том, что что-то идет не так (см. врезку о компании Enron).

---

[15] *The Intelligent Investor*, 1949 ed., с. 218.

[16] В издании 1949 г. на с. 223 Грэм добавляет, что участие акционеров в голосовании необходимо для того, чтобы уполномочить независимый комитет, сформированный из внешних инвесторов, выбрать «внешних специалистов», т. е. фирму, которая проведет независимую оценку и представит отчет непосредственно акционерам, а не совету директоров. Но оплачивать такой проект будет компания. Под внешними специалистами Грэм подразумевал управляющие компании, рейтинговые агентства и организации финансовых аналитиков. Сегодня инвесторы могут выбирать среди сотен консультационных фирм, консультантов по реструктуризации и членов таких организаций, как Risk Management Association.

КОНЕЦ КОМПАНИИ ENRON

В 1999 г. корпорация Enron занимала седьмое место в списке самых успешных американских компаний Fortune 500. Выручка энергетического гиганта, его активы и прибыль росли с космической скоростью.

Но что открылось бы взгляду разумного инвестора, который проигнорировал бы блестящие цифры, говорящие о величине активов и прибыли, и просто с позиций здравого смысла изучил бы материалы к собранию акционеров компании Enron за 1999 г.? В разделе «Особые транзакции» содержалась информация о том, что финансовый директор компании Эндрю Фастоу является управляющим партнером в двух партнерствах — LJM1 и LJM2, которые покупали «инвестиции, связанные с энергетикой и телекоммуникациями». У кого же они их покупали? Конечно же, у корпорации Enron! В материалах шла речь о том, что эти компании уже приобрели у корпорации Enron активы на общую сумму $170 млн — в том числе на деньги, позаимствованные у самой Enron.

У разумного инвестора сразу же возникло бы несколько вопросов:

- Были ли эти транзакции одобрены советом директоров Enron? (В материалах было указано, что были.)
- Имеет ли Фастоу долю в прибыли LJM? (В материалах было указано, что имеет.)
- Не обязан ли Фастоу, как финансовый директор Enron, действовать исключительно в интересах акционеров корпорации Enron? (Разумеется, обязан.)
- В таком случае не был ли Фастоу обязан получить максимальную цену за активы Enron? (Разумеется, был обязан.)
- Но если бы LJM купила активы Enron за высокую цену, разве потенциальная прибыль LJM, а значит, и прибыль Фастоу, не уменьшилась бы? (Разумеется, уменьшилась бы.)
- С другой стороны, если компания LJM заплатила низкую цену, не увеличились ли доходы Фастоу и его партнерств и не уменьшились ли при этом доходы Enron? (Разумеется.)
- Должна ли корпорация Enron одалживать партнерствам Фастоу деньги для приобретения активов у Enron, способствуя личному обогащению Фастоу (Что-о-о?!)
- Не свидетельствует ли все это о серьезном конфликте интересов? (Ясное дело.)

- Что можно сказать о совете директоров, который дает добро на проведение подобных транзакций? (Только то, что инвесторам Enron лучше вложить деньги в другую компанию.)

Пример Enron показывает, что, во-первых, прежде чем восторгаться блестящими цифрами, надо с позиций здравого смысла проанализировать истинное положение дел в компании и, во-вторых, перед покупкой акций и после их покупки следует читать материалы, рассылаемые акционерам.

Исследования показывают, что в среднем от 1/3 до 50% индивидуальных инвесторов не участвуют в голосовании[17]. Читают ли они материалы, которые им рассылают?

Изучение рассылаемых материалов и участие в голосовании — важнейшая обязанность разумного инвестора, так же как политическая грамотность и отстаивание своей гражданской позиции — важнейшая обязанность любого гражданина. И не важно, составляет ли ваша доля в компании 10% или 1/10 000%. Если вы никогда не читаете рассылаемых вам материалов, а компания становится банкротом, то единственный человек, которого вам следует винить, — это вы сами. Если вы читаете рассылаемые материалы и видите в них что-то, что вас беспокоит, можно сделать следующее:

- голосуйте против всех кандидатур на посты членов совета директоров, чтобы показать свое отношение к их работе;
- посещайте ежегодные собрания и заявляйте о своих правах;
- найдите в Интернете доску объявлений, посвященную вашей компании (например, на сайте http://finance.yahoo.com), и объединяйтесь с другими акционерами.

У Грэма была еще одна идея, которая может пригодиться нынешним инвесторам.

[17] Сводки о результатах голосования акционеров в 2002 г., собранные и обработанные компаниями Georgeson Shareholder и ADP's Investor Communication Services (лидерами в области рассылки доверенностей инвесторам), свидетельствуют, что уровень участия акционеров в голосовании в среднем составил от 80 до 85% (включая брокерские конторы, от имени своих клиентов по умолчанию голосующие за решения руководства компаний). Таким образом, примерно 12–20% акционеров вообще не используют свое право голоса. Поскольку индивидуальные инвесторы владеют только 40% стоимости всех акций США, а большинство институциональных инвесторов, таких как пенсионные фонды и страховые компании, официально уполномочены голосовать от имени своих инвесторов, примерно 1/3 индивидуальных инвесторов игнорируют возможность голосовать на собраниях акционеров.

> ...Приглашение одного или нескольких независимых экспертов дает ряд преимуществ. Эти люди должны иметь опыт работы в бизнесе и быть способными непредвзято оценить проблемы компании. Они должны подготовить свой годовой отчет, адресованный непосредственно акционерам и отражающий их позицию по основным вопросам, интересующим собственников компании. Выполняют ли руководители свои обязанности должным образом и удовлетворяют ли ее результаты внешних акционеров? Если нет, то почему и что в этом случае можно сделать?[18]

Представьте себе, какой ужас вызвал бы этот пассаж Грэма у сегодняшних «независимых экспертов», большая часть которых — закадычные друзья и партнеры по гольфу руководителей компаний! (Впрочем, вряд ли их проберет до мозга костей, потому что у этих бесхребетных существ, скорее всего, нет костей.)

А ДЕНЬГИ ЧЬИ?

Рассмотрим второй вопрос, поставленный Грэмом: учитываются ли руководством компаний интересы рядовых внешних акционеров? Менеджеры всегда говорят акционерам, что они (менеджеры) лучше знают, что делать с деньгами компании. Но Грэм считает иначе:

> ...Руководители компании могут правильно организовать производственный процесс, но внешние акционеры не обязательно выиграют от этого, потому что эффективность производства не всегда означает эффективность использования капитала компании. *Эффективность производства* подразумевает снижение себестоимости и производство наиболее прибыльных товаров и услуг. *Финансовая эффективность* подразумевает использование средств акционеров в их интересах. Именно в этой точке интересы акционеров и менеджмента компании расходятся. Дело в том, что руководство компании обычно хочет получить от ее собственников — акционеров — как можно больше капитала для решения финансовых проблем. Поэтому типичный руководитель старается привлечь в бизнес больше денежных средств, чем на самом деле необходимо, если только это позволят акционеры. А они обычно позволяют[19].

В конце 1990-х — начале 2000-х гг. руководство ведущих высокотехнологичных компаний следовало принципу «папа лучше знает», аргументируя это следующим образом: «Зачем инвесторам требовать дивиденды, если мы можем инвестировать эти деньги от их имени и стимулировать рост

[18] *The Intelligent Investor*, 1949 ed., с. 224.

[19] Там же.

акций? Вы только посмотрите, какими темпами растут наши акции! Разве это не доказывает, что мы лучше инвесторов умеем превращать их центы в доллары?»

Невероятно, но факт: инвесторы попались на этот крючок. Принцип «папа лучше знает» стал настолько популярным, что в 1999 г. только 3,7% компаний, вышедших в том году на публичный рынок, выплатили дивиденды (в 1960-е гг. в год своего IPO дивиденды выплачивали в среднем 72,1% компаний)[20]. Взгляните, как уменьшился процент компаний, выплачивающих дивиденды (рис. 19.1, область графика, окрашенная черным).

Но принцип «папа лучше знает» оказался ложным. И если одни компании смогли найти достойное применение денежным средствам, то остальные, которых было гораздо больше, либо необдуманно тратили деньги, либо накапливали их гораздо быстрее, чем могли потратить.

Компания Priceline.com, попавшая в первую категорию, в 2000 г. списала $67 млн убытков, которые она понесла из-за краха своих венчурных компаний, занимавшихся торговлей бакалейными товарами и бензином. Компания Amazon.com растранжирила как минимум $233 млн, «инвестировав» их в такие провальные проекты, как Webvan и Ashford.com[21]. Еще два примера действий по принципу «папа лучше знает» — $56 млрд убытков, понесенных компаний JDS Uniphase в 2001 г., и $99 млрд убытков компании AOL Time Warner в 2002 г. Эти компании решили не выплачивать дивиденды, а использовать деньги для слияния с другими фирмами, когда их акции были очень сильно переоценены[22].

---

[20] Eugene F. Fama and Kenneth R. French, "Disappearing Dividends: Changing Firm Characteristics or Lower Propensity to Pay?" *Journal of Financial Economics*, vol. 60, no. 1, апрель 2001 г., с. 3–43, таблица 1; также Elroy Dimson, Paul Marsh, and Mike Staunton, *Triumph of the Optimist* (Princeton Univ. Press, Princeton, 2002), с. 159–161. Интересно, что общая сумма дивидендов, выплачиваемых в долларах по акциям США, с конца 1970-х гг. увеличилась (даже с учетом инфляции), но количество акций, по которым выплачиваются дивиденды, сократилось примерно на 2/3. См.: Harry DeAngelo, Linda DeAngelo, and Douglas J. Skinner, "Are Dividends Disappearing? Dividend Concentration and the Consolidation of Earnings" (http://papers.ssrn.com).

[21] Возможно, Бенджамин Франклин, который, говорят, держал свои деньги в асбестовом кошельке, чтобы они не жгли ему карман, относился бы к деньгам иначе, будь он генеральным директором компании.

[22] Исследование, опубликованное в *BusinessWeek*, показало, что из 300 крупных слияний, имевших место в период с 1995 по 2001 г., более 180 (61%) негативно сказались на благосостоянии акционеров компании-покупателя. Этот феномен получил название «проклятие победителя» или «комплекс вины покупателя». Покупатели использовали акции для оплаты сомнительных сделок, в результате которых их доходность оказалась на 8% ниже, чем у конкурентов. (David Henry, "Mergers: Why Most Big Deals Don't Pay Off," *BusinessWeek*, 14 октября 2002 г., с. 60–70). Другое исследование показало, что приобретение частных компаний и подразделений публичных компаний положительно сказывалось на доходности акций покупателя, но приобретение целых публичных

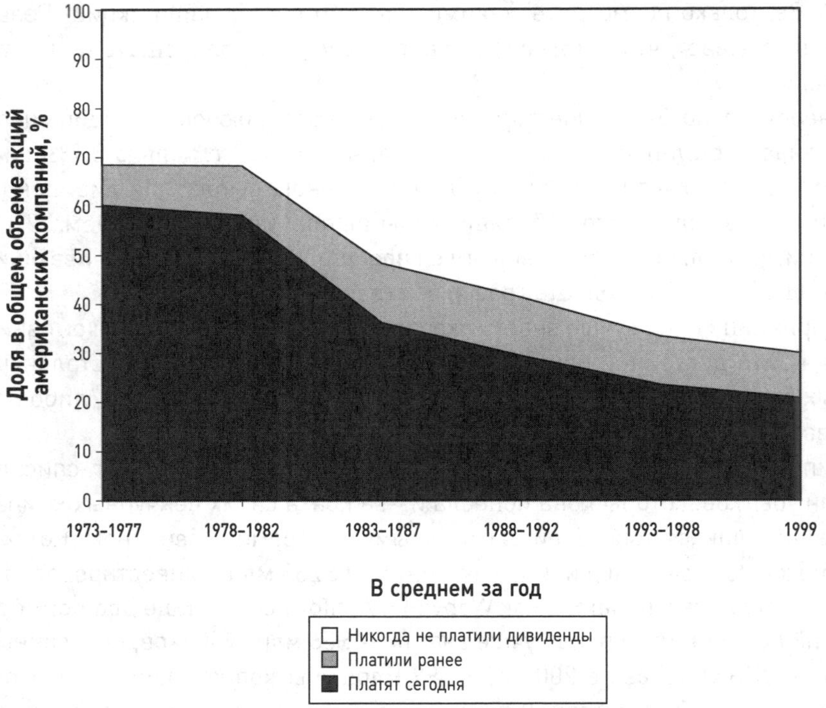

Источник: Eugene Fama and Kenneth French, "Disappearing Dividends," *Journal of Financial Economics*, апрель 2001 г.

Рис. 19.1. Кто платит дивиденды?

Корпорация Oracle, относящаяся ко второй категории, к концу 2001 г. накопила на своем счету $5 млрд. Компания Cisco Systems собрала как минимум $7,5 млрд. Компания Microsoft скопила колоссальный капитал — $38,2 млрд, причем со средней скоростью свыше $2 млн в час[23]. Быстро же Биллу Гейтсу удалось скопить на черный день!

компаний приводило к убыткам (Kathleen Fuller, Jeffry Netter, and Mike Stegemoller, "What Do Returns to Acquiring Firms Tell Us?" *The Journal of Finance*, vol. 57, no. 4, август 2002 г., с. 1763–1793).

[23] При рекордно низких процентных ставках такая куча денег приносит жалкую доходность, если просто сидеть на ней. Грэм считает, что «пока нераспределенная прибыль остается в компании, внешним инвесторам от нее мало радости» (The Intelligent Investor, 1949 ed., с. 232). Действительно, на конец 2002 г. денежные средства корпорации Microsoft составляли $43,4 млрд. Это недвусмысленно говорит о том, что компания не могла найти достойного применения деньгам, которые приносил ее бизнес. Как выразился бы Грэм, операции корпорации Microsoft были эффективными, а финансы — нет. Чтобы исправить ситуацию, в начале 2003 г. корпорация Microsoft заявила, что начинает выплачивать постоянные ежеквартальные дивиденды.

Эти и другие факты недвусмысленно указывают на то, что многие компании не знают, как превратить избыток денежных средств в дополнительную прибыль. Посмотрим, что говорит статистика.

- Результаты исследования, выполненного инвестиционными управляющими Робертом Арнотом и Клиффордом Аснессом, показали, что, если размер текущих дивидендов невелик, будущая прибыль компании также оказывается низкой. А если текущий уровень дивидендов высок, то высокой будет и прибыль в будущем. Данные за 10-летние периоды показывают, что при высоких дивидендах средние темпы роста прибыли были на 3,9 процентных пункта выше[24].
- Профессора Дорон Ниссим и Амир Зив (Колумбийский университет) установили, что не только текущие, но и будущие (как минимум на протяжении четырех лет) показатели доходности акций компаний, увеличивающих размер дивидендов, выше[25].

Иными словами, большинство руководителей компаний ошибаются, когда говорят, что они могут лучше использовать ваши деньги, чем вы сами. Выплата дивидендов не гарантирует блестящих результатов, но она действительно улучшает показатели доходности большинства акций благодаря тому, что забирает из рук руководителей деньги до того, как они либо промотают их, либо запрут в сундуках.

ПРОДАЕМ ДЕШЕВО, ПОКУПАЕМ ДОРОГО

Теперь рассмотрим тезис, гласящий, что лучший вариант применения свободных денег компании — использовать их для обратного выкупа акций. Когда компания выкупает свои акции, количество акций, находящихся в обращении, сокращается. Даже если чистая прибыль компании остается неизменной, величина прибыли в расчете на акцию растет, поскольку общая прибыль делится на меньшее количество акций. Стоимость акций, соответственно, также растет. Кроме того, в отличие от дивидендов доход от выигрыша за счет роста курса акций при обратном выкупе не облагается

---

[24] Robert D. Arnott and Clifford S. Asness, "Surprise! Higher Dividends = Higher Earning Growth," *Financial Analyst Journal*, январь/февраль 2003 г., с. 70–87.

[25] Doron Nissim and Amir Ziv, "Dividend Changes and Future Profitability," *The Journal of Finance*, vol. 56, no. 6, декабрь 2001 г., с. 2111–2133. Другие ученые, даже те, кто не согласен с авторами статьи, также приходят к выводу, что увеличение размеров дивидендов обуславливает рост будущей доходности акций. См., например, Shlomo Benartzi, Roni Michaely, and Richard Thaler, "Do Changes in Dividends Signal the Future or the Past?" *The Journal of Finance*, vol. 52, no. 3, июль 1997 г., с. 1007–1034.

налогом[26]. И если курс акций низкий, то направление свободных денежных средств на их обратный выкуп — прекрасное решение[27].

Все это хорошо в теории. К сожалению, в реальности все происходит совсем не так, и обратный выкуп акций служит отнюдь не праведным целям. В современных условиях, когда значительная доля вознаграждения руководителей компаний приходится на акционерные опционы (особенно в сфере высоких технологий), компании вынуждены эмитировать сотни миллионов акций, чтобы менеджеры могли данные опционы исполнить[28]. Но это ведет к существенному увеличению количества акций, обращающихся на рынке, и снижению размера прибыли в расчете на акцию. Чтобы противостоять размыванию акций, компании вынуждены выкупать их на фондовом рынке миллионами. В 2000 г. на обратный выкуп акций компании расходовали гигантские суммы — 41,8% суммарной чистой прибыли, в то время как в 1980 г. этот показатель составил 4,8%[29].

В качестве примера рассмотрим корпорацию Oracle, занимающуюся производством программного обеспечения. С 1 июня 1999 г. по 31 мая 2000 г. компания выпустила 101 млн обыкновенных акций для руководства

---

[26] Налоговая реформа, предложенная президентом Джорджем Бушем в начале 2003 г., могла изменить ситуацию, но судьба этого закона на момент издания книги была неизвестна.

[27] В прошлом компании подходили к обратному выкупу акций достаточно разумно, снижая его объемы при высоком курсе акций и увеличивая при низком. В течение 12 дней после краха фондового рынка 19 октября 1987 г. 400 компаний объявили об обратном выкупе своих акций, в то время как с начала года, когда цены акций были намного выше, о программах обратного выкупа заявили всего 107 компаний. См.: Murali Jagannathan, Clifford P. Stephens, and Michael S. Weisbach, "Financial Flexebility and the Choice Between Dividends and Stock Repurchases," *Journal of Financial Economics*, vol. 57, no. 3, сентябрь 2000 г., с. 326.

[28] Акционерные опционы, предоставляемые компаниями топ-менеджерам и другим сотрудникам, дают им право (но не обязанность) купить в будущем акции компании с дисконтом. Конверсия опционов в акции называется «исполнением опционов». Сотрудники могут продать купленные с дисконтом акции по текущей рыночной цене и разницу положить себе в карман. Исполнение опционов сотрудниками требует от компании выпуска дополнительных акций, что увеличивает количество находящихся в обращении акций. Таким образом, чистая прибыль компании будет делиться на большее количество акций, и прибыль на акцию снизится. Поэтому компания вынуждена выкупать другие акции, чтобы восстановить баланс, нарушенный дополнительным выпуском. В 1998 г. 63,5% финансовых директоров компаний признали, что главной причиной обратного выкупа акций их компаниями было стремление не допустить размывания акций из-за исполнения акционерных опционов (см.: CFO Forum, "The Buyback Track," июль 1998 г.).

[29] Одним из главных факторов, приведшим к таким изменениям, было решение Комиссии по ценным бумагам и биржам США, принятое в 1982 г. и направленное на ослабление существовавшего ранее ограничения на обратный выкуп акций. См.: Gustavo Grullon and Roni Michaely, "Dividends, Share Repurchases, and the Substitution Hypothesis," *The Journal of Finance*, vol. 57, no. 4, август 2002 г., с. 1649–1684

и еще 26 млн для своих сотрудников на общую сумму $484 млн. Одновременно, чтобы не допустить снижения прибыли на акцию, корпорация израсходовала $5,3 млрд, или 52% своей общей выручки за этот год, на обратный выкуп 290,7 млн акций. Корпорация выпустила акции для инсайдеров по средней цене $3,53, а выкупила акции в среднем по $16,26. «Продавай дешево, покупай дорого». И это, по-вашему, соблюдение интересов акционеров?[30]

После рекордно высокого уровня в 2000-м к 2002 г. стоимость акций Oracle упала более чем наполовину. Сейчас, когда акции компании стали настолько дешевыми, поспешила ли Oracle выкупать их? С 1 июня 2001 г. по 31 мая 2002 г. Oracle сократила объем выкупа до $2,8 млрд — отчасти из-за того, что менеджеры и служащие исполнили в этом году меньше опционов. Аналогичная стратегия продажи акций по низким ценам и обратного их выкупа по высоким характерна для десятков других высокотехнологичных компаний.

Что же происходит в этом случае? А происходят удивительные вещи:

- Если руководители и сотрудники компаний исполняют акционерные опционы (которые налоговое ведомство считает «компенсационными выплатами»), компания получает налоговые льготы[31]. Например, в 2000/2001 финансовом году налоговые льготы корпорации Oracle в связи с исполнением опционов инсайдерами составили $1,69 млрд, а соответствующие налоговые льготы корпорации Sprint в 1999–2000 гг. — $678 млн.
- Топ-менеджеры, значительная доля вознаграждения которых приходится на акционерные опционы, заинтересованы в том, чтобы направлять средства не на выплату дивидендов, а на выкуп акций. Почему? Потому, что по техническим причинам опционы растут в цене, когда увеличивается волатильность акций, т. е. усиливаются колебания их

[30] Во многих своих работах Грэм настаивает на том, что руководители корпораций обязаны следить не только за тем, чтобы акции не были недооцененными, но и за тем, чтобы они не были переоцененными. В книге «Анализ ценных бумаг» (Security Analysis, 1934 ed., с. 515) он подчеркивает, что «руководители компаний обязаны действовать в интересах акционеров, в том числе по возможности предотвращать установление либо абсурдно высоких, либо необоснованно низких цен на акции. Таким образом, работа в интересах акционеров предполагает, что цена акций не должна ни падать слишком низко, ни подниматься до опасно высокого уровня». Остается только пожалеть, что в 1999 г. руководители интернет-компаний не следовали советам Грэма!

[31] Невероятно, но факт: хотя акционерными опционы считаются компенсационными выплатами и в налоговых декларациях компаний проходят как расходы, в финансовых отчетах для акционеров они не отражаются как расходы. Инвесторы могут лишь надеяться на то, что реформа системы бухгалтерского учета изменит эту странную практику.

цен. Однако выплата дивидендов уменьшает волатильность, что снижает стоимость акционерных опционов[32].

Неудивительно, что топ-менеджеры компаний куда более охотно направляют средства на обратный выкуп акций, чем на выплату дивидендов, — независимо от того, насколько переоценены акции и сколько средств внешних инвесторов будет растрачено впустую.

ЧТО НА САМОМ ДЕЛЕ СТИМУЛИРУЮТ ФОНДОВЫЕ ОПЦИОНЫ?

Помимо всего прочего, ленивые инвесторы позволяют топ-менеджерам получать сверхвысокие доходы, причем совершенно непозволительными способами. В 1997 г. Стив Джобс, соучредитель корпорации Apple Computer, вернулся в компанию на должность «временного» генерального директора. Будучи очень богатым человеком, Джобс настоял на символическом денежном вознаграждении в размере $1 в год. В конце 1999 г., чтобы отблагодарить Джобса за работу в качестве генерального директора «за предшествовавшие 2,5 года без компенсации», совет директоров презентовал ему реактивный самолет, который обошелся компании в $90 млн. В следующем месяце Джобс согласился убрать приставку «временный» из своего титула, и совет директоров презентовал ему опционы на 20 млн акций. (До этого Джобс владел всего двумя акциями корпорации Apple.)

Вознаграждение высших руководителей компании за счет акционерных опционов имеет целью согласование их интересов с интересами внешних инвесторов. Если вы являетесь внешним инвестором корпорации Apple, вы, скорее всего, хотите, чтобы руководство компании получало вознаграждение только в том случае, если доходность акций Apple высока. Но, как отмечал Джон Богл, бывший президент инвестиционной компании Vanguard, практи-

---

[32] См. George W. Fenn and Nellie Liang, "Corporate Payout Policy and Managerial Stock Incentives," *Journal of Financial Economics*, vol. 60, no. 1, апрель, с. 45–72. Дивиденды уменьшают волатильность акций, поскольку обеспечивают акционерам приток доходов, компенсирующих колебания рыночной стоимости акций. Результаты исследований показывают, что волатильность средней рентабельности компаний, реализующих программы обратного выкупа акций, как минимум вдвое выше волатильности средней рентабельности компаний, выплачивающих дивиденды. Более высокая изменчивость рентабельности обуславливает более высокую волатильность цен акций. Соответственно, это повышает стоимость акционерных опционов, так как открывает больше возможностей для продажи акций по временно установившейся более высокой цене. Сегодня на долю акционерных опционов и других видов неденежного вознаграждения приходится около 2/3 компенсационного пакета менеджеров компаний. А 30 лет назад как минимум 2/3 компенсационного пакета приходилось на денежные выплаты.

чески все менеджеры продают акции сразу же после исполнения опционов. Разве немедленная продажа менеджерами миллионов акций ради получения быстрой прибыли способствует согласованию их интересов с интересами преданных компании «долгосрочных» акционеров?

Но вернемся к Стиву Джобсу. Если цена акций компании будет ежегодно увеличиваться всего на 5%, в начале 2010 г. он сможет выручить за свои опционы $548,3 млн. Иными словами, даже если доходность акций корпорации Apple будет наполовину отставать от долгосрочной доходности фондового рынка, Джобс получит вознаграждение в размере $500 млн[33]. Неплохой пример согласования интересов руководства корпорации Apple и ее акционеров, не правда ли?

Тщательное изучение материалов, рассылаемых акционерам в связи с проведением ежегодного собрания, поможет разумному инвестору-собственнику голосовать против любых схем оплаты менеджеров, предусматривающих акционерные опционы, если объем последних превышает 3% акционерного капитала компании. Следует голосовать против любых «опционных» схем, не привязанных к достижению компанией выдающихся результатов (например, значительного превышения среднеотраслевой доходности за пять лет). Ни один генеральный директор не имеет права обогащаться за ваш счет, если результаты его работы вас не устраивают.

ОКОНЧАТЕЛЬНЫЙ АНАЛИЗ

Вернемся к предложению Грэма, согласно которому независимые эксперты должны в письменном виде предоставлять акционерам отчет о том, осуществляется ли управление компанией надлежащим образом и в интересах ее истинных владельцев. Может быть, эксперты могли бы аналогичным образом проанализировать политику компании в области выплаты дивидендов и обратного выкупа акций, а также оценить справедливость получаемого руководителями компании вознаграждения. Подумать только, что начнется, если все инвесторы станут разумными инвесторами-собственниками и внимательно прочитают этот отчет!

[33] Материалы корпорации Apple к ежегодному собранию акционеров в апреле 2001 г., с. 8 (www.sec.gov).

ГЛАВА 20

«Запас надежности» — основа инвестиционной деятельности

Согласно одной старинной легенде, некий мудрец так сформулировал правильное отношение ко всем человеческим страстям: «И это пройдет»[1]. Задавшись целью сформулировать секрет разумного инвестирования, мы тоже придумали два волшебных слова: «запас надежности». Это понятие всегда (скрыто или явно) используется при обсуждении инвестиционной политики. Пришло время поговорить о нем более подробно.

Все опытные инвесторы признают, что концепция «запаса надежности» важна при выборе качественных облигаций и привилегированных акций. Например, чтобы облигации железнодорожной компании можно было считать качественными, ее прибыль (до уплаты налога на прибыль) на протяжении длительного периода должна в 5 раз превышать объем фиксированных платежей. Эта продемонстрированная *в прошлом* способность получать прибыль, значительно превышающую процентные выплаты, и создает *запас надежности*, защищающий инвестора от убытков и разочарований в случае возможного снижения чистой прибыли компании в будущем. («Запас надежности» можно рассчитывать и по-другому — например, как отношение разницы между доходами или прибылью компании и процентными платежами к величине доходов или прибыли компании, выраженное в процентах, но суть дела от этого не меняется.)

---

[1] «Говорят, что один восточный правитель попросил мудрецов придумать фразу, которая всегда была бы у него перед глазами и была бы правильна и уместна в любое время и в любой ситуации. И мудрецы придумали такую фразу: "И это пройдет". Как много этим сказано! Как смиряют эти слова в минуты гордости! Как утешают в минуты грусти! "И это пройдет". Но все же давайте надеяться, что эти слова не совсем правдивы» (Авраам Линкольн. Обращение к Аграрному обществу штата Висконсин. Милуоки, 30 сентября 1859 г. (Abraham Lincoln, Address to the Wisconsin State Agricultural Society, Milwaukee, September 30, 1859, in *Abraham Lincoln: Speeches and Wrightings, 1859–1865* (Library of America, 1985) ,vol. II, c. 101)).

Покупая облигации, инвестор не может быть уверен, что в будущем его средняя прибыль будет такой же, как в прошлом. В противном случае «запас надежности» мог бы быть меньше. Точно так же инвестор не может знать, будет ли будущая прибыль существенно выше или ниже прошлой прибыли, иначе он рассматривал бы «запас надежности» с точки зрения тщательно спрогнозированного значения будущей прибыли, не придавая особого значения прошлым показателям. Исходя из этого, назначение «запаса надежности» состоит прежде всего в том, чтобы избавиться от необходимости точно прогнозировать будущее. Достаточно большой «запас надежности» позволяет инвестору ощущать себя в безопасности, всего лишь предположив, что будущая прибыль существенно не снизится по сравнению с прошлой.

«Запас надежности» облигаций (и привилегированных акций) можно рассчитать, сравнивая общую стоимость компании с объемом ее долга. Если долг компании составляет $10 млн, а ее стоимость — $30 млн, то компания может потерять 2/3 стоимости, прежде чем держатели облигаций (по крайней мере теоретически) начнут нести убытки. Величину этого «запаса стоимости» («подушки безопасности»), т. е. разницу между стоимостью и величиной долга, можно ориентировочно определить, вычислив среднюю цену обыкновенных акций за несколько лет. Поскольку средняя цена акций зависит от средней «силы доходности» (способностью компании получать прибыль), то разница между стоимостью компании и долгом и разница между величиной прибыли и фиксированными платежами в большинстве случаев должны быть равными.

До сих пор мы говорили о «запасе надежности» инструментов фондового рынка с фиксированным доходом. Можно ли говорить о нем применительно к обыкновенным акциям? Да, но с некоторыми оговорками.

Можно привести немало примеров, свидетельствующих, что обыкновенные акции могут иметь такой же высокий «запас надежности», как облигации инвестиционного качества. Так бывает, например, если у компании есть только обыкновенные акции и их совокупная стоимость в силу ряда причин (например, тяжелой экономической ситуации) ниже, чем стоимость облигаций, которые она могла бы выпустить, учитывая ее активы и «силу доходности»[2]. В условиях падения цен на фондовом рынке в 1932–1933 гг. в такой ситуации оказались многие промышленные компании, имеющие

---

[2] «Силой доходности» Грэм называл потенциальную прибыль компании, т. е. объем прибыли, который компания может получать из года в год при неизменных условиях бизнеса (*Security Analysis*, 1934 ed., с. 354). Из лекций Грэма следует, что он имел в виду период продолжительностью не менее пяти лет. Сделать грубый расчет «силы доходности» компании в расчете на акцию нетрудно: достаточно «перевернуть» коэффициент «цена/прибыль». Если коэффициент «цена/прибыль» равен 11, сила доходности составляет 9% (1:11). Сегодня «силу доходности» часто называют «коэффициентом доходности».

хорошее финансовое положение. В таких случаях инвестор может получить такой же «запас надежности», как и «запас надежности» облигаций, *плюс* возможность получать более высокий доход за счет дивидендов и прироста капитала. (Единственное, на что он не может рассчитывать, — право требовать выплаты дивидендов, но по сравнению с преимуществами это несущественно.) Обыкновенные акции, которые инвестор покупает на таких условиях, будут сочетать в себе надежность и прибыльность — идеальная и редко встречающаяся комбинация. В качестве примера можно вспомнить компанию National Presto Industrial. Общая стоимость ее обыкновенных акций (т. е. стоимость компании) в 1972 г. составляла $43 млн. Получив $16 млн прибыли (до уплаты налога на прибыль), компания могла спокойно выпустить облигации на эту сумму.

При покупке обыкновенных акций как объекта инвестиций в нормальных рыночных условиях «запас надежности» образуется, если ожидаемая «сила доходности» компании (т. е. доходность акций) значительно превышает текущую процентную ставку по облигациям. Вот что мы писали об этом в предыдущих изданиях книги.

> Предположим, что в обычной ситуации «сила доходности» составляет 9% (отношение прибыли на акцию к цене акций), а процентная ставка по облигациям — 4%. В этом случае для покупателя акций среднегодовая маржа составит 5%. Частично она выплачивается акционеру в виде дивидендов. Но даже если инвестор расходует их, эта сумма все равно входит в общий инвестиционный результат. Нераспределенная прибыль от имени инвестора реинвестируется компанией в развитие бизнеса. Во многих случаях реинвестированная прибыль используется компанией неэффективно, в результате чего «сила доходности» и цена акций не растут. (Вот почему фондовый рынок упорно отдает предпочтение компаниям, выплачивающим прибыли в виде дивидендов, а не компаниям, удерживающим прибыль для развития бизнеса[3].) Но если видеть картину в целом, можно заметить довольно тесную связь между ростом нераспределенной прибыли и стоимости компании.
>
> За 10 лет разница между «силой доходности» акций и процентной доходностью облигаций может в сумме составить 50% цены покупки акций. Этого вполне достаточно для того, чтобы инвестор имел значительный «запас надежности», позволяющий предотвращать или минимизировать убытки. Если диверсифицированный портфель инвестора, включающий не менее 20 акций, имеет такой «запас надежности», вероятность хороших результатов при нормальных рыночных условиях очень высока. Вот почему использование инвестиционной политики, основанной на поддержании «запаса надежности», при операциях с обыкновенными акциями не требует от инвестора особой проницательности и дальновидности. Если инвестор на протяжении длитель-

[3] Эта проблема рассматривается в разделе «Комментарии к главе 19».

ного периода приобретает акции при среднем уровне фондового рынка, соответствующий «запас надежности» уже присутствует в их цене. Опасность для инвесторов состоит в увлечении покупкой акций при более высоких уровнях фондового рынка или покупкой некачественных акций, риск снижения «силы доходности» которых выше среднего.

Как мы видим, проблема покупки инвестором обыкновенных акций в условиях 1972 г. фактически была связана с тем, что в типичном случае «сила доходности» акций была намного ниже 9% цены их покупки[4]. Допустим, пассивный инвестор формирует свой портфель из акций крупных компаний с низкими значениями коэффициентов «цена/прибыль». Предположим, он может найти акции с коэффициентом «цена/прибыль», равным 12, т. е. с доходностью по прибыли на уровне 8,33% (стоимости). Он может получить дивидендную доходность в среднем на уровне 4%, а остальные 4,33% будут реинвестированы компанией от его имени. С учетом данных расчетов превышение «силы доходности» акций над процентной ставкой по облигациям на протяжении 10 лет будет слишком низким для создания адекватного «запаса надежности». Поэтому мы считаем, что сегодня инвестор сталкивается с реальным риском даже в случае формирования диверсифицированного портфеля из обыкновенных акций стабильных компаний. Риски могут быть полностью компенсированы за счет возможности получения прибыли по таким акциям. К тому же у инвестора может не быть другого выбора, кроме как принять на себя эти риски, — ведь в противном случае ему придется вложить все средства в ценные бумаги с фиксированным доходом и взять на себя еще более значительный риск, связанный с получением процентного дохода в постоянно обесценивающихся долларах. В любом случае инвестор должен понимать (и относиться к этому как можно более философски), что возможного в прошлом сочетания возможностей получения прибыли и незначительного суммарного риска сегодня не существует[5].

---

[4] Грэм блестяще подвел итоги обсуждения данной проблемы в лекции, прочитанной в 1972 г.: «“Запас надежности” — это разница между двумя показателями, первый из которых представляет собой отношение удельной прибыли на акцию к цене ее покупки (доходность акции по прибыли), а второй — процентную доходность облигаций. Такой “запас надежности” должен компенсировать последствия неблагоприятных изменений. Когда готовилось издание этой книги (1965 г.), цена акций в среднем в 11 раз превышала удельную прибыль, т. е. доходность по прибыли составляла 9%. Процентная ставка по облигациям на тот момент составляла 4%. В этом случае “запас надежности” превышал 100%. Сегодня (в 1972 г.) нет разницы между уровнем доходности акций и уровнем процентной доходности облигаций, поэтому нет и “запаса надежности”... “Запас надежности” акций сегодня — отрицательная величина...» См.: “Benjamin Graham: Thoughts on Security Analysis” (стенограмма лекции в Школе бизнеса Северо-Восточного университета штата Миссури, март 1972 г.), *Financial History*, no. 42, март 1991 г., с. 9.

[5] Этот абзац, который Грэм написал в начале 1972 г., очень точно описывает ситуацию на фондовом рынке в начале 2003 г. (см. раздел «Комментарии к главе 3»).

Однако, хотя риск покупки качественных акций по слишком высокой цене вполне реален, не он является главной опасностью для рядового инвестора. Многолетние наблюдения позволяют сделать вывод, что основные потери инвесторов обусловлены покупкой ценных бумаг *низкого инвестиционного уровня* в благоприятной экономической ситуации. Инвесторы принимают высокую текущую прибыль за «силу доходности» и считают временное процветание синонимом надежности. Именно в такие периоды облигации и привилегированные акции торгуются по ценам, близким к номиналу, потому что обеспечивают инвесторам более высокий уровень доходности или обманчиво привлекательные конверсионные привилегии. В такие периоды в силу высоких показателей роста на протяжении двух-трех лет цены обыкновенных акций малоизвестных компаний также могут значительно превышать стоимость их материальных активов.

Покупка такого рода ценных бумаг не позволяет инвестору создать достаточный «запас надежности». Он должен проверить коэффициенты покрытия процентных выплат и дивидендов по привилегированным акциям на протяжении нескольких лет, желательно включая период, когда условия ведения бизнеса отклонялись от нормальных (например, в 1970–1971 гг.). Этот же подход применяется и к анализу значений прибыли на акцию, если на ее основе рассчитывается «сила доходности» акции. Следовательно, цены большинства инвестиций, сделанных в благоприятных условиях и при благоприятных ценах на фондовом рынке, будут падать, как только на горизонте появляются тучи (а часто еще до этого). Инвестор также не может рассчитывать на то, что его позиции восстановятся после подъема фондового рынка (хотя так бывает в отдельных случаях), поскольку его бумаги никогда не имели достаточного «запаса надежности», позволяющего противостоять экономическим бурям.

Философия инвестирования в «акции роста» одновременно и соответствует, и противоречит принципу «запаса надежности». Вкладывая средства в «акции роста», инвестор рассчитывает, что их ожидаемая «сила доходности» превысит среднее значение в прошлом. Можно сказать, что при расчете «запаса надежности» он использует значение ожидаемой доходности вместо фактически достигнутой в недавнем прошлом. Теория инвестирования допускает, что тщательно спрогнозированное значение будущей прибыли может оказаться не менее надежным ориентиром, чем ее фактические показатели за предыдущие периоды. И действительно, мы видим, что в ходе анализа ценных бумаг все больше внимания уделяется использованию компетентных оценок будущих показателей. Поэтому при выборе «акций роста», так же как и других акций, вполне можно ориентироваться на «запас надежности» — при условии, что при прогнозировании инвестор использует консервативный подход, а сам «запас надежности» достаточно велик.

При выборе «акций роста» опасность заключается прежде всего в следующем. На фондовом рынке цены «акций роста» обычно устанавливаются на уровне, не являющемся оправданным с точки зрения *консервативных* прогнозов будущей прибыли. (Основное правило разумной инвестиционной деятельности гласит, что все оценки доходности, отличающиеся от прошлых значений, следует слегка корректировать в сторону понижения.) Величина «запаса надежности» всегда зависит от цены покупки акций. При одном уровне цен он будет значительным, при другом, более высоком, — небольшим или даже нулевым. Если средний уровень цен большинства «акций роста» слишком высок и не обеспечивает адекватный «запас надежности» для покупателя, диверсификация портфеля за счет этой группы акций не даст удовлетворительного результата. Инвестору придется изучить другие акции и выбирать те, инвестиционные качества которых перевешивают риски, связанные с высоким уровнем цен на фондовом рынке.

Суть принципа «запаса надежности» становится более очевидной, если мы попробуем применить ее к недооцененным («выгодным») акциям. В этом случае мы по определению получаем хорошую разницу между ценой акций и их истинной стоимостью. Эта разница и представляет собой «запас надежности». Она предназначена для того, чтобы смягчать влияние ошибочных прогнозов или негативных изменений. Покупатель «выгодных» акций делает упор на способность инвестиций «держать удар» при неблагоприятном развитии событий на фондовом рынке. В большинстве случаев он не испытывает особого энтузиазма по поводу перспектив роста цен данных акций. Более того, если перспективы роста явно плохие, инвесторы предпочитают не покупать эти акции независимо от того, насколько низка их цена. Но среди недооцененных акций немало таких, о будущем которых нельзя судить однозначно, т. е. неизвестно, есть у них перспективы роста или нет. Если при их покупке имеет место достаточный «запас надежности», инвестор может быть уверен в том, что даже некоторое (от небольшого до среднего) снижение «силы доходности» акций необязательно приведет к серьезному ухудшению его инвестиционных результатов. «Запас надежности» в этом случае выполнит свою задачу.

Теория диверсификации

Принцип «запаса надежности» тесно связан с принципом диверсификации. Даже удовлетворительный «запас надежности» той или иной акции не является гарантированной защитой от плохих результатов. «Запас надежности» не гарантирует отсутствие убытков. Единственное, что он гарантирует, — это то, что у инвестора будет больше шансов получить прибыль, чем понести убытки. И чем больше акций в портфеле, тем выше вероятность того, что суммарная прибыль будет больше суммарных убытков. Именно на этой основе строится страховой бизнес.

Диверсификация — классический принцип консервативного инвестирования. Его широкое распространение означает, что инвесторы на практике признают принцип «запаса надежности», тесно связанный с принципом диверсификации. Примером может служить игра в рулетку. Если игрок ставит доллар на одну цифру, в случае выигрыша он получит $35, но вероятность проигрыша составляет 37:1. У такого игрока отрицательный «запас надежности». В данном случае диверсификация не имеет смысла. Чем больше количество цифр, на которые ставит игрок, тем меньше у него шансов получить прибыль. Если он поставит по доллару на каждую цифру (включая зеро и нулевой сектор), он, естественно, будет терять $2 при каждом повороте рулетки. Но представьте, что победитель получает не $35, а $39. В этом случае у него появляется небольшой, но достаточный «запас надежности». При этом увеличение количества цифр, на которые он делает ставки, будет повышать его шансы на выигрыш. И он может выигрывать $2 за каждую игру, просто ставя по доллару на каждую цифру. (Кстати, эти расчеты описывают реальные шансы игрока в рулетку, на которой есть зеро и нулевой сектор[6].)

Главное отличие инвестиций и спекуляций

Поскольку не существует общепринятой дефиниции понятия «инвестиционная деятельность», специалисты обычно дают то определение, которое им больше нравится. Многие из них отрицают существование каких-либо практических различий между этими понятиями. Мы считаем, что такая позиция вредна, поскольку поощряет людей потворствовать своей врожденной склонности к азартным играм и острым ощущениям, а значит,

[6] Американская рулетка включает цифры от 1 до 36, а также 0 (зеро) и 00 (нулевой сектор), поэтому общее количество ячеек составляет 38. Максимальная ставка в казино — 35:1. Что произойдет, если вы поставите доллар на каждую цифру? Поскольку шарик может упасть только в одну ячейку, вы выиграете $35, но потеряете $37. Таким образом, убыток составит $2. Эти $2 разницы (или 5,26% общей суммы ставки, которая составляет $38) — выигрыш казино, который свидетельствует, что в среднем игроки в рулетку всегда проигрывают больше, чем выигрывают. В интересах игрока — ставить как можно реже, а казино заинтересовано в том, чтобы крутить рулетку как можно чаще. Точно так же разумный инвестор должен по возможности максимизировать количество акций, обеспечивающее более высокие шансы получить прибыль, чем убыток. Для большинства инвесторов диверсификация — самый простой и дешевый способ увеличить «запас надежности».

к спекуляциям на фондовом рынке. По нашему мнению, критерием, позволяющим отличить инвестиции от спекуляцией, можно считать наличие «запаса надежности».

Вполне возможно, что большинство спекулянтов, которые любят испытывать судьбу, верят, что звезды на их стороне, и не обращают внимания на «запас надежности». Они считают, что именно сейчас надо покупать, или что они умнее других участников рынка, или что их консультанты или стратегия торговли самые лучшие. Но эти претензии ничем не обоснованы. Спекулянты полагаются на субъективные оценки, не подтвержденные практическим опытом и логикой. Мы сильно сомневаемся, что о человеке, который ставит на будущий рост (или падение) рынка, можно сказать, что он защищен «запасом надежности» в любом понимании.

И наоборот, целесообразность использования принципа «запаса надежности», рассмотренного в данной главе, в инвестиционной деятельности подтверждается простыми математическими расчетами и статистикой, а также практическим опытом инвестиций. Разумеется, нельзя гарантировать, что этот фундаментальный количественный подход будет давать хорошие результаты в новых условиях в будущем, которое скрыто от нас. Но, с другой стороны, нет причин считать, что эти результаты будут плохими.

Таким образом, можно сделать вывод, что настоящая инвестиционная деятельность всегда опирается на наличие «запаса надежности», величина которого поддается измерению, сам принцип убедительно обоснован, а целесообразность использования подтверждается на практике.

Развитие концепции инвестирования

Завершая рассмотрение принципа «запаса надежности», попробуем показать различие между обычными и особыми инвестиционными инструментами. Обычные инвестиционные инструменты — те, из которых формируется типичный инвестиционный портфель, т. е. государственные ценные бумаги и обыкновенные акции высокого инвестиционного качества, по которым выплачиваются дивиденды, а также муниципальные облигации и облигации штатов (для тех инвесторов, кто может выиграть на соответствующих налоговых льготах). Кроме того, к числу обычных инвестиционных инструментов относятся первоклассные корпоративные облигации, дающие более высокую доходность, чем государственные сберегательные облигации.

Особые инвестиционные инструменты — те, которые подходят только активному инвестору. В эту группу входит большое количество ценных бумаг. Прежде всего это недооцененные обыкновенные акции компаний второго эшелона, которые мы рекомендуем покупать, когда их цена составляет не более 2/3 истинной стоимости. Кроме того, это множество корпоративных облигаций, имеющих невысокий рейтинг, и привилегированных акций, продающихся со значительным дисконтом. Работая с ними, рядовой инвестор обычно рассматривает свои операции как спекулятивные, поскольку отсутствие высокого рейтинга, по его мнению, равносильно отсутствию у ценных бумаг инвестиционного качества.

Мы считаем, что достаточно низкая цена может сделать ценную бумагу невысокого качества выгодным объектом инвестирования — при условии, что инвестор хорошо информирован, имеет достаточный опыт и придерживается принципа разумной диверсификации. Таким образом, если цена бумаги достаточно низка для обеспечения значительного «запаса надежности», эта бумага, в соответствии с нашими критериями, может считаться инвестицией. Наш любимый пример, иллюстрирующий эту точку зрения, связан с облигациями компаний, работающих в сфере недвижимости. В 1920-х гг. выпуски облигаций на миллиарды долларов продавались по номинальной стоимости. Их настоятельно рекомендовали в качестве надежного объекта вложений. Стоимость большинства компаний-эмитентов лишь незначительно превышала долг, и эти облигации, по сути, носили высокоспекулятивный характер. Во время Великой депрессии по огромному количеству этих облигаций не выплачивались проценты. Их цены обвалились — иногда до 10 центов за доллар номинала. Те же консультанты, которые рекомендовали приобретать эти бумаги по номинальной стоимости как надежные инвестиции, стали называть их опасно спекулятивными и непривлекательными. Но в действительности падение цены примерно на 90% сделало многие из них чрезвычайно привлекательными и действительно надежными, так как истинная их стоимость была в 4–5 раз выше котировок фондового рынка[7].

Тот факт, что покупка этих облигаций принесла огромную так называемую «спекулятивную прибыль», не означал, что эти ценные бумаги (с учетом низких цен) не имели высокого инвестиционного качества. «Спекулятивная» прибыль была наградой покупателям, сделавшим тщательно продуманную и грамотную инвестицию. А покупка этих облигаций вполне могла считаться *инвестицией*, поскольку анализ указывал на наличие значительного «запаса надежности», обусловленного более высокой истинной стоимостью облигаций по сравнению с их ценой. Таким образом, ценные бумаги, относящиеся к категории «купленных при хорошей погоде»

---

[7] Грэм считает, что не существует понятий «хорошая акция» или «плохая акция». Есть только дешевые и дорогие акции. Акции даже самой лучшей компании следует продавать, когда их цена становится слишком высокой, в то время как акции самой плохой компании вполне можно купить, если их цена опустилась до достаточно низкого уровня.

(т. е. приобретенных при благоприятных условиях), которые, как мы уже писали, служат основным источником серьезных потерь для наивных покупателей, могут стать источником прибыли для опытного инвестора, который может купить их позднее по более привлекательной цене[8].

Все описанные нами «особые случаи» попадают под наше определение инвестиционных операций, поскольку они всегда основываются на тщательном анализе, указывающем на значительный рост в будущем, позволяющий выручить за ценные бумаги гораздо больше, чем за них было уплачено. С другой стороны, в каждом случае возникают и факторы риска, но они предусмотрены в расчетах и покрываются общими результатами диверсифицированных операций.

Чтобы довести наши рассуждения до логического завершения, предположим, что пассивные инвестиционные операции могут включать и покупку опционов на биржевые варранты, продающиеся по рекордно низким ценам. (Надо полагать, услышав это утверждение из наших уст, многие будут шокированы[9].) Стоимость таких варрантов основывается на возможности того, что цена акций, на которые они выпускаются, в один прекрасный день может вырасти, превысив цену исполнения варранта. Поскольку все инвестиции основываются на разумных ожиданиях, эти варранты следует рассматривать с точки зрения математической вероятности того, что в будущем бычий рынок приведет к значительному росту их истинной стоимости и цены. Если анализ покажет, что в такой операции можно выиграть больше, чем проиграть, а шансы получить в итоге прибыль выше шансов понести убыток, значит, можно говорить о наличии «запаса надежности». Поэтому активный инвестор в этом случае может включить варранты в свой портфель особых рыночных инструментов [1].

---

[8] Многие из тех, кто в конце 1999-го — начале 2000 г. считал страшно переоцененные акции высокотехнологичных и телекоммуникационных компаний «верным делом», в 2002 г. продавали их как «слишком рискованные», хотя, как заметил Грэм много лет назад, «падение цен примерно на 90% сделало многие из этих ценных бумаг чрезвычайно привлекательными и действительно надежными». Аналитики с Уолл-стрит привыкли считать акции «удачной покупкой», когда они переоценены, и вешать на них ярлык «продается», когда они падают в цене, что прямо противоречит рекомендациям Грэма (да и просто здравому смыслу). На страницах этой книги Грэм показывает различие между спекуляциями (покупками в расчете на дальнейший рост цен) и инвестициями (покупками с учетом стоимости лежащего в основе ценной бумаги бизнеса).

[9] Понятие «опционы на биржевые варранты» (common stock option warrant) Грэм использует как синоним понятия «варрант» (ценная бумага, выпускаемая непосредственно компанией и дающая ее держателю право на покупку акций компании по заранее оговоренной цене). Варранты были почти полностью вытеснены акционерными опционами. Когда Грэм писал, что «многие будут шокированы», он немного преувеличивал, потому что и в его время варранты считались темным делом (см. раздел «Комментарии к главе 16»).

Подведем итоги

Разумное инвестирование должно быть похоже на *обычный бизнес.* Забавно наблюдать за тем, как многие талантливые бизнесмены пытаются работать на Уолл-стрит, полностью игнорируя все разумные принципы ведения обычного бизнеса, в котором им удалось преуспеть. Акцию корпорации лучше всего рассматривать как долю в ее бизнесе. И если человек хочет получать прибыль от приобретения и продажи акций, фактически он начинает собственный бизнес, который следует вести с учетом общепринятых принципов.

Первый и самый очевидный принцип бизнеса гласит: «Надо знать то, чем занимаешься, т. е. свой бизнес». Для инвестора это означает следующее: «Не пытайся получить “коммерческую прибыль” (т. е. доходность выше нормального процентного или дивидендного дохода) от своего “бизнеса” — купли-продажи ценных бумаг, не разбираясь в этих бумагах и их стоимости так же хорошо, как бизнесмен разбирается в любом товаре, с которым работает».

Второй принцип бизнеса гласит: «Никому не позволяй заниматься твоим бизнесом, за исключением случаев, когда ты: 1) можешь тщательно и со знанием дела контролировать «управляющего»; 2) полностью уверен в его честности и компетентности». Для инвестора это правило определяет условия, при которых он может позволить кому-то распоряжаться своими деньгами.

Третий принцип бизнеса гласит: «Не начинай дело, т. е. производство товара или торговые операции, пока не убедишься, что шансы на получение прибыли достаточно высоки. Избегай рискованных предприятий, в которых ты можешь выиграть мало, а проиграть много». Для активного инвестора этот принцип заключается в том, что его операции должны основываться не на оптимизме, а на строгих расчетах. Каждый инвестор должен понимать, что, если он соглашается на невысокую доходность (например, получая проценты по облигациям или дивиденды по привилегированным акциям), он должен требовать убедительные доказательства того, что не рискует значительной частью своего капитала.

Четвертый принцип бизнеса звучит более оптимистично: «Будь уверен в своих знаниях и опыте. Если ты сделал вывод на основе конкретных фактов и знаешь, что твои рассуждения верны, действуй смело, даже если другие сомневаются или думают иначе». (Вы правы не потому, что «все так считают». Вы правы потому, что ваша информация верна, а выводы логичны.) Этот принцип действует и на фондовом рынке: мужество становится добродетелью при наличии соответствующих знаний и обоснованных суждений.

К счастью для типичного инвестора, чтобы добиться успеха, ему совсем не обязательно соответствовать этим требованиям — при условии, что он, во-первых, соизмеряет свои желания со своими возможностями и, во-вторых, идет по узкому, но безопасному пути пассивного инвестирования. Занимаясь инвестициями, добиться удовлетворительных результатов проще, чем кажется большинству людей. А вот добиться выдающихся успехов сложнее, чем кажется.

КОММЕНТАРИИ К ГЛАВЕ 20

> Отказываясь предвидеть непредвиденное и ожидать неожиданностей, живя в мире неограниченных возможностей, мы рискуем оказаться во власти неподконтрольных нам загадочных сил и существ, которым даже нет названия.
>
> *Агент Фокс Малдер, персонаж сериала «Секретные материалы»*

НИКАКИХ УБЫТКОВ!

Что такое риск?

На этот вопрос вы получите самые разные ответы — в зависимости от того, кому и когда его зададите. В 1999 г. риск не означал потерю денег. Он означал вероятность заработать меньше, чем другие. На дружеской вечеринке люди боялись встретить приятеля, заработавшего на дейтрейдинге акциями доткомов больше, чем они. Несколько лет спустя, в 2003 г., риск стал ассоциироваться с возможностью неконтролируемого падения фондового рынка до уровня, при котором от вашего благосостояния не останется и следа.

Хотя понятие «риск» кажется столь же неопределенным и непостоянным, как финансовый рынок, сам риск имеет ряд базовых характеристик. Люди, которые делают самые большие ставки и получают самую высокую доходность на бычьем рынке, почти всегда несут самые большие потери на медвежьем рынке. (Каждый новый «выигрыш» укрепляет спекулянта в ощущении собственной правоты и толкает на принятие дополнительных рисков.) А если вы понесли большие убытки, вам придется рисковать еще больше, чтобы компенсировать их, — подобно азартным игрокам на ипподроме или в казино, отчаянно удваивающим ставки после каждой неудачной попытки. Если вы не феноменальный везунчик, то это прямой путь к катастрофе. Неудивительно, что, когда известного финансиста Кингенштейна (Westheim & Co.) спросили, как стать богатым, он ответил: «Не нести убытки»[10]. На рис. 20.1 показано, что он имел в виду.

Возможность потери *некоторой суммы* денег — неотъемлемая часть инвестирования, и избежать ее нельзя. Но разумный инвестор должен делать все для того, чтобы никогда не потерять *все* или *почти все* свои деньги. Индийская богиня богатства Лакшми часто изображается стоящей на цыпочках — она готова сорваться с места и бежать куда глаза глядят. Чтобы «удержать» богатство, индийцы связывают Лакшми ноги или даже прибивают статуэтку к полу. Разумный инвестор сможет удержать Лакшми с помощью «запаса надежности». Отказываясь переплачивать за ценные бумаги, вы сводите к минимуму вероятность того, что ваше богатство «убежит» от вас.

Рассмотрим следующую ситуацию: за четыре квартала 1999 г. корпорация JDS Uniphase, занимающаяся производством оптоволокна, продала продукции на $673 млн, при этом ее убытки составили $313 млн. Материальные активы компании оцениваются в $1,5 млрд. При этом 7 марта 2000 г. курс

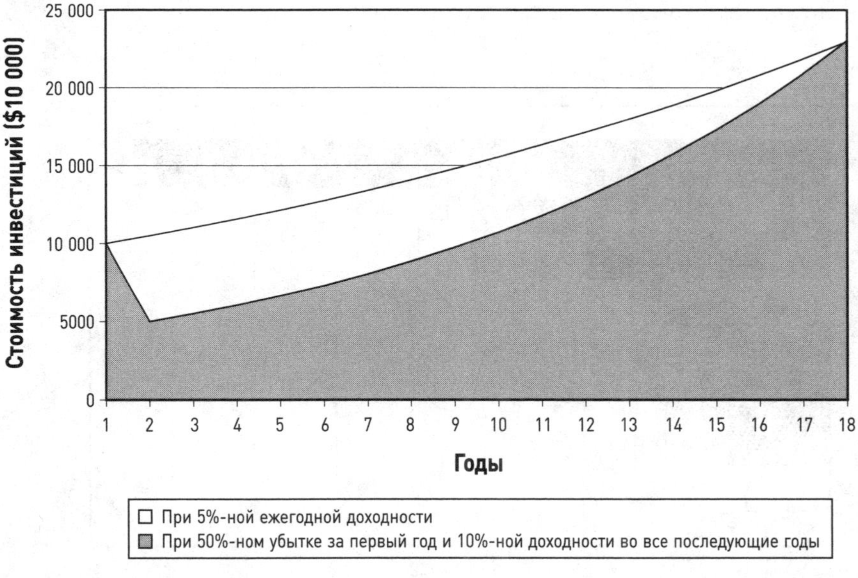

Представьте, что вы нашли акции, которые, по вашим прогнозам, будут расти на 10% в год, даже если фондовый рынок будет расти только на 5%. К сожалению, вы настолько увлечены этой идеей, что заплатили за акции слишком дорого, и на протяжении первого же года акции потеряли 50% стоимости. Даже если их доходность впоследствии будет вдвое выше среднерыночной, вам потребуется 16 лет, чтобы сравняться с результатами фондового рынка в целом. Все дело в том, что вы заплатили слишком дорого и с самого начала потеряли слишком много.

Рис. 20.1. Цена убытков

[10] Из рассказа инвестиционного консультанта Чарльза Эллиса (Jason Zweig, "Wall Street's Wisest Man," *Money*, июнь 2001 г., с. 49–52.

акций JDS Uniphase достиг $153, а общая рыночная стоимость составила примерно $143 млрд[11]. А потом, как и большинство акций компаний «новой экономики», акции JDS Uniphase обвалились. Перспективы инвесторов, купивших акции на пике и все еще владеющих ими в конце 2002 г., показаны на рис. 20.2.

Даже при весьма высокой доходности (10%) на протяжении всех лет подряд вам потребуется более 43 лет, чтобы выйти на ноль!

РИСК НЕ НА РЫНКЕ, А ВНУТРИ НАС

У фондового рынка есть еще одно измерение — психологическое. Если вы переоцениваете свои знания и навыки в области инвестиций, а также свою способность терпеливо пережидать временные спады на рынке, не имеет значения, какими бумагами вы владеете и какова ситуация на рынке. Природа финансового риска такова, что он зависит не от ценных бумаг, а от инвестора. Хотите узнать, где главный источник риска? Станьте перед зеркалом. Вот он, этот риск, — он смотрит на вас!

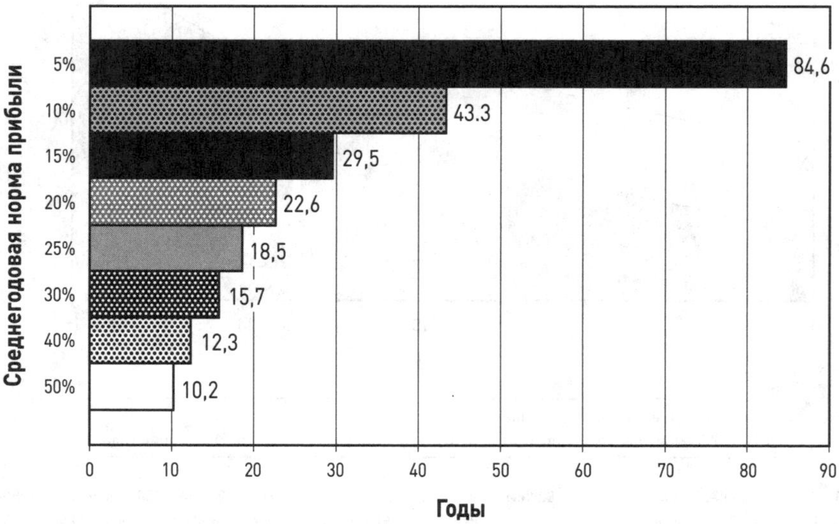

Если 7 марта 2000 г. вы купили акции JDS Uniphase по пиковой цене $153,421 и все еще владели ими в конце 2002 г. (когда цена закрытия составила $2,47), сколько времени вам понадобится, чтобы вернуть вложенные деньги при различных среднегодовых значениях доходности акций?

Рис. 20.2. «Точка убыточности»

[11] Цена акций JDS Uniphase представлена с учетом последних дроблений.

Бернстайн делает следующий вывод: «При принятии решений в условиях неопределенности следует исходить не из вероятности выигрыша, а из последствий проигрыша. Ведь нам не дано знать будущее». Таким образом, Грэм в каждой главе своей книги напоминает нам, что разумный инвестор должен думать не только о том, правильны ли его выводы. Он также должен стараться убедиться в том, что спокойно перенесет убытки, если его выводы окажутся ошибочными, — поскольку любые попытки проанализировать ситуацию могут быть обречены на неудачу. Вероятность совершить ошибку как минимум один раз на протяжении всего периода инвестирования равна 100%, и мы ничего не можем с этим поделать. Но мы можем контролировать последствия своей неправоты. В 1999 г. многие горе-инвесторы вложили все свои деньги в акции доткомов. Интернет-опрос 1338 американцев, проведенный журналом *Money* в 1999 г., показал, что примерно 10% опрошенных вложили как минимум 85% сбережений в акции интернет-компаний. Игнорируя принцип «запаса надежности», на соблюдении которого настаивает Грэм, бедолаги сделали неправильную ставку в «пари Паскаля». Они думали только о выигрыше и ничего не предприняли для того, чтобы защититься от последствий своей ошибки.

Постоянно диверсифицируя инвестиции и отказываясь финансировать очередные безумства мистера Рынка, вы можете быть уверены в том, что последствия ваших ошибок никогда не будут катастрофическими. Независимо от того, как ведет себя мистер Рынок, вы всегда сможете сказать: «И это пройдет».

ПОСЛЕСЛОВИЕ

Прочитав эту книгу, вы ближе познакомились с двумя партнерами, которые провели большую часть своей жизни на Уолл-стрит, управляя собственными деньгами и деньгами других людей. Горький опыт научил их осторожности и осмотрительности, а также пониманию того, что все деньги не заработаешь. Они разработали уникальный подход к операциям с ценными бумагами, позволяющий получать хорошую прибыль, покупая действительно «ценные» бумаги. Они всегда отказывались от ценных бумаг, которые считали переоцененными, и быстро избавлялись от акций и облигаций, утративших привлекательность из-за высоких цен. Их портфель всегда был диверсифицированным: в его состав входило более сотни различных ценных бумаг. В результате на протяжении многих лет они получали достойную прибыль, несмотря на все взлеты и падения финансового рынка. В среднем их годовая доходность составляла около 20%. Они управляли активами стоимостью несколько миллионов долларов, и их клиенты всегда были довольны полученными результатами[1].

В тот год, когда эта книга впервые вышла в свет, партнерам предложили выкупить половину пакета акций одной быстрорастущей компании. По ряду причин Уолл-стрит в то время не проявляла к ней особого интереса, и несколько крупных инвестиционных домов уже отказались от сделки. Но партнеры сумели разглядеть реальные возможности компании. Решающим фактором стала весьма умеренная цена акций по сравнению с текущей прибылью и стоимостью активов компании. Партнеры сразу же приняли решение о покупке, которая обошлась им примерно в 1/5 активов их инвестиционного фонда. Так они стали владельцами компании, которая уверенно шла по пути процветания[2].

---

[1] Партнеры, о которых с напускной скромностью пишет Грэм, — это Джером Ньюмен и сам Бенджамин Грэм.

[2] Грэм рассказывает о компании Government Employees Insurance Company (GEICO), 50% акций которой они с Ньюменом приобрели в 1948 г. Примерно в то же время Грэм закончил работу над книгой «Разумный инвестор». Грэм и Ньюмен вложили в GEICO $712 500, что составляло в то время примерно 25% средств их инвестиционного фонда. Долгое время Грэм был членом совета директоров GEICO. Интересно, что лучший ученик Грэма — Уоррен Баффетт — сделал ставку на компанию GEICO в 1976 г., когда эта

Действительно, дела шли так хорошо, что цена акций компании выросла боле чем в 200 раз по сравнению с ценой покупки. Этот рост намного превысил рост прибыли, и почти с самого начала котировки казались немного завышенными с точки зрения консервативных инвестиционных стандартов, которых придерживались партнеры. Но поскольку они считали компанию чем-то вроде семейного бизнеса, то продолжали держать значительный пакет акций, несмотря на впечатляющий рост их курса. Многие вкладчики их инвестиционного фонда придерживались такого же подхода, и в результате благодаря владению акциями этой компании (а также созданных впоследствии дочерних компаний) стали миллионерами[3].

Парадоксально, но факт: совокупная прибыль от принятия этого инвестиционного решения намного превысила суммарную прибыль от всех других диверсифицированных операций фонда на протяжении 20 лет, которым предшествовали тщательные исследования, бесконечные размышления и принятие множества промежуточных решений.

Есть ли в этой истории мораль для разумного инвестора? Ясно одно: есть несколько способов заработать и сохранить деньги на Уолл-стрит. Кроме того (что не столь очевидно), счастливый случай или очень удачное решение (а можно ли отделить одно от другого?) иногда помогают обогатиться скорее, чем упорный труд на протяжении всей жизни [1]. Но любая удача или правильное решение имеют под собой прочный фундамент в виде опыта, знаний и дисциплины. Счастливая возможность представляется тем, кто имеет хорошую репутацию и высокую квалификацию. А воспользоваться представившейся возможностью позволяют деньги, здравый смысл и мужество.

Конечно, мы не можем обещать, что в жизни всех разумных инвесторов, которые на протяжении многих лет ведут себя рассудительно и не теряют бдительности, обязательно произойдет нечто подобное. Мы не призываем следовать лозунгу Джона Джейкоба Раскоба, который критиковали в начале книги: «Каждый может быть богатым». Но в финансовом мире великое множество возможностей, и разумный и активный инвестор, работая на арене этого цирка, может не только получать удовольствие, но и зарабатывать деньги. А уж острые ощущения гарантированы.

страховая компания находилась на грани банкротства. Эта инвестиция стала одним из лучших решений Баффетта.

[3] Из-за юридических формальностей Грэму и Ньюмену в соответствии с рекомендациями Комиссии по ценным бумагам и биржам США пришлось распределить свой пакет акций GEICO среди акционеров их инвестиционного фонда. Инвестор, владевший 100 паями инвестиционного фонда Graham-Newman в начале 1948 г. (общей стоимостью $11 413) и принявший участие в распределении акций GEICO, в 1972 г. имел $1,66 млн. «Созданными впоследствии дочерними компаниям» GEICO стали корпорация Employees Financial и компания Criterion Insurance.

КОММЕНТАРИИ К ПОСЛЕСЛОВИЮ

Залог успеха инвестора — не отказ от риска, а умение управлять им. На первый взгляд, инвестирование Грэмом 25% активов его фонда в акции одной-единственной компании кажется необдуманным — ведь он рисковал деньгами вкладчиков. Но, как мы знаем, Грэм предварительно тщательно проанализировал ситуацию и пришел к выводу, что сможет продать пакет акций GEICO как минимум за ту же сумму, которую он за него заплатил. Поэтому на самом деле риск был незначительным. Однако Грэму требовалось немалое мужество, чтобы пойти на психологический риск, сделав серьезную ставку на акции малоизвестной компании[4].

Сегодня, как и вчера, жизнь инвестора легкой не назовешь. Чтобы убедиться в этом, достаточно просмотреть газетные заголовки: крах фондового рынка в 1990-х гг., экономическая рецессия, корпоративное мошенничество, теракты, войны. «Инвесторов пугает сегодняшняя неопределенная ситуация», — уверяют рыночные стратеги, вещающие с экранов телевизоров и газетных страниц. Инвесторы никогда не любили неопределенность, но она была и остается главной и неизменной реалией мира инвестиций. Она всегда существовала и будет существовать. Неопределенность и инвестирование — почти синонимы. В реальности никто никогда не может точно сказать, какой момент является наилучшим для покупки акций. Но без веры в будущее никто никогда и не занимался бы инвестициями. Чтобы быть инвестором, надо верить в завтрашний день.

Будучи одним из самых образованных инвесторов, Грэм очень любил «Одиссею» Гомера, а также поэзию Теннисона и Данте. В последние годы жизни он любил перечитывать сцену из «Божественной комедии» Данте, где Одиссей рассказывает, как он вдохновлял команду своего корабля плыть на запад в незнакомые воды, начинавшиеся за Геркулесовыми столпами:

---

[4] Эта история из жизни Грэма служит напоминанием о том, что те из нас, кто не настолько умен, как он, всегда должны диверсифицировать инвестиции, чтобы защитить себя от риска катастрофических потерь из-за слишком высокой ставки на акции одной компании. Если сам Грэм считает, что компания GEICO была большой удачей, значит, большинству инвесторов вряд ли когда-нибудь удастся найти такую же возможность. Чтобы не превращать инвестирование в азартную игру, следует диверсифицировать инвестиции.

«О братья, — так сказал я, — на закат
Пришедшие дорогой многотрудной!
Тот малый срок, пока еще не спят
Земные чувства, их остаток скудный
Отдайте постиженью новизны,
Чтоб, солнцу вслед, увидеть мир безлюдный!
Подумайте о том, чьи вы сыны:
Вы созданы не для животной доли,
Но к доблести и к знанью рождены».
Товарищей так живо укололи
Мои слова и ринули вперед,
Что я и сам бы не сдержал их воли.
Кормой к рассвету, свой шальной полет
На крыльях весел судно устремило,
Все время влево уклоняя ход...[5]

Инвестирование — такое же приключение, как и морское путешествие. Инвестор отправляется в неизведанное финансовое будущее. С Грэмом в роли проводника ваше путешествие будет волнующим, но совершенно безопасным.

[5] Данте Алигьери. Божественная комедия (пер. М. Лозинского). — *Прим. ред.*

ПРИЛОЖЕНИЯ

Приложение 1

Уоррен Баффетт

Суперинвесторы из деревушки Грэм-энд-Доддсвилль

Эта статья — отредактированная версия лекции, прочитанной Уорреном Баффеттом в Колумбийском университете в 1948 г. Лекция была приурочена к 15-летию первого издания книги Бенджамина Грэма и Дэвида Додда «Анализ ценных бумаг» (Security Analysis), в которой впервые были сформулированы идеи, впоследствии изложенные в книге «Разумный инвестор». Эссе Баффетта наглядно показывает, как последователи Грэма использовали его подход к инвестированию и насколько феноменальным был их успех на фондовом рынке.

Не устарел ли подход Грэма и Додда, основанный на поиске финансовых инструментов, обладающих значительным «запасом надежности» благодаря правильному соотношению цены и стоимости? Используется ли он для анализа ценных бумаг сегодня? Многие профессора, пишущие об анализе ценных бумаг, считают, что этот подход устарел. По их мнению, фондовый рынок эффективен, т. е. цены акций уже отражают всю информацию о перспективах компаний и ситуации в экономике. Не бывает недооцененных акций, утверждают эти теоретики, — ведь мудрые финансовые аналитики используют всю доступную информацию, чтобы убедиться в обоснованности цен. Инвесторам же, которым из года в год удается добиваться доходности выше среднерыночной, просто везет. «Если цены полностью отражают доступную информацию, навыки инвестирования такого рода просто теряют смысл», — пишет один из авторов современных учебников.

Может быть, и так. Но я хочу рассказать вам о нескольких инвесторах, доходность инвестиций которых из года в год оказывается выше доходности фондового индекса Standard & Poor's 500. Говорить о том, что им просто везет, — значит лукавить. Решающим аргументом в их пользу является тот факт, что я хорошо знаю этих «победителей рынка». Все они — выдающиеся инвесторы. Они заработали свою репутацию еще 15 лет назад. Если бы это было не так, т. е. если бы я только сегодня решил выбрать нескольких инвесторов из многих тысяч, я бы посоветовал вам не слушать меня. Кроме того, я тщательно проверил результаты работы этих инвесторов за многие годы. Наконец, я лично знаком со многими людьми, доверившими им свои деньги, и знаю, какой доход они получают на протяжении длительного периода.

Прежде чем начать наш экскурс, вспомним азы теории вероятности. Предположим, мы просим каждого из 225 млн американцев каждое утро подбрасывать монету. Выигравшие получают с проигравших по доллару. Каждый день проигравшие выпадают из числа участников игры, и в какой-то день можно будет подвести итоги. Через 10 дней окажется, что примерно 220 000 американцев выиграли 10 раз подряд. Каждый из них получит чуть больше $1000.

Надо полагать, победители немедленно задерут нос, что так свойственно человеческой натуре. Они будут пытаться вести себя скромно, но время от времени в кругу друзей нет-нет да и расскажут (особенно лицам противоположного пола) о «своем подходе» и блестящих результатах его использования.

Если победители и дальше будут получать соответствующее вознаграждение от проигравших, то через 10 дней окажется, что успешно подбросили монету 20 раз подряд всего 215 человек. Каждый из них при этом превратит $1 в сумму, немного превышающую $1 млн. В итоге $225 млн будут проиграны и эти же $225 млн — выиграны.

После этого победители потеряют голову. Они будут писать книги типа «Как я за 20 дней, каждое утро работая по полминуты, заработал миллион долларов». Потом они начнут разъезжать по стране с лекциями об эффективном подбрасывании монет. Сомневающихся они будут атаковать вопросом: «Если это невозможно, как 215 человек этого добились?»

Но тут какой-нибудь профессор из какой-нибудь школы бизнеса вдруг бестактно заметит, что, если заставить подбрасывать монеты 225 млн орангутангов, результат будет тот же: мы получим 215 самодовольных орангутангов, которым удалось 20 раз подряд удачно подбросить монету.

Правда, можно возразить, что сравнение с обезьянами не совсем корректно. Дело в том, что, если вы: а) возьмете 225 млн орангутангов, проживающих примерно там же, где и граждане США; б) через 20 дней у вас останется 215 победителей и в) вы обнаружите, что 40 из них живут в одном и том же зоопарке в штате Омаха, — можно будет с достаточной степенью уверенности утверждать, что вы напали на след. Поэтому вы отправитесь в этот зоопарк и спросите у его владельца, чем он кормит орангутангов, заставляет ли он их выполнять какие-либо специальные упражнения, читает ли им книги и т. п. Иными словами, если вы обнаружите необычно высокую концентрацию победителей в одном месте, вы захотите узнать, нет ли здесь и концентрации особых факторов, ставших причиной успеха.

Научные исследования осуществляются именно по такой схеме. Если, пытаясь найти причины заболевания редким видом рака (который в год поражает, скажем, 1500 американцев), вы обнаружите, что 400 случаев заболевания приходится на маленький шахтерский городишко в штате Монтана, придется поинтересоваться качеством воды в регионе, родом занятий заболевших и т. п. Вполне очевидно, что 400 случаев заболевания в одном городке не могут быть случайностью. Даже если вам не удастся выявить факторы, ставшие причиной заболевания, вы будете знать, где их искать.

Вообще-то причины какого-либо явления — не обязательно «географические». Есть и такие, которые я называю *интеллектуальными факторами*. Надо полагать, вы обнаружите, что бóльшая часть успешных инвесторов (собратьев победителей в подбрасывании монеты) ведут свое происхождение из маленькой «интеллектуальной деревушки», которая называется Грэм-энд-Доддсвилль. Концентрация выходцев из этой деревни среди победителей необычайно высока и не может быть объяснена простой случайностью.

Однако такая концентрация сама по себе еще ни о чем не говорит. Предположим, что 100 человек просто подражают некой харизматической личности в подбрасывании монеты. Когда у этой личности выпадал орел, сотня его последователей автоматически заявляла, что у них тоже выпал орел. Если харизматик в итоге оказывался в числе 215 победителей, тот факт, что сотня его последователей тоже оказалась в этой группе (фактор концентрации), ничего не значит. На самом деле выиграл не 101 человек, а всего один. Это то же самое, что предположить, что вы живете в патриархальном обществе, где в каждой семье не менее 10 человек. Допустим, патриархальная культура настолько сильна, что все члены семьи говорят, что у них монета выпала так же, как у главы семейства. Через 20 дней вы получите 215 победителей, однако все они — члены всего 21,5 семей. Наивные люди могут сказать, что умение успешно подбрасывать монеты передается по наследству. Но, разумеется, наследственность здесь ни при чем. В данном случае у нас будет не 215 победивших индивидуумов, а всего лишь случайная выборка из 21,5 семей, которые стали победителями.

В семействе успешных инвесторов, с которым я хочу вас познакомить, также был общепризнанный патриарх — Бен Грэм. Но «дети», которые вышли из чресел этого интеллектуального патриарха, подбрасывали монеты каждый по-своему. Они разъехались в разные стороны, покупали и продавали разные акции и компании, и все же их успех нельзя объяснить простой случайностью. Он не объясняется и тем, что все они одинаково подбрасывали монеты по сигналу лидера. Патриарх просто разработал теорию принятия решений в процессе подбрасывания монет, а каждый его последователь по-своему решал, как именно применять эту теорию на практике.

Действия инвесторов из Грэм-энд-Доддсвилля подчинялись следующему теоретическому принципу: они сравнивали *стоимость* бизнеса и *цену* отдельных его частей на фондовом рынке. Результаты сравнения они использовали для получения выгоды, не обращая внимания на мнение приверженцев теории эффективного рынка, «знающих», в какой день недели следует покупать акции — в понедельник или в четверг, в каком месяце — в январе или в июле, и т. д. Кстати, бизнесмены, которые покупают компании — а именно этим, по сути, и занимается любой рядовой инвестор через покупку акций, — наверное, только улыбнулись бы, услышав, что сделку лучше проводить в определенный день недели или месяц. Если не имеет значения, когда покупать целые компании — в понедельник или в пятницу, непонятно, почему ученые тратят столько времени и сил на то, чтобы выяснить, когда следует покупать отдельные доли этих компаний. Излишне говорить, что инвесторы из Грэм-энд-Доддсвилля не забивают себе голову бета-коэффициентами, моделями ценообразования на финансовые активы и ковариацией доходности различных акций. Их это просто не интересует. Фактически большинство из них вряд ли даже знает эти термины. Их интересуют только две вещи — цена и стоимость.

Меня всегда удивлял тот факт, что приверженцы технического анализа тратят столько сил на изучение динамики курсов акций и объемов торгов. Вы можете представить себе бизнесмена, решившего купить компанию только потому, что ее цена значительно выросла за неделю-другую? Несомненно, огромное количество исследований проводится потому, что сегодня, в век компьютеров, мы имеем доступ к колоссальному объему данных. Исследования ведутся не потому, что они нужны; они ведутся потому, что есть данные и есть ученые, которые потратили много сил на изучение математических методов анализа этих данных. Поскольку они уже умеют пользоваться этими методами, глупо отказываться от них, даже если они не только совершенно бесполезны, но иногда и вредны. Как заметил один мой друг, был бы у человека молоток, а гвоздь всегда найдется.

Думаю, стоит изучить работу тех нескольких инвесторов, которые вышли из одного интеллектуального «семейства». Кстати, тратя кучу времени на изучение влияния на акции таких факторов, как цена, объем торгов, сезонность, размеры капитализации и т. п., ученые почему-то забывают проанализировать методы работы концентрированной группы победителей, ориентирующихся на определение стоимости финансовых инструментов.

Я начну с рассмотрения группы инвесторов, которые работали в Graham-Newman Corporation с 1954 по 1956 г. Их было всего четверо, и не я выбирал их имена из тысяч. Я предложил свои услуги корпорации Graham-Newman бесплатно (после того, как прослушал курс лекций Грэма), но он отклонил мое предложение как «переоцененное». Он очень серьезно относился к вопросу «стоимости» и «цены». Я долго надоедал ему, и в конце концов он все-таки нанял меня. В фирме было трое партнеров и четверо «работяг» вроде меня. Все четверо покинули фирму в период с 1955 по 1957 г., когда она была ликвидирована, и сегодня мы можем проследить судьбу троих.

В качестве первого примера рассмотрим деятельность Уолтера Шлосса (см. таблицу 1). Уолтер никогда не учился в колледже, но прослушал курс лекций Бена Грэма на вечернем отделении Нью-Йоркского финансового института. Он ушел из корпорации Graham-Newman в 1955 г. и добился результатов, которые представлены в таблице, за 28 лет.

Вот что писал о нем журнал *Supermoney* (1972 г.):

> У него нет ни связей, ни доступа к важной информации. Фактически никто на Уолл-стрит не знает его, и он не генерирует новые идеи. Он берет всего лишь данные из статистических справочников и годовых отчетов.
>
> Представляя мне Шлосса, Уоррен, как мне кажется, дал ему хорошую характеристику: «Он никогда не забывает, что имеет дело с деньгами других людей, и от этого присущее ему отвращение к риску лишь усиливается. Ему свойственны абсолютная честность и реалистичная самооценка. Деньги и ценные бумаги для него — реальность, поэтому он твердо соблюдает принцип “запаса надежности”».

Уолтер предпочитает очень широкую диверсификацию и постоянно держит в своем портфеле более 100 акций. Он знает, как найти акции, продающиеся значительно ниже реальной стоимости. И это все, что он делает. Он не беспокоится о том, январь сейчас или июль, или о том, какой сегодня день недели. Его не волнует и то, будут ли выборы в этом году. Он просто говорит, что если бизнес стоит $1, а он может купить его за 40 центов, значит, он может получить от этого какую-то выгоду. И каждый раз он ее получает. У него гораздо больше акций, чем у меня, и он намного меньше интересуется бизнесом компаний, акциями которых владеет. Видимо, мое влияние на Уолтера не очень значительно. Это одна из его сильных сторон — никто не может серьезно повлиять на него.

Второй пример — Том Кнэпп, с которым я также работал в компании Graham-Newman. До войны он изучал химию в Принстоне, а после возвращения с войны в основном проводил время на пляже, ничего не делая. В один прекрасный день он прочел, что Дейв Додд ведет в Колумбийском университете вечерние курсы по инвестированию. Том записался на них как вольный слушатель, и настолько заинтересовался этой темой, что поступил в Колумбийскую школу бизнеса, где получил степень магистра. Он снова прослушал курс Додда, а затем и курс Бенджамина Грэма. Кстати, когда через 35 лет я позвонил Тому, чтобы проверить некоторые из этих фактов, оказалось, что он на пляже. Разница была лишь в том, что теперь этот пляж принадлежал ему.

В 1968 г. Том Кнэпп и Эд Андерсон (еще один последователь Грэма) вместе с двумя приятелями и единомышленниками создали корпорацию Tweedy, Browne Partners, результаты деятельности которой представлены в таблице 2. Результаты Tweedy, Browne были достигнуты благодаря очень широкой диверсификации. Иногда они покупали контрольные пакеты акций, но результаты их пассивных инвестиций были не хуже результатов инвестиций в контрольные пакеты.

В таблице 3 представлены показатели деятельности третьего представителя группы успешных инвесторов, который в 1957 г. создал Buffett Partnership. Лучшее, что он мог сделать, — покинуть это партнерство в 1969 г. Преемницей Partnership в известной степени стала компания Berkshire Hathaway. Трудно оценить эффективность управления инвестициями в корпорации Berkshire с помощью какого-то одного критерия. Но я полагаю, что, с какой бы меркой мы к ней ни подходили, она все равно была высокой.

В таблице 4 представлены результаты деятельности инвестиционного фонда Sequoia. Им управляет Билл Руэйн, с которым я познакомился в начале 1951 г. на курсах Бена Грэма. После окончания Гарвардской школы бизнеса Билл начал работать на Уолл-стрит. Вскоре он понял, что ему нужно получить настоящее образование в области бизнеса, и стал посещать курсы Бена в Колумбийском университете, где мы и встретились. Результаты Билла с 1951 по 1970 г., когда он работал с относительно небольшими активами, намного превышали среднюю доходность фондового рынка. Решив уйти из Buffett Partnership, я попросил Билла организовать инвестиционный фонд для управления капиталом наших партнеров. Так он создал инвестиционный фонд Sequoia. Это произошло в тяжелое время, как раз в момент моего ухода из Partnership. Я рад, что мои партнеры не только не расстались с фондом, но и вложили в него дополнительные средства, добившись высокой доходности.

Я говорю не с позиций сегодняшнего дня. Билл был единственным человеком, которого я рекомендовал моим партнерам. Я сказал им, что, если ему удастся превзойти доходность индекса Standard & Poor's на 4 процентных пункта в год, это можно считать отличным результатом. Результаты Билла оказались намного лучше, да и активы постоянно росли. Последний фактор очень усложняет ситуацию, поскольку рост активов тормозит доходность. Это признанный факт. Это не значит, что вы не сможете обеспечивать доходность выше среднерыночной, но чем больше активы, тем меньше маржа. Если вам когда-нибудь доведется управлять $2 трлн (суммарная рыночная стоимость американского фондового рынка), не надейтесь, что ваши результаты будут выше среднерыночных!

Стоит добавить, что, как показывают представленные в таблицах данные, в течение всего периода рассматриваемые нами портфели практически не дублировали друг друга. Люди, о которых я рассказываю, выбирали ценные бумаги, исходя из расхождения между их ценой и стоимостью, но делали это совершенно по-разному. Инвестиции Уолтера были сконцентрированы в таких оплотах стабильности, как Hudson Pulp & Paper, Jeddo Highland Coal, New York Trap Rock Company и др., т. е. компаниях, которые знают даже те, кто ничего не знает о бизнесе. Фонд Tweedy, Browne выбирал не столь «знатные» компании. Билл, в свою очередь, предпочитал крупные компании. Эти три портфеля не были похожи друг на друга. Иными словами, не приходится говорить о том, что патриарх бросал монету, а остальные копировали его результат.

В таблице 5 представлены результаты деятельности моего друга, выпускника Гарвардской школы права, который создал одну из крупнейших юридических фирм. Мы познакомились примерно в 1960 г., и я убедил его, что юриспруденция — хорошее хобби, но можно заняться и более полезными делами. Он создал фонд, ставший в каком-то смысле полной противоположностью фонда Уолтера. В его портфеле содержалось всего несколько ценных бумаг, и поэтому его результаты были менее стабильными. Однако мой друг также ориентировался на сравнение цены и стоимости. Он был готов и к более значительным колебаниям своих результатов. Вообще, работа с концентрированными активами больше соответствовала его душевному складу, что подтверждают и результаты его работы. Я говорю о Чарли Мунгере, моем давнем партнере по Berkshire Hathaway. Когда он управлял своим фондом, его портфель ценных бумаг практически полностью отличался по составу от моего портфеля и портфелей других представителей нашей группы.

В таблице 6 представлены результаты работы Рика Герина — приятеля Чарли Мунгера, который также не был выпускником школы бизнеса. Он окончил математический факультет Университета Южной Калифорнии, после чего устроился в компанию IBM и какое-то время работал торговым представителем. После моей встречи с Чарли тот связался с Риком. Как показывают данные таблицы, совокупная доходность Рика с 1965 по 1983 г. достигла 22 200%, в то время как совокупная доходность акций, входящих в расчет фондового индекса Standard & Poor's, составила всего 316% (вероятно, Рик, математик по образованию, назвал бы это расхождение «статистически значимым»).

Одна любопытная деталь: меня всегда удивлял тот факт, что мысль о покупке некой ценности стоимостью $1 за 40 центов либо мгновенно находит отклик в душе человека, либо не находит его никогда. Это как инфекция. Если человек не заражается идеей сразу, вы можете говорить с ним многие годы, показывать ему цифры, но все это не произведет на него никакого впечатления. Такие люди просто не могут понять эту концепцию, сколь бы простой она ни была. Зато такие личности, как Рик Герин, не получившие формального бизнес-образования, мгновенно улавливают суть подхода, ориентированного на сравнение цены и стоимости, и с места в карьер начинают применять его. Я еще не встречал человека, с течением времени изменившего свое отношение к этому подходу. И дело здесь не в IQ и не в уровне образования. Люди просто либо признают этот метод сразу, либо не признают его никогда.

В таблице 7 представлены результаты деятельности Стэна Перлметера. Стэн изучал гуманитарные науки в Мичиганском университете, затем был партнером в рекламном агентстве Bozell & Jacobs. В Омахе мы, кажется, даже работали в одном здании. В 1965 г. он, увидев, что я, занимаясь бизнесом, преуспеваю больше, забросил рекламное дело. И опять же, чтобы принять стоимостной подход, Стэну хватило пяти минут.

Стэн Перлметер не похож на Уолтера Шлосса. Не похож он и на Билла Руэйна. Каждый из них по-своему добивается блестящих результатов. Но каждый раз, когда Стэн Перлметер покупает акции, он получает больше, чем платит. Это единственное, о чем он думает. Он не изучает квартальные прогнозы, не смотрит на прогнозные прибыли на следующий год, не задумывается о том, какой сегодня день недели, не читает отчетов финансовых аналитиков, не интересуется текущими ценами, объемом торгов и т. п. Он просто спрашивает: «А сколько на самом деле стоит этот бизнес?»

В таблицах 8 и 9 представлены результаты деятельности пенсионных фондов, к которым я имел некоторое отношение. Я так или иначе был связан с десятками пенсионных фондов, но только на эти два оказал некоторое влияние. Обоим фондам я порекомендовал управляющих, ориентированных на сравнение цены и стоимости. Управление лишь очень немногими пенсионными фондами осуществлялось на основе этого подхода. В таблице 8 представлены результаты пенсионного фонда компании Washington Post. Раньше он был связан с одним крупным банком, но я высказал мнение, что выбор менеджеров, придерживающихся стоимостного подхода, обеспечит им лучшие результаты.

Как мы видим, после смены команды управляющих оба фонда оказались в числе самых успешных. Фонд Washington Post обязал менеджеров размещать как минимум 25% активов в облигациях (сами они не стали бы этого делать). Поэтому я представил им данные по облигациям — просто для того, чтобы показать, что они не блестяще разбираются в этих ценных бумагах (да они и сами так не считали). Но даже с «нагрузкой» в виде этих

25% активов, которые они должны были инвестировать на «чужом» поле, они уверенно вывели фонд в число лидеров. Хотя результаты деятельности фонда Washington Post охватывают непродолжительный период, схема принятия инвестиционных решений тремя его менеджерами вырисовывается довольно четко.

В таблице 9 представлены данные по пенсионному фонду FMC Corporation. Мне не довелось управлять ни центом этого фонда, но зато в 1974 г. удалось повлиять на решение о назначении менеджеров, ориентированных на стоимостной подход. До этого фонд назначал управляющих по тому же принципу, что и большинство крупных компаний. Сейчас этот фонд занимает первое место в рейтинге Becker Survey Company как фонд, в наибольшей степени увеличивший свои активы после переориентации на стоимостную концепцию инвестирования. В 1983 г. фондом управляли восемь менеджеров, причем все они работали не менее года. Семеро добились доходности выше доходности индекса Standard & Poor's. В 1983 г. доходность всех восьмерых была выше доходности этого индекса. Чистая разница между доходностью фонда FMC и средней доходностью по рынку составила $243 млн. FMC считает, что этого удалось добиться благодаря новому подходу к выбору управляющих. Я не обязательно выбрал бы именно этих управляющих, но важно, что все они придерживаются общего принципа отбора ценных бумаг на основе их стоимости.

Таковы результаты девяти любителей «подбрасывания монет» из деревушки Грэм-энд-Доддсвилль. Я выбрал этих людей из многих тысяч не сейчас. Они не похожи на тех, кто выиграл в лотерею, — на людей, о которых никто никогда не слышал, пока они не вытянули счастливый билет. Я выбрал этих людей много лет назад из-за их подхода к принятию инвестиционных решений. Я знал, чему их учили, и имел представление об уровне их интеллекта, характере и темпераменте. Важно понимать, что у всех представителей этой группы есть одно важное качество — неприятие риска (обратите внимание на их результаты в периоды падения рынка). Особенность их стиля инвестирования состоит в том, что *они всегда покупают не акции как таковые, а доли в компаниях*. Случается, что они приобретают и целые компании, но чаще — небольшую долю бизнеса. Но покупают ли они компанию целиком или лишь небольшую ее часть, их отношение к делу не меняется. И пускай одни из них держат в своих портфелях десятки акций, другие — всего несколько, все они делают ставку на разницу между рыночной ценой бизнеса и его внутренней, истинной стоимостью.

Я убежден, что фондовый рынок нельзя считать на 100% эффективным. Инвесторы из деревушки Грэм-энд-Доддсвилль успешно играют на разнице между ценой и стоимостью. Учитывая, что цены акций на рынке могут подскочить или упасть под влиянием самого эмоционального, или самого жадного, или самого трусливого участника рынка, трудно поверить, что они всегда обоснованны и рациональны. В действительности рыночные цены часто бывают необъяснимыми и абсурдными.

Мне хотелось бы также высказать одну важную мысль относительно риска и вознаграждения. Иногда между этими понятиями существует прямая (положительная) корреляция. Допустим, некто предложит мне взять шестизарядный револьвер с одним патроном, крутануть барабан и выстрелить себе в лоб. Если я выживу, мне дадут миллион долларов. Но я откажусь — возможно, мотивируя отказ тем, что миллиона в этом случае маловато. Тогда мне предложат $5 млн за то, чтобы я нажал на спусковой курок дважды. Это и есть положительная корреляция между риском и вознаграждением.

В рамках стоимостного подхода к инвестированию наблюдается обратная (отрицательная) корреляция. Если при покупке ценных бумаг вы получаете доллар стоимости за 60 центов, риск выше, чем если вы получаете тот же доллар за 40 центов, но ожидаемое вознаграждение больше в последнем случае. Чем больше потенциальное вознаграждение (потенциальная доходность инвестиции), тем меньше риск.

Еще один пример. Рыночная стоимость всех акций компании Washington Post в 1973 г. составляла $80 млн, а ее активы стоили не менее $400 млн, а может быть, и намного больше. Компания владела такими изданиями, как *Washington Post* и *Newsweek,* а также несколькими крупными телекомпаниями. Сегодня все это стоит $2 млрд, поэтому человек, заплативший в 1973 г. за компанию $400 млн, не был бы безумцем.

Но предположим, что цена акций компании упала, и рыночная стоимость компании составляет не $80 млн, а $40 млн. В этом случае коэффициент бета был бы выше. Люди, которые считают коэффициент бета показателем риска, полагают, что чем ниже цена, тем выше риск. Вот вам и «Алиса в Стране чудес». Я никогда не мог понять, почему покупка активов, в действительности стоящих $400 млн, за $40 млн считается более рискованной, чем их покупка за $80 млн. Если вы знаете реальную стоимость бизнеса и покупаете активы стоимостью $400 млн за $40 млн, риска, по сути, вообще нет, особенно если вы приобретаете 10 долей стоимостью $40 млн по $8 млн. Разумеется, вы не будете сами управлять активами стоимостью $400 млн, и вам понадобятся честные и компетентные управляющие, но за этим дело не станет.

Для того, чтобы хотя бы приблизительно оценить стоимость бизнеса интересующей вас компании, нужны специальные знания. Но оценка необязательно должна быть точной. Именно это имел в виду Бен Грэм, когда писал о «запасе надежности». Вы не должны покупать бизнес, который стоит $83 млн, за $80 млн. Нужно, чтобы был значительный «запас надежности».

По мосту, который способен выдержать 30 000 фунтов, разрешается проезжать автомобилям весом не более 10 000 фунтов. Этот принцип действует и в сфере инвестирования.

В завершение хочу сказать, что некоторые читатели, отличающиеся особым коммерческим складом ума, могут подумать: а зачем я все это говорю? Ведь чем больше инвесторов будут применять пропагандируемый мною стоимостной подход, тем меньше будет разрыв между ценой и стоимостью. На это я могу лишь заметить, что этот секрет был раскрыт еще 50 лет назад, когда Бенджамин Грэм и Дэйв Додд написали книгу «Анализ ценных бумаг», однако за 35 лет я не заметил тенденции к массовому использованию стоимостного подхода к инвестированию, на который я сам опирался на протяжении всего этого времени. Скорее всего, все дело в такой особенности человеческой натуры, как склонность усложнять самые простые вещи. Вот уже 30 лет как ученые перестали искать доказательства эффективности этой концепции инвестирования. Вряд ли они займутся этим в будущем. Поэтому на наших финансовых рынках всегда будет иметь место значительное расхождение между ценой и стоимостью, а читатели книг Грэма и Додда и в дальнейшем будут преуспевать.

Таблица 1. **Результаты Walter J. Schloss Ltd**

Год	Общая доходность индекса S&P, включая дивиденды, %	Общая доходность WJS Ltd Partners за год, %	Общая доходность WJS Partnership за год, %		
1956	7,5	5,1	6,8	Доходность фондового индекса Standard & Poor's за 28,25 лет	887,2%
1957	–10,5	–4,7	–4,7		
1958	42,1	42,1	54,6	Доходность партнеров WJS за 28,25 лет	6 678,8%
1959	12,7	17,5	23,3		
1960	–1,6	7,0	9,3	Доходность партнерства WJS за 28,25 лет	23 104,7%
1961	26,4	21,6	28,8		
1962	–10,2	8,3	11,1	Среднегодовая доходность индекса Standard & Poor's за 28,25 лет	8,4%
1963	23,3	15,1	20,1		
1964	16,5	17,1	22,8	Среднегодовая доходность партнеров WJS за 28,25 лет	16,1%
1965	13,1	26,8	35,7		
1966	–10,4	0,5	0,7	Среднегодовая доходность партнерства WJS за 28,25 лет	21,3%
1967	26,8	25,8	34,4		
1968	10,6	26,6	35,5	В портфеле партнерства всегда было не более 800 акций и как минимум 100 позиций. В настоящее время стоимость активов в управлении составляет около $45 млн. Разница между доходностью партнерства и партнеров обусловлена тем, что старший партнер получает плату за управление активами	
1969	–7,5	–9,0	–9,0		
1970	2,4	–8,2	–8,2		
1971	14,9	25,5	28,3		
1972	19,8	11,6	15,5		
1973	–14,8	–8,0	–8,0		
1974	–26,6	–6,2	–6,2		
1975	36,9	42,7	52,2		
1976	22,4	29,4	39,2		
1977	–8,6	25,8	34,4		
1978	7,0	36,6	48,8		
1979	17,6	29,8	39,7		
1980	32,1	23,3	31,1		
1981	6,7	18,4	24,5		
1982	20,2	24,1	32,1		
1983	22,8	38,4	51,2		
1984 (I кв.)	2,3	0,8	1,1		

Таблица 2. **Результаты Tweedy, Browne Inc.**

Годы (на 30 сентября)	Индекс Доу–Джонса*, %	Индекс S&P*, %	Общая доходность TBK, %	Доходность TBK Limited Partners, %
1968 (9 месяцев)	6,0	8,8	27,6	22,0
1969	−9,5	−6,2	12,7	10,0
1970	−2,5	−6,1	−1,3	−1,9
1971	20,7	20,4	20,9	16,1
1972	11,0	15,5	14,6	11,8
1973	2,9	1,0	8,3	7,5
1974	−31,8	−38,1	1,5	1,5
1975	36,9	37,8	28,8	22,0
1976	29,6	30,1	40,2	32,8
1977	−9,9	−4,0	23,4	18,7
1978	8,3	11,9	41,0	32,1
1979	7,9	12,7	25,5	20,5
1980	13,0	21,1	21,4	17,3
1981	−3,3	2,7	14,4	11,6
1982	12,5	10,1	10,2	8,2
1983	44,5	44,3	35,0	28,2
Общая доходность за 15 лет и 9 месяцев, %	191,8	238,5	1 661,2	936,8
Среднегодовая доходность Standard & Poor's за 15 лет и 9 месяцев (с учетом реинвестирования), %				7,0
Среднегодовая доходность партнеров TBK Limited Partners за 15 лет и 9 месяцев (с учетом реинвестирования), %				16,0
Среднегодовая доходность партнерства TBK за 15 лет и 9 месяцев (с учетом реинвестирования), %				20,0

* Доходность индексов Доу–Джонса и S&P указана с учетом дивидендов.

Таблица 3. **Результаты Buffett Partnership, Ltd.**

Год	Общая доходность индекса Доу-Джонса, %	Доходность партнерства, %	Доходность партнеров, %
1957	–8,4	10,4	9,3
1958	38,5	40,9	32,2
1959	20,0	25,9	20,9
1960	–6,2	22,8	18,6
1961	22,4	45,9	35,9
1962	–7,6	13,9	11,9
1963	20,6	38,7	30,5
1964	18,7	27,8	22,3
1965	14,2	47,2	36,9
1966	–15,6	20,4	16,8
1967	19,0	35,9	28,4
1968	7,7	58,8	45,6
1969	–11,6	6,8	6,6
С учетом реинвестирования:			
1957	–8,4	10,4	9,3
1957–1958	26,9	55,6	44,5
1957–1959	52,3	95,9	74,7
1957–1960	42,9	140,6	107,2
1957–1961	74,9	251,0	181,6
1957–1962	61,6	299,8	215,1
1957–1963	94,9	454,5	311,2
1957–1964	131,3	608,7	402,9
1957–1965	164,1	943,2	588,5
1957–1966	122,9	1 156,0	704,2
1957–1967	165,3	1 606,9	932,6
1957–1968	185,7	2 610,6	1 403,5
1957–1969	152,6	2 794,9	1 502,7
Годовая ставка накопленной доходности	7,4	29,5	23,8

Таблица 4. **Результаты Sequoia Fund, Inc.**

Годы	Динамика за год, %*	
	Sequoia Fund	Индекс S&P500**
1970 (с 15 июля)	12,1	20,6
1971	13,5	14,3
1972	3,7	18,9
1973	–24,0	–14,8
1974	–15,7	–26,4
1975	60,5	37,2
1976	72,3	23,6
1977	19,9	–7,4
1978	23,9	6,4
1979	12,1	18,2
1980	12,6	32,3
1981	21,5	–5,0
1982	31,2	21,4
1983	27,3	22,4
1984 (первый квартал)	–1,6	–2,4
Доходность за весь период	775,3	270,0
Накопленная годовая доходность	17,2	10,0
Плюс 1% комиссии за управление	1,0	
Валовая отдача на инвестиции	18,2	10,0

* Отличия от данных таблицы 1 объясняются использованием разных методов расчета реинвестированных дивидендов.

** С учетом реинвестирования дивидендов и распределения сумм реализованного прироста капитала между партнерами.

Таблица 5. **Результаты Чарльза Мунгера, %**

Годы	Mass. Inv. Trust, %	Investors Stock, %	Lehman, %	Tri-Cont., %	Индекс Доу–Джонса, %	Доходность партнерства, %	Доходность партнеров, %
Годовая доходность (1)							
1962	–9,8	–13,4	–14,4	–12,2	–7,6	30,1	20,1
1963	20,0	16,5	23,8	20,3	20,6	71,7	47,8
1964	15,9	14,3	13,6	13,3	18,7	49,7	33,1
1965	10,2	9,8	19,0	10,7	14,2	8,4	6,0
1966	–7,7	–9,9	–2,6	–6,9	–15,7	12,4	8,3
1967	20,0	22,8	28,0	25,4	19,0	56,2	37,5
1968	10,3	8,1	6,7	6,8	7,7	40,4	27,0
1969	–4,8	–7,9	–1,9	0,1	–11,6	28,3	21,3
1970	0,6	–4,1	–7,2	–1,0	8,7	–0,1	–0,1
1971	9,0	16,8	26,6	22,4	9,8	25,4	20,6
1972	11,0	15,2	23,7	21,4	18,2	8,3	7,3
1973	–12,5	–17,6	–14,3	–21,3	–23,1	–31,9	–31,9
1974	–25,5	–25,6	–30,3	–27,6	–13,1	–31,5	–31,5
1975	32,9	33,3	30,8	35,4	44,4	73,2	73,2
Накопленная доходность (2)							
1962	–9,8	–13,4	–14,4	–12,2	–7,6	30,1	20,1
1962–1963	8,2	0,9	6,0	5,6	11,5	123,4	77,5
1962–1964	25,4	15,3	20,4	19,6	32,4	234,4	136,3
1962–1965	38,2	26,6	43,3	32,4	51,2	262,5	150,5
1962–1966	27,5	14,1	39,5	23,2	27,5	307,5	171,3
1962–1967	53,0	40,1	78,5	54,5	51,8	536,5	273,0
1962–1968	68,8	51,4	90,5	65,0	63,5	793,6	373,7
1962–1969	60,7	39,4	86,9	65,2	44,5	1 046,5	474,6
1962–1970	61,7	33,7	73,4	63,5	57,1	1 045,4	474,0
1962–1971	76,3	56,2	119,5	100,1	72,5	1 336,3	592,2
1962–1972	95,7	79,9	171,5	142,9	103,9	1 455,5	642,7
1962–1973	71,2	48,2	132,7	91,2	77,2	959,3	405,8
1962–1974	27,5	40,3	62,2	38,4	36,3	625,6	246,5
1962–1975	69,4	47,0	112,2	87,4	96,8	1 156,7	500,1
Среднегодовая накопленная доходность, %	3,8	2,8	5,5	4,6	5,0	19,8	13,7

Таблица 6. **Результаты Pacific Partners, Ltd.**

Годы	Индекс S&P 500	Доходность партнеров, %	Общая доходность партнерства, %
1965	12,4	21,2	32,0
1966	–10,1	24,5	36,7
1967	23,9	120,1	180,1
1968	11,0	114,6	171,9
1969	–8,4	64,7	97,1
1970	3,9	–7,2	–7,2
1971	14,6	10,9	16,4
1971	18,9	12,8	17,1
1973	–14,8	–42,1	–42,1
1974	–26,4	–34,1	–34,4
1975	37,2	23,4	31,2
1976	23,6	127,8	127,8
1977	–7,4	20,3	27,1
1978	6,4	28,4	37,9
1979	18,2	36,1	48,2
1980	32,3	18,1	24,1
1981	–5,0	6,0	8,0
1982	21,4	24,0	32,0
1983	22,4	18,6	24,8
Накопленная доходность индекса Standard & Poor's за 19 лет (%)			316,4
Накопленная доходность партнеров за 19 лет (%)			5 530,2
Накопленная доходность партнерства за 19 лет			22 200,0
Среднегодовая накопленная доходность индекса Standard & Poor's за 19 лет (%)			7,8
Среднегодовая накопленная доходность партнеров за 19 лет (%)			23,6
Среднегодовая накопленная доходность партнерства за 19 лет (%)			32,9

Таблица 7. **Результаты Perlmeter Investments**

Год	Доходность партнерства, %	Доходность партнеров, %		
1.08.1965–31.12.1965	40,6	32,5	Общая доходность партнерства с 01.08.1965 по 31.10.1983	4 277,2
1966	6,4	5,1	Общая доходность партнеров с 01.08.1965 по 31.10.1983	2 309,5
1967	73,5	58,8	Среднегодовая накопленная доходность партнерства	23,0
1968	65,0	52,0	Среднегодовая накопленная доходность партнеров	19,0
1969	−13,8	−13,8	Индекс Доу–Джонса на 31.07.1965 (приблизительно)	882
1970	−6,0	−6,0	Индекс Доу–Джонса на 31.10.1983 (приблизительно)	1 225
1971	55,7	49,3	Приблизительные среднегодовые темпы роста индекса Доу–Джонса (с учетом дивидендов)	7
1972	23,6	18,9		
1973	−28,1	−28,1		
1974	−12,0	−12,0		
1975	38,5	38,5		
01.01.1976–31.10.1976	38,2	34,5		
01.11.1976–31.10.1977	30,3	25,5		
01.11.1977–31.10.1978	31,8	26,6		
01.11.1978–31.10.1979	34,7	28,9		
01.11.1979–31.10.1980	41,8	34,7		
01.11.1980–31.10.1981	4,0	3,3		
01.11.1981–31.10.1982	29,8	25,4		
01.11.1982–31.10.1983	22,2	18,4		

Таблица 8. **Показатели деятельности пенсионного фонда Master Trust компании Washington Post Company** (по состоянию на 31.12.1983)

	Текущая доходность, %	Квартальный рейтинг*	Годовая доходность, %	Рейтинг за год*	Доходность за 2 года**, %	Рейтинг за 2 года*	Доходность за 3 года**, %	Рейтинг за 3 года*	Доходность за 5 лет**, %	Рейтинг за 5 лет*
Все инвестиции										
Управляющий А	4,1	2	22,5	10	20,6	40	18,0	10	20,2	3
Управляющий Б	3,2	4	34,1	1	33,0	1	28,2	1	22,6	1
Управляющий В	5,4	1	22,2	11	28,4	3	24,5	1	—	—
Master Trust (все управляющие)	3,9	1	28,1	1	28,2	1	24,3	1	21,8	1
Обыкновенные акции										
Управляющий А	5,2	1	32,1	9	26,1	27	21,2	11	26,5	7
Управляющий Б	3,6	5	52,9	1	46,2	1	37,8	1	29,3	3
Управляющий В	6,2	1	29,3	14	30,8	10	29,3	3	—	—
Master Trust (все управляющие)	4,7	1	41,2	1	37,0	1	30,4	1	27,6	1
Облигации										
Управляющий А	2,7	8	17,0	1	26,6	1	19,0	1	12,2	2
Управляющий Б	1,6	46	7,6	48	18,3	53	12,7	84	7,4	86
Управляющий В	3,2	4	10,4	9	24,0	3	18,9	1	—	—
Master Trust (все управляющие)	2,2	11	9,7	14	21,1	14	15,2	24	9,3	30
Облигации и денежные эквиваленты										
Управляющий А	2,5	15	12,0	5	16,1	64	15,5	21	12,9	9
Управляющий Б	2,1	28	9,2	29	17,1	47	14,7	41	10,8	44
Управляющий В	3,1	6	10,2	17	22,0	2	21,6	1	—	—
Master Trust (все управляющие)	2,4	14	10,2	17	17,8	20	16,2	2	12,5	9

* Среднегодовая.

** Место в рейтинге Becker Survey Company по уровню доходности. Рейтинг основан на перцентилях: 1 = самая высокая доходность; 100 = самая низкая доходность.

Таблица 9. **Пенсионный фонд FMC Corporation: годовая ставка доходности, %**

Конец периода	1 год	2 года	3 года	4 года	5 лет	6 лет	7 лет	8 лет	9 лет
Облигации и акции									
1983	23,0								17,1*
1982	22,8	13,6	16,0	16,6	15,5	12,3	13,9	16,3	
1981	5,4	13,0	15,3	13,8	10,5	12,6	15,4		
1980	21,0	19,7	16,8	11,7	14,0	17,3			
1979	18,4	14,7	8,7	12,3	16,5				
1978	11,2	4,2	10,4	16,1					
1977	–2,3	9,8	17,8						
1976	23,8	29,3							
1975	35,0								
Среднее значение выборки (Becker Survey Company)									
1983	15,6								12,6
1982	21,4	11,2	13,9	13,9	12,5	9,7	10,9	12,3	
1981	1,2	10,8	11,9	10,3	7,7	8,9	10,9		
1980	20,9	Нет данных	Нет данных	Нет данных	10,8	Нет данных			
1979	13,7	Нет данных	Нет данных	Нет данных	11,1				
1978	6,5	Нет данных	Нет данных	Нет данных					
1977	–3,3	Нет данных	Нет данных						
1976	17,0	Нет данных							
1975	24,1								
S&P 500									
1983	22,8								15,6
1982	21,5	7,3	15,1	16,0	14,0	10,2	12,0	14,9	
1981	–5,0	12,0	14,2	12,2	8,1	10,5	14,0		
1980	32,5	25,3	18,7	11,7	14,0	17,5			
1979	18,6	12,4	5,5	9,8	14,8				
1978	6,6	–0,8	6,8	13,7					
1977	7,7	6,9	16,1						
1976	23,7	30,3							
1975	37,2								

* 18,5 только от акций.

Приложение 2
Основные правила налогообложения прибыли от инвестиционных операций и операций с ценными бумагами (по состоянию на 1972 г.)

Поскольку правила, относящиеся к 1972 г., существенно изменились, этот текст сегодня представляет лишь историческую ценность. В 1972 г. информация, представленная Бенджамином Грэмом, была актуальна, но сегодня ситуация иная. Обновленные правила представлены в приложении 3.

Правило 1. Проценты и дивиденды

Проценты и дивиденды облагаются налогом как обычный доход. Исключение составляют: а) доход по облигациям штатов, муниципальным облигациям и другим аналогичным облигациям, которые освобождаются от федерального налога на прибыль (но необязательно налога штата); б) дивиденды на прирост капитала; в) некоторые виды дивидендов, выплачиваемых инвестиционными компаниями (см. далее), и г) первые $100 обычных дивидендов, которые выплачиваются корпорациями США.

Правило 2. Доход от прироста капитала и капитальные убытки

Краткосрочный доход от прироста капитала и капитальные убытки суммируются для расчета чистого краткосрочного капитального дохода или убытка. Долгосрочные доходы от прироста капитала и капитальные убытки суммируются для расчета чистого долгосрочного капитального дохода или убытка. Если чистый краткосрочный доход от прироста капитала превышает чистый долгосрочный капитальный убыток, то 100% суммы этого превышения включаются в обычный доход. Максимальный размер налога на такой доход составляет 25% для суммы до $50 000 и 35% — для суммы сверх $50 000.

Чистый капитальный убыток (превышение чистого капитального убытка над чистым доходом от прироста капитала) вычитается из обычного дохода в сумме не более $1000 в текущем году и на протяжении следующих пяти лет. Кроме того, неиспользованные убытки могут быть перенесены на будущие годы для снижения капитального дохода. (Перенесение убытков, имевших место до 1970 г., рассматривается более либерально, чем убытки за более поздние периоды.)

О регулируемых инвестиционных компаниях

Большинство инвестиционных фондов (инвестиционных компаний) используют отдельные положения налогового законодательства, позволяющие им рассчитывать налогооблагаемую базу так же, как партнерствам. За счет этого они получают возможность распределять долгосрочную прибыль от операций с ценными бумагами как «дивиденды от прироста капитала», о которых акционеры заявляют налоговым органам так же, как и о долгосрочном доходе. Такой доход облагается по более низкой ставке, чем обычные дивиденды. Компании могут по желанию платить налог по ставке 25% от лица инвесторов, удерживая оставшуюся сумму прироста капитала и не распределяя ее как дивиденды от прироста капитала.

Приложение 3
Основы налогообложения дохода от инвестиций (по состоянию на 2003 г.)

Проценты и дивиденды

Проценты и дивиденды облагаются налогом по той же ставке, по которой инвестор платит подоходный налог. Исключение составляют: а) доход, полученный по муниципальным облигациям, освобожденным от уплаты федерального налога на прибыль (но не обязательно налога штата); б) дивиденды от прироста капитала; в) доход от распределения долгосрочной прибыли от прироста капитала, производимого взаимными инвестиционными фондами (см. далее). Муниципальные облигации частных компаний, включая те, которыми инвестор владеет через взаимные инвестиционные фонды, могут облагаться федеральным налогом на прибыль по альтернативной минимальной ставке.

Доход от прироста капитала и капитальные убытки

Краткосрочные доходы от прироста капитала и капитальные убытки суммируются для расчета чистого краткосрочного капитального дохода или убытка. Долгосрочные доходы от прироста капитала и капитальные убытки суммируются для расчета чистого долгосрочного капитального дохода или убытка. Если чистый краткосрочный доход от прироста капитала превышает чистый долгосрочный капитальный убыток, то 100% суммы этого превышения включаются в обычный доход. Чистый долгосрочный доход от прироста капитала облагается налогом по льготной ставке 20% (18% для инвестиций, осуществленных после 31 декабря 2000 г., если период владения им составляет не менее пяти лет).

Чистый капитальный убыток (но не более $3000) вычитается из обычного дохода в текущем году. Неиспользованные убытки сверх этой суммы могут быть перенесены на будущие годы для снижения капитального дохода.

Взаимные инвестиционные фонды

Как организации, имеющие статус регулируемых инвестиционных компаний, практически все взаимные инвестиционные фонды используют отдельные положения налогового законодательства, освобождающие их от уплаты налога на прибыль корпораций. После продажи долгосрочных инвестиций взаимные инвестиционные фонды могут распределять полученную прибыль в качестве дивидендов от прироста капитала, которые вкладчики показывают как долгосрочный доход. Такой доход облагается налогом по более низкой ставке (обычно 20%), чем обычные дивиденды (до 39%). Следует избегать новых крупных инвестиций в течение четвертого квартала, поскольку именно в этот период обычно распределяются доходы от прироста капитала, и потому инвестору придется платить налог на прибыль инвестиционного фонда еще до того, как он (инвестор) фактически ее получит.

Приложение 4
Новые спекуляции обыкновенными акциями
(речь Бенджамина Грэма на ежегодном собрании Национальной федерации финансовых аналитиков в мае 1958 г.)

В своем выступлении я буду опираться на многолетний опыт работы на Уолл-стрит. Но, поскольку условия на фондовом рынке и его атмосфера постоянно меняются, ценность любого опыта оказывается под вопросом. Как вы знаете, одно из отличий экономики, финансов и анализа ценных бумаг от других сфер деятельности — спорная возможность использования прошлого опыта в настоящем и тем более его экстраполяции на будущее. И все же мы не имеем права игнорировать уроки прошлого. Мы должны хотя бы изучить и понять их. Я попытаюсь сделать шаг в этом направлении, обратившись к одной отдельно взятой сфере и показав некоторые противоречивые связи между прошлым и настоящим с точки зрения основополагающих принципов инвестирования и спекуляций обыкновенными акциями.

Суть моего выступления сводится к следующему. В прошлом спекулятивная составляющая обыкновенных акций обуславливалась главным образом характером деятельности компании-эмитента или неопределенной и неустойчивой ситуацией в отрасли. Сегодня это по-прежнему так, но вследствие ряда факторов, о которых я скажу далее, ситуация меняется. На смену «старой» спекулятивной составляющей акций приходит новая, более серьезная, обусловленная *внешними* факторами, и прежде всего позицией индивидуальных инвесторов, приобретающих акции, и их консультантов (особенно финансовых аналитиков). Для них главное в акциях — ожидания.

Инвесторам и их консультантам кажется, что стоимость и цена обыкновенных акций должны опираться в первую очередь на ожидаемые в будущем результаты компании. Эта на первый взгляд простая и логичная концепция содержит множество противоречий и ловушек. Во-первых, она отвергает многие устоявшиеся представления о различиях между инвестициями и спекуляциями. В словаре говорится, что слово «спекуляция» происходит от латинского specula — наблюдательная вышка. Соответственно, speculator — это человек, который ведет наблюдение со своей «вышки» и все замечает раньше других. Вот и сегодня предприимчивый инвестор или инвестор, пользующийся услугами «продвинутых» консультантов, карабкается на «вышку» и всматривается в будущее, как это делают толпы других спекулянтов.

Во-вторых, нетрудно заметить, что сегодня спекулятивная составляющая в наибольшей степени присуща акциям компаний самого высокого инвестиционного качества — например, имеющим высокий кредитный рейтинг, — ведь все думают, что такие бумаги гарантируют безоблачное будущее. В-третьих, концепция перспектив, в частности, постоянного роста в будущем, требует использования методов высшей математики для оценки текущей стоимости акций — фаворитов рынка. Но правильные формулы, опирающиеся на шаткие предположения, можно использовать для расчета или оправдания практически любой, сколь угодно высокой, стоимости, особенно если речь идет о действительно выдающейся компании. И, как это ни парадоксально, при ближайшем рассмотрении оказывается, что далеко не всегда можно рассчитывать на рост стоимости (или даже ее стабильность) даже самой быстрорастущей компании. Дело в том, что фондовый рынок иногда оценивает фактор роста на удивление *дешево*.

Отличие «старой» спекулятивной составляющей акций от «новой» заключается в том, что первая носит эндогенный характер, а вторая — экзогенный. Рассмотрим старые спекулятивные акции и сравним их с акциями инвестиционного качества. Для этого возьмем акции компаний American Can и Pennsylvania Railroad в период с 1911 по 1913 г. (Этот пример рассматривается в книге Бенджамина Грэма и Дэвида Додда «Анализ ценных бумаг» (Security Analysis, McGraw-Hill, 1940, с. 2–3).)

В течение этих трех лет цены акций Pensy колебались от $53 до $65, т. е. превышали среднюю прибыль компании за этот период в 12,2 и 15 раз соответственно. Компания стабильно получала прибыль и аккуратно выплачивала дивиденды ($3). Инвесторы были уверены, что материальные активы компании в расчете на акцию превышают ее номинальную стоимость, которая составляла $50 на акцию. И, напротив, курс акций компании American Can колебался в диапазоне от $9 до $47, а прибыль на акцию — от 7 центов до $8,86. Значение коэффициента «цена/прибыль» за три года выросло с 1,9 до 10. Дивиденды компания вообще не платила. Опытные инвесторы подозревали, что за $100 номинальной стоимости обыкновенных акций ничего не сто́ит, поскольку у компании также были привилегированные акции, стоимость которых превышала стоимость материальных активов компании. Таким образом, акции компании American Can могли служить примером спекулятивных акций, поскольку в то время American Can была спекулятивно капитализированной компанией, работающей в нестабильной отрасли. На самом деле будущее American Can оказалось более счастливым, чем будущее Pennsylvania Railroad, но в то время инвесторы и спекулянты даже не подозревали об этом. Если бы кто-нибудь решился дать подобный прогноз, на него никто не обратил бы внимания, поскольку он шел бы вразрез с инвестиционной политикой и практикой 1911–1913 гг.

Теперь еще раз обратимся к истории, чтобы показать, насколько долгосрочные перспективы важны для инвестиционной деятельности. В качестве примера возьмем нашу самую лучшую промышленную компанию — корпорацию International Business Machines, которая в 1957 г. вошла в избранный круг компаний с объемом продаж свыше $1 млрд. Позвольте сделать небольшое автобиографическое отступление, чтобы расцветить скучные цифры своим личным опытом. В 1912 г. я на время оставил колледж, чтобы возглавить исследовательский проект компании U.S. Express. Мы собирались определить влияние кардинального изменения системы расчета тарифов на сроки доставки на объем прибыли. Расчеты производились на так называемых машинах Холлерита, арендованных у некой Computing-Tabulating-Recording Company. Машины имели перфораторы, устройства для сортировки перфокарт и табуляторы. Этот аппарат был почти незнаком бизнесменам — его применяли главным образом в Бюро переписи населения США. Я пришел на Уолл-стрит в 1914 г., а уже в следующем году облигации и обыкновенные акции Computing-Tabulating-Recording Company начали котироваться на Нью-Йоркской фондовой бирже. Да, я испытывал что-то вроде симпатии к этой компании и, кроме того, считал себя почти экспертом по выпускаемым ей счетным машинам, так как был одним из немногих финансистов, которым довелось работать на них. А потому в начале 1916 г. пришел к директору моей компании, которого мы называли «мистер А.Н.», и изложил ему свою точку зрения. Я сказал, что акции Computing-Tabulating-Recording Company продаются примерно по $45 (при общем количестве 105 000 штук); что прибыль на акцию в 1915 г. составила $6,50; что их балансовая стоимость (с учетом некоторых неотделяемых нематериальных активов) достигает $130; что компания начала выплачивать дивиденды в размере $3 и что я довольно высоко оцениваю как продукцию компании, так и ее перспективы. Мистер А.Н. посмотрел на меня с жалостью. «Бен, — сказал он, — никогда больше не говори мне об этой компании. Я не подойду к ней на пушечный выстрел. Ее 6%-ные облигации стоят какие-то жалкие $80, и это ненадежные бумаги. Как можно считать, что ее акции — выгодный объект инвестиций? Все знают, что за ними ничего нет, кроме “воды”». (В те дни его слова звучали как приговор. Если речь шла о «воде», имелось в виду, что активы компании — фикция. Ценные бумаги многих промышленных компаний, и прежде всего U.S. Steel, хотя и стоили по номиналу $100, не были обеспечены ничем, кроме «воды» (завышенными оценками средств производства). Поскольку за ними не стояло ничего, кроме «силы доходности» и будущих перспектив, ни один уважающий себя инвестор даже не посмотрел бы в их сторону.)

Я, будучи скромным молодым человеком, вернулся в свой кабинет. Мистер А.Н. был не только опытным и успешным бизнесменом, но и весьма прозорливым инвестором. Поэтому его негативный отзыв об акциях Computing-Tabulating-Recording Company произвел на меня такое сильное впечатление, что за всю свою жизнь я не купил ни одной акции этой компании, даже после того как в 1926 г. она стала называться International Business Machines.

А теперь посмотрим, что стало с компанией в 1926 г., когда на фондовом рынке царил энтузиазм и цены были высокими. В тот год в ее балансе впервые была отражена стоимость гудвилла (довольно значительная — $13,6 млн). Мистер А.Н. оказался прав. Практически каждый доллар так называемого «собственного капитала», стоявшего за акциями в 1915 г., был не чем иным, как «водой». Однако за это время компания, возглавляемая Томасом Уотсоном-старшим, добилась впечатляющих результатов. Ее чистая прибыль увеличилась с $691 000 до $3,7 млн, т. е. более чем в 5 раз (это был самый высокий процентный рост прибыли за 11-летний период, когда-либо достигнутый компанией за всю ее историю). За акциями стояли весомые материальные активы, и компания провела дробление акций в соотношении 3,6:1. По новым акциям компания начала платить дивиденды ($3), а прибыль на акцию составила $6,39 (и это с учетом дробления!). Может быть, фондовый рынок в 1926 г. просто был слишком оптимистично настроен к компании, которая быстро росла и занимала сильные позиции? Но посмотрим на цифры. Цена акций в течение года колебалась от $31 до $59. При средней цене $45 акции торговались с таким же семикратным значением коэффициента «цена/прибыль» и такой же 6,7%-ной дивидендной доходностью, как и в 1915 г. При минимальном уровне цен ($31) акции продавались чуть дороже балансовой стоимости материальных активов. С этой точки зрения акции были оценены более консервативно, чем 11 годами раньше.

Эти данные прекрасно демонстрируют устойчивость сложившегося инвестиционного менталитета, удерживавшего свои позиции вплоть до кульминации бычьего рынка в конце 1920-х гг. О дальнейших событиях можно узнать, изучив историю IBM на основе 10-летних интервалов. В 1936 г. по сравнению с 1926 г. чистая прибыль увеличилась вдвое, а среднее значение коэффициента «цена/прибыль» — с 7 до 17,5. С 1936 по 1946 г. прибыль выросла в 2,5 раза, но среднее значение мультипликатора прибыли осталось на прежнем уровне (17,5). А потом темпы роста увеличились. В 1956 г. чистая прибыль выросла почти в 4 раза по сравнению с 1946 г., а среднее значение коэффициента «цена/прибыль» взлетело до 32,5. В последний из рассматриваемых периодов наблюдался дальнейший рост прибыли, а мультипликатор прибыли вырос до 42 (без учета неконсолидированного собственного капитала зарубежных дочерних компаний).

Глубокий анализ ситуации позволяет выявить ее сходство и отличие от ситуации сорокалетней давности. Постепенно «вода», буквально переполняющая балансы промышленных компаний, испарилась — сначала из-за требований раскрытия информации, затем благодаря списаниям. Но теперь в рыночной оценке компании присутствовала «вода» другого рода — на этот раз «влитая» инвесторами и спекулянтами. И пускай компания IBM продает свои ценные бумаги не в 7 раз дороже прибыли, а в 7 раз дороже балансовой стоимости — результат в обоих случаях одинаковый, как если бы эта балансовая стоимость была нулевой. Правда, часть балансовой стоимости в цене акции может рассматриваться как своего рода компонент привилегированных акций, но в целом эта цена носит такой же спекулятивный характер, как (в свое время) цена акций компаний Woolworth и U.S. Steel, в основе которой лежали только «сила доходности» и перспективы будущего роста.

Следует отметить, что за 30 лет, на протяжении которых позиции акций IBM на фондовом рынке становились все прочнее (о чем говорит рост коэффициента «цена/прибыль» с 7 до 40), многие эндогенные спекулятивные элементы акций наших крупных промышленных компаний исчезли или уменьшились. Финансовое положение этих компаний стабильно, структура капитала консервативна, ими управляют более профессионально и честно, чем раньше. Во многом этому способствовала необходимость выполнять требования регуляторов, касающиеся раскрытия информации, что сняло с деятельности компаний покров тайны.

И еще одно лирическое отступление. В начале моей карьеры на Уолл-стрит одними из самых любимых и загадочных акций были акции компании Consolidated Gas of New York, которая сегодня называется Consolidated Edison. Компания владела прибыльной дочерней компанией New York Edison, но объявляла только о дивидендах, полученных из этого источника, а о полной прибыли умалчивала. Незаявленная прибыль придавала компании налет таинственности и заставляла задумываться о «скрытой стоимости». К моему удивлению, я обнаружил, что эти «совершенно секретные» цифры содержатся в ежегодных отчетах, подаваемых в Комиссию штата по коммунальным услугам. Я собрал их и написал статью для журнала, в которой показал истинное положение дел с прибылью Consolidated Gas. (Кстати, она оказалась не такой уж впечатляющей.) Один из моих более опытных друзей сказал мне тогда: «Бен, ты, наверное, считаешь, что сделал благое дело, раскрыв тайну прибыли компании, но Уолл-стрит тебя за это по головке не погладит. “Загадка” акций Consolidated Gas подогревала интерес к ним и увеличивала их стоимость. Вы, молодежь, везде суете свой нос. Уолл-стрит от вас один вред».

Сегодня со сцены практически исчезли так называемые «МММ-компании» («Мистерия, Манипуляция и (крохотная) Маржа»), которые в свое время подбрасывали дров в костер спекуляций. Но мы, финансовые аналитики, продолжаем разрабатывать спекулятивные по своей природе методы оценки акций, которые работают не хуже прежних спекулятивных факторов. Разве сегодня у нас нет собственноручно созданных нами «МММ-компаний», таких как Minnesota Mining and Manufacturing, акции которой служат яркой иллюстрацией спекуляции нового типа, пришедшей на смену старой? Посмотрим на цифры. В 1957 г. акции M. M. & M. торговались по $101, т. е. фондовый рынок оценивал их в 44 раза дороже прибыли за 1956 г. В 1957 г. прибыль не выросла. Компания оценивалась в $1,7 млрд, из которых $200 млн покрывались чистыми активами, а остальные $1,5 млрд (!) были не чем иным, как гудвиллом, который фондовый рынок просто подарил компании. Неизвестно, на чем основывалась столь высокая оценка стоимости гудвилла, но через несколько месяцев рынок пересмотрел эту цифру в сторону понижения и отобрал у компании $450 млн стоимости (примерно 30%). Очевидно, что точно оценить нематериальный компонент такой компании, как эта, невозможно. Но можно говорить об определенной закономерности: чем выше рынок оценивает фактор гудвилла или будущей «силы доходности», тем более неопределенной становится истинная стоимость компании и тем выше спекулятивная составляющая ее акций.

Чрезвычайно важно понимать, чем сегодняшняя практика оценки нематериальных факторов отличается от существовавшей в прошлом. Лет 30 назад и ранее при оценке акций (и рыночной, и официальной) действовало стандартное правило: нематериальные активы оценивались более консервативно, чем реальные. Считалось, что доходность на материальные активы (обычно представленные облигациями или привилегированными акциями) хорошей промышленной компании должна составлять 6–8%. Но дополнительный доход (порождающий нематериальные активы) должен был быть выше — например, 15%. (Примерно такое же соотношение между показателями доходности привилегированных и обыкновенных акций можно найти в проспекте эмиссии компании Woolworth за 1911 г. и многих других компаний.) Что же изменилось с 1920-х гг.? Сегодня сплошь и рядом наблюдаются противоположные соотношения. Чтобы цена акций компании (при среднем уровне цен) полностью покрывала их балансовую стоимость, доходность акций должна составлять около 10%. Но если доходность акционерного капитала компании превышает 10%, мы видим, что активы, обеспечивающие дополнительную прибыль, обычно оцениваются рынком более либерально (т. е. с более высоким коэффициентом «цена/прибыль»), чем активы, обеспечивающие базовую прибыль, необходимую для покрытия балансовой стоимости на рынке. При этом акции компании, получающей 15% прибыли на акционерный капитал, могут продаваться с коэффициентом «цена/прибыль», равным 13,5, т. е. вдвое дороже чистых активов. Таким образом, первые 10% доходности капитала компании оцениваются рынком с коэффициентом «цена/прибыль», равным всего 10, а следующие 5% (которые когда-то называли «избыточными») — с коэффициентом, равным 20.

Почему современный подход к оценке акций — полная противоположность использовавшемуся в прошлом? По нашему мнению, причина кроется в том, что упор делается на ожидания роста прибыли компании. Акции компаний, получающих более высокую прибыль, оцениваются либерально (т. е. с высоким значением коэффициента «цена/прибыль») не только благодаря высокой прибыльности как таковой и ее относительной стабильности. Дело скорее в том, что высокая рентабельность обуславливает ожидание высоких темпов роста в будущем. Таким образом, высокоприбыльные компании сейчас оцениваются рынком столь высоко не потому, что обладают гудвиллом в старом ограниченном понимании (репутация компании и прибыльный бизнес), а потому, что рынок ждет от них роста прибыли в будущем.

В связи с этим следует хотя бы вкратце рассмотреть еще несколько математических аспектов нового подхода к оценке обыкновенных акций. Если, как доказывают многочисленные свидетельства, коэффициент «цена/прибыль» растет вместе с доходностью, т. е. с увеличением удельного значения прибыли в расчете на балансовую стоимость акции, то арифметические расчеты показывают, что стоимость акции увеличивается прямо пропорционально квадрату прибыли и *обратно пропорционально* балансовой стоимости. Поэтому материальные активы становятся скорее бременем, чем источником рыночной стоимости. Рассмотрим еще один пример. Допустим, прибыль на акцию компании А составляет $4 при балансовой стоимости $20, а прибыль на акцию компании Б — те же $4 на акцию, но при балансовой стоимости $100. При таком раскладе акции компании А будут торговаться с более высоким коэффициентом «цена/прибыль», а значит, и по более высокой цене, чем акции компании Б. Например, если акции компании А будут продаваться по $60, то акции компании Б — по $35. Поэтому мы не ошибемся, если скажем, что избыточная балансовая стоимость активов компании Б ($80) обуславливает более низкую (на $25) цену акций, поскольку прибыль обеих компаний в расчете на акцию одинакова.

Но важнее другое. Приведенные расчеты отражают новый подход к оценке акций. Из трех ингредиентов, а именно: 1) оптимистических предположений относительно темпов роста прибыли; 2) прогнозирования этих темпов роста на достаточно длительный период в будущем и 3) волшебной силы сложных процентов — финансовый аналитик создает новый «философский камень», позволяющий дать (или оправдать) любую желаемую оценку акций и любую бумагу превратить в «хорошую». Комментируя в *Analysts' Journal* моду на использование высшей математики в условиях бычьего рынка, я процитировал Дэвида Дюрана, который описал поразительную аналогию между расчетом цены «акций роста» и известным «Санкт-Петербургским парадоксом», который так поразил математиков более 200 лет назад. Но сейчас я хотел бы указать на наличие другого парадокса, содержащегося в отношениях между математикой и инвестициями в обыкновенные акции. Он заключается в том, что использование математических методов, предназначенных для получения точных и надежных результатов, на фондовом рынке приводят к самым неожиданным и спекулятивным результатам. Могу сказать, что 44 года практической работы и исследований фондового рынка убедили меня в том, что самые надежные расчеты стоимости обыкновенных акций или соответствующей инвестиционной политики — это те, для которых достаточно простой арифметики и элементарной алгебры. Если финансовый аналитик использует сложные формулы и высшую математику, будьте осторожны: он пытается подменить опыт теорией и заодно выдать спекуляцию за инвестицию.

Современному финансовому аналитику старый подход к инвестированию в акции может показаться немного наивным. Раньше больше внимания уделялось тому, что сегодня называется «защитными свойствами» компании или ее акций. Иными словами, инвестор должен был быть уверенным в том, что компания не будет снижать дивиденды даже в трудные времена. Таким образом, если 50 лет назад примером акций инвестиционного качества считались акции сильных железнодорожных компаний, то в последние годы их место заняли акции компаний коммунального сектора. Главное, что заботило инвестора раньше, — стабильность показателей прошлых лет. Его не волновали факторы, способные негативно сказаться на бизнесе компании в будущем. При этом прозорливые инвесторы считали, что благоприятные перспективы нужно учитывать, но за них не стоит платить.

Это означало, что инвестор не был обязан платить огромные деньги лишь за заманчивые долгосрочные перспективы. Ведь он, в конце концов, получил бы их без дополнительных затрат, в виде награды за свой исключительный ум и рассудительность при выборе акций не просто хороших, а лучших компаний. Ведь акции компаний с аналогичными показателями финансовой мощи, прошлой доходности и стабильности выплаты дивидендов отличаются примерно одинаковым уровнем дивидендной доходности.

На самом деле это была недальновидная точка зрения, но в старые времена она делала процесс инвестирования в акции не только простым и очень прибыльным, но и разумным в своей основе. Приведу еще один пример из личного опыта. Примерно в 1920 г. наша фирма издала серию брошюр под названием «Уроки для инвестора» (Lessons for Investor). Разумеется, придумать такое смелое название мог только такой дерзкий и самонадеянный двадцатилетний аналитик, как я. В одной из брошюр я неосторожно написал, что «акции хороши не только как объект инвестиций, но и как объект спекуляций». Обосновывая этот тезис, я утверждал, что если инвестиция в акции оказалась столь разумной, что риск потери был сведен к минимуму, она дает инвестору и хорошие шансы на получение прибыли. В то время это было не только абсолютной правдой, но и открытием, однако правдивым этот тезис оставался только потому, что на него никто не обратил внимания. Через несколько лет, после того как инвесторы проснулись и обратили внимание на ценность акций как объектов долгосрочного инвестирования, они сами, своими собственными руками быстро лишили акции этого достоинства. Энтузиазм инвесторов привел к такому росту курсов акций, который лишил эти бумаги «запаса надежности» и буквально вытолкнул из категории инвестиций. Как это часто бывает, вскоре маятник качнулся в обратную сторону, и в 1931 г. из уст самых уважаемых экспертов мы услышали, что акции больше никогда не будут инструментом инвестиций.

Проанализировав точку зрения инвесторов на обыкновенные акции на протяжении достаточно длительного периода, мы обнаружим еще несколько парадоксов, связанных с отношением инвесторов к прибыли от прироста курса акций (капитальной прибыли) и дивидендам. Всем известно, что в начале XX в. владелец обыкновенных акций не слишком интересовался капитальной прибылью, поскольку, вкладывая свои средства в акции, практически всегда был озабочен только вопросами сохранности вложенного капитала и размерами дивидендов, предоставляя спекулянтам ломать голову над оценкой акций. Но сегодня, видимо, можно сказать, что чем опытнее и прозорливее инвестор, тем меньше внимания он обращает на дивидендный доход и тем больше его интересует оценка стоимости акций в долгосрочной перспективе. Несомненно, именно тот факт, что в прежние времена инвесторы не стремились прогнозировать будущий рост стоимости вложенного в акции капитала, гарантировал этот рост — по крайней мере если речь шла об акциях промышленных компаний. И наоборот, в современных условиях инвестор настолько заинтересован в будущих перспективах, что уже сегодня готов платить за них немалую цену. Его прогнозы могут сбыться, но инвестор может не получить никакой прибыли. А если реальные темпы роста будут ниже ожидаемых, он может понести серьезные временные убытки или даже потерять все вложенные средства.

Какие же «уроки» (вспоминая пафосное название моей брошюры, изданной в 1920 г.) сегодняшний финансовый аналитик может извлечь из прошлого опыта? Вряд ли эти уроки будут ценными, скажет кто-то. Мы можем испытывать ностальгию по тем временам, когда платили только за текущую доходность и могли не думать о будущем. Грустно покачивая головой, мы бормочем: «Все в прошлом». Неужели инвесторы и финансовые аналитики не вкусили в полной мере от «древа познания добра и зла»? Ведь они добровольно покидают райский сад, где перспективные акции по разумным ценам росли прямо на деревьях. Неужели мы обречены на постоянный риск, покупая качественные и перспективные акции по непомерно высоким, а акции низкого качества — по приемлемым (с нашей точки зрения) ценам.

Видимо, так оно и есть. Но даже в этом пессимистическом выводе нельзя быть до конца уверенным. Недавно я совершил экскурс в историю нашего гиганта — General Electric, поскольку в отчете за 1957 г. были опубликованы любопытные данные о ее прибыли и дивидендах за 59 лет. Опытный финансовый аналитик найдет эти цифры весьма интересными. Во-первых, они показывают, что до 1947 г. темпы роста прибыли General Electric были очень скромными и довольно нестабильными. Прибыль на акцию в 1946 г. была только на 30% выше, чем в 1902 г. (40 и 52 цента соответственно), а с 1902 г. не было ни одного года, в котором ее величина хотя бы удвоилась. Тем не менее значение коэффициента «цена/прибыль» увеличилось с 9 в 1910-м и 1916 г. до 29 в 1936-м и 1946 г. Конечно, можно сказать, что в 1946 г. значение коэффициента «цена/прибыль» как минимум отражало ожидания опытных инвесторов и что аналитики уже тогда предвидели по меньшей мере десятилетний период блестящего роста, маячивший на горизонте. Может быть, и так. Но некоторые из вас помнят и следующий, 1947 г., который ознаменовался для GE новым рекордным показателем прибыли на акцию — и одновременно значительным снижением коэффициента «цена/прибыль». Минимальная цена акций в том году (до их дробления в пропорции 3:1) составила $32, и она лишь в 9 раз превышала прибыль на акцию, а средний мультипликатор прибыли за год не превышал 10.

Эта удивительная история произошла всего 11 лет назад. Она заставляет меня сомневаться в обоснованности столь популярной среди финансовых аналитиков теории, согласно которой у акций известных и многообещающих компаний теперь всегда будет высокое значение коэффициента «цена/прибыль», причем это фундаментальная реалия современного фондового рынка, которую инвесторы должны понять и принять. У меня нет ни малейшего желания навязывать кому-либо свое мнение по этому поводу. Могу только сказать, что лично я в этом не уверен, но каждый из нас должен сам решить, так это или не так.

В завершение я хотел бы со всей определенностью высказаться об инвестиционных и спекулятивных качествах различных видов обыкновенных акций. В былые времена инвестиционный характер обыкновенной акции зависел от положения компании-эмитента, отражающегося в кредитном рейтинге. Чем ниже была доходность облигаций или дивиденды по привилегированным акциям, тем с большей вероятностью обыкновенные акции могли считаться хорошим объектом инвестирования и тем меньше была спекулятивная составляющая при их покупке. Зависимость между спекулятивной составляющей обыкновенной акции и инвестиционным рейтингом компании на графике представляла собой прямую, нисходящую слева направо. Теперь это скорее U-образная кривая. Слева на графике (компании с низким кредитным рейтингом) значения спекулятивной составляющей их акций, как и в прошлом, высокие. По мере роста кредитного рейтинга величина спекулятивного компонента снижается. Но справа на графике (компании с высоким кредитным рейтингом, обусловленным их успешной деятельностью в прошлом и впечатляющими перспективами) значения спекулятивной составляющей их акций снова начинают расти. Этот спекулятивный компонент встраивается в акции самим рынком, который назначает им чрезмерно высокую цену и наделяет высоким риском, неразрывно связанным с высокой ценой.

Здесь было бы уместно процитировать строки из сонета Шекспира, которые удивительно точно отражают сегодняшнюю ситуацию:

> Кто гонится за внешней суетой,
> Теряет все, не рассчитав расплаты...[6]

Возвращаясь к нашему умозрительному графику, рассмотрим его центральную часть, где спекулятивный компонент при покупке ценных бумаг минимален. В этой части графика можно найти много хороших и сильных компаний, прибыль которых росла и будет расти в ногу с ростом национальной экономики. Акции этих компаний инвестор может практически всегда, за исключением пика бычьего рынка, купить по весьма умеренным (по сравнению с внутренней стоимостью) ценам.

Готов биться об заклад, что сегодня, когда инвесторы и спекулянты обращают внимание прежде всего на «блестящие» акции, эти недооцененные ценные бумаги продаются в целом гораздо ниже их реальной стоимости. Поэтому у них есть необходимый «запас надежности», который создается теми же рыночными силами (предпочтениями и предубеждениями рынка), которые уничтожают «запас надежности» популярных акций. Всесторонний анализ прошлых показателей и объективная оценка будущих перспектив позволят выбрать из числа таких акций немало достойных ценных бумаг для формирования инвестиционного портфеля, надежность которого можно увеличить за счет диверсификации.

Когда сын бога солнца Фаэтон пожелал прокатиться по небу в золотой колеснице своего отца, опытный наездник Гелиос дал ему мудрый совет, которым тот не воспользовался, за что и поплатился жизнью. Овидий выразил совет бога солнца в трех словах: «Medius tutissimus ibis» («Иди по среднему пути»).

Я думаю, что по этому пути и должны идти инвесторы и финансовые аналитики.

---

[6] У. Шекспир. Сонет 125 (пер. С. Маршака).— *Прим. ред.*

Приложение 5
Пример из жизни: компания Aetna Maintenance

Начало этой истории приводится в издании книги 1965 г. во врезке под названием «Устрашающий пример». Расскажем о дальнейшем развитии событий.

Мы считаем, что подробный разбор этого «устрашающего примера» поможет читателям выработать правильное отношение к новым выпускам обыкновенных акций. Он взят с первой страницы справочника *Stock Guide* агентства Standard & Poor's и самым наглядным образом демонстрирует слабость новых выпусков акций 1960–1962 гг., чудовищно переоцененных рынком и впоследствии обвалившихся.

В ноябре 1961 г. 154 000 обыкновенных акций компании Aetna Maintenance были выпущены на фондовый рынок по $9 за акцию. Цена сразу же взлетела до $15. До эмиссии чистая стоимость активов в расчете на акцию составляла около $1,20, но с учетом дополнительного капитала, поступившего от продажи новых акций, этот показатель увеличился до чуть более $3.

Объемы продаж и прибыль компании до эмиссии акций приведены в таблице.

Конец периода	Объем продаж, $	Чистые активы под обыкновенные акции, $	Прибыль на акцию, $
Июнь 1961 г.	3 615 000	187 000	0,69
(Июнь 1960 г.)*	(1 527 000)	(25 000)	(0,09)
Декабрь 1959 .г	2 215 000	48 000	0,17
Декабрь 1958 г.	1 389 000	16 000	0,06
Декабрь 1957 г.	1 083 000	21 000	0,07
Декабрь 1956 г.	1 003 000	2 000	0,01

* Данные за полгода.

Ниже приведены соответствующие цифры после привлечения финансирования.

Июнь 1963 г., $	4 681 000	42 000 (*дефицит*)	0,11 (*дефицит*)
Июнь 1962 г., $	4 234 000	149 000	0,36

В 1962 г. цена акций упала до $2,666, в 1964 г. акции продавались по $0,875. На протяжении этого периода дивиденды не выплачивались.

Комментарий. Это была слишком мелкая компания для IPO. Цена ее акций после размещения определялась результатами деятельности в одном хорошем году. В предыдущие годы результаты были просто смехотворными. У компании, оперирующей на высококонкурентном рынке, не было никакого «тайного оружия», наличие которого могло бы убедить инвесторов в стабильности ее бизнеса. Безмозглые покупатели этих акций заплатили (сразу после эмиссии) в расчете на доллар прибыли и капитала гораздо больше, чем покупатели акций большинства крупных и сильных компаний. Это, конечно, особый пример, но далеко не единственный. Можно найти сотни пусть и не столь ярких, но столь же «устрашающих» примеров переоценки рынком акций компаний.

Продолжение: 1965–1970 гг.

В 1965 г. у компании появились новые интересы. Неприбыльный бизнес, связанный с эксплуатацией зданий, был продан, и она занялась абсолютно новым делом — производством электронного оборудования. Название компании изменилось: теперь она называлась Haydon Switch and Instrument Co. Но рост прибыли по-прежнему не был впечатляющим. На протяжении пяти лет — с 1965 по 1969 г. — компания получала в среднем всего 8 центов прибыли на акцию «старого» выпуска. При этом в лучшем 1967 г. прибыль на акцию составила всего 34 цента. Тем не менее в соответствии с новыми веяниями в 1968 г. компания произвела дробление акций из расчета 2:1. Рыночная цена тоже повела себя в соответствии с новыми веяниями Уолл-стрит. Она увеличилась с $0,375 в 1964 г. до $16,5 в 1968 г. (после дробления). Теперь цена побила рекорд, установленный на волне эйфории 1961 г. Но на этот раз рынок завысил цену акций еще более чудовищно, чем раньше. Теперь коэффициент «цена/прибыль» составлял 52 (относительно прибыли в лучшем году) и 200 (относительно средней прибыли). И опять компания объявила об убытках в том же году, когда ее акции взяли новую высоту. В следующем, 1969 г. акции обвалились до $1 за штуку.

Вопросы. Знали ли идиоты-инвесторы, которые в 1968 г. выкладывали за эти акции более $8, хоть что-нибудь о прошлых результатах этой крошечной компании, о ее прибыли за пятилетний период, о стоимости ее активов? Имели ли они хоть какое-то представление о том, что покупают за свои деньги? И вообще, интересовало ли их это? Несет ли вообще кто-либо на Уолл-стрит хоть какую-то ответственность за регулярные приступы абсолютно бессмысленных массовых спекуляций подобными «инвестиционными» инструментами, ведущих к неизбежным катастрофам?

Приложение 6
Налоговый учет сделки по приобретению корпорацией NVF компании Sharon Steel Shares

1. В 1969 г. корпорация NVF приобрела 88% акций компании Sharon, заплатив за них своими 5%-ными облигациями номинальной стоимостью $70 и сроком погашения в 1994 г., а также варрантами на покупку 1,5 акции NVF из расчета $22 за акцию. Рыночная стоимость облигаций составляла в то время только 43% номинала, а варранты котировались по $10 за базовую акцию NVF. Это значит, что акционеры компании Sharon на каждую принадлежавшую им акцию получили облигации NVF стоимостью всего $30 и варранты на $15 — в целом $45 на акцию. (Эта цифра примерно соответствовала средней цене акции Sharon в 1968 г., а также цене закрытия в этом году.) Балансовая стоимость акций Sharon составляла $60. В целом же разница между балансовой и рыночной стоимостью акций Sharon (1,415 млн штук) составила примерно $21 млн.

2. Перед бухгалтерами компании стояли три задачи: 1) отразить выпуск облигаций как эквивалент «продажи» на уровне 43% от номинала, обеспечив компании годовой вычет из налогооблагаемой прибыли, чтобы амортизировать гигантский облигационный дисконт в размере $54 млн; 2) компенсировать этот дисконтный убыток за счет примерно равной «прибыли», полученной благодаря отнесению на доходы 1/10 разницы между ценой акций Sharon ($45) и их балансовой стоимостью ($60) (это была обратная версия существующего требования покрывать за счет прибыли текущего года часть цены приобретения, заплаченной сверх балансовой стоимости приобретенных активов), и 3) прелесть сделки состояла в том, что компания могла сэкономить около $900 000 в год ($1 на акцию) за счет налога на прибыль по итогам двух этих проводок. Дело в том, что облигационный дисконт можно было вычитать из налогооблагаемой прибыли, а избыточная «прибыль», полученная от приобретения акций по цене ниже их балансовой стоимости, не подлежала включению в облагаемую налогом прибыль.

3. Такой порядок учета использовался как для счета консолидированной прибыли (в консолидированном балансе корпорации NFV за 1969 г.),

так и в «гипотетическом» финансовом отчете за 1968 г. Поскольку в отчете было показано, что бо́льшая часть стоимости акций Sharon была оплачена варрантами, необходимо было отразить начальную рыночную стоимость варрантов как часть обыкновенного акционерного капитала. Поэтому это единственный из известных нам случаев, когда в балансе компании варрантам была назначена столь существенная стоимость — свыше $22 млн (но информация об этом содержалась только в пояснительной записке).

Приложение 7
Акции высокотехнологичных компаний как объект инвестиций

В середине 1971 г. в списках агентства Standard & Poor's числилось около 200 компаний с названиями, начинавшимися со слов Compu-, Data-, Electro-, Scien-, Techno. Около половины из них в той или иной степени имели отношение к компьютерной отрасли. Все они либо уже торговались на фондовом рынке, либо планировали в ближайшее время провести IPO.

В сентябре 1971 г. в справочнике *Stock Guide* агентства Standard & Poor's содержалось только 46 таких компаний, причем 26 из них заявили об убытках, прибыль на акцию только шести компаний составила $1, и лишь пять компаний выплачивали дивиденды.

В *Stock Guide,* выпущенном в декабре 1968 г., содержалось 45 компаний с «технологическими» названиями. Отследив судьбу компаний из этого списка до сентября 1971 г. (на основе данных *Stock Guide*), мы увидим следующие изменения.

Общее количество компаний	Количество компаний, цена которых выросла цены	Количество компаний, цена которых выросла менее чем наполовину	Количество компаний, цена которых снизилась более чем наполовину	Количество компаний, исключенных из Stock Guide
45	2	8	23	12

Комментарий. Можно с уверенностью сказать, что результаты многих высокотехнологичных компаний, которые не попали в *Stock Guide* в 1968 г., были намного хуже результатов компаний, представленных в этом издании. Кроме того, 12 компаний показали настолько плохие результаты, что были исключены из справочника. Печальные результаты этих выборок, без сомнения, достаточно достоверно отражают качество всей группы акций «высокотехнологичных» компаний и динамику их цен. Феноменальный успех IBM и несколько других компаний спровоцировал волну новых размещений в этом секторе, однако эти IPO фактически гарантировали инвесторам огромные убытки.

ПРИМЕЧАНИЯ

Предисловие. О чем эта книга?

1. Приобретая акции, не зарегистрированные в Комиссии по ценным бумагам и биржам США, покупатель должен предоставить в Комиссию письменное заявление о том, что акции приобретены в качестве инвестиций целью и не предназначены для перепродажи.
2. См. справочник Moody's (показатели облигаций с рейтингом AAA и акций промышленных компаний).

Глава 1. Инвестиции и спекуляции: выбор разумного инвестора

1. Benjamin Graham, David L. Dodd, Sidney Cottle, and Charles Tatham, *Security Analysis* (McGraw-Hill, 4th. ed., 1962). Репринтное издание книги «Анализ ценных бумаг» 1934 г. было выпущено в 1996 г. издательством McGraw-Hill.
2. См. Lawrence Chamberlain, *Investment and Speculation* (1931 г.).
3. Опрос общественного мнения проводила Федеральная резервная система.
4. Издание 1965 г., с. 8.
5. При условии, что максимальная ставка налога на дивидендный доход, который платит рядовой инвестор, составляет 40%, а налога на прибыль от прироста капитала — 20%.

Глава 2. Инвестор и инфляция

1. Написано до того, как президент Никсон в августе 1971 г. заморозил цены и зарплаты, а затем приступил к реализации второго этапа своей реформы. Дальнейшее развитие событий, судя по всему, подтверждает нашу правоту.
2. Норма прибыли на акции 425 промышленных компаний, входящих в расчет фондового индекса Standard & Poor's, составляла примерно 11,5%

(расчет производился по стоимости активов). Это частично объясняется включением в расчет индекса акций крупной высокодоходной корпорации IBM, не входящей в число 30 компаний, акции которых входят в расчет фондового индекса Доу–Джонса.

3. Данные компании American Telephone & Telegraph, опубликованные в 1971 г., свидетельствуют о том, что тарифы на услуги телефонной связи для населения в 1970 г. были немного ниже, чем в 1960 г.
4. См. *The Wall Street Journal,* октябрь 1970 г.

Глава 3. Сто лет фондовому рынку: пейзаж начала 1972 г.

1. Отдельные средние значения индексов Standard & Poor's и Доу–Джонса рассчитываются для акций компаний коммунального сектора и транспортных (в основном железнодорожных) компаний. С 1965 г. рассчитывается специальный индекс Нью-Йоркской фондовой биржи, учитывающий движение всех котирующихся на ней акций.
2. См. исследование, выполненное Центром по исследованию цен акций при Чикагском университете в рамках гранта Charles E. Merrill Foundation.
3. Написано в начале 1971 г., когда индекс Доу–Джонса был на уровне примерно 940 пунктов. Противоположное мнение, преобладавшее на Уолл-стрит, опиралось на серьезное исследование, показавшее, что в 1975 г. среднее значение индекса Доу–Джонса должно было достичь отметки 1520 пунктов. Это значение соответствовало дисконтированной стоимости примерно на уровне 1200 в середине 1971 г. В марте 1972 г. индекс Доу–Джонса снова вышел на отметку 940 после временного падения до 798.

(И опять Грэм оказался прав. «Серьезное исследование», о котором он писал, оказалось слишком оптимистичным для десятилетия в целом: индекс Доу–Джонса на момент закрытия не поднимался выше 1520 до 13 декабря 1985 г. — *Прим. Джейсона Цвейга*.)

Глава 4. Основы портфельной политики пассивного инвестора

1. Более высокий уровень доходности обеспечивает такой сравнительно новый финансовый инструмент, как промышленные доходные облигации, не облагаемые налогом. Особый интерес эти облигации могут представлять для активного инвестора.

Глава 5. Пассивный инвестор и акции

1. *Practical Formulas for Successful Investing*, Wilfred Funk, Inc., 1953.
2. Большинство математических методов анализа инвестиционных решений включают оценку риска с точки зрения среднего разброса цен (волатильности) (см., например, Richard Brealey, *An Introduction to Risk and Return*, The M.I.T. Press, 1969). Мы считаем, что такое понимание риска скорее вредно, чем полезно для принятия инвестиционных решений.
3. Все 30 компаний, акции которых входят в расчет индекса Доу–Джонса, в 1971 г. отвечали этим требованиям.

Глава 6. Портфельная политика активного инвестора: чего не следует делать

1. В 1970 г. железная дорога «Чикаго — Милуоки — Сент-Пол — Тихоокеанское побережье» объявила о больших убытках и временном приостановлении процентных выплат по доходным облигациям. Цена 5%-ных облигаций упала до 10.
2. Например, номинальная стоимость первого выпуска привилегированных акций компании Cities Service составляла $6, но дивиденды не выплачивались. Акции торговались по весьма низким ценам (в 1937 г. — по $15, в 1943 г., когда величина накопленных и невыплаченных дивидендов достигла $60 на акцию, — по $27). В 1947 г. эти акции были заменены на 3%-ные облигации из расчета $196,50 за акцию, и облигации торговались уже по 186.
3. В исследовании, выполненном под руководством Национального бюро экономических исследований США, отмечается, что такие случаи действительно имели место.

   (Грэм ссылается на книгу Брэддока Хикмана (W. Braddock Hickman, *Corporate Bond Quality and Investor Experience* (Princeton University Press, 1958)). Эта книга впоследствии вдохновила Майкла Милкена (Drexel Burnham Lambert) на разработку схемы финансирования компаний с низким кредитным рейтингом за счет выпуска высокодоходных облигаций, что в конце 1980-х гг. спровоцировало волну левериджированных выкупов компаний и враждебных поглощений. — *Прим. Джейсона Цвейга.*)

4. Анализ репрезентативной выборки, включающей 41 акцию из справочника *Stock Guide*, выпускаемого агентством Standard & Poor's, показывает, что максимальная цена пяти из них упала не менее чем на 90%, 30 — более чем наполовину, а цены всех акций, входящих в выборку, — при-

мерно на 2/3. Падение цен акций, не включенных в *Stock Guide*, несомненно, было еще более значительным.

Глава 7. Портфельная политика активного инвестора: что делать?

1. См. например, опубликованные в 1953 г. работы: Tomlinson, Lucile, *Practical Formulas for Successful Investing* и Cottle, Sindey, and W.T. Whitman, *Investment Timing: The Formula Approach.*
2. Компанию, демонстрирующую вполне обычные результаты, нельзя считать «компанией роста» (а ее акции — «акциями роста») только потому, что инвесторы ожидают превышения среднерыночных показателей в будущем. Это просто перспективная компания.

   (Грэм делает важное замечание: если «компания роста» — это компания, которую в будущем ждет процветание, то это не дефиниция, а просто доброе пожелание. Ведь никто не назовет спортсмена чемпионом до завершения соревнований. Привычка выдавать желаемое за действительное наблюдается и сегодня. В частности, в некоторых взаимных инвестиционных фондах портфелями «акций роста» называют портфели, включающие акции, потенциал роста которых «выше среднего», а перспективы относительно роста прибыли — «благоприятны». Более корректное определение «компании роста» можно сформулировать так: «компания роста» — это компания, чистая прибыль которой в расчете на акцию в среднем росла как минимум на 15% в год на протяжении по меньшей мере пяти лет. (Впрочем, компании, подпадавшие под это определение в прошлом, вовсе не обязательно будут подпадать под него и в будущем.) — *Прим. Джейсона Цвейга*.)

3. См. таблицу 7.1.
4. В таких случаях на Уолл-стрит говорят, что, во-первых, деревья не растут до небес и, во-вторых, что быки и медведи делают деньги, а свиньи годятся только на мясо.
5. Речь идет о двух исследованиях. Результаты одного из них, выполненного одним из наших студентов (H.G. Schneider) и охватывающего период с 1917 по 1950 г., в июне 1951 г. были опубликованы в *Journal of Finance*. Другое исследование, проведенное компанией Drexel Firestone — участником Нью-Йоркской фондовой биржи, охватывает период с 1933 по 1969 г. Результаты любезно предоставлены авторами.
6. В главе 15 приводятся три примера «особых случаев», которые имели место в 1971 г.

Глава 8. Инвестор и колебания рынка

1. За исключением, пожалуй, только метода усредненного равномерного инвестирования, использование которого было начато при разумном уровне цен.
2. По мнению Роберта Росса, признанного специалиста по теории Доу, последние два сигнала к покупке акций (декабрь 1966 г. и декабрь 1970 г.) были даны, когда цены были намного ниже, чем в предшествующих «точках продажи».
3. Три самых высоких рейтинга облигаций и привилегированных акций — Ааа, Аа и А (рейтинг агентства Moody's) и AAA, AA и A (рейтинг агентства Standard & Poor's). Есть и другие рейтинги (минимальный — D).
4. Эта идея нашла приверженцев в Европе. Так, в Италии государственный электроэнергетический концерн выпускал гарантированные долговые расписки с плавающей ставкой и сроком погашения в 1980 г. В июне 1971 г. представители концерна объявили в Нью-Йорке, что в течение следующего полугодия по этим распискам будут выплачиваться проценты из расчета 8,125% годовых.

   Можно также отметить новаторские 7–8%-ные облигации Toronto-Dominion Bank со сроком погашения в 1991 г., выпущенные в июне 1971 г. До июля 1976 г. по ним выплачивались 7%, затем — 8%. Кроме того, держатели облигаций получали право погасить облигацию в июле 1976 г.

Глава 9. Инвестор и инвестиционные фонды

1. Комиссия за продажу — обычно процент от цены продажи, которая, в свою очередь, уже включает эту комиссию, а потому она кажется меньше, чем в том случае, если бы расчет основывался на стоимости чистых активов. Мы считаем такой метод расчета неприемлемым для уважающих себя компаний.
2. *The Money Managers*, by G.E. Kaplan and C. Welles, Random House, 1969.
3. См. примечание 1 к разделу «Предисловие. О чем эта книга?».
4. «Широко распространенные заблуждения» (Extraordinary Popular Delusions) — название книги, изданной в 1852 г., в которой рассказывается о крахе «Компании Южных морей», голландской «тюльпановой афере» и других примерах спекулятивной лихорадки в прошлом. Книга была переиздана в 1932 г. Бернардом Барухом, возможно, единственным действительно успешным спекулянтом XX в. ***Комментарий.*** После драки кулаками не машут.

(Книга Чарльза Маккея «Широко распространенные заблуждения и безумства толпы» (Charles Mackey, *Extraordinary Popular Delusions and the Madness of Crowds*, Metro Books, New York, 2002) впервые была издана в 1841 г. Автор, чей стиль не отличался изяществом, а подход к изложению — точностью, рисует масштабную картину глупейших массовых заблуждений. Удивительно, во что только не верят люди — в то, что железо можно превратить в золото, что черти чаще всего появляются вечером в пятницу и что на фондовом рынке можно быстро разбогатеть. В качестве более серьезного чтения можно порекомендовать книгу Эдварда Ченселлора «Дьявол забирает последнее» (Edward Chancellor, *Devil Take the Hindmost*, Farrar, Straus & Giroux, New York, 1999). Любителям легкого чтива понравится книга Роберта Меншела «Рынки и безумство толпы» (Robert Menschell, Markets, *Mobs, and Mayhem: a Modern Look at the Madness of Crowds*, John Wiley & Sons, New York, 2002). — *Прим. Джейсона Цвейга*.)

Глава 10. Инвестор и его консультанты

1. Сертификаты выдаются Институтом дипломированных финансовых аналитиков, который входит в Федерацию финансовых аналитиков, насчитывающую более 50 000 членов[1].
2. В связи с этим Нью-Йоркская фондовая биржа ввела строгие правила оценки стоимости (так называемую «стрижку»), но, видимо, они не помогли существенно исправить ситуацию.
3. Новые выпуски ценных бумаг сегодня могут продаваться только при наличии проспектов эмиссии, разработанных в соответствии с правилами Комиссии по ценным бумагам и биржам США. Проспекты должны содержать информацию о выпуске, компании-эмитенте и особенностях предлагаемых ценных бумаг. Однако, поскольку из-за большого количества информации такие проспекты весьма объемны, лишь немногие индивидуальные инвесторы, приобретающие новые выпуски ценных бумаг, отваживаются внимательно их прочитать. Поэтому инвесторы редко полагаются на собственное мнение и руководствуются рекомендациями брокеров и консультантов, предлагающих им эти бумаги.

Глава 11. Анализ ценных бумаг непрофессионального инвестора: общие представления

1. В четвертое издание книги «Анализ ценных бумаг» (Security Analysis, McGraw-Hill, 4th ed., 1962) ее авторы — Бенджамин Грэм, Дэвид Додд,

[1] Федерация финансовых аналитиков была преобразована в Ассоциацию инвестиционного менеджмента и исследований (см. сноску 6 к главе 10). — *Прим. ред.*

Сидней Коттл и Чарльз Тэтхем — включили больше материала по финансовому анализу (сохранив название, под которым книга вышла в 1934 г.).

2. Книга «Как читать финансовые отчеты» (The Interpretation of Financial Statements), написанная Бенджамином Грэмом в соавторстве с Чарльзом Макголриком (Harper & Row, 1964), была переиздана в 1998 г. издательством Harper-Business.
3. Данные предоставлены Salomon Bros. — крупным нью-йоркским инвестиционным банком, специализирующимся на операциях с облигациями.
4. Во всяком случае этого не может сделать подавляющее большинство финансовых аналитиков и инвесторов. Отдельным гениям финансового анализа, способным заранее предсказать, какие именно компании заслуживают особого внимания, и имеющих все условия и возможности для анализа, мы желаем успехов в труде. Более подробно данный подход рассматривается в книге Филиппа Фишера «Обыкновенные акции и необыкновенные доходы» (Philip Fisher, *Common Stocks and Uncommon Profits*, Harper & Row, 1960).
5. Уравнение, показывающее зависимость значения коэффициента «цена/прибыль» от ожидаемого роста прибыли, приводится в главе 11.
6. Взрывной рост цен акций корпорации Chrysler отчасти обуславливался дроблением акций в 1963 г. в соотношении 2:1 — беспрецедентный шаг для крупной компании.

   (В начале 1980-х гг. под руководством Ли Якокка корпорация Chrysler взяла реванш: компания, балансировавшая на грани банкротства, восстала из пепла, и ее акции вошли в число самых быстрорастущих акций на американском рынке. Тем не менее предсказать, сумеет ли тот или иной менеджер спасти огромную корпорацию от краха, не так просто, как кажется. Когда в 1996 г. после реструктуризации компании Scott Paper (и роста стоимости ее акций на 225% за 18 месяцев) Эл Данлэп стал генеральным директором компании Sunbeam, Уолл-стрит бурно приветствовала нового руководителя. Однако Данлэп оказался мошенником: он занимался махинациями с бухгалтерской отчетностью и обманывал инвесторов Sunbeam, в числе которых были такие уважаемые управляющие инвестиционными фондами, как Майкл Прайс и Майкл Штейнхардт, которые его и уволили. Похождения Данлэпа описаны в книге Джона Бирна «Распил» (John A. Byrne, *Chainsaw*, HarperCollins, New York, 1999). — *Прим. Джейсона Цвейга.*)

7. Обратите внимание, что мы не считаем эту формулу идеальной для расчета истинной стоимости «акций роста», а лишь говорим о том, что она позволяет получить цифры, близкие к результатам более сложных, модных сегодня математических расчетов.

Глава 12. Что следует учитывать при анализе показателя прибыли на акцию

1. Рекомендуемый нами метод учета эффекта размывания при выпуске варрантов обсуждается далее, а здесь речь идет просто о суммировании рыночной стоимости варрантов и текущей рыночной стоимости акций.

Глава 13. Анализ ценных бумаг на практике: сравнение четырех компаний

1. В марте 1972 г. акции компании Emery продавались в 64 раза дороже ее прибыли за 1971 г.

Глава 14. Выбор акций пассивным инвестором

1. Из-за многочисленных дроблений акций компаний, входящих в расчет индекса Доу–Джонса, средняя цена акций этих компаний в начале 1972 г. составляла примерно $53 за штуку.
2. В 1960 г. только у двух из 29 промышленных компаний текущие активы не превышали их текущие обязательства по меньшей мере вдвое и только у двух чистые текущие активы не превысили их долги. По состоянию на декабрь 1970 г. количество компаний в той и другой категории увеличилось с двух до 12.
3. Обратите внимание, что средняя доходность фондового рынка с декабря 1970 г. по начало 1972 г. в целом была ниже доходности компаний, входящих в расчет индекса Доу–Джонса. Это лишний раз свидетельствует о том, что никакая «система» или «формула» не может гарантировать выдающихся результатов. Наши требования «гарантируют» только то, что покупатель портфеля действительно получает за свои деньги именно то, что стоит этих денег.
4. Следовательно, мы должны исключить большинство акций газовых компаний из-за слишком высокой долговой нагрузки в виде облигаций. Правда, платежи по облигациям «гарантируются» закупочными контрактами. Но подобные соображения слишком сложны для пассивного инвестора.

Глава 15. Выбор акций активным инвестором

1. I. Friend, M. Blume, and J. Crockett, *Mutual Funds and Other Institutional Investors: A New Perspective* (McGraw-Hill, 1970). Следует добавить, что проанализированные нами результаты деятельности многих инвестиционных фондов за 1966–1970 гг. были немного лучше результатов фон-

дового индекса Standard & Poor's 500 и значительно лучше результатов фондового индекса Доу–Джонса.

2. Много лет назад, до того, как акции этой компании взлетели в цене, автор этой книги был ее вице-президентом по финансовым вопросам на «королевском» окладе — $3000 в год. Компания производила пиротехническое оборудование.

   (В начале 1929 г. Грэм стал вице-президентом по финансовым вопросам компании Unexcelled Manufacturing, самого крупного производителя фейерверков в стране. Позже Unexcelled стала диверсифицированной химической компанией. Как независимое предприятие она более не существует. — *Прим. Джейсона Цвейга*.)

3. В справочнике *Stock Guide* вы не найдете значений коэффициентов «цена/прибыль» выше 99. Вообще говоря, мультипликаторы выше 99 — это нонсенс, поскольку в этом случае в знаменателе указывается прибыль, едва превышающая ноль.

Глава 16. Конвертируемые ценные бумаги и варранты

1. В качестве иллюстрации можно привести два выпуска облигаций, одновременно размещенных компанией Ford Motor Finance в ноябре 1971 г. Это были неконвертируемые 7,5%-ные облигации со сроком погашения через 20 лет и 4,5%-ные облигации со сроком погашения через 25 лет, субординированные относительно первого выпуска. Однако последние могли быть конвертированы в акции компании Ford Motor по их тогдашней цене ($68,5). Чтобы получить эту конверсионную привилегию, покупатель облигаций должен был отказаться от 40% доходности и согласиться занять позицию младшего кредитора.
2. Обратите внимание, что в конце 1971 г. обыкновенные акции компании Studebaker-Worthington продавались всего по $38, а привилегированные акции, по которым платили дивиденды в размере $5 на акцию — примерно по $77. Таким образом, всего за год разрыв увеличился с 2 до 20 пунктов, что в очередной раз доказывает оправданность переключения с одних бумаг на другие, а также склонность фондового рынка к игнорированию элементарных арифметических расчетов. (Кстати, небольшая премия по привилегированным акциям относительно обыкновенных акций в декабре 1970 г. была компенсирована более высокими дивидендами.)

Глава 17. Четыре крайне поучительных примера

1. См., например, статью «Six Flags at Half Mast,» by Dr. A.J. Briloff, *Barron's*, 11 января 1971 г.

Глава 18. Сравнительный анализ восьми пар компаний

1. Как мы уже писали в главе 17, компания AAA Enterprises пыталась войти в этот бизнес, но быстро потерпела неудачу.

(Здесь Грэм указывает на одно тонкое противоречие: чем больше денег зарабатывает компания, тем выше вероятность того, что ей придется столкнуться с растущей конкуренцией, поскольку высокие прибыли привлекают на этот рынок все новых и новых игроков. Ужесточение конкуренции, в свою очередь, ведет к снижению цен и прибыли. Покупатели акций интернет-компаний верили, что ранние победители сохранят свои преимущества навсегда, и не учитывали этот важный момент. — *Прим. Джейсона Цвейга.*)

Глава 19. Акционеры и руководство компаний: дивидендная политика

1. Исследования показали, что, как правило, в типичном случае каждый доллар выплаченных дивидендов влияет на рыночную цену акций в 4 раза сильнее, чем доллар нераспределенной прибыли. Примером могут служить результаты группы компаний коммунального сектора на протяжении нескольких лет вплоть до 1950 г. Акции с низкими дивидендами торговались с более низкими мультипликаторами прибыли и были особенно привлекательными для покупки, так как впоследствии их дивиденды выросли. После 1950 г. ставки дивидендных выплат в отрасли выровнялись.

Глава 20. «Запас надежности» — основа инвестиционной деятельности

1. Этот аргумент подтверждает и статья Пола Холлингби (Paul Hallingby, “Speculative Opportunities in Stock-Purchase Warrants,” *Analysts' Journal,* третий квартал 1947 г.).

Послесловие

1. Следует признать, что сделка едва не провалилась, поскольку партнеры требовали гарантий, что цена покупки будет на 100% покрыта стоимостью активов. Будущие $300 млн (и более) прибыли от прироста рыночной стоимости были получены примерно на $50 000 балансовой стоимости. Партнеры получили то, что хотели.

Грэм Бенджамин

РАЗУМНЫЙ ИНВЕСТОР

ПОЛНОЕ РУКОВОДСТВО
ПО СТОИМОСТНОМУ ИНВЕСТИРОВАНИЮ

Главный редактор *С. Турко*
Руководитель проекта *О. Равданис*
Корректоры *Е. Аксёнова, Е. Чудинова*
Компьютерная верстка *А. Абрамов*
Дизайн *В. Молодов*

В оформлении обложки использовано изображение
из фотобанка *shutterstock.com*

Подписано в печать 08.08.2018. Формат 70×100 1/16.
Бумага офсетная № 1. Печать офсетная.
Объем 36,0 печ. л. Тираж 4000 экз. Заказ №7883

ООО «Альпина Паблишер»
123060, Москва, а/я 28
Тел. +7 (495) 980-53-54
www.alpina.ru
e-mail: info@alpina.ru

Знак информационной продукции
(Федеральный закон № 436-ФЗ от 29.12.2010 г.) 0+

Отпечатано в АО «Первая Образцовая типография»,
филиал «УЛЬЯНОВСКИЙ ДОМ ПЕЧАТИ»
432980, г. Ульяновск, ул. Гончарова, 14

«АЛЬПИНА ПАБЛИШЕР» РЕКОМЕНДУЕТ

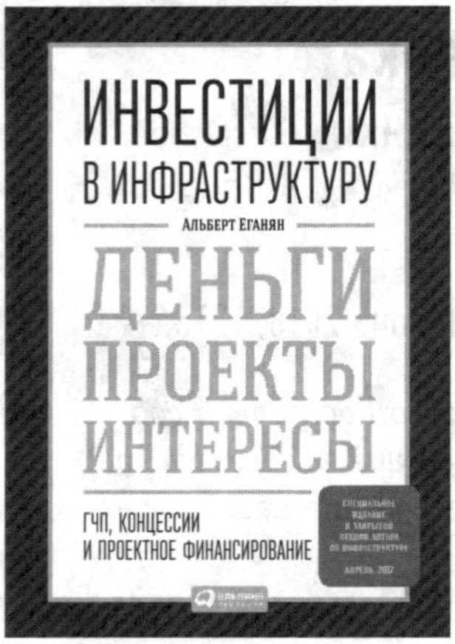

Инвестиции в инфраструктуру

Деньги, проекты, интересы. ГЧП, концессии, проектное финансирование

Альберт Еганян, 2018, 715 с.

В современном мире мало кто может себе позволить действовать в формате «все проинвестирую сам», особенно когда расходы очевидны, бенефиты — не вполне, а на кону сотни миллионов и миллиарды. Подобное поведение несвойственно эффективным инвесторам, в том числе государственным.

О чем книга

Без инвестиций в инфраструктуру невозможно представить себе функционирование общества, экономики, бизнеса, государства и его граждан.

В книге описываются основные модели внебюджетного инвестирования в транспортные, социальные, медицинские, IT- и иные проекты. Такие проекты — удел больших денег, многоходовых инвестиционных моделей и значительных интересов, а в основе почти всех подобных проектов прямые инвестиции со стороны бюджетов разных уровней либо различные формы государственно-частного партнерства (ГЧП). Материал в книге изложен понятным языком, с многочисленными примерами, помогающими усвоению важнейшей информации, даны предметные советы по старту и реализации конкретных проектов. Именно они могут принести бизнесу существенный доход, а властям — авторитет и уважение граждан.

Почему книга достойна прочтения

- Это сугубо практическая книга, написанная специалистом высочайшего класса, одним из немногих в нашей стране, кто столь хорошо владеет заявленной темой.
- Несмотря на обширность и сложность материала, книга читается легко благодаря писательскому таланту Альберта Еганяна и его далекой от менторства манере изложения.
- Книга поможет всем, кто интересуется темой инвестиций в объекты инфраструктуры, узнать «из первых рук» секреты и тонкости функционирования этого сложного рынка, его историю и этапы развития.

Кто автор

Альберт Еганян — по признанию участников рынка, регуляторов, ключевых отечественных и иностранных справочников и рейтингов, считается одним из ведущих в России специалистов в сфере инвестиций в инфраструктуру, ГЧП и проектного финансирования. Принимал участие в реализации свыше четырех десятков крупных проектов в автодорожной, железнодорожной, аэропортовой, социальной, IT, энергетической и иной инфраструктуре, начиная с самых первых проектов ГЧП в России.

Покупая бумажные книги на сайте **alpina.ru**, вы бесплатно получаете их электронные версии. Подробнее на alpina.ru/free

«АЛЬПИНА ПАБЛИШЕР» РЕКОМЕНДУЕТ

Путь к финансовой свободе

Профессиональный подход к трейдингу и инвестициям

Эрик Найман, 10-е изд., перераб. и доп., 2018, 501 с.

Путь к финансовой свободе проходит по лезвию ножа — между рабством перед чужими деньгами и рабством перед собственными.

О чем книга

О том, как работать на рынке акций и валют и обрести личную и финансовую свободу. Путь к этой свободе непрост, так как только взвешенный профессиональный подход может уберечь инвестора от разочарований.

Почему книга достойна прочтения

- Это новое дополненное и переработанное издание бестселлера Эрика Наймана.
- Автор подробно и максимально доступно рассказывает, какие приемы и стратегии используют профессиональные трейдеры.
- Он дает проверенные на собственном опыте советы, что нужно сделать, чтобы работа на финансовом рынке была не азартной игрой, а надежным и увлекательным бизнесом даже во времена финансового кризиса.

Кто автор

Эрик Найман — трейдер-миллионер, доктор экономических наук, начальник управления финансовых услуг АКБ «Укрсоцбанк». С 1995 г. работал аналитиком и инвестиционным управляющим в финансовых и брокерских компаниях. Имеет реальный успешный опыт инвестирования и трейдинга на спот-рынке и внебиржевых опционах мирового валютного рынка, российском рынке валютных фьючерсов, американских товарных и фондовых биржах, экзотическом украинском рынке ценных бумаг. Автор книг «Малая энциклопедия трейдера», «Мастер-трейдинг», «Трейдер-инвестор» и сотен публицистических и научных статей, посвященных вопросам экономики и мировым финансовым рынкам.

«АЛЬПИНА ПАБЛИШЕР» РЕКОМЕНДУЕТ

Великие инвесторы

Практические уроки от Джорджа Сороса, Уоррена Баффета, Джона Темплтона, Бенджамина Грэхема, Энтони Болтона, Чарльза Мангера, Питера Линча, Филипа Фишера, Джона Неффа

Глен Арнольд, пер. с англ., 3-е изд., 2018, 320 с.

Так же как мутации в биологии, в человеческом обществе существенную роль играют ошибочные представления и просчеты.

О чем книга

О таланте приобретать богатство и тех людях, кому этот талант дарован природой. Возможно, их примеры станут заразительны для читателя, подтолкнут к какому-то решению, давно лежащему на поверхности сознания, или направят на верный путь. В этой книге фигурируют Баффет, Грэхем (Грэм), Сорос и многие другие, не менее известные личности, обретшие популярность в мире благодаря своему капиталу.

Почему книга достойна прочтения

- Реальные истории успеха великих инвесторов, представляющие собой не привычную биографию, а анализ роста личного капитала — «инвестиционную» биографию;
- стратегии, позволяющие заработать целое состояние: неустаревающая классика жанра;
- самые удачные сделки девяти мастеров инвестирования;
- уникальный подход каждого инвестора к процессу накопления богатства не отменяет схожесть идей: общие черты великих магнатов инвестирования.

Кто автор

Глен Арнольд — успешный бизнесмен, инвестор и профессор инвестиций и финансов Салфордского университета. Автор многочисленных книг по финансам и инвестициям, включая «Руководство по корпоративным финансам» (The Handbook of Corporate Finance), «Руководство Financial Times по корпоративным финансам» (The Financial Times Handbook of Corporate Finance), «Справочник Financial Times по стоимостному инвестированию» (The Financial Times Guide to Value Investing) и «Инвестирование. Путеводитель от Financial Times» (The Financial Times Guide to Investing).

Инвестиции и трейдинг

Формирование индивидуального подхода к принятию инвестиционных решений

Саймон Вайн, 6-е изд., 2018, 451 с.

В силу несовершенства человеческого понимания сознание людей в большинстве случаев оторвано от реальности.

О чем книга

Финансовый рынок — это информационные джунгли с постоянно возникающими опасностями, возможностями, заблуждениями и открытиями. Как увеличить шансы на выживание и получение прибыли? На какие методы анализа можно полагаться? Какие риски приемлемы? Какие стратегии вероятнее всего приведут к успеху?

Книга Саймона Вайна, управляющего директора Альфа-Банка, отвечает на эти вопросы и позволяет читателю сформировать индивидуальный стиль трейдинга. Автор критически переосмысливает общепринятые постулаты финансовой теории и показывает, как она работает на практике. Во втором издании, исправленном и дополненном, автор дает анализ ситуации, возникшей на финансовых рынках в связи с кризисом 2007–2009 гг.

Почему книга достойна прочтения

- Помощь в создании подходящего фундамента для собственного стиля управления портфелем.
- Теория и фундаментальный анализ: как увеличить эффективность работы с информацией.
- Внутренний механизм принятия решений: психологические особенности.
- История былых кризисов. Выработка иммунитета и моральная подготовка к финансовым встряскам.
- Эпохальные изменения рынка: до и после 2010 года. Как разработать новую тактику поведения с учетом событий последних лет?

Кто автор

Саймон Вайн — управляющий директор Альфа-Банка и руководитель подразделения «Рынки долговых инструментов и производных инструментов». Отвечает за управление собственным портфелем долговых ценных бумаг с фиксированным доходом и валютных деривативов, развивая взаимоотношения с клиентами в этом направлении и в области структурированного финансирования и секьюритизации. Выпускник Школы бизнеса Колумбийского университета (Нью-Йорк, США). Имеет докторскую степень Академии национальной экономики (Россия), магистра делового администрирования (MBA) Школы бизнеса Колумбийского университета (США) и бакалавра Института финансов и экономики (Москва).

«АЛЬПИНА ПАБЛИШЕР» РЕКОМЕНДУЕТ

Малая энциклопедия трейдера

Эрик Найман, 18-е изд., 2018, 458 с.

Если денежные средства не инвестировать, то они имеют свойство со временем исчезать. Поэтому вы или работаете с деньгами, или прощаетесь с ними навсегда.

О чем книга

О трейдинге и о том, что должен знать каждый трейдер, желающий достичь успеха. Автор описывает основные методы фундаментального и технического анализа, рассказывает об индикаторах и опционах, знакомит со специфическими видами анализа, методикой управления рисками, основами психологии биржевой игры.

Почему книга достойна прочтения

- Это переработанное и дополненное издание финансового бестселлера.
- В книге в легкой и доступной форме изложены основные понятия и приемы успешного трейдинга.
- Автор не только дает рекомендации по использованию финансовых инструментов, но и анализирует современное состояние рынка капитала.

Кто автор

Эрик Найман — трейдер-миллионер, доктор экономических наук, начальник управления финансовых услуг АКБ «Укрсоцбанк». С 1995 г. работал аналитиком и инвестиционным управляющим в финансовых и брокерских компаниях. Имеет реальный успешный опыт инвестирования и трейдинга на спот-рынке и внебиржевых опционах мирового валютного рынка, российском рынке валютных фьючерсов, американских товарных и фондовых биржах, экзотическом украинском рынке ценных бумаг. Автор книг «Мастер-трейдинг», «Трейдер-инвестор», «Путь к финансовой свободе».

«АЛЬПИНА ПАБЛИШЕР» РЕКОМЕНДУЕТ

Добыча

Всемирная история борьбы за нефть, деньги и власть

Дэниел Ергин, пер. с англ., 2017, 944 с. + 36 с. вкл.

Захватывающее повествование, фундаментальное раскрытие темы! Эта книга для тех, кто стремится понять всю важность роли нефти в современной истории.

The New York Times

О чем книга

«Добыча» описывает борьбу за богатство и власть, которая в течение десятилетий сопутствовала нефтедобыче и которая будет вечным топливом глобального противостояния, потрясающим мировую экономику и меняющим судьбы отдельных людей и целых государств.

Почему книга достойна прочтения

- Это самое фундаментальное исследование нефтяной отрасли в мире.
- Все другие книги о нефти так или иначе опираются на «Добычу».
- Книга дополнена новым предисловием автора и специально написанной для российского издания заключительной главой, где рассмотрены важнейшие для нефтяной индустрии события за последние десять лет, прошедших с момента первого издания, в частности волна арабских революций 2011 года.
- Это увлекательное чтение: вся история последних 150 лет человечества показана через призму борьбы за нефть.

Кто автор

Дэниел Ергин — признанный авторитет в области энергетики, международной политики и экономики. Лауреат Пулитцеровской премии, эксперт по глобальной энергетике телеканала CNBC, член консультативного совета Энергетической инициативы в Массачусетском технологическом институте и Сингапурского международного консультативного комитета по энергетике, партнер по вопросам энергетики Всемирного экономического форума в Давосе. Имеет степень бакалавра гуманитарных наук Йельского университета и докторскую степень Кембриджского университета. Учредитель и председатель совета директоров IHS Cambridge Energy Research Associates (IHS CERA), одной из ведущих консалтинговых и исследовательских фирм в этой области.

TRY THE BOOK

« Если бы сегодня граница между инвестиционными и спекулятивными операциями была такой же четкой, как раньше, инвесторов следовало бы считать пройдохами, которые продают ценные бумаги неосторожным и незадачливым спекулянтам по высоким ценам, а затем скупают их по дешевке. Если такое иногда и случалось в прошлом, то после 1949 г. картина изменилась. Нет никаких оснований считать, что профессионалы, управляющие, например, взаимными инвестиционными фондами, работают именно так. Напротив, доля акций в общем портфеле двух основных видов инвестиционных фондов — сбалансированных фондов, работающих со всеми видами ценных бумаг, и фондов акций, — с течением времени менялась очень незначительно. Главным для фондов был поиск перспективных объектов инвестиций. »